此心光明
—— 王阳明心学十二讲

◎姚亚平 / 著

二十一世纪出版社集团

图书在版编目（CIP）数据

此心光明：王阳明心学十二讲/姚亚平著.
南昌：二十一世纪出版社集团, 2025.4. -- ISBN 978
-7-5568-8987-7

Ⅰ. B248.25

中国国家版本馆CIP数据核字第20250EN502号

此心光明——王阳明心学十二讲

姚亚平／著

CI XIN GUANGMING——WANG YANGMING XINXUE SHI'ER JIANG

出 版 人	刘凯军
责任编辑	冯祖耀 贾 琼
封面设计	梅家强
美术编辑	董晓辉
出版发行	二十一世纪出版社集团
	（江西省南昌市子安路75号　330025）
网　　址	www.21cccc.com
承　　印	江西千叶彩印有限公司
开　　本	720 mm × 960 mm　1/16
印　　张	32.5
字　　数	530 千字
版　　次	2025 年 4 月第 1 版
印　　次	2025 年 4 月第 1 次印刷
书　　号	ISBN 978-7-5568-8987-7
定　　价	68.00 元

赣版权登字 -04-2025-131　版权所有，侵权必究

购买本社图书，如有问题请联系我们：扫描封底二维码进入官方服务号。
服务电话：0791-86512056（工作时间可拨打）；服务邮箱：21sjcbs@21cccc.com。

前　言

王阳明（1472—1529），原名雲，后改名守仁，字伯安，浙江余姚人，官至南京吏部尚书，封新建伯，谥号文成。王阳明一生坎坷，历经磨难，却崇德尚义，文治武功，成就斐然。《明史》对他赞誉有加："终明之世，文臣用兵制胜，未有如守仁者也。"他打破当时程朱理学的束缚，提倡"心即理""知行合一""致良知"，创立"姚江学派"，使阳明心学成为500年来极具影响力的学术思潮。王阳明授徒讲学长达20余年，门人弟子遍布天下，影响深远，堪称"百世之师"。清代名士王士禎称其"立德、立功、立言，皆居绝顶"，是"明第一流人物"。王阳明是我国古代杰出的哲学家、政治家、思想家、教育家和军事家，既是高官重臣，又是一代大儒、圣贤。他的思想学说是儒道圣学的典范，他的人生之路是成圣之路，堪称中国文化的扛旗者与点灯人。

近些年来，王阳明热度持续攀升，俨然成为文化界的"网红""明星"，阳明心学也成为备受瞩目的显学。这是因为王阳明有着辉煌的人生成就、高尚的人格魅力、深邃的思想内涵、伟大的精神力量以及广泛的影响力，即使穿越时空，依然散发着耀眼的光芒。在如今这个快节奏的时代，人们在追求物质的道路上一路狂奔，常常迷失内心的方向，而阳明心学恰如一场及时雨，滋养着人们的精神世界，为人们带来心灵的力量。中华优秀传统文化本就是当代先进文化的源头活水，阳明心学作为中华优秀传统文化的精华，自然备受关注。同时，这也反映出人们对王阳明的研究有着更高的期待。"一千个读者眼中有一千个哈姆雷特"，对于王阳明和阳明心学，每个人都有自己的观点和看法。这也意味着，我们对王阳明的人生、思想和价值的探索，还有着广阔的空间。

不过，在王阳明研究的热潮中，也存在一些不太健康的现象——

一是说"神"了，过于突出王阳明的"神""奇""怪"之处。自1564年（嘉靖四十三年）夏五月王阳明弟子钱德洪写成《阳明先生年谱》以来，一直存在将王阳明美化、神化为完美圣人的现象，把他描绘成无所不能的神人、奇人、怪人，脱离了历史的真实。

二是说"玄"了，只是单纯地聚焦王阳明的心学，就心学论心学，用王阳明的一句话解释另一句话，用一个心学概念解释另一个概念，虽然话说了很多，书也写了不少，但读者依然感到云山雾罩、一脸茫然，对阳明心学搞不清楚，弄不明白，摸不着头脑。

三是说"歪"了，把王阳明塑造成单纯的人生导师，将阳明心学变成个人成功的"人生指南"或励志鼓劲的"心灵鸡汤"，甚至把它当作应对人生各种问题、难题和挫折的"锦囊妙计"，视为败火、去躁、达观、包治百病的"灵丹妙药"。王阳明其人其文确实一直励志鼓劲，劝人向上、向善，但其价值远不止这么简单。阳明心学是人生哲学，是修身养性的道德说教，是收拾人心、端正风气的思想学说，更是解决了中国哲学史、思想史上"格物致知""知行先后""天理良知"等命题的思想理论，其核心在于提升人们的道德理论水平。

在这样的背景下，我撰写了这本《此心光明——王阳明心学十二讲》，希望能为大家呈现一个真实、鲜活、立体的王阳明。

本书具有以下特点：

1. 观点正确，坚持历史唯物主义，尤其遵循习近平总书记对中华优秀传统文化和对王阳明思想的论述，积极推进"两个结合"，致力于实现中华优秀传统文化的创造性转化和创新性发展。

2. 注重原文，避免无端的戏说和凭空的演绎，力求在解读王阳明的著作、语录、诗句等文本的基础上，还原王阳明心学的本来面貌。

3. 注重王阳明的人生经历，将历史事实、人生经历和学说思想融为一体，让大家看到一个知行合一的王阳明，感受他的思想如何从"百死千难"的人生经历中孕育而生。

4. 注重实地考察。近十年来，我沿着王阳明的足迹，前往江西上饶、赣州、南昌、庐山，以及贵州、浙江、广西等地，亲身感受他的生活环境和历史遗迹，紧密结合他的心学历程与人生经历展开研究。王阳明在江西生活、工作多年，他的立功、立德、立言主要在江西，但人们对王阳明在江西的人生轨迹与文化遗存却谈论不多。本书极大补充他在江西的材料，让读者阅读本书如同展开一次学习王阳明的"文化之旅"。

5. 注重时代背景，把阳明心学置于明代的思想政治环境下，看王阳明这位士大夫出身的思想家和政治家，在复杂政治环境中的活动、立场和智慧；把阳明心学置于中国儒学发展史和中国思想发展史的历史进程中，分析它与朱熹理学、陆九渊心学的关系和异同，揭示其历史传承与时代创新；把阳明心学置于当代的视角下，探讨阳明心学对现代人们的意义，思考如何让它成为增强民族自信的重要力量。

6. 注重通俗，摒弃晦涩的学术用语，采用大众化的话语体系和表达方式。如今不少研究阳明心学的书籍，只是用王阳明的话来解释王阳明的话，充其量是将王阳明的原话翻译成白话，基本概念、话语体系、论述的问题都局限于王阳明的时代。本书则用现代的话语体系、基本概念来看待、运用和分析王阳明，实现王阳明研究的创新与发展，为大家呈现一个生动传神的王阳明。

7. 注重质量，以学术研究为根基。多年来，我参与了赣州崇义、吉安青原山、南昌等地与王阳明相关的布展设计讨论与话剧策划点评。我曾出席"第三届阳明文化国际论坛暨第二十一届明史国际学术研讨会"，提交论文《王阳明在江西的"三立"与江西对王阳明的纪念》并作大会发言；另一篇论文《王阳明是何时何地揭示"致良知"的》也收入了该年会论文集。我的研究课题"王阳明心学及其当代意义之研究"被立项为"江西省社科规划项目—江西省经济社会历史文化专项课题"（项目号：17WT26），并以优秀成绩结项。本项目还得到南昌大学马克思主义学院学科建设基金的资助。本书正是这一课题的成果体现。

最后，我要衷心感谢叶青、傅伟中、方志远、游道勤、刘凯军、闵蓉、孙家骅、胡伯项、周建华、李伏明、李晓方、卢川、毛静等诸位先生和老师在本书的构思、策划、写作过程中给予的宝贵帮助和悉心指导。特别感谢二十一世纪出版社集团派出的优秀编辑团队，冯祖耀、贾琼、朱毅帆、蔡葳等编辑以高度负责的敬业精神和深厚扎实的编辑素养，认真细致地审校把关，在内容呈现与学术规范上显著提升了本书的质量。特别感谢张国功教授以严谨的治学态度对全书进行了审读，其高屋建瓴的指导意见为本书增色不少。特别感谢梅家强先生的封面设计，他以独特创意的视觉艺术很好地烘托了本书的核心主题，提升了本书的整体品质与格调。也特别感谢我的妻子曹建南为本书题写书名，感谢她在我写作过程中给予的热情鼓励与全力支持。

希望这本书能成为你与王阳明对话的桥梁，让你在阅读中了解阳明人生的智慧，感受阳明心学的魅力，汲取阳明精神的力量。让我们一起学习王阳明的心学思想，探寻你自己的那片光明的心灵天地，找到自己的人生方向。

姚亚平

2024 年 4 月 28 日初稿于南昌

2025 年 1 月 20 日改定于海口

本书体例说明

1. 本书对清代以前的时间表示，采用农历纪年，并在其后括注年号纪年。

（1）采用农历纪年时，年份以阿拉伯数字表示，月、日则以汉字表示，例如：1506年十一月初一。

（2）鉴于本书记录的年代主要为明代，故在"1506年（正德元年）十一月初一"和"1506年（明正德元年）十一月初一"两种规范写法中，统一采用前者。

（3）在个别地方（如王阳明出生与逝世的日期），加注公历纪年，其年、月、日均用阿拉伯数字表示。

2. 本书所引用的《王阳明全集》，其版本来源均为吴光、钱明、董平、姚延福编校的《王阳明全集》（上海古籍出版社2017年版）。因此，引用时仅注明《王阳明全集》卷几，第几页，省略"上海古籍出版社2017年版"字样。

3. 本书中所引用的《王阳明全集》原文，均以楷体加双引号标示，以便读者阅读时能清晰区分。

4. 本书计算王阳明年龄时，采用中国传统的年龄计算法，即出生时计为1岁，此后每过一个农历新年增加1岁。

本书得到"江西省社科规划项目"和"南昌大学马克思主义学院学科建设基金"的资助支持。在此表示感谢。

目 录

第1讲 王阳明的家乡、家世和童年、青年
    一、为什么浙江会出个王阳明?   001
    二、王阳明哪些地方被神化了?   018
    三、王阳明在京城的人生第一问:"什么是人生第一等事?"   023
    四、王阳明在江西的人生第二问:"圣人必学可乎?"   035

第2讲 王阳明的第一次京官生涯
    一、王阳明的科举路   041
    二、初涉官场的王阳明,为啥提拔得这么快?   044
    三、明朝的政治体制是个啥模样?   057
    四、从廷杖制度看明朝政治   068
    五、王阳明怎么从官场明星变成了阶下囚?   074

第3讲 从京城的官场跌入贵州的龙场
    一、王阳明真的是一路被追杀吗?   088
    二、二进江西到湘贵   096

三、万里投荒向黔路　　　　　　　　　　　　105

　　四、龙场，王阳明悟道的那个龙场　　　　　　122

第4讲　龙场悟道：王阳明的人生转折处和心学起飞点
　　一、身处绝境怎么办？　　　　　　　　　　　130

　　二、王阳明与安贵荣　　　　　　　　　　　　135

　　三、王阳明的龙场人生第三问："圣人处此，更有何道？"　　147

　　四、龙场悟道，王阳明究竟悟了什么"道"？　　156

　　五、悟道之后，王阳明就成了圣人吗？　　　　167

第5讲　知行合一：悟道之后的践道
　　一、庐陵县令王阳明的治政实践　　　　　　　177

　　二、王阳明的第二次京官生涯　　　　　　　　184

　　三、王阳明的南下和南都讲学　　　　　　　　197

第6讲　南赣剿"匪"："破山中贼易，破心中贼难"
　　一、南赣的民乱形势与南赣巡抚的由来　　　　206

　　二、王阳明南赣剿"匪"记　　　　　　　　　214

　　三、南赣剿"匪"的方法：王阳明的智慧与担当　　225

　　四、南赣社会治理的心学思想与举措　　　　　232

第7讲 江西平叛：政治考验事上磨，知行合一致良知

  一、朱宸濠造反，为什么大家不吭声？ 237

  二、王阳明怎样43天就平了叛？ 249

  三、最凶险的政治危机：立下不世之功，为何反而受审查？ 259

  四、王阳明的庐山人生第四问："眼前谁是补天手？" 269

第8讲 嘉靖皇帝为何看不上王阳明？

  一、嘉靖皇帝上台后，为何还一直不用王阳明？ 291

  二、出征广西 305

  三、圣人王阳明之死："此心光明，亦复何言？" 320

  四、王阳明身后的诽议与尊崇 323

第9讲 王阳明心学的思想体系

  一、"做人成圣"是阳明心学的目标指向 328

  二、"心即理"是阳明心学的哲学基础 342

  三、"知行合一"是阳明心学的实践环节 354

  四、"亲民"是阳明心学在执政实践上的运用 364

  五、"致良知"是阳明心学的核心本质 370

  六、"此心光明"是阳明心学的基本标识与精神气象 382

第10讲　王阳明的人格魅力与思想光辉
　　一、王阳明的思想锋芒　　387
　　二、王阳明的讲学讲习　　395
　　三、王阳明的当官之道　　412
　　四、王阳明的政治定力　　421

第11讲　王阳明在江西的立功、立德和立言
　　一、王阳明在江西的历史行迹和文化遗产　　435
　　二、"阳明一生精神，俱在江右"　　447
　　三、"致良知"思想在江西的提出过程　　458

第12讲　王阳明思想的历史影响和现实价值
　　一、阳明心学是明代社会的时代产物　　469
　　二、阳明心学是中国思想史的发展成果　　477
　　三、"五百年来王阳明"，阳明心学救了中国吗？　　480
　　四、儒家的心学与共产党人的心学：阳明心学的当代价值　　485

王阳明大事记　　496

参考文献　　504

第1讲
王阳明的家乡、家世和童年、青年

一、为什么浙江会出个王阳明？

1. 王阳明的家乡：余姚和绍兴

王阳明一生有过三个名字：刚出生时，其祖父为他取名叫"王雲"。后改名"王守仁"，字"伯安"。"守仁"二字，出自《论语·卫灵公》："知及之，仁不能守之，虽得之，必失之。知及之，仁能守之，不庄以涖之，则民不敬。"他长大成人后，自号"阳明子""古越阳明子""阳明山人""余姚王阳明"。

由此看出，王阳明十分认同自己的出生地。一方水土养一方人，王阳明成为圣人，跟地域文化有关。因此，浙江的余姚、绍兴这些地望值得一说。

"吴"和"越"是邻邦，山水相连，肝胆相照，但越人强悍，吴人奢靡。秦淮河出名士，但出不了志士。而越山是神奇的山，越水是神奇的水。浙江自古多名人，但多半出志士，即使是名士，也带有孤傲倔强的志士之风。[①]湛若

[①] 周月亮：《王阳明：内圣外王的九九方略》，中华工商联合出版社2002年版，第18页。周月亮：《王阳明传》，长江文艺出版社2016年版，第23页。

水在《阳明先生墓志铭》中说:"夫水土之积也厚,其生物必蕃,有以也夫!"[①] 王阳明只能从姚江走出,而不能从秦淮河畔崛起。

余姚拥有7000年前的河姆渡遗址,是人们进入中华文化史和亚洲文化史的重要入口之一。余姚在秦汉时建县,县城始筑于200年(东汉建安五年),为两千多年的古县。余姚现在属宁波市,历史上却一直属绍兴府。

绍兴在战国时称会稽,东晋时称山阴。顾恺之(约345—409),字长康,曾为桓温和殷仲堪参军,官至通直散骑常侍,更是画家、诗人,博学有才气,工诗赋、书法,擅绘画,尤精于人像、山水等,相传其作品有《女史箴图》《洛神赋图》。有一次,他去了一趟会稽。回来后,人们问他:"那里的山川美不美呀?"顾云:"千岩竞秀,万壑争流,草木蒙笼其上,若云兴霞蔚。"[②] 诗一般的语言,画一般的情景,真实地再现了当地的景色。

明代的绍兴府,领山阴、会稽、上虞、萧山、嵊县、新昌、诸暨、余姚八县。1912年,山阴、会稽合并为绍兴县。1985年,余姚隶属宁波市。

《嘉庆山阴县志》强调王阳明"本山阴人,迁居余姚后,仍还原籍","先生世居山阴,后迁姚江"[③]。也就是说,王阳明祖居山阴(今绍兴),王阳明的高祖王与准为了逃避永乐皇帝的举遗逸,而逃到余姚(今属宁波),一直住了四代。直到王阳明的父亲王华状元及第后,全家又迁回绍兴山阴。

浙江余姚龙泉山

[①] [明]湛若水:《阳明先生墓志铭》,载《王阳明全集》卷三十八,第1149页。
[②] [南朝宋]刘义庆:《世说新语·言语》,杨勇校笺,中华书局2019年版,第71页。
[③] 见《嘉庆山阴县志》,中华书局2023年影印本,第61页。

就王阳明本人来看，其出生地和童年生长地是余姚，青少年的生长地则是绍兴。现在，余姚、绍兴都留有王阳明生活过的遗址遗迹，两地在明代都属于绍兴府。所以，要问王阳明是哪里人，既是余姚人，也是山阴人，都是绍兴人。

余姚，山岭丛集，古朴闭塞，有条姚江（全称余姚江，又叫舜水）源出四明山，蜿蜒向东流经余姚到宁波，与奉化江汇合后，成为甬江。

余姚县内最大的山是龙泉山，为四明山的支脉，因其南坡山腰有"龙泉"，虽微不竭，山因此而得名。龙泉山北麓的半山腰，有栋本属于莫家的小阁楼——后来被人们称为"瑞雲楼"。王华中状元前将此租用为书房，并举家居住于此。王阳明就出生在这栋小楼里。

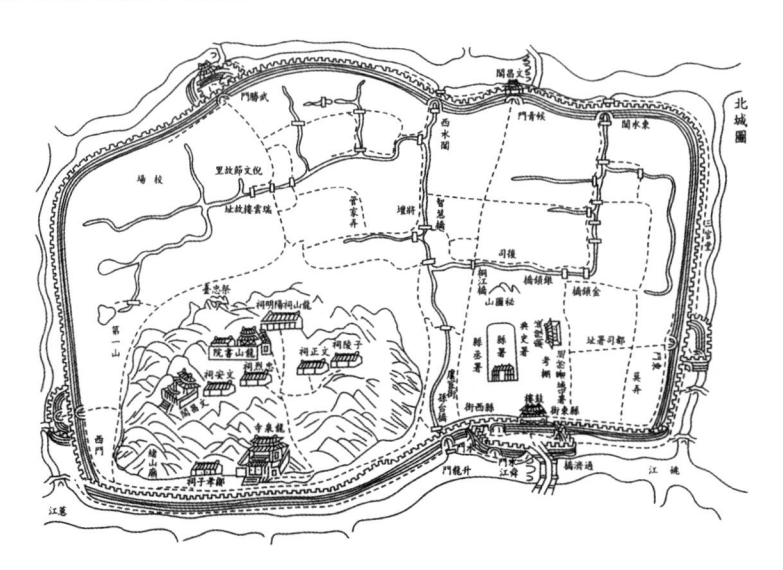

瑞雲楼位于余姚龙泉山北麓

绍兴这片土地上，史迹辉煌，风土衍沃，山川灵秀，人文荟萃。远古时期，舜培嘉谷，禹治洪水，史称"古有三圣，越兼其二"。春秋时期，勾践卧薪尝胆，励精图治。绍兴城就是范蠡帮助勾践"十年生聚，十年教训"而建的，绍兴城也因此叫"蠡城"。勾践灭吴的第二年把国都从蠡城迁到琅邪（今山东青岛附近）。王阳明的远祖就是琅邪人。

绍兴的东北有座山，相传山上长着很多蕺草，越王勾践卧薪尝胆时曾在此采食蕺草，因此叫"蕺山"。王羲之曾在山麓之中建宅，此山因此又叫"王家山"。后来，这座山因蕺山书院而名满天下。明末大儒刘宗周在此讲学，培养了黄宗羲。而黄宗羲写的《明儒学案》就是一部心学专门史。[1]

浙江余姚、绍兴等地不但有丘壑林泉之美，且名人辈出。自秦汉以来，出过王充、赵晔、谢灵运、贺知章、虞世南、王冕、徐渭、刘宗周、黄宗羲、陈洪绶、赵之谦。据说仅进士就出了六七百。真是山阴道上，骚人名士，足迹联翩，令人应接不暇。

现余姚龙泉山前有座石牌坊，正面坊额上刻有"东南名邑"四字，源自北宋名臣范仲淹（989—1052）"余姚二山下，东南最名邑"之诗句；牌坊背面坊额上是"文献名邦"四字。

余姚最早的名人是东汉高士严子陵（前39—41）。《后汉书》记载，严子陵助刘秀起兵光复汉室，功成身退，归隐江湖。刘秀做了皇帝后，到处寻找，终于在山野中找到严子陵，想请他入朝为官。严子陵进宫后，喝得酩酊大醉。两人同榻而卧，严子陵把脚搁在刘秀肚子上睡了一夜。次日一早，星相官急匆匆禀奏："客星犯帝座甚急。"刘秀笑答："朕与故人严子陵共卧耳。"余姚城东的客星山也就因"客星犯帝座"典故而得名。严子陵最终没有答应刘秀，还是归隐桐庐富春江畔，耕钓以终。严子陵因甘守清贫、不慕权贵的清白操守成为后世的精神楷模。

北宋名臣范仲淹，他在布衣时为名士，在州县为能吏，在边疆为良将，在庙堂为贤相，在文坛为大家。脍炙人口、妇孺皆知的千古名句"先天下之忧而忧，后天下之乐而乐"、惊世名言"不以物喜，不以己悲"，都出自他。毛泽东说："中国历史上不乏建功立业之人，也不乏以思想品行影响后世的人。前者如诸葛亮、范仲淹，后者如孔、孟等人。但两者兼有，'即办事兼传教之人'，历史上只有两位，即宋代的范仲淹与清代的曾国藩。"[2]

范仲淹是苏州吴县（五代和北宋时属"两浙路"）人，他先后三次来浙江的睦州（今建德）、越州（今绍兴）、杭州任知州。他对严子陵极为景仰，上任

---

[1] 周月亮:《王阳明传》，长江文艺出版社2016年版，第22页。
[2] 毛泽东:《讲堂录》，载《毛泽东早期文稿》，湖南人民出版社1990年版，第587页。

乘船过富春江严子陵隐居处,写下《五绝》一首:"子为功名隐,我为功名来;羞见先生面,黄昏过钓台。"范仲淹为严子陵建祠堂,并写《严先生祠堂记》,颂扬严子陵的情操"出乎日月之上","而使贪夫廉,懦夫立",写好后他请江西南城人李觏指正。李觏认为文稿结尾的"云山苍苍,江水泱泱,先生之德,山高水长"中的"苍苍""泱泱"所表之义博大,但"德"字显得太实太板,且与"山高水长"不能般配,欠妥,提议换成"风"字。范仲淹连连称"善",欣然接受。

余姚有四先贤:汉代严子陵、明代王阳明、明清之际东渡日本并被尊为"胜国宾师"的朱舜水、中国思想启蒙之父黄宗羲。现在余姚龙泉山公园,有四座纪念上述四人的"先贤故里碑亭"。严子陵碑和王阳明碑建于1754年(乾隆十九年),朱舜水和黄宗羲碑均建于清末。

余姚"四先贤故里碑亭"

严子陵碑亭额是"山高水长",赞颂其品格。联是"渺矣纶竿神汉远;依然城郭客星高"。意即:其踪迹缥缈,和东汉时期一样遥远;其高风永垂,与余姚城郭一样长。

朱舜水碑亭额是"胜国宾师",赞颂其以明朝遗民受到异邦君臣的尊重。联是"东海蹈曾甘,家耄逊荒,千载斯文归后死;南天擎独苦,臣心如水,一江终古属先生"。意即:他东渡日本,甘愿流落异邦,贫贱守志,却同孔子一样肩负着保存华夏文化的重任;他像南明擎天的柱石,维护气节的心迹像水一样明澈可鉴,崇高的品格如江河行地,万古长存。

黄宗羲碑亭额是"名邦遗献",赞颂他是余姚学问精深、著述丰富的先贤。联是"孝子忠臣,祀典千秋列东庑;儒林道学,史家特笔著南雷",意即他的行迹集孝子忠臣于一身,千秋万代受到祭祀和参拜;他的著作为后世留下了儒林道学的楷模。

余姚王阳明故里碑亭

王阳明碑亭额是"真三不朽",赞颂王阳明立德、立言、立功,光耀史册。联是乾隆年间余姚知县的题联:"曾将大学垂名教,尚有高楼揭瑞雲。"意即:他的良知学说,丰富了儒家的经典学说;他的诞生处瑞雲楼至今尚存,令人敬仰。

余姚名人辈出的传统,与家族家风渊源密不可分,这是余姚地域文化的一大显著特征。明清之际,浙江山阴有位史学家、文学家张岱,善写小品文,人称"小品圣手"。他说:"惟余姚风俗,后生小子,无不读书,及至二十无成,然后习为手艺。"① 清《乾隆余姚志》载:"其(余姚)民知耻好善,勤而不匮,质而不俚……民知礼让,君子以读书为本业,小人以技艺为耕作。愈贫寒者愈兀傲自矜,士大夫类有节……"② 正是有了这样的地域风气、家族传统,余姚在明清五百余年间涌现出王氏、黄氏、孙氏、谢氏、朱氏、邵氏等一大批名门望族。

这些名门望族的特点在于:一是以著名历史人物为领衔;二是出现一对又一对的父子,轮番演绎一段又一段传奇,其高风亮节让人赞叹不已。举几个例证:一是王氏家族的王华、王阳明父子。二是余姚谢迁、谢丕父子。谢迁高中状元,还早于王华。谢迁从小饱读诗书,自幼便树立为苍生谋福的志向。8岁时,长辈们夜闻蛙声,便问:"蛙鸣水泽,为官乎,为私乎?"谢迁应声作对:"马出河图,将乱也,将治也。"谢迁入朝为官后,曾为明孝宗老师,他全心辅佐政务,深得孝宗信任。明武宗即位后,权宦淫威,朝中百官"人皆危之",谢迁却"若不知有忧患者"③,不仅多次上书,还十余次提交辞呈以示抗争。最后一次,要求诛杀刘瑾的建议未被采纳,皇帝却让他和刘健致仕回家。谢迁生六子。二子谢丕以探

---

① [明]张岱:《夜航船·序》,中华书局2015年版,第2页。
② [清]《乾隆余姚志》,乾隆四十六年刻本。
③《谢迁传》,列传第六十九,《明史》卷一百八十一,中华书局1974年版。

花入朝，后受父牵连，被贬为民。宦官刘瑾倒台后，谢丕恢复原职，官至吏部左侍郎兼翰林学士，并参与《永乐大典》修订。其间谢丕曾任经筵讲官，逢讲必"敷陈剀切，仪观详雅"。后谢丕因母去世而回乡守丧，从此绝意仕途，不再应召。他回乡后"修谱牒、创宗祠、置义仓、办义学、拯贫病、造津梁"①，深得乡人推崇。

三是黄尊素、黄宗羲父子。明熹宗时，以魏忠贤为首的宦党将诸多东林党人解职归乡。黄尊素是东林党骨干，听说捉拿他的官差在半途被群殴的消息后，竟万里进京主动投案。他途经绍兴时，好友刘宗周为之大哭送行。黄尊素一到京城，即被魏忠贤打入死牢，终被折磨致死。那年，黄尊素42岁，其长子黄宗羲16岁。崇祯元年，黄宗羲上书请求诛灭迫害黄尊素的直接凶手许显纯、崔应元等人。五月，刑部会审。在出庭对证时，他从袖中取出锐器刺向许显纯，并当场拔了崔应元的胡须，一时朝野震动。这位"姚江黄孝子"从此声名鹊起，崇祯皇帝也赞其为"忠臣孤子"。

这种家族的整体"出镜"，父子的两代出彩，都是姚江人物的杰出典范，也是历史前行的引领者，表现了余姚人的道德风范与铮铮铁骨。梁启超曾说："余姚以区区一邑，而自明中叶迄清中叶二百年间，硕儒辈出，学风沾被全国以及海东。阳明千古大师，无论矣；朱舜水以孤忠羁客，开日本德川氏三百年太平之局；而黄氏自忠端（黄尊素）以风节历世，梨洲（黄宗羲）、晦木（黄宗炎，黄宗羲弟）、主一（黄百家，黄宗炎子）兄弟父子，为明清学术承先启后之重心；邵氏自鲁公（邵曾可）、念鲁公（邵廷采）以迄二云（邵晋涵），间世崛起，绵绵不绝……"他末了还加了关键一句："生斯邦者，闻其风，汲其流，得其一绪则足以卓然自树立。"②在梁启超看来，植根于乡民骨子里的传统姚江人文底色，才是余姚人在历史长河中独领风骚数千年而生生不息的不竭之源。

由此可见，区区一邑，何以出了个王阳明，其答案似乎有些线索。

当然，越地养育了王阳明，王阳明也影响了越地。浙江思想家刘宗周曾自述

---

① 《谢迁传》，列传第六十九，《明史》卷一百八十一，中华书局1974年版。
② 梁启超：《复余姚评论社论邵二云学术》，载于林志钧主编的《饮冰室合集》，上海中华书局1936年版。

说:"越鄙士也,生于越,长于越,知有越人,越人知有道者,无如阳明先生。其所谓良知之说。"①

2. 王阳明的家世、家学和家风

王阳明成圣,有一个因素:出身书香门第,衣食无忧,有充足的条件。有一个规律:但凡哲学家,出身贫苦的很少。穷人的孩子早当家,但出身上层(贵族、官宦、豪门或文化世家),则眼界高,考虑问题视野宽,只不过是没有历练,不接地气,不识人间疾苦。如果能像井里打水一般,上下来几回,就全面了。

王阳明就是如此。他家是远近闻名的大地主,不但有钱,而且有"谱"。中国人十分重视族谱、家谱。族谱家谱以父系家族世系、人物为中心,记载着一个同宗共祖的血缘集团的世系繁衍及重要人物事迹。它是中华文化中具有平民特色的特殊文献,同一个家族的人对此有着强烈的凝聚力与认同感。中国人常说某某人是"有谱的""没谱的"或"靠谱的"。

王氏族谱上的"远祖"是西晋光禄大夫王览(206—278)。王览可是一个不得了的人物。他和他同父异母的哥哥王祥分别是二十四孝故事"王览争鸩""卧冰求鲤"的主人公。王览、王祥是一对好兄弟,"皆以令德孝友垂江左"②。可王览的生母朱氏讨厌王祥,在丈夫面前不断中伤、虐待王祥。但王览始终站在哥哥王祥一边,劝生母不要虐待哥哥王祥,甚至抢着喝毒酒和先行试菜,以阻止朱氏想毒死王祥的企图。后来,王祥、王览靠东汉末年举孝廉的制度都当了官。

王览的厉害还在于:他有个孙子是东晋丞相王导,渡江居金陵乌衣巷。"旧时王谢堂前燕"和"王与马,共天下"中的"王",说的就是他们家。这样说来,王阳明的祖上在东晋那是风光无比的呀。

王阳明的十二世祖王补之任绍兴知府,与其弟王辅之移居绍兴上虞达溪之虹

---

① 《与陶石篑书》,《刘宗周全集》,浙江古籍出版社2012年版。
② 胡俨:《遁石先生传》,载《王阳明全集》卷三十八,第1141页。

第1讲 王阳明的家乡、家世和童年、青年

桥①。达溪位于四明山腹地，当年，王阳明在前往滁州上任之前，回乡探亲，曾于1513年（正德八年）六月，来达溪探访过其祖居地。

王补之的曾孙、王阳明六世祖王纲的三世祖王季，又由上虞达溪迁居到余姚秘图山。从此王家定居余姚。

王季生了四个儿子，老三子俊生了四个儿子；王子俊的长子士元生了三个儿子——长子纲，是为王阳明六世祖。纲生彦达，彦达生与准，为遁石翁；与准生世杰；世杰生伦，为竹轩翁；伦生华，为龙山公；华生王阳明。

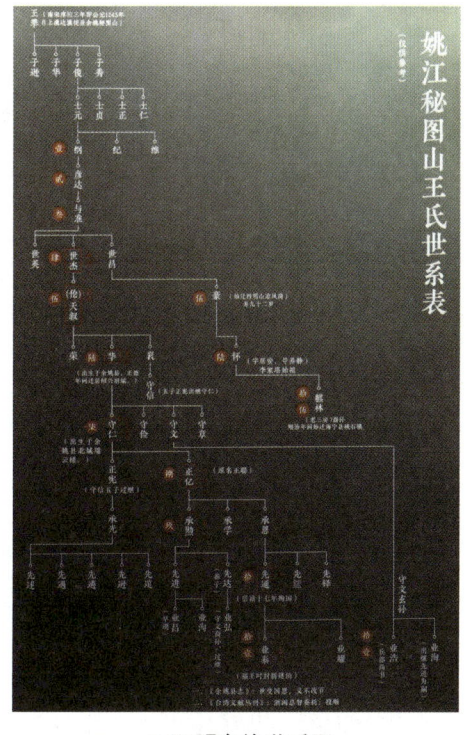

绍兴上虞达溪"王阳明先祖居住地陈列馆"

从这个谱系来看，王阳明祖上出过许多品行优秀的人，其家族"联绵数祀，门第之盛，天下莫敢望"②。中华文化十分尊重家族传统，祖先的这些行为成就和人格表现，对后世子孙包括王阳明的意趣志向和身心成长，甚至地位的抬高都有深远的影响。

家谱很多是由后往上推演出来的，如果说王阳明与王导的关系是续谱续上去的话，那么，比较靠谱的是从王阳明的上六代算起。

西方人讲家族出身，东方人讲家

王阳明家族世系图
（取自绍兴达溪"王阳明先祖居住地陈列馆"）

---

① 今上虞区陈溪乡虹溪村。2006年4月18日，撤虹桥村、刘生村、生溪村，合并设虹溪村。
② 胡俨：《遁石先生传》，载《王阳明全集》卷三十八，第1141页。

· 009 ·

学渊源。王阳明出生于"书香门第，诗礼人家"。王阳明的六世祖王纲（1302—1371）生活在天下大乱的元末明初，文武双全，会相面，会养生，与刘伯温是朋友。刘伯温是一个大人物，鼎鼎大名，为朱元璋建立明朝、开创基业出谋划策，起了很大的作用。王纲对刘伯温说："你是真正能够辅佐君王的大才，只是相貌稍微不尽如人意，仕途上应当多付出少索取。而我生性向往山林隐居生活，以后你飞黄腾达，实现了自己的志向，拜托你不要推荐我去当官，这样就好了。"

但在王纲近70岁时，刘伯温还是把他推荐给朱元璋，朱元璋接见他时，见他"齿发精神如少壮"，颇感惊奇；又询问其治国之道，对他的回答很满意，就让他当了四品的兵部郎中，后将其提拔为广东参议，让他带着16岁的儿子王彦达"往督兵粮"，前往潮州平乱。临行前,他说："*吾命尽兹行乎？*"遂"*致书与家人诀*"①，最终遇到海寇，死在增城。王彦达用一张羊皮把父亲遗体裹着带回老家。他既"痛父以忠死"，又恨朝廷待之太薄，遂终生隐居，读书自娱。王彦达临死前把祖传之书传给儿子王与准，并留下遗嘱，交代儿子不要再当官（"*但毋废先业而已，不以仕进望尔*"②），也就是要求儿子继承读书的"先业"，不要踏进仕途了。

王阳明的四世祖王与准牢记父亲遗命，从此"*闭门力学，尽读所遗书*"③，既不参加科举，也不接受荐举，坚决不当官。但人有本事，该来的还是会来。王与准会算卦，还和他的名字一样，一算一个准。这样，知县知道了，就总找他去算。王与准倔劲一上来，一把火烧了卦书，丢下狠话："我王与准绝不做一个成天奔走于衙门谈祸福的算命先生。"这一下得罪了县令，王与准只好逃往四明山，结果"坠崖伤足"，就不能当官了。他说岩石不是伤了自己，而是有德于自己，于是自号"遁石翁"。尽管王与准对当官入仕毫无兴趣，他的夫人却完全不同，临终前她对儿子讲："*尔贫日益甚，吾死，尔必仕。毋忘吾言！*"④

王与准的二儿子王世杰，也就是王阳明的曾祖父，在门前种了三棵槐树，自

---

① 张壹民：《王性常先生传》，载《王阳明全集》卷三十八，第1139页。
②③ 胡俨：《遁石先生传》，载《王阳明全集》卷三十八，第1140页。
④ 戚澜：《槐里先生传》，载《王阳明全集》卷三十八，第1142页。

号"槐里子"。王世杰从小"即有志圣贤之学。年十四,尽通《四书》《五经》及宋诸大儒之说"①,被录为县学生员。后来王世杰被推荐参加科考,他来到考场,看到一个个考生散发脱衣接受检查,以免夹带作弊。王世杰心想:这不是侮辱人吗?"吾宁曳履衡门矣"②。于是没进考场,转身就回了家。后来有两次当贡生的机会,他都让给了别人。

王阳明的五世祖(王彦达)、高祖(王与准)、曾祖(王世杰)、祖父(王伦),一共是四代人不出仕,耕读养气,确有"江左望族"的遗风。面对明代的流氓旋涡和世风日下的龌龊声浪,保持"隐儒"风范,真有腐败权贵或单纯农商家庭所不具备的文化力量。③其实,王阳明祖上四代,还是有不少当官的机会的。但王氏四代不仕,更多的是这四代人自己不愿意,是他们的主动选择。张壹民、胡俨、戚澜、魏瀚在《世德纪》中对此加以记载,或许也有为王阳明的人生与性格埋伏笔的意思。

说起王阳明的成长与他家族的关系,他的始祖,如王览、王导、王羲之等,那多少有些传说演绎的成分;至于五世祖(王彦达)、高祖(王与准)、曾祖(王世杰)倒是很实在,可从没在一起生活过。对王阳明影响最大的是他爷爷和他父亲。

王阳明的爷爷王伦(1421—1490),字天叙,"容貌瑰伟,细目美髯"④,风度翩翩,"性爱竹,所居轩外环植之,日啸咏其间"⑤。每当有客人来到这片竹林,他就说:这是我一天都离不开的"直、谅、多闻"三友呀!因此自号"竹轩公"。王伦十分孝悌,对母亲体贴入微,关心备至,对弟弟"少则教之于家塾,长则挈之游江湖"⑥,这在周边产生良好影响,"乡人有萁豆相煎者,闻先生风,多愧悔,更为敦睦之行"⑦。他"与人交际,和乐之气蔼然可掬。而对门人弟子,则矩范严肃,

---

① ② 戚澜:《槐里先生传》,载《王阳明全集》卷三十八,第1141—1142页。
③ 周月亮:《王阳明:内圣外王的九九方略》,中华工商联合出版社2002年版,第17—18页。
④ ⑤ ⑥ ⑦ 魏瀚:《竹轩先生传》,载《王阳明全集》卷三十七,第1142—1143页。

凛乎不可犯"①。

王伦本人是否参加过科考，没有记载，但肯定没做官。他虽然没有做过官，家境一般，只是在乡村教书度日，但自幼受其父王世杰的庭训，博览群书，学问很好，德业夙成，著有《竹轩稿》《江湖杂稿》。王伦教书更是一把好手，刚满二十，浙东浙西的高门大族争着请他当塾师。"凡及门经指授者，德业率多可观。"②

王伦有三个儿子：王荣、王华、王衮。王阳明则是他老二王华的长子。王衮有三个儿子，守礼、守信（为叶氏所生），以及守恭（为继室方氏所生）——王阳明一直把这位堂弟视为自己的亲弟。

王伦的家族荣耀似乎全出在老二王华一脉。王华是状元，王华的儿子王阳明是圣人，王伦教育出儿子王华这个状元郎和孙子王阳明这个新建伯，也算是够辉煌的了。

3. 王阳明和他的父亲

王阳明的父亲叫王华（1446—1522），字德辉，号实庵，晚年号海日翁，因读书于龙泉山中，又称龙山公。王华1446年（正统十一年）出生在余姚。有关王华的记载主要见于杨一清、陆深两人的传记，这些史料记载了王华的许多优点，是中国传统社会中标准的好儿童、好少年、好青年、好官员，主要记录和强调了以下几点：

一是勤奋好学，是个书呆子，读书"经耳辄成诵"，过目不忘。且王华之学"一出于正，书非正不读"。有一次，王华母亲在窗前织布，王华坐在旁边读书。这时，来了一队迎春的队伍，乡里无论老少都出来观看。王华母亲说："你也去看看吧。"王华说："母亲大人您错了，什么事比得上读书呢？"王华母亲高兴地说："我儿说得对，我说错了。"还有一次，有人拿道家有关长生之术的书给他看，他"峻拒之曰"："修身以俟命，吾儒家法。长生奚为？"③

---

①②魏瀚：《竹轩先生传》，载《王阳明全集》卷三十八，第1142—1143页。
③杨一清：《海日先生墓志铭》，载《王阳明全集》卷三十八，第1147页。

二是品行端正。史书记载了"王华还金"的故事,一直流传下来。据说,王华6岁时在水边玩,捡到一袋金子,足有几十两。王华想守在原地等金子的主人回来,又想到自己一个孩童守着一袋金子非常危险,万一遇到歹人抢走或有人冒领,那怎么办?于是就把袋子投入水中,然后坐在河边等。过了一会儿,失主哭喊着来找。王华核实后,从水里捞出金子交回。那人取出一锭来谢他,王华拒绝道:"这一袋金子我都没要,还会要你这一锭金子吗?"说罢扭头走了。从此,王华拾金不昧、正直聪颖的美名传遍乡里。

王华的品行端正还表现在他经得起诱惑,顶得住美人计。王华中举前,在一户人家做塾师。晚上突然进来一个美女,王华惊问,原来她是主人的小妾。问她深夜来干吗,此女子羞答答地从袖中摸出一张纸,上有"欲借人间种"五字,原来主人不育,想从王华处取基因。王华气极,拿起笔在纸上写下五个字:"恐惊天上神。"

三是王华通过科举改变了自己和家庭的命运。

1463年(天顺七年),17岁的王华参加秀才考试,因成绩优异,名声大噪,远近乡人都来请他教书。王华时常外出教书赚钱养家。

1471年(成化七年),25岁的王华娶了28岁的郑氏,生下王阳明。后来,约在成化十二三年到十七年的四五年间,王华纳了侧室杨氏,生了次子王守俭(太学生)、四子王守章。后来,郑氏亡故,1486年(成化二十二年),王华娶了继室赵氏。她小王华23岁,只大王阳明3岁。赵氏为王华生有三子守文(郡庠生)、女儿守让(徐爱的妻子)[①]。

1474年(成化十年),时任浙江提学的松江张悦发现王华和后来为内阁首辅的谢迁,认为"二子皆当状元及第",并推荐他俩参加省里的乡试。结果谢迁中举,而王华落榜。于是张悦就把王华推荐给当时在浙江做官的宁良。王华被宁良聘到湖南祁阳(今属永州市),当了他孩子宁玹三年的老师。

[①] 陆深:《海日先生行状》,载《王阳明全集》卷三十八,第1161页。

1475年（成化十一年），王华的同学、同乡谢迁金榜题名，中了状元，为翰林编修。这给王华以很大的刺激。他发奋努力,可1477年(成化十三年)乡试，王华又落榜了。他只得回到故乡，带着五六岁的王阳明，前往湖州、海盐、德清、东阳等地任子弟师，夜间就住宿在寺庙中。所以，神仙佛道之类，在儿时的王阳明身上留有印记。王华经常出句，要王阳明对句，以培养和训练其文学能力，比如"一年春长长春发，五月夏半半夏生"，"百尺竿头进步，千层浪里翻身"，等等。

1480年（成化十六年），王华参加浙江乡试，以第二名的成绩中举。本来王华夺得第一名，可惜他身着白衣去答谢考官，老古板的主考官认为王华"衣着不端，不成体统"，就将他的成绩降为第二名。王华中举后，有了点银两收入。家庭生活开始有了稳定的经济来源。

1481年（成化十七年）三月，35岁的王华通过了会试，又在接下来的殿试中一鸣惊人，只用了四个字就赢得皇帝的赞赏，夺得榜首，成了状元。

据说，皇帝出的殿试题是"道德和法律谁重要"。此题一出，考生们皆倒吸一口凉气，暗暗心惊。而王华提笔在手，稍加思索，便在试卷上答道："法因乎时而制其宜，所以品节乎道者也。道立而法未备，则民生未遂，民患未除，未足以言治。法具而道有未立，则纲常沦斁，风俗颓靡，文奚足以为治哉？故善为治者，不徒恃乎法以制天下之人，要必本于道；而善为法者，不徒徇乎名以诬天下之人，要必求其实焉……"意思是，法律和道德一样重要，没有法律，天下大乱，就没有了道德；而没有道德，民风败坏，法律就不会被遵守。

王华最后总结道："昔宋儒朱熹入对,有戒其勿以正心诚意之说进者。熹曰：'吾平生所学，在此四字，岂敢隐默以欺吾君。'臣尝诵此以自箴警。今承明诏，故于篇终直举所得于学者以为献。"这就指出了这篇文章的主题——正心诚意。这"正心诚意"，字面上是说要正心诚意地推行道德，推行法制，道德和法律是帝王的左右手一样，哪个都不能偏颇，它们都很重要；背后的深意是要朝堂从上到下狠抓落实，将道德和法律深入到每一个人的心底。王华写得简洁，却抓到了关键，又没惹恼皇帝，真不愧是大手笔。最后，龙颜大悦，皇上采纳了他"正心诚意"的答案，当场点他为状元，授翰林院修撰。王华入朝为官，使得王氏家庭在四代不仕之后重回官场，诗书世家成为官宦人家，政治上开始显达。

四是循规蹈矩。尽管王华高中状元，官授翰林院，但作为在家族四代不仕之后首次为官的人，王华在政治上极为谨慎。这与后来王阳明初入仕途积极进取的态度截然不同。

1484年（成化二十年），38岁的王华当上廷试的弥封官（相当于档案管理秘书），这年王阳明13岁。

1506年（正德元年），王华在中状元25年后，担任礼部左侍郎，成为内阁辅臣最重要的候选人之一。此时，王华60岁，王阳明35岁。最后，1507年（正德二年），王华官至南京吏部尚书。

当然，各种史书对王华的记载只是强调了他与王阳明的父子关系。一般史书都说王阳明从他爷爷那里得到无比的宠爱。王伦一手带大了小孙子王阳明，保护着小阳明豪迈不羁的天性。王伦对王阳明十分疼爱，更充满信心，他坚信自己的孙子不是凡品。他相信相面先生的预言："此子他日官至极品，当立异等功名。"王阳明做官也确实做到极品，生前做到了伯，死后封了侯，做到特等功名。他一辈子都在立志做圣人，都在探索怎么做圣人，他最终也确实成了圣人。

如果说少年王阳明在爷爷王伦那里得到的满是疼爱，那么在父亲王华那里得到的则是严厉管教——官僚家族的基本教育。在一般人眼里，王华在培养儿子王阳明的问题上，似乎是一个"反派"形象，对王阳明这样的天才，好像既看不清，又看不准，一直在打压王阳明的聪明才智，对儿子的广泛兴趣与涉猎，都不支持。早年间，父子俩一直斗争，小小的王阳明是在斗争中成长的。王阳明七八岁的时候，迷上了下棋。成天在那里排兵布阵。王华一把夺过棋盘，扔得远远的，说："你怎么能整天沉溺于这种小技！"王阳明说："是圣人教我这样做的呀。"王华说："我怎么不知道圣人有这么一说？"王阳明一本正经地说道："《论语》里说，虽小道，必有可观者焉。"[1]

---

[1] 度阴山：《知行合一王阳明》，北京联合出版公司2014年版，第10页。

实际上，王华对自己的孩子王阳明寄予厚望，早就精心呵护，多方培养。王华早年四处教书之时，就把幼子王阳明带在身边随时教育。中了状元的第二年，就把父亲王伦和儿子王阳明接到北京，住在长安西街。

作为高官之子，少年王阳明全然没有祖上那种隐士作风，而是好动顽皮，"豪迈不羁，喜任侠"。王华为他请了塾师，且"督责过严"，王阳明郁郁寡欢，等到塾师一走动，就率领同学旷课出游。他体格轻捷，"穷崖乔木攀缘，如履平地"。王华知道后，大怒，把王阳明锁在屋子里，令其读经书。但王阳明一逮住机会就溜出去嬉戏。王华回来后，检查他的功课，却一点毛病都没有。①

就这样，王阳明在京城度过了三年，其间又是读书，又是骑马，又是射箭，且达到一定水准。1486年秋，听说北方边境爆发战事②，王阳明骑马随父亲出京考察边关居庸关（今北京昌平区境内），了解关外少数民族状况和明朝边备之策，一个多月才返京，慨然有"经略四方之志"，表现出一股桀骜不驯的任侠之气。偶遇胡人骑兵，王阳明搭箭怒射，敌兵竟落荒而逃。此晚他梦见汉代伏波将军马援将军庙。

第二年，因连年饥荒，湖广（今湖南湖北）、河南、陕西三省交界处发生了以刘通（号"刘千斤"）、石龙（号"石和尚"）为首的流民暴动。王阳明了解到这个情况后，屡次要向皇帝上"安定之策"，被其父王华"斥之为狂"。

王华对儿子的爱护，表现为对幼年王阳明的呵护，对少年王阳明的管教。更重要的是，在王阳明踏上仕途之后，王华一直坚信自己儿子的政治选择和各种行动，在王阳明各个重要关头，坚定地站在自己儿子的一边，并以实际行动给予坚决支持。

比如，王阳明上疏救戴铣遭廷杖、下诏狱时，王华在京任礼部侍郎，"为微时所闻名士"。刘瑾几次暗示王华，只要王华到自己家里走动一下，王阳明就可

---

① 参见邹守益：《王阳明先生图谱》，载张昭炜：《王阳明图传》，上海古籍出版社2021年版。
② 据《明史》记载："(成化)二十二年，鞑靼别部那孩拥三万众入大宁、金山，涉老河，攻杀三卫头目伯颜等，掠去人畜以万计。"

平安无事，父子俩还可以得到提拔。但王华孤标傲骨，不为所动，就是不去，"公竟不往，瑾益怒"，让刘瑾更为恼火。于是，王华被打入南京冷宫，任南京吏部尚书。刘瑾拉拢人的贼心不死，"犹以旧故慰言，冀必往谢"，用以前同事一场的经历来说事，心想王华这一下会来拜谢吧。谁想，王华还是不动，"公复不行"。于是刘瑾就翻出王华在礼部的一些旧事挑刺。结果，王阳明被发配龙场，王华被迫退休回家。

王阳明被发配到贵州龙场前，专程来南京见父亲，父子抱头痛哭。之后王华默默地派出两人跟随自己的儿子，给予支持。

当年宁王朱宸濠谋逆时，王华始终能"闻变从容，群嚣众惑，巍然不为动"。流言蜚语说王阳明与朱宸濠搞到一起去了，王华坚信自己的儿子，说："吾儿素以在天理上用功夫，必不为此。"

再后来，听说王阳明起兵讨伐朱宸濠，有人劝王华：朱宸濠恼恨你的儿子，肯定会派人害你（"必阴使人行不利于公"），你还是躲一躲吧。王华毫不畏惧，笑曰：我的儿子能弃家讨贼，我怎能逃走？反贼行且自毙，我身为朝廷大臣，只恨年纪大了不能扛枪杀敌。即使我儿遇到不幸，我也要"与乡里子弟共死此城耳"，还派人到各郡县"急调兵粮为备；禁讹言，勿令动摇人心"。[1] 王华此举，使得王阳明不为家事而分心，专注于靖乱。王华坚信他儿子在做着为国为民的大事，他气定神闲地说道："看儿曹整顿乾坤，任老子婆娑风月。"[2]

后来，正德皇帝"南巡"，王阳明遭诬陷，议论纷纷，"众虑祸且及家"。王华则"寂若无闻"，平静如常，只是告诫家人谨出入，慎言语。

当朝廷封王阳明为"新建伯"时，正好是王华的生日。王阳明举着酒杯为父亲祝寿，王华却讲了一通大道理："吾父子乃得复相见耶！贼濠之乱，皆以汝为死矣，而不死；以为事难猝平，而平之。然此仗宗社神灵，朝廷威德，岂汝一书生所能办？比谗构横行，祸机四发，赖武庙英明保全。今国是既定，吾父子之荣极矣。

---

[1] 杨一清：《海日先生墓志铭》，载《王阳明全集》卷三十八，第1144页。
[2] 《阳明先生题于忠肃祠一联记事》，载《王阳明全集》卷三十二，第999页。

然福者祸之基,能无惧乎!古云:'知足不辱,知止不殆。'吾老矣,得父子相保牖下,孰与犯盈满之戒,覆成功而毁令名者耶?"①王阳明跪倒在地,说:"谨受教。"

王华逝世前,朝廷的任命到了,王华睁开眼说:"不可以因为我病重而废了礼仪,你们都赶紧出迎。"当王阳明兄弟在门口迎接时,王华躺在病床上一直听到全部仪式完毕,才偃然瞑目,享年77岁。

在父亲葬礼的整个过程中,王阳明告诫家人不哭,给父亲换入殓的衣服,将内外各种发丧的东西准备齐全,才举哀。王阳明一恸欲绝。

名臣杨一清为王华作《海日先生墓志铭》,一反墓志铭的常例,先写在平定朱宸濠叛乱中王华、王阳明的"父子大节",然后才说王华的身世与人生、人品,评价王华一身正气:"*公之学一出于正,书非正不读。*"②对王华来说,旁门左道、歪风邪气跟他是不挨边的。

二、王阳明哪些地方被神化了?

1472年10月31日(成化八年农历九月三十日)亥时,王阳明出生于浙江绍兴府余姚县的一个书香门第、诗礼人家。祖父叫王伦,祖母为岑氏。父亲叫王华,母亲为郑氏。

王阳明是奇才,奇人,有奇事,甚至是奇迹。王阳明确实是一个厉害的主儿:整个明代,文人被封为"伯"的有十余人,但文人立军功而被封为伯的只有王骥(1378—1460)、王越(1426—1499)和王阳明三人。王骥被封为靖远伯,王越被封为威宁伯。王阳明被封为"新建伯",且在去世后,又从"新建伯"被追封为"新建侯"。生前封了伯,死后又追封为侯,这在整个明朝,只此一人。

王阳明是一个了不起的人。人一旦了不起,就有许多神奇怪异的传说。为了证明他不是凡人,王阳明的童年就有四个传说。但是,这些叙述其实有许多漏洞:

---

①②杨一清:《海日先生墓志铭》,载《王阳明全集》卷三十八,第1144页。

1. 在母亲肚子里待 14 个月才呱呱坠地

明代黄绾《阳明先生行状》记:"郑氏孕十四月而生公。"明代钱德洪《阳明先生年谱》也持此说。但此种说法违反生理学。"十月怀胎,一朝分娩",如果 14 个月还不出生,那肯定是死胎。人们认为此说是因为当时王阳明家中处境,无法确认其母受孕的时间。也有后人夸张神化王阳明之嫌。①

2. "神人送子"

在王阳明出生前,他祖母岑氏梦到天空中突然仙乐齐鸣、祥瑞齐现,一位神仙身披紫霞圣衣、脚踏五彩祥云自云端而降,"神人衣绯玉,云中鼓吹,送儿授岑",把一个白白胖胖的婴儿送到岑氏

王阳明的出生地——余姚瑞雲楼

怀中,说:这个孩子将来一定能光大你家门庭。岑氏正在惊恐之时,一阵婴儿响亮的哭声,让岑氏从梦中惊醒,才知隔壁屋中儿媳郑氏生下了一个男孩。岑氏立刻把自己的梦告诉了王阳明的祖父王伦。王伦觉得很奇异,又觉得这是好事,为纪念神仙驾云送子,就为小孙子起名"王雲"。后来,王雲降生的那幢余姚莫氏楼就名为"瑞雲楼"。瑞雲楼为重檐硬山、五间二弄的两层木结构建筑,此楼系王伦租自莫氏的房产。24 年后,王阳明的高足钱德洪也出生于这幢楼。钱德洪长大后写了一篇《瑞雲楼记》,详细记载了王阳明出生时"神人送子"的传说。

后来,年谱也好,家谱也罢,都这么记载和叙述,人们从古至今都这么说。这样的说法其实都是一个套路,都是在说王阳明的神奇,认为他不是凡人。

---

① 参见李庆:《王阳明传——十五、十六世纪中国政治史、思想史的聚集点》,上海古籍出版社 2021 年版,第 41 页。

3. 五六岁都没开口说过话

据说王阳明很晚都没开口说过话（钱德洪、邹守益说是五岁，黄绾、湛若水说是六岁），一家人很着急。后来，王云小朋友正在和小伙伴玩耍，一个道士走来，把王云左看看，右瞧瞧，摇摇头，叹口气，对他爷爷说："天机不可泄。好个孩儿，可惜说破了。"王伦反复琢磨：什么叫"说破了"呢？他猛然想到孙子名字"王云"的"云"，如梦方醒：唉，"云"，就是"说"呀，天机不可泄露，"云"，不就"说"破了吗？于是，马上把"王云"改成"王守仁"。众人问此名何意，王伦捻着胡须，摇头晃脑地说："子曰：知及之，仁不能守之，虽得之，必失之。"凭借聪明机巧得到的东西，如果没有足够的仁德，那就不能守着它；即使得到了，也一定会丧失。众人一听，恍然大悟。从此，王云就叫王守仁了（"阳明"是他成人后自己取的号）。

名字一改，果然见效。第二天，王伦像往常一样准备练字，提笔写下"大学之道"后，旁边的王守仁就滔滔不绝地朗声说道："大学之道，在明明德，在亲民，在止于至善……"这是王伦平日里常读的书呀，一家人万分惊喜，王伦再问王守仁其他儒家经典，他都是张口就来。王伦一把抱起小孙子，问："你说话啦？！你从哪里学来的？"他说："爷爷念书时，我记在心里了。"真是天才呀。

其实，关于取名和改名之事，无论是"王云"也好，"王守仁"也罢，起因一是神仙，一是老道，都是神奇，但殊不知有一大漏洞，在当时，祥云的"雲"和说话的"云"原本不是同一个字。所以，从"雲"这个字是得不出道破了天机这个结论的。但是，黄绾、钱德洪、罗洪先、邹守益等都这么说，或都乐意这么传。我想，叙述者是要就"王云"的出生、取名和改名这一事实，说出王阳明不是凡人的意思来。

但话又要说回来，王阳明他奶奶盼孙心切，日有所思，夜有所梦，做了这个梦可能是真的，而且王阳明的爷爷、奶奶、父亲、母亲也真信这个梦。王阳明本人相不相信自己是天上的神仙送来的，史书没有记载，但那个时代还真保不齐都信。

不管他们信不信，我们现在的人可要知道，这只不过是那个时代的常见手法，要说一个人伟大，就要把这个人说得神乎其神、怪而又怪。在母系氏族社会，妇女在生产生活中占支配地位。子女只知母，不知其父，所以，神话里是"圣人无父，感天而生",天命玄鸟,降而生商。《史记·殷本纪》说商朝的始祖是他母亲到郊外树林里沐浴洗澡,刚好有只玄鸟飞过,掉下一个蛋到她嘴里,她吃了下去就怀孕了。《史记·周本纪》说弃(周朝的祖先)是谁生的呢?是他母亲邰氏之女姜原踩着了一个巨人的脚印,就怀孕而生弃。这样的例子还有《山海经》中记载的"华胥履大迹生伏羲",说伏羲的母亲华胥在雷泽踩了一个大脚印就怀孕,生下了伏羲。

4. 圣境、圣胎、圣果

在各种记载中,王阳明一生还有许多神神道道的怪事,他总会碰到一些和尚、道士,这些和尚、道士又总说一些没头没脑却影响他一生的话。1483年,他和父亲在北京城里碰到一个道士,对他父亲说:你这孩子能跨灶(超越父亲)。他父亲很疑惑:我已是状元,到顶了,难道他还会是状元的状元?道士说,这正是此子的奇异之处呀。[①]

后来,又有一天,王阳明和两个同学在街上走着,迎面走来一个道士,盯着他直看,突然抓住他的手说:"这位同学,我为你相一下面相吧,你以后要记住我的话。"

同学慌了,以为此人要么是骗子,要么是疯子,直劝王阳明快走。王阳明却人小胆大,他爷爷的爷爷,以及爷爷的爷爷的爷爷都是干这个的,于是他认真地说:"愿闻其详。"

道士郑重其事地说:"你的胡子长到衣领处,你就入了圣境;胡子长到心窝处,你就结了圣胎;胡子长到肚脐处,你就圣果圆满了。"("须拂领,其时入圣境;须至上丹台,其时结圣胎;须至下丹田,其时圣果圆。"[②])说罢,扬长而去。同学们听傻了,王阳明却似乎听到了上天的使者来传信。

许多书都着力书写王阳明的人生传奇经历,从幼年到去世,从读书到主政,从讲学到悟道,涵盖了王阳明一生的方方面面。王阳明人生坎坷,起落不定,确非一般人能比,但年谱等资料记载的有些故事过于离奇,比如僧人指点开口说话、

[①] 度阴山:《知行合一王阳明》,北京联合出版公司2014年版,第45页。
[②] 钱德洪:《年谱一》,载《王阳明全集》卷三十三,第1001页。

逃亡路上夜宿虎穴、武夷山巧遇二十年前道士等等，明显荒诞不经，虽然可增加趣味性，却显然有演绎和神化的成分。对这些传奇经历与故事当不得真。

古人著述，为了神化和圣化某人，常将一些神奇事件附会于某人身上。《汉书·艺文志》说："小说家者流，盖出于稗官，街谈巷语，道听途说者之所造也。"现在，有些写王阳明的书，就是这种"小说家者流"，将严肃的史实记载变成了传奇叙述，将阳明的真实人生和后人的演绎传奇混在一起，真假莫辨，虽然神化了王阳明，却损害了其思想的严肃性，严肃的心学创造变成了一个奇异人士的传奇演义。

现在的王阳明研究，有史实描述，有思想分析，有背景交代，有旁征博引，既有文学性，也有思想性，但也有不少主观臆想，将王阳明作为王朝官吏的政治、军事活动演绎得过于出神入化，以强化其传奇色彩，把王阳明塑造成一个奇人、神人，将王阳明写成一个现代意义上的"成功人士"。"欲成大事业，必读王阳明。"在这些书的叙述里，王阳明的人生是传奇。王阳明的心学思想更是传奇，成为包治百病之良药，似乎掌握了这一心学要旨，生活中的磨难、坎坷都不是问题，人生建功立业亦指日可待。掌握了心学，就能"找到真正的自己，塑造自己，成就自己，乃至成就你的团队、你的组织、你的家国"，在这种"成功学"话语表述中，阳明心学成了造就"成功"的"神奇之学"。

我们反对神奇、神怪甚至妖怪化王阳明，而要着力写其政治智慧、政治立场、人生智慧。王阳明以不世之才，历百死千难，开创良知学，竭其心力维护明王朝的政权，思想上、事功上都达到了其他理学家难以企及的高度，其人其学赢得了后来思想家、政治家的推崇。同时，我们也要看到王阳明思想的时代局限性。王阳明的思想有着自身的缺陷与不足，还有许多问题是王阳明没有解决或不能解决的。另外，我们还要看到王阳明的弟子门人敬仰、崇拜王阳明，因而有了"神化阳明"的倾向。对此，我们要秉持历史唯物主义态度，不能参与这种"造神"活动。

优秀的传统人物首先是一个普通的人、正常的人，然后才是一个杰出的人，而不是"神人"。我们对传统文化和传统人物的尊重，并不等于把他们过度美化和神奇化，应该将王阳明放在当时的历史环境下，放在中国思想发展的历史脉络中，作为一个有个性、有长处，甚至有缺失的思想家个体来认知。

王阳明本人的婚姻和子女情况是：妻子诸氏，余姚人，1525年（嘉靖四年）卒，夫妻患难与共37年，竟无一子一女。1515年（正德十年）正月，王阳明44岁时，王华把自己三弟王衮的儿子王守信的第五子王正宪过继给王阳明做嗣子。王正宪，字仲肃，号紫汉，生于1508年（正德三年），7岁时过继给王阳明，终年55岁，配吴氏。

王阳明在夫人诸氏去世后，娶继室张氏。1526年（嘉靖五年）十一月，张氏生正聪（1526—1577）。王阳明逝世后，正聪更名为正亿，成人后娶黄绾之女，有子二人，长子王承勋（漕运总兵），次子王承学。又娶侧室祁氏，祁氏生有一子五女，子王承恩。1568年（隆庆二年）六月，奉召袭封新建伯。王正亿逝世，其长子王承勋承袭新建伯爵位。

三、王阳明在京城的人生第一问："什么是人生第一等事？"

1. 人生起步于这第一问

王阳明活了57岁，立功、立德、立言，是一个真三不朽的人。而且，他之所以了不起，就在于他很早就触到了中国文化的这个核心问题，并一直在这个核心问题上不断地心上炼、事上炼。其中，他有个可贵的品质：会提问，且提很奇怪、很重要的问。

1481年，王阳明的父亲、35岁的王华科举考试考上了进士，还是第一名，中了状元，来到北京，进了翰林院任修撰。

科举是什么概念？有些人把科考当作现在的考大学，甚至说考上举人就相当于考上大学，考上进士就相当于考上研究生，那高中状元、榜眼、探花之类的，就相当于考上博士。这完全是搞混了。

现在考中学、考大学，是教育制度。与从事什么职业、是不是公务员、当不当官等都是分开的。现在的高考只是拿到一个学习四年的入学资格。读完书，大学毕业，再通过考试，才有可能获得公务员资格。而古代科举是选拔官员的制度。

你在哪里读书，不管，可以在官学（县学、府学、国子监）读，可以在书院里读，也可以自学。然后参加科举考试，在县里考，考上了，当秀才。然后到省会参加乡试，考上了，成为举人，如《儒林外史》中的范进中举，就有俸禄，相当于公务员。举人到京城去参加第二年的会考，考中了就是贡士。再到皇帝殿上去考，第一名状元，第二名榜眼，第三名探花，是为一甲，赐进士及第；二、三甲，分别赐进士出身、同进士出身。这些一、二、三甲在内的所有进士，都可直接当官，直接任职，或进中央班子，或下派当县官。所以，科举等于向全国公开招聘领导干部。

这样，王华考上进士，一甲第一名，中了状元，就来到了北京，不是读书做学生，而是进了翰林院，成了皇帝身边的高官了。而王阳明作为京官的公子哥儿，也就来到北京，进了学校读书。

1483年，王阳明刚进学校，就向老师提出了他人生的第一问："什么是人生第一等事？"即做人要做什么样的人？一问就问人生观、价值观。

老师心想这个容易啊，答："读书做大官呀。"（唯读书登第耳。）

这还真是那个时代的标准答案、正确答案。不这样答都会扣分的，这样答绝对满分，想扣分都扣不了。现在去婺源的传统村落看老房子，客厅常挂着"几百年人家无非积善，第一等好事只是读书"的楹联。

其实，这楹联只讲对了一半。中国人不是为读书而读书，学而优则仕，读书和当官，两者是连在一起的。读书只是一个途径，当官才是目的，读书是要服从和服务于这个人生目标的。

王阳明的老师讲读书做大官，这才是中国传统文化在这个问题上的全部答案。

可是，没想到，王阳明不过12岁，相当于现在一个小学五六年级的小孩，竟把头一摇，说："不对。您讲错了。"

老师一听，眼睛瞪得比铃铛还圆，有点生气，十分惊讶地问："什么？！那你说第一等事是什么？"老师生气是有道理的。12岁，这么小的孩子，竟然质疑公理。这还了得！

王阳明淡定地回答道："读书做圣贤。"

王阳明的这一问一答，惊天动地，意义重大。当时，科举取士后，读书的目的被异化为做官，儒学"修齐治平"的初衷已为功名所遮蔽；而王阳明在发蒙阶段就触及儒学的本原，立下读书成圣之志，且终生追求，矢志不移，实在是了不起。

王阳明立志做圣贤的事，不但记载在钱德洪编的《阳明先生年谱》中，还见于邹守益编的《王阳明先生图谱》——王阳明经常"对书静坐，思为圣学，而未得所入"。他父亲王华很奇怪，问："怎么没听到你读书的声音呀？"王阳明说："我要做第一等事。"他父亲说："除了读书当官，还有什么第一等事？"王阳明说："读书登第，还是第二等事。为圣贤，乃为第一等事。"

这两条材料都说明，王阳明从小就有个志向，并且一辈子琢磨、践行如何成为一个圣人。也就是说，王阳明自小就有"做人成圣"的初心和志向，所谓"志道"。

2. 要做人，先立志

立志是王阳明人生成圣的第一步，是他一生讲得最多的一句话，实际上也是他心学思想的第一要则。

王阳明的立志，并不是像小孩子光讲个"长大后我要当个科学家"那样的话，而是要围绕着"做人要做个什么样的人"这样一个成圣的人生目标。立志成圣是王阳明心学的第一条。

怎样才能成为圣人呢？中国文化历来认为有两条基本路径：读书，立志。

朱熹的观点是前一种：要做人，先读书。朱熹（1130—1200），宋代思想家，大儒，祖籍是江西婺源。朱熹是宋代大儒，是一个圣人。中国封建社会2000多年，在意识形态方面，可以说是"前1000年归孔子孔夫子管，后1000年归朱熹朱夫子管"。中国儒学到后面就变成了程朱理学、宋明理学。程朱的"程"是"二程"（程颢、程颐），"朱"就是朱熹，是集大成者。朱熹的学问很大，大到什么地步？他竟然把古代的四书五经全部注解了一遍。早在1313年（皇庆二年），程朱之学就成为国家科举试士的取舍标准。明袭其制，专以朱熹之《四书章句集注》与程颐之《易传》等书为命题之本，以后考科举就以他的注解为准。

朱熹十分强调学习儒家经书，读书求知，格物致知，是非常重要的。朱熹认为，要做人，先读书，格物致知。什么是格物致知？先观察外物，博览群书，然后就明白了做人的道理，就会做人了。那做人的道理在哪里呢？"一草一木，皆涵至理"，"格"一个物，懂一个道理，"格"两个物，懂两个道理……慢慢地，懂得了所有的道理以后，就致知了，成圣人了。朱熹的这种"格物致知"和程颐的观点相同。程颐说过："凡一物上有一理，须是穷致其理……今日格一件，明日又格一件。积习既多，然后脱然自有贯通处。"[1]

与之相对，陆九渊的观点是：要做人，先立志。陆九渊（1139—1193），江西抚州金溪人。陆九渊也是一位了不得的牛人，一位与朱熹同等级别的大儒。2016年5月17日，习近平总书记发表《在哲学社会科学工作座谈会上的讲话》，其中说道："在漫漫历史长河中，中华民族……涌现了老子、孔子、庄子、孟子、荀子、韩非子、董仲舒、王充、何晏、王弼、韩愈、周敦颐、程颢、程颐、朱熹、陆九渊、王守仁、李贽、黄宗羲、顾炎武、王夫之、康有为、梁启超、孙中山、鲁迅等一大批思想大家，留下了浩如烟海的文化遗产。"讲话中列举的这25位思想大家中，有7位（韩愈、周敦颐、程颢、程颐、朱熹、陆九渊、王守仁）或是江西籍或在江西工作生活过。而在这7位中，只有陆九渊籍贯是江西，出生在江西，除在京城和荆州短暂逗留、工作外，一直生活在江西，是真正的"江西老表"。

但陆九渊对朱熹的观点很不以为然。读书能读出圣人来？陆九渊认为：要做人，先立志。要想上大学，得先有上大学的志向，再去认真读书，发奋努力。没有志气，再读书都是死读书，读死书，都是瞎耽误工夫。他讲："人惟患无志，有志无有不成者"。[2]陆九渊强调不但要立志，还要立大志。他经常用孟子"先立乎其大"之语来激励人们"大其心""大其志"。有人嘲讽他，他不为所动，"近有议吾者云：'除了先立乎其大者一句，全无伎俩。'吾闻之曰：'诚然。'"[3]

---

[1]《伊川先生语四》，《二程遗书》卷十八，上海古籍出版社2020年版，第232—233页。
[2]陆九渊：《语录下》，《陆九渊集》卷三十五，中华书局2020年版，第506页。
[3]陆九渊：《语录上》，《陆九渊集》卷三十五，中华书局2020年版，第463页。

陆九渊在京城遭贬，返回江西办学。象山精舍落成时，他写下《贵溪重修县学记》，号召大家要树雄心，立壮志——立志，要大其心，大其志。定位决定地位，想法决定做法，人生观决定人生路，故理想要远大，信念要坚定。

1175年（淳熙二年），陆九渊和朱熹在吕祖谦的撮合下，双方在鹅湖书院（位于今上饶铅山）会面，吵了一架，史称"鹅湖之辩"。他们的分歧点在哪儿呢？就是做圣人究竟是先读书还是先立志。

朱熹认为陆九渊的办法太简易了，主张先博览群书，而后归之于约。而陆九渊认为朱熹的办法太支离了，主张先发明人的本心，而后使之博览。陆九渊在辩论时攻势凌厉，他反问道："尧舜之前，何书可读？"尧舜没有读书，为什么大家公认他俩是圣人呢？可见，读书不是成圣的唯一通道。

总之，朱熹与陆九渊在做君子、做圣人的问题上没有矛盾，只是在怎样才能成为君子的问题上，他们有矛盾，一个讲先读书，一个讲先立志。其实，朱陆两人讲的是成为圣人君子的两条路径，是向前走路的两个下脚处，一个左脚，一个右脚，虽有对立，有不同，有矛盾，却并行不悖，对立统一。

对于朱熹和陆九渊的争论，王阳明的立场和观点是鲜明的：陆九渊讲得对！做人，首先要立志。"志不立，天下无可成之事。""志不立，如无舵之舟、无衔之马，漂荡奔逸。"[1] 立成圣之志，就是愚夫愚妇也可以悟道；若不立圣贤之志，则再饱学也无济于事。"夫志，犹木之根也；讲学者，犹栽培灌溉之也。"[2]

王阳明坚称人人皆可为尧舜，他不仅在理论上承认了这种可能，还指出了成圣的方法与路径。王阳明说："立志用功，如种树然。……初种根时，只管栽培灌溉，勿作枝想，勿作叶想，勿作花想，勿作实想。悬想何益！"[3] 周月亮说，立志不能有功利目的，否则就是和自己做买卖。一个一种下树苗就想结果子卖钱的人，就是一个和自己做买卖的人。一个和自己都做买卖的人，肯定是个俗透了的人，用

---

[1] 王阳明：《教条示龙场诸生》，《王阳明全集》卷二十六，第804页。
[2] 王阳明：《书汪进之卷》，《王阳明全集》卷二十八，第845页。
[3] 王阳明：《传习录上》，《王阳明全集》卷一，第13页。

心学的话说叫欺心。①

王阳明认为，圣人不是读书读出来的，圣人是做事做出来的，是炼心炼出来的。是通过做好每一件事，做好每一件好事，来做一个好人。王阳明的"知行合一""致良知"，"行"和"致"是至关重要的。就像现在我们常说：要做、要干，"不干，半点马克思主义也没有"。王阳明就是强调要通过道德实践来发明自己的本心，来发明自己的良心，来发明自己的良知。

怎么立志成圣呢？王阳明认为，成圣之路，从"心"开始。吾道根底，知行合一。心正了，路就对了。时时向上向善致良知，也就是去私无欲，要立志堂堂正正做个人，要时常反省自己，严以律己，严以修身，心中不能有杂念，内圣才能外王。

"无欲之谓也，是谓集义者也。"②而所谓集义，就是多做符合道义的事。"只念念要存天理，即是立志。能不忘乎此，久则自然心中凝聚，犹道家所谓结圣胎也。此天理之念常存，驯至于美大圣神，亦只从此一念存养扩充去耳。"③日子一久，义仁就会在心中凝聚，这个集义的过程就像道家所说的"结圣胎"。只要常存此念，就会逐渐达到孟子讲的"美大圣神"的境界，并且也只能对这一个念头加以存养和扩充。王阳明在《训蒙大意示教读刘伯颂等》中说："古之教者，教以人伦。后世记诵词章之习起，而先王之教亡。今教童子，惟当以孝、弟、忠、信、礼、义、廉、耻为专务。"④古时教育的主要内容是人伦道德，不知何时"而先王之教亡"，教人的方法变味了，忘记了古代先贤的教育真谛，"记诵词章"的教育大为风行，专门让人抱着几本古书又是读，又是背，古书倒背如流，书中讲的道理却不理睬；或者教学生写文章，文章写得花团锦簇，做人却是另一番模样。王阳明认为：现在的教育，应该恢复优秀传统，把"孝、悌、忠、信、礼、义、廉、耻"这"人

---

① 周月亮：《王阳明传》，长江文艺出版社2016年版，第154页。
② 王阳明：《答伦彦式》，《王阳明全集》卷五，第155页。
③ 王阳明：《传习录上》，《王阳明全集》卷一，第10页。
④ 王阳明：《传习录上》，《王阳明全集》卷二，第76页。

生八德"作为基本功课。王阳明认为：人生八德的关键点不是基石"孝"，也不是"忠"，而是"义"。[①]他说："集义只是致良知。心得其宜为义，致良知则心得其宜矣。"[②]

一次，何廷仁、黄正之、李侯璧、王汝中、钱德洪在一起，听先生王阳明讲学，王阳明看了看几位弟子，说："汝辈学问不长进，只是未立志。"[③]

李侯璧站起来说："我愿意立志。"

王阳明说："倒不能说你没立志，而说你立的不是做圣人的志。"

李侯璧回答："我愿意立做圣人之志。"

王阳明说："你真有圣人之志，良知就要纯洁明亮。如果还有别的牵挂，就不必立下做圣人的志向了。"

钱德洪刚听讲时，还不太服气，但"听说到此，不觉悚汗"[④]。只有何廷仁频频点头，他一开始就明白了先生话里所蕴含的机锋。

王阳明对何廷仁等人说："良知是造化的精灵。这些精灵，生天生地，成鬼成帝，皆从此出，真是与物无对。人若复得他完完全全，无少亏欠，自不觉手舞足蹈，不知天地间更有何乐可代。"[⑤]

阳明心学认为要想做人成圣，首先要立志。"关键是立志。志立得时，千事万为只是一事。"心学之要，就是圣学，成圣之要，必先立志。圣学即人学：立志成圣，内圣外王。王阳明说：立成圣之志，就是愚夫妇也可以悟道，若不立圣贤之志，则再博学多才亦无济于事。

王阳明12岁时的京城那一问，就是立志：把读书做圣贤当作人生第一等事。14岁时塞外只身勇追鞑靼，16岁时给朝廷写平安策，胆量、心胸、志气可见一斑。龙场悟道后，王阳明更是在理性上认识到立志的重要性，强调成圣的第一步就是立志。王阳明在龙场给诸生立下"立志、勤学、改过、责善"等四个"教条"，

[①] 度阴山：《知行合一王阳明3：王阳明家训》，江苏凤凰文艺出版社2016年版，第136页。
[②] 王阳明：《答董沄萝石》，《王阳明全集》卷五，第168页。
[③][④][⑤] 王阳明：《传习录下》，《王阳明全集》卷三，第91—92页。

第一条就是立志。王阳明在给继子的信中写道"愿汝且立志",写下《示弟立志说》[①]。王阳明认为,立志是为学的基础和前提,并贯穿了为学的全过程。学生朱守谐问怎么学习,他说:"立志而已。"[②] 他还说:"已立志为君子,自当从事于学,凡学之不勤,必其志之尚未笃也。"[③] 正德五年十一月,王阳明从吉安庐陵调回北京,见黄绾有志于圣学,大为激动,说:"此学久绝,子何所闻?"黄绾说:"虽粗有志,实未用功。"王阳明说:"人惟患无志,不患无功。"[④] "故立志者,为学之心也;为学者,立志之事也。"[⑤]

程颐教人,读书"要识圣贤气象"。王阳明以为"气象"不够用。"圣人气象自是圣人的,我从何处识认?若不就自己良知上真切体认……真所谓以小人之腹而度君子之心矣。""圣人气象何由认得?自己良知原与圣人一般,若体认得自己良知明白,即圣人气象不在圣人而在我矣。"[⑥]

3. 立志要立什么志?

立志,许多人都会,但王阳明提倡:立志就要大其心,大其志,就要"先立必为圣人之志"。如果人生一世,不立志成圣、成贤、成志士,就会像无舵之舟、无衔之马,漂泊奔逸,人生就没有方向。

王阳明认为立什么志,就会成为什么样的人。"立志而圣,则圣矣,立志而贤,则贤矣。"[⑦] 他还说:"诸公在此,务要立个必为圣人之心,时时刻刻,须是一棒一条痕,一掴一掌血,方能听吾说话句句得力。若茫茫荡荡度日,譬如一块死肉,打也不知得痛痒,恐终不济事。"[⑧] 如果不立志,就是浑浑噩噩地混日子;只有

---

① 见《王阳明全集》卷七,第218—220页。
② 王阳明:《书朱守谐卷》,《王阳明全集》卷八,第232页。
③⑦ 王阳明:《教条示龙场诸生》,《王阳明全集》卷二十六,第804页。
④ 钱德洪:《年谱一》,载《王阳明全集》卷三十三,第1009页。
⑤ 王阳明:《书朱守谐卷》,《王阳明全集》卷八,第233页。
⑥ 王阳明:《答周道通书》,《王阳明全集》卷二,第51页。
⑧ 王阳明:《传习录下》,《王阳明全集》卷三,第108页。

立志成圣，才能"一棒一条痕，一掴一掌血"，把阳明心学"句句得力"地听进去。

"种树者必培其根，种德者必养其心"①，王阳明立志的核心出发点就是一个：立志成圣。王阳明的一生，无论是入仕初期遭受廷杖、牢狱、发配，还是平南赣之乱与平宁王之叛，或是传播心学启迪人之良知，做圣贤的人生理想始终不变。王阳明认为，立志成圣，需要无中生有的工夫。学者的这种志向，就像大树的种子，只管培植下去，自然会日夜生长，生机就会日益蓬勃，枝叶就会日益茂盛。

4. 圣贤之"志"怎么立？

陆澄（字原静、清伯）进士，是王阳明的得意弟子，王阳明曾叹："自曰仁（徐爱）没后，吾道益孤，致望原静（陆澄）者亦不浅。"②他将弘扬心学的希望寄托于陆澄。王阳明在南京时，陆澄跟随左右，并记录了王阳明关于"主一""立志"的讲学。

陆澄问："怎样立志？"王阳明在不同场合回答了这个问题。

首先，立志要心诚。王阳明以诚意解《大学》："《大学》之要，诚意而已矣。"③王阳明认为立诚是立志的"咽喉"处，是最关键的。"近时与朋友论学，惟说'立诚'二字。杀人须就咽喉上著刀。吾人为学，当从心髓入微处用力，自然笃实光辉。虽私欲之萌，真是洪炉点雪，天下之大本立矣。"④立志，就要在实处下脚，咽喉处著刀，切己处用力，王阳明认为，找到了着力处，才算立志，否则只是瞎耽误工夫。

什么是"诚意"呢？王阳明说："诚意之功，格物而已矣。诚意之极，止至善而已矣。"⑤诚意之道，在乎去私欲，存天理。"私欲日生，如地上尘。一日不扫，

---

① 王阳明：《传习录上》，《王阳明全集》卷一，第29页。
② 王阳明：《与陆原静》二，《王阳明全集》卷四，第143页。
③⑤ 王阳明：《大学古本序》，《王阳明全集》卷四，第204页。
④ 王阳明：《与黄宗贤》五，《王阳明全集》卷四，第131页。

便又有一层。着实用功，便见道无终穷，愈探愈深。"①这不禁使人想到毛泽东的话"扫帚不到，灰尘是不会自己跑掉的"②。

王阳明让我们"反身而诚"，从"克己"做起，从内心做起，明心见性。阳明心学把心与物的关系，由"逐物"变成了"正心""诚意"。校正自己的"心""意"，这就是一个不断提高、纯洁自己的人性、品性、心性，不断挖掘自家宝藏的过程。自己的思想境界提高了，主体高大了，外界就渺小了。天下的事情虽然千变万化，我们的反应不外乎喜怒哀乐，所以，炼出和保持一种自得不动心的心态是学习、从政的关键。这样就能在千变万化的境遇中，在错综复杂的矛盾中，找到良好的心态，听从良知的指令，保持虚灵不昧的状态。

王阳明十分强调"心"，十分强调"意"。他是一个要把意义做出来、做成功的实践家。王阳明说："身之主宰便是心，心之所发便是意，意之本体便是知，意之所在便是物。"③心是身体和万物的主宰，意是人的价值引领，修养的全部功夫就是"去蔽"，擦去这些后天加在人心上的"欲障"和"理障"。心一旦克私去蔽，意义价值一旦呈现，人的内心就会安定下来，就不为外物所动，人本身所具备的巨大智慧就会显露出来。

既然心诚（诚意）就是去掉私心杂念，那又怎么做到这一点呢？心即理，要靠自己。

萧惠同学曾问："己私难克，奈何？"

王阳明说："将汝己私来，替汝克。"④这显然是禅宗"将心来，替你安心"的翻版。王阳明的意思是：克服内心中的私欲杂念，擦尽心中的灰尘，是自己的事，别人是不能代劳的。不同在于，他认为"人须有为己之心，方能克己；能克己，方能成己"⑤。所谓成己就是一个克己向内、德上用心的努力过程。

---

① 王阳明：《传习录上》，《王阳明全集》卷一，第18页。
② 《抗日战争胜利后的时局和我们的方针》，《毛泽东选集》第四卷，人民出版社1991年版，第1131页。
③ 王阳明：《传习录上》，《王阳明全集》卷一，第5页。
④⑤ 王阳明：《传习录上》，《王阳明全集》卷一，第31页。

刘观时又问"未发之中"是什么情况。王阳明说:"你只要在别人看不到的地方警惕,在别人听不到的地方有所畏惧,把此心修养得纯为天理,就自然能体会到其意义。"

刘观时请老师再深入讲解一下。王阳明说:"哑子吃苦瓜,与你说不得,你要知此苦,还须你自吃。"哑巴吃苦瓜,滋味自己知。这不是王阳明留有一手秘籍不肯说,也不是故弄玄虚卖关子,事实就是这回事,父不能替子,师不能代徒,必须亲身修炼,自家的饭自家吃,别人是替代不了的。

当时,徐爱在旁边,说:"如此才是真知即是行矣。"[①]徐爱不愧是王阳明的第一大弟子,不但能最先领悟,还明白阐释老师的思想。

顿时,在座的各位朋友都有所感悟。

其次,立志,要久久为功,终身不忘。"是以君子之学,无时无处而不以立志为事。正目而视之,无他见也;倾耳而听之,无他闻也……一有私欲,即便知觉,自然容住不得矣。"[②]

王阳明常用"猫捕鼠""鸡覆卵"来比喻立志,甚至说要把立下的志向当作天理、天条念念在心。只有这样,久而久之,"志"才在心中自然凝聚,就像道家所说的"结圣胎"。王阳明断言:人心一刻存乎天理,便是一刻的圣人;终身存乎天理,便是终身的圣人。

王阳明一再复述程颢的话:"宁学圣人而不至,不以一善而成名。"王阳明反复告诫人们不能有一善成圣的幻想,而要持之以恒,时时去私去蔽、为善去恶。"人但得好善如好好色,恶恶如恶恶臭,便是圣人。"此话一听,觉得成为圣人是一件很容易的事。只要像喜爱美色一样喜好善行,像讨厌恶臭一样憎恶恶行,他就是圣人了。但大道虽至简,做起来却不易。"此个功夫著实是难。"人本来有良知在,故一念之起时,就知道是非,就会乐善去恶,"然不知不觉,又夹杂去了",而只要夹杂了一点私心私欲,那就做不到乐善去恶。所以,王阳明总结道:"故圣人之

---

① 王阳明:《传习录上》,《王阳明全集》卷一,第33页。
② 王阳明:《示弟立志说》,《王阳明全集》卷七,第219—200页。

学,只是一诚而已。"①

阳明心学的核心在于强调人人皆可成圣,把人的一生变成自觉修养道德的生命过程,既能立德,又能立业,让人活得正大光明、高尚滋润,诚意正心,成己成事。

最后,立志,要在实处下功夫,要和实践相结合。王阳明讲:"若立得正志,就要在实处下功夫。"哪里是实处呢?哪里都是,砍柴、担水,做家务时,日常生活中的"洒扫应对,便是精义入神也"。其实,为官为宦,读书讲学都可以找到天下一体的感觉。"只要良知真切,虽做举业,不为心累。纵有累亦易觉,克之而已。"一个人常有的强记之心、欲速之心、夸多斗靡之心,良知都能知其不是,"即克去之"。"如此,亦只是终日与圣贤印对,是个纯乎天理之心。任他读书,亦只是调摄此心而已,何累之有?"说到这里,王阳明浩叹一声:"此学不明,不知此处担阁了几多英雄汉!"②

阳明心学强调"百姓日用就是道",在实处立志,就是在日用中下功夫,正是王阳明心学的基本特征,也是知行合一的题中应有之义。王阳明反复告诫他的学生:"绵绵圣学已千年,两字良知是口传","不离日用常行内,直造先天未画前"③,"先天未画"是指本来面目。不脱离衣食住行、柴米油盐这些日常生活,才是"致良知"这个圣学之要的本来面目。

有学生问:"举业妨碍求学吗?"王阳明说:"梳头吃饭会妨碍求学吗?举业也是日用间的一事。人生一世而已,只要去做就是求学。"关键是自己要能"觉破得失外慕之毒",不是为了取悦别人,而是为了自谦,不弃世,不避世,不抗世。

王阳明有个当地方官的弟子,常去听王阳明讲学,听得津津有味。一个月后,他苦恼地说:"先生,您讲得真精彩,可我是个官员,政事缠身,不能每天来听课,

---

① 王阳明:《传习录下》,《王阳明全集》卷三,第85页。
② 王阳明:《传习录下》,《王阳明全集》卷三,第88页。
③ 王阳明:《别诸生》,《王阳明全集》卷二十,第654页。

抽不出太多时间来修行啊。"

王阳明说:"我什么时候让你放弃工作来修行?知的学问就是行的学问,需要在事上磨炼才行。"

该官员吃了一惊:"难道在工作中也可以修行吗?"

"工作就是修行!"王阳明断然答道。

该官员恍然大悟,满意而归。

四、王阳明在江西的人生第二问:"圣人必学可乎?"

儒家的心学讲做人成圣,王阳明一踏上人生之路,就在北京发出了他的人生第一问,确立了他的初心,要成为一个圣人。

那么,怎样才能成为圣人呢?

王阳明一直在琢磨这个问题。

1488年(弘治元年),王阳明17岁,1487年(成化二十三年)八月,明宪宗去世,皇太子朱祐樘即位。一个政治时代结束了,王阳明的少年时代也随之结束。一是官场格局发生变化。成化末年执掌大权的首相万安下台了,一批曾遭贬斥的官员相继复出,如王恕出任吏部尚书,经他推荐,张悦任吏部左侍郎(张悦就是当年提拔王华的人),耿裕出任礼部尚书。当时的官场上,王华的朋友甚多:弘治皇帝的太子师谢迁是王华的老同学、小同乡,还有章懋、林俊、储罐等。这些人在后来王阳明的政治生涯中都起到了相当重要的作用。二是王华被提拔为"经筵官",还和刘吉、李东阳、王鏊、丘濬、吴宽、谢铎等一道选为编修官,参与修撰成化皇帝的《宪宗实录》。除首辅刘吉是万安的同党外,其他人都与王华关系密切。三是去年王阳明在京师塾馆受学已满5年,但因老皇帝逝世,新皇帝即位,需待第二年改年号,王华想通过"荫一子入国子监"的制度让王阳明入仕的想法被迫搁置。于是他就让王阳明回到户籍所在地余姚,通过正常科举入仕。

1488年七月,王阳明来到南昌,迎娶诸氏。怎么回事呢?王阳明的岳父叫诸让(字养和,号介庵),也是余姚人,1475年(成化十一年)进士。他和王阳明的母亲郑氏是表兄妹，也就是说他是王阳明的表舅。他是王阳明父亲王华的至交好友。他们既是同乡，又是世交。诸让非常赏识小守仁。1483年（成化十九年）八月，王阳明在京城时，吏部郎中诸让主考顺天府乡试，来见王华，看到王阳明心有大志，才思敏捷，就将长女许配给王阳明。两家就结了娃娃亲。当时，诸让在江西任布政司左参议（从四品，大体相当于主管民政、教育等的副省长），就把女儿带到了南昌。1488年，诸让从江西来信要王阳明前往南昌迎亲。王华跟王阳明说：你岳父大人有命，你还不赶快去？于是，王阳明来到了南昌，就住在岳父的官署，即章江门附近的江西布政使司衙门。他住了一年半，直到第二年十二月才离开。

王阳明在南昌的这一年半，史书上记载，除了整天在衙署里练习书法，还发生了重大的事件：新婚之夜，王阳明失踪了，一夜未归。据说是跑到万寿宫，跟老道谈了一晚上。

这个记载尽管很多人这样说，现在市面上的书也常常这么写，但是大家都没有细想：《竹轩先生传》说王阳明的祖父"对门人弟子，则矩范严肃，凛乎不可犯"[①]。王阳明的家规是非常严格的。不要说在明朝那个年代，就说王阳明这样的官宦人家，新郎跑到女方家里去洞房花烛夜，是不大可能发生的事，又不是倒插门。事实是，王阳明是到南昌迎亲的，即接诸介庵的女儿回浙江完婚，而不是在南昌结婚。婚庆典礼和洞房花烛夜是在浙江王阳明的家。但为什么书上都说是王阳明新婚之夜外出未归呢？估计又是博眼球，新婚洞房花烛夜，撇下新娘子自个儿跑了，突出了王阳明的"神、奇、怪"。

但不管怎么说，王阳明在南昌期间，确实有一夜外出未归。即使不是新婚花烛夜，一夜未归也是够吓人的了。那天晚上王阳明跑到哪里去了呢？南昌万寿宫。南昌有两个万寿宫，一个是城外的西山万寿宫，一个是城内的铁柱万寿宫。后者始建于东晋年间，明朝时，香火已经很旺了。王阳明到的是城内的这个铁柱万寿宫。

[①] 魏瀚：《竹轩先生传》，载《王阳明全集》卷三十八，第1143页。

王阳明在铁柱万寿宫碰见了谁呢？一个老道，据说叫无为道人。这个道人在干吗？什么也没干，就在那里打坐，闭目养神。王阳明就上去请教，"即而叩之，因闻养生之说，遂相与对坐忘归"[①]。"对坐"，就是在师傅指导下一起练习打坐。老道说："修养的精髓就是一个静字。就在于闭目静坐。"他俩就这样坐了一晚。这可把诸介庵急坏了，"诸公遣人追之，次早始还"[②]，他派人找了一晚，直到第二天早上才找到。

南昌铁柱万寿宫

那一晚，王阳明和那老道还谈了些什么呢？一般书里说：谈的是养生之道，那天晚上，王阳明很有可能向老道询问养生之道，以及打坐静坐之法，但也有可能他还是在琢磨成圣之路。

第二年，1489年（弘治二年），王阳明18岁，听闻祖父病倒。想起从小受到祖父的呵护、教育，王阳明不禁心疼。十二月，偕诸氏从江西南昌返回浙江余姚。他从南昌坐船走水路，经信江，舟至广信（今上饶），特意下船，拜访了一个人。这个人叫娄谅。

上饶水南街的"理学旧第"，是当年娄谅的家。

这个娄谅是谁呢？娄谅

[①][②] 钱德洪：《年谱一》，载《王阳明全集》卷三十三，第1002页。

（1422—1491），别号一斋，大理学家，名人，宁王老婆娄妃的爷爷。

娄谅年轻的时候就立志于"圣学"，曾四方求师，见到处都是热衷于参加科举以博得功名利禄的人，夷然不屑说："率举子业，非身心学也。"[1]

娄谅（一斋）和胡居仁（敬斋）、陈白沙（石斋）是抚州崇仁吴与弼（康斋）的三大弟子。吴与弼以朱熹为正宗，娄谅跟朱熹也是一脉相传，文化血脉很正。所以，娄谅也极力推崇朱熹"读书求知、格物致知"的理念。

就在这个时候，王阳明来了。他是带着"怎样才能成为圣人"的疑问有备而来的，所以一见娄谅，上来就问："圣人可学乎？"

"可。"娄谅答得斩钉截铁，再加一句："圣人必可学而至。"一个"必"字，必须的，非常肯定、坚决。

王阳明又来了一问："为万世开太平，做成不朽功业，是不是可以成为圣人呢？"

"不是"，娄谅否定得干脆利索："为万世开太平是'外王'。只有先'内圣'，才能外王。"中国文化讲内圣外王，心地不干净，人品不好，功劳再大，也不是圣人。

王阳明不甘心，再问："那怎样才能做到内圣呢？"

娄谅一字一顿地答道："格物致知。"（"语宋儒格物之学，谓'圣人必可学而至'"。[2]）

这一年，娄谅67岁，王阳明18岁，相差近50岁。可这场对话却是两个思想大家的巅峰对决，成为中国心学史、中国哲学史上的一个重大事件。

娄谅这么一说，正挠到了王阳明"成圣之志"的痒处，让他清楚地看到了自己走上圣贤之路的台阶，"遂深契之"[3]。黄宗羲评价说："姚江之学，娄（谅）发其端也。"[4]王阳明的学问是娄谅开始的。

娄谅的意思是要成圣，就要先读书，"学"而成圣，这是必由之路。

如果说王阳明的"何谓人生第一等事"是"志道"，那么，他这江西第二问

---

[1][4] 黄宗羲：《崇仁学案二·教谕娄一斋先生谅》，《明儒学案》卷二，浙江古籍出版社2012年版。
[2][3] 钱德洪：《年谱一》，载《王阳明全集》卷三十三，第1002页。

就是"问道"。

王阳明的问，娄谅的答，都触及了中国心学史、中国哲学史、中国文化史的另一个基本问题和宋代大儒的基本分歧。

王阳明回到余姚后，1490年（弘治三年）正月下旬，祖父王伦逝世。王华从京城赶回余姚奔丧，把父亲葬在穴湖山，然后在坟旁搭个草庐，为父亲守丧三年。服丧期间，王华召集自己的弟弟王冕、王阶、王宫，以及一个妹夫，让他们和王阳明一起读书，并为他们讲解儒家经典。

王阳明在与父亲一起守丧期间，除了按父亲教导准备科举，也按娄谅的指教，行动起来了。

一是认真读书。因为娄谅说"做圣人，必须通过学习才能达到"。于是，他白天和大家一起听父亲讲解，晚上苦读朱熹注解的"四书"和"诸子经史"，"遍求朱熹遗书而读之"[①]。他的学业、文才日进，众兄弟皆愧不及。

二是注重自己的言行举止。王阳明遍读朱熹的书时，读到朱熹《上宋光宗疏》说的"居敬持志，为读书之本；循序致精，为读书之法"后，就像换了一个人，天天"居敬"，原先嘻嘻哈哈、爱开玩笑的习气一扫而光，"和易善谑"变成"端坐省言"，不苟言笑。因为娄谅告诉王阳明：人要严肃，做到朱熹讲的"居敬穷理"。这"居敬"功夫对王阳明影响很大。

三是格物。他拉着一名姓钱的有志青年一起去格竹子，凝神观察竹子，寻找竹子之理。因为朱熹在《大学集注》中说"众物必有表里精粗，一草一木，皆涵至理"[②]。但是，格竹子"格"到第三天，钱同学吃不消了，退下场去。王阳明还以为是钱同学精神力不足，自己就接着格，可"早夜不得其理"[③]。格到第七天，不行，"劳思致疾"，精神耗尽，又累又急，急火攻心，大咳不已，痰中带血，晕倒，大病一场，几至不起。王阳明在《传习录》中感叹自己是做不成圣人了，因为"无他大力量去格物了"[④]。这次事件是作为一个失败的案例记载在历史上的。

[①][②]钱德洪：《年谱一》，载《王阳明全集》卷三十三，第1002页。
[③][④]王阳明：《传习录下》，《王阳明全集》卷三，第105页。

从此，王阳明的思想发生了巨大的转变，开始抛弃这条路，另寻成圣之路，直至龙场悟道。王阳明"乃知天下之物本无可格者。其格物之功，只在身心上做"，只要认识到"圣人为人人可到"，那么，"便自有担当了"。①

---

① 王阳明:《传习录下》,《王阳明全集》卷三,第105页。

第2讲
王阳明的第一次京官生涯

一、王阳明的科举路

1. 王阳明中举人

王阳明探索成圣之路的同时,也在科举之路上跋涉。

1492年(弘治五年)八月,21岁的王阳明参加了浙江乡试,即省里的举人考试。这年的乡试,经义考的是《毛诗》;《四书》考的是《论语》中的"志士仁人,无求生以害仁,有杀身以成仁"。

王阳明在答卷中,虽然没有突破程朱对孔子之说的传统解释,强调"理欲无并立之机",但他强调"皆心有定主而不惑于私者",强调各人的心的"定主"作用,强调"所谓志士者,以身负纲常之众而志虑之高洁","所谓仁人者,以身会天德之全而心体之光明","是知观志士之所为,而天下之无志者可以愧矣;观仁人之所为,而天下之不仁者可以思矣"[1],表明了他要立志成仁。

这次考试,王阳明中举,名列第70名。同时中举的还有胡世宁、孙燧、秦文、张文渊、魏朝端、程守夫,这些人以后都和王阳明的人生颇有交集。例如,在平

---

[1] 王阳明:《志士仁人,无求生以害仁,有杀身以成仁》,载《经常治五年浙江乡试录》,《天一阁藏明代科举录选刊·乡试录》,宁波出版社2016年版。

定宁王之乱中，胡世宁与王阳明有过合作，孙燧则因抵抗宁王朱宸濠而殉难，王阳明则以平定宁王之乱为他报了仇。

2. 王阳明考进士两次落榜

中举之后，王阳明前往北京，参加了1493年（弘治六年）二月的会试，可是落榜了。那次会试的主考官是太常寺少卿兼讲学士、礼部侍郎李东阳，少詹事兼侍读学士陆简。李东阳是湖南茶陵人，曾和有过湖南教书经历的王华一同参与过撰修《宪宗实录》，两人关系颇好。于是，李东阳开玩笑似的安慰王阳明，说："这次不中，下次必为状元，你不妨写篇《来科状元赋》。"王阳明年少气盛，提笔就写，一挥而就。围观的人们赞叹不已，可人心叵测，心里嘀咕者不少。

这年闰五月，父亲王华服丧期满，回到北京，被晋升为右春坊右谕德，充任弘治皇帝的经筵讲官。王华被提拔，和他与王恕、丘濬、张悦、李东阳等重臣关系不错有关。王阳明也因此有了更广阔的活动空间。

也在1493这一年，王阳明进了北京国子监读书，一读就读到1496年（弘治九年），其间一度在南京国子监就读，也当过一阵子的塾师。①在国子监，有宿舍住，有银子收入和各种福利。

1496年（弘治九年）二月，25岁的国子监生王阳明参加会试，再次落榜。王阳明心地坦然。有些落榜生"以不第为耻"，王阳明反而安慰他们："*世以不得第为耻，吾以不得第动心为耻。*"②

这时，王华担任给皇帝讲授经典的日讲官，获赐金带，（身着四品官服，尽显荣宠）。四月，王华升任东宫辅导，成了太子朱厚照（后来的正德皇帝）的授业恩师，也就和东宫的有关人员，如刘瑾、张永等有了直接的接触。这对王阳明日后的政治生涯有重大影响。

1496年（弘治九年）冬，经历两次会试失败，王阳明乘船沿大运河回到老家

---

① 周月亮：《王阳明传》，长江文艺出版社2016年版，第42页。
② 钱德洪：《年谱一》，载《王阳明全集》卷三十三，第1003页。

余姚,一直待到1498年(弘治十一年)春。在余姚,结诗社于龙泉山寺,整日赋诗作乐,佳句频出,众人叹服。史书称,此时的王阳明"溺于词章之习",参加了一些文辞方面的活动。王阳明还访问了不少寺庙道观。同时,边寇时常来犯,边警不断,年轻时就有任侠之志的王阳明,又把注意力转向军事,凡兵家秘书,莫不精究。

1497年(弘治十年),王华"常思山阴山水佳丽",认为这里是先祖的故居,就把家从余姚迁到绍兴光相坊。

王阳明在余姚的故居

王阳明在绍兴的故居

王阳明畅游会稽山、兰亭等越地山水,遂自号"阳明山人"。

1498年(弘治十一年),王华兼东宫讲学,从东宫辅导到东宫讲学,尽管品级未变,但从"太子教育的管理者"转变为"太子专门讲授经典的讲师",体现了朝廷对其能力的高度信任。王华还于1496年(弘治九年)、1501年(弘治十四年)先后主持顺天府、应天府乡试,录取了不少举人。王华在官场上的这些影响力对王阳明日后的仕途产生了多方面的影响。

3. 王阳明中进士

1499年(弘治十二年),王阳明27岁,第三次考进士,考了个二甲第7名。一甲是状元、探花、榜眼3个,他是二甲第7名,全国第10名。

王阳明是作为北京国子监学生参加这年的会试的,主考官是李东阳,考官有程敏政、刘春、林廷玉。"经义"的考题是《礼记》中《乐记》的一段话:"乐者敦和,率神而从天;礼者别宜,居鬼而从地。故圣人作乐以应天,制礼以配地。"圣人为什么制作"乐""礼"?一是率神从天,一是居鬼从地。这是要求考生谈谈这二者的异同。王阳明答道：大自然是和谐的，人的社会是有序的，圣人根据自然造化制作出乐、礼，故从根本上说，乐、礼二者是统一的。只有那些不明道理的人，才将其分为二。

"论"卷的试题是要求考生对《中庸》中"中立而不倚"的思想发表见解。王阳明在答卷中首先指出，"君子所以自立者，何中而已，是道也"。也就是说，君子立身处世的根本，不过是"中"而已，而"中"即是"道"。那么，如何坚持"道"呢？前提是要具备恪守"中"的"君子之勇"："履道于至正之区，而特立乎流俗之外"，"当出而出，当处而处，出处之立乎中也；当辞而辞，当受而受，辞受之立乎中也；以至于动静语默皆然。则君子之立也可谓中矣"，无论在什么情况下，皆应"守"住"中"，"以一定之守持一定之见"，不为外界的成见和内心的诱惑所动摇，而是完全依靠内心的独立判断。他指出："勇所以成乎智仁而保此中者也"，这种"勇"是成就"智仁"并保全"中"的关键，但这种"勇"并非"血气方刚"的匹夫之勇，而是孔子所说的"德义之勇"，即基于道德和义理的坚定与果敢。王阳明的这番见解，不仅显现了他对儒家经典《中庸》思想的深刻理解和独到诠释，更体现了他强调内心自持定见的独立意识，也为他日后创立心学奠定了思想基础。[①]

王阳明的两篇答卷都获得了考官们的一致好评。

二、初涉官场的王阳明，为啥提拔得这么快？

1. 王阳明进士及第后，是从哪个官职上进入仕途的？

明代的官阶制度严明，皇帝之下，最大的官职是内阁成员，入阁拜相几乎是明朝每个官员的梦想。而进入内阁者，必须来自翰林院。所以说，内阁成员的职位实际上被翰林院的精英进士集团垄断了。

[①] 王阳明答卷见束景南、查明昊辑编：《王阳明全集补编·会试卷》，上海古籍出版社2016年版，第84—86页。

内阁之下是六部,其排序是吏部、户部、礼部、兵部、刑部、工部。再就是都察院,以及吏、户、礼、兵、刑、工六科的给事中,职务虽不高,权力却很大。此外还有大理寺、太常寺、光禄寺、太仆寺、鸿胪寺等机构。[1]

1481年,王阳明的父亲王华高中状元后,就进了翰林院,做了一年庶吉士,立刻被任命为翰林院六品编撰,成为弘治皇帝身边的侍臣,格外受到器重,受命担任詹事府少詹事。詹事府主要负责太子的教育工作,下辖左春坊、右春坊、司经局等部门。这个机构的官僚为太子的属官,自成系统,配备齐全。一般而言,太子转为皇帝后,往往会重用原潜府属员,而贬抑当下的朝官,所谓一朝天子一朝臣。朱元璋认为这种制度安排很难避免当朝之官与东宫属官发生矛盾,不利于皇权的交接。于是,创立了詹事府官员兼领制度,即由当朝大臣兼任东宫的主要职务,既可以在平时教导太子时直接传授治国理政的经验,又将东宫属官与朝官混为一体,能在皇权更替时避免动荡。[2] 王华是督促太子读书的讲师,是正德皇帝朱厚照的太师傅。之后又做了主持经筵日讲的主讲官,专门给皇帝讲述儒家经典。

自明英宗正统时起,"经筵"与"日讲"成为制度。每月的初二、十二、二十二这三天是经筵日,每逢单日则是日讲。经筵与日讲时,皇帝在文华殿听大学士和翰林官讲论经史。这样翰林官经常有机会接触皇帝,这是日后升官的保证。王华中状元后即为修撰,不久即为讲官。六年后,孝宗即位,王华成了经筵官。[3]

王华还参与了编纂描述明成化皇帝生平的《宪庙实录》和《大明会典》。1506年(正德元年)担任礼部左侍郎。如果弘治皇帝没有突然病逝,王华恐怕很快就会成为内阁辅臣。

王阳明考上进士后,就可以做官,做什么官?进士及第是官员人生的一处岔路口,在那个年代,新科进士有四个去向:

一是一甲进士留翰林院为史官,翰林院是朝廷专门招纳学士的机构,会试的

---

[1] 杨帆:《王阳明传》,中国纺织出版社2015年版,第61页。
[2] 鲁东观察使:《1514:发现大明》,北京时代华文书局2016年版,第76页。
[3] 方志远:《千古一人王阳明》,江西人民出版社2017年版,第9页。

前三名,都会进入翰林院任职,担任修撰和修编。王阳明不是状元、榜眼、探花,所以他去不了。

二是在二、三甲进士中选出二三十名为庶吉士,在翰林院继续读书,三年后根据学业优劣或人事关系情况,或留在翰林院为史官(二甲进士为编修、三甲为检讨),或分到科道为言官,或分到六部为主事。王阳明是二甲第七名,可以走这条路,但他选了下一条路。

三是分到六部"观政"为"观政进士",一年后再授实职。

四是分到地方上去任职,比如做个知县、州同知、府推官、主簿、县尉之类的。[①]

王阳明于1499年中的进士是二甲第7名,他比不上父亲,进不了翰林院,也没有去任地方官,而是进了六部,去工部任了一个"观政"。"观政",相当于见习、实习。明朝每科进士约300人,分到工部约30人。工部主管公共建设等经济工作,掌管工程、工匠、屯田、铸造钱、水利交通等事务,下设营缮司、虞衡司、都水司、屯田司、宝源局、军器局等。在工部实习,这是肥缺美差。

2. 王阳明初涉官场的风华正茂

当时的工部尚书是徐贯,浙江淳安人,算是王华、王阳明的老乡,对王阳明自然是关照的。在工部干了几个月后的秋天,王阳明就接到钦命,前往浚县(今属河南北部的鹤壁市)督造威宁伯王越的墓。对一个刚进入仕途的官员来说,奉钦命去办差,这不仅是一种荣耀,还说明他已经"上达圣听"了。

王越是明成化、弘治时期的一位传奇式英雄,也是王阳明仰慕的人物。王阳明考上进士之前曾梦见过王越,梦中王越还送他弓和宝剑。王阳明把这项差事当作今后带兵作战的演习。在督造王越墓时,王阳明本可以坐轿,可他偏要骑马,练习骑射,结果摔了下来,还吐了血。王阳明从未掌管过这么多民工,可他却懂得用什伍法来组织民工,按各自村庄的远近,十人编为一伍,指定伍长,确定

[①] 方志远:《千古一人王阳明》,江西人民出版社2017年版,第23页。

任务；同时实行轮番休息和工作的制度，还派人考核，如有差错，问责伍长。这样，责任明确，节制有度，显示出王阳明的管理指挥能力。①

不到一年，1500年（弘治十三年），29岁的王阳明就从工部换岗到刑部，改任刑部云南清吏司主事。

明朝废中书省后，六部为中央最高行政机构，各部设尚书1人、左右侍郎各1人。下设若干个"司"，各设郎中、员外郎、主事，各司前都冠以"清吏"字样。吏、礼、兵、工四部均为4个清吏司。而户部、刑部因事务繁重，就与地方13布政司即13省相对应，各设13个清吏司，同时带管南北两直隶事务。

当时西南区域是明朝关心的重点地区。西南少数民族多有骚动，田州的岑氏又发生了变乱，正是用人之际。弘治十三年五月，名将刘大夏出任两广总督，他和云南巡抚洪钟都与王华家有交情，而云南按察副使林俊更是与王阳明关系密切。也就在这一年，工部尚书徐贯要退休了，而闵珪调到刑部任尚书。他和王华关系很好，既是同乡，政见又一致。而此时的吏部尚书屠滽与王阳明有交情，王阳明造王越墓时，特地请屠滽题写了墓碑。② 于是，王阳明就由工部调任刑部云南司，不但由工部调任刑部，还是由观政任主事，转为实职，升了级，正六品。刑部主管法律刑狱及治安工作。当时云南是边民生事的多发地区，但他并不用去云南办公，只是在北京的刑部负责处理来自云南的案件。

1501年（弘治十四年）八月，在刑部清吏主事位上还不满一年，30岁的王阳明被派到南直隶、江北淮安等府"审录"，即会同当地巡抚御史对在押犯人复核，审决积案重囚。③ 他虽然官职不高，却是中央官员，在审囚时有决议权，这是刑部主事所能接受的最重要的外派任务。这项任务不仅让王阳明有权，还得到了很

---

① 周月亮：《王阳明：内圣外王的九九方略》，中华工商联合出版社2002年版，第60页。又见杨帆：《王阳明传》，中国纺织出版社2015年版，第62页。

② 参见李庆：《王阳明传——十五、十六世纪中国政治史、思想史的聚集点》，上海古籍出版社2021年版，第101页。

③ 王阳明：《乞养病疏》："弘治十四年八月奉命前往直隶、淮安等府，会同各该巡按、御史审决重囚。"《年谱》弘治十四年："奉命审录江北。"（分别列《王阳明全集》卷九、卷三十二。）

重要的锻炼。王阳明很高兴。当然高兴啦,搁在谁身上,谁都高兴,但不是人人都能遇上这么好的事的。

在巡察过程中,王阳明发现有些狱吏拿囚犯们的饭菜养猪。他严厉斥责并上报此事,得到上级肯定,于是他下令杀猪分给囚犯。从此,上级也禁止在牢狱里养猪。有一个囚犯,原是个"指挥"①,杀了18个人,被关押了十多年,一直没处决,因为他有关系。王阳明查明真相后,就下令处决他。当地巡抚求情,王阳明不允,并坚持公开行刑。王阳明坚持操守、特立独行的气质引起各方面的强烈震动。

在"审录"江北的过程中,王阳明游历了凤阳、无为、齐山、芜湖、镇江、苏州等处。弘治十五年正月,王阳明游历了九华山。宿无相、化城诸寺,碰到一个叫蔡蓬头的道士,王阳明问他自己在道教方面发展得如何。

蔡道士答:"尚未。"

王阳明一头雾水,什么叫"尚未"?他屏退左右,把蔡道士引至后亭,再拜请问。蔡还是答以那句话:"尚未。"

王阳明不肯罢休,问至再三,蔡道士这才答道:"*汝后堂后亭礼虽隆,终不忘官相。*"② 然后,一笑而别。

这是什么意思呢?

王阳明向蔡道士询问自身的道教修行情况,这个蔡道士回答说你王阳明虽有一定的修行之态,却终归是个当官的相,即不是当道士的命。王阳明也说自己"*我亦爱山也仍恋官*",也就否决了他的修道之路。其实,这条记录表明王阳明感觉到神仙之道和他要追求的圣人之道是相互抵触的。

随后,王阳明听说地藏洞有一个和尚,坐卧松毛,不食人间烟火。王阳明攀岩历险,终于找到了他。他正熟睡,王阳明就坐在旁边"抚其足"。过了一会儿,此和尚醒来,惊曰:"路险何以至此?"接着就没头没脑地来了一句:"周濂溪(周敦颐)、程明道(程颢)是儒家两个好秀才。"③ 过了几天,王阳明再去访问这个和尚,

---

① 据《明史·职官志五》:明朝军队设有"指挥"(正三品)、"指挥同知"(从三品)和"指挥佥事"(正四品)。
②③ 钱德洪:《年谱一》,载《王阳明全集》卷三十三,第1004页。

此人却不知去往何处，故后有会心人远之叹。

这又是什么意思呢？

就是说王阳明也不适合念佛习禅，还是要做一个儒生，而且只能走周敦颐、程颢这一路，而不能走程颐、朱熹那一路。《年谱一》里对王阳明在九华山这段神奇经历的记载，只不过是王阳明借蔡道士和怪和尚之口，来曲折隐晦地反映自己告别仙道和佛禅的思想认识罢了。

1502年（弘治十五年）初，王华任翰林院学士，并担任由李东阳主持的《大明会典》的纂修官。书成后，他任詹事府少詹事兼学士，仕途看好。

这一年五月，王阳明回京师复命。当时，以李梦阳、何景明为代表，包括徐祯卿、边贡、康海、王九思、王廷相在内的"明前七子"正在京城大力推进明代文学史上的"文学复古运动"。七子皆为进士，多负气节，对腐败的朝政和庸弱的士气不满，强烈反对当时流行的台阁体诗文和八股习气，力图在诗文创作上闯出一条新路，以扭转萎靡不振的诗风。他们的办法是"复古"，并提出"文必秦汉，诗必盛唐"的口号。这种复古，实为拟古。

自1493年进入北京国子监读书始，到1499年中进士，再到1504年组织文会诗社，王阳明一直热心于诗赋文章的创作，与当时的文学名士交流密切。黄绾曾记载王阳明"与太原乔宇，广信汪俊，河南李梦阳、何景明，姑苏顾璘、徐祯卿，山东边贡诸公以才名争驰骋，学古诗文"[1]。其中点的七人中就有四人是"明前七子"。

但过了一段时间，王阳明对此已不感兴趣，认为文学词章不是成圣之路，不是救世之道，他感叹"吾焉能以有限精神，为无用之虚文也"[2]。这也是他的思想一大转变。后来，王阳明多次批判这种"无用之虚文"。1525年（嘉靖四年），王阳明在去世前三年，写信给早年一同参与文学复古运动的姑苏顾璘（顾东桥），即《答顾东桥书》。在这篇十分重要的文献中，王阳明说："三代之衰，王道熄而霸术猖；孔、孟既没，圣学晦而邪说横。""于是乎有训诂之学，而传之以为名；

---

[1]［明］黄绾：《阳明先生行状》，载《王阳明全集》卷三十八，第1162页。
[2] 钱德洪：《年谱一》，载《王阳明全集》卷三十三，第1004页。

有记诵之学，而言之以为博；有词章之学，而侈之以为丽。""圣人之学日远日晦，而功利之习愈趋愈下。""盖至于今，功利之毒沦浃于人之心髓，而习以成性也几千年矣。相矜以知，相轧以势，相争以利，相高以技能，相取以声誉。"① 在这里，王阳明将"训诂之学""记诵之学""词章之学"作为"圣学""吾道"的对立物，可见他的思想认识。

而在这段时间，王阳明请病假回到家乡参与其三叔王衮丧事的办理。据李庆研究，王华中状元后，就把父母接到北京生活，余姚老家由王阳明的伯父王荣和叔父王衮两家居住。而王阳明祖父在弘治三年去世，其叔父王衮在弘治十一年去世，当时祖母岑夫人在北京，坚持要等到她回家再办理丧事。当然也包括随之而来的"分家析产"之事。按明代习惯，家产主要由长子继承。王阳明父亲王华排行第二，又在外为官，所以，王华就想把家移到祖居所在的绍兴，最终在绍兴越城光相坊盖房居住。壬戌正月，"太夫人自京归"，到"十月甲子"，葬王衮。②

总之，在1502年（弘治十五年）前后，王阳明觉悟到"词章之学"乃"无用之虚文"，就不再参加此类"词章活动"，并于八月上疏请病假，九月回到故乡休养，休息了两年。

在这两年间，王阳明在家乡过得很快活。他的诗句反映了他与山邻的友好关系。"山翁隔水语，酒熟呼我尝。"③ 山里人隔着河溪说，饭菜熟了，过来喝一杯吧。他就挽着裤脚过河去喝酒，"褰衣涉溪去，笑引开竹房"④，主人敞开房门，摘橘子、剥柚子给他吃，高兴时还要唱上一曲。"露华明橘柚，摘献水盘香。洗盏对酬酢，浩歌入苍茫"⑤，就这样"醉拂岩石卧，言归逐相忘"⑥，醉卧在岩石上都不知道回家了。

---

① 王阳明：《答顾东桥书》，《王阳明全集》卷二，第48页。
② 李庆：《王阳明传——十五、十六世纪中国政治史、思想史的聚集点》，上海古籍出版社2021年版，第127、144页。
③④⑤ 王阳明：《夜雨山翁家偶书》，《王阳明全集》卷十九，第560页。
⑥ 《归隐歌》，载隋树森编：《全元散曲》，中华书局1964年版。

王阳明还与会稽许璋诸友讲道论武。许璋,字半圭,上虞人,不仅懂兵法,还懂政治。他对王阳明亦师亦友,曾传授王阳明奇门遁甲之术及诸葛武侯战阵之法。后来在王阳明巡抚南赣之时,许璋还嘱咐王阳明说:"勿错认帝星。"使得王阳明警悟,得以避祸,遂不及难。王阳明的思想主张和军事实践,与许璋的观点有一定关系,即以儒家心学为本,以道家秘典为辅,同时灵活运用历代诸将之术,最后达到定邦安民之目的。许璋逝世后,王阳明为其墓题字"处士许璋之墓"。

浙江绍兴会稽山阳明洞

在这两年间,王阳明还进行了一些佛道活动。他曾在绍兴附近的会稽山上筑室阳明洞天,行导引之术。他在这里活得悠闲自在,诗云:"*古洞闲来日日游,山中宰相胜封侯*。"[1]

王阳明在绍兴住了一段时间后,还移居杭州西湖南屏净慈寺习禅养病,往来于圣水寺、胜果寺、宝界寺、灵隐寺等。

但就在家乡的这两年时间里,王阳明对佛道的思想认识也起了变化,"*渐悟仙、释二氏之非*"[2],逐渐认识到道与佛的错误之处。《年谱一》记录了一件事:王阳明在杭州虎跑寺听说有一僧人坐禅闭关三年,终日闭目静坐,不发一语,不视一物。于是,王阳明来到僧人面前,围着他转了一圈,突然喝道:"*这和尚终日口巴巴说甚么! 终日眼睁睁看甚么!*"坐禅僧人吓了一跳,惊起作礼。

王阳明就和他聊起家常,问他:家在哪里? 家中还有何人? 僧人答道:"家中尚有老母亲,不知是死是活。"

---

[1] 王阳明:《夏日游阳明小洞天喜诸生偕集偶用唐韵》,《王阳明全集》卷二十九,第885页。
[2] 钱德洪:《年谱一》,载《王阳明全集》卷三十三,第1004—1005页。

王阳明说:"想不想念母亲?"

僧人回答:"不能不想。"

于是,王阳明便说了一通"爱亲本性"的道理,"僧涕泣谢"。

第二天,王阳明再去虎跑寺一问,那位坐禅僧人已经收拾行李回乡了。("明日问之,僧已去矣。"[①])

这段文字记录王阳明用儒家思想说动似乎入禅很深的僧人还家,试图说明,此时的王阳明已经"渐悟仙释二氏之非",并舍弃佛、道,完成了自己思想的又一大转变。

1504年(弘治十七年),33岁的王阳明在家足足休养了两年,回到京城刑部继续担任主事,并于1505年(弘治十八年)开坛讲学,与湛若水"共以倡明圣学为事",在脱离词章之学、觉悟佛道之非之后,完全转到儒家立场,致力于做人成圣的身心之学了。

3. 担任山东乡试主考官

回京不到半年,1504年(弘治十七年)秋天,王阳明又接到一个六品主事所能得到的最重要的任命——担任山东省乡试的主考官。

这个委派厉害在哪里呢?前面说过,科举考试,不是现在的入学考试,而是干部的资格考试。科举制度在很大程度上不是教育制度,而是干部选拔制度。那这次王阳明出任山东乡试的主考官又是一个什么职务呢?古代科考乡试的主考官,不是那种只在考场上走来走去的监考员,而是中央派到地方的官员考察组组长。而且,这个考察组组长掌握着出题、监考、主卷、录取等全流程的重大权力。

有意思的是,王阳明出任这个主考官,去山东主持选拔举人的乡试,并非礼部委派,而是由时任山东巡按御史陆偁聘请的。陆偁(1457—1540),1493年(弘治六年)癸丑科二甲第82名进士,浙江宁波人,王阳明的老乡。他与王阳明同

[①] 钱德洪:《年谱一》,载《王阳明全集》卷三十三,第1004—1005页。

年参加浙江乡试，次年又同赴会试，两人应当早就相识。但是，乡试主考官怎么也轮不到巡按御史来推荐呀。巡按御史是朝廷派到地方的耳目风纪之大臣，和布政、按察、都指挥齐肩。当时，大明帝国共有两京十三省，像山东的巡按御史这样一个监察系统的大臣，怎么会向朝廷推荐一个刑部的主事来山东担任干部选拔的主考官呢，何况山东还是大省，在北方仅次于直隶。令人奇怪的是，这个"推荐"居然立刻被礼部批准了。

为什么王阳明有这么好的运气？仅仅中进士五年，就转了工部、刑部两个部，中间还请了两年的病假，脱岗没上班，跑到家乡游山玩水，埋头学习。王阳明自己也觉得这是"平生之大幸"。

这似乎不可思议，但我们可以往深里想。哪一个部门负责全国的科举考试呢？礼部。而这时王阳明的父亲王华正担任礼部右侍郎。其中的原因似乎就明白了。王阳明已经有了一定的名气，他父亲的影响也起了相当的作用。于是，王阳明回到京城，销了病假，仍然是刑部主事，就前往山东了。

在山东的乡试中，王阳明出的各科题目都很大胆。从王阳明出的策论试题以及拟定的"程文"（标准答案）来看，他已由"溺于佛、老之习"归本于"圣贤之学"，并在认真思考如何经世致用了[1]；而且，他心中期待的读者，并不只是那些应试的生员，而是当朝的大佬。

第一个题目是撰写首场"四书文"（即八股文），考题引用了孔子的原话："所谓大臣者，以道事君，不可则止。"这句话的大意是：大臣应该以道事君。如果皇帝不听，就可以辞职。当年孔子坚持"以道事君"，结果，周游列国而无可行其道之君，最后终身不仕。王阳明出这种题目，是针对士人品节普遍滑坡的现实，强调文人面对权力，要有良知，要有骨气，要有独立性。他引用"不可则止"，就包含了臣子对君主"道不同则不相与谋"的独立立场，有一种"用之则行，舍

---

[1] 方志远：《千古一人王阳明》，江西人民出版社2017年版，第42页。

之则藏"的儒学气节和风骨。①这个题目在当时是相当犯忌讳的。

王阳明还出过"禹思天下有溺者由己溺之也,稷思天下有饥者由己饥之也"的题目。此话出自《孟子·离娄下》,大意是:禹一想到天下有人溺水,稷一想到天下有人挨饿,就觉得是自己使他们溺水、挨饿的,所以他们拯救百姓之心情非常急切。王阳明表达的是儒家"仁者与万物一体"的精神和传统。

王阳明还出过"溺乎天潢,而显遗迹;食乎神禹,而明修德"的考题。"天潢"指洛阳南部的一条河流,比喻在有限的时间里要做出有意义的事情,并让其载入史册,留下卓越的业绩和美好的声名。"食乎神禹"指以修身养德、力行仁义为中心的学问体系。这句话的意思是说,人们要注重积累真正有意义的知识,通过实践加深对道德的理解,提升思想境界,让自己的言行与内心修养相统一。通过这道考题,王阳明希望考生们能够领会和实践题目里蕴含的哲理,注重内心修养,做一个真正有德行的人。

在"论"这一项,王阳明出的题目是"人君之心,惟在所养"。王阳明重在谈"人君"。他认为,人君之心也会流于私、入于邪、溺于恶,"唯有贤人君子以为之养"。贤人君子"匡直辅翼之道",才能使君王"养其心"。但是,正直的人往往会被排挤,邪佞的人反而得到提拔,故君王要"慎释而明辨,必使居于前后左右无非贤人君子,而不得有所混淆于其间"。即使君王得到了贤人君子,还要讲究相处之道。"人君之于贤士君子,必信之笃,而小人不得以间;任之专,而邪佞不得以阻"。君王起居动息,都和贤人君子相处,就可以私者克而心无不公,邪者消而心无不正,恶者去而心无不善,"然后可以绝天下之私,可以息天下之邪,可以化天下之恶,可以兴礼乐,修教化,而为天地民物之主矣"②。以贤人君子养君心、泽庶民,这是王阳明的美政理想。

王阳明还出了一个"志伊尹之所志,学颜子之所学"的题目,外王欲求宰相

---

① 周月亮:《王阳明:内圣外王的九九方略》,中华工商联合出版社2002年版,第71页。又见杨帆:《王阳明传》,中国纺织出版社2015年版,第81页。
② 王阳明:《人君之心惟在所养》,《王阳明全集》卷二十二,第706页。

之志，内圣学习颜回之学，王阳明拟的答卷也见心学路数："求古人之志者，必将先自求其志，而后能辨其出处之是非。论古人之学者，必先自论其学，而后能识其造诣之深浅。"①

王阳明还出了一道题"老佛害道，源自圣学不明"，这是对自己亲身经历的总结和反思，恐怕也有他刚在九华山奇遇蔡蓬头道士所得到的思想认识。所以，他号召大家要将"圣学"（即儒学）发扬光大，并从中寻找生命的答案。

王阳明主持山东乡试后，他写下一首诗，其中说，"造作曾无酬蚁句，支离莫作画蛇人"②，提出不要做画蛇添足之事，对儒家经典不能停留在字面训诂和烦琐的解释上。回京的途中，他游历了孔庙和泰山，写下著名的《登泰山五首》。

九月，王阳明从云南司改任兵部武选清吏司主事。虽然都是主事，六品，看起来是平级调动，其实是重用，因为兵部武选司是一个十分了得的职位。吏部高于其他五部之处，在于它管干部。但是，吏部只是管理所有的文官，而军队的官员（军官、武官）考武举人，是由兵部和吏部共同选拔并以兵部为主的。天下官吏非文即武，吏部管文官，兵部管武官，武官又比文官多得多。当时大明王朝的文官有2万多人，武官却有10万人。而兵部四个司中，武选司排第一，掌管全国卫所军官、士官的选升、袭替、功赏之事，相当于兵部的干部人事司。所以，王阳明调任的兵部武选司主事，是各部主事中肥缺中的肥缺。何况这也有利于他修习兵学，对他以后平定南赣民乱、宁王叛乱、广西民乱，具有重要意义。

为什么王阳明会调入兵部呢？这时的兵部尚书是刘大夏。1490年（弘治三年）十月，广西田州土官岑猛反叛，刘大夏前往平息。1502年（弘治十五年），刘大夏任兵部尚书。刘大夏和王恕、屠滽、李东阳关系都好，而王阳明与后两位有交往。刘大夏和王华、王阳明都有诗文酬唱。当时王阳明在刑部云南司工作，对西南事务熟悉，所以就被调到了兵部。

---

① 王阳明：《策五道》，《王阳明全集》卷二十二，第712页。
② 王阳明：《文衡堂试事毕书壁》，《王阳明全集》卷二十九，第881页。

从王阳明考中进士、走上仕途的这一年多的经历来看,他在官场上崭露头角,与他在官场上的交往所结下的人际网络和人脉关系很有关系。李庆在《王阳明传》中梳理了王阳明这段时期的两类人际关系,一类是父执辈,如李东阳、闵珪、刘大夏、赵宽、魏瀚、黄珣、刘春(考官)、林浚、邵宝、毛纪、储巏、汪循等;一类是前后中进士的官员、同僚、同乡、旧友以及国子监的同学,如程文楷、秦文、牧相、林庭㭿、乔宇、李梦阳、何景明、何孟春、杭济、杭淮、汪俊、汪伟、侯守正、王瓒、许赞、顾璘、边贡、戴铣、都穆、鲁铎、陆深、陈槐、张邦奇、方献夫、陈凤梧、潘府、郑岳、杨子器等。其中邵宝和林俊是好朋友,林俊与杨一清关系密切,而杨一清又是乔宇的老师。

王阳明是一位大才子,又是一个"官二代",自考上进士踏入仕途之后,就一帆风顺,屡受重用,成为明朝官场上的一个幸运儿。在高中进士后的这五六年时间里,王阳明在工部、刑部、兵部待过,当过职官、考官、法官,交游圈从内阁首辅到各部尚书、侍郎(副部长)、郎中(司局长)、员外郎、主事等各级官员,游历了长城、河北、河南、安徽、山东、江苏、浙江等地,对工事工程、军事边防、刑狱司法、科举考试、诗词歌赋、神仙佛道都有所涉猎,并逐步把注意力集中到儒家"圣学"。[1]

按一般规律,可以预见王阳明就会这样顺顺当当地成为一位高官。但王阳明并没按常人所想去奔那个保险却平庸的前途。[2]在王阳明看来,兵部武选司这一职务虽权重不同,却属于平挪重用,级别一样,且据明朝对京官的考核制度,五品以下的官员六年才京察一次(原定十年)。这样,他近期没有升迁的可能。而且,与科举不同,武举选拔武状元六年才一会举。这样,既不能升官,又无事可干,那就当老师吧。于是,1505年(弘治十八年),34岁的王阳明就在北京开门讲学,首倡"身心之学","使人先立必为圣人之志",开始宣传自己的"圣学"思想。

---

[1] 李庆:《王阳明传——十五、十六世纪中国政治史、思想史的聚集点》,上海古籍出版社2021年版,第134页。

[2] 许葆云:《王阳明的六次突围》,广西师范大学出版社2014年版,第12页。

王阳明有个特点：当官是他的职业，讲学是他的事业，一旦他在职业上有了空闲或劲头不大的时候，他就不再以职业为意，而集中心思到授徒、讲学了。然而，王阳明是一个不愿安分、不得消停，也注定要成名的人物。不到一年，他就冒死上谏，从此走上一条成圣之路。

三、明朝的政治体制是个啥模样？

要观察明朝的政治体制，就要扣住封建专制的皇权制度。这一制度形成于几千年的封建社会，但朱元璋进一步把它加强了。

1. 封建专制与皇权极权

学者安丰文（鲁东观察使）认为，中国古代的行政体制中，皇权与相权是一对核心关系，中国自汉朝开始，逐步发展出一套制约相权的机制，形成了外朝、中朝与内朝。[1]

外朝是汉朝朝廷最为重要的行政核心，由宰相统领文武百官组成，处理朝廷的日常政务，管理国家政治、财政和经济事务，制定法律，确保社会秩序和安全。

内朝由中书令等宦官统领，担任近旁的生活与政治秘书。内朝是皇帝的私人部门。

中朝由领尚书事统领，负责预览分拣各种给皇帝的奏章，充当皇帝的顾问。中朝是外朝和内朝之间的联系部门，也被称为门下省，负责中转政策、公文、宣告的工作，协调内朝和外朝之间事务的顺畅进行，特别是在皇帝不参与政治时，中朝扮演着重要的角色。它最初由太尉、中尉、太仆三司组成，后来发展成为官员职责繁杂的部门。

这三个部门相互依存，每个部门都有自己的职责，相互之间的平衡与协调对

---

[1] 鲁东观察使：《1514：发现大明》，北京时代华文书局2016年版，第35页。

于朝廷的稳定和规范至关重要。

隋唐时期形成了三省六部制，即中书省、尚书省、门下省和吏部、户部、礼部、兵部、刑部和工部。这个制度与汉朝的宫廷制度存在一定的联系。

尚书省相当于汉朝的外朝，下辖吏、户、礼、兵、刑、工六部，是一个执行机构，没有决策权。

中朝与内朝变成了中书省，另设了一个门下省。中书省和内朝类似，其职责是管理日常的文化和教育，以及负责皇帝府内的文书记录和档案管理。门下省则是类似中朝的角色，处理各种日常事务，担任皇家顾问，协调内外朝廷的事务。

朝廷的决策权在中书省，原则上，朝廷的政令都出自中书省。中书省的制约机构是门下省。中书省拟定的所有诏书敕令必须送门下省审议。门下省如果不同意，即使这道命令已经预先经过了皇帝签字，也是白搭。

这个制度的核心是设定各部门的职责和权限，以确立一个稳定的中央行政体系。但在具体实践中，这种相互制约往往导致相互扯皮。唐朝就变通了一下，规定朝廷在下诏敕之前，中书与门下两省要召开联席会议，预先统一意见。这就形成了政事堂议事制度。尚书、中书、门下三省的长官，虽然名义上都是宰相，但假若尚书省的长官不被允许出席政事堂会议，就不能算真宰相。

宋朝改革和调整了唐朝的政治制度，最显著的是将中书省与门下省的职能集中于"中书门下"（政事堂），作为最高行政机构，其长官为"同中书门下平章事"（宰相），统领政务。尚书省保留但职能大幅弱化，仅负责执行日常政务，六部逐渐脱离尚书省统辖，直接对皇帝负责。为制衡相权，另设三司（户部、盐铁、度支）掌管财政，枢密院掌管军事，但只有调兵权，三衙（殿前司、侍卫马军司、侍卫步军司）掌统兵权，与枢密院的调兵权相互制衡，防止军权集中，进一步削弱相权与军权的关联。三司使与枢密使直接对皇帝负责，形成"中书主民，枢密主兵，三司主财"的分权体系。这一制度设计虽然通过分割相权的财政权与军权而强化了皇权，但也导致了官僚体系臃肿，行政效率低下，成为宋朝政治制度的一大弊端，影响了国家的治理效率和应对危机的能力。

元朝的中央朝廷将政治、经济、民生等权力归于宰相主管的中书省，另设尚书省理财,枢密院管兵。可在实际操作中,尚书省与枢密院的职权被逐步弱化,中书省一家独大,以致可以左右皇帝的废立。

到了明朝,朱元璋总结前朝教训,觉得宰相的权力太大了,为进一步加强皇权,废除宰相一职,并严厉告诫子孙不得复立。"我朝罢相,设五府、六部、都察院、通政司、大理寺等衙门,分理天下事务,彼此颉颃,不敢相压,事皆朝廷总之,所以稳当。以后嗣君并不许立丞相,臣下敢有奏请设立者,文武群臣即时劾奏,处以重刑。"①

朱元璋不设宰相,但宰相那一摊子事,谁来干呢?朱元璋想了两个办法:一是把宰相的决策权上收,全部集中到皇帝一人手中。二是把宰相的事权分摊给吏、户、礼、兵、刑、工六部尚书,皇帝直接管理六部。六部可以直接向皇帝汇报,而不需要再经过宰相等的政治中介。

通过上述举措,朱元璋成功地削弱了宰相的权力,保证了皇权的稳定。但这样一来,皇帝就太忙了。于是,朱元璋参照宋朝的翰林制度与知制诰制度,给自己配了一个秘书班子,称为内阁,置华盖殿、武英殿、文渊阁、东阁诸大学士,由这些大学士来处理具体的政务,分拣奏章,备作顾问,按皇帝的吩咐拟定圣旨,等于恢复了汉朝的中朝制度。而汉代中朝制度的弊端是:如果皇帝孱弱,那中朝就会侵夺皇帝的决策权。于是,为了防止阁老们侵蚀皇帝的决策权,朱元璋有意将大学士的品级定得很低,五品。朱厚照刚上台时,内阁成员就是刘健、李东阳、谢迁这三人。

汉朝的宰相或领尚书事地位极高,位于三公之上,与皇帝有一定的分权,且不离皇帝左右,共同裁决政事。这种体制既能分担皇帝的部分责任,又能让皇帝得到足够的历练。所以汉朝的皇帝平日里必须参政,想偷懒都难。另外,汉朝的领尚书事与宰相、御史大夫,同属事实上的宰相,分署办公,可以相互监督制约,而明朝没有这种安排。

---

① 《明实录》,其中包含《明太祖实录》洪武二十八年(1395年)六月,上海书店出版社2018年版。

在明朝正德皇帝时期，有九个最重要的执行部门，分别是吏、户、礼、兵、刑、工六部，以及都察院、通政司、大理寺。这九个部门的最高长官，共称九卿。这时明朝中央的权力运作机制如下：

全国各衙门的奏章，都先汇集到通政司分类，重要的送入宫中，例行的或不重要的送入内阁。送入宫中的奏章由内廷管理宦官与宫内事务的司礼监汇总提要，报与皇帝预知，然后转入内阁。内阁经过集体商议，对上报的各项事务草拟出初步处理意见，写在一张纸上，称作"票拟"，附在原奏章上，转给司礼监，报送皇帝批准。皇帝阅后，用朱笔做出指示，称为"批红"。

一般情况下，皇帝都会批准内阁的票拟。如果内阁的票拟不合皇帝的意，皇帝便会派太监或亲自与内阁沟通。有时，皇帝也会事前给内阁口谕，让内阁根据自己的意思票拟，甚至不与大臣沟通，就直接下旨。

明朝的皇帝上朝理事，表面非常勤奋，但形式重于实质，上朝沦为走过场。内阁依照一定的定额，提前一天选出要上奏的事务，票拟出处理意见，报给皇帝。皇帝上朝时依照内阁的意见颁传圣旨。

这样一来，明朝就陷入一种怪圈：皇帝要对国家的一切负有直接责任，可又缺乏历练，不能真正承担责任。于是，明朝中后期的皇帝，除了在朝堂上礼节性地见一下臣子，就不再见面，甚至不上朝了。这不仅是懒，更是怕在臣子面前出丑。如正德皇帝的爷爷明宪宗朱见深在位23年，只与内阁大臣议过一次政；正德皇帝的父亲朱祐樘即位后10年，才在文华殿里会见过一次大臣。[①]

2. 监察的言官、外廷的朝官、内廷的宦官

朱元璋建立了一套独特的监察系统，即"以小制大，以下制上，大小相制，上下相维"的"科道"。所谓"科道"，是指吏、户、礼、兵、刑、工六科给事中和都察院的十三道监察御史。而都察院是明代的最高监察机关，主要职责为反腐

---

① 鲁东观察使：《1514：发现大明》，北京时代华文书局2016年版，第34—37页。

肃贪、辨明案狱。都察院设左右都御史（正二品）、左右副都御史（正三品）、左右佥都御史（正四品），下面有十三道巡按御史、监察御史（正七品），一共110人。另外南京都察院有监察御史30人，两京合计监察御史共140人。

都御史位列九卿，地位崇高。正因为地位崇高，作为百官表率，都御史就不能事事冲在前面。特别是查究官员，一旦弹劾有误，就有失大臣之体，没有回旋余地。因此，就让那些地位不高、资历不深的"科官"来干这种"搏击"之事。

"科官"指六科给事中，即"给事于（宫殿）之中"，表示他们是皇帝的人。每科各设都给事中1人（正七品），左、右给事中各1人（从七品），给事中4至10人不等，是监察吏、户、礼、兵、工、刑六部的机构，其职责是"掌侍从、规谏、补阙、拾遗、稽察六部百司之事"。权力相当大：

一是为皇帝的圣旨把关。皇帝下达圣旨和批复中央各部门及地方的章奏是其处理政务的主要方式，而凡以皇帝名义发出的诏敕，都要经过六科给事中复核无误，才能在五日之内抄送通政司下发执行，原件送内阁留存。同时，皇帝下达的任何旨意，如果六科给事中认为存在不合理之处，都有权驳回。这类似隋、唐时期为皇帝妥善处理政务服务的门下省。

二是规谏皇帝。谏官的主要职责就是议论政事，减少朝廷失误、约束君王的私欲。有一次朱祐樘皇帝带着他的儿子朱厚照偷出宫去游玩，回到宫中已经天黑。父子俩走到午门内南薰殿旁六科给事中日常办事与值宿的六科廊，朱厚照问这是什么地方。朱祐樘连连冲他摆手，说："小点声。这是六科官住宿的地方。"朱厚照疑惑不解："怕什么？六科官不也是您的臣下吗？"朱祐樘回答："祖宗朝设立六科给事中，就是让他们纠察皇帝德行的错误。你惊动了他们，纠劾的奏疏立刻就会送到我们面前！"[1]

三是参与议政。"凡大事廷议，大臣廷推，大狱裁决，六科皆预焉。"[2] 六科给事中的议政范围很广，包括研讨军国大事，选拔高级官吏，裁决重大刑狱。这些

---

[1] 鲁东观察使：《1514：发现大明》，北京时代华文书局2016年版，第78页。
[2]《职官三》，《明史》卷七十四，中华书局1974年版。

低品级的给事中参与高级别官员的议政，也是朝中不同政治力量的一种平衡。

四是参与干部考核、官吏考察。明朝的官吏考核，称"考察"或"考满"，由吏部、都察院负责。每逢考察，官员以自我陈述的方式，评定自己的功过，由六科给事中会同六部审核。一旦发现官员隐瞒过错，夸大功绩，按欺君之罪处理。官员因考核优秀被皇上召见，一般要由吏部尚书和相关科的都给事中陪同。吏部尚书选任文官，要与吏科都给事中一同报告皇帝。官员赴任，也要吏部给事中先在文书上签署同意。其他五科对各部的监察制度亦大体相同。

五是监察百官。明朝的言官可以"风闻言事"，即可以在没有任何证据的情况下，仅凭"风闻""据说""传言""群众反映"等，就弹劾朝中任何一位官员。这让那些高官显爵们十分忌惮，生怕有什么把柄落在他们手里。

六是可奉敕专门审理或监理一定事务，如可以监临科举考试，可以参加鞫问重大刑狱案件。

六科给事中有如此威权，因此成为年轻官员向往的岗位。明洪武年间，在新考上的进士中选拔优秀者进翰林院深造以待重用，名为庶吉士。其中有些人被指定培养为六科给事中，名为六科庶吉士。

"道官"是指十三道监察御史，虽然也只是正七品小官，却与六科给事中一样，是耳目风纪之臣。他们直接对皇帝负责，代天子巡狩四方，朝廷里的闲事都能管，什么人都可以参，监察风纪，弹劾奸邪，小事立断，大事奏裁。[①]

都察院的御史权力也很大。只要他们认为大臣有奸邪、构党、乱政坏纪的，都有权直接上奏皇帝弹劾，既可公开劾举，也可密封上奏。

都察院在进行朝觐和考察大典时还有责任会同吏部对五品以下官员开具考语，对四品以上官员的"自陈"提出意见。它还有责任会同刑部、大理寺会审重囚大案，叫作"三法司"会审（三堂会审）。

都察院不仅可以对审判机关进行监督，"大事奏裁，小事立断"，还有一个

[①] 鲁东观察使：《1514：发现大明》，北京时代华文书局2016年版，第41页。

无所不包的巡抚系统,举凡地方政务、军务、财务以及一些如盐政、茶政、马政等的特殊政务,均由这个系统掌管。① 都察院可根据需要,派遣御史出去检查某项专门工作,如检查档案(刷卷),巡视京营、监考省级的乡试和中央级的会试,巡视某些国家部门(如管财粮较多、消费最大而弊端较著的光禄寺),巡视仓场、内库、皇城、学校、漕运、屯田等,如遇有战事,可以派御史监军纪功,发现地方官府在审理案件中有冤诬不实、不遵法律之处,也可以调阅案卷,提审罪囚。

六科的给事中和都察院的御史有一定的职责分工,六科负责监察吏、户、礼、兵、刑、工六部的业务。都察院的御史着重监察全国官吏和一般机关。六科主要监察专门部门和业务,发现并纠正其可能的危害,杜绝可能造成的损失;御史侧重对触犯纲常礼教的犯罪行为的弹劾。但二者的分工也不是绝对的,给事中也可以弹劾各级机关的官吏,也可以上疏议论朝政得失。

二者虽系统不同,地位职责却相近,皆"建言""言事",故统称为"言官",又合称为"科道官",御史为"台",六科为"垣",故也称为"台垣"。"言官""台垣"构成明代纠举弹劾、防止官员敷衍公事、违法乱纪的交叉防线。

宦官(太监)是负责宫廷杂事的奴仆,不得参与国家政务。朱元璋从农村的社戏中知道了宦官祸政的危害,就想了许多招数来限制宦官。一是限制宦官职数,规定宫中宦官不得超过百人。二是禁止宦官兼外臣的文武职衔,并悬铁牌于宫门,明示不许宦官干政。三是不准宦官读书,想切断他们干政典兵的路。

可是,皇帝一来惧怕被外廷的朝官架空,二是从小与宦官朝夕相处,感情自然不一样,所以,许多皇帝会主动让宦官掌握国家政务大权,以牵制朝官。皇帝认为大臣与内臣的相互牵制、相互斗争,是最好的制衡。这一政策沿袭到明末,成为明朝政治的一大痼疾。本来朱元璋严禁太监干政,以免重蹈东汉和唐末的覆辙;可他儿子朱棣却是靠太监造的反,所以他当上皇帝后,就一直依靠太监治政,经常外派宦官担任监军。1420年(永乐十八年)设东厂,由宦官执掌,用特务活

---

① 周建华:《王阳明在江西》,江西高校出版社2017年版,第85页。

动监视百官。1477年（成化十三年）又另设西厂，以宦官任提督，加强特务统治。

1426年（宣德元年），宣宗改变太监不得识字的祖制，在宫内设内书堂，教小太监识字，以提高太监的参政水平。正统以后，内府中最有权势的衙门司礼监的掌印、秉笔太监多由内书堂出身的宦官担任；而在内书堂任教官的，多是翰林官。这些翰林官在日后的仕途中常常得到这些出身内书堂的宦官学生的关照。①

宦官任职的机构也急剧增加，共设有司礼、内官、御用、司设、御马等12监。惜薪、钟鼓、宝钞、混堂等4司及兵仗、银作等8局，总称为"二十四衙门"，各设专职掌印太监。其中司礼监权力最大，其首领不仅统领二十四衙门，还充当皇帝的贴身幕僚与顾问，甚至常常替皇帝为内相，其权势有时超过内阁的外相。

英宗时，宦官王振与部分官僚结成党羽，开明代宦官专政之先声。英宗与王振之后，正德皇帝与刘瑾、天启皇帝与魏忠贤等昏君毒竖成对出现，宦官之祸此起彼伏，如宪宗时的汪直、武宗时的刘瑾、熹宗时的魏忠贤等，都是权倾朝野、势力显赫的权宦。②

宦官集团当权，不仅杀戮罢免大批正直的官员，更从精神上阉割了读书人的骨气，国家从根基上滋生出不正风气。朝堂之上，气氛日趋紧张，终于，宦官集团与文官集团开始了大搏杀。

3. 朝官、言官、宦官相互之间的权力运作

有明一朝，朝官、言官和宦官之间的权力斗争贯穿始终，无所不用其极。六科给事中和十三道御等科道言官和宦官的关系更是差到了不共戴天的地步。这其中有三个原因：

一是制度原因。科道言官是朱元璋利用小官来管大官即所谓大小相制的一个创举。六科给事中是品级很低的小官，但权力很大，他们可以弹劾任何人，可以

---

① 方志远：《千古一人王阳明》，江西人民出版社2017年版，第9页。
② 周月亮：《王阳明传》，长江文艺出版社2016年版，第13页。

"风闻奏事",随便在哪儿听到谁的流言,就可写奏折弹劾谁,对了他们有功;错了他们也没事,不受处罚。

二是出身原因。和文官一样,科道言官也是通过科举上来的,相互间可能还是同学、同年,因为有同学情谊在,言官不会轻易弹劾文官,主要还是弹劾宦官。因此,科道言官和宦官的关系非常不好,哪个宦官稍微牛了一下,奏折立马就雪片似的飞向御书房。明朝有两京,北京是权力中枢,南京只是个养老之地。南京的官都是没有实权的闲官,整天就是喝茶遛鸟。南京的给事中想要出名和升官,就得写弹劾奏章,编小道消息,甚至落井下石。比如太监牛玉失势,犯错贬到南京。王徽等几个南京言官就写奏折说罚得太轻了,得重罚,得杀。他们并不是真和牛玉有什么大仇恨,也不是非要还一个朗朗乾坤,就是为了博一个诤臣的名号。

三是风气原因。明朝的官员常常是为提意见而提意见。结果,明朝的政治运作,往往形成一种赌气、斗法、对峙的僵局。朝官或言官仗着崇尚风骨,学着海瑞那种敢抬着棺材和皇帝对着干,骂皇帝,骂权臣,都是博眼球、博名声、博出位。如果挨了几下板子,那立刻成为名满天下的直臣了。可皇帝也不是省油的灯,他一眼就看出来他们写奏折的目的,一道圣旨下,怒骂"妄言邀誉",结果都贬谪到偏远地方去了。如皇帝在内阁和给事中都反对的情况下,还坚持要做某件事,那就要准备面对一场政治危机。六科给事中与十三道御史们会疯狂进谏,内阁会集体辞职;严重时,六部尚书也跟着请辞。[①]

正是在这样的政治体制、政治生态和运行规则下,正德皇帝朱厚照登台了。

4. 与宦官缠斗的王阳明

有人说,宋朝皇帝与文人共天下,明朝皇帝与太监共天下。在皇帝眼中,在外朝任事的大臣是"外臣",在内廷行走、自幼相随、朝夕相处的太监是"内臣"。这个称呼就表明皇帝把自己治国理政的依靠力量,已分出了内外亲疏。

[①] 鲁东观察使:《1514:发现大明》,北京时代华文书局2016年版,第39页。

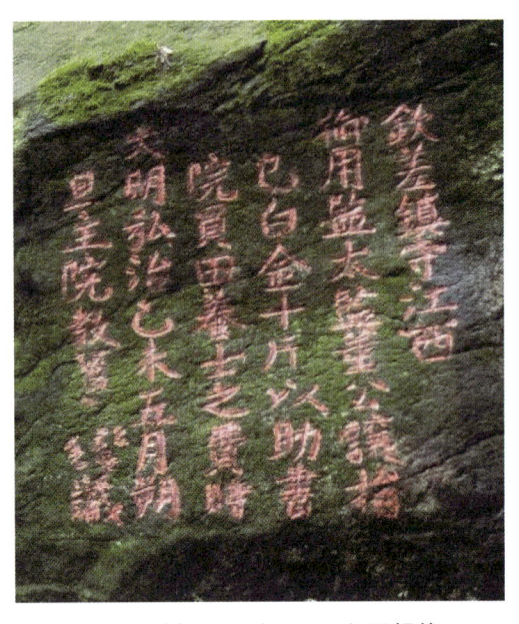

从这块石刻可见，名义上是领导捐款，真正出钱的是地方政府。

从中央到地方，这些"内臣"们无处不在，左右着明朝政治的发展方向。不说别的，有个制度就让现代人震惊：长达一百多年的时间里，各省的一把手，不是巡抚，不是监察御史或布政使，而是镇守太监。以江西为例，自从1457年（天顺元年）向江西派出第一任镇守太监后，到明末为止，除中间全国统一行动短暂召回过各省镇守太监之外，江西在180年间至少接受过叶达、刘㑹、邓原、董让、姚举、王嵩、黎安、许满、毕真、王宠、崔和、丘得、黎鉴、李道、潘相等15任镇守太监（后几任为隆庆、万历年间任职）。如果不是明朝嘉靖版《江西通志》只记载到嘉靖年间的话，这份名单还要更长。在地方志中，镇守太监的地位远比巡抚要高，不但放在"命使"一节靠前的地位，还恭恭敬敬地详细记载他们履新荣调的时间。虽然抚、按二院名义上代天子巡狩，但这些以御马监太监、御用监太监身份空降到地方来的太监们，更能代表皇帝的意志和利益。所以在地方上，督抚与镇守之间的矛盾是结构性的。

这些江西镇守太监做些什么事呢？或驻省会干政，或驻景德镇督陶，或驻湖口税关抽课。

王阳明的整个政治生涯中，充斥着与太监的斗争。刘瑾是第一个让王阳明吃大亏的大太监。刘瑾把大批反对者下狱或发配，王阳明只是其中之一。王阳明的弟子们为了表现自己老师的坚毅果敢，夸大了刘瑾对王阳明的迫害。其实当时刘瑾打击的重点人物不是王阳明，一个小小兵部主事入不了刘瑾的视线。王阳明也并非有意与刘瑾死磕，只是当时的局势让他站了出来，导致自己被杖下狱，贬谪龙场。而在刘瑾被诛之前，王阳明就从龙场驿赦还，得到庐陵知县的实职。这比大多数受害者平反的时间要早得多，说明他在刘瑾眼中，不像那些永不叙用的官员，只是"情节较轻"的官员，任满还可以照常迁转。

1517年，王阳明击破横水、桶冈，取得南赣剿"匪"的重大胜利，江西镇守太监毕真却十分不满。他向上报告：地方上的一切军事行动与民政事务，都要事先向镇守太监会商，否则就是藐视皇帝。前些年，都御史俞谏巡抚南赣等处，一遇有警，便会同南赣镇守太监黎安调动人马。但是，现在都御史王阳明却独立决策和执行军事行动，不与南赣镇守太监许满共同商议和联合行动。这确实不符合以往的旧规。

兵部尚书王琼看了毕真的报告十分为难。如果依着毕真，就会作茧自缚，贻误军机。但又不能与太监对着干，王琼考虑再三，对王阳明下达了一个模棱两可的意见："今后遇有江西、湖广、广东地方盗贼啸聚，应会合剿除，或调动府卫州县军兵钱粮，应与各该镇巡官会议，仍照原奉敕旨，计议而行。其南、赣地方一应军机事务，遵照节次题奉，钦依事理，径自区划施行，不许推托，因而失误军机，罪有所归。"①

王琼在这里要了一个滑头。他首先认可江西镇守太监的申诉，要求王阳明与毕真加强沟通，紧密配合。但，又话锋一转，说：地方官一定要严格按圣旨上写明的管辖权行事，不能越权，也不能避事，否则依法依规追究责任。实际上是说，当初给你王阳明的圣旨里并没有向镇守太监事先请示这一条，你按原计划行事就行。

最后，没看明白的正德皇帝对兵部的意见表示认可，批复曰：今后南赣府如有盗贼生发，还着调兵抚剿，仍驰报江西镇巡官，随意策应施行。江西有别府贼情，南赣巡抚官亦要依期遣兵策应，俱毋得违误。

王阳明不愿与镇守太监联系过密，却与王琼保持着热线沟通，几乎每有重大行动，都愿意向王琼汇报。他与王琼的良好关系，保证了他在地方上军事行动的

---

① 见《明武宗实录》卷一四七，广西师范大学出版社2024年版。

顺利开展。

面对镇守太监,王阳明和王琼的对策,就是虚与委蛇,做足表面文章,却不让他们插手实质工作。所以南赣之捷,王阳明说了许满、毕真调度有方、指挥若定的功绩。这样一来,远在南昌、不曾参与一兵一卒征伐的许满,离任后仍获得"荫他子侄一人"的待遇;而刚到江西履新就告黑状的毕真,被"赏银三十两",以示优褒。这些太监的虚荣心才暂且得到满足。

这个刁难王阳明的毕真本来就不是什么善类。他在江西期间与宁王紧密勾结,为其出谋划策。如果不是宁王造反前就调到浙江,宁王叛乱时毕真一定追随左右。宁王朱宸濠造反当晚,把王府太监万锐封为江西镇守太监,同时写信给在杭州的毕真,要求他作为浙江的内应,事成之后会让他做南京守备太监——这是最为重要的地方镇守要职,也就是当年郑和下西洋前担任的职务。叛乱平定后,毕真并未受到追究,因为他是皇帝的人;而跟宁王有泛泛之交的地方绅士如熊兰等人,却受到严厉追究和查处。

四、从廷杖制度看明朝政治

1. 棍风初起

朱元璋刚得天下时,刘伯温劝他"立法定制,以止滥杀"[①]:古代公卿有罪,通常诣请自裁,不轻易施污辱之刑,以存大臣体统。朱元璋同意。可后来出了一事,他就改变了这一约定。

1374年(洪武七年),明王朝法典《大明律》颁行,明确规定十恶(十大犯罪类型)、五刑(五种刑罚手段)、八议(八种减刑路径),但独裁皇权不受法律约束。朱元璋认为只要结果是好的,就可以不择手段,那种程序正义是迂腐呆板的。

---

① 《刘基传》,《明史》卷一百二十八,中华书局1974年版。

1376年（洪武九年），刑部主事茹太素上了一份奏疏，洋洋洒洒万余字，朱元璋看得眼睛生疼，就让人念给他听。听着听着，就发火了。茹太素说现在的官员们都是一些"迂儒俗吏"。朱元璋不高兴了：怎么能这样说呢？这些官员是我任命的呀。就把茹太素叫来面谈。茹太素却书生气十足地使劲辩，朱元璋很快就耗尽了耐心，命人用棍杖对茹太素一顿暴打。《明史》列传第二十七记载："帝怒，召太素面诘，杖于朝。"这次"杖于朝"是明朝第一次执行廷杖。但事发偶然，杖打朝臣并没有因此形成固定程序。

事后，朱元璋细读茹太素的奏疏，想想也有可取之处，对自己动手打人略感不安，于是自找理由，将茹太素的过错归结为废话太多，说：为君难，为臣不易，朕所以求直言，太素所陈，五百余言可尽耳。

尽管朱元璋有些内疚，但古代中国政治制度已走向皇权独裁。朝臣身份矮化为皇帝的奴仆，没有独立的人格尊严。因此，皇帝这次杖打朝臣，整个文官集团的反应平淡，没有人向朱元璋提出抗议。

两年后，明朝开国功臣、镇守广东的猛将朱亮祖品行不端，横行不法，被番禺知县道同弹劾。朱亮祖官高权大，当即反咬一口，也上奏弹劾道同，还抢先把奏章递进了朝廷。朱元璋正在处理胡惟庸谋逆大案，越审越宽，株连日广，问罪下狱者不计其数，前后杀了3万多人。杀顺了手，一看到朱亮祖的奏章他也没多想，当即下旨就杀了道同。过了几天，道同的奏章到了，才知道真情，朱元璋又羞又气，想起朱亮祖镇守广东正是胡惟庸推荐的，一气之下，立刻把朱亮祖抓到京城，不经审判，一顿棍棒活活打死。打完之后，人死了，气消了，还冒出一个用棍棒"处罚恶官"的想法，于是立下一个制度：凡皇帝认为大臣有了罪过，可以不经审讯，立刻杖刑。

于是，明朝就有了"廷杖"这种不成文的制度，即在朝廷之上，皇帝命人当着大家的面，将一个朝廷命官，扒下裤子打屁股。皮肉之苦能不能扛住先不说，也确实屡屡打死人，人格羞辱更是明显超过了执法与受刑的必要。但是，明朝就这样做了。

皇帝为什么要又为什么能廷杖大臣呢？朱元璋就是以此宣告：大明王朝是

皇帝的一家之私产，皇帝打臣子就像主人打一条狗，没有原因，莫问道理。[1] 这是一个什么朝代？这个明朝在某种程度上是中国政治史上最黑暗的时代。宋代那种"士大夫共天下"的局面荡然无存——君为主，臣为奴，臣子不给皇帝打配合，皇帝不给大臣留面子、存体统了。

2. 廷杖成为常态

从朱元璋开始，廷杖就开始常态化，每有大臣犯颜，大明皇帝只要不顺心，就可以拿大臣撒气。

《明史·刑法志》说道："至正统中，王振擅权，尚书刘中敷，侍郎吴玺、陈瑺，祭酒李时勉率受此辱，而殿陛行杖习为故事矣。"

"正统"乃是明英宗皇帝的第一个年号。英宗年幼登基，面对父祖给他留下的那帮老臣，根本无处施威。于是，他就让太监王振插手朝政，代表自己释放淫威。有一次，王振奉英宗之命来国子监视察，国子监祭酒李时勉按接待太监的正规程序来接待王振，不冷不热、不卑不亢，不像当时的大多数人那样百般谄媚。王振记下了这笔账。经过长时间窥探，终于抓住了李时勉的一条"罪状"：没向上级报告就剪过国子监里的树枝。这叫"擅伐官树"，让一帮太监去国子监对李时勉"执法"。太监们赶到国子监，李时勉正在给学生当堂改卷。他对门外太监的大呼小叫置若罔闻，气定神闲地批发完所有试卷，然后把学生们一个一个地叫来领走试卷，并交代好下一步的工作，然后才肃穆地走出国子监。这时，太监们一拥而上，七手八脚地把他摁在地上，套上数十斤重的枷锁，强令他在三伏天的国子监门口跪了三天。

国子监的学生全体求见英宗，为老师求情，哭号之声震彻宫廷，满城官员为之惊骇。最后，皇太后出面责问英宗。英宗这才知道了这回事。迫于舆论压力，他赶紧命令王振收手，立即释放李时勉。

---

[1] 许葆云：《王阳明的六次突围》，广西师范大学出版社2014年版，第19页。

文臣继续向英宗与王振施压。最终，双方达成默契。文臣默认王振干政的事实；王振也有所收敛，取消了戴枷示众等花样百出的法外滥刑，但保留了杖刑。自此，棒打屁股作为皇帝私刑的手段，开始流行并制度化。

后来，土木堡之变中断了英宗的皇帝生涯，王振也因之殒命。仓促登基的景帝在当政之初，并没有和文臣集团爆发严重冲突，朝廷上那根打屁股的棍子也沉寂了好几年。

1455 年（景泰六年），景帝的心情极其郁闷。当年继承皇位时，景帝与大臣约定不会改变朱明皇室的传承世系，依然要以英宗之子为太子，在自己之后让皇位传承回归英宗一脉。但他坐稳了皇位后，就想反悔了。景帝费尽心机，终于用自己的亲儿子替换侄子做了太子。可是，这个刚当上太子的儿子在景泰四年就夭折了。这样，太子位又空悬了。景泰五年五月，监察御史钟同上书景帝，要求复立英宗之子为太子，其上书中"乃者太子薨逝，足知天命有在"①这样的话语深深刺痛了一个刚失去儿子的父亲的心。两天后，仪制郎中章纶又向景帝上书，规劝景帝多多看望被囚禁的英宗，善待英宗的皇后，并复立英宗之子为太子。还说景帝做到了这些，就能"灾沴自灭"。言下之意，如果景帝不按他说的做，还会倒更大的霉。两个月后，大理寺少卿廖庄又来了一波，说的还是景帝最不想听见的那些事。

于是，这拨人被景帝扔进了监狱。一年之后，景帝认为司法部门对这三人的处理过轻，亲自为三人加刑。他拿起了一项久未使用的刑罚——杖刑。钟同、章纶在狱中各被杖打一百并流放。钟同没挺住，当场死于棍下。廖庄被杖八十，虽比前两人少了二十，但受刑之地不在狱中，而在宫廷之上，众目睽睽，奇耻大辱。

廷杖的基本样式就这样被奠定了。皇帝与朝臣讨论重大政治议题出现分歧无法调和之时，朝臣就可能受刑。

1464 年（天顺八年），朱见深终于坐上皇位，是为明宪宗，改年号为"成化"。太常少卿沈政投宪宗皇帝爱财之所好，上书建议皇帝将国库一部分银两划归宫廷

---

①《钟同传》，《明史》卷一百六十二，中华书局1974年版。

使用。本以为能得到嘉奖，却不知为什么宪宗那天正义感爆棚，不仅拒绝，还给了他一顿廷杖。南京御史李珊上书建议皇帝出钱赈灾，结果与沈政一样，也挨了一顿廷杖，理由是他写了错别字。整个成化年间，皇帝共行使13次廷杖，高于从洪武到天顺八朝七帝96年的总和。宪宗将廷杖这种偶尔一用的皇家私刑，变成了一种司空见惯的准制度。

从这以后，皇帝杖责大臣就再无顾忌了。

3. 打屁股的程序、规则和反应

《明史·刑法志》中有记载，廷杖是"明之自创，不衷古制"[1]，还是一种不在《大明律》规定之内的法外刑。执行者为大汉将军[2]。一旦某位官员惹怒了皇帝，处以廷杖，就会被押到午门行刑（有时也在朝堂上），反绑住双手，当庭扒掉官服。一声喝令，棍棒对着他的屁股和大腿上就是一阵猛打。

廷杖也是分级的，一般来说，尚书或侍郎以上的高官受刑时，由皇帝监刑。到明朝中后期，皇帝无法亲临现场，就逐渐变成由司礼监掌印太监代行监刑职责。行刑时，监刑者（皇帝或司礼监掌印太监）坐中间，左边站着数十个小宦官，右边站着数十个锦衣卫。廷下站着上百个行刑狱吏旗校，穿着短裤，手拿棍子。皇帝的诏书或口谕一下，受刑者就在众目睽睽之下趴下，一个行刑官用麻布袋将他从肩膀以下套住，防止他左右转动；另一个行刑官用绳索捆住他的双脚；接着，四个行刑人员四面牵拽，将受刑者固定，只露出屁股与大腿部分，接受廷杖。

行刑时，一般每打五下，就换一棍，即换一个行刑官。每次开棍时都要吆喝，声震殿堂。强壮点的大臣大致能坚持八十杖，即使没被打死，也要剐去几十碗的烂肉，治疗半年以上。

打手经过专门训练，先用薄薄的宣纸包住一块砖头，再练功夫，练到一棍下

---

[1]《刑法志二》，《明史》卷九十五志第七十一，中华书局1974年版。
[2] 明代殿廷卫士的称号，受锦衣卫统领，取身材高大者为殿廷卫士，以资壮观。

去,砖头碎了,宣纸没坏。练就了这功夫,打人就有讲究了。一棍一棍地打下去,可以是表皮没烂,却打烂了里边的肉;也可以是受刑者被打得哇哇叫,皮开肉绽,但不伤及性命。

廷杖不仅对大臣的肉体施以巨大创伤,更在心理上剥去大臣的人格尊严,树立封建君主的绝对权威。正德年间最残酷的一次廷杖是1519年(正德十四年),王阳明刚平定朱宸濠叛乱,武宗还要巡游江南。兵部侍郎黄巩等大臣竭力阻止,武宗不听,翰林修撰舒芬等107人集体伏阙劝阻。武宗大怒,下令让群臣午门外罚跪5天,各领三十至五十杖。一时间午门口血肉横飞,哭声震天,有11人死于杖下。明世宗时期的廷杖,场面更大。在大礼议之争中,嘉靖皇帝罢了杨廷和等人官职,230多个大臣跪在皇宫的左顺门请愿,要求皇帝改正。嘉靖反将这些大臣集体杖刑。

那么,当时的文官朝臣是如何看待这种廷杖的呢?

明成化年间,明朝国势转衰,四方不靖,财力不敷。这本该精打细算过日子,皇室开销却不减反增。翰林院章懋等人劝诫宪宗取消元宵节的例行花灯烟火晚会,节约开支。可宪宗皇帝十分珍视自己的那点快乐。于是,章懋四人全被流放边疆,其中三人流放前被廷杖二十。可是这四人之后在官员中获得"翰林四谏"的美名。这是明王朝的官员首次因廷杖而获誉。廷杖让官员们看到了另一种可能:用屁股的挨打可以换来脸上的荣光。

孔子曾说:君使臣以礼,臣事君以忠。这是中国古典政治体系下的君臣关系理想状态。然而,中国古典政治体系在明代时已经瓦解,君主对待朝臣像对待家奴一般,那在这种"君使臣不以礼"的情况下,朝臣又是怎样对待君主的呢?是不是臣事君依然以忠呢?这时,大多数官员一言不发,逐渐与明王朝离心离德,渐行渐远;少数人迎难而上,为维护心中的正义与理想,硬要与皇帝论个对错;还有一类人故意去找那顿打,想博个眼球、捞个名声。万历年间,有官员的妻子因为丈夫没有在劝诫皇帝的联名上书上签名,错过了挨打的机会而后悔不迭。有挨打官员的妻子将丈夫被打时飞出的烂肉腌制起来,做成腊肉当成传家宝……各种矫揉造作,不一而足。

直到清朝,廷杖这种低水平的、野蛮的羞辱手段终止了。

五、王阳明怎么从官场明星变成了阶下囚？

1. 朱厚照是顽主，还是耍皇权的皇帝？

1505年（弘治十八年）这一年的五月，皇帝朱祐樘驾崩了，只活了36岁。

朱祐樘履历简单，18岁登基，在位18年，他除了皇后张氏，没有其他女人。而皇后张氏只生了两个儿子，次子朱厚伟出生不久就夭折了，于是，他的大儿子朱厚照登基了，是为武宗。第二年，武宗朱厚照改年号为自己的年号，叫"正德"。

这个朱厚照非常特别，身份是皇帝，却是天下第一顽主：

一是他出生在亥年、戌月、酉时、申时，乍一看，这个日子很高贵。朱祐樘将朱厚照视若珍宝，仅出生五个月，就把这个皇长子立为皇太子。[①]

二是由于他从小被立为太子，一天到晚被一群宫人太监哄着，养成刚愎自用、任性妄为的习性和玩性。

三是他登基时只有15岁。

四是他又碰上一个最无耻的太监刘瑾。刘瑾的出身很苦，但从小就想当太监，就一咬牙，挥刀自宫，先把自己做成了太监。一个敢向自己下刀的人，可见其阴狠。刘瑾小时混迹于三教九流，就是一个小混混，却脑子灵活，八面玲珑，进宫后，深得弘治皇帝赏识，后来让他去东宫陪伴太子朱厚照。这样，刘瑾整天带着小朱厚照玩。后来朱厚照做了皇帝，也照玩不误，结果玩成了一个大顽主。

朱厚照的行为乖张，各种记载都说几件事：一是他成为皇帝后，专门修建了一个豹房，每天和老虎豹子练摔跤。二是在皇宫里开了商铺和妓院，让太监装扮商人，宫女装扮成妓女，还真的开张营业。三是把整个大明都当作了他的玩具。所有的明朝皇帝里，甚至中国有史以来的皇帝里，可能就数他最能闹腾、最会玩。

1518年（正德十三年）有一天早朝，皇帝朱厚照对全体大臣说："我要任命一位大将军。"说到这里，他拿出一份事先拟好的圣旨，晃了一晃，高声念道："总

[①] 杨帆：《王阳明传》，中国纺织出版社2015年版，第87页。

督军务威武大将军朱寿，统领六帅，扫除边患，屡建奇功。"

满朝大臣你看我，我看你：这个朱寿是谁呀，这么大的功劳，我们怎么不知道这个人呢？

只听皇帝继续说道："特加封镇国公，岁支禄五千石。"

终于，众大臣中有人弱弱地问了一句："敢问朱寿是谁呀？"

这时皇帝说了："朕就是朱寿。"

满朝文武顿时哑然。

朱厚照的一些做法确实无厘头，让人很不能理解。但是，在朱厚照种种荒诞举动的后面，其实有一个核心问题，就是抓住皇权，巩固皇权，他就是要通过各种不可思议的言行，来宣示他的皇权。他是要向众大臣宣布：天下是我的，我才是皇帝，我是那个说了算的人。

朱厚照的许多不可思议的做法和决定，其实是他有意为之，他就是要以此来测试百官，他的话好使不好使，显示皇权不可冒犯。谁能认同、附和他这种显示皇权的行为，谁就能获得信任和重用。许多人认为刘瑾之所以能得到朱厚照的高度信任，只是因为刘瑾与朱厚照臭味相投。其实，根本原因是刘瑾无条件地支持了朱厚照的皇权宣示，并帮助他加强皇权。明孝宗遗诏废除宦官监枪，刘瑾加以阻止，不予执行。刘瑾还劝朱厚照下令：凡是宦官镇守的都要进贡1万两黄金。刘瑾还奏请设置皇庄，使皇庄增加到300多所。[①]于是，朱厚照和刘瑾就在这个问题上结下了牢固联盟。只有理解了这一点，才能解释朱厚照的各种荒诞做法和乖张举动，也就容易看清那场引发王阳明贬谪龙场的朝廷风波。

2. 导致王阳明受廷杖、下诏狱、贬龙场的事件

当时的明朝，危机四伏。四周边境，北方草原鞑靼势力进取河套；西部吐蕃，占领哈密；西南部的两广、云贵少数民族地区，土著势力和民众叛乱，田州的岑

---

① 周建华：《王阳明在江西》，江西高校出版社2017年版，第20页。

氏不断生事。民生方面，灾荒不断，民生艰辛，而国家财政与经济十分紧张。政治方面，通过科举走进权力中心的朝官和皇室、宦官的斗争已经铺开。弘治十八年三月，李梦阳上疏，弹劾张皇后兄弟张鹤龄、张延龄，被捕。弘治皇帝临终前，放李梦阳出狱，对张鹤龄等人的行为有所抑制。弘治皇帝整顿过盐法，裁撤了各地织造，免除各种赋税。但这位皇帝在弘治十八年五月，撒手归天，还不到40岁。

这个时候，边防、赈灾，开销巨大，而皇室开支不减，老皇帝的丧礼，新皇帝的登基，登基后的结婚[①]，皇宫的开销越来越大。于是，围绕要不要继续执行老皇帝的改革举措，皇帝、宦官和朝官之间就展开了较量与斗争。

吏部尚书马文升根据遗诏，淘汰了700多名传奉官，但受到宦官们的抵抗。马文升就以年纪大了为由提出退休。兵部尚书刘大夏要求根据遗诏，罢免派到各地的太监，皇帝置之不理。刘大夏提出辞职。皇帝朱厚照就把焦芳提拔为吏部尚书，许进为兵部尚书。

1506年（正德元年）六月，户部尚书韩文上疏报告财政拮据，建议控制支出。首辅刘健、阁臣谢迁也时常劝谏皇帝减少开销。然而朱厚照即位后正筹备八月的大婚，刚把他父亲裁撤不久的织造太监重新派到各地督办物品。但听了大臣们的建议，朱厚照觉得刺耳。

就在此时，来了一份太监的奏折。一场风波陡然生起。

九月初二，奉命到江南督造龙衣的太监崔杲上奏，要求在长芦盐场往年的剩余中拨出1.2万盐引以筹措经费。如果朱厚照批准这一请求，将违背其父亲弘治皇帝整顿后的《开中盐法》原则，进一步加剧朝廷的财政困境。[②]

当时，明朝在沿海地区设有6个都转运盐使司，分别是两淮、两浙、长芦、山东、福建、河东。这些盐场以盐引为手段来管理。盐引是宋代以后历代政府"卖"给（不是"发"给）盐商的食盐运销许可证。一般来讲，300斤为一大引，200

[①] 见《明通鉴》卷四十一：正德元年八月戊午，"立夏氏为皇后"。
[②] 许葆云：《心圣王阳明》，国际文化出版公司2015年版，第34页。

斤为一小引。正德初年，长芦盐场（指渤海沿岸诸盐场，转运使司治所设在沧县长芦镇，故得名）的盐，每小引能给政府带来0.66两银子的纯收入，政府的本钱是每引1石米。

明朝的财政收支分两条线运作：一条线属官府衙门系统，另一条线属天下封建系统。官府这条线的收入，以田地、盐茶及工商等的税赋为主，在地方归入各衙门府库，在中央主要归入11个财库。天下封建系统这条线的收入，主要来源为各藩国及各地的进贡，皇庄、皇店的盈利，皇家山林草场的收入，及其他各税种的宫廷分成。税赋归户部，主要用于各级政府的行政及军费开支。贡品归皇室，由府库管理。原则上，这两个财政系统各自独立运作，皇室不能随便用户部的钱财，户部也不能随便用皇室的钱财，两者如果发生财务往来，有时需要按借贷关系处理。

弄懂了明朝财政的两个系统，就不难弄清当时的那场争论。

本来，天下盐场的利润，都要直接缴入中央国库（太仓），但长芦盐场和两淮盐场在南北直隶辖区内，因此它们上交的利润也要提取一定比例归光禄寺库及其他内库，归宫廷支配。按规定，两淮、两浙、长芦的引盐，每年只出售4分，库存6分。库存的部分不能随便出售，除非有国家大事。到朱厚照时期，这三个盐场尚有许多国家储备盐。据记载，正常年份，长芦盐场出售小引盐18万余，上缴太仓12万两。以此推算，当时该盐场的余盐至少有27万两。这是朝廷少有的一块肥肉，如何分配，非常敏感。

太监崔杲乞盐的奏章一下到户部，尚书韩文就反对说："盐课之设，专备边饷。与织造无关。"由盐产生的钱，是专用于边防的，与宫廷没有关系。但是，朱厚照认为，按规定，长芦盐场的收益就有宫廷系统一份。现在宫廷订制新龙袍缺钱，卖出部分属于宫廷的盐引，不算过分。于是，他不顾韩文的反对，批准了崔杲的奏请。

这一下，朝臣们不干了。六科给事中、十三道御史集体出动，轮番上书，要求皇帝收回成命。朱厚照有些生气：怎么啦？我堂堂一个皇帝，连这点小事都不能决定了？你们要跟我过不去？于是就下了一道圣旨，警告说：这事我已经定了。

谁还纠缠，严惩不贷。

谁知三天后，内阁的刘健、李东阳、谢迁上书，强硬地说：内阁决定拒绝给崔杲出具盐引敕书。当时内阁就由这三人组成，首辅刘健73岁，身为少师兼太子太师，任吏部尚书、华盖殿大学士，素有人望，士林领袖；谢迁57岁，为太子少保、兵部尚书兼东阁大学士，一时人杰；李东阳59岁，为少傅兼太子太傅。这三人都是前朝弘治皇帝亲手提拔的，被皇帝赏赐蟒衣，这也是明朝内阁大臣受赐蟒衣的开始。三个这样重量级的人物联合，分量是够重的。

这事就僵在那里了。

后来，朝臣提出折中意见：要不这样吧，给崔杲一半现银，一半引盐。

谁知，朱厚照不同意。不过，他还是亲自做思想工作。九月十五，廷讲结束，皇帝专门把三位阁老召到文华殿暖阁，说："我看全给盐引算了。"

可刘健不开眼，说："给一半盐引，已足够用了。"

朱厚照一脸不解地问："既然能给一半的价银，那为什么不留下这一半银两？全给盐引，任他们变卖，这不是两全其美吗？"

李东阳解释说："凡是盐引数中，都有夹带。一张盐引，可以夹带数十引。那些奏讨盐引的人，一旦得旨，就会在船上张挂黄旗，上书钦赐皇盐。声势烜赫，影响不好。所以此事不如一开始就禁止为好。"

朱厚照不听也罢，一听拉下脸，说："天下之事，难道都是宦官搞坏的？朝臣坏事的也是十有七六。先生们应该是知道这些的。"

阁老们见话不投机，只好打个哈哈："容我们回去再商量一下。"就退出暖阁。

谁知，刚出大门，司礼监的太监就追上来，说："盐引还是要全给啊！"

刘健不高兴了，说："此事已经奏过皇上，须再议才能定下来。"

事至如此，刘健三人只剩下一张牌了。他们共同起草了一份奏章，先谈了一番"自古帝王以从谏为圣，拒谏为失"的道理，然后说：如果您一意孤行，我们只好请辞。

可能这份奏章说理深刻，煽情高超；也可能朱厚照不想做得太过分。三位阁老全辞职，这事闹得有点大。总之，第二天，朱厚照下旨，说："卿等所言，皆为朕忧国忧民之事，朕当从而行之。"①最终决定：这样吧，盐引不必全给了，可支给十分之五，余下的给价银便了。

本来，此事就结束了。谁知，一听说皇上退让了，朝官、言官一片振奋：谁说我们的皇帝糊涂呀，他沉湎于声色犬马，那是受刘瑾"八虎"这些坏人的诱惑，完全有改过的希望。一阵议论之后，大家形成一种共识：只要除掉"八虎"，皇帝就会浪子回头。

于是，言官上书。钦天监的杨源借京师的雾霾天气上书说："这是邪气，阴犯阳，臣欺君，小人擅权，下将反上。"这是风马牛不相及，哪儿跟哪儿呀？完全是借题发挥。刘瑾找个理由把杨源杖打三十。

这事还没完。十月，内阁积极筹划除掉"八虎"，暗示给事中陶谐、御史赵佑等人继续上书。于是，陶谐等人将奏章递入宫中，按照程序，很快会被下转到内阁讨论。这一天，户部尚书韩文上朝回来，与众大夫商议，由郎中李梦阳执笔，起草一篇弹劾刘瑾的奏疏。

李梦阳是明代文学复古运动的主将，才思敏捷，文笔极好，特别是他刚刚因反对皇室特权坐过牢，对皇室宦官特别反感。于是，他欣然领命，一挥而就，不到300字，文辞浅白，先历数一遍历朝历代宦官乱政的祸害，从汉代十常侍之乱，到唐末宦官废立皇帝直接导致唐朝灭亡，再到前不久王振导致土木之变、英宗被俘；后说现在朝野议论纷纷，太监刘瑾、张永、马永成、谷大用、罗祥、魏彬、邱聚、高凤等人引诱皇上放荡成性，大失体统，败坏德行，以致天道失序，地气不安，雷异星变，桃花、李花都在秋季开啦。所以，这些人罪大恶极，乞求陛下将他们明正典刑！

十月十二日，这份由九卿与内阁联名的奏章，递到了皇帝面前。朱厚照读罢，大惊失色，连忙派人和内阁来回沟通了几次，最后答应将"八虎"逐出京师，贬到南京闲居。

---

① 《明通鉴》卷四十一，岳麓书社2009年版，第1558页。

应该说，这个结果已经不错了。言官朝官应该见好就收，再闹，就过分了。一来是老皇帝朱祐樘选中这八个人陪伴太子（朱厚照）的。二来这八人陪朱厚照一起玩大，朝夕相处十几年，脾气对路，感情深厚，怎么能说杀就杀了呢？三是"八虎"不都是坏人。马永成、谷大用就不特别坏；张永为人正直刚强，勇武而忠直；魏彬老实懦弱；高凤虽然爱贪小财，但勤于职守，老成持重，素有贤名，况且已经68岁，正要求病休呢。

但文官们又一次不知见好就收，三位阁老也分成了两派：谢迁认为力度不够，刘健则推案而哭，均主张将他们处决了事；李东阳认为可以接受，所以默默无语。

司礼监的太监也分成了两派，掌管东厂的王岳坚决支持谢迁、刘健的意见，掌印太监李荣等则认为将"八虎"赶到南京就可以了。

内阁与司礼监的王岳和他的亲信宦官范亨、徐智秘密达成共识，准备第二天清晨里应外合，逼迫皇上发旨逮捕刘瑾等"八虎"。

但就在这时，新上任的吏部尚书焦芳反水了。他与掌印太监李荣是老乡，焦芳能当上吏部尚书，李荣帮了不少的忙。当天傍晚，焦芳把内阁与王岳等人的计划泄露给李荣。刘瑾等"八虎"得知后，大惊失色，肝胆欲裂，连夜进宫，跪在朱厚照面前哭求，开始绝地反击了。

朱厚照看着跪在面前的八个人，心里犯难了。要杀了他们，于心不忍。但他已答应了大臣，天子金口玉牙，说出去的话怎么收得回？

这时，刘瑾急中生智，绕开朱厚照不想在朝官面前改口的为难心情，叩头抢地地说："坑害我们的是司礼监的王岳。"

朱厚照一听，奇怪了：怎么回事？不怪内阁，怪太监里的王岳？

刘瑾说："王岳这样支持言官、内阁，就是要联合外朝，把我们都除掉，然后架空皇上，限制皇上的行动，他就可以大行其私了。"

一涉及皇权，朱厚照立刻警觉起来。他本来就怨阁老们逼自己太甚，现在，王岳和朝臣们串通一气，这就更可恨了。朱厚照当即传旨，立即逮捕王岳等人，并任命刘瑾接替王岳掌管司礼监，为二十四衙门之首；让马永成提督东厂，谷大用提督西厂，张永等并管京营事务。

这样，刘瑾等"八虎"瞬间翻盘，不但把命捞回了，还得到了原来想得而得不到的东西。

现在，一般的书籍都把朱厚照说成是一个没有主见、只听刘瑾忽悠的明朝第一顽主，认为他一听刘瑾他们哭诉，就改变了已经做出的决定。

其实，朱厚照他就是一个皇帝，巩固皇权的意识十分清醒。他看到除掉"八虎"的奏折得到满朝大臣的支持，甚至自己身边的司礼监掌印太监李荣、掌管东厂的大太监王岳也支持阁老，内廷的太监首领和外朝的阁老抱成了一团，这不直接威胁到皇权了？那皇帝怎么做到乾纲独断？朱厚照想到这里，除了惊愕，就是警觉，于是，立刻做出上述决定。[①]

3. 宦官刘瑾的反扑与报复

第二天，即十月十三日的早上，满朝大臣聚集在左顺门外，准备集体请愿，逼迫皇上立即处置刘瑾等"八虎"。刘健还找到韩文，鼓励他说："事情就要了结，公等继续坚持。"

一会儿，太监李荣出来，也不跟大臣说话，直接宣旨说：皇上已经赦免刘瑾等八人，并任命他们新职务。这一下，犹如晴天霹雳，刘健、谢迁他们目瞪口呆，全傻了眼。

当天，刘健、谢迁、李东阳三人集体请求退休。这是最后一招，他们心想，按惯例，辅臣辞职，要走三辞三留的程序，何况前几天，面对他们三人的辞职，皇帝不是让步了吗？这次皇帝也会考虑考虑吧。

谁知，这一下不灵了。辞职书一递上去，批复立刻就下来了：准奏。

而且，三人之间，还区别对待。同意刘健、谢迁告老还乡，却将李东阳一人留下。这不是明摆着分而治之吗？李东阳脸上挂不住了，立即上书，请求与刘、谢一同退休。皇帝亲自下诏挽留。李东阳只好答应留下。

---

① 许葆云：《心圣王阳明》，国际文化出版公司2015年版，第4页。

刘健、谢迁临行时，李东阳赶去饯行，不觉潸然泪下。刘健正色道："干吗哭？假如当日你多说一句，也和我辈同去了。"

谢迁也是余姚人，从小饱读诗书，自幼立志为苍生谋福，比王华更早成为状元。入朝为官后，做过孝宗的老师。武宗即位后，权宦淫威，朝中百官"人皆危之"，谢迁却多次上疏直抒己见，还十余次提交辞呈以示抗争，但这一次遭到失败，退休回家。谢迁生六子，二子谢丕以探花入朝。这次也受父亲牵连，被贬为民。

由于内阁出缺，九卿会议廷推新替补，集体推举吏部侍郎王鏊一人入阁。刘瑾不同意，说焦芳为王鏊的上司，应该加上。十月十七日，朝廷正式宣布焦芳与王鏊一同进入内阁。内阁大臣的名次为：李东阳首辅，焦芳第二，王鏊第三。

就这样，16岁的朱厚照即位不到一年，前朝的内阁大臣除了李东阳几乎全都罢免了。

见此情景，朝官和言官皆愤恨难消，却一时没辙，只得隐忍，没了声音。

但事情没完。刘瑾开始向朝臣们反扑，猛烈报复打击弹劾过自己的人。十一月底，刘瑾说有假银子输入内库，指责户部尚书韩文负有领导失察之责，勒令其退休。

言官缓过劲来，也开始了行动。十二月，南京六科给事中戴铣、李光翰与十三道监察御史薄彦徽、蒋钦、陆昆等21人上疏，要求朱厚照召回废黜的刘健、谢迁。

刘瑾二话不说，一声令下，把这些人全部抓到北京，先扒掉裤子，一阵廷杖乱打。结果，一通板子打下来，戴铣当场死在杖下。

南京御史蒋钦被打得皮开肉绽，回到狱中，再次单独上书说："刘瑾小竖耳，陛下乃以腹心股肱耳目视之。不知瑾悖逆之徒，国之贼也。"蒋钦说得热血沸腾，可得到的是再杖打三十。过了三天，蒋钦又上疏一封，言辞更为激烈，结尾写道："幸听臣言，急诛瑾以谢天下，然后杀臣以谢瑾"，并说"陛下不杀此贼，当先杀臣，使臣得与龙逢、比干同游地下。臣诚不愿与此贼并生！"[①]刘瑾阅罢，气得发疯，

[①]《蒋钦传》，《明史》卷一百八十六，中华书局1974年版。

下令再打三十。三天后，蒋钦死于狱中。薄彦徽被杖后除名，不久死去。

这样，21 名言官，至少死了 3 人。

在刘瑾的淫威下，整个朝堂噤若寒蝉，鸦雀无声，所有的人都不敢说话了。

4. 王阳明登场了

这时，兵部武选司主事王阳明一腔热血，挺身而出，站了出来，上疏一篇《乞宥言官去权奸以彰圣德疏》来营救戴铣、薄彦徽二人。

此时上疏非常危险，不但会中断自己的政治前途，还会危及自己的身家性命。本来，这次文官集团与宦官集团的大搏杀中，王阳明既不是阁员大臣，又不在言官系统，完全可以不发声。虽然在抗争队伍里，北京言官里有他的姑父牧相，南京言官里有他的同年进士刘秋佩，但当时形势的胜负已定。你看，这些朝官、言官也好，一品、二品的，要么官大，要么权大，他们一批一批地上，又一批一批地下。内阁三老上书了，有两位直接回家养老了。朝官上书了，撤了一大批。北京的言官上书了，赐廷杖。南京的言官上书，再赐廷杖。打了屁股，死了人，剩下的被下了诏狱撤了职。可见皇帝态度的坚定，刘瑾手段的狠辣。何况，刘瑾已经取得决定性的胜利，王阳明区区一个六品的主事，此时上书，那上书跟没上书是一样的，根本扭转不了局势。结果只有一个，把自己搭进去，不但于事无补，还显得极不明智。

但是，面对这个用脚后跟都能想明白的极度风险，本来置身事外的王阳明硬是站了出来。他的挺身而出，更多的是出自儒家的正义感，出自一颗仗义执言的忠贞之心，在大是大非面前，发声会倒霉，不发声则心不安。他践履了他考进士时作《志士仁人》中的义理：舍生取义，为了心安，则不计身累。

就这样，王阳明在那场朝官、言官和宦官之间的殊死搏杀中发出了最后一声呐喊，虽然是无用的、无效的，却是响亮的、有人性的、有尊严的呐喊。

王阳明官位低，站位却很高，奏折写得很有机巧，一个字都没有提刘瑾，也没有提出什么"去权奸"，只在求情，疏救戴铣。王阳明此疏全文，矛头所指，在于武宗，只不过说得很委婉，先是**"圣君圣德"**地把皇帝放得高高的，给武宗皇帝讲"君仁臣直"的理论：为什么有这么多人忠直耿介地提意见呢？那是因为你皇帝"君仁"呀。接着说：上书言事本来就是戴铣这些言官的职责。说得好，皇帝就"嘉纳施行"；说得不妥，也应"包容隐覆，以开忠说之路"，怎能"赫然下令，远事拘囚"，实施抓捕，"使陛下有杀谏臣之名"呢？这样，老百姓就会疑惧国家的言官制度。那以后，再有关系到社稷安危的大事，皇上还能从哪里听意见和建议呢？最后，王阳明请求皇上收回成命，恢复戴铣等人的官职，拿出勇气改正过错，做到"大公无我"，从谏如流，"圣德昭布远迩，人民胥悦"。[1]

王阳明本以为一颗忠心为皇帝献上一勺清冽的冷水，能让僵持的朝局降降温，哪想这疯狂的朝政却是一口油锅，一瓢冷水浇上去，霎时就炸了。[2]

王阳明立即被逮捕，拖到午门，扒掉裤子，杖责四十[3]，打入天牢，下了诏狱。什么是诏狱？诏狱就是"皇帝诏令拘禁犯人的监狱"。汉文帝时便设立了诏狱。史载："绛侯周勃有罪，逮诣廷尉诏狱。"[4] 明初，朱元璋剪除异己后，在1395年（洪武二十八年）下令禁止再设诏狱。但朱棣当上皇帝后，为了巩固自己的统治，又恢复了诏狱，由锦衣卫专管。直到明朝灭亡，诏狱都一直存在。

明代有完备的司法机关，即刑部、大理寺、都察院，为什么还要诏狱呢？因为诏狱是由皇帝直接操控、锦衣卫直接把持的特种监狱，它判决犯人、抓捕犯人、关押犯人，全凭皇帝一句话。其特点就是：暗无天日，盛产冤假错案。

诏狱，虽说是关押重要人员、高级官员的高级监狱，却条件恶劣，卫生极差，蚊子臭虫、老鼠蟑螂一大堆，水火不入，疫疠之气充斥囹圄。刑罚更是残酷无比，常见的有拶指（用拶子套住手指再用力夹紧的酷刑）、上夹棍、剥皮、割舌、断脊、堕指、刺心、弹琵琶等十八种。诏狱，不是监狱，而是地狱。

---

[1] 王阳明：《乞宥言官去权奸以彰圣德疏》，《王阳明全集》卷九，上海古籍出版社2017年版，第244页。
[2] 许葆云：《王阳明的六次突围》，广西师范大学出版社2014年版，第16页。
[3] 王阳明究竟挨了多少板子？黄绾《行状》："五十。"《年谱一》《明史》本传："四十。"《武宗实录》："三十。"本书依《年谱一》，取"四十"。
[4]《史记·绛侯周勃世家》，上海古籍出版社2011年版。

王阳明本是一个势头看好的年轻官员，却被当众扒了裤子打屁股，打入诏狱，成为囚犯。

王阳明身在牢狱，面对铁窗和高墙，写下《狱中诗十四首》[①]，描绘诏狱的凄惨："室如穴处，无秋无冬"，这大牢窒息得像个洞穴。"厓穷尤可涉，水深犹可泳"，断崖、深水都有办法想，而自己的前途则比这大狱里的黑夜还要黑暗。"客子夜中起，彷皇涕沾裳"，自己无法入睡，难诉心中不平。"我心良匪石，讵为戚欣动"，自己的心不会为奸党所动。"焉知非日月，胡为乱予衷"，但上天见国家崩溃而不救，自己看在眼里急在心里，却无能为力呀。"天寒岁云暮，冰雪关河迥"，岁暮的牢房，天寒地冻，他思念家乡，想念家人，发出了"归隐之吟"。"思家有泪仍多病"，"忽惊岁暮还思乡"。可这种在山阴道上散步、余姚江里放舟的普通农家生活也遥不可及。"匡时在贤达，归哉盍耕垅"，"匡时"是贤达的事了，而我即使只想回家做个农夫，也找不到自己的地头了。

怎么办呢？为了挨过这无边无际的黑暗，王阳明坚持读《易经》，"瞑坐玩羲《易》，洗心见微奥"（《读易》）。他拿出了他们家的传家宝——占卦。王阳明的高祖王与准精通《易》，传《易》学于子孙。现在，王阳明在大牢里，学起"拘而演《易》"的周文王，也占起卦来。他记录的卦是"遁卦"："《遁》四获我心，《蛊》上庸自保。"遁，这个卦象是艮下乾上，象征退避，意思是说君子该退避时就退避，小人却做不到（"君子好遁，小人否好"）。既然君子当退则退，王阳明也就可以堂而皇之地抽身退走了。当然，这种退是出狱，更是一种精神上的逃遁。"得我心"，无非是想"重返阳明洞"而已。

后来在武夷山、在赴谪途中，王阳明屡屡提到卦辞卦象，在龙场"穴山麓之窝而读《易》其间"，开始没有收获，"仰而思焉，俯而疑焉"，他"玩之也，优然其休焉，充然其喜焉，油然而春生焉"。他激动地"抚几而叹曰"："嗟乎！此古之君子之所以甘囚奴，忘拘幽，而不知其老之将至也夫！吾知所以终吾身矣！[②]"

[①] 王阳明：《狱中诗十四首》，《王阳明全集》卷十九，第567页。
[②] 王阳明：《玩易窝记》，《王阳明全集》卷二十三，第740页。

王阳明还写道："蹇蹇匪为节，虩虩未违道。（《读易》）"走投无路并不是君子的宿命，用些非常手段也不算违背道义。一旦想开，精神就好，他在大牢里和牢友们讲学论道，"累累囹圄间，讲诵未能辍"，从高明远大的圣道中，体验到精神愉悦，"至道良足悦"。后来，王阳明回忆他在狱中与狱友林富①等人，"相与讲《易》于桎梏之间者弥月，盖昼夜不怠，忘其身之为拘囚也"②。到了晚年，王阳明依然主张："凡遇患难，须要坚忍。……虽圣人遇事亦如此。"③

在诏狱，王阳明有个意外收获，他认识了早已入狱的杨一清，并常常见面。杨一清非常赏识他。后来，杨一清成为扳倒刘瑾的关键人物，也是提拔王阳明的关键人物。④

那场斗争失败的主要原因，一是朱厚照的皇权意识太强烈；二是刘瑾等势力太强大；三是官场风气太极端，刘健、谢迁等大臣太过分，一定要取"八虎"的性命。假如当时同意将刘瑾等人贬到南京闲居，朝政或许有个好的局面，刘健、谢迁、韩文等一干名臣也不必退休。

王阳明的苦痛在于不知道自己为什么会"裸身受杖"，会进诏狱，既受重刑，更遭侮辱。但他感到更痛心的是"忠而见弃"，自己本是一片忠心出来相劝，却遭刑受辱。他没有看清当时朝局已成僵局，正处在暴风眼，情势非常危险。他更没有看出皇帝和刘瑾是一伙的，刘瑾只是皇帝的打手而已。他还认为刘瑾是恶人，皇帝是好人，是受了恶人的蒙蔽。这是他挨打下狱遭贬的原因。⑤

但王阳明心地坦然，不肯和光同尘，不想与世低昂。明朝黑暗，像茫茫长夜，而王阳明"夜中正是用功时"。夜深人静，心魂相守，心态超然地超越黑暗的现实。他说："夜气清明时，无视无听，无思无作，淡然平怀，就是羲皇世界。……渐渐

---

① 林富，字守仁，号省吾，福建莆田人。1502年（弘治十五年）进士。嘉靖年间，接替王阳明任两广巡抚。
② 王阳明：《送别省吾林都宪序》，《王阳明全集》卷二十二，第730页。
③ 束景南：《王阳明散佚语录辑补》，《阳明佚文辑考编年》下，上海古籍出版社2012年版，第1037页。
④ 周月亮：《王阳明传》，长江文艺出版社2016年版，第67页。
⑤ 许葆云：《王阳明的六次突围》，广西师范大学出版社2014年版，第21页。

昏夜，万物寝息，景象寂寥，就是人消物尽世界。学者信得良知过，不为气所乱，便常做个羲皇已上人。"① 用"夜"比喻社会状况，夜气清明与人消物尽的昏夜是象征治世与乱世，清末龚自珍在《尊隐》中也借用了这个表达。

王阳明被关在诏狱里，从1506年（正德元年）十一月关到十二月二十一日，朝廷的决定下来了，王阳明被贬到贵州龙场驿（今贵州修文县）任驿丞。

1507年（正德二年）正月初一，王阳明离京赴谪。

随后，二月，王阳明的父亲王华也由北京的礼部侍郎调任南京吏部尚书，王阳明的弟弟王守俭也自北京国子监随父亲转到南京。表面上看，王华这是升了一级，好像正德皇帝还念着老师的旧情，但实际上这是把王华调离权力中心，夺了王华的实权，又切断了王阳明在京城的人脉。

王阳明家族在北京的生活，告一段落。

王阳明本是"官二代""富二代"，出自书香门第、官宦家族，本人又是六品主事，现降为没有品级的驿丞，不仅是断崖式降级，还被开除出领导干部队伍，只保留公务员身份。

---

① 王阳明：《传习录下》，《王阳明全集》卷三，第101页。

第3讲
从京城的官场跌入贵州的龙场

一、王阳明真的是一路被追杀吗？

1. 从京城到武夷山

王阳明离开北京的这天，湛若水（元明）、陆深（子渊）、杭淮（东卿）、储巏（静夫）、崔铣（子钟）、汪俊（抑之）、乔宇（希大）都来相送，为他置酒赋诗饯别，"擦洗伤口"。

大家很伤感，杭淮写道："龙场眇何许？南极鸟蛮方。水深有蛟龙，山险多虎狼。""送子远行役，踯躅伤我心。""庶保千金躯，甘心永相望。"[①]龙场太远了，这一路必定极其艰险。你将远行，我们很伤心。望多多保重呀！

储巏鼓励他："磊魂胸中多少在，莫将名姓做出人。"[②]你心中有再多的不平之气，也要忍住，不要强出人头地。

湛若水一口气写了九章诗歌，接着，崔铣写了五首诗来和湛若水的诗。看到朋友们这样动感情，王阳明也压抑不住，一连写了八首诗来回应他们。

王阳明对朋友们说：你们不要唱这些离别之歌，"歌以伤我心"，"歌之增离

---

① 杭淮：《送王阳明谪官龙场驿》，《双溪集》卷一，收入《王文成公全书》，上海古籍出版社1993年版。
② 储巏：《答献吉酬见怀之诗》，《柴墟文集》卷四，收入《四库全书》。

忧"，①我珍重朋友们的情谊，你们送我珍贵的书籍，"受之不敢发，焚香始开缄"②，我恭敬地接受，焚香后才打开。诵读其中内容，觉得意味深远，期望自己能在濂洛之学上有所成就。"讽诵意弥远，期我濂洛间。"③

面对贬谪，王阳明很镇静，说"报主无能合远投""且应蓑笠卧沧州"④，我无能报主，所以有像宋代发配到沧州这样的遭遇是应该的。但王阳明绝不会逆来顺受，他不会接受刘太监的这一安排，不会当作臭虫般被踩死，他要"留得升平双眼在"⑤，看看螃蟹能横行到几时。

王阳明特别表达了对共同志向的坚定信念。他感慨儒家圣学传承逐渐衰微，"洙泗流浸微，伊洛仅如线"⑥，虽自不量力却努力追求，多次兴起又失败，直到"道逢同心人"，遇到了志同道合的友人，相互鼓励坚持气节。然而"风波忽相失，言之泪徒泫"⑦，如今却因风波分离，提及此事不禁泪下。尽管如此，他还是"愿言无诡随，努力从前哲"⑧，要真说真做，追随前贤，立志成圣。

王阳明说："器道不可离，二之即非性"⑨。他认为，器与道不可分离，分离了就违背了本性。心与理是统一的，正如他所说："此心还此理"⑩，他坚信自己与古圣时贤心意相通，"千古一嘘吸，谁为叹离群？"⑪只要与古圣时贤共"嘘吸"，他就不会"离群"。

王阳明要去向远方了，尽管前路未卜，能不能活着回来仍是未知，但他从容地与朋友们一一道别，留诗勉励。他们以诗言志，以情相勉。没有丝毫的怯懦，没有失败的悲鸣，唯有安慰鼓励和道义尊严，充满了儒者风范和中国"精神贵族"

---

① 王阳明：《八咏·其一、其二》，《王阳明全集》卷十九，第569页。
②③ 王阳明：《八咏·其七》，《王阳明全集》卷十九，第570页。
④⑤ 王阳明：《天涯》，《王阳明全集》卷十九，第568页。
⑥⑦ 王阳明：《八咏·其三》，《王阳明全集》卷十九，第569—570页。
⑧ 王阳明：《别友狱中》，《王阳明全集》卷十九，第568页。
⑨ 王阳明：《八咏·其五》，《王阳明全集》卷十九，第570页。
⑩⑪ 王阳明：《八咏·其四》，《王阳明全集》卷十九，第570页。

的气质气度。他们用前代圣人的标准互勉:"鹅湖有前约,鹿洞有遗篇。"① 他们决心发扬朱熹与陆九渊鹅湖之会的传统,以及朱熹邀请陆九渊在白鹿洞书院讲学的精神。他们用友情相濡以沫:"君莫忘吾诗,忘之我焉求?"② 他们以未来相许:"寄子春鸿书,待我秋江船。"③ 他们以志向正气而相互激励:"誓言终不渝。珍重美人意,深秋以为期。"④ 一定要坚守誓言,也会珍重朋友的情谊,并期待在深秋相聚。

你看,王阳明的精神还是蛮昂扬的。他坚强了,也更成熟了,龙场悟道快来了。

在北京与朋友赋诗话别后,王阳明踏上了赴谪之路。

按规定,王阳明应在135天之内到达贬谪地贵州龙场,但他从1507年(正德二年)正月离京,直到正德三年三月才抵达,耗时超过一年。他是怎么走的?为什么走了这么长的时间呢?

王阳明的这一赴谪路,分三个阶段:从正德二年离京到武夷山;从武夷山下来经南京到杭州;从杭州启程过江西、湖南去贵州。

1507年(正德二年)春夏之交,王阳明乘船沿京杭大运河南下,计划先回浙江探望年近九旬的祖母。然而,他因廷杖和诏狱之灾,身心备受摧残,一路上提心吊胆,总感觉有人跟踪,危机四伏。三月初,王阳明到达徐州,"潜投同志范君",一个"潜"字反映了王阳明的猜疑。《范氏宗谱记》中说:"守仁赴谪,逆瑾遣人随行侦探。"这一说法虽为后人所述,但结合刘瑾的所作所为,王阳明的疑虑不无道理。而且,在这次事件中,刘瑾确实暗杀了5人,开除了23人的公职。因此,王阳明在春夏之交到达杭州时,一路鞍马劳顿,加上精神紧张,他就肺病复发,病倒了。杭州景色美丽,空气清新,"卧病空山春复夏","湖山依旧我重来",于是他停下来养病,先在净慈寺养病,不久移居胜果寺静养休息,一直住到六月,

---

①③ 王阳明:《答汪抑之三首》,《王阳明全集》卷十九,第569页。
② 王阳明:《八咏·其二》,《王阳明全集》卷十九,第569页。
④ 王阳明:《八咏·其八》,《王阳明全集》卷十九,第570页。

"六月深松无暑来","把卷有时眠白石,解缨随意濯清漪"①。

约在五六月间,王阳明得知三月末刘瑾发布了一份"奸党榜",开创了内官将朝臣诬为朋党的恶例。刘瑾还把这份名单榜示朝堂,命令群臣散朝后跪在金水桥南面,听鸿胪寺的官员宣读。这份榜单包括王阳明在内,共有53人:

内阁大学士2人:刘健、谢迁。

尚书3人:韩文、杨守随、林瀚。

都御史1人:张敷华。

郎中1人:李梦阳。

主事4人:王阳明、王纶、孙磐、黄昭。

检讨1人:刘瑞。

给事中16人:汤礼敬、陈霆、艾洪、吕翀、任惠、李光翰、戴铣、徐昂、陶谐、刘蒇(秋佩)、徐蕃、牧相、徐暹、张良弼、葛嵩、赵士贤,占全部给事中人数的近三分之一。

御史25人:陈琳、贡安甫、史良佐、曹闵、王弘、任诹、李熙、王蕃、葛浩、陆崑、张鸣凤、萧乾元、姚学礼、黄昭道、蒋钦、薄彦徽、潘镗、王良臣、赵佑、何天衢、徐珏、杨璋、熊卓、朱廷声、刘玉,占全部御史人数的近五分之一。

值得一提的是,刘瑾发布的奸党榜名单在《明史》中记载为53人,但也有文献提到56人。两者的差异可能在于,53人的名单未包括王岳、范亨、徐智这3名宦官。在这次事件中,王岳、范亨、徐智3名宦官同样遭迫害,他们被逮捕后,随即发配至南京。随后,刘瑾派人追杀王岳、范亨,致使二人在途中被迫自尽,徐智则被打断手臂。这一细节反映了刘瑾对政敌的极端打压手段,也揭示了明代宦官专权时期的政治黑暗。

就在王阳明离开北京的一个月里,凡是弹劾过刘瑾的北京、南京官员,纷纷遭到惩处,罢贬的罢贬,流放的流放。例如南京兵部尚书林瀚降浙江布政司右参政;

---

① 王阳明:《赴谪诗五十五首·卧病静慈写怀》,《王阳明全集》卷十九,第573页。

应天府尹陆珩降两淮都转运盐司同知,并致仕(退休);守备武靖伯赵承庆俸禄减半。给事中吕翀、刘菠、艾洪、任惠、李光翰、戴铣、徐蕃、牧相、徐暹,御史贡安甫、史良佐、曹闵、任讷、李熙、王蕃、葛浩、陆崑、张鸣凤、姚学礼、蒋钦、薄彦徽被杖责于宫阙之下。御史王弘、萧乾元、黄昭道被逮捕但尚未押送到京城,便被下令在南京宫阙之下杖责,这些人全都被削籍(革职)。

王阳明一看这份"奸党榜",心头一凛,自己不过是一个小小的六品主事,竟然在榜单上排第八。他顿觉周边杀机重重,似有杀手隐匿其中。他想刘瑾肯定不会放过自己。此前王阳明便提心吊胆,整日疑心刘瑾派人追杀,如今更是觉得危险未过。于是,他决定不赴谪地,远遁隐居。

当时形势可谓草木皆兵,王阳明自己也如惊弓之鸟,不敢确定是否躲过追杀,便开始散布消息。最终,在八月中旬,他谎称投水自尽,"托言投江以脱之"[①],在海上漂流到福建上岸,上了武夷山。实际上,他是沿富春江,入广信(今江西上饶),途经建阳,遁入武夷山。在武夷山,王阳明游九曲溪,拜谒朱熹的武夷精舍,访天游观道士,并在天游观的崖壁上题写一诗:"溪流九曲初谙路,精舍千年始及门。归去高堂慰垂白,细探更拟在春分。"[②]

2. 从武夷山经南京到杭州

自从王阳明诡称自己投江南逃后,讲述了一番在武夷山的奇遇。后来,钱德洪、邹守益又添油加醋地描写一番,各种传说便越传越神。比如,王阳明在武夷山先是碰上老虎,后是遇到二十年前在南昌铁柱万寿宫遇到的那位无为道长。其实,这只是王阳明为了掩饰真相,虚构出来的神秘怪诞的经历,束景南先生对此有详细解说。[③]另一方面,王阳明是借这次奇遇来阐述他的思想转变过程,他是

---

① 钱德洪:《年谱一》,载《王阳明全集》卷三十三,第1006页。
② 王阳明:《赴谪诗五十五首·武夷次壁间韵》,《王阳明全集》卷十九,第574页。
③ 详见钱德洪:《年谱一》,载《王阳明全集》卷三十三,第1006页;并参见束景南:《王阳明年谱长编》一,上海古籍出版社2017年版,第409—430页。

如何由准备远遁离世转变为赴任贬所的。

武夷山的这位道长一见王阳明便笑道:"二十年前曾见君,今来消息我先闻。"原来,他俩二十年前在南昌铁柱万寿宫就见过面,且道长知晓王阳明会到此地,所以在此等候。此等情形,不可谓不神奇。于是两人相谈起来,王阳明讲述了自己的遭遇,感叹世事如此险恶,心灰意冷,不如远离官场,远走高飞。

道长说道:"这样你倒是逃脱了,可万一刘瑾恼羞成怒,将你父亲抓起来,诬陷你投敌或逃跑,你怎么办?"("万一瑾怒逮尔父,污以北走胡,南走粤,何以应之?")他劝王阳明忍辱赴谪,以免遭受灭族之祸。

接着,道长为王阳明卜了一卦,得"明夷"卦。此卦是《周易》六十四卦中的第三十六卦,其象曰:"明入地中。"王阳明如今因忠获罪,险遭暗害,明见其伤,正是"明夷"之象。虽是光明损伤之卦,但卦辞称:君子只要"坚定以守内,柔顺以待外",就能渡过难关,黑暗必将过去,光明定会到来("利艰贞","君子利艰贞,晦可明")。希望在前,自然晦而转明,困厄尽变。

听罢,王阳明不再迷茫,决心前往贵州龙场,当即写下一首《泛海》诗,诗云:

险夷原不滞胸中,何异浮云过太空。

夜静海涛三万里,月明飞锡下天风。

此诗藏有"明""夷"二字,暗合《易经》中的"明夷卦"。象征光明被遮蔽,但仍需坚守正道。诗中描绘了大海无边、波涛汹涌的景象,又展现了夜月明净、长空万里的意境,体现了王阳明心态的平和与境界的澄明。前两句写眼前的险恶境况就像浮云飘过太空,"险""夷"皆不滞留于胸中。只要心无外物,就能超然物外,看淡一切。王阳明说:我内心宁静,一切艰难险阻都像浮云飘过太空一样,风一来,就被吹走了,都不在我胸中滞留。

这首诗表达了王阳明面对坎坷人生、艰难险阻所表现出来的淡然洒脱。人的心态一旦平静,心灵有了力量,外界的环境也就没有想象中的那样险恶了。后两句的"夜静""月明",正是诗人心中幻化出的光风霁月的世界,说自己就像在明净的月夜里,驾着锡杖,乘着天风,从天疾驰而下,痛痛快快地掠过那静谧而辽阔的三万里海面。"月明飞锡下天风"化用了唐代隐峰禅师的典故。相传隐峰禅师曾以锡杖飞越战场，化解了官军与叛军的争斗。

王阳明通过这首诗将洒脱的心胸、豪迈的情怀与沉毅的个性融于一体，也表达了王阳明自己超脱世俗、心境澄明的境界。

这一年（1507年），王阳明36岁，他经历了人生中一次重大的黑暗与磨炼。

3. 武夷山—江西—南京—杭州

九月初，王阳明从武夷山下来，进入广信府（今江西上饶），此时娄谅已于1491年（弘治四年）五月去世，王阳明专程前往娄谅故居凭吊。过玉山县时，他写有《玉山东岳庙遇旧识严星士》。经浙江的草萍驿，写有《草萍驿次林见素韵奉寄》。走金华、芜湖，九月下旬到达南京[①]。此时，因刘瑾等阉党打压，王华已在九月十一日被罢免南京吏部尚书，而王阳明在途中并不知晓。九月二十九日，是王华62岁寿辰，王阳明赶来为父亲祝寿。劫后相见，父子两人感慨良多。唏嘘之后，他父亲派了两名仆人，随王阳明入黔，好有个照应。从南京出来，王阳明又到杭州，此时已是十二月了，还是住进胜果寺。从杭州出来，他回了一趟老家，拜见和告别祖母。

正是这次在杭州，恰逢浙江乡试结束，徐爱、蔡宗兖、朱节三位刚中举，成为举人，又被地方府学推荐为贡生，即将赴北京国子监深造。听闻王阳明回乡，便赶来拜师，成为他的首批弟子。

徐爱（1487—1518），字曰仁，号横山，浙江余姚人。因其入门最早且深得王学精髓，黄宗羲《明儒学案》称其为"及门莫有先者"，是王阳明的第一大弟子。徐爱后来娶王阳明之妹王守让，成为王阳明的妹夫。1508年（正德三年）二月，徐爱第首次会试便高中进士，位列二甲第113名，年仅22岁。他来不及把喜讯告诉妻子，便从京城走了两个月，第一时间赶到龙场来见王阳明。后任祁州（今河北安国市）知州、南京兵部员外郎、南京工部郎中等职务。

[①] 钱德洪：《年谱一》："因取间道，由武夷而归。时龙山公官南京吏部尚书，从鄱阳往省。"（《王阳明全集》卷三十三，第1006页）此说存疑。今采束景南之说。

蔡宗充，生卒不详，字希渊、希颜，号我斋，浙江山阴（今绍兴）人，1517年（正德十二年）进士。官至四川提学佥事，曾任白鹿洞书院洞主。性格孤介不为当道所喜，一生以教授生徒为事。与王阳明多有书信往来。王阳明在《寄希渊》中写道："所遇如此，希渊归计良是，但稍伤急迫。若再迟二三月，托疾而行，彼此形迹泯然，既不激怒于人，亦不失己之介矣。圣贤处末世，待人应物，有时而委曲，其道未尝不直也。若己为君子而使人为小人，亦非仁人忠恕恻怛之心。希渊必以区区此说为大周旋，然道理实如此也。区区叨厚禄，有地方之责，欲脱身潜逃固难。若希渊所处，自宜进退绰然，今亦牵制若此，乃知古人挂冠解绶，其时亦不易值也。"①

朱节（1475—1523），字守忠、守中，号白浦，浙江山阴（今绍兴）人，1513年（正德八年）进士。1523年（嘉靖二年）巡抚山东，躬亲督捕捉盗贼，微服私访余党，不幸遭人下毒身亡（《明史》本传谓"以劳卒"）。王阳明撰写祭文《祭朱守忠文》，四次哀叹"呜呼痛哉"，结语说道："守忠之死，盖御灾捍患而死勤事，能为忠臣志士之所难能矣。而吾犹以是为憾者，痛吾道之失助，为海内同志之不幸焉耳。呜呼痛哉！灵輀云迈，一奠永诀；岂无良朋，孰知我心之悲！呜呼痛哉！"②王阳明肯定了朱守忠"御灾捍患而死勤事"的功绩，痛惜"吾道之失助"，视朱守忠之死为"吾道"的重大损失，亦为"海内同志之不幸"，最后"呜呼痛哉！灵輀云迈，一奠永诀；岂无良朋，孰知我心之悲！呜呼痛哉！"，面对好友灵车远去，自己内心感到深深的悲痛和永别的哀伤。

了解了徐爱、蔡宗充和朱节的生平后，再看他们与王阳明的师徒缘分，更能体会这段师生情谊之深。

王阳明离开杭州时，写《别三子序》，开篇第一句就是："自程、朱诸大儒没而师友之道遂亡。《六经》分裂于训诂，支离芜蔓于辞章业举之习，圣学几于息矣。"③

---

① 王阳明：《寄希渊》一，《王阳明全集》卷四，第136页。
② 王阳明：《祭朱守忠文》，《王阳明全集》卷二十五，第792页。
③ 王阳明：《别三子序》，《王阳明全集》卷七，第191页。

为何"大儒没"便"道遂亡"？原因有二：其一，儒学精义被彻底分裂支离；其二，其被当作进身仕途的应试教材，致使圣学几近消亡。

王阳明在受贬赴谪的路上，有这三位俊才拜自己为师，十分满意。作为他的第一批弟子，这三位都是浙江同乡，堪称可造之材。王阳明在此文对他们三位表达了满意之情，说："希渊（蔡宗兖）之深潜，守节（朱节）之明敏，曰仁（徐爱）之温恭，皆我所不逮。"[1]针对三人的特点，王阳明特别用《尚书》里的"沉潜刚克，高明柔克"八个字相赠，王阳明还没有忘记朱节，说"温恭亦沉潜也"。什么意思呢？唐代孔颖达疏"沉潜刚克"，说："沉潜谓地虽柔，亦有刚，能出金石。"[2]南宋陆九渊《常胜之道曰柔论》解释说："沉潜刚克，高明柔克，德之中也。"[3]也就是说，"深潜"者要刚一些，而"高明"者要柔一些，这样才能做到"德之中也"。这与王阳明"心学"中强调的自我修养和处世之道有着内在联系。

写到最后，王阳明还不忘帮学生搭桥牵线，说广东增城的湛若水正"宦于京师"，在北京做官，"吾之同道友也"，他是我的同志加朋友。"三子往见焉，犹吾见也已"，你们三人到北京读书，去拜见他，那就像见到我一样。

诸事料理完毕，王阳明就带着两个仆人前往贵州。

二、二进江西到湘贵

1. 从杭州到江西

1508年（正德三年）正月初一，37岁的王阳明从杭州启程，赴贵州龙场驿。王阳明是怎么去贵州的呢？从杭州出发走水路到常山后，再从江西的玉山进入信江。随后王阳明过南昌转入赣江，再到樟树走袁河到达萍乡。从萍乡走山路进湖南，从湖南走水路到贵州。这一程是1700公里，走了3个月。

---

[1] 王阳明：《别三子序》，《王阳明全集》卷七，第191页。
[2] [唐]孔颖达疏：《尚书注疏》，上海古籍出版社2017年版。
[3] 陆九渊：《常胜之道曰柔论》，《陆九渊集》卷二十二，中华书局2020年版，第261页。

从杭州出来，王阳明一路走水路，经开化，宿草萍驿。"山行风雪瘦能当，会喜江花照夜航"①，心情还是不错的。那个年代交通以水路为主。在南方水乡，舟船便是人们出行的主要工具。在漫长的航行途中，时光缓慢，夜航船成为长途苦旅的象征。因此，坐船便以讲故事作为闲谈消遣。乘客中有各色人等，谈话内容涉及天文地理，包罗万象。明末清初的张岱曾说道："天下学问，唯夜航船最难对付。"他还讲了一个故事：一个和尚与一个读书人同宿夜航船。读书人从天文聊到地理，高谈阔论，僧人畏慑，拳足而寝。听着听着，觉得有破绽，就"请问相公，澹台灭明是一个人还是两个人？"读书人答："两个人呀。"和尚又问："那尧舜是一个人还是两个人呢？"读书人答："自然是一个人啰！"和尚笑了起来："这样说来，且待小僧伸伸脚。"于是，张岱写了一本介绍中国文化常识的书，取名为《夜航船》，使人们不至于在类似夜航船的场合丢丑，"勿使僧人伸脚则可矣"。②

在这样充满故事的夜航船上，王阳明的旅途又有着怎样的独特经历呢？他倒是人闲心静，"孤帆随处亦吾庐"。读书，思考，写诗，做笔记。在静谧的夜航中，王阳明沉浸在自己的精神世界里。

正月十五元宵节，王阳明是在江西广信府（今江西上饶）度过的。广信蒋知府久仰其名，热情款待，陪他乘船夜游信江。两人一边听着岸边串堂班社的箫鼓声腔，一边舟中夜话。王阳明一夜未眠，"客途孤寂浑常事，远地相求见古风"③。18年前（1489年），他在这里拜访过娄谅，想走一条成圣之路。如今，娄谅已经过世。他却踏上了一条发配之路，往昔的理想与如今的境遇形成鲜明对比，让王阳明感慨万千。

经过南昌，王阳明住在南昌城章江门外的石亭寺，回忆起自己在此生活的岁月，写下两首诗寄南京的储罐、乔宇、陈旦、娄忱等友人："廿年不到石亭寺，唯

---

① 王阳明：《草萍驿次林见素韵奉寄》，《王阳明全集》卷十九，第574页。
② 张岱：《夜航船·序》，中华书局2015年版，第4页。
③ 王阳明：《广信元夕蒋太守舟中夜话》，《赴谪诗五十五首》，《王阳明全集》卷十九，第575页。

有西山只旧青。""白璧屡投终自信,朱弦一绝好谁听?"①他感叹自己是一块好玉,却不被人识。

二月,王阳明途经分宜。"共传峰顶树,古庙有灵神,楚俗多尊鬼,巫言解惑人。望禋存旧典,捍御及斯民。世事浑如此,题诗感慨新!"②

在袁州(今江西宜春),他参访了宜春侯祠、韩愈祠等,最后登上宜春台。"宜春台上还春望,山水南来眼未尝。""台名何事只宜春?山色无时不可人。不用烟花费妆点,尽教刊落尽嶙峋。"③他说宜春台上的风景不用烟花去装点,一年四季时时很美,为什么命名"宜春台"呢?"却笑韩公亦多事,更从南浦美滕王。"更可笑那韩愈放着这么美的宜春台不写,却为南昌的滕王阁写了一篇序。

宜春的仰山是禅宗沩仰宗的祖庭所在,王阳明前往仰山寺,留下诗作:"持修江藻拜祠前,正是春风欲暮天。童冠尽多归咏兴,城南兼说有温泉。""古庙香灯几许年?增修还费大官钱。至今楚地多风雨,犹道山神驾铁船。"④诗中"温泉"如今已是著名的疗养基地和旅游胜地,"古庙"指仰山寺,王阳明对耗费大量官钱来增修佛寺,表示异议,这也从侧面反映出他对佛禅的某种态度。

离开仰山寺,王阳明继续前行,来到萍乡。萍乡的地理有些特别,它的地面有三股水流,分别流向三个方向:一条芦溪的水向南流向莲花,再经莲花流向吉安;芦溪还有一条水就是袁河的上游,向东流入赣江;第三条水即萍水河,流经湘东区、安源区、上栗县,向西流向湘江(湘东区的水流去醴陵,上栗县的水流去浏阳)。现代京剧《杜鹃山》中柯湘有段经典唱腔:"家住安源萍水头,三代挖煤做马牛。"其中"萍水头"就是指"萍水河"的源头。

王阳明从赣江、袁河过来,"山石崎岖古辙痕,沙溪马渡水犹浑",在如今萍乡芦溪区的宣风镇下船上岸,住进了宣风驿,"夕阳归鸟投深麓,烟火行人望远村",

---

① 王阳明:《夜泊石亭寺用韵呈陈娄诸公因寄储柴墟都宪及乔白岩太常诸友》,《王阳明全集》卷十九,第575页。
② 王阳明:《过分宜望铃冈庙》,《王阳明全集》卷十九,第575页。
③④ 王阳明:《袁州府宜春台四绝》,《赴谪诗五十五首》,《王阳明全集》卷十九,第576页。

"越南冀北俱千里,正恐春愁入夜魂"①。他感觉自己越走越南,心中不禁涌起一阵惆怅。

在萍乡,王阳明特地谒"濂溪祠"。周敦颐在此地曾为官四年,任职期间,他推行了一系列有利于民生的政策,积极传播儒家思想,对当地文化发展产生了深远影响。此地因而留下许多彰显周敦颐思想与精神的地名和地点,如安心寨、圣脉泉、道山、濂溪、濯缨亭、濯足亭、五行墩等。周敦颐是宋明理学的开山祖,也是心学、圣学的祖师爷。他人品高尚,光风霁月;思想深刻,兼容儒释道三家,又能一本于圣道;文字简练干净,仅留下6248个文字。比如他的诗:"田间有流水,清池出山心。山心无尘土,白石照沈沈。"②周敦颐的诗作风格清淡,看似平淡乏味,实则意境深远,蕴含着独特的人生哲学和境界。文是冰雪文,心是平常心。

王阳明对周敦颐极其崇拜,他虔诚地进谒濂溪祠堂祭祀周敦颐,写下《萍乡道中谒濂溪祠》:

> 木偶相沿恐未真,清辉亦复凛衣巾。
> 簿书曾屑乘田吏,俎豆犹存畏垒民。
> 碧水苍山俱过化,光风霁月自传神。
> 千年私淑心丧后,下拜春祠荐渚苹。

三年后,王阳明从龙场赴任庐陵,又经过萍乡,拜谒濂溪祠堂,写下《再过濂溪祠用前韵》:

> 曾向图书识道真,半生良自愧儒巾。
> 斯文久已无先觉,盛世今应有逸民。
> 一自支离乖学术,竟将雕刻费精神。
> 瞻依多少高山意,水漫莲池长绿萍。

后首诗的一、二、四、六、八句用了前首诗的同韵字,可这两首诗的立意却不同,王阳明面对四周的自然景色与人文景观,心中感悟有了升华:我曾希望从

---

① 王阳明:《夜宿宣风馆》,《王阳明全集》卷十九,第576页。
② 周敦颐:《濂溪书堂》,《周元公集》,中国书店出版社2018年版。

古圣先贤的书本中悟出成圣之道，但过了大半生还无所成，真是自愧枉为读书人。周敦颐的文章思想久已不传了，现在该有人来发扬光大了，可叹时下的学问支离破碎，大家竞相费尽心思去雕琢附会，白白地耗费自己的精气神。再次瞻仰濂溪祠，高山流水识知音，面对莲池里那周敦颐钟爱的田田荷叶，才真正悟出做人做事的真道理。

凡向书本知识道真，而因为不能落实到"行"，那只是"支离乖张的学术"；现在，"我"觉悟了，悟到了知行合一直抵圣域的门径，不再走那纸上求圣的邪路了。尽管王阳明还是"接着"陆九渊说，"一自"两句是心学叛逆理学的宣言。关键在于，如果"知"与"行"分离了，"学"才是"支离""雕刻"。

王阳明在萍乡还住过武云观，写下了《宿萍乡武云观》："晓行山径树高低，雨后春泥没马蹄。""已闻南去艰舟楫，漫忆东归沮杖藜。夜宿仙家见明月，清光还似鉴湖西。"

三年后，王阳明从贵州龙场到江西庐陵上任，再次进入江西萍乡，又在武云观住宿，写下《再经武云观书林玉玑道士》：

> 碧山道士曾相约，归路还来宿武云。
> 月满仙台依鹤侣，书留苍壁看鹅群。
> 春岩多雨林芳淡，暗水穿花石溜分。
> 奔走连年家尚远，空余魂梦到柴门。

从这两首诗中，我们可以清晰地感受到王阳明在不同时期的心境变化。前一首更多地体现了他旅途中的见闻与感慨，而后一首则在描绘景色的同时，融入了他对奔波生活的无奈以及对家乡的思念。现在，"武云观"已经由道观变为禅寺了，叫"金轮寺"。那年我去萍乡，有天夜晚还专门去探访过。

萍乡地处江西和湖南交界，历来有"吴楚咽喉，江湖通道"之称。萍乡有一区名为"湘东区"，与湖南醴陵交界。"湘东"意为湘江以东，是江西与湖南的重要通道。当年朱熹因讲学游历来到这里，写下一联："东来千里皆吴地，西过两关是楚江。""两关"即指江西萍乡湘东区的"插岭关"和湖南文家市的"铁岩关"。

王阳明来到萍乡，因"已闻南去艰舟楫"，便随路婉转，弃船登山，"晓行山径树高低，雨后春泥没马蹄"。走出江西，"醴陵西来涉湘水"，进入了湖南地界。

2. 从江西到长沙

王阳明进入湖南后，途经醴陵，来到了长沙。湖南省东邻江西，西接贵州，南靠两广，北接湖北，西北与重庆市交界。764年（唐广德二年），朝廷设置湖南观察使（又称湖南道），此为"湖南"作为行政区划名称的起源。因其大部分地区位于洞庭湖以南，所以叫"湖南"。湖南境内有湘、资、沅、澧四水，其中湘江最大且流贯全省，故湖南简称"湘"，又因洞庭湖、湘江合称"湖湘"，又因漓湘、潇湘、蒸湘合称"三湘"，所以也以"三湘四水"泛指湖南。

在中国近代，湖南是人才荟萃之地，但在清代以前，湖南有全国性影响的人才很少。"唐荆州衣冠薮泽，每岁解送举人，多不成名，号曰天荒解。刘蜕舍人以荆解及第，号为破天荒。"[1] 到了唐代，长沙人刘蜕考上进士，被称为"破天荒"。清代学者皮锡瑞说："湖南人物，罕见史传。三国时如蒋琬者，只一二人。唐朝开科三百年，长沙刘蜕始举进士，时谓之破天荒。"[2]

湖南文化的发展经历了几个历史时期。春秋时期之前，湖南境内的最初居民主要是"蛮""濮"族和古越人，虽有一定的文化积累，但相对于中原地区其生产力比较落后，文化水平比较低下，巫风盛行。春秋时期起，楚人征服湖南地区，带来了先进的文化。在这以后，湖南以楚文化为主要特征，又与原来的土著文化相交融，形成了有地域特色的湖南文化。

到了唐代，湖南的地域文化特色更加鲜明，因为：一是湖南成为一个独立的行政区域，其人文也逐步发展出自己的个性；二是政治、经济、文化的进步，为形成本地域文化准备了充足的物质基础；三是中原人士因各种缘由来到湖南，如

---

[1]［宋］孙光宪：《北梦琐言》，上海古籍出版社2012年版。
[2]［清］皮锡瑞：《师伏堂未刊日记》，国家图书馆出版社2019年影印版。

柳宗元、刘禹锡、李白、杜甫等人，对湖南文化的发展起到积极的推动作用。

到了宋代，湖南形成了独有的湖湘文化。一是以汉族为主体的中原文化逐步移向南方，大量移民涌入湖南境内，不仅使湖南的地位变得更为重要，也改良了湖南境内的族群。二是农业生产的发展和农业技术的传播，使湖南的经济相对于隋唐时期有一个巨大的飞跃，为文化的发展提供了物质基础。三是北宋时期湖南人周敦颐开创了理学，后来寓居湖南的胡安国、胡宏父子开创了湖湘学派，胡宏的学生张栻加以传播，湖湘学派进一步形成和发展，并开始走向全国。四是湖南地域教育日益发达，南宋时白鹿洞书院、石鼓书院、应天书院、岳麓书院等全国四大书院，湖南就有石鼓书院、岳麓书院两所。

历史上大多时期，湖南与湖北处于同一行政区划，以湖北省会为行政中心。直到明代后期，朝廷在西南地区设偏沅巡抚，先驻偏桥镇（今贵州施秉），后迁沅州（今湖南芷江）。清康熙初年，偏沅巡抚移驻长沙。雍正年间，偏沅巡抚改为湖南巡抚，湖南成为一个独立的省级行政区划。钱基博曾从自然环境的角度论述过湖南文化的特点："湖南之为省，北阻大江，南薄五岭，西接黔蜀，群苗所萃，盖四塞之国。其地少而山多，重山叠岭，滩河峻激，而舟车不易为交通。顽石赭土，地质刚坚，而民性多流于倔强。以故风气锢塞，常不为中原人文所沾被。抑亦风气自创，能别于中原人物以独立。人杰地灵，大儒迭起，前不见古人，后不见来者，闳识孤怀，涵今茹古，罔不有独立自由之思想，有坚强不磨之志节。湛深古学而能自辟蹊径，不为古学所囿。义以淑群，行必厉己，以开一代之风气，盖地理使之然也。"[①]

王阳明一到长沙，"方舟为予来，飞盖遥肃肃"[②]，长沙太守赵维藩和推官王教闻讯，乘船前来迎接。王阳明在长沙停留了八天，拜访友人，谒朱张祠，游岳麓书院。

岳麓书院创建于976年（北宋开宝九年），由潭州太守朱洞开设讲堂五间。

---

① 钱基博：《近百年湖南学风》，岳麓书社2010年版，第1页。
② 王阳明：《次韵答赵太守王推官》，《王阳明全集》卷十九，第579页。

999年（北宋咸平二年），潭州太守权允则扩建讲堂、书楼、礼殿，并辟水田，形成了讲学、藏书、祭祀三大规制。

1167年（南宋乾道三年），朱熹访岳麓书院，与张栻论学，史称"朱张会讲"。此次会讲是中国思想史、哲学史上的重要事件，二人就理学核心问题深入探讨，"三日夜而不能合"，吸引了众多学者前来聆听，"一时舆马之众，饮水池水立涸"，开创了岳麓讲学之先风。会讲期间，朱熹、张栻岳麓山顶观日出，因有感于其磅礴气象与天地浩然正气，遂将观日出之处命名为"赫曦"。随后，张栻修建"赫曦台"，朱熹题额，二人留下《登赫曦台联句》："泛舟长沙渚，振策湘山岑。烟云渺变化，宇宙穷高深。怀古壮士志，忧时君子心。寄言尘中客，莽苍谁能寻。"

1507年（正德二年），王阳明循着朱熹的足迹，来到岳麓书院："西探指岳麓，凌晨渡湘流"，"昔贤此修藏，我来实仰止。"①。登上赫曦台："道乡荒趾留突兀，赫曦远望石如鼓。"②

针对当时盛行程朱理学、重科举的时风，王阳明在长沙讲学。他虽"旅倦憩江观，病齿废讲诵"③，却屡次提起曾点和颜回，再三勉励长沙学子，他指出宋学的基地就在湖南，周濂溪、朱熹在湖南留下了良好的学风、学统，学子们应该立志继承这一宝贵的"圣脉"。他谆谆教诲问学青年：贵在立志，不要急功近利，要先"静"下来，培养颜回、曾点的境界（"孔圣固惶惶，与点乐归咏；回也王佐才，闭户避户哄"④）。要明白大厦之材必出幽谷的道理，"养心在寡欲"。要求他们"渴饮松下泉，饥餐石上芝"，"处则为真儒，出则为王佐"⑤，随时而起，待机而动，正像老子告诫孔子的那样："君子得其时则驾，不得其时则蓬累而行"⑥。这是王阳明为了纠正明人好名、奔竞大于沉潜的毛病而特别标举的方针，与他的

---

① 王阳明：《涉湘于迈岳麓是尊仰止先哲因怀友生丽泽兴感伐木寄言二首》一，《王阳明全集》卷十九，第578页。
② 王阳明：《游岳麓书事》，《王阳明全集》卷十九，第579页。
③④⑤ 王阳明：《长沙答周生》，《王阳明全集》卷十九，第579页。
⑥ 见《史记·老子韩非子列传》，上海古籍出版社2011年版。

心学思想体系紧密相连。

从宋代起，经过"朱张会讲"、王阳明讲学之后，岳麓书院声名远扬，"道林三百众，书院一千徒"，到清代更是人才辈出，出现"中兴将相，什九湖南"的盛况。再到今天的湖南大学，岳麓书院历经各代，教学、育人、藏书，弦歌不绝，学脉绵延赓续，这座"千年学府"已成为中华文化的重要地标。

后来，1917年，湖南公立工业专门学校（现湖南大学）校长宾步程，手书"实事求是"，把它作为校训悬挂于岳麓书院讲堂，引导学生从事实出发，崇尚科学，追求真理。1917—1919年，毛泽东数次寓居岳麓书院半学斋，深受这条校训的熏陶。1955年6月，毛泽东视察湖南，重游岳麓书院和登赫曦台，写下："春江浩荡暂徘徊，又踏层峰望眼开，风起绿洲吹浪去，雨从青野上山来。尊前谈笑人依旧，域外鸡虫事可哀。莫叹韶华容易逝，卅年仍到赫曦台。"[①]

现在，岳麓书院有"教学斋""半学斋"，讲堂的檐前悬有"实事求是"匾，中央悬挂1687年康熙御赐"学达性天"和1743年乾隆御赐"道南正脉"两块鎏金木匾。讲堂后的木质屏风上刻张栻撰写的《岳麓书院记》。讲堂的南北两边墙壁上刻着朱熹手书"忠、孝、廉、节"和欧阳正焕手书"整、齐、严、肃"大字碑。讲堂两侧刻有清代岳麓书院山长旷敏本（1699—1782）撰联："是非审之于己，毁誉听之于人，得失安之于数，陟岳麓峰头，朗月清风，太极悠然可会；君亲恩何以酬，民物命何以立，圣贤道何以传，登赫曦台上，衡云湘水，斯文定有攸归。"岳麓书院门前的对联"惟楚有材，于斯为盛"，分别出自《左传》和《论语·泰伯》。岳麓书院还有一副王闿运的名联："吾道南来，原是濂溪一脉；大江东去，无非湘水余波。"儒学之道原本是周敦颐一脉；长江浩浩荡荡，东流而去，不过是湘水的余波而已。相比之下，江浙一带也有凌厉剑气，却更多地呈现出烟雨江南的温文尔雅，而这副对联却不可遏制地向外喷射出湖南人的霸气。

---

① 引自连玉明：《岳麓书院考察记》，《人民政协报》2023年5月22日第10版。

3. 从长沙到贵州

从长沙出来，王阳明沿湘江，过洞庭湖，进入沅江西去，"挂席下长沙，瞬息百余里"，"日暮入沅江，抵石舟果圮"①，原来广阔的水面渐渐地变成夹在高山峻岭之间的湘西特有景色。在漫长的水路中，王阳明看着两岸的景色变化，品着人生的辛酸滋味，他写下《吊屈平赋》②，凭吊屈原，聊以自况。同时，听说楚人有新娶而弃其妇，其妇独居山间独居无所归，怀绻不忘，终无他适。王阳明闻其事而悲其人，发出感叹："委身奉箕帚，中道成弃捐。苍蝇间白璧，君心亦何怨！""妾行长已矣，会面当无时。妾命如草芥，君身比琅玕。"③王阳明既是在叹弃妇，也是在叹自己呀。

走到沅州，王阳明更感叹自己越往南走，离家乡越来越远："辰阳南望接沅州，碧树林中古驿楼。""远客日怜风土异"，"却幸此身如野鹤，人间随地可淹留。"④"客行日日万峰头，山水南来亦胜游。""身在夜郎家万里，五云天北是神州。"⑤就这样，王阳明溯沅江西上，经沅陵、辰溪等地，然后由沅江过武陵、溆浦，进入了贵州。

三、万里投荒向黔路

1. 明朝的行政区划制度和驿站系统

讲到这里，就要讲讲明朝的行政体制和疆域。这一点，《1514：发现大明》一书有深入论述。在明朝人眼里，"普天之下，莫非王土"。而天子拥有的这个"天下"，在明朝，这是由（南北）两京十三省、土司区、羁縻区等由近及远、由亲而疏地分层次的体制：

---

① 王阳明：《天心湖阻泊既济书事》，《王阳明全集》卷十九，第580页。
② 王阳明：《吊屈平赋》，《王阳明全集》卷十九，第556页。
③ 王阳明：《去妇叹五首》，《王阳明全集》卷十九，第580页。
④ 王阳明：《沅水驿》，《王阳明全集》卷十九，第581页。
⑤ 王阳明：《罗旧驿》，《王阳明全集》卷十九，第581页。

第一层次是两京：北京（首都、北都）和南京（留都、南都）。

为什么南京叫"留都"呢？明成祖朱棣把首都从南京迁到北京顺天府（今北京），改北平行省为（北）直隶；而把南京改称为"留都"，其辖区（今安徽、江苏与上海）相应改为南直隶。

与其他朝代相比，明朝留都有着独特之处。以往的朝代也有设置"留都"的，但多是荣誉上的虚名，没有完整的行政机构，"商迁五都，不别置员。周营雒邑，惟命鬻。汉、唐旧邦，止设京尹。宋于西京，仅命留守"[①]。而在明朝，留都南京却与北京一样，设有一整套的中央行政机构，有宗人府及吏、户、礼、兵、刑、工六部，只是前面加有"南京"二字。南京通常有一尚书总领五侍郎，以南京兵书尚书专任参赞机务，与勋臣担任的南京守备及守备太监一起组成留都的权力核心。

南京的官员名义上同样属于"京官"，然而职权范围仅限于南京及所辖的南直隶地区，并无权力过问其他地区的事务。这类"京官"大多为闲职，被称为"吏隐"。有说法称"大臣有不合目忌之者，即打发至南京"[②]，由此，南京各衙门沦为失意官员的收容之所。例如，在王阳明一月从北京出发时，二月，王华也被调出北京，担任南京吏部尚书，王阳明的弟弟王守俭也从北京的国子监转至南京的国子监。

第二个层次是十三省（布政使司）。这是朝廷设置流官，进行直接行政管理的区域。这些区域要向朝廷缴纳赋税，还需要定期向皇帝进贡。这里的"省"（布政使司）一级，其历史由来值得深入探讨。郭晔旻在《江西地理传奇：为何有河南河北、山东山西，可有江西却没有江东》一文中，对今江西、贵州等省份的由来有所提及。

自秦始皇统一全国起，中国一直实行郡县制。在中央政府之下，地方政府设有郡（州）、县两级，尚无"省"这一行政级。到了唐代，州的数量已达300多个，

[①]［唐］李庚：《两都赋》，载《文苑英华》卷四四，中华书局1966年版。
[②]［明］沈德符：《万历野获编》，上海古籍出版社2012年版。

中央政府难以直接管理。据说，唐太宗李世民将各州长官的名字写在屏风上，时常观看，却仍难以记住。于是，他在即位之初的627年（唐贞观元年），将全国分为10个"道"，北方、南方各5道，人称"贞观十道"。起初，这个"道"只是监察区，后来逐渐演变成行政区，其职能与现今的"省"相当。至此，我国形成了中央、道（省）、州、县四级政府的行政管理体系。

然而，"贞观十道"的管理范围依然过大，尤其是"江南道"，其范围涵盖长江以南、南岭以北、东至大海、西至黔地的整个华中、华东地区。733年（唐开元二十一年），唐玄宗又将10道调整成15道。其中，"江南道"自东而西依次被划分为"江南东道"（治所吴县，今江苏苏州）、"江南西道"（治所豫章，今江西南昌）、"黔中道"（治所唐代时为四川地区彭水，今彭水属重庆直辖市）。王阳明被贬谪的贵州龙场位于黔中道，他的家乡浙江地处江南东道，而他主要活动的南昌、赣州以及南赣地区则在江南西道。现今的"江西"，就是"江南西道"的简称。

安史之乱以后，藩镇割据局面形成。"道"的地位逐渐为节镇（北方多称"节度使"，南方多称"观察使"）所取代。"江南东道"被一分为四，划分为宣歙（今皖南地区）、浙西（今江苏南部及浙江钱塘江以北地区）、浙东（今浙江钱塘江以南地区）、福建四个观察使辖区，其俗称仍为"道"。

到了宋代，"道"被改为"路"。"江南东路"重新出现，辖区却大幅缩小，仅包括唐代的宣歙观察使辖区以及江南西道的部分区域。由于"江南东路"缺乏大城市，便从两浙（西）路析出五代十国南唐故都的升州（江宁府，今江苏南京），并入江南东路作为首府（转运使驻地）。

元代创设了"行中书省"，这是中国行政区划史上的一大变革，自此"省"这一名称出现，并沿用至今。唐代的"江南西道"与宋代的"江南西路"，在元代演变为"江西行省"。而命运多舛的"江南东路"一度被改为江东宣慰司，元朝为了巩固对南宋故地的统治，将两浙东路、两浙西路、福建路划在一起，组建为江浙行省。

明代把元代的"行（中书）省"改为承宣布政使司，俗称仍为"行省"，江西行省相应改为江西布政使司。明朝未恢复宋代的"江东"，而是以南京应天府所在的太湖流域为"直隶"。当时的"两浙西路"仅存治所杭州府与严州府（今属杭州市），后来与"两浙东路"合并为"浙江省"。

因凤阳是朱元璋的故乡，所以，明初的"直隶"范围极为广阔，北界越过淮河，涵盖了宋代的淮南东路、淮南西路、江南东路、两浙西路等。从行政区域合理性等因素考量，朱元璋将原江南东路的信州府（今江西上饶）等地划归江西省；1381年（洪武十四年）又将原两浙西路的湖州、嘉兴两府重新归属浙江省。

1413年（永乐十一年），贵州建省，这是明朝十三布政使司中最后设立的省级行政区。也就是说，1508年王阳明入黔时，贵州建省仅95年。贵州建省后，实行"军政分管，土流并治"的管理机制。

贵州省的建立与其在西南的战略地位密切相关，目的在于巩固云南边防。贵州地处四川、湖南、广西、云南四省之间，历来就是西南交通要冲。自元代开设驿道以来，湖广通往云南、贵州通往四川、贵州通往广西的几条驿道都在贵阳交会，贵阳因而成为"西南通道枢纽"。所以，贵州建省，既实现了"开一线以通云南"的战略目标，又加强了与四川、广西的联系。

明清两代，贵州的"大通道"作用愈加显著，不仅提升了贵州的政治、军事地位，也逐渐成为内地与西南边疆经济往来、文化交流、移民迁徙的重要通道。贵州还是通往缅甸、老挝、柬埔寨、印度等国的交通要道，成为南方的一条国际交通线。

说完了两京、十三布政使司，再说说羁縻区。"羁，马络头也；縻，牛靷也"[1]，引申开来，"羁縻"就是"笼络控制"。这是秦、汉、唐等中原王朝对边远少数民族地区采取的一种统治政策，即承认当地夷人头目，封以王侯，纳入朝廷管理。宋、元、明朝称土司制度。清代朝廷为进一步加强对少数民族聚居地区的统治，限制土司制度（羁縻政策）赋予的土司的世袭特权和利益，实行改土归流政策。

明朝在西南地区的贵州、广西、云南等设立了大小200多个土司。土司区设

---

[1]《史记·司马相如传·索隐》，上海古籍出版社2011年版。

立宣慰司、宣抚司、长官司等，它们一般互不统辖，而是直属于中央或周边州府。宣慰司是土司中的最高官位，级别介于省与州之间，官职级别为从三品。

除了西南民族地区的土司区之外，明朝还有一种羁縻区，即在东北、西北等地的羁縻都司区，主要包括奴儿干都司（辖今东北地区与今俄罗斯远东部分地区）、乌斯藏都司（辖今西藏地区）、朵甘都司（辖今青海及川西部分地区）、东哈密诸卫（辖今甘肃西部地区）等。

羁縻都司区比土司区享有更多的自主权。都司是朝廷的地方军事管理单位，全称叫"都指挥使司"。在内地各省，都司与布政使司、按察使司并称"三司"，分别掌管一省的行政、刑狱与军事。都指挥使司的上级单位是中央的五军都督府，其日常管理辖区各卫所的事务。朝廷对各个羁縻都司区的控制侧重于军事方面。奴儿干都司、乌斯藏都司、朵甘都司的都指挥、指挥、千户、百户等军官，都由当地部落首领担任，且可以世袭。他们统一接受朝廷的节制，并定期进贡，除此之外，就没有其他义务了。[1] 朝廷在今缅北地区设置孟密安抚使司、木邦宣慰使司、孟养宣慰使司、缅甸宣慰使司，在今泰国的清迈地区设置八百大甸宣慰使司，在今老挝北部地区设置老挝宣慰使司。明朝还有其他各类朝贡区，比如东北的朝鲜、东南的琉球、南边的安南等。

明朝的地方政府与中央之间以及地方政府之间的联系，主要通过驿站系统与递铺（邮政）系统来维系。

1508年（正德三年）春，王阳明从杭州出发，经江西，过湖南，在晃州驿（今湖南新晃）乘船逆流而上，就是通过这套驿站系统进入贵州、抵达龙场的。

明代的驿站分为陆驿与水驿，是由马道与河道组成的一个庞大的官道网络，总长度超过15万公里，连接全国各个州县。驿站具有军事、交通、邮传、接送、商贸等多种功能，承担运兵作战、粮秣运输、公文传递、政令宣布、官员接送、人犯押解、物资承运、商旅往来等任务。简单地讲，驿站是专供官员来往接待和

---

[1] 鲁东观察使：《1514：发现大明》，北京时代华文书局2016年版，第30—32页。

官家传递公文、换马的场所。比如，八百里加急，马歇人不歇，信差骑马赶来，换马后便离开。

每个卫均设有驿站，每隔约30公里设置一个，且驿站均配有驿馆。王阳明前往龙场时，一般住在沿路卫所驿站的驿馆里。倘若前不着店、后不落村，便或在船上，或在庙宇，碰到哪里就在哪里将就住一晚。

贵州的交通与中央王朝对西南的经营密切相关。元代以前，中央王朝主要通过四川与云南取得联系。元代之后，西南边疆政治中心东移，贵州成为内地联系云南的交通要道，战略地位日益凸显。为控制西南边疆，元朝开辟了湖广经贵州通往云南的"普安道"。1292年（至元二十九年），开通洞庭湖—沅江—潕阳河道，在潕阳河沿岸设置了便溪、平溪、平地、镇远、偏桥等驿站。这些驿站在元明之际的战乱中大多遭破坏，至明洪武初年得以恢复，并逐年加强建设。

王阳明赴谪入黔，抵达龙场，走的正是这条大通道，沿途也是在这些驿站休息，并在今贵州玉屏、凯里、黄平、福泉等地写下四首七律诗：《平溪馆次王文济韵》《清平卫即事》《兴隆卫书壁》《七盘》。

王阳明到龙场这一路走了多长时间呢？

如果从1507年（正德二年）正月离开京师算起，到1508年三月左右到达，他走了一年多；如果从1508年（正德三年）正月初一从杭州出发算起，他走了3个月。

这一路走了多少里程呢？

若从北京算起：从北京到杭州，在杭州"跳水"逃到武夷山，从武夷山经江西到南京，从南京到杭州，再从杭州过江西到龙场，约有5000公里，按王阳明自己的话来说，真的是"投荒万里入炎州"。即使从杭州开始算，杭州到贵阳也有1700多公里。

王阳明进入贵州境内后的路线是："平溪卫"（今玉屏县）——"镇远卫"（今镇远县）——"偏桥卫"（今施秉县）——"兴隆卫"（今黄平县）——"清平卫"（今凯里市炉山镇清平）——七盘岭——"平越卫"（今福泉市区）——"新添卫"（今贵定县）——"龙里卫"（今龙里县），最后，王阳明经贵阳沿川黔驿道到达龙场（今修文县)。

2. 平溪卫—偏桥卫：明朝的卫所制度

王阳明进入贵州的第一站是"平溪卫"。平溪卫位于今贵州东部的玉屏县境内。"玉屏，古雄溪也"，"属楚西鄙。筚路蓝缕，山林渐辟"。"自古为黔门户，控楚咽喉。最关冲要，山川形势，足资锁钥。"（《玉屏志略》）素有"黔东门户""黔楚襟喉"之称。汉末至宋，与樠溪、酉溪、沅溪、辰溪统称为"五溪"。宋置平溪峒，明设平溪卫，1727年（雍正五年）撤平溪卫，建平溪县。

清雍正年间实行"改土归流"，始将四川所属遵义府、湖广所属平溪（今玉屏）、清浪（今镇远清溪）、镇远、偏桥（今施秉）、铜鼓（今锦屏）、五开（今黎平附近）六卫及天柱县划归贵州，又将原属广西的荔波县及红水河以北之地（今贞丰、罗甸、册亨、望谟）划归贵州，贵州的疆界确定。

王阳明在平溪卫，住在"平溪馆"。众人皆来迎接，前来迎接的官员有时任贵州布政司参议的王文济。布政使司下设左、右参议，官居从四品，无固定员额，分管粮储、屯田、驿传、水利等事务。王文济分管驿传，作为分管领导前来迎接。他拿出一首诗请王阳明指正，王阳明很高兴，唱和一首《平溪馆次王文济韵》，诗中描绘此地既有"翠壁丹崖"的秀丽风光，又弥漫着"蛮烟瘴雾"，"山城寥落闭黄昏，灯火人家隔水村"。心情落寞，诗调低沉，尽显内心的孤寂与惆怅，感叹"清世独便吾职易"，却表示"穷途还赖此心存"，意即清平盛世容易当官履职，穷困之时则要靠心中的良知来支撑。

后来，王文济又拜访过王阳明，因而王阳明又有《即席次王文济少参韵二首》，"谪乡莫道贫消骨，犹有新诗了

平溪卫驿站模型（万勍摄）

旧邈","此身未拟泣穷途，随处翻飞野鹤孤"[①]。王阳明称自己身陷谪居之地，虽贫穷得皮松骨瘦，却有新写的诗歌来偿还过去的文债。自己从未打算像阮籍那样在穷途哭泣，而要像一只孤独的野鹤在各处自由地飞翔，表达了诗人在艰难处境中的乐观与豁达。

今玉屏县还挂着一幅《贵州布政使司地理之图》：

明代的军事驻地实行"卫—千户所—百户所—总旗—小旗"的卫所制度。"卫"是明代军队编制名，防地可以涵盖几府，驻于某地即称某卫，如平溪卫等。卫设指挥使，下设千户、百户。大抵5600人称卫，大部分士兵屯田，小部分士兵驻防，

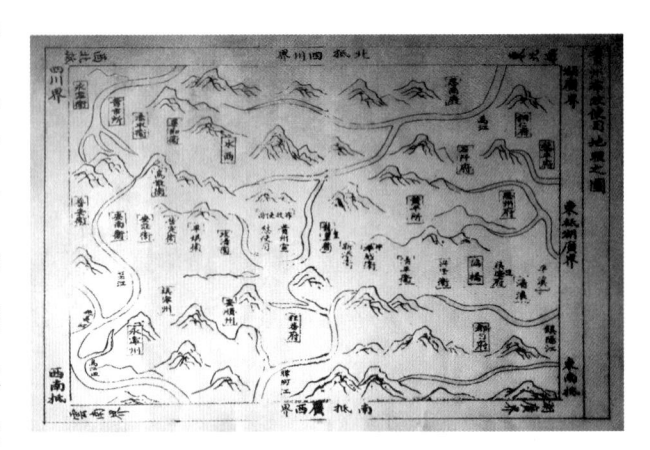

贵州布政使司地理之图

军饷大部分由屯田收入支付。贵州境内先后设置了29卫，其中"平溪卫"设置于1390年（洪武二十三年），辖平屯、沅屯、麻屯。其中平屯是今玉屏县的全境及湖南新晃县的部分区域。据明代《平溪卫武职选簿》载：平溪卫领兵5614名，下设前、后、左、中、右5个千户所，每个千户所额定卫兵1120人，每所设正千户1人、副千户2人。每千户所设10个百户所，百户所额定卫兵12人，由正、副百户统领。每百户所设总旗2个，每个总旗领卫兵50人。每个总旗又领小旗2个，每个小旗领卫兵10人。平溪卫是扼守西南的一个重要军事驻地，是由湖广进入贵州的第一卫。

偏桥卫。王阳明从镇远来到偏桥卫（今施秉县），游览了诸葛武侯祠。武侯祠离城约有20里，位于潕阳河南岸的山岗上，"隔水渔樵亦几家，缘冈石径入溪

[①] 王阳明：《即席次王文济少参韵二首》，《王阳明全集》卷十九，第595页。

斜"。古木掩映，竹林摇曳，翠绿可爱。王阳明面对如此山水生灵、风情边寨，"松林晚映千峰雨，枫叶秋连万树霞"，触景生情，觉得天涯即归家，即赋《武侯祠二首》，寄寓了被贬的沉重心情。他身处逆境，看到黔东南的名胜古迹和山水风光，"渐觉形骸忘物外，未妨游乐在天涯"，抛却世事纷扰，在迷人的山水林泉之间，悠然自得，乐在其中。

3. 平越卫—麻哈江—葛镜桥—福泉市—平越卫

如果说，黄平的兴隆卫，特别是飞云崖、月潭寺表现了贵州奇特的风景和别样的民族风情，给了王阳明惊喜，那接下来，他出平越卫来到的麻哈江，就感受到了贵州的艰险，让他倒吸凉气。

即便在现代，前往贵州乘坐火车或汽车，也需频繁穿越山洞、跨越高桥，贵州的铁路与公路桥隧比在全国居高不下。而当年，王阳明入黔，走的是步道、马道、水道，一会儿几百米的山峰，一会儿几百米的谷底，惊险无比，艰难无比。

王阳明赴黔之路，最险之处莫过于麻哈江。麻哈江把京城、湖广通往云贵的古驿道断为两截，麻哈江两岸山势陡峻，江水湍急，每逢雨季，山水陡涨陡落，而行人又只能浮舟渡水，人马在渡水时往往被山洪激流吞没，舟倾人亡，此处被视作畏途。

1508年（正德三年），王阳明被贬龙场驿经过平越卫时，就从这里过麻哈江，写下一首过七盘岭的诗[1]："鸟道萦纡下七盘，古藤苍木峡声寒。"七盘坡在今贵州福泉市东南五里，是中原过麻哈江去福泉的古驿道，"高峻崎岖，盘回七里，坡下有溪"。两岸山势陡峭，无论上下，都要七拐八弯，盘上旋下，"官道经其上，转折凡七"[2]，因此叫"七盘"；其险其难，鸟亦难飞，又叫"鸟道"，王阳明诗中说鸟都要沿着弯弯曲曲的七盘下去，峡谷里的响声令人胆寒，谪官远来，本是愁绪满怀，过此峡江激流，看此鸟飞，听此鸣叫，怎不心惊胆寒？"犹记边峰传羽檄，

---

[1] 王阳明：《七盘》，《王阳明全集》卷十九，第582页。
[2]《平越卫》，方志远等点校，《大明一统志》卷八十八，巴蜀书社2017年点校本。

近闻苗俗化衣冠。"这个"鸟道萦纡"的苍凉山区,原来是古战场,但现在的苗族已经归化,于是,王阳明也有了居夷之志:"投簪实有居夷志,垂白难承菽水欢",虽然我白发下垂,渐进年老,很难让长辈们享受到晚辈在身边奉养的天伦之乐,却有丢掉固定冠帽的簪子,远离官场、甘居夷地,过宁静生活的志向。

1523年(嘉靖二年),发生大礼议之争的"左顺门事件"后,大学士、1511年的状元、成都人杨慎被贬云南永昌卫(今云南保山市),途经平越卫,把"过七盘"的过程与艰苦总结成了一首《七盘劳》诗:"一盘溪谷低,仰首愁攀跻。蚕崖白云上,鸟道金天西。二盘行渐难,谷口野风寒。石磴愁旋马,行人各解鞍。三盘云雾堆,侧径转迂回。前旌正延伫,骏骑莫相催。四盘连翠微,峰日隐晴辉。石齿啮人足,树枝胃人衣。五盘势更高,俯见栖鸟巢。岩峦暂相倚,人马同时劳。六盘穷攀缘,真似上青天。下瞰已峻绝,上望更巍然。七盘险栈平,眺望倚分明。西征通蜀道,北望指秦城。"一盘在深谷溪水边,抬头可见悬崖在云边;二盘马已找不到踏脚之地,且有山风冰寒;三盘上的山路在雾堆里出没;四盘上人足被石头、衣服被树枝都划破了;五盘从上往下看,可见鸟巢;六盘的上下都是垂直的绝壁,真似上到了青天;到了七盘,艰险的栈道才平坦起来,向西可通蜀道,向北可达京城。

1638年,徐霞客步行走下七盘,还受了伤,《徐霞客游记》记录了此次受伤养伤的经历。

而王阳明1507年过平越,比杨慎过平越卫早了95年,比葛镜桥建成的1618年早了111年;而徐霞客到平越(1638年)时,葛镜桥已建成整整20年了!

王阳明、徐霞客都是从七盘往下走,到了一盘就可以过渡口、过葛镜桥,然后进入福泉城,再从贵定、龙里到贵阳。

王阳明渡过麻哈江的80年后,平越卫(今福泉市)人葛镜宦游归里,感叹七盘难过,就从1587年(万历十五年)开始在麻哈江古渡口修桥。先是在麻哈江上游的马丫河建,结果没有建成,桥就倒了,称"上倒桥";再在江下游的鸭爪坝建,历经数载,刚刚建成,又被洪水冲垮,称"下倒桥"。至今,两座"倒桥"遗址尚存。葛镜建桥,屡建屡毁,人们都感叹麻哈江为天险,凡人不可能在此建桥,劝葛

葛镜桥（2006年列入全国重点文物保护单位）

镜别再耗费精力。但葛镜矢志不渝，他斋戒数日，率妻子来到麻哈江畔，刑牲酾酒誓词："桥之不成，有如此水。"并作歌发誓："亘石昨庆桥成矣，江流湍急桥复圮，持一片心盟白水，桥不成兮镜不死。"其衣履之破烂，形容之枯槁，其言之悲壮，"有如包胥之入秦庭，庆卿之离易水"，参加建桥的工匠和百姓们感动流涕。

据说，葛镜的事迹，感动了在福泉山修道的张三丰。张三丰就托梦给葛镜，说麻哈江岸有块写有"砥柱"二字的石壁，在此地打下桥基，桥即可造成。葛镜来到江岸，果然找到"砥柱"二字。于是他变卖家产，广寻工匠，重勘水文，把此地作为桥址，垒基于渊，砌墩于礁，横空以索道运料，立木以悬梁架拱，尤其是巧借地形，将西岸桥墩垒于峻崖峭壁之间。

张三丰又让平越城的百姓每家连夜磨一箱豆腐放在门外，令山神连夜搬运，在鸡鸣之前运到江边工地。为帮葛镜在洪水到来前将桥建成，张三丰又亲自把百姓做好的豆腐点化为造桥的石料，结果此桥所用料石皆方整均匀，形如豆腐，故葛镜桥又称"豆腐桥"。人们为了解释这么难造的桥居然造成了，才演绎出这段神人相助的美好传说。

真实的情况是，葛镜倾尽家资，再次募工造桥。他吸取前两次造桥的教训，重新踏勘桥址，"乃于岞崿沓嶂，拔地插天之处，募工凿其麓。崆峒之石，悉展为平陆，东西岸开约五六丈，垒趾于渊，为蹲鸱雁齿，屹然亘虹于江上"。工程之艰巨，十分罕见。建桥所用料石，"石皆如甃，方不及尺，层累而上，大石横空，悬构酾水，其高百尺，有如神工。桥上行者，俯见深渊迅流，目眩神摇，匪为大德，亦为观也"。[①]

[①]［明］张鹤鸣：《葛镜桥碑记》。此碑现立于葛镜桥旁。

葛镜桥之路

就这样，葛镜二毁三建，历时30余年，最终于1618年（万历四十六年）建成。葛镜却殚精竭虑，积劳成疾，于桥成后次年亡故。云贵总督张鹤鸣路经此桥，赞叹："英雄万代沧桑改，功德千年姓字题。百尺长虹摇碧影，九溪烟霞带晴霓。"并亲撰《葛镜桥碑记》，赞葛镜"前后三十年，功始成此，其从容乐善，不吝不倦，岂世俗人所能企及万一者。予嘉镜之行，怜镜之死，又喜其桥成，而死得瞑宁也"。这篇《葛镜桥碑记》和张鹤鸣亲题"葛镜桥"的三字刻石还立于桥头。

葛镜桥位于福泉市城东南2.5公里处，桥长52米，桥面宽5.5米，高30米，桥在绝壁之上起拱，横跨麻哈江两岸绝壁之上，借江心的一块礁石下脚，三孔拱高分别为9.6米、7.9米和5米，三孔跨径分别为25.62米、12.3米和6.26米。设计绝妙，用料考究，工艺精湛，历经400多年，坚固如初。1941年，桥梁专家茅以升组织交大学生应用现代力学原理测算了此桥结构，得出结论：葛镜桥各孔静重和对称活载，10吨重型汽车通过，完全安全。茅以升主编的《中国古桥技术史》说："十六世纪贵州平越葛镜，历时三十年建成了葛镜桥，不但悉罄家资，在经济上独立成桥，同时二毁三建，从失败中吸取经验，完成了桥的技术上的改革。""工程艰巨，雄伟壮观，为西南桥梁之冠。"[1]葛镜桥的建成，既让往来官民免除舟楫过渡之险，又大大缩短了从官亭营至平越城的距离。

葛镜桥如此艰险，王阳明在没有葛镜桥的时候通过这里，可见其艰险程度。王阳明在向黔路上遭遇众多险阻：危栈、猛虎、倒崖、绝壑、荆榛、雨雪。虽

---

[1] 茅以升主编：《中国古桥技术史》，北京出版社1986年版。

然随同王阳明去龙场的还有两个仆人,仆人可以分担旅途的劳动,却无法与王阳明的内心共鸣,"扁舟心事沧浪旧,从与渔人笑独醒"的追求、"人事多翻覆,有如道上蓬"的纷乱、"悠悠百年内,吾道终何成"的无奈,等等。王阳明的流放历程背负着一个沉重而繁复的精神世界,他独自一人进入黔地,静坐龙场,从一条鸟道最终走向成圣致良知的大道。

葛镜桥的传奇故事让我们领略了福泉的历史沧桑,而福泉这座城市还有着更为深厚的历史文化底蕴。相传福泉市是且兰、夜郎两个古国所在地,现在有一个全国重点文物保护单位、三个省级文物保护单位。福泉市区西南的福泉山,相对高度仅十余米,却因张三丰在此成仙的传说而声名远扬,是贵州著名道教圣地,现存大量关于张三丰的遗迹。《贵州通志》载:"仙人张三丰修真处,前为高真观,后为礼斗亭。"①福泉山顶有张仙祠大殿,即高真观,经明清多次大规模重建扩修,香火极盛。进门左侧有一亭,传说张三丰常在此与人弈棋,还常在观内的"礼斗亭"朝拜北斗。礼斗亭前有一石池,名"浴仙池",也叫"半月池",池水夏不盈、冬不竭。池左侧有读书亭,亭前有草鞋井,井旁有两株"回生桂"。福泉山南还存有60余米明代古城墙。城南的武胜关有仙人崖,酷似张三丰的人影,明人郭子章在其旁刻有"神留宇宙"4个字。

王阳明到平越卫后,住在平越驿站,平越驿站在洪武五年设于平越卫城南桥头,配备驿马30匹、夫役20名。平越驿站在洪武十四年傅友德、沐英30万大军征云南时的后勤保障任务中发挥了重要作用。后来,在万历年间的播州之役、清顺治年间的追击南明永历政权,以及清康熙年间的平定三藩之乱等重大军事行动中,平越卫始终作为重要兵站,承担了运兵、粮草补给等关键任务。明清两代有二品以上官员有200余人下榻平越驿站,或调兵作战,或督办城防,或视察民情。还有王阳明、徐霞客、陆粲、钱邦芑等名人下榻平越驿站。

2015年11月,福泉古城的这座驿站在原址上复建,占地3万平方米,建筑面积2万平方米,建有明清风格建筑21栋房屋108间,是贵州唯一恢复的明代驿站。

---

① [明]许一德、陈尚象、刘汝辑等著,赵平略、吴家宽校:《贵州通志》,西南交通大学出版社2021年版。

4. 兴隆卫—飞云崖月潭寺

从平越卫出来，王阳明一直走在贵州的山道之上，"贵竹路从峰顶入，夜郎人自日边来"，溪流清澈，绕城东去，峰顶上的山路，布衣荷锄而归，明确点出贵州山高路陡、奇峰插天的险丽风光。"莺花夹道惊春老，雉堞连云向晚开"，野花夹道，莺啼不绝，高原春晚，他忽然想写封家书报平安，可转而又想：哪里有信使呢？"尺素屡题还屡掷，衡南那有雁飞回？"一股远离家乡的伤感涌上心头。

王阳明经偏桥卫来到兴隆卫（今黄平县），兴隆卫指挥使狄远、副使朱文瑞、游僧正观等地方官绅人士前来迎接。兴隆卫的营盘建在一个高台之上，王阳明放眼望去，新州城郭，军营参差，号角阵阵，城上短墙，在暮色之中戒备森严。高兴之余，他写下《兴隆卫书壁》："山城高下见楼台，野戍参差暮角摧。"

兴隆东行30里，湘黔驿道旁有"飞云崖"。王阳明入住飞云崖刚刚竣工的月潭寺公馆，并应寺僧正观邀请，写下《重修月潭寺建公馆记》。全篇800余字，思想精粹、文辞优美，不仅赞颂了飞云崖的山光水色以及林木溶洞的秀美奇特："隆兴之南有岩曰月潭，壁立千仞，檐垂数百尺。其上巅洞玲珑，浮者若云霞，亘者若虹霓"，还借月潭寺公馆落成之举以及它的社会功能，引出一番精深的议论："吾闻为政者，因势之所便而成之，故事适而民逸。""予惟君子之政，不必专于法，要在宜于人。"[1]他认为统治者办事、决策、施政时，不能单靠君王的法令，而要因势利导，因人制宜，适合民情，才能使老百姓受惠获益，休养生息。如今，这块由王阳明亲笔手书的碑文仍立于飞云崖月潭寺门边。

月潭寺始建于1443年（正统八年），距今已有580多年的历史。飞云崖及其古建筑群是全国重点文物保护单位。王阳明赞曰："天下之山，萃于云贵。"[2]而云贵山水之奇又聚于此崖。后经不断增修，逐渐完备。传说每年农历"四月八"，数万苗胞聚集于此，跳笙、对歌、赛马、斗雀，狂欢三昼夜。

---

[1][2] 王阳明：《重修月潭寺建公馆记》，《王阳明全集》卷二十三，第739页。

月潭寺的围墙外边，由秀水溪环绕，溪旁古木参天，枝叶繁茂，遮天蔽日，清澈的溪水之上，横跨着高8米、桥面宽阔的明代石桥东陵桥。一条保存完好的古驿道弯弯曲曲从山坡上下来，通过此桥，到达彼岸。这条驿道是连接中原与黔川、滇缅的古驿道，也是南丝绸之路的通衢。正因为地处古驿道旁，飞云崖史籍记述最详、名人题咏最多。

　　飞云崖古建筑群由飞云崖石牌坊、月潭寺牌坊、韦驮楼、月潭寺公馆（云在堂、养云阁）、清风亭、长廊、荷花池、接引阁、小官厅、飞云洞等组成，总面积2000平方米。

　　飞云崖特别引人注目的是其石牌坊，高8米，石柱砖身，浅灰色涂面。上方嵌着一块红底金边的竖匾，镌刻"飞云崖"3个行草大字。此牌坊原建于清雍正年间，云贵总督鄂尔泰在"飞云崖"放置了一块"黔南第一胜景"的横匾。1904年（清光绪三十年）李志亮主持重修时，去掉鄂尔泰的题字，换成了现在看到的"黔南第一洞天"。

飞云崖

　　坊前另刻有一对下山石雕青狮守护门庭，栩栩如生。石坊的石柱有72字长联："丹崖皓月护千年，竟幻作莲花世界，听流泉漱石响答鸣琴，苍翠亦留人，知此间固别有天地；南海慈云飞一片，赖重新竺国琳宫，况几杵梵钟撞醒尘梦，光明原觉物，统斯民而再拜神仙。"此联字数仅次于甲秀楼，经历百年风雨，字迹完整清晰，为清代黄平知州瞿鸿锡所题。

　　飞云崖是一组宗教建筑、民族建筑和园林建筑相间的古建筑群，分东西布局，西为月潭寺的庙宇建筑，东为园林风格建筑。既是寺庙建筑，又有园林韵味。

　　穿过牌坊（山门），就是一座道教建筑——皇经楼。过了皇经楼，眼前豁然开朗，形成开阔的空间，在通往飞云崖的轴线两旁，依山傍水排列着长廊、滴翠亭、圣果亭、碑亭、接引阁等建筑。

在轴线的左边，赫然耸立着"月潭寺"牌坊。这座牌坊建于1936年，为六柱五间式砖砌牌坊。中西一体、三教合一。坊顶中塑的是倒立的蝙蝠，牌坊六根柱头上分别塑有白象、青狮、麒麟各一对，坊面上有红底黑字的"月潭寺"竖额，并有天官、八仙、童子、琴棋书画等人物彩塑。还有"五福捧寿"、龙凤、双狮等图案。匾额处又绘有水墨飞云崖山水画一幅。中柱楹联为"此地有崇山，左竹右松饶雅趣；其门通曲径，清风明月证禅心"。次柱楹联为"大道东行，突入西天佛地；鸿恩此至，打开南国禅关"。

月潭寺牌坊的后面，就是月潭寺，布局规整，西有大佛寺，北有养云阁，南有翠秀园。大佛殿，始建于1443年（正统八年），飞檐翘角，古朴典雅，现已改为贵州省民族节日博物馆。寺庙建筑通常是门和殿建在同一中轴线上，月潭寺却不是，而像中柱的楹联说的"门通曲径"。

飞云崖月潭寺

大佛寺、翠秀园的旁边，就是上图中右边那座屋子，即为"月潭寺公馆"，即"养云阁"，又称"大官厅"，是古代接待往来官员歇息的场所。"大官厅"是一座四合院，引人注目的是正面主房，歇山式建筑，屋面却呈拱形，屋脊都呈半圆形，屋面、屋脊、檐下卷板、额枋均呈中高两边低的弧形。正脊只有高耸的脊刹而无鸱吻。据说，这种造型在国内歇山式古建筑中仅此一例，极具地方特色。大官厅的建筑样式，取形于星官中的弧矢星。从《黄平星野图》来看，黄平地域内有弧矢星相对应。此星由八颗星星拱排列如弧，外一星排列为矢状，而大官厅则以弧形屋面为"弧"，脊刹为"矢"。弧矢即弓矢（弓与箭），古代男子出生，都要以桑木作弓，蓬草为箭，射天地四方，寓意为男儿当志在四方建功立业。古代诸侯如立大功，天子则赏赐弓矢。大官厅建成"弧矢"状正是迎合官员追求功勋、赏赐的心理。

飞云崖院内古木参天，绿水环流，从接引阁拾级而上，过拱门，到碑亭，碑亭内正壁上刻有清代贵州巡抚、文学家吴维岳于1565年（嘉靖四十四年）撰书的《飞云崖记》草书石碑，是贵州保存最古老的碑碣之一。虽字迹已有些模糊，但仍能勉强识读。

顺着石梯再往上走，就是接引阁。飞云崖的建筑群，以接引阁最具特色，重檐歇山式阁楼，依崖壁而建，以天然的钟乳石壁做后壁，后壁的天然溶洞用作上二楼通道，盘旋登楼，形成崖外有阁、阁内有崖的奇特景观。

接引阁对面是小官厅，房舍因年久失修，有些残破，但里面的诗、词、题字还是保存了不少。

出小官厅，面前突现一个约30平方米的平台，这就是人称"岩壑大观"的飞云洞了。飞云洞高而宽敞，伸出的钟乳石崖犹如一把撑开的巨伞罩住洞口，整个洞窟俨然是一个敞厅，耸立的石柱像门柱，洞顶有石幔垂挂，钟乳错杂，悬崖上巨石悬空，气势磅礴，形如凝固的云团翻滚，又似无数含苞的莲花。巨石形成的穹顶，恰为佛像和游人遮风避雨。

洞壁上明清时期碑碣林立，有清代杨芳书写的"海上飞来"四个大字。还有"黔南第一洞天""飞岩""飞云崖""天下奇""云中佛境""如登普陀""望云""归云""云根""云停水立"等明清摩崖20多处。1780年（清乾隆四十五年）文华阁大学士和珅写的《飞云崖》诗碑，还有1899年（清光绪二十五年）状元曹鸿勋，以及阎兴邦、田雯、洪亮吉、林则徐、何绍基、郑珍等的诗碑16方。其中，王阳明的"天下之山聚于云贵，云贵之秀萃于斯崖"，林则徐的"天惊石破云倒垂，数起悬崖一千尺""天然奇秀，真如金枝玉叶，轮囷葱郁"，晚清黔籍诗人郑珍的"扶与灵秀各有分，贵州得此一朵云"等名句脍炙人口。

崖前凸起一座小峰，上有一亭名"幽云亭"。亭子为六面二层塔式结构，造型独特优美。沿崖右侧有一幽静石板小道通向山下。下到山底，又有一亭，单檐六角结构，翼角飞展，亭前有古柏树两棵，苍翠欲滴，亭子故名"滴翠亭"。王阳明对这里的景色、建筑、民风、民俗等十分好奇，游览至此，他写道："一入云、贵之途，莫不困踣烦厌，非复凤好。而惟至于兹岩之下，则又皆洒然开豁，心洗目醒;虽庸佣俗侣,素不知有山水之游者,亦皆徘徊顾盼,相与延恋而不忍去。"①

飞云崖的美景让王阳明流连忘返,而他的旅程并未就此结束。离开飞云崖后,王阳明继续踏上前往龙场的艰难路途。

四、龙场,王阳明悟道的那个龙场

1508年(正德三年)三月,37岁的王阳明带着王祥、王瑞两个仆人,历尽千辛万苦来到龙场。他在《兴隆卫书壁》中说:"莺花夹道惊春老,雉堞连云向晚开。""春老"一词明确点出春天已接近尾声,即王阳明是在晚春的一个黄昏到达黄平县

贵州龙场王阳明雕像

兴隆卫的。由于贵州属山区,春季气温较低,花期较晚,晚春通常对应农历三月下旬至四月下旬。从黄平到龙场需要6天左右,因此他应该是在四月初到达龙场的。

王阳明这一路山高路险,崎岖难行,风餐露宿,饥渴劳顿,加上体弱,疾病缠身,能到达龙场,已属奇迹。可一到龙场,情况更糟,远比他想象的糟。贵州条件艰苦,王阳明听说了,也想到了;但他万里迢迢来到龙场后,龙场的惨状仍然大大超过了他的想象与传闻,他顿时傻了眼。

1. 蛮荒之地难活命

什么是"万里投荒"?这是真正的蛮荒之地,"连峰际天兮飞鸟不通,游子怀乡兮莫知西东",环顾四野,人烟稀少。"龙场居南夷万山中"②,"蛇虺魍魉,蛊毒

---

① 王阳明:《重修月潭寺公馆记》,《王阳明全集》卷二十三,第739页。
② 王阳明:《五经臆说序》,《王阳明全集》卷二十二,第723页。

瘴疠",瘴气很重,野兽出没,生活环境恶劣至极,令人苦不堪言,他随时面临死亡的威胁。

前些年,贵州还是"天无三日晴,地无三尺平,人无三分银"。"天无三日晴",贵州年降雨量1200毫米,但因地形和气候原因难以留存。贵州高原地面崎岖不平,空气容易受到抬升、搅动、阻塞、摩擦,虽冬暖夏凉,负氧离子多,是避暑胜地,但阴雨天特别多。"地无三尺平",贵州是中国唯一一个没有平原做支撑的省份,九山半水半分田,地面崎岖,几乎找不到大一点的平整土地。这里多山、多瀑布、多峡谷、多溶洞、多溪流、多动植物,是绝佳的生态旅游胜地,但每公里高速公路造价超过2亿元,桥隧比超过50%。可以想见,明代的龙场,真是让人叫苦不迭的蛮荒之地。"人无三分银",由于耕地少、地处偏远、交通不便、开发晚等原因,2012年,贵州共88个县级行政区,有66个是国家级贫困县,贫困人口众多,贫困程度极深。当然,现在有了翻天覆地的变化,2020年已经与全国同步实现了全面脱贫,并成为"世界避暑胜地""多彩旅游之乡"。

王阳明投荒万里,从政治文化中心到荒蛮瘴疠之地,心理落差巨大,苟活难耐的莫名伤恸如影随形。

王阳明到达龙场后,与当地人语言不通,能对话交流的汉人都是一些从中原过来的亡命之徒,还有来当地服差役的人。后来,王阳明在常德说:"**谪居两年,无可与语者。**"[①] 其实,初期不要说谈心,连对话交流都是问题,相当孤寂。

"**烟竹暖无家,忧思坐在望。**"乡愁来袭,寒夜枯坐,他遥望家乡的方向,泪流满面。"**游子望乡国,泪下心如摧。**"但"**浮云塞长空,颓阳不可回。南归断舟楫,北望多风埃**",既然回不了家乡,那就"**已矣供子职,勿更贻亲哀**"吧,只有坚守工作岗位,才不会给亲人带来更大的痛苦。

一年过去了,到了元宵节。王阳明想念家乡亲人,又添一份愁情:龙冈一片冷清,报春的梅花已经开放,天虽转晴,雪还没化,白茫茫一片,山中的夜晚很冷,

---

[①] 王阳明:《与辰中诸生书》,《王阳明全集》卷四,第125页。

一轮明月照着空旷的院落，荒村的元宵夜，王阳明只有书本做伴，特别孤寂。"故国今夕是元宵，独向蛮村坐寂寥。"①龙场人有扎花灯的习惯。王阳明有个仆人是当地人，会扎剪纸灯笼。王阳明对他做的灯笼很满意，"寥落荒村灯事赊，蛮奴试巧剪春纱。花枝绰约含轻雾，月色玲珑映绮霞"②。王阳明想：元宵佳节，家乡的亲人们提着花灯欢聚一堂，他们一定会想到贬谪远方的孤单的自己。

王阳明到达贵州龙场的时候，条件艰苦，很荒凉，食不果腹，居无定所，他自己说"初至龙场无所止结草庵居之"③，原因有两说：一说龙场驿仅有"驿丞一名，马二十三匹，铺陈二十三副"④，当时已无固定人员，站房坍塌，潮湿发霉，无法居住。二说王阳明虽是驿丞，却是谪官，按规定不能住驿站。总之，王阳明只好在驿站附近的一个洞口搭了一个高不及肩的草庵（窝棚）栖身，草庵矮小、简陋，难以遮风避雨，附近还有野鹿、野猪等野生动物往来游走。"草庵不及肩，旅倦体方适。开棘自成篱，土阶漫无级；迎风亦萧疏，漏月易补缉。"⑤后来，草庵还倒塌了，王阳明只得找一些天然溶洞栖居。

"谪居屡在陈，从者有愠见。"⑥王阳明被谪居期间，带去的两个仆人率先病倒。他们是来侍奉王阳明的，却没料到当地生活条件如此之差，水土不服、营养不良，再加上瘴气湿气侵扰，心中又满是怨气，最终病倒。王阳明心态平和，反而悉心照料他们，为他们砍柴做饭，喂服汤水，还嬉戏诙笑，唱着家乡小调，试图感染大家，直到他们康复。

过了两个多月，王阳明在驿站东北三里许的龙冈山腰，发现了一个较大的岩洞，便搬了过去，起名"阳明小洞天"（俗名"东洞"，世人称为"阳明洞"）。

龙冈山又称栖霞山，此山不高，平冈蜿蜒曲折。山上岩石突兀，古树迎风而立。

---

①②王阳明：《元夕二首》，《王阳明全集》卷十九，第590页。
③⑤王阳明：《初至龙场无所止结草庵居之》，《王阳明全集》卷十九，第582页。
④[明]许一德、陈尚象、刘汝辑等著，赵平略、吴家宽校：《贵州通志·建置志》，西南交通大学出版社2021年版。
⑥王阳明：《谪居粮绝请学于农将田南山永言寄怀》，《王阳明全集》卷十九，第583页。

贵州龙场阳明小洞天——东洞

阳明洞颇为宽敞，可容纳百人，洞顶钟乳石层层下垂，如今留存着不少历代名人的题刻。洞的右侧有一小洞通往后山，洞内有一张天然石床，据说王阳明当年就睡在这儿。有一年夏天，我前往现场察看，洞内冷风阵阵，潮湿异常。可想而知，冬天的情形会更加艰难。

事实也确实如此。王阳明写道："上古处巢窟，抔饮皆污樽。"[①] 住在这里，仿佛回到上古蛮荒时代，吃喝都直接用手捧，十分污浊。但王阳明却道："夷居信何陋，恬淡意方在。岂不桑梓怀？素位聊无悔。"[②] 住在这样的偏远之地，怎能不思念家乡？可他虽素位无职，却毫不后悔，心境十分恬淡。人们"但恐霜雪凝，云深衣絮薄"，一到冬天，洞口凝霜，阳明小洞天便成了寒风凛冽的寒洞。王阳明却"我闻莞尔笑"，说："邈矣箪瓢子，此心期与论。"[③] "箪瓢子"是指颜回用箪盛饭、用瓢舀水，生活清苦却依然坚守乐道。王阳明表示，颜回虽已远去，但自己十分向往其心境。然而，王阳明的健康却因此受到极大损害。后来他多次上书请假养病、请求致仕，都提及这段岁月落下的病根。

不但居住成问题，王阳明又面临吃饭难题——"绝粮"了。"寒威入夜益廉纤，酒罂炉床亦戒严。久客渐怜衣有结，蛮居长叹食无盐。饥豺正尔群当路，冻雀从渠自宿檐。"夜晚寒意愈发浓重，贵州的冬天格外萧索，大白天都有豺狼三三两两地在村头路边游荡觅食；小麻雀都瑟缩在房檐下，不再出去找食。饥豺和寒雀尚且如此，王阳明的处境更是艰难。本可以喝酒驱寒，可这个元宵夜连酒都没有了。久居蛮夷之地，衣裳都打满了补丁，甚至连盐都吃不上。该如何是好？王阳

---

①②③ 王阳明：《始得东洞遂改为阳明小洞天三首》，《王阳明全集》卷十九，第582—583页。

明坚定信念:"阴极阳回知不远,兰芽行见发春尖。"① "阴极"指寒冷到极点,"阳回"表示阳气回转,阴阳相互转化,阴极之时便是阳生之际,寒冷的冬天即将过去,很快就能看到兰花在春天发出嫩芽,春天就要来了。尽管信念坚定,但吃饭仍是头等大事。无奈之下,他只好自己种粮。"山荒聊可田,钱镈还易办。夷俗多火耕,信习亦颇便。及兹春未深,数亩犹足佃。"② 于是,他置办简易的农具,向当地农夫学习刀耕火种,开垦荒地。"及兹春未深,数亩犹足佃"③,到四月底,他已种了几亩庄稼。

2. 死生之地《三人坟》

龙场是真正的死生之地。就在王阳明到达龙场后的第二年秋的一天,他的住处前路过三个人,分别是一名从京城来的官吏和他的儿子和仆人。次日,王阳明本想找这三人聊聊中原的情况,却听闻他们已经上路。到了中午,有人说有一名老人死在前面的蜈蚣岭,旁边两人哭得十分伤心。王阳明心想:死去的肯定是名官吏。傍晚时分,又听说蜈蚣岭死了两人,旁边一人坐在那里哭泣。王阳明知道那老人的儿子死了。到了第三天,又听闻蜈蚣岭有三具尸体。

王阳明非常伤感,决定去掩埋死者。他的仆人王祥、王瑞不愿去,问道:"为何我们要去掩埋他们?他们与我们并无亲缘关系。"王阳明说:"嘻,吾与尔犹彼也!"大家虽是陌路人,但有着相似的遭遇。如果我们也死在异地,别人不来掩埋,我们便会暴尸荒野。两个仆人一听,潸然

修文县蜈蚣坡的三人坟

---

① 王阳明:《元夕雪用苏韵二首》,《王阳明全集》卷十九,第591页。
②③ 王阳明:《谪居绝粮请学于农将田南山永言寄怀》,《王阳明全集》卷十九,第583页。

泪下，拿起铁锹、畚箕、祭品，将这三人掩埋。王阳明还写下一篇《瘗旅文》（瘗，音同"义"，意为"埋葬"）。王阳明根本不认识这三人，却写得情真意切。他和死者说着话，似乎死者是他的旧友。他悲叹客死之人，也是抒发自己被贬异乡的凄苦哀伤之情，他需要有人听他的诉说，也需要通过安慰死者来安慰自己。后来，这篇《瘗旅文》被收入《古文观止》。

流放，往往是一种生与死的较量。1506年（正德元年），有两人被谪戍贵州，一个是王阳明，另一个是刘天麒。刘天麒，字仁徵。广西桂林人。1486年（成化二十二年）丙午乡试解元。1502年（弘治十五年）二甲第63名进士，官授工部主事，任事吕梁分司时，刘瑾手下的一个宦官途经吕梁，横加勒索，刘天麒予以制止。此人怀恨在心，回到朝廷后，伙同众宦官一同向皇上诬告，三天后刘天麒便被下锦衣卫狱。刘天麒不肯屈从，被贬谪到安庄驿（今贵州镇宁）任驿丞。而王阳明谪龙场驿（今贵州修文），两地相隔不远。谪戍之前，二人同朝为官，一人为兵部主事，另一人为工部主事，同下诏狱，同谪贵州。刘天麒到镇宁后，因瘴疠所侵，于第三年（正德三年）十一月十八日在忧愤中去世。王阳明闻讯，感慨万千，写下《祭刘仁征主事》："呜呼！"王阳明悲痛不已，感慨陈词。世人都说"仁者必寿"，而刘君你却一生"作善而降殃"，不幸早逝。"於乎！死也者，人之所不免。"人总是要死的，如昼夜交替，不必过于在意，关键在于"闻道""弘道"和"行道"。为义而死，虽死犹存；为私利而生，虽生犹死。那些追逐名利、沉溺享乐的人，最终会"化为尘埃，荡为沙泥"，什么都留不下；"而君子之独存者，乃弥久而益辉"。这便是"死得其所"。最后，王阳明写道：我因"足疾"，不能亲自从龙场前往安庄驿哭奠："呜呼！……属有足疾，弗能走哭，寄奠一觞，有泪盈掬。复何言哉！复何言哉！呜呼尚飨。"[①]

本来，无论是那三人还是刘天麒，都默默无闻，几乎在史籍上难寻其名，死后也无人知晓，但王阳明的祭文让大家知道了刘天麒，记住了三人坟，也将中国

[①] 王阳明：《祭刘仁征主事》，《王阳明全集》卷二十八，第854页。

古代知识分子的生死观提升到一个新的高度。

3.居贫处困乐不改，山中宰相胜封侯

王阳明并不在意龙场条件的恶劣，反而怡然自得，"古洞闲来日日游，山中宰相胜封侯"，没有粮食，就自己种地。他砍柴挑水，向当地人学习做农活，还饶有兴致地写下《观稼》："下田既宜稌，高田亦宜稷。种蔬须土疏，种蓣须土湿。寒多不实秀，暑多有螟螣。"王阳明一边辛勤劳作，一边提升思想境界，让自己的内心世界充实而坚定。"去草不厌频，耘禾不厌密。物理既可玩，化机还默识；即是参赞功，毋为轻稼穑！"①这些农村人熟知的道理和习以为常的现象，都被王阳明满怀喜悦地写入诗中，让人想起了陶渊明。

种田有了收获，他写道："岂徒实口腹？且以理荒宴。遗穗及鸟雀，贫寡发余羡。"②王阳明的劳动不仅解决了自己的吃饭问题，余粮还周济穷人，连鸟雀都有了食物。王阳明体弱多病，当地又缺医少药，"卧病空山无药石，相传土俗事神巫"③。但他不找巫医，"地无医药凭书卷"，生病了，找不到药，就看医书，自己种草药，自己按书上的方子煎熬药汤，"身处蛮夷亦故山"。④

山中的秋天早晚起露水，开始变冷。王阳明写了《采薪二首》，说："朝采山上荆，暮采谷中栗。深谷多凄风，霜露沾衣湿。采薪勿辞辛，昨来断薪拾。晚归阴壑底，抱瓮还自汲。薪水良独劳，不愧吾食力！"⑤早上砍柴，下午到地里收庄稼，又去溪边提水，尽管劳苦，王阳明却以自食其力感到欣慰。

王阳明还提了把斧子去山里砍柴，"持斧起环顾，长松百余尺。徘徊不忍挥"。他拿着斧子对着百余尺高的松树看了许久，终不忍下手，同伴笑问他为何不砍。

---

① 王阳明：《观稼》，《王阳明全集》卷十九，第583页。
② 王阳明：《谪居绝粮请学于农将田南山永言寄怀》，《王阳明全集》卷十九，第583页。
③ 王阳明：《却巫》，《王阳明全集》卷十九，第589页。
④ 王阳明：《龙冈漫兴五首·其三》，《王阳明全集》卷十九，第588页。
⑤ 王阳明：《采薪·其一》，《王阳明全集》卷十九，第588页。

"同行笑吾馁,尔斧安用历?"王阳明回答:"快意岂不能?物材各有适。"①

王阳明在农事劳动中倾注了内心的真诚,获得了满心的喜悦。他在龙场写了《谪居绝粮请学于农将田南山永言寄怀》《观稼》《采蕨》等农事诗,字里行间流露出有一种陶渊明式的闲适。他与当地人相处融洽,打成一片。"村翁或招饮,洞客偕探幽。讲习有真乐,谈笑无俗流"②。他种菜种地,读书讲学,活得优哉游哉,十分充实,"拟把犁锄从许子,谩将弦诵止言游。"③ "芳春已共烟花尽,孟夏俄惊草木长。绝壁千寻凌杳霭,深岩六月宿冰霜。"④就像元代无名氏《归隐歌》所唱:"无心老翁一任蓬松两鬓斑","黄金难买此身闲"⑤,长笑一声天地宽。

王阳明把龙场当故乡。在逆境中,安贫乐道,自我调节,自我净化,坦然面对自己仕途沉浮,潜心悟道。

---

① 王阳明的《采薪·其二》,《王阳明全集》卷十九,第588页。
② 王阳明:《诸生夜坐》,《王阳明全集》卷十九,第586页。
③④ 王阳明:《龙冈漫兴五首·其三》,《王阳明全集》卷十九,第588页。
⑤《归隐歌》,载隋树森编:《全元散曲》,中华书局1964年版。

第4讲
龙场悟道：王阳明的人生转折处和心学起飞点

一、身处绝境怎么办？

龙场悟道是王阳明生命的转折点，他"投荒万里入炎州"，倒觉得很自在：虽处边地，"书卷不可携"，当地又无书可翻阅，他就天天默记以前读过的书，再把心得写下来，"日坐石穴，默记旧所读书而录之"[①]。虽然他从六品京官司贬为驿丞，"却喜官卑得自由"，"身处蛮夷亦故山"。[②]王阳明在《瘗旅文》中说："历瘴毒而苟能自全，以吾未尝一日之戚戚也。"正因为他从来没有悲悲戚戚的心态，所以能经瘴毒而活了下来。每个人都具备圣人的品质。在这样一个世界中，人的心灵境界得到升华，你的世界就变化了。

王阳明写道："心在夷居何有陋，身虽吏隐未忘忧。"[③]表达了不论面临多少危险，都不动摇退缩的坚定意志，以及光明磊落、九死未悔的家国情怀。

1. 和当地民众打成一片

王阳明一到龙场，就引起周围人的注意。当地民众发现来了一名"吃公家饭

[①] 王阳明：《五经臆说序》，《王阳明全集》卷二十二，第723页。
[②][③] 王阳明：《龙冈漫兴五首》，《王阳明全集》卷十九，第588页。

的",很好奇,经常来到他的矮草庵、玩易窝、阳明洞问长问短,"**群獠环聚讯,语庞意颇质**",话语率真质朴。后来发现王阳明啥也不会,又绝粮断炊,于是,大家都出手帮助。王阳明在《西园》中记载道:"**起来步闲谣,晚酌檐下设。尽醉即草铺,忘与邻翁别。**"为感谢大家的帮助,王阳明摆下酒食请帮忙的邻居吃饭。席间,他念诗,当地人听不懂,他就唱起了自己家乡的小调。不一会儿,王阳明醉了,没送别客人,自己就倒头睡了。正是在这种互相帮助、共同劳动、传播文化中,王阳明很快和当地民众结下了真诚的、深厚的友谊。

王阳明在玩易窝和阳明洞住了不到两个月,当地人就伐木为材,主动为他构筑了几幢木屋。盖了近一个月,房子盖好了,农历三月,当地人请他移住新居并在这里开始讲学。

王阳明对新居很满意,在《龙冈新构》中写道:"**开窗入远峰,架扉出深树。墟寨俯逶迤,竹木互蒙翳。**"推开窗户眺望远处山峰,密密的树林映入眼帘,俯瞰近处村寨,竹木丛翠交错。本只想请乡亲们帮搭一个能遮风挡雨的屋子,"**初心待风雨,落成还美观**",没想到建得如此之好,有庐有轩,布局得当。旁边还有个小园子,王阳明便趁着晚春赶种蔬菜和花药。

2. 反抗政治压迫

生活安稳后,王阳明与当地人熟了,便在当地招生办学,名气越来越大。

思州太守听说此事,很不高兴,认为王阳明的声誉太大了。作为一个断崖式降级的受贬官员,本该规规矩矩安分守己,怎么又是石棺悟道,又是聚众讲学,把自己弄得像个明星、网红似的?!而且,这么久了,竟不来和自己打个招呼,还拿不拿我这个地方主官放在眼里。太守越想越生气,就派了几个人找上门来,指责王阳明到龙场多日却不去拜见太守,傲视官府,反在这里聚众集会。

这一下,当地苗民彝民不干了。你不修学校、不派老师倒也罢了,好不容易有了一个免费的教书先生,你还来砸场子。众人拥上前去,就是一阵乱拳,把那群人打得落荒而逃。

思州太守火冒三丈，放出话来，王阳明必须前来谢罪。但思州太守是行政长官，而明代的驿站属于按察司管，按察司相当于现在的纪检监察法院司法部门。驿丞是条管干部，不归地方管。思州太守就找到贵宁道①按察司副使（相当于现在的检察院副检察长）兼贵州提学副使"毛宪副"（毛科，字应奎）。毛科是王阳明同乡，他听说地方主官的手下被打了，连呼不好，可王阳明是王华的儿子，又是刘瑾事件的"名人"。他心想：这事怎么办呢？就给王阳明写了一封信，晓之以利害，说：你只是一个驿丞，怎么把上级的人打了呢？我看你即使不去磕头赔罪，也得写封信道个歉吧。

没过两天，毛科收到王阳明的来信。在这封《答毛宪副书》中，王阳明谈了三点：

首先，给思州太守一个台阶下：那些公差来龙场闹事，肯定不是太守的意思，只是公差"挟势擅威"。当地群众看不过眼，与他们争斗，并不是受我的指使。太守没有凌辱我，我也没有傲慢太守，所以不存在我向太守谢罪的问题。

第二，下级向上级行跪拜之礼，本是官场规矩，不算为辱，但也不能无缘无故去跪拜，否则，那就是自取其辱。

第三，我来到龙场后，猛禽、凶兽、毒虫、毒雾，什么没有见过？如果不是命大，我一天都死三次了。怕过什么没有？思州太守真要加害我，那与山中的瘴气、禽兽、毒虫有什么区别呢？既然是瘴气、禽兽和毒虫，我又怕什么？

最后，王阳明还放了一句狠话：我连刘瑾都没有跪过，一个小小的知州仗势欺人，为何要惧？于是，他断然拒绝了太守提出无理的谢罪要求。

"知者不惑，仁者不忧，勇者不惧。"这一下，不但毛应奎折服，连太守也惭服，

---

① 贵宁道，即贵西道。1413年，明成祖朱棣在贵州置布政使司，贵州正式成为行省。1523年，置贵宁道，贵宁道兼兵备，驻毕节，管辖乌撒、毕节、赤水、永宁4卫。1729年(清雍正七年)，贵宁道改贵西道，驻毕节，管辖安顺、遵义、大定、南笼（今安龙县）4府。1908年(清光绪三十四年)裁贵西道，改巡警道，移驻贵阳。1913年1月，贵州全省划分为黔中、黔东、黔西3个道，行政长官称观察使。黔西道驻毕节，辖毕节、安顺、赤水等23个县。1914年6月，黔西道改名贵西道，治安顺县。1917年徙治毕节县。1923年废道，所有县均直隶于省。

只好就此作罢。

就这样，面对权势无所畏惧，王阳明强硬回击，一封信就解决政治压迫。

3. 创建龙冈书院

王阳明在当地民众为他盖好的房子里办起了书院，这是王阳明创办的第一所书院，王阳明为书院取名"龙冈书院"，书院的主室叫"何陋轩"，还专门写诗撰文，以记其事。"诸夷以穴居颇阴湿，请构小庐。欣然趋事，不月而成。诸生闻之，亦皆来集。请名'龙冈书院'，其轩曰'何陋'。"①"何陋轩"取《论语》"君子居此，何陋之有"之意。

王阳明说自己"以罪谪龙场，龙场，古夷蔡之外"，大家都认为他从京城来的，在这里住不惯（"将陋其地，弗能居也"）。但他"安而乐之"，并不觉得这个地方有什么"陋"。

王阳明话锋一转，又说居住在这里的"夷之民"，结发于额头，说话似鸟语，穿着奇特，没有华车，没有高房，却有着一种质朴、淳厚的古代遗风。怎么可以认为这是落后呢？（"安可以陋之？"）②

我刚来此地，没有房子住，住在丛棘之中，道路阻滞；迁到东峰，在石洞住下，阴暗潮湿。龙场的人民，老老少少每天都来看望我，他们不轻视我，渐渐亲近我，而且砍伐木材，帮我搭建起轩房让我居住，使我忘记了自己是住在远夷之地。

夷地的人民，如同没有雕琢的璞玉，没

龙冈书院·何陋轩

---

① 王阳明：《龙冈新构》，《王阳明全集》卷十九，第584页。
② 王阳明：《何陋轩记》，《全阳明全集》卷二十三，第735页

有经过加工的原木，怎么可以认为他们鄙陋呢？

何陋轩的左面，沿石径而上，入一圆形山门，就是当年的龙冈书院。嘉靖时改为王文成公祠。现在的龙冈书院是1785年（清乾隆五十年）修文知县秦睿曾重建的。门口有两副石刻楹联："三载栖迟，洞古山深含至乐；一宵觉悟，文经武纬是全才。""十三郡人文，此为根本；五百年道统，得所师承。"楹联均为清道光年间贵州布政使罗绕典题写的。

龙冈书院（王文成公祠）的对面山上建有一个"君子亭"。当年，蒋介石第三次游阳明小洞天时在亭脚山岩上题写"知行合一"四个字。龙场阳明洞口右侧还有一幢三层楼的配殿。抗战时期，张学良在此被幽禁近三年，这就是他的居室。龙冈书院还建了宾阳堂。

王阳明始终泰然而乐观地面对环境的险恶和生活的困顿，这是非常难得的。一个思想家生命力的强大，正彰显在他在困厄逆境中的乐观态度上。王阳明与边地夷民友好相处，不仅消除了与他们的隔阂，获得了大家的敬爱和援助，还消除了初至龙场时的孤独、落寞之感，进一步感悟到人性良知不会泯灭。

后来，当地苗彝乡民发现他是一位先生，会识字，懂得多，就纷纷把孩子送来学习。于是王阳明就趁势在这里办起了书院。"千古龙冈漫有名。"龙冈书院建好后，王阳明马上招生授徒，来此听课的不但有当地学子，还有远至湖南、云南等地的学子，省内外前来问学者上百人，史料著姓名者26人，形成了"士类感慕者云集听讲，居民环聚而观者如堵焉"的盛况。王阳明在龙冈书院写了《龙场生问答》《教条示龙场诸生》。其中《教条示龙场诸生》是龙冈书院学规，也是王阳明教学实践经验的理论总结。

这时，王阳明的学生也都纷纷赶来，王阳明和学生"讲

贵州龙场原龙冈书院，后为王文成公祠

习性所乐","讲习有真乐,谈笑无俗流",和学生一起喝酒,在林中、在河边散步,在月下弹琴,披卷讲论。他在《诸生夜坐》诗中再次提到与学生一起骑马,投壶,鸣琴,饮酒,神聊,十分快乐。王阳明在学问上还采用了开放式的教学方式,随时回答学生的各种问题。

二、王阳明与安贵荣

1. 水西四十八部和龙场九驿十八站

龙场,在明朝属于水西土司辖区,苗、彝、汉等多民族杂居,且龙场是从贵阳进入水西的门户。

水西处于贵州和四川、云南、广西四省交界之地,东起威清,南抵安顺,北临赤水,西面更是深入四川省境直达乌撒。水西泛指阿哲彝部所属四十八部,即水内(水西)四十二目之地和水外(水东)六目之地——合称为"水西四十八部"。其范围为明代贵州宣慰司所辖的行政区域,包括今贵阳市的城区、开阳、修文、息烽、清镇的一部分,毕节市的金沙、黔西、织金、大方、纳雍、七星关的一部分;六盘水市的六枝、水城,安顺市的普定的一部分。

水西安氏土司自 225 年(蜀汉后主建兴三年)至 1698 年(清康熙三十七年),统治水西长达 1474 年。从 1 世济济火到 85 世安胜祖,从最初的蛮长、罗氏鬼主、水西安抚使、顺元路宣抚使、亦溪不薛宣慰司到贵州宣慰使,水西土司历经十余朝,其自号、封号 6 次变更,历时长达 1473 年,是贵州建制最早、世袭最长、占地最广、影响最大的地方政权,在中国历史长河中堪称奇迹。

明朝初年,派驻当地的都御史马骅曾试图发兵吞并水西,奢香夫人化解了这一危机。明洪武年间,奢香夫人摄理贵州宣慰使期间(1381—1396),于 1386 年(洪武十九年)在其领地上建了"龙场九驿",既便于朝廷和土司互通声气,也成为当时黔、滇、川往来的必经之地,沟通了内地与西南边陲的交通,巩固了边疆政权,促进了水西和贵州社会经济文化的发展。

明代水西地区的交通网络,称为"龙场九驿""十八站",全长 600 华里,是水西与外界的重要交通枢纽。自"龙场九驿""十八站"开通后，川黔、川滇驿道得以沟通，成为水西交通的大动脉，水西的封闭状态遂被打破。

"龙场九驿"（奢香九驿），即出龙场驿，经陆广驿、谷里驿、水西驿、西溪驿（奢香驿）、金鸡驿、阁鸦驿、归化驿，抵达毕节驿。王阳明贬谪的龙场驿（今贵州修文县），是水西九驿之首。

"十八站"为：卜野挈、木阁箐、龙场、蜈蚣、陆广、青岗、谷里、垛泥、水西、雨那、杨家海、西溪、乌西、金鸡、阁鸦、落折水、老唐、归化。

明代，贵州境内有大小土司数十计，最具影响的有四：水西安氏土司、水东宋氏土司、思州田氏土司与播州杨氏土司。水西是安氏的天下，安氏主要靠"家支"这条血缘纽带来维系，靠宗法制度实行土目分治，形成了政权与族权相结合的制度——则溪制度，最终演化成"九扯九纵"的彝族土官制度。

"则溪"，其制犹唐之州、宋之军。彝族卢鹿部占据沙丁地区后，为确保安氏在水西的统治，按照宗法关系分封土地，每一个宗亲占领一片土地，形成一个统治区域，这个区域便是"则溪"（又作"宅溪"或"宅吉"，彝语音译，意为"宗亲""子族"，原意是"仓库"）。因宣慰及十二宗亲各领一片土地，每片区域的中心地点都要驻兵屯粮，设立仓库以立征钱粮。形成大仓库后，在这片区域征收赋税，由此演变成了行政区。

据《大定府志》载，明代水西所辖十三则溪分别是：木胯、火著、化角、架勒、安架、则窝、以著、雄所、的独、朵泥、陇胯、六慕、于底。十三则溪之一，有四十八止；又项下，有120袹衣、1200夜所。盖犹中国之乡、里、甲。[1]十三则溪之中，大土司自领"则窝则溪"，其他分别归土司的12个宗亲管理，号称土地千里，军民48万，是整个贵州一省土地最多、实力最强的土司。

水西十三则溪的分布是：木胯、火著、化角三则溪属宣慰府之本部（大方、毕节一带）；架勒、安架二则溪在水城、郎岱等地；则窝、以著、雄所三则溪在黔西、

---

[1]《大定府志》，贵州人民出版社2017年版。

金沙一带；的独、朵泥、陇胯三则溪属平远（今织金、纳雍一带）；六慕、于底二则溪在贵阳、清镇、修文等处，即水外（水东）六目也。

水西的大土司是彝族人，其统治下却是多民族混居。龙场一带是汉、苗彝杂居，其中苗族人占大多数。这些苗人既受彝族土司的统治，又遭大明朝廷的欺压，只得结寨自保。而水西的彝族土司和各大宗亲贵之间千百年来也一直争权夺利，互相倾轧，血战不断。

水西与普安州相连，而普安州又是苗民反抗明军的主要战场，水西土司在朝廷的授意下与普安一带连年交战。可以说，明朝西南地区各路最凶悍的土司兵马都分布在水西宣边。

就在这么一块错综复杂、战乱不已的是非之地，小小的龙场驿站，背靠贵阳府城，面对千里蛮荒，仗着朝廷的势力和土司的保证，才能勉强维持下来。

宣慰司是地方上的土司机构。土司制度历史久远，其雏形可追溯至唐宋时期的"羁縻州府"，但真正形成体系是在元代。元朝在西南地区广泛设立宣慰司、宣抚司、安抚司、招讨司、长官司等土官机构。例如，水西安氏家族在元代曾担任"顺元等处宣抚使"，隶于湖广行省。

1372年（洪武五年），水西首领霭翠（安氏祖先，彝族）与水东首领宋蒙古歹（宋氏祖先）归附明朝。这一年，朱元璋继承并完善了元代的土司制度，对西南归附的土司重新册封，授予世袭官职，并完善管理体系，使其成为明代治理边疆的重要制度。"西南夷来归者，即用原官授之。"①明朝调整其衔号以符合明朝体系，将这些土司纳入明朝官制，规定宣慰使为从三品，宣抚使从四品等。土司制度到清代改土归流后衰落。

明朝重新册封的土司职位有高有低，领地有大有小，贵州一省地盘最大、实力最强的土司就是水西的安氏土司。1372年，明朝设立贵州宣慰司，命水西安氏（霭翠）世袭"贵州宣慰使"（正职，掌印），宋氏世袭"贵州宣慰同知"（副职），

---

① 见《明史·卷三百十·列传第一百九十八》，中华书局1974年版。

虽然名义上同属贵州宣慰司，但实际上安氏主水西（今毕节、大方一带），宋氏主水东（今贵阳以东）。明朝通过"贵州宣慰司"这一统一建制，实现了两项策略：一是将水西、水东纳入同一行政框架，避免土司割据。二是通过安氏管水西、宋氏管水东的实权分治，互相制衡，防止一方坐大。

1413年（永乐十一年），明朝平定思州宣慰使田琛（今贵州岑巩一带）和思南宣慰使田宗鼎（今贵州思南一带）这两大土司之后，废除思州、思南宣慰司，设立贵州布政使司（即贵州省），下辖八府四州，首次将贵州纳入中央直接管辖。但保留贵州宣慰司，仍由安氏、宋氏世袭治理水西、水东。两者的区别是：贵州布政使司是流官机构，管辖府州县（如贵阳、思州等）。贵州宣慰司是土司机构，管理少数民族地区。明朝对水西、水东土司的整合，名义上统称"贵州宣慰司"，实为分治。这一设置体现了明朝"土流并治"的策略，既笼络地方势力，又逐步加强中央控制。

安氏虽然名义上为"贵州宣慰使"，但实际仅统治水西，故后世史书与地方志（如清代《大定府志》《黔书》）为区分水西、水东，常称安氏为"水西宣慰使"，但在《明实录》《明史》等官方文书中，水西安氏始终被称为"贵州宣慰使"，水东宋氏则称为"宣慰同知"，从未出现"水西宣慰使"或"水东宣慰使"的正式记载。

王阳明到达龙场的时候，贵州宣慰使是安贵荣，他是水西地方的第74代土司、奢香夫人的8世孙，贵州宣慰使赐正三品封昭勇将军安观之子。安贵荣出身贵族，从小受到家庭熏陶，彝章汉学素养深厚。稍长，常随祖、父习练棍棒拳脚、弓马骑射，兼修兵法战阵，年近弱冠，已是文能治世、武能安邦。1479年（成化十五年），西堡司（今属六盘水市）辖的狮子孔土民叛乱，贵州巡抚陈俨、总兵吴经领兵往剿，土兵势盛，战事僵持。巡抚令安观率兵助战，安观自备粮资器物，携安贵荣率二万人马，历时半月，攻破土兵白石崖大寨，总兵吴经乘胜擒获土兵首领阿屯、娄坚等，其余部皆归顺朝廷，战事遂平。朝廷特赐贵州宣慰使安观正三品服，加授昭勇将军，子孙可享世袭。安贵荣在这场战斗中，初显骁勇善战、智勇双全的军事才能。

1474年（成化十年），安贵荣从他父亲那里继承了水西宣慰使这个世袭官职。安贵荣 1513 年（正德八年）六月卒，在位 40 年中，曾 17 次派遣使者进京朝贡。

2. 王阳明写给安贵荣的三封信

王阳明在龙场的时候，就陷入这种复杂的政治关系中，龙场悟道中的"圣人处此"的"此"，则包含了"此"种政治关系。这主要表现在王阳明用三封信来处理他与安贵荣的政治关系。

王阳明到龙场不久，安贵荣便发现王阳明是个难得的人才，听说他生活困难，就送来大批米肉、鸡鸭、柴炭和仆人。王阳明这下就犯难了。按当地习俗，土司的礼物是不能拒绝的，何况安贵荣不仅是彝族土司，还是贵州宣慰使、奢香夫人的后代。但是，这礼物又不能接受，如果他和当地土司接触过多，很容易被人诬陷为勾结土司，这可是一项重罪。所以，王阳明婉言谢绝安贵荣，坚决把这东西退回去，还说道："虽然早就听说您安贵荣为人高义，但我是个犯错之人，只能躲在阴岩幽谷中抵御藤精树怪，一直不敢来见。现在您不怕受牵连，派人给我送米、送肉，还叫人帮我砍柴挑水。我实在不敢当，就以礼相辞了。"

安贵荣却会错了意，以为王阳明嫌礼物轻了，就"礼益隆，情益至"[1]，过两天，又派人送来银两布匹和一匹马。王阳明"愈有所不敢当矣"。可是送礼的使者"坚定不可却"，王阳明只得折中了一下，"敬受米二石，柴、炭、鸡、鹅悉受如来数"，金银鞍马则一概退还，同时向安贵荣写了一封感谢信（今存《与安宣慰》），声明那些粮食、肉食是水西宣慰使您周济龙场驿的，即上级衙门对下级僚属的救济，而不是私人交往的礼品馈赠。至于其他贵重礼品，是宣慰使您送给卿士大夫的，如果送给我这个"逐臣"，那就"殊骇观听"了，所以"敢固以辞"，坚决不能接受。因此，安贵荣便能理解并更加敬佩王阳明了。

王阳明还通过与安贵荣的书信往来，化解了几次事关地区稳定的事件，史书

---

[1] 王阳明：《与安宣慰》，《王阳明全集》卷二十一，第 662 页。

称"尺牍止乱"。

在王阳明来龙场的前一年,普安州的苗王起事,战乱的核心在香炉山一带。由于水西宣慰司下属的架勒则溪、要架则溪紧邻普安州,安贵荣遵照朝廷命令出兵配合官军作战,大获全胜。安贵荣倚仗军功向朝廷上表,希望得到一个"都指挥佥事"的武职。这是正三品的官职,比原来世袭的从三品宣慰使级别高一些。在安贵荣看来,这将增加水西土司宣慰府的荣耀,也能借机压制周边的其他土司,尤其是自己的老冤家——水东土司宋然。

可朝廷对他早有戒心,只给了安贵荣贵州布政使司参议的文职,这不属于升官,只是在"宣慰使"之外加了一个文官职位,而且这个官职属于从四品,比从三品的宣慰使还低。朝廷授予安贵荣此职,既满足其"加衔"请求,又有对其进行压制的意图。因此安贵荣很不满,准备针锋相对地奏请撤销龙场驿站,切断水西土司和贵阳府城的联系。安贵荣在发出奏折之前,突然想起了王阳明,何不向他请教?于是,便写了一封信询问王阳明的意见。

王阳明回信道:"凡朝廷制度,定自祖宗;后世守之,不可以擅改。在朝廷且谓之变乱,况诸侯乎!纵朝廷不见罪,有司者将执法以绳之,使君必且无益,纵幸免于一时,或五六年,或八九年,虽远至二三十年矣,当事者犹得持典章而议其后。若是则使君何利焉?"[①]

首先从"祖宗"说起:水西安氏从汉朝起就在贵州做土司,这龙场驿站是他"祖宗"奢香夫人在大明皇帝的"祖宗"朱元璋洪武年间设置的,一件事涉及两位祖宗,所以不能擅改。一旦撤销驿站,不但朝廷不能接受,而且贵州地方政府会干涉,土司内部也会反感,都会责备您"变乱祖制"。

接着,王阳明把安贵荣面临的危机逐一挑明,让他意识到来自朝廷的压力比他想象的大得多,不管是朝廷在水西附近增设卫所,还是革去他的宣慰使一职,都将使安贵荣面临绝境。

---

① 王阳明:《与安宣慰》二,《王阳明全集》卷二十一,第662页。

王阳明从朝廷和当时的形势分析，从民族大义和国家的稳定团结出发，晓之以理，动之以情，做出中肯的分析，最后未撤销驿站。

1508年（正德三年），贵州水东土司发动叛乱，围攻省城贵阳。朝廷下令安贵荣出面平乱，安贵荣却按兵不动，说：要他出面，须再封他为贵州布政使司参政。参政（从三品）和参议（从四品）是两个不同官职。《明史·职官志》载："布政使司设左、右参政各一人（从三品），左、右参议无定员（从四品）。"两者不但品级有差别，参政地位高于参议，实权也不同。参议多分管粮储、屯田、水利等专项事务，实权有限；参政则通常分守各道（如督粮道、分守道等），辅佐布政使处理重要政务，甚至可临时兼任按察使职能。安贵荣看中了品级更高、实权更大的参政职位。

这件事本不关王阳明的事，但他立刻写信给安贵荣，从国家大局出发，循循善诱，说：安大人，难道您昏了头吗？土司帮助朝廷平叛是分内事，不该讨赏，何况这是在您的治下，您按兵不动，作壁上观。您居心何在？朝廷知道了，会怎么看您？还是让朝廷误以为您安贵荣存有二心？如果您不出兵，朝廷调其他地方的兵来平定叛乱，那您这个贵州宣慰使还想不想当啦？而且您要那个布政使司参政干吗？土司可以永远在自己的领地上统治，世代相传。而贵州布政使司参政只是"*流官矣，东西南北，唯天子所使*"，一旦朝廷把您安贵荣调离水西，那您怎么办？不去，就是抗旨；去，则要离开世代居住的领地，"*千百年之土地人民，非复使君有矣*"。说到这里，"*今日之（贵州布政使司）参政*，您应该赶快辞去朝廷所封的'布政参议'一职，而且态度要谦虚、客气，不能继续向朝廷索要更高的官职了"（"*使君将恐辞去之不速，其又可在乎？*"）。

安贵荣一听，直冒冷汗，赶忙出兵平息叛乱。《阳明先生年谱》记载，"*安悚然，率所部平其难，民赖以宁*"[1]，并上奏辞去贵州布政使司参政的职位。

现在来读王阳明这几封书信，让人十分感动。安贵荣送礼两次，王阳明处理

---

[1] 钱德洪：《年谱一》，载《王阳明全集》卷三十三，第1007页。

得当。安贵荣欲减龙场九驿,王阳明劝说成功。安贵荣欲不帮水东苗族,王阳明又劝说成功。安贵荣拥有一方土地,却如此尊敬王阳明,善待王阳明。王阳明对安贵荣的礼遇也是再三谦让。双方的人品节操都令人敬佩。

王阳明谪黔不到三年,竟能与边人、"夷人"、土司这么快地建立起这么亲密无间、相互信任的关系,与少数民族建立了深厚的友谊,这也折射出贵州各族人民独特的仁厚宽容和王阳明的人格力量。

3.《象祠记》里的阳明心学

1508年(正德三年),安贵荣应水西苗彝民众之求出资翻修象祠。修好之后,就请王阳明来黔西,并为象祠写一篇记。

中国人常说"三皇五帝","三皇"指"伏羲、燧人、神农","五帝"指黄帝、颛顼、帝喾、唐尧、虞舜。"虞舜"(?—前2037年),也称舜、重华,是传说中的原始社会后期部落联盟首领,是中国历史公认的"圣人"。象,是舜的同父异母弟。

舜因出生于姚墟(今河南濮阳),以地取姓氏为姚。舜是黄帝的后裔,颛顼的六世孙(颛顼—穷蝉—敬康—句望—桥牛—瞽叟—舜)。但舜的五世祖穷蝉以下都是平民,舜更是家世寒微,父亲瞽叟是个盲人,母亲早逝,瞽叟续娶,继母生弟叫象。"舜父瞽叟顽,母嚚,弟象傲,皆欲杀舜。"[①] 象是个坏人、恶人,与父母合伙多次迫害舜,都没成功。他和父亲让舜修粮仓,然后纵火,被舜逃脱。瞽叟让舜挖井,他们母子将井堵上,舜另挖通道出来。就这样,

贵州黔西县素朴镇灵博山的象祠
(省级文物保护单位)

[①]《史记·五帝本纪》,上海古籍出版社2011年版。

每当家人要加害舜时,舜总能及时逃避,可马上又回到他们身边,"欲杀,不可得;即求,尝(常)在侧"①。舜对父亲十分孝顺,对弟弟十分友善,多年如一日,用自己的行动感化教育家人。尧发现舜真是不错,就把两个女儿都嫁给了舜,后来,他把位置禅让给了舜。舜建国号"有虞",都蒲阪。先秦时代以国为氏,故称有虞氏帝舜、"虞舜"。

舜执政后,采取了一系列重大政治行动:重新修订历法,举行祭祀上帝、天地四时、山川群神的大典;先是没收了诸侯的信圭,再择定吉日,召集各路诸侯,举行典礼,重新颁发信圭;五年巡守一次,考察诸侯的政绩,明定赏罚;又设鞭刑、扑刑、赎刑,严惩不肯悔改的罪犯,流放共工到幽州,流放驩兜到崇山,驱逐三苗到三危,处死黄帝犯了罪的孙子鲧。最后,在大封诸侯的同时,舜把象封为"有庳"(今湖南道县)国君。"象以典刑,流宥五刑",在器物上画出五种刑罚的形状,起警诫作用,用流放的办法代替肉刑,以示宽大。象深受舜帝的感化,痛改前非,勤于政务,终成一代明君,惠泽一方。象去世后,受到百姓修祠供奉。

但在传统儒家观念中,象仍是一个被否定的人物。到唐代,道州刺史就曾毁掉当地的象祠,其他地方的象祠也被捣毁。而在贵州,苗人还在祭祀象,水西灵博山的象祠就被保留下来,成为全国唯一的象祠。

正是在这种情况下,应安贵荣之请,王阳明来到黔西九龙山,为水西彝族人民修复的象祠写下了《象祠记》。

黔西九龙山距龙场驿六七十公里,在龙场九驿中第二驿(陆广驿)与第三驿(谷里驿)之间。

王阳明从龙场驿出发,经过三人坟的蜈蚣坡,顺着古驿道往前走1.5公里,听到隆隆的流水声,便到了天生桥。天生桥位于修文县城西北12.5公里的谷堡乡的蜈蚣岭。天生桥其实是一段山脊,明朝时的官道就从"桥"上过,山脊下因受水流长年冲击,冲出一个大洞,山脊便成了一座横跨在两山间的"天生桥"。天

---

① 《史记·五帝本纪》,上海古籍出版社2011年版。

生桥高 40 余米，长约 30 米；桥洞高 10 余米，宽约 7 米，进深约 14 米。桥洞弯曲处有一块长 5 米、宽厚各 3 米，呈 60 度倾斜的椭圆形巨石横阻中流，人们说它是神仙下棋时被掀翻的石桌。从车家湾、岩魔山湖流来的两条山水离桥百米处相汇，然后涌入桥洞，猛烈地撞击"仙人桌"，浪花飞溅，水冲出洞后，跌落成 50 多米、宽约 20 米的飞瀑。沿飞瀑旁的灌木丛下行数十米处，有一漩塘，漩塘下面又是一级大瀑布，名"回龙潭瀑布"。瀑布泻入下游的回龙潭中后，汇入下游的猫①跳河。

当年，王阳明走过天生桥时，曾写下一首《过天生桥》。"*水光如练落长松，云际天桥隐白虹*"，瀑布飞泻而下，水光如练，落入长松之中；天桥好似白虹一般，架在云际之间。用水光一练、桥一白虹这两个意象，写出了天生桥下流水撞击成瀑飞泻而下的轻盈缥缈的姿态和天桥高耸入云若隐若现的神秘感。古语把虹分为"虹"和"霓"，色彩艳丽的是虹，色彩浅淡的叫霓，又名白虹。用白虹比喻石桥，既表现了石桥的形状，又表现了石桥缥缈。

"*辽鹤不来华表烂，仙人一去石桥空。*"辽东的仙鹤好久都没来了，它曾经栖止的华表已损坏。仙人离去后也没回来，这石桥就空旷寂寥。前句的"烂"突出了时间的久远，后句的"空"突出了空间的寂寥。王阳明说天生桥空旷寂寥，不知是否被仙人遗弃，为下文的"可怜虚却万山中"的感叹惋惜做足了情感的铺垫。

"*徒闻鹊架横秋夕，漫说秦鞭到海东。*"听闻鹊桥在七夕之夜横跨天河，让牛郎织女得以相会，又闻秦皇鞭抽南山，移山入海，由上两句的"烂"和"空"表现出华表与石桥的毫无作用联想而来，作者强调了鹊桥与秦鞭的用途和价值。

最后两句是点睛之笔，让整首诗瞬间得到情感的倾喷和质的升华。"*移放长江还济险*"，是说此桥如果放在长江之上，一定能帮助人们越过天险，发挥更大的作用，但"*可怜虚却万山中*"，可惜此桥就这样白白地放在万山丛中。作者似乎是不平于石桥身为天地造化之灵秀，却虚落深山幽谷中而无名、无用、无值，

---

① "猫"在当地话中是"虎"义。

实则感叹自己被贬到贵州龙场荒蛮之地，失去了施展抱负和才华的舞台。王阳明落笔在人难尽其职、才难尽其用的情感抒发。他悲悯自我，也在悲悯一个命运相似的群体，更是在悲悯一个时代和一个王朝。

蜈蚣桥

天生桥两边的高高山峰夹着一个深深的"猫跳河"，从天生桥七拐八拐地下坡，便走上了蜈蚣桥。

蜈蚣桥，又名龙源桥，位于修文县城西10公里处蜈蚣坡下，横跨在修文县谷堡乡的猫跳河上。王阳明前往黔西写《象祠记》，曾从这里经过。蜈蚣桥现为全国重点文物保护单位。

蜈蚣桥为3孔双心石拱桥，高9米，孔高8米，孔距7米，桥身采用很大的方墩石修砌，榫卯结构，每石精工细錾，灰缝如线。蜈蚣桥南北向，桥面长40米，宽10米，两侧各竖有23根方形望柱，柱顶雕有石狮，柱间镶有22块长方形透雕与浮雕相结合的波浪纹、镂空云纹石栏板，工艺精湛。

蜈蚣桥在当年奢香夫人建的"九驿十桥"中是十桥之冠，始建于1384年（洪武十七年），也就是王阳明到龙场那年前的124年。当时奢香夫人在贵阳到毕节之间的驿道上开设9个驿站，蜈蚣桥就是龙场九驿在修文境内龙场和六广这两驿的必经之路和重要津梁。

蜈蚣桥下的河水是乌江支流的猫跳河，猫跳河峡谷谷深350米，长5公里，宽50米至300米。两岸山峰陡峭，高耸入云，或奇山异石，猴声、鸟声、水声交织。峡谷上端有一桥名曰"天生桥"。

王阳明当天住在陆广驿，第二天早上从六广出发，过河时写了《六广晓发》。到了黔西，王阳明来到九龙山，登上主峰"麟角山"，传说此山为龙王的九子之一"麒麟"的化身，因其有一对栩栩如生的"麟角"而得名。有诗赞曰："匝地蟠九域，冲天矗两锷；松青鸾鹤舞，不愧是麟角。""麟角"是象祠前面左右两边的两座巨石。现在只剩下祠右前方一座巨石，这只"龙角"高12米、直径3米。

在祠的左后方，还有一座巨石，断为两截。当地人说这是那另一只"龙角"。相传该"龙角"因雷击而断。1665 年（清康熙四年），吴三桂率兵征剿水西，水西民众拼死抵抗。吴三桂麾下大将傅文彪，极度凶残，带领一支人马从六广渡河而来，攻破古胜城，一路杀至九龙山，将山下八个寨子夷为平地，血流成河。此时正值春夏之交，天降大雨，电闪雷鸣，傅文彪及部下追上灵博山，见两根石柱之间立着一座古老楼阁，上书"象祠"两字。士兵们推门闯进象祠大殿，里面全是老弱妇孺，士兵举刀就砍。这时，天空一声惊雷，左边的石柱（龙角）应声倒塌，折为两截。傅文彪吓得喝住士兵，停止屠杀，剩余民众得以逃生，而现场的尸体被葬入 12 座坟冢。傅文彪顿感自己罪孽沉重，致使天怒人怨，雷断龙角，"虽若象之不仁，犹可以化之也！"①傅文彪最终看破红尘，决定放下屠刀，遣散部将，从此隐入此山之中。

此山不但有龙角，还有龙脊。龙脊是龙头后面的山梁，中间高，两边低，蜿蜒盘旋，从象祠的右前方直通象祠后面的山顶。

在龙头山的山脚，是一座高高的石壁，石壁上有两个石孔，人们称为"龙鼻"。这是灵博山最古老、最有灵气、最神秘之处。两只象鼻直通山体，深不可测。秋冬时节，天气变化，鼻孔便会"吐瑞"，即直冒雾气，蔚为奇观。

龙头是灵博山的最高峰，海拔 2299 米。正前方为垂直峭壁，高耸突兀，龙头枯上最中间有一位置，冬天从不积雪，是为"龙穴"或"百会穴"。站在龙头之上，可见"一龙昂首，八龙俯伏"奇观。顶峰有"九龙阁"。有诗云：危岩一拳，桀阁三层。景夺黔郡，势冠百城。

王阳明在这里做了两件事，见该山形态奇特，为了赋予此山神韵与灵气，特改称"灵博山"，"灵"代表水的灵动，"博"代表山的博大，集山水之灵气，汇天地之精华。

写完《象祠记》，王阳明住在谷里驿，写了《宿谷里》，从谷里经水西驿、奢

---

① 王阳明：《象祠记》，《王阳明全集》卷二十三，第 738 页。

香驿到达金鸡驿,写了《饭金鸡驿》。这一次的黔西之行,王阳明从龙场九驿的第一驿一直往西北方向走到了第六驿,再往前就是"阁鸦驿""归化驿""毕节驿"了。

在《象祠记》里,王阳明阐述了他的心学思想,他辩证地看待和解释远古舜与象的故事,认为苗彝民众之所以怀念象那样凶狠之人,是因为象能在圣人的感化下弃恶从善,可见君子修德的重要性。因此,引导大家致良知,就会教化民众,推动社会发展。王阳明阐发了"天下无不可化之人"的思想,表达了"明德从善、知行合一"的主张,这也是王阳明"人人皆可成圣"心学思想的具体例证。

后来,《象祠记》被收进《古文观止》。《古文观止》是清代康熙年间吴楚材、吴调侯编选的古代文选,收录先秦至明代的名篇佳作222篇。许多文坛领袖、大家如宋濂、刘伯温、方孝孺、归有光都只有2篇入选,而王阳明有3篇文章被收入,分别是写于绍兴稽山书院尊经阁讲学时的《尊经阁记》和写于谪居龙场的《瘗旅文》《象祠记》。

三、王阳明的龙场人生第三问:"圣人处此,更有何道?"

1. 什么是龙场悟道?

龙场悟道是王阳明一生的标志性事件,甚至在中国思想史上都是一个划时代的事件,人人皆知。

什么是"龙场悟道"?许多人都讲,王阳明给自己做了一个石头棺材("石椁"),然后躺在里面,"体验生死"。《年谱一》说他"日夜中端居澄默,以求静一",闭眼深思,日夜端居默坐,澄心静虑,琢磨人生,看淡荣辱,体验生死,体会死亡,"久之,胸中洒洒"。

一天深夜,风雨交加,"寤寐中若有人语之者",睡梦中好像有人和他说话。突然一道闪电,霹雳一响,灵光一现,王阳明梦中惊醒,翻身起坐,放声大叫:"我悟道了!""悟"了什么?"始知圣人之道,吾性自足,向之求理于事物者误也。"圣人之道,自身本具,无须向心外寻求,理就在心中。他"不觉呼跃,从者皆惊",

一问,却是他"忽悟格物致知,当自求诸心,不当求诸事物,喟然曰:'道在是矣。'"①向外格物求道,这是误入歧途了。于是,一个伟大的思想学说顿时出现,一个艰难的人生转折瞬间完成。这就是历史上著名的"龙场悟道"。

《年谱一》的这段记载极富戏剧性,很有画面感,人们一听,哎呀,这么神奇、高深、玄妙呀,甚至有些人展开幻想:这样的奇迹是不是也能出现在我身上呢,我是否也如法炮制,做一个石椁呢?这种推演,听起来有些可笑。

第一,干吗要日夜端居在那里?这样就能看淡荣辱?又干吗要去体会死亡?还"久之,胸中洒洒"?

第二,做口棺材躺在里面就能悟道?中夜大叫蹦起,惊动旁人就是悟道?

第三,"挖石头棺材"这个情节也很可疑。以王阳明的处境与财力,他哪里有闲心、闲财甚至能力去做石头棺材?也不可能找一块那么大的石头,还费神费力地做一口石头棺材。

真实的情况是:王阳明贬到龙场后,虽是驿站站长,管理23匹马、23张床。可这样的驿站他却不能住,他居无所居,只能搭一个矮窝棚,后来窝棚还倒了。而那时的龙场,不但艰苦、荒凉,还很险恶,常有野兽出没。住哪儿呢?贵州的喀斯特地貌分布较广,溶洞特别多,他就在附近找了一个天然石洞住下来。这个石洞一头大一头小,洞高3米、宽4米、深40米。王阳明说,躺在里面读《易》,就像躺在石椁(石头棺材)里一样。他就把这

贵州龙场"玩易窝"
(全国重点文物保护单位)

---

① 张廷玉:《明史王守仁传》,载《王阳明全集》卷四十,第1277页。

个山洞比作石椁,把此洞叫作"玩易窝",还专门写了一篇《玩易窝记》,说:"阳明子之居夷也,穴山麓之窝而读《易》其间。"

洞口的上方刻有1946年时任贵阳市市长何辑五书写的"阳明玩易窝",还有"夷居游寻古洞宜,先贤曾此动遐思。云深长护当年碣,犹似先生玩易时。明万历庚寅(1590年)龙源安国亨(贵州宣慰使)书"。

后来,王阳明搬到比玩易窝大了许多的阳明洞。

2. 王阳明是怎样悟的道?

龙场环境为王阳明悟道提供了客观基础,他的自救则是他在龙场做出的主观努力。那么,王阳明身陷龙场、处于绝境时,他做了哪些努力呢?

"居夷处困"的王阳明,日夜端居默坐,澄心静虑,闭眼深思。他在深思什么呢?有人说:他在琢磨人生,体验生死,体会"死亡"。

非也。

王阳明在这个"石棺"里向自己提了一个问题:"圣人处此,更有何道?"[①]也就是说"如果圣人处在我今天的处境,他会怎么样呢?"

这一问不得了,正是这一问,导致了龙场悟道。可谓惊天一问。

有人会说,这个问题有什么了不得呀?

为什么?这一问不在于具体的答案,而在于有一个转换。王阳明不是问"我要怎么办",而是问"圣人会怎么办"。所以,他在发出这一问的时候,就把这个问题转换成了"如果我是圣人的话,应该怎么做?"他实际是在问:"在这个生死关头,我应该怎样学圣人、做圣人?"他这就把自己当成圣人了。这一点实际是王阳明日后向弟子传授的一条成圣之道,"只是终日与圣贤印对"[②],天天以圣人为榜样,人在各种情境中,都要行圣人之道,都要以圣人的标准要求自己。圣人会怎样做,我就怎样做。最后,也就变成圣人了。也就是说,他自己向死而生地问

[①] 钱德洪:《年谱一》,载《王阳明全集》卷三十三,第1007页。
[②] 王阳明:《传习录下》,《王阳明全集》卷三,第88页。

了一个人生的目标，要学做圣人。

"圣人处此"的"此"，是指炼狱般的龙场，是指条件的艰苦、处境的艰难、官场的艰险、从政的艰辛。而陷入这个死地的王阳明怎么办呢？如何看呢？你问王阳明，王阳明却问：如果是圣人，他会怎么办？圣人怎么办，我就怎么办。

王阳明在《朱子晚年定论》中对龙场悟道有段描述："谪官龙场，居夷处困，动心忍性之余，恍若有悟，体验探求，再更寒暑，证诸《五经》《四子》，沛然若决江河而放诸海也，然后叹圣人之道坦如大路。"[1] 由此看来，王阳明的龙场悟道先是居夷处困，恍若有悟，然后不断"体验探求"，经历寒暑往来，同时求证于儒家经典，方才得到"沛然若决江河而放诸海"之大悟。可见其开悟过程是逐级递进的。

龙场悟道后的十年，王阳明对人回忆说：往年谪官龙场，"贵州三年，百难备尝"[2]，"横逆之加，无月无有。迄今思之，最是动心忍性砥砺切磋之地"[3]。"某之居此，盖瘴疠虫毒之与处，魑魅魍魉之与游，日有三死焉。然而居之泰然，未尝以动其中者，诚知生死之有命，不以一朝之患而忘其终身之忧也。"[4]

从这以后，无论是顺境、逆境、窘境、困境甚至是绝境，从任庐陵县令、南赣戡乱、南昌平叛到庐山抒怀、大余病重，王阳明都能淡然一笑，都能以圣人的标准要求自己，见贤思齐，身体力行"圣人之道"。特别是在平定朱宸濠之叛后，受了那么大的委屈，却不着急，不着慌，不低头，不弯腰，不是一惊一乍，因为他已经得到圣人之道，吾性自足了。

所以，立志成圣，要时时刻刻对照圣人，时时刻刻反省自己。欧阳德回忆老师王阳明说过："致知存乎心悟。"学人就是学做圣人，学做圣人并不难，"亦只是终日与圣贤印对"[5]，榜样的力量是无穷的，只要如此心心念念努力成圣，就可以"心

---

[1] 王阳明：《〈朱子晚年定论〉序》，《王阳明全集》卷三，第112页。
[2] 王阳明：《与王纯甫》，《王阳明全集》卷四，第133页。
[3] 王阳明：《寄希渊》四，《王阳明全集》卷四，第137页。
[4] 王阳明：《答毛宪副》，《王阳明全集》卷二十一，第661页。
[5] 王阳明：《传习录下》，《王阳明全集》卷三，第88页。

意知物只是一事","虚灵不昧",便在成圣的路上了。

"龙场悟道"是王阳明成圣路上的转折点。从此,他的心学思想进入一个新的发展阶段。

这样看来,龙场悟道并不像有些人讲的那样,是一次中夜坐起、幡然猛醒的顿悟,不是那一惊一乍的吓人动作,而是一个心上炼、事上炼的过程,是一次陷入死地而后生的磨难与磨炼。

王阳明回忆龙场悟道时,说得很通透:当他端居玩易窝时,身在死地,处于绝境,什么都放下了,都看开了,"于一切得失荣辱皆能超脱,惟生死一念,尚不能遣于心"①,唯独生死一关最难过。人不可能不怕死,求生是人的本能。但,要"尚有一种生死念头毫发挂带,便于全体有未融释处",只要心中哪怕还存有一点贪生怕死的念头,哪怕像毫发那样细小,那也不能和整个本体融合,那些"声利嗜好"也不是真正地脱落殆尽。有人说,那好办呀,那就把这"毫发挂带的生死念头"去掉就是啦。这谈何容易?!王阳明说:"人于生死念头,本从生身命根上带来,故不易去。"人可以不要名,不要利,但很难不要命。蝼蚁尚且惜命,人更是如此。但是,王阳明说得很通透:人要成圣,必须过得了生死这一关。"若于此处见得破,透得过,此心全体方是流行无碍,方是尽性至命之学。"②

王阳明得出结论:人不但要超越感性欲求和功名欲念等"一切声利嗜好",还要能够勘破生死,在性命攸关的当口,不是向外去格竹子、格经典、格辞章、格仙释,不是向外在的事物去求理,而要向内求理用功,克己去私,这样才能彻底达到心体无碍、尽性至命的精神境界了。

3. 王阳明为什么能悟道?

王阳明在龙场过着原始人般的生活,条件很艰苦,很荒凉,常有野兽出没,更有政治上、官场上的险恶与磨难。这时的王阳明,别说升官发财、富贵荣华,

---

① 黄绾:《阳明先生行状》,《王阳明全集》卷三十八,第1163页。
② 王阳明:《传习录下》,《王阳明全集》卷三,第95页。

一切荣辱得失都毫无意义了，淡然化去，只有"生死一念"，还横亘胸中，"尚觉未化"。

这个时候，王阳明对自己提出了人生第三问："圣人处此，更有何道？"① 如果圣人落入我的处境，他会怎样做呢？结果，王阳明大悟。

在这个问题中，"圣人处此"的"此"，很重要，它为王阳明悟道提供了物质基础和环境条件。为什么呢？"圣人处此"的"此"，是"此地"，龙场就是一个死地。这个死地不仅是指这个石洞，更是指王阳明的龙场处境就像个密不透风、黑暗如漆的石头棺材，条件的艰苦、处境的艰难、政治上的艰险，使得王阳明陷入了死地，无所依靠，一切都要靠自救、自渡。他在以前格竹子、下诏狱、求佛问道之时，都没有这种感觉，现在被抛到这万山丛中、荒野之外，没有一点依靠，一无所有。当一个人只是生物意义上地活着时，要解决生存所必需的衣食住行等最低需求，还要面临病死的威胁。这真不是一件简单的事。

王阳明说了一句十分绝望的话："吾惟俟命而已。"②（我只剩下一命，只有等死了。）

这种"惟俟命而已"是一种什么样的生存状态呢？就是活着而已。

著名作家余华写过一部小说，就叫《活着》。主人公福贵一生都在经历苦难与失去，而为了延续生命他不得不艰难地活着，苦苦挣扎。

王阳明的这个"此地""死地"处境，用禅宗的话来讲，就是如同"悬崖撒手"。南京有个古渡口叫燕子矶，朱元璋进南京城，乾隆下江南，还有史可法、龚贤等许多名人都在燕子矶上岸下船。燕子矶的悬崖峭壁上，嵌着一块"悬崖撒手"碑，长170厘米，高60厘米，为一浅雕线钩楷书。落款人是"清凉履"，这是清初名臣熊赐履（1635—1709）的别号。

这个"悬崖撒手，自肯承当"，是说当你贴着悬崖攀走、下面是万丈深渊时，一定会想，如果能抓住一根小藤那多好呀。但此时所有可依赖的关系都没有了，

---

① 钱德洪：《年谱一》，载《王阳明全集》卷三十三，第1007页。
② 钱德洪：《年谱一》，载《王阳明全集》卷三十三，第1006页。

一切空洞的口号、漂亮的辞藻都派不上用场了,全靠自己。所以,要成圣见道,必须悬崖撒手,自己承当,什么都丢光,什么都放下,身陷死地,大死一番,不依赖他力,绝后再苏。就像人们所说:水到绝处是风景,人到绝处是重生,阳光总在风雨后,风雨过后是彩虹。"行到水穷处,坐看云起时。"宋释道原在讲述苏州永光院真禅师的书迹时说:"直须悬崖撒手,自肯承当。"[①] 元代耶律楚材《太阳十六题》:"人亡家破更何依,退步悬崖撒手时。"

人到了这种"悬崖撒手"的"生死之地",一切都丢开了,一切都不能依靠了,自己只剩下性命一条了。人"向死而生",就成了敞开者,直接面对生命的存在本身,更能直面生命的本质、人生的价值。余华说:"写人对苦难的承受能力,对世界乐观的态度。"(《活着》)正因为活得艰难,才活得更有意义。对福贵而言,没有比活着更艰难的事,也没有比活着更美好的事。福贵成了一个英雄,苦难是福贵的亲密"伙伴",他需要强大的忍耐力才能扛起这些从天而降的苦难灾难。人们在不断地追问:人生的意义究竟在何处?其实,当人们变得一无所有,只剩下活着的时候,这生命才有了一切的意义。余华在《活着》自序中说:"人是为活着本身而活着的,而不是为了活着之外的任何事物所活着。"余华借福贵跌宕起伏的人生和他面对不断出现的困苦,来体现生命的顽强、坚韧和尊严,从而彰显活着的意义和生命的本质。

当然,人之所以为人,就在于人不只是在生物学意义上活着,还会赋予自己更多活着的意义。古希腊哲学家亚里士多德说:人生最终的价值不只是生存,还在于觉醒和思考的能力。1926年,德国哲学家马丁·海德格尔出版《存在与时间》,第一次提出"向死而生"的哲学概念。他论证了"死"和"亡"是两种不同的存在概念,"死"是过程,"亡"是结果,人只要还没有"亡",就是向"死"的方向活着。人的一生贯穿着走向"死"的过程,这个过程是先于"亡"的存在形式的。在这个过程中,人能真实地强烈地感受到自我存在。所以,"死"的过程与"亡"

[①] [宋]道原:《景德传灯录》,中华书局2022年点校本。

的结果相比较,这个向"死"的过程更真实。

就像我们常说"置之死地而后生",海德格尔的"向死而生"是说与人贪恋欲望满足的本能力量相比,不在思想上把人逼上绝路,人就无法在精神上觉醒。一个在精神上无法觉醒的人,他的存在对这个世界就没有意义和价值。一旦看淡各种功名利禄的诱惑,珍惜生命的每分每秒,焕发出生命的进取意识和内在活力,那么,在"亡"到来之前,每个人的生命都可以无限延长,生命的意义和价值就能在有限的时间内展现出无限的可能性。

八大山人也说:"凡夫只知死之易,而未知生之难也。"生竟然比死还难,因为死,可以一死了之,一了百了;而生,则异常艰难,活,要有活下去的理由,要有活着的意义、人生的价值。

王阳明就是如此,他说:因为世人把活命看得太重,不问当死不当死,一定要委曲求全以保性命,因此丢了天理,甚至伤天害理,无所不为。但这样活着,与禽兽有什么两样呢?即"便偷生在世上百千年,也不过做了千百年的禽兽。学者要于此等处看得明白"[①]。

王阳明身陷龙场死地"绝境""悬崖",在"吾惟俟命而已"的时候,他努力"活着",因为他看破生死,看到了生命的意义、人生的价值、成圣的道路,从而"向死而生""置之死地而后生"。"死亡是最无法逃避的事",而"生"则是活在当下的一种状态,"先行决断是在死亡之前唯一能做的事"。因而"以不避讳死亡的态度来生活",在明白了生与死的关系之后,就能不惧死亡的到来,更能勇于面对生活的挑战。海德格尔认为,真正的人是在看清生命本质之后依然热爱生活,并以一种高于物质利益的精神去引导人们向上、向善,这就是生命的意义和价值。法国大思想家、文学家,1915 年诺贝尔文学奖得主罗曼·罗兰也说过:"世界上只有一种英雄主义,就是在认清生活真相之后依然热爱生活。"

对于任何一个自然人,生都是偶然,而死是必然,只有生死之间才完全属于

---

① 王阳明:《传习录下》,《王阳明全集》卷三,第 90 页。

自己。王阳明在这个唯俟一命、直面死亡、完全属于自己的状态中，向死而生，思考着生命的本质，悟到了要更有价值、更有意义地活着，那就是圣人之道。

王阳明却没改变自己的理想、操守。在这一点上，王阳明与前贤还有所不同。屈原、贾谊只求速死、自尽，以死明志，一死了之。苏轼旷达，笑对苦难，一笑了之。陶潜潇洒，散发扁舟，归隐南山。王阳明却是正视现实，迎难而上，默默承受，经受磨炼。当巨大的灾难降临，人如秋风中的落叶，何以面对？人被推入了绝境、逼到了悬崖，靠无所靠，退无可退了，"不假外求"了，只能"反身而诚""反手而治"了。"身若飘萍心如磐"，人很卑微，心却是坚定的、有主的，"我性自足，不假外求"是逼出来的，到了生死存亡关头，人逼到墙角了，退无可退了，荣辱得失、功名利禄都可以丢开了，"不假外求"了，只能"反身而诚""反手而治"了，只能悬崖撒手，自肯承当，只有靠自己的内心意志、信念来扛住压力，拯救自己。也就是说，只有到了生命的临界点，一切都丢开，人就成了敞开者，就能直面生命的存在本身。

1551年，距王阳明离开龙场41年后，王阳明的学生、巡按贵州御史赵锦在龙冈书院建了一座"阳明祠"。名儒、江西人罗洪先写了近1000字的《祠碑记》，说："予尝考龙场之事，于先生之学有大辨焉。""今之言良知者，莫不曰固有固有。问其致知之功，任其固有焉耳，亦尝于枯槁寂寞而求之乎？"[1]现在信良知的人都说良知和致知之功，是"固有"的，却从来不做这种置之死地而后生的致知功夫。一个好的理念、理论、学说，如果不下功夫，不去践行，不经磨炼，那就会变成心口不一的伪道学，就会落入以学解道的理障，那"固有"的良知就只会沉睡不醒，就像宝藏不开发，等于不存在。这就叫良知虽固有，工夫不固有。因此，知行合一的关键在于"行"。

托尔斯泰在《苦难的历程》中写道："在清水里泡三次，在血水里浴三次，在碱水里煮三次，我们就会纯净得不能再纯净了。"张贤亮在《灵与肉》《绿化树》《男

---

[1] 钱德洪：《年谱附录一》，载《王阳明全集》卷三十六，第1106页。

人的一半是女人》等小说中也用人物的命运故事证明了这几句话，人只有经历了艰难困苦、苦难深重的磨砺之后，人生的价值、道德才会更加清晰明了。

所以，龙场悟道，首先是龙场的环境和处境把王阳明逼到了临界状态，以往种种舍不得、放不下的，现在都像烟云一般消散了，放下了，任督二脉一下子都打通了，涅槃重生了。

后来，王阳明离开龙场时劝尚未脱离厄运的人："蹇以反身，困以遂志。今日患难，正阁下受用处也。""道自升沉宁有定"，"随处风波只宴然"[1]。此话绝不是岸上的人笑水里的人、站着说话不腰痛，他本人就是从这患难中过来的，只有这一番磨炼，才能"逢苦不戚，得乐不欣"，如如不动。

四、龙场悟道，王阳明究竟悟了什么"道"？

如果有人问：王阳明在龙场是悟了什么"道"？

答案是"圣人之道。"

钱德洪说"吾师阳明先生蚤有志于圣人之道"[2]。王阳明在早年立下成圣之志后，就一直苦苦追寻成圣之道，但直到龙场，才大彻大悟，悟了这个"圣人之道"。

王阳明悟出的这个"圣人之道"有三个内容：

1. 大悟"圣人之道，吾性自足，不假外求"

这是什么意思呢？在极度艰难、身处人生绝境时，王阳明每日端坐玩易窝，动心忍性，日夜冥思，苦苦追问：朱熹不时常要格物致知、读书穷理吗？我一腔热血，一片忠心，努力工作，提了一点建议，就遭此大辱，且流放于此？这天理何在？怪客观条件不好？怪身边坏人太多？怪自己时运不济？这些都不对。应该怎么办？等外在环境好转？等待客观条件出现奇迹般的好转？都是不可

---

[1] 王阳明：《赠刘侍御二首》，《王阳明全集》卷十九，第595页。
[2] 钱德洪：《阳明先生文录序》，载《王阳明全集》卷四十一，第1302页。

能的。

王阳明自问：圣人处此境遇，他会怎么办呢？经过思索，又自答：要成圣人，就不能挑选环境，不能怨天尤人，不能专在客观上找原因。人生的道路，有坦途，也有坎坷，我们无法改变环境，却能改变自己的心情。我们不可以改变容貌，却可以展现笑容。"求之不得，反求于己。"改变不了现实，那就改变自己，改变自己对现实的态度。不等待出现好条件，不等待万事俱备，不必外求，也外求不到什么。这不是一种自宽自解，而是一种主观能动、一种主体自觉，是要从我做起，从现在做起。这是阳明心学的基本核心点和逻辑出发点。

王阳明进一步思考：圣人之道、做人之理怎么会在外在的"物"里面呢？在危难关键的时刻，在性命攸关的当口，能不能像个圣人，不是向外去格竹子、格经典，不是向外在的事物去求理。你能不能成为圣人，关键在于你的内心是否有私欲，是否有遮蔽，取决于你的心是正还是邪，取决于你的心是否坚强、是否有圣人之心。只要有这个心，外在的客观条件怎么样，那都无所谓。事物之理就在这儿，就在这个心。所以，王阳明说"心即理"，"吾性自足"。事物之理在人的心里，能否成圣取决于心是正的还是邪的。成圣之路，从心开始。心对了，世界就对了。

"吾性自足"，就是自觉，就是自主。许衡年轻时，在战乱中随着逃难的人来到河阳。炎炎夏日，口渴难耐。这时，路旁有棵梨树。众人一拥而上地去攀摘，只有许衡端坐在那里，不为所动。

大家问他原因。许衡说："这梨子是别人的。"

人们听后，笑道："世道这么乱，这树早已没有主了。"

许衡说："梨树无主，难道你的心也没了主吗？"

此话一出，云谲波诡的世界一下子变得风烟俱净。①

所谓龙场悟道，就是找到了成为圣人的正道。20 年前，王阳明与娄谅一晤，

---

① 《元史·许衡传》，中华书局1976年版。

就在问成圣之道，开始还以为"圣人必可学而至"，后经"格"竹子，溺五变中进士之后在工部、刑部、兵部多个部门锻炼，特别是经过刘瑾之斗，廷杖诏狱之灾，龙场磨难，终于悟到"向之求理于事物者误也"，因为"圣人之道，吾性自足"。这怎能不让他中夜惊醒呢？

所以，王阳明反复强调"心即理""心外无物""心外无理"，强调"格物之功，只在身心上做"，要在"心"上用功。当弟子问"看书不能明，如何？"王阳明说："此只是在文义上穿求，故不明。……须于心体上用功。"[①]徐爱听闻王阳明的格物新说后，也"晓思'格物'的'物'字即是'事'字，皆从心上说"[②]。这些"心外无理""只在身心上做""心体上用功""皆从心上说"，说的都是一个理：要成圣，就要一心向内，在志向、信念、明德、去私等方面努力。

王阳明提到两种功夫：一种是向外求理，如读书求知、考证名物度数等；另一种是向内求理，在心体上用功。王阳明认为后者方是"为学头脑"，凡文义上不明之处，最终皆须在吾心上体证。朱熹意在求文本的原意之真，意在求知识，然后以知识指导行动，所以朱子讲"知先行后"；而阳明则直接指向道德实践，即知即行，知行合一。

2. 大悟朱熹"格物致知"之非

各种文献都点明了王阳明的龙场悟道就是得出格物致知的要旨，由此大悟。《年谱一》云："先生始悟格物致知。""忽中夜大悟格物致知之旨。"黄宗羲《文成王阳明先生守仁传》云："忽悟格物致知之旨。"徐元文《王阳明先生全集序》云："一日忽省于格物致知之旨。"

那么，什么是"格物致知之旨"呢？

所谓"格物致知之旨"，朱熹有权威的解说。但是，各种文献在点出龙场大悟格物致知的同时，也点出龙场悟道就是大悟朱熹学说之非，大悟朱熹向外格物

[①] 王阳明：《传习录上》，《王阳明全集》卷一，第13页。
[②] 王阳明：《传习录上》，《王阳明全集》卷一，第5页。

之非，开始反思朱熹格物致知、穷理以成圣的说法，进而展开全面质疑和深入批判，乃至作《五经臆说》一书。《年谱一》云："始知圣人之道，吾性自足，向之求理于事物者误也。乃以默记《五经》之言证之，莫不吻合，因著《五经臆说》。"①黄绾《阳明先生行状》亦云："一夕，忽大悟，踊跃若狂者。以所记忆《五经》之言证之，一一相契，独与晦庵（朱熹）注疏若相抵牾，恒往来于心，因著《五经臆说》。"②

"格物致知"出自《礼记·大学》的"致知在格物，物格而后知至"，是中国儒学的一个重要概念。但《大学》只是提及"格物致知"，并未做任何解释。东汉郑玄以后，历代大儒不断做出解读。

朱熹的"格"是"探究、认识"，"物"是万事万物，"致"是求得、获得、到达，"知"是知识、道理、规律。"格物致知"就是通过实践或书本去探究、获得、掌握知识，明白道理。

王阳明对朱熹格物致知、穷理以成圣的方法，开始反思，提出了质疑：做人的道理怎么会在外在的"物"里面呢？"心即理"，事物之理在人的心里，取决于心正，还是心不正。如果心不正，就不能正确认识世界了。

于是，王阳明重新解读了"格物致知"："格者，正也"，矫正也，纠正也，端正也。原来歪了，我把它端正过来。"正其不正，以归于正也。""物者，事也。"不是事物的"物"，而是事物的"事"。他说："先儒解格物为格天下之物，天下之物如何格得？且谓一草一木亦皆有理，今如何去格？纵格得草木来，如何反来诚得自家意？我解'格'作'正'字义，'物'作'事'字义。"③所以，"格物"不是探求一个一个事物，而是做事，要做正确的事，正确地做事，不要做错事、做坏事、做邪事。"格物"就是"正事"，把事情做好了，就是格物。"知"，不是知识的知，而是良知的知。"致"，不是掌握、了解、理解，而是

---

① 钱德洪：《年谱一》，载《王阳明全集》卷三十三，第1007页。
② 黄绾：《阳明先生行状》，载《王阳明全集》卷三十八，第1163页。
③ 王阳明：《传习录下》，《王阳明全集》卷三，第104页。

到达。"致知"不是获得一个一个事物的知识,而是致良知,就是修德,修德亦是求知。

王阳明的"致"是人格修养,而朱熹的"格"是概念推导、话语表述。王阳明认为:真正的心性不在外面,而在内心,在心性,在意志。[①]他用功夫论涵盖认识论,成为圣人的方法不是"主观"对"客观"做外部的观察,而是"心"与"物"一体,目标不是那个穷物尽力的那个"理",而是吾性自足的"心"。到后来,他明确表述为"无善无恶心之体"。人的道德实践是"格竹子",是用镜子(心)去照物。可王阳明活动的对象与朱熹不同:朱熹的思想对象是外在的物;而王阳明的思想对象是内在的"心",不是"物"。要"格"的不是物而是心。

王阳明的"格物致知","格"是"正","物"是"事"。朱熹讲的是先找到外界的正确的"理"(天理),然后让自己的心思、行为去符合这个理。而王阳明讲的是我们每当要做一件事,就要存一种好的念头,即先端正自己的"心"(心即理),格物就是正念头,如果念头不好,马上改掉;念头好,就维持。然后用正确的心去做事,这样,事情才能做正确。王阳明的"格物致知"就是通过在事上正念头而实现良知。

由此,王阳明对朱熹"格物致知"的思想就有了一个很大的改变。"格物",不是去求一个个事物之理;"致知",也不是求得一个个事物的知识。"格物致知"在王阳明这里变成了一个过程,即通过做事来端正自己内心的念头,修好自己的心,然后做好自己的事,从而实现良知。做这个事的过程中,就成了提高人格修养、道德修养、发明自己良知的过程。致良知,人之所以能成为圣人,就在于那一点良知。

王阳明进一步对朱熹的解读进行了直接的、正面的批驳,说:"朱子所谓'格物'云者,在即物而穷其理也。即物穷理,是就事事物物上求其所谓定理者也,是以

[①] 周月亮:《王阳明传》,长江文艺出版社2016年版,第84页。

吾心而求理于事事物物之中，析'心'与'理'而为二矣。"①

王阳明并不否认"知"的价值，但他为"知"注入了新义：知即是行，而行即德行。人生的主要问题是如何修身、成圣。成圣之道，唯在修德，而修德亦是求知之路。王阳明谪居龙场时，悟到此种"知行合一"的学说。把求知的过程变成一种人格提升、道德修养的过程，不做两面人。这样一来，在阳明心学里，"格物致知"就不是人作为一个认识主体去探究外部世界的知识，不是求得一个一个事物的道理，而是作为一个道德主体去修身、炼心、成圣，从而变成了一个道德修养的过程、一个人格修炼的过程；是人这个主宰自己行动的主体，去端正自己的心，提高自己的修养，做好自己的事情。

这样，王阳明的心学更加强调了道德实践的主体性，站在人这个生命主体、道德主体的立场上，更加突出了实践主体在实践过程中的地位和作用。一个好人、一个圣人，首先是道德品德要高尚。王阳明的心学、圣学，就是站在人的生命主体立场上，通过格物致知，诚意正心，下足修养功夫，如同一位监察官，时时检视自己的内心，时常反省自己，时时擦掉心上的灰尘，"为善去恶"，去除私欲，逐渐明天理（明明德），不断提升精神境界，使自己的心灵干净清明，归于廓然大公，达到至善。所以，在人生的道路上有四个字很重要，向上、向善，要往上走、往善里去。这是中国的文化传统。王阳明把"求知"变成了"修心"，这对文化传统来说既是继承，更是光大。

3. 大悟圣人之道，要"诚意明德，克私去蔽"

王阳明提到了两种"工夫"：一种是向外求理，如读书明理、考证名物度数等；另一种是向内克私，在心体上用功。朱熹是在求文本之意，格事物之理，意在求知明理，然后以知识道理来指导行动；而王阳明则认为成圣之道，在于向内用功。

那么，向内用功，怎么用功？用什么功呢？

---

① 王阳明：《答顾东桥书》，《王阳明全集》卷二，第39页。

简易之功：诚意明德，去掉私欲。

这就是王阳明龙场悟道的第三悟。

王阳明认为，"天下之人心"，开始和圣人没有什么两样（"其始亦非有异于圣人也"），但为什么一般人成不了圣人呢？只是因为他们的心被己私物欲所遮蔽（"特其间于有我之私，隔于物欲之蔽"），所以要"克其私、去其蔽，以复其心体"[1]，不断清除私欲私意，使此心重新光明起来，这就叫明明德。

王阳明认为，做到正心去私，就是简易广大之道。"君子与人，惟义所在，厚薄轻重，已无所私焉，此所以为简易之道。"[2]他批评说：那些"格物"的学者，多半流于口耳，只是在口头上说说而已，而当他们开口讲着天理的时候，"不知心中倐忽之间已有其多少私欲"[3]。如果像这样讲起天理却"顿放着不循"，讲起人欲（私欲）却"顿放着不去"，这怎么格物致知呢？"后世之学，其极至，只做得个义袭而取的工夫。"[4]

王阳明认为，内心的私欲要彻底铲除，"克己须要扫除廓清，一毫不存方是。有一毫在，则众恶相引而来"，要"克得自己无私可克"[5]。他认为，成圣之道，就要"发愤勇猛向前，日用之间，不得存留一毫人欲之私在这里，此外更无别法"[6]。

王阳明还强调，要时时刻刻铲除内心的私欲，因为"殊不知私欲日生，如地上尘，一日不扫，便又有一层。着实用功，便见道无终穷，愈探愈深，必使精白无一毫不彻方可"[7]。他说："必欲此心纯乎天理，而无一毫人欲之私，此作圣之功也。必欲此心纯乎天理，而无一毫人欲之私，非防于未萌之先，而克于方萌之际不能也。"要想成圣，就必须做到没有一丝一毫私欲，而要做到没有一丝一毫私欲，就必须"防于未萌之先，而克于方萌之际"，也就是要时刻反省自己。他说"教

---

[1] 钱德洪：《年谱三》，载《王阳明全集》卷三十五，第1065页。
[2] 王阳明：《答储柴墟》，《王阳明全集》卷二十一，第669页。
[3][4] 王阳明：《传习录上》，《王阳明全集》卷一，第22页。
[5][7] 王阳明：《传习录上》，《王阳明全集》卷一，第18页。
[6] 王阳明：《答梁文叔》，《王阳明全集》卷三，第118页。

人为学","须教他省察克治。省察克治之功,则无时而可间,如去盗贼,须有个扫除廓清之意。无事时,将好色、好货、好名等私欲逐一追究搜寻出来,定要拔去病根,永不复起,方始为快"[1]。

正像王阳明大悟"圣人之道,吾性自足,不假外求"的同时,就如大悟朱熹的格物之非,王阳明大悟"克己明德、去私之蔽"的同时,也在大悟佛道二氏之非。31岁时,王阳明就始悟"仙、释二氏之非"。6年后,他37岁龙场悟道时,对仙释之非进一步大悟。[2]

后来,王阳明的学生王嘉秀、萧惠好谈仙佛,王阳明就以自己龙场悟道为例来教育他们,说道:我呀,自幼时求圣学而不得,就笃志佛、道二氏。后来,我在贵州龙场三年,才开始理出圣人之道的头绪("居夷三载,始见圣人端绪"),"见得圣人之学若是其简易广大,始自叹悔错用了三十年气力。大抵二氏之学,其妙与圣人只有毫厘之间"。

萧惠一听,忙问:先生,请问佛道二氏妙在哪里呀?

王阳明说:"我向你说圣人之学简易广大,你却不问我悟的,只问我悔的!"

萧惠不好意思地嘿嘿一笑,说:对不起呀,先生,那么,请问圣人之学有什么妙处呢?

王阳明说:"我已经与你一句道尽,你尚自不会。"[3] 真不开窍,自己开动脑筋去思考吧。

王阳明的意思是:他在龙场大悟圣人之道,懊悔错用了几十年工夫。佛道之学和圣人之道只是一张纸的距离,但就在毫厘之间,是非立判。那么,王阳明讲的这一张纸的毫厘之间,隔开了什么呢?隔开了"是"与"非"、"公"与"私"。

张元冲问:佛道"二氏与圣人之学所差毫厘,谓其皆有得于性命也。但二氏

---

[1] 王阳明:《传习录上》,《王阳明全集》卷一,第14页。
[2] 钱德洪:《年谱一》,载《王阳明全集》卷三十三,第1004页。
[3] 此事见《传习录上》,《王阳明全集》卷一,第33页。

于性命中着些私利，便谬千里矣。今观二氏作用，亦有功于吾身者。不知亦须兼取否？"他感觉到佛道与儒相差不大，"皆有得于性命"，只不过佛道谈性命之时夹带了私利，因此谬之千里。但他又觉得，这佛道二氏也"有功于吾身"，能不能折中，兼收并蓄呢？

王阳明断然否定，说："说兼取便不是。圣人尽性至命，何物不具？何待兼取？"他接着说：道，只是"吾尽性至命中完养此身"；佛，只是"吾尽性至命中不染世累"，而"圣人与天地民物同体，儒、佛、老、庄皆吾之用，是之谓大道。二氏自私其身，是之谓小道"①。

王阳明的意思就是"佛氏有个自私自利之心"②。有学生问：世间的一切情欲之私，佛者都不沾染，似无私心，说它丢弃人伦，好像说不过去吧？王阳明回答说：不染世间情欲，与丢弃人伦，都是一回事，佛家就是这样，"都只是成就他一个私己的心"③。

鉴于儒者多为名利所缚，他感叹："人生动多牵滞，反不若他流外道之脱然也。"④"方今山林枯槁之士，要亦未可多得，去之奔走声利之场者则远矣。"⑤他进而认为佛老与儒家的终极的精神境界是一致的："仙、佛到极处，与儒者略同，但有了上一截，遗了下一截，终不似圣人之全；然其上一截同者，不可诬也。"⑥

王阳明的龙场悟道，大悟"克己去私"之时，也就是大悟仙佛之非。

王阳明当年经常被质问，心学的学说和佛家的禅宗有什么区别？王阳明用一句话回答：我主张的是要事上炼，而不是像木鸡一样呆坐在那里想。

---

① 王阳明：《传习录拾遗》，《王阳明全集》卷三十二，第971页。
② 王阳明：《传习录上》，《王阳明全集》卷一，第58页。
③ 王阳明：《传习录上》，《王阳明全集》卷一，第23页。
④ 王阳明：《与黄宗贤》，《王阳明全集》卷四，第132页。
⑤ 王阳明：《寄希渊》，《王阳明全集》卷四，第136页。
⑥ 王阳明：《传习录上》，《王阳明全集》卷一，第16页。

4. 大悟圣人之道，要"知行合一"

王阳明为什么在龙场悟道之后，大讲特讲"知行合一"？"知行合一"和龙场悟道有什么关系呢？

悟道之后的王阳明认为：要想在艰难处境中做圣人，不但要有去私之志，有了这个心志，还要践志、修心，要"知行合一"去行动。

"知"与"行"，是中国古代哲学的一对重要范畴。《尚书·说命中》云："知之匪艰，行之惟艰。"孔子"讷于言而敏于行"。墨子说："口言之，身必行之。"荀子说："知之不若行之。"知，既是知识的知，又是良知的知；行，既是一般意义上的行动，又特指道德行为和践履。中国古代儒家哲学是伦理型哲学，儒家谈知行问题，主要是谈道德认识和道德践履的关系问题，从本质上说，是关于道德修养和理论问题。

在"知"和"行"的关系上，自古以来就有两大问题：行先知后，还是知先行后？行易知难，还是知易行难？程朱有"知先行后"论，王廷相有"知行兼举"论，王夫之有"行可以兼知，知不可以兼行"论，孙中山有"知难行易"论。

王阳明创造性地提出了"知行合一"。王阳明认为知和行是合一的。王阳明的知行合一，立足点与着重点还在于行。王阳明强调成圣就要行，就要修炼，成圣不是知识的问题，而是修炼的问题。

从先后的角度看，朱熹的观点是"知先行后"；王阳明则直接指向道德实践，即知即行，知行合一。"知而不行，只是未知。"真知即能够去行，不行不足以称知，做不到就不是真知道。从知道到做到，还不算彻底的知行合一，知与行二者要融会贯通，知与行是一个"功夫"。

所谓"行"，并不是与"知"对应的"行"，也不是局限于具体的实践行动。王阳明说："**一念发动处，便即是行了。**"[①]"行"包含的范围很广，心中萌发的意念也可以看作是"行"。贵州龙场条件很艰苦，很荒凉，很险恶，瘴气很重，野兽出没，

[①] 王阳明：《传习录下》，《王阳明全集》卷三，第84页。

没有食物，也没有住所，王阳明问自己：圣人处此，会怎么办？王阳明发出这一问时，他就在"行"圣人之道了。

从难易的角度看，"知"易"行"难，知"道"容易做到难，只有知行合一才能道术一体，情能尽性，用能得体。所以，要成圣，光读书、明白道理是不够的，更要行。"知是行的主意，行是知的工夫。知是行之始，行是知之成。"① "知行合一"的重心、重点是"行"，而不是"知"，这是一种实践主义的思想。

总而言之，王阳明的龙场悟道，悟出了"圣人之道"：圣人不是读书求知求出来的，不是格物寻理寻出来的，而是正心做事做出来的，是去私炼心炼出来的。

外在的行要和内在的心相一致，外王必须内圣，否则，王道就会霸道。社会就会变成一个丛林社会，变成一个动物世界；内圣才能外王，否则就会成为聪明的废物，酿成一个植物世界。王阳明说："今为吾所谓格物之学者，尚多流于口耳。……如今一说话之间，虽只讲天理，不知心中倏忽之间已有多少私欲。……今只管讲天理来顿放着不循；讲人欲来顿放着不去；岂格物致知学？后世之学，其极致，只做得个义袭而取的工夫。"②

梁漱溟先生说："彻悟是我们人的生命的一个大变化，不是一个普通的事情，不是普通的'噢，我明白了'。在彻悟上，阳明先生他有他的彻悟。"③ 这个"彻悟"不是躲开众人，躲开复杂的环境，跑到和尚的庙里，躲进道士的洞中，而是随世用功致良知。王阳明强调成圣就要行，就要修炼。成圣是知识的问题，还是修养的问题？王阳明认为成圣是修养的问题。

知行合一的这个"一"便是阳明心学中的"致良知"，是一种价值观的归宿。这个"一"从操作层面就是：心上学、事上炼、达于道、合于一。

---

① 王阳明：《传习录上》，《王阳明全集》卷一，第4页。
② 王阳明：《传习录上》，《王阳明全集》卷一，第22页。
③ 《这个世界会好吗——梁漱溟晚年口述》，东方出版中心2006年版，第276页。

五、悟道之后，王阳明就成了圣人吗？

1. 主讲贵阳文明书院

1509年（正德四年），王阳明38岁。这一年春天，毛科调离贵州，接替他的人是席书。

席书可不是一般人物。他是1490年（弘治三年）的进士，比王阳明这个1499年的进士早9年登第，人正直大胆，早有名声。《明史》评价席书，说他"遇事最敢为"。1503年（弘治十六年），云南大地震，灾情严重，朝廷派官员去调查后，结论是要罢免300多名监司以下的官员以谢天威。时任户部员外郎（财政部副司长）的席书却上书说：云南只不过是四肢，应该治朝廷这个本。要革除弊政，责在朝廷。朝中、大内供应数倍于往年，冗员数千，赏赐过度，开支无度，浪费无算，名器大滥，"豺狼当道，安问狐狸？"不治朝廷这个根本大害，怎能保证老天不再发怒呢？这些见解，与王阳明在1504年（弘治十七年）主考山东乡试时说的话如出一辙。

当时，席书是贵州提学副使，虽然是副使，因为提学官由按察司的副使兼任，席书就相当于贵州省的副检察长兼教育厅厅长。他的这个"副使"是按察司副使，官阶相当高，正四品。而王阳明没有品，席书的官阶高于王阳明，还比王阳明年长11岁。他一到贵州，听说王阳明的龙冈书院很火，就前来探视。与王阳明一聊，席书大叫相见恨晚。席书第一次见到王阳明，就"问朱陆同异之辨"[①]。王阳明"不语朱陆之学，而告之以其所悟"[②]，只跟他讲自己的龙场所悟。席书似懂非懂，"怀疑而去。明日复来"[③]，王阳明还是不正面回答，只是自述悟后之见，指出知与行之间的关系，又用五经所载与诸子所说来证明这种见解。如此"往复数四，豁然大悟"[④]。

王阳明从"知行"的角度来说明他和朱熹、陆九渊的不同。他说，朱熹是通过经书得到天理，然后去实行；陆九渊是通过静坐得到天理，然后去实行。二人

[①②③④] 钱德洪：《年谱一》，载《王阳明全集》卷三十三，第1007页。

虽然在得到天理的方式上不同，可都认为"知行"是有先后次序的。而我却认为，知与行是合一的。知是行的开始，行是知的成果，二者是一回事。门人问：《中庸》既说"博学之"，又说个"笃行之"，知行分明是两件事，"知行如何得合一？"王阳明答："博学只是事事学存此天理。笃行只是学之不已之意。"①

第二天，席书又来了。他还是希望王阳明讲讲朱熹和陆九渊的不同，或讲讲他王阳明和陆九渊的不同。他甚至怀疑王阳明是不是故意标新立异、哗众取宠。王阳明说："起初我自己也怕有悖于圣学，就把经书拿来相互验看，结果不但与经典相合，还正得圣人本意。其实，只要尽心，就自然做到这些。君子与小人之分，只在于诚意不诚意。一部《大学》反复讲修身功夫、怎样做圣人、怎样修齐治平，起点就是修身，格物致知的关键就在于意无所欺、心无所放、正其不正以归于正。"

席书没有深入质疑"知行合一"的问题，而是质疑另一个问题："您也提倡静坐，那和陆九渊的静坐有什么区别吗？"王阳明说："陆九渊的静坐是希望从心中得到真理。而我提倡静坐，是因为现在的人心浮气躁，静坐能让他们把心沉静下来。我并没有让人通过静坐获得真理，那不是正路。"

席书问："那您从哪里获得真理？"

王阳明答："真理就在我心中，但必须事上炼，只有去实践了，你才能更深刻地体会到这一真理，而且，这两者是不可分的，正如知行合一一样。"

席书听后心悦诚服，说："哎呀，今天总算又看到圣人之学了。"（"谓：'圣人之学复睹于今日。'"）"朱陆异同，各有得失，无事辩诘，求之吾性本自明也。"②由此可见：一是王阳明的知行合一论，不是由理论推演而来的，而是源自对现实生活的体悟；二是提出之后，经过解释，即被席书等人视为圣人之学，在当地产生很大影响。③

---

① 王阳明：《传习录下》，《王阳明全集》卷三，第106页。
② 钱德洪：《年谱一》，载《王阳明全集》卷三十三，第1007页。
③ 张祥浩：《王阳明评传》，南京大学出版社1997年版，第309页。

于是,席书与按察副使毛科一起修好贵阳文明书院("遂与毛宪副修葺书院"),然后请王阳明来文明书院正式讲学,并亲率全体生员200多人向王阳明行拜师大礼,"身率贵阳诸生","以所事师礼事之"①。从这以后,席书以师礼对待王阳明,王阳明也一直把席书当平生知己。宁王之乱时,席书正在福建任布政使,是文官,没有兵权。听说王阳明正在平叛乱,席书临时招募一两万人,赶来支援王阳明。援军才走到江西,王阳明已结束战斗了。

《年谱一》载正德四年席书聘王阳明主讲文明书院,"是年先生始论知行合一"。王阳明在文明书院,首次讲授"知行合一"。"诸生环而观听者以百数,自是贵州人士始知有心性之学。""士类感德,翕然向风。"②阳明心学亦借助文明书院的200多名生徒,迅速在贵州省传播,并深入人心。

从那以后,王阳明就经常在贵阳和龙场两地来回往返。他在《春行》中记录了这种情景:"冬尽西归满山雪,春初复来花满山。白鸥乱浴清溪上,黄鸟双飞绿树间。物色变迁随转眼,人生岂得长朱颜!好将吾道从吾党,归把渔竿东海湾。"③从贵阳回来时"满山雪",初春他又去贵阳,路上已经是春暖花开了,看到冬去春来,想到人生能有几度春秋?他泛起了乡愁,急切地期盼退隐,回到东海之滨的家乡,和友人、学生共同研讨学问。

2. 王阳明对贵州文教的历史贡献

从37岁至39岁,王阳明在贵州龙场的时间是连头带尾3年,实则23个月。王阳明在贵州做出的最大历史贡献,就是龙场悟道。这几年,王阳明不仅"龙场悟道",还提出"知行合一"的思想学说,实现了阳明心学的理论飞跃。除此之外,他还写下《居夷诗》近140首,撰写序、记、说、书信、墓志铭、祭文等各类文章35篇,抒发情怀,阐释新说。其中有《瘗旅文》《玩易窝记》《何陋轩记》《君

---

① 钱德洪:《年谱一》,载《王阳明全集》卷三十三,第1007页。
② 钱德洪:《年谱附录一》,载《王阳明全集》卷三十六,第1096页。
③ 王阳明:《外集一》,《王阳明全集》卷十九,第592页。

子亭记》《象祠记》等。

在龙场，王阳明写成了他的第一部"专著"——《五经臆说》46卷。他在序言里说，官方注经解经的做法是求鱼于渔网，求酒于酒糟，"我"是舍网直接求鱼的，是学得所悟，以思带学，自抒胸臆。这部《五经臆说》没有完整地保存下来。钱德洪几次提出要看此书，王阳明都婉言谢绝，笑答："付秦火久矣。"直到王阳明死后，钱德洪从废稿中发现了13条。[①]

王阳明在龙场创办龙冈书院、在贵阳主讲文明书院，意义十分重大。当时，贵州建省已经87年，但教育发展缓慢。"从明初到至少嘉靖年间为止，贵州都是明朝两京十三布政司中教育水平最低的地区，这一点在科举的实施情况及名额分配中有着直观的体现。"焦堃先生引用日本学者的研究成果指出：1413年（永乐十一年），设立贵州布政司之后，贵州并未随之开始实施乡试，这在全国乃是绝无仅有。贵州士子参加乡试，按朝廷永乐十四年的旨要前往云南，其后一度改为前往湖广。直到1535年（嘉靖十四年）贵州才开始举行乡试，而此时距设立贵州布政司已经过去了120多年。朝廷分配给贵州士子的乡试合格名额也是各省份中最少的。1429年仅有一人，随后虽逐步增加，但到1447年亦不过10人，王阳明谪居贵州的1510年（正德五年）也不过21人。除此之外，贵州教育的落后还体现在管理机构和官员的设置上。到1503年（弘治十六年），朝廷下旨"命贵州按察司副使毛科提调学校，兼督理屯田"[②]，也就是说，自毛科上任时起，贵州才有了以文教、学校为中心职务的本省提学官。[③] 毛科主管贵州教育的举措之一就是建立文明书院，他于正德四年四月致仕归乡。[④] 席书一接替毛科出任贵州提学，就和毛科修缮文明书院，并率众以师礼聘请王阳明来讲学。

正是王阳明在龙场龙冈书院、贵阳文明书院的讲学，把儒学带进了贵州，贵

[①] 周月亮：《王阳明传》，长江文艺出版社2016年版，第96页。
[②]《明史·孝宗本纪》，中华书局1974年版。
[③] 参见焦堃：《阳明心学与明代内阁政治》，中华书局2021年版，第45—47页。
[④] 毛科退休时，王阳明专门作《送毛宪副致仕归桐江书院序》，见《王阳明全集》卷二十二，第720—721页。

州"士始知学",贵州教育的新局面由此开启。贵州各地官府纷纷办学,地方绅士也纷纷捐资办学,促进了贵州的教育。

后来,整个明代贵州又建起了37座书院,主要建于嘉靖和万历年间,多是王阳明的弟子、再传弟子继承了龙冈书院的遗志所造就。现在贵阳市阳明祠的配殿边上有一石碑,上面刻有光绪二年修文知县李崇畯的《龙冈书院讲堂题额后跋》:"黔中之有书院,自龙冈始也。龙冈之有书院,自王阳明先生始也。"①

贵阳扶风山阳明祠

现在贵阳城里有4个全国重点文物保护单位,除了文昌阁外,其他3个都与王阳明有关。

贵阳甲秀楼2006年被列入全国重点文物保护单位。甲秀楼有两副王阳明的手书楹联,其一"绿树倚青天五峰秀色,苍松驾白石万壑烟云"(现藏于甲秀楼)。其二:"壮思风飞冲情云上,和光春霭爽气秋高"(现藏于阳明祠)。该联经清光绪贵州按察使曹鸿勋、袁开弟题跋,注明是王阳明谪龙场时用"黔产谷皮纸"所书,"刊县扶风山先生祠中以示学子"。

王阳明去世后,各地纷纷建祠祭祀。1534年(嘉靖十三年)应王阳明弟子陈文学等数十人的请求,贵州巡按王杏在扶风山的白云庵旧址上建了阳明祠(阳明书院),后几经迁徙兴废,到1728年(清雍正六年)重建后改称贵山书院。1814年(清嘉庆十九年),贵州巡抚庆保重修抚风寺,并在南侧空址新建"阳明祠",1819年(清嘉庆二十四年)建成,是祭祀王阳明的专祠。这里每年春秋举行大典祭祀。

现在,贵阳城里的扶风山,环境清幽、景色秀丽,因山似田螺,峰如芙蓉,又名螺蛳山、芙峰山,它由阳明祠、尹道真祠、扶风寺组成一寺两祠。

---

① 也见孙凤歧主编:《贵阳阳明祠·阳明洞碑刻拓片集》,贵州人民出版社2002年版。

阳明祠保留至今，现为全国重点文物保护单位。祠内林木葱茏，现存有王阳明朝服线刻像、汉白玉坐像、木刻王阳明的《训士四条》《谕俗四条》。碑廊中有清代学者何绍基等人的题咏诗文。

贵州的教育始于东汉。东汉时，贵州出了一位尹道真，他心怀高远。公元99年，20岁的尹道真涉途千里至汝南（今河南），拜经学家、文字学家许慎为师，学习五经，又向应奉学习经书图纬、文字，精通"三才"之学。公元107年，他学成返乡，回贵州开馆教学，足迹遍及夜郎、毋敛、珍州、南平军、鳖等县。从尹道真开始，贵州才有教育，才有汉文化的薪火。贵州人称他为"先师"。1943年，当时的贵州省政府将正安县划出一部分，另设一新县，称为"道真县"，一直延续到今天。东汉尹道真为贵州教育先驱，后世称其"北学游中国，南天破天荒"。

尹道真是如何走出贵州的呢？1000多年之后，王阳明都感觉此路如同绝路。今天我们也很难想象尹道真、王阳明当年所走过的路。但到了明清，偏远的贵州居然诞生了6000名举人、700名进士。可见，尹道真、王阳明走过的那条路，虽然崎岖狭窄，却最终打开了贵州通向外界的一条大道。

尹道真祠建于1916年，扶风寺建于1755年（清乾隆二十年），经增修。扶风寺由关圣殿、观音殿、青椒阁、悬云精舍、斋房组成，皆依山而建，布置灵活，特别是连接阳明祠与悬云精舍的楼廊，将位于不同平面的建筑连为一体，构造巧致。清代扶风寺的刻书颇为有名。清代章学诚著的《文史通议》的扶风寺刻本为海内藏家所重。清朝初年，三者依山随势，浑然一体。2006年"阳明洞与阳明祠"列入全国重点文物保护单位。

王阳明创办龙冈书院和主讲贵阳文明书院是贵州文化史上的大事。龙冈书院的创办是贵州教育史上新的里程碑。"知行合一"学说的创立是中国哲学史上的重要突破，龙场悟道是王阳明一生中最重要的转折。所以，龙场被誉为"王学圣地"。

王阳明在贵州的文化贡献还在于培养了李渭、陈文学、汤伯元等一批弟子，而其第二代、第三代弟子更多，尤以再传弟子孙应鳌成就最高。孙应鳌是清平卫（今贵州凯里炉山）人，嘉靖三十二年进士。他受王阳明心学影响极大，学问精深，曾任国子监祭酒，成为第一个为皇帝讲课的贵州人，官至工部尚书。后辞官回乡，在清平修建了平旦草堂、孔学书院、山甫书院，前后讲学达12年之久，培养了众多人才，并在哲学、文学、史学、政治、教育、音乐等诸多领域留有著作，成为阳明心学派的集大成者。

3. 离开黔地往江西，从悟道之地到成圣之地

1509年（正德四年）十二月，王阳明要离开贵州了，赴任庐陵知县，以后以德累树事功，心学思想也日臻成熟，所到之处始终传道授业，惠泽士民，终以"此心光明"达圣人之境。

王阳明在贵州龙场已经两年多，历经磨难，能离开龙场，他心情愉快，说："寄语峰头又白鹤，野夫终不久龙场。"真有点"仰天大笑出门去，我辈岂是蓬蒿人"的味道。王阳明在贵州的弟子赶来送别，王阳明动情地说道："颇恨眼前离别近，惟余他日梦魂来。"[1]

王阳明离开贵州时，最关心的问题是"好将吾道从吾党"。他写了《客座私祝》《别诸生》，告诫和勉励学生们如何做人做事做学问，相当于他在龙场的最后一课。从书法上讲，《客座私祝》是王阳明的楷书代表作。

王阳明是沿着去贵州龙场的线路原路返回的。龙冈书院和贵阳文明书院的弟子们一直把王阳明送到龙里县的龙里卫。王阳明写下《诸门人送到龙里道中》律诗二首，通过山路、溪云、风雪的衬托，渲染出一种苍凉的气氛，表达了他离别贵州的愁绪，吟道："归心别意两茫然。"既有"归心"，又有"别意"，蕴含着希望离开龙场又舍不得与诸子分离的茫然情愫，但意境开阔，伤别而不哀怨，词情深婉，依依惜别之情中满怀对门人弟子的祝愿和期望，感情深重。

除夕前，王阳明到达镇远卫（今属贵州镇远县），他给龙场旧友门生写了一封书信《镇远旅邸书札》，致以惜别之情，"别时不胜凄惘，梦寐中尚在西麓，醒来却在数百里外也"。信中记述了作者离开龙场后的行程，表达了未及道别的歉意，

---

[1] 王阳明：《将归与诸生别于城南蔡氏楼》，《王阳明全集》卷二十九，第885页。

叮嘱弟子努力进修："相见未期，努力进修，以俟后会。"信中提到了黔地名产与20余位友人的姓名，实为难得之文献，对研究明代贵州物产及文化教育具有重要的史料价值。

数日后，王阳明踏上轻舟，扬帆东下，带着对龙场悟道的无限依恋，怀着对贵州山水风情的记忆，离开了这片神奇的土地。

贵州的同志说，王阳明在玉屏县还看了钟鼓洞。但湖南的同志说，此洞在湖南城东，即"城东五里，上有古洞，击之锵然有声"。王阳明写下《钟鼓洞》，说"年来夷险还忘却，始信羊肠路亦平"，表达了夷险不惊、对前途充满信心的豁达心境。

进入湖南后，过江门崖，写《过江门崖》："三年谪宦沮蛮氛，天放扁舟下楚云。归信应先春雁到，闲心期与白鸥群。晴溪欲转新年色，苍壁多遗古篆文。此地从来山水胜，它时回首忆江门。"此时的王阳明胸怀无尽的喜悦之情。

1510年（正德五年）的春节，王阳明是在湖南度过的。他有《舟中除夕二首》[①]：

> 扁舟除夕尚穷途，荆楚还怜俗未殊；
> 处处送神悬楮马，家家迎岁换桃符。

> 远客天涯又岁除，孤航随处亦吾庐。
> 也知世上风波满，还恋山中木石居。

随后坐船顺沅水东下，经溆浦大江口、辰溪，直达沅陵。原路返回，风景依旧，可心情不同，踌躇满志，路过沅水之畔丹山崖下的钟鼓洞时，他自壮其心："年来夷险还忘却，始信羊肠路亦平。"（《钟鼓洞》）沅陵是当时辰州府府治所在地。在沅陵，刘观时、唐愈贤拜他为师。王阳明"喜曰'谪居两年，无可与语者。归途乃得诸友，何幸何幸！'"[②]于是，王阳明就在沅陵虎溪山龙兴讲寺讲学足足一个多月，教人静坐，让人收其放心，补小学功夫。受学者有唐愈贤、唐诩、萧璆、杨子器、王世隆、吴伯诗、张明卿、董道夫、汤伯循、董粹夫、李秀夫、刘蜱仲、

[①] 王阳明：《舟中除夕二首》，《王阳明全集》卷十九，第597页。
[②] 钱德洪：《年谱一》，载《王阳明全集》卷三十三，第1009页。

田叔中等"千余人切磋正学,剖剥群淆"。《沅陵县志》载:"阳明喜郡人朴茂,留虎溪讲学,久之乃去。"[1] 王阳明在龙兴寺写下了题壁诗《辰州虎溪龙兴寺闻杨名父将到留韵壁间》。后来,王阳明又写下《与辰中诸生》《与沅陵郭掌教》等,形象地描述了他在沅陵龙兴寺讲学的情境。

湖南沅陵龙兴讲寺

离开沅陵后,王阳明来到武陵(今常德),游览了德山寺等常德名胜古迹,住在潮音阁,写下《武陵潮音阁怀元明》《阁中坐雨》《霁夜》《僧斋》《德山寺次壁间韵》等诗。在常德,从游王阳明的有文澍、刘观时、杜世荣、王文鸣、胡珊、刘璲、杨祚、何凤韶、唐演、龙起霄、龙翔霄等。冀元亨、蒋信等拜他为师。冀元亨还跟随他来到庐陵,和王阳明后来在江西的经历有了密切的联系。

离开常德后,王阳明乘船经洞庭湖,再溯湘江南下,从渌口沿渌水东行。王阳明《泗州寺》诗云:"渌水西头泗洲寺,经过转眼又三年。"随后,王阳明经醴陵从萍乡进入江西,又经宜春走袁河折向赣江到达庐陵。他且行且咏,留下20多首诗。王阳明在这一年的三月抵达庐陵就职。

王阳明像一名武林高手,历经磨炼,闭关三年,终于打通任督二脉,练就了一身武艺,现在要大显身手了。

贵州的确是一个转折之地。当年的王阳明在这里进行他的"心"学的重大突破和"心"路的重大转折。王阳明在这里向死而生,绝地而立,大悟其道,深得成圣之旨。他脱胎换骨,面目一新了!

贵阳扶风山阳明祠里有一联:"壮思风飞冲情云上,和光春霭爽气秋高。"此

---

[1]《沅陵县志》,中国社会出版社1993年版。

贵阳扶风山阳明祠

为王阳明榜书大草,笔意连绵,势无可止,俯仰呼应,气象森然。

但是,他成圣了吗?没有。还没有。他只是想透了,只是看穿了,只是悟道了。圣人之道,"悟"了还不够,还要"炼"!王阳明在龙冈书院和文明书院讲得很清楚,要知行合一,悟了的"道"还要回归于实践,他已经有了"圣人之道"的思想武器,有了"圣人处此"的金刚不坏之身,现在就差实战操练了。

机遇总是为有准备的人而准备的,战场总是为能战斗的人而设置的,历史为王阳明准备了江西。下一步,王阳明即将前往江西。在那里,他将用7个月的时间治理庐陵(今吉安);在那里,他将用1年零3个月平定南赣民乱;在那里,他将用42天扫平宁王反叛;在那里,他将迎接黑色幽默的搞笑皇帝、更加凶险的官场缠斗、异常激烈的思想交锋,最终完成《传习录》《大学问》等一大批重要著作和讲学,提出了"致良知"的顶尖学说,做出了"此心光明"的人生总结和思想总结,畅通了中华文化的一股圣人真血脉。

总之,一位立功、立德、立言的真三不朽的"圣人"王阳明,就要登场了!

第 5 讲
知行合一：悟道之后的践道

一、庐陵县令王阳明的治政实践

1. 王阳明到达庐陵

1510年（正德五年）三月十八日，王阳明到任庐陵县知县。时年39岁。

吉安，江南望郡、文章节义之邦，素以人才辈出著称，"一门九进士，隔河两宰相，五里三状元，九子十知州，十里九布政，百步两尚书"，当官的多，故有"翰林多吉水，朝士半江西"之说。明成祖时组建的内阁，七名翰林学士中有五人来自江西，其中三人出自吉安。吉安还孕育了"唐宋八大家"之一的欧阳修，名臣周必大、文天祥、解缙、杨万里等。后来，王阳明的友人罗钦顺及其弟子欧阳德、罗洪先、邹元标、邹守益、刘邦采、胡直、聂豹等，也都是吉安人。

为什么王阳明会得到这项任命？要知道，这个时候，刘瑾还在呀。有人说，王阳明在龙场期间始终与京城的故交——乔宇和储巏保持书信往来。乔宇时任户部左侍郎，与吏部尚书杨一清关系极好。这位老臣早已无法容忍刘瑾，在关键时刻改变了王阳明的命运。也许是乔宇通过杨一清帮了忙。当然，也许就是王阳明三年的贬谪期满了，要给予安排。

庐陵县令，七品芝麻官，王阳明前几年在京城时就是六品了，但比起龙场驿站站长的从九品来讲，是一个进步。更重要的是，这不能完全从官阶来看，县令毕竟是一方父母官呀，不要说那只管1个驿丞、23匹马、24副铺盖的龙场驿站站长不好比，就是与那有官阶、无实权的小京官来讲，也不可同日而语呀。何况，人家王阳明刚刚悟道了，现在就有了这么一块实践他的心学圣说的练手之地呀，这是多么令人兴奋的事。于是，王阳明满怀理想、干劲十足地赴任了。

出吉安城往北，赣江边有座不高的山，山下有一天然大岩洞，当地渔民常在此泊船停靠，避风躲雨，将这个岩洞称为"石屋"，旁边的村庄便叫"石屋下村"，石屋上的山叫"石屋山"，也叫瑞华山，山上有瑞华观。王阳明在庐陵写下《游瑞华二首》[1]。其二云：

> 万死投荒不拟回，生还且复荷栽培。
>
> 逢时已负三年学，治剧兼非百里才。
>
> 身可益民宁论屈，志存经国未全灰。
>
> 正愁不是中流砥，千尺狂澜岂易摧！

诗中抒发了劫后余生的感慨和建功立业的渴望，那种重获起用后踌躇满志的形象跃然纸上。

1592年（万历二十年），瑞华山上瑞华观旁建了一座塔，塔身为七层八面砖结构，高26米。塔的东南两面，每当太阳照射，便闪闪发亮，一片洁白，人们叫它为"白塔"。1984年7月，白塔被列为市级文物保护单位。

当地人传王阳明在庐陵有《石屋山》（《王阳明全集》未收此诗）：

> 杖锡飞峰到赤霞，石桥闲坐演三车。
>
> 一声野鹤仙涛起，白昼天风送宝花。

悟道之后的王阳明，身心异常轻松。他像一个云游僧人，挂着锡杖，飞身来到仙山，又像一个得道的老道，闲坐在石桥，悠然修炼自己的内丹功夫。野鹤声起，仙涛迭涌，天恩浩荡，送来佛花。王阳明经过龙场的考验，仿佛有一种飞升的感觉。

此时，严嵩刚刚丁忧期满，在分宜读书，听说王阳明来到吉安，便赶来拜访。

---

[1] 王阳明：《庐陵诗六首》，《王阳明全集》卷二十，第601页。

庐陵县是江西吉安府下辖的一个大县，又是赣江边上的水陆码头，是一个富裕地方。可正德皇帝登基这五年来，天灾年年不断，这一年，庐陵既遭大旱，又遭大疫，再遇苛税盘剥，人祸更比天灾恶。

2. 王阳明在庐陵做了哪 7 件事？

第 1 件，处理群众上访。王阳明踌躇满志、信心满满地上任时，就碰到百姓拦路喊冤，"号呼道路，若真有大苦而莫伸者"。这激起了他要为民做主的豪情，于是，一上任就贴出告示，让百姓们来县衙告状。谁想告示一出，竟有上千人涌进县衙告状，"蓦有乡民千数拥入县门，号呼动地，一时不辨所言。大意欲求宽贷"[①]。后来不少人据此说庐陵人特别喜欢告状（好讼）。其实不然。

这一下，王阳明这个年轻的官员乱了方寸，头都比斗大，告状的乡民如此之多，办案的官员就他一个。这些人告的内容还五花八门，事情特别琐碎，都是鸡毛蒜皮的事情，如家族矛盾、民事纠纷、官民斗争等，难以处理，王阳明招架不住，只好反悔，再贴一张告示，说了一些难听的话：所告之事"多凭空架捏，曾无实事"，宣布"自今吾不复放告"，今后不再接受民众的状纸了，大家不能再来"骚扰"了。甚至还恐吓百姓，如不听话，"则吾亦不能复贷尔矣"[②]，就对你们不客气啦。

这是王阳明第一次直接面对普通民众，一开始热情似火，急于为民办事；然而遇到困难后，手忙脚乱。这位庐陵县令上任后做的第一件事，就这样以失败而告终了。

但王阳明毕竟是位好干部，他苦思冥想一番后，想出一个法子：推行乡规民约，倡导"家丑不可外扬"，"父为子隐，子为父隐"，小事不出门，大事不出村，民间有什么纠纷，尽量内部解决，奉行的仍然是孔子的思想。

有人告诉王阳明：庐陵这个地方盛产刁民，人们动不动就告状，专门寻衅滋事，甚至有人想去监狱吃"免费饭"。许多县令被搞得焦头烂额，他们的经验是：

[①] 王阳明：《庐陵县公移》，《王阳明全集》卷二十八，第851页。
[②] 王阳明：《告谕庐陵父老子弟》，《王阳明全集》卷二十八，第848页。

对待刁民应该采取高压政策，严肃处理。但王阳明经过调查却发现，庐陵这个地方被摊派了很多莫名其妙的税赋。于是他找到顶头上司，据理力争，把那些不是朝廷征收的税赋全部废掉了。这一举措把老百姓从水深火热中解救了出来，老百姓们都很高兴。王阳明趁机发布公告，约束三件事：

1. 凡有告状的，一次只能告一件事；

2. 状纸内容不能超过三十个字；

3. 凡能自己协调解决的，不许告状。

以上三条，如有违背，先罚诉讼人。

就这两步，王阳明搞定了庐陵久居不下的诉讼量。

第2、3、4件，分别是治理瘟疫、抗旱、防盗和防火。

那年吉安发生旱灾，并引发一系列问题。

一是瘟疫。由于旱灾严重，水源枯竭，居民的卫生条件极差，疫病流行。许多百姓病倒在床，情况凄惨。王阳明请来郎中研究病情，尽力向百姓派发药物。但王阳明怕"官给之药，虽已遣医生老人分行乡井，恐亦虚文无实"[①]，担心县衙的官差和保长们贪污药物，根本发不到百姓手里，于是，他嘱咐百姓"父老凡可以佐令之不逮者，悉已见告"[②]，如果病人亲属请求帮助，而保长们不管的，百姓可来县衙告状。同时，王阳明还用道德感化，要求有病人的家庭"兴行孝悌"，骨肉相保，不可离弃；做好环境卫生工作，各家要洒扫屋宇，对病死的人及时掩埋；号召富人出钱出粮，家人邻里互相帮助，同舟共济，渡过难关。

二是火灾。这一年庐陵多灾。这场瘟疫还没过去，县城又发生严重的火灾，烧毁房屋无数。庐陵的房屋都是一些板木房，巷道狭窄，又没有砖墙相隔。于是，救灾之后，王阳明制定城市规划，命令临街居民后退三尺，以拓宽街道；店铺每户出一钱银子，建造隔火墙。

三是盗贼。王阳明在庐陵推行"保甲法"，每个村庄编为一"保"，村里每十

[①][②] 王阳明：《告谕庐陵父老子弟》，《王阳明全集》卷二十八，第848页。

户编成一"甲",以保甲为核心,村民们抱团照应,主要防盗,实现自防与联防;同时也方便征粮收税、摊丁派役。这套保甲法效果不错,王阳明自己也满意。后来在南赣期间,他又把这一招当成治理地方的法宝,并完善为"十家牌法"。

第5件,处理官差骚扰百姓的问题。这一年,庐陵县遭遇严重旱灾,可粮税一点没有减少,官差征粮时又多贪多占,骚扰乡里,百姓怨声载道。王阳明贴出告示,要征粮收税的官差完成任务就走人,同时告诉百姓,所有官差"其无关文,及虽有关文而分外需求生事者"①,就可"先将装载船户摘拿"②,扭送到县衙。这个态度非常坚决,措施相当严厉,手段十分硬朗,在那个年代是比较少见的。

第6件,在基层慎重选好"三老"③,即当地有声望、有地位、有能力的长者;推行旌彰亭(即光荣榜、红榜)和申明亭(即批评栏、黑榜)的"两亭"制度。这也是当时的精神文明建设吧,"为政不事威刑,惟以开导人心为本"④,使该县由乱而治,还留下许多善政。以无厚入有间,既可治官府的扰民行为,也整治刁民的乱法勾当。

第7件,处理税赋过重的问题,向上级反映要求免除"葛布捐"。

王阳明到任后,吉安府来了一名"上差",要抓一个小吏陈江。因为庐陵县的"葛布捐"征不上来,而陈江是征收的责任人。王阳明了解了事情的原委:正德二年,一名钦差大臣命江西各县都要上贡葛布(又叫夏布),但庐陵不产葛布。钦差却说:如果本地不产葛布,那就折算成银两,到出产葛布的县去采办。这就给庐陵县定了一个"葛布捐",额度是每年征收白银105两。消息一宣布,"百姓呦呦,众口腾沸"⑤,坚决反对对根本没有的东西征税。这样,从老百姓那里收不上来银子,上级催得又紧,县衙里的人就只好自己凑了"葛布捐"。正德四年,这两位官员

---

①② 王阳明:《告谕庐陵父老子弟》,《王阳明全集》卷二十八,第848页。
③ 钱德洪:《年谱一》:"稽国初旧制,慎选里正三老,坐申明亭,使之委曲劝谕。"载《王阳明全集》卷三十三,第1008页。
④ 钱德洪:《年谱一》,载《王阳明全集》卷三十三,第1008页。
⑤ 王阳明:《庐陵县公移》,《王阳明全集》卷二十八,第851页。

又照数赔了。到了王阳明来的这一年，实在凑不出来了，吉安府就派人来捉陈江了。这件事还没解决，上面又开始征收杉木、楠木、木炭、牲口各项杂税，征收额度从原来的每年3498两增加到1万余两。三年竟涨了2倍多，税都收到了正德三十八年。现在，来了新县令，上千百姓又一次涌进县衙集体上访，求县太爷为他们想个办法。

王阳明答应百姓，会要求上级取消这个税以及其他多出来的税。回来后，他向吉安知府和江西布政使写了一封《庐陵县为乞蠲免以苏民困事》的公文，写道："垂怜小民之穷苦，俯念时势之难为，特赐宽容，悉与蠲免。其有迟违等罪，止坐本职一人，即行罢归田里，以为不职之戒，中心所甘，死且不朽。"[①] 如果朝廷怪罪下来，就由我一人承担全部责任，可以立即将我罢官，我回乡种田，也心甘情愿，没有任何怨言。

老百姓们高兴坏了，可一个小小的七品县令，有什么权力免去国家的税银呢？这个公然免除税银的县令肯定要被治罪的。王阳明麻烦了。

可就在这时，北京城里发生了一件大事：刘瑾倒台了。

王阳明回京了。这样，所有人都不提王阳明"抗命罢捐"的事了。王阳明突然解脱出来，顺顺当当离开庐陵，回京城了。至于庐陵的葛布捐还要不要交，上万两杂税还要不要收，那就谁也不知道了。

3. 刘瑾的倒台与王阳明的回京

这是怎么回事呢？这是明朝廷各种力量较量、矛盾积累的爆发结果。

1509年（正德四年），刘瑾要求全国各地重新丈量土地，以增加中央赋税收入。派到宁夏安化丈量土地的官员征收粮米后，还一再追加，作为进奉刘瑾的贿赂。

1510年（正德五年）二月，安化王朱寘鐇锄以"清君侧"（诛刘瑾、除民害）为名起兵，控制了边镇驻军。正德皇帝急忙派人去宁夏镇压。平叛军的司令是右

[①] 王阳明：《庐陵县公移》，《王阳明全集》卷二十八，第852页。

都御史杨一清，杨一清曾在兵部工作过，因不肯给刘瑾行贿而受到革职处罚。朱寘鐇造反后，朱厚照要兵部推荐平叛军司令，兵部的人都不愿意去，就想到了这位在野的杨一清。平叛军的监军是张永，地位仅次于刘瑾的二号宦官。但大家都知道，他和刘瑾不和。本来"八虎"是一伙的，可刘瑾执掌大权后，就以老大自居，一手遮天。张永看不惯，内心深处也想取代刘瑾。

杨一清、张永率领的军队还没到宁夏，叛乱就已经被平定，朱寘鐇也被活捉。原来，朱寘鐇的部下仇钺在正德二年受杨一清的推荐当上游击将军。[1]他假装投靠朱寘鐇，趁其不备，将其一举捉拿。一场叛乱，不到18天就彻底平复。

于是，杨一清和张永两人高兴地押解朱寘鐇回京。在回京的路上，杨一清说服张永搞垮刘瑾。张永回京后，面见正德皇帝，列举刘瑾罪状。据《明史纪事本末补编》记载，刘瑾贪污了巨额财产：金子2987万两，元宝500万锭，银800余万两，另有宝石2斗、金甲2副、金钩3000只、玉带4162束。当时，明帝国10年财政收入也就这么多。

朱厚照看到刘瑾贪污这么多，还见怪不怪，但一听说从刘瑾的密室里搜出了管制刀具和一件龙袍，顿时大怒。正德五年八月，刘瑾被定罪，凌迟处死。

刘瑾一死，朝廷的政治格局发生了剧烈变动。朱厚照宣布：正德二年以来，因刘瑾更改的各种下令，一律复旧。主导这场政局变动的张永、杨一清成为执掌朝政实权的人物。而王阳明因早年与刘瑾斗争并受到迫害，被众人视为忠臣。

十一月，王阳明离开庐陵，循例入京述职。因为这一年（正德六年）是朝廷三年一度的外官进京接受吏部和都察院考核的年份。王阳明的新生活即将开启。

总之，王阳明在吉安不过七个月，处理了一系列棘手的事件，发布了16份公告，

---

[1]《明史·职官志五》："部兵官、副总兵官、参将、游击将军、守备、把总。"见李庆：《王阳明传——十五、十六世纪中国政治史、思想史的聚集点》，上海古籍出版社2021年版，第255页。

"在县七阅月,遗告示十有六,大抵谆谆慰父老,使教子弟,毋令荡僻"①,锻炼了他应对和驾驭复杂情况的能力,也是他的知行合一在政治活动中的实践。离开庐陵前,他发布最后一道文告:除了自我批评外,期望父老各自教训其子弟,要礼义谦让,讲信修睦,邻里和谐相处,做善良的人。只有善良才能使家庭安乐,保住财产,生活幸福。最后他说:"呜呼!言有尽而意无穷,县令且行矣,吾民其听之!"②我对你们的话说完了,但我对你们的期望却没有穷尽。县令我就要走了,你们可要记住我说的话呀。

二、王阳明的第二次京官生涯

王阳明在1510年十一月来到京城,住进了大兴隆寺。虽然王阳明倡导的心学思想让许多人憎恨,官员考察容易出洋相,但是,这时王阳明的思想学说尚未完全成熟,影响力也没有以后那么大。更重要的是此次京察是刘瑾倒台后的第一次,而王阳明是被刘瑾陷害过的,曾受廷杖,下诏狱,谪龙场,途中又遭追杀,险些丢了性命,前后一共受了五年的苦。他是上了刘瑾搞的那份53人"奸党榜"的。这个榜单在当时是大罪状,在现在可是一份"光荣榜"呀,榜上有名的人可都是冤屈者、受害者,都属于"平反对象"呀。王阳明的遭遇有目共睹,考察官是不会,也不忍心找碴的;何况王阳明在庐陵干得确实不错,政绩卓著,于是他的京察顺利通过。从后面的连续提拔来看,他很能获得好评。

既然京察顺利,那么王阳明在京城就把主要精力放在交游活动上,并开始了他人生第一次的大规模讲学。

1. 王阳明的京城交游与讲学

王阳明在兴隆寺重开讲坛,讲授心学。与之论学讲论者众多,如湛若水、黄

---

①钱德洪:《年谱一》,载《王阳明全集》卷三十三,第1008页。
②王阳明:《告谕庐陵父老子弟》,《王阳明全集》卷二十八,第850页。

绾①、王云凤、乔宇、储巏、何孟春、汪俊、张邦奇等②。当时，门人大进，知名者如万潮、梁穀、应良（原忠）、王道、陈洸、林达、萧鸣凤、魏廷霖、孙瑚、朱节、陈鼎、顾应祥、穆孔晖、王舆庵、徐成之、方献夫、唐鹏、路迎、郑一初等都成了他的弟子③，影响很大，成为北京城内一景。

这次交游和讲学，有几位特别值得一说。

一是湛若水。湛若水生于1466年，大王阳明6岁，广东增城人，14岁才开始读书，16岁就读广州府庠，27岁中举人，29岁往江门就学于陈献章（号白沙）。陈白沙门徒众多，门下弟子每年都有考取进士的。但湛若水焚烧"路引"（赴考证件）以表潜心研究心性理学之决心，数年间学业大进，深得陈白沙的赏识。而后陈白沙将"江门钓台"传与湛若水执掌，并作《赠江门钓台诗》跋："达摩西来、传衣为信。江门钓台，病夫之衣钵也！今与民泽收管，将有无穷之祝。珍重！珍重！"1500年，陈白沙卒，湛若水为之服丧3年。1504年（弘治十七年），湛若水39岁，始奉母命北上考试，受国子监祭酒章懋赏识，留读于南京国子监。1505年，上北京会考，受主考张元桢、杨廷和赞赏，中进士，选翰林院庶吉士。

庶吉士，始置于明初，是中国明、清两朝专为培养高级人才的储才职位，即在考上进士者中选择有潜质者担任，先让他们在翰林院内学习，再量才授各种官职。明太祖时开始，选拔进士分赴六部诸司及翰林院观政，入翰林院者称庶吉士，入六部者称观政进士。1404年（永乐二年）始，庶吉士专隶于翰林院，选进士中擅长文学及书法者充任。明英宗以后惯例，科举进士中，只有前三名即一甲三人可直接进入翰林院任翰林，状元任修撰，从六品；榜眼和探花任编修，正七品。二甲和三甲中挑选精英考试才可成为庶吉士，时称"选馆"。清雍正以后，选馆之制更为严格，由皇帝主持的朝考决定。

庶吉士在资深的翰林指导下学习三年后，在下次会试前进行考核，称"散馆"。成绩优异者留任翰林，授编修或检讨，正式成为翰林，称"留馆"。其他则被派

---

① 黄绾直到嘉靖元年才正式成为王阳明的弟子。见《年谱一》，载《王阳明全集》卷三十三，第1009页。
②③ 参见焦堃：《阳明心学与明代内阁政治》，中华书局2021年版，第69—70页。

往六部任主事、御史，亦可派到各地方任官。这样，翰林院就成了重要的人才库，庶吉士虽晚三年授官，只要不犯错，日后必受重用。英宗后有惯例：非进士不入翰林，非翰林不入内阁。成为庶吉士的都大有机会。明代的内阁辅臣多半是庶吉士的出身。

1505年（弘治十八年），王阳明是兵部武选司主事，湛若水为翰林庶吉士，两人在北京相见，一见定交，大相契悦，成为挚友，共以倡明圣学相勉。王阳明《别湛甘泉序》："晚得友于甘泉湛子，而后吾之志益坚，毅然若不可遏。"[①] 在共同的志向下，他俩互相把对方引为知己，从此开始了长达二十多年的终生友谊。湛若水对人说："若水泛观于四方，未见此人。"王阳明对人说："守仁从宦三十年，未见此人。"[②] 王阳明此时34岁，怎么说自己是"从宦三十年"呢？有先生说这可能是从王阳明跟着他父亲旅居京城算起的[③]，但这也不准确。王阳明旅居北京始于12岁，到那时也没有三十年呀。但不管怎么说，34岁的王阳明见过许多人，从名公巨卿李东阳到明朝文学"前七子"，他们都只是名人，却没有圣人气象，不足以引起王阳明的敬佩。七年后，王阳明评价湛若水是真正体现圣人之学的典范，是"今天之颜回"。

王阳明被贬龙场时，时人唯恐避之不及，但湛若水与一众朋友为他送别，还做了《九章赠别》，其中第三篇写道："黄鸟亦有友，空谷遗之音。相呼上乔木，意气感人深。君今脱网罟，遗我在远林。自我初识君，道义日与寻。一身当三益，誓死以同襟。生别各万里，言之伤我心。"王阳明回赠了《别湛甘泉》。

1512年（正德七年），湛若水奉使往安南国册封安南王。王阳明作《别湛甘泉序》以送。湛若水50岁时母亲病逝，王阳明写《湛贤母之墓》碑。湛若水守孝期间，王阳明正在南赣剿"匪"，百忙之中，先后写了四封《答甘泉书》。后来王阳明到广西剿"匪"，病危临终前还特意到广东增城湛若水家的忠孝祠祭祀，写了《题

---

① 王阳明：《别湛甘泉序》，《王阳明全集》卷七，第194页。
② 湛若水：《阳明先生墓志铭》，载《王阳明全集》卷三十八，第1149页。
③ 周月亮：《王阳明传》，长江文艺出版社2016年版，第57页。

甘泉居》《书泉翁壁》。想念了十来年了，终于了结一桩心事，"落落千百载，人生几知音！"①这是对两人一生友好关系的总结。

第二年，王阳明在南安船上去世，湛若水为王阳明写墓志铭，内有"与兄邂逅，会意交神"句，也为两人二十三年的友谊做个总结。

1524年（嘉靖三年），湛若水历任南京国子监祭酒、南京吏部右侍郎、礼部左侍郎、南京礼部尚书、南京吏部尚书、南京兵部尚书。75岁致仕，回到广州，在府第附近建天关书院讲学（天关原名铜关，因若水曾任吏部尚书，俗称"大官"，故人称天关为"天官里"，即今广州东风中路一带）。1560年（嘉靖三十九年），湛若水病逝于广州禺山精舍，享年95岁，比王阳明多活了近四十年。

湛若水与王阳明同时讲学，各立门户，是当时唯一与王阳明在学术质量上对等且有自己独特思想的"大家"。但他的影响和贡献都不如王阳明。当时，湛若水的名气比王阳明大，虽然他也被人讥为"禅"，但不像王阳明那么"狂"，那么热衷于政治事务，从而显得纯粹且超然。二人都追求心体明诚，湛若水以"随处体认天理"为宗，自称"阳明与吾言心不同，阳明所谓心，指方寸而言，吾之谓心者，体万物而不遗也"。湛若水倡导学习的目的是涵养身心，要先习礼，明学规，先静坐聚精会神，然后才授课。

正德六年，湛若水和王阳明进行了一次儒与佛老关系的重大讨论。王阳明认为佛老是树之枝叶，湛若水反对王阳明的这种说法，认为这就否定了两者的分歧。他说儒家与佛老并不同根，槐树不可能旁出柳枝。正德九年，两人讨论儒释道是否同根的问题。王阳明认为佛老的境界高远，与圣人说的相似，因而儒释可能同根。湛若水反驳，佛老的境界固然高远，但没有超出儒学的范围，而儒家的"道中庸""至精微"则是佛老所无。儒学是"大""公"，佛老是"小""私"。佛教否定伦理纲常，是与儒家明显不同的思想体系。王阳明不能否定湛若水的说法，却没有放弃"三教合一"的主张。相对而言，湛若水比较强调儒与释道的异，而王阳明更强调儒

---

① 钱德洪：《年谱三》，载《王阳明全集》卷三十五，第1090页。

与释道的同，湛若水排斥佛道二教的态度较为激烈，而王阳明对待佛道的态度则比较温和。

王阳明、湛若水两人都讲心学，但表述的方式不一样：一个讲"默坐澄心"致良知，一个讲随处体认天理。两人都认为朱子理学是学术道路上的一道障碍，本来很浅显的道理，偏要分析得晦涩难懂，分析得越详细，学问就越零散。他俩的共同目标是从已成口耳之学且八股化了的朱子理学中突围出来，另创一种究心性命的身心之学。他们认为已经八股化、教条化的理学，看似平正、周到，近乎圣学，实际上却是倚门傍户、俯仰随人的乡愿，矛头当然也只能是暗指朱学（非朱子）。王阳明认为朱学已是今日之"大患"[1]，两人常为某个观点争论。但这并没有影响他们的友谊。王阳明和湛若水成为明代心学的两面旗帜。

二是黄绾。黄绾（1480—1554），字宗贤，一字叔贤，号久庵、石龙，浙江黄岩（今台州）人。承祖荫授后军都督府都事，累官至南京礼部尚书兼翰林学士。黄绾聪慧异常，少慕朱熹理学，刻苦治学，卓有所得，且容易接受新鲜事物，是那个年代北京城里思想界的青年才俊。1510年王阳明一到北京，他就托储罐引荐，前来拜见，说自己有志于圣学。

王阳明一听黄绾有志于圣学，大为激动，拊掌而说："小伙子不简单呀，圣学久绝，你是从哪里知道的呀？"（"此学久绝，子何所闻而遽至此也？"）这话说得亲热，也有身份感：现在圣学仿佛只是我的独家秘技了，你是从哪里知道的呢？

黄绾谦虚地说道："哪里哪里，我只是有个大致的志向，并没有下功夫呢。"（"虽粗有志，实未用功。"）

王阳明一个劲地鼓励，说出了那句名言："人惟患无志，不患无功。"只要有成圣的志向，就相当不错了。人有了志向，就会下功夫。

黄绾请教："那我如何才能实现目标呢？"

"你可以做减法，把多余的东西扔掉。这样，内心就有更多的阳光进来。人

---

[1] 参见周月亮：《王阳明传》，长江文艺出版社2016年版，第58页。

心是关键,实现梦想,从心开始。"

王阳明一上来就讲他的心学。黄绾顿时大为折服。两人一下子就心贴心了。接着,黄绾见了王阳明几次,更为佩服,于是,王阳明、湛若水和黄绾三人,"以订我三人终身共学之盟"①。

当然,黄绾与王阳明的关系不同于湛若水与王阳明的关系。王阳明小湛若水6岁,两人各立门户,授徒讲学,在学问上互相探讨,互相交流,是平等的朋友关系。而王阳明大黄绾5岁,黄绾对王阳明的态度是复杂的,关系也有所变化。黄绾早年深受朱熹学说的影响。正德年间,两人是学友;嘉靖年间,黄绾成了王阳明的学生,对王学笃信不疑。为维护其"知行合一"说,与人反复论辩,深得王阳明器重,称其为"吾党之良,莫有及者"。王阳明去世后,两家成了姻亲。再后来,晚年的黄绾对王阳明提出了质疑:"予始未之信,既而信之,又久而验之,方知空虚之弊误人非细。信乎?差之毫厘,谬以千里,可不慎哉!"②

黄绾批判阳明心学的禅学倾向,指出学问之事有两个不同的方向:一个是"圣人之学",既要探讨"义"和"利"如何统一,也要研究人之"情"如何得其"正";另一个则是"禅定之学","凡言学问,谓良知足矣",其他一概不讲,由此产生"良知既足,而学与思皆可废矣"的恶果。他断言王学"实失圣人之旨,必将为害,不可不辩"③,反对空谈性理,主张经世。黄绾在王学风靡之时批判王学,成为中国思想史上对阳明心学进行系统批判的第一人。

三是乔宇。在北京期间,来见王阳明的,还有乔宇。乔宇(1464—1531),字希大,号白岩山人,乐平(今山西昔阳)人,与辽州王云凤、太原王琼并称"晋中三杰"。他少时随父进京,受学于杨一清。1484年(成化二十年)中进士,历任户部左、右侍郎。他比王阳明大8岁,是王阳明的老朋友。王阳明贬谪龙场时,经常寄诗给京城的朋友,其中就有乔宇。王阳明在北京期间,乔宇从户部侍郎升任南京礼部尚书,赴任之前特意来向王阳明请教人生应该怎样学习、怎样成长。

---

① 黄绾:《阳明先生行状》,《王阳明全集》卷三十八,第1164页。
②③ 黄绾:《明道编》,中华书局1983年版。

王阳明说："第一，学贵专。"

乔宇说："我从小学习下棋，就很专注呀。"

王阳明说："第二，学贵精。"

乔宇说："没错，我长大后喜好词章之学，经唐宋而入魏晋，学得挺精到的。"

王阳明笑了笑，说："第三，学贵正。"

乔宇说："对，我中年好圣贤之道。下棋、文辞，我都放弃了，不再放在心上。但我最近为什么心定不下来呢？"

王阳明说："你喜欢围棋，是沉溺于棋，这不叫专。你喜欢诗词，是癖好文章，这不叫精。你以前爱好的这些，是技，是术，而不是道。为什么你现在还感到迷惑呢？因为你起步之时就没有走在正道上。只有专于道，才有真正的专；只有精于道，才有真正的精。所以，必须把意向集中于道，这个正道就是圣人之学。"[①]

乔宇听后，醍醐灌顶。王阳明的这番话对乔宇影响很深。后来，乔宇从南京礼部尚书改任兵部尚书，参赞机务。朱宸濠在南昌谋反，乔宇得到王阳明的通知，不仅加强了南京城的防务，还铲除了朱宸濠在南京的内应。明世宗即位后，乔宇被召回北京任吏部尚书。

四是方献夫。方献夫（1485—1544），字叔贤，广东南海县人。他比王阳明小13岁，比王阳明晚6年中进士。1505年（弘治十八年），他20岁中进士，与湛若水关系亲密，既是广东老乡，又是同年进士，与湛若水一起被选进翰林院做庶吉士。方献夫与正德皇帝朱厚照早有交情。方献夫任广西某县知县时，朱厚照被封王于广西，某夜梦见自己头戴白巾，认为不祥。方献夫却解释道："大王头戴白布，是当皇帝的征兆，王字头上加个白字，不正是'皇'字吗？"朱厚照听后十分高兴，不久，弘治皇帝驾崩，朱厚照登基做了皇帝，念及方献夫解梦之情，觉得他忠心有加，便召方献夫进京，辅佐皇朝。

这次王阳明在北京期间，王阳明是吏部主事，方献夫已是吏部从五品的员外

[①] 王阳明：《送宗伯乔白岩序》，《王阳明全集》卷七，第193页。

郎，算是王阳明的领导。方献夫却拜王阳明为师，与王阳明、湛若水、黄绾、应良等人经常一起讲学与听讲。《年谱一》把他误记为正五品郎中[①]，原因是王阳明在《别方叔贤序》中笔误为"郎中"。

不久，方献夫请病假回老家奉养母亲、静养读书，比湛若水和黄绾更早离开北京。王阳明送别方献夫时，写了四首送别诗和一篇序文，点出方献夫求学的三次变化和进步："始而尚辞，再变而讲说，又再变而慨然有志圣人之道"[②]，最早用功于诗文，然后追求口才练达，最后才转到身心学问。王阳明提到一句很关键的话"圣人之学，以无我为本"，并因方献夫有如此优点而"乐为吾党道之"[③]。

四首送别诗[④]的第二首有："请君静后看羲画，曾有陈篇一字不？""羲画"，即伏羲先天八卦，先天八卦里有一个字吗？没有。没有的前提是"静后"。方献夫这时对"四书五经"已经滚瓜烂熟了。所以，王阳明让方献夫抛开经书，从心上做工夫。

第三首诗有"笑却殷勤诸老子，翻从知见觅虚灵"。"老子"指老一辈学者，王阳明笑话他们做学问很勤奋，却从知识中找良知。王阳明的这一"笑"，代价很大，很得罪"诸老子"了。

第四首诗："道本无为只在人，自行自住岂须邻？坐中便是天台路，不用渔郎更问津。"常人总是向打鱼的人问渡口在哪里，其实，道是要靠自己，不在旁人的。

方献夫在家乡一住就是近十年，与后来同在西樵山养读书的湛若水比邻而居。这期间，王阳明在与湛若水的通信中多次提到方献夫，对其学术造诣表示赞赏。直到1519年（正德十四年），方献夫重新出仕，任吏部员外郎时，才与王阳明恢复了联系。嘉靖皇帝继位后，在大礼议之争中，方献夫的坚定立场和突出表现得

[①] "是年僚友方献夫受学。献夫时为吏部郎中，位在先生上，比闻论学，深自感悔，遂执贽事以师礼。"见钱德洪：《年谱一》，《王阳明全集》卷三十三，第1011页。
[②] 王阳明：《别方叔贤序》，《王阳明全集》卷七，第195页。
[③] 王阳明：《别方叔贤序》，《王阳明全集》卷七，第196页。
[④] 王阳明：《别方叔贤四首》，《王阳明全集》卷二十，第602—603页。

到嘉靖皇帝赏识，不断升迁。1524年任侍讲学士，为皇帝讲解经史学问，得以近距离参与朝政。1527年任礼部右侍郎，旋即代任礼部尚书，在礼仪制定、官员选拔等方面发挥重要作用。1531年，嘉靖皇帝封其为武英殿大学士，入阁辅政，成为朝廷决策的核心成员。

五是王道（字纯甫）。这一时期，王阳明与王道交往较多。王道要去南京应天府担任学道，南北直隶省的顺天府和应天府府学学道相当于府学的校长。王道觉得自己学问尚未成熟，不知道教什么和怎么教，临行前就去请教王阳明。王阳明为此作《别王纯甫序》[1]。

王阳明说："教，就是将己之所学教给别人。"

王道问："我都学了些什么呢？"

王阳明说："把自己要教的学会就行了。古代的君子，自己做到了才要求别人做到。"

王道又问："学生千差万别，教法能一样吗？"

王阳明举了几个例子，表明教育的方法虽无定式，需因人施教，尽管学生最终各成其材，但同归于善这个目的却是一致的。他最后说道："教育的目的是恢复人至善的本性。"这是身心学问教与学的目的。

王道到应天府学后，与同事关系不好，"上下多不相能"，为此很苦恼，又来信请教。王阳明与王道之间有四封信，正德七年、八年各一封，正德九年两封[2]。王阳明在第一封信中告诉他，磨难能锻炼人，并说自己"谪贵州三年，百难备尝，然后能有所见"。"譬之金之在冶，经烈焰，受钳锤，当此之时，为金者甚苦；然自他人视之，方喜金之益精炼，而惟恐火力锤煅之不至。既其出冶，金亦自喜其挫折煅炼之有成矣。"他说，人有喜怒哀乐这四种情绪，碰到千变万化的天下之事，特别是遇到变故遭受屈辱时，要能镇定冷静，这便是功夫得力之处。这才是身心学问的根本，做官的学问也是这样。功夫得力了，气质就变化了。

---

[1] 王阳明：《文录四》，《王阳明全集》卷七，第196页。
[2] 王阳明：《与王纯甫》，《王阳明全集》卷四，第133—135页。

王道怀疑阳明心学的心局限于人身方寸之地，反过来去信劝说王阳明。正德八年，黄绾给王阳明的信中提到，王道已经开始讽刺王阳明的心学。王阳明就在正德八年回了王道一封长信，在批判其观点的同时，解释和阐发了自己的心学思想。王阳明开篇就指出：纯甫，你的发问，言辞谦虚，实则自以为是，既然是自以为是，就"非求益之心矣"。我起初不想回答，但"既而思之"，你之所以自以为是，都是因为"心有所惑而然"，而不是自知不对，又故意为之，以此来要我。所以，我还是做个回应。你看，这个序言不但长，且论辩的意味很浓。

王阳明首先列举王道"来书云"的观点。王道说："善"是指什么？"原从何处得来？今在何处？"王阳明指出王纯甫"反复此语"，说明你"近来得力处在此，其受病处亦在此矣"。什么病呢？"已失之支离外驰而不觉矣"，"盖未察夫圣门之实学，而尚狃于后世之训诂，以为事事物物，各有至善，必须从事事物物求个至善，而后谓之明善"。接着，王阳明阐发了自己的心学思想："夫在物为理，处物为义，在性为善，因所指而异其名，实皆吾之心也。心外无物，心外无事，心外无理，心外无义，心外无善。吾心之处事物，纯乎理而无人伪之杂，谓之善，非在事物有定所之可求也。处物为义，是吾心之得其宜也，义非在外可袭而取也。格者，格此也；致者，致此也，必曰事事物物上求个至善，是离而二之也。"这段议论，是阳明心学思想的经典阐述。

王阳明意犹未尽，接着说：你王纯甫问"学以明善诚身"，"明"的入头处在哪里？"明善""与诚身有先后次第否"？"诚身"的"诚是诚个甚的？"你王纯甫之意，"必以明善自有明善之功，诚身又有诚身之功也"。其实，我是"以明善为诚身之功也"，"诚之功，则明善是也"，两者是一回事，"所以明善而为诚之之功也。故诚身有道，明善者，诚身之道也；不明乎善，不诚乎身矣。非明善之外别有所谓诚身之功也。"如果像你说的"自有明善之功，又有诚身之功"，那就"离而二"啦。"

正德九年的两封信很短，王阳明说"学以明善诚身"，并不是"只兀兀"地排除心里的"昏昧杂扰"，那只是"坐禅入定，非所谓'必有事焉'者矣"。圣门之学哪有这样的呢？"后世之学，琐屑支离"，看起来"句句是，字字合"，然而"终非积本求原之学"，"终不可入尧舜之道也"。王阳明在最后一封信中，对两人的讨论做了一个总结："夫趋向同而论学或异，不害其为同也；论学同而趋向或异，不害其为异也。不能积诚反躬而徒腾口说。"[①]如果志向一致，那么学术观点有异，也仍属志同道合；如果志向不一，那即使学术观点有一致之处，也不妨碍双方的志向不一。只是不要一味地在嘴上说要"诚身"而不见之于行动。这已经预示着王阳明和王道的分歧之严重。但从他们的分歧与争论来看，王阳明也把自己的心学思想阐述得比较透彻了。因此，王阳明的这次京城交游和讲学的思想成就还是很大的。

2. 王阳明的好官运

王阳明一边忙着讲学，一边接受由吏部和都察院主持的地方官考察。十二月初，考察结果出来了，"升南京刑部四川清吏司主事"。王阳明在几年前就担任过刑部的主事，现在转了一圈，又转回来了原点，勉强恢复到贬谪前的级别，仍然是主事，官阶六品，司局级，更让他郁闷的是，还是要到南京去任闲职。

明代是两京制，北京、南京各设一套中央机构，但南京官职多为闲职。《年谱一》特别标明"升"，因为这个职务比知县略高，地方官变成副京官了。这为日后晋升提供了稍高的起点。再者，到南京任职，虽无实际权力，却有大量闲暇时间研修圣学。这样，当官便成了业余的事情。[②]

正当王阳明收拾行李准备去南京刑部上任的时候，湛若水、黄绾等人却不让他走。原来，他们在京城四处活动，要为王阳明谋一个京城的官职。果然，正月时，王阳明调任"吏部验封司主事"。虽然还是主事，官阶六品，但吏部乃六部之首。更关键的是，王阳明留在北京了。

王阳明到吏部上班，屁股还没坐热，正德六年二月，又担任了会试同考官。会试的规格比乡试更高，主考官通常是礼部尚书一级的人物，王阳明只是一个主事，却能担任同考官。这一届会试主考官有2人，同考官17人。王阳明和另一人负责判阅《礼记》一科，这意味着考《礼记》的中试者名义上都成了他的弟子。

[①] 王阳明的上述四封信见《与王纯甫》一至四，《王阳明全集》卷四，第133—135页。
[②] 周月亮：《王阳明：内圣外王的九九方略》，中华工商联合出版社2002年版，第189页。

由于各科是分房阅卷,这样的老师被称为"房师"(区别于"座主","座主"一般指主考官)。这次,王阳明参与录取了邹守益、南大吉。有了弟子,讲学活动就多了。从《王阳明全集》来看,从这一年开始,他讲学性质的文章多了,现存写于明正德六年的序、说有9篇,书信有6篇。

王阳明的好运仍在继续。十月,他又升为吏部文选清吏司员外郎,官阶从五品,相当于专管官员升迁和调动的副司长。

这个员外郎还没当满半年,1512年(正德七年)三月,他又升为吏部考功清吏司郎中,官阶正五品,也就是司长,成了一个部门的一把手了。

这一年的十二月初八,41岁的王阳明又被提升为南京太仆寺少卿。太仆是掌管马政的官员,《西游记》中孙悟空担任的弼马温就类似于这个管马的官职。在古代,马是重要的战略和军用物资,军马的优劣往往对战争胜负起着关键作用。1373年(洪武六年)在滁州设置太仆寺,官阶从三品。1397年(洪武三十年)为加强军事力量,先后又在北平、辽东、山西、陕西、甘肃等处设立太仆寺,为国家饲养军马[①]。王阳明担任的太仆寺少卿是副职,没有任何实权,虽职务算在南京官员序列,却在滁州上班,离南京还有几十里路程。但这个官职的级别高,为正四品。所以,王阳明比较得意,称自己"阶资稍崇"了。

中国古代,中央政府中常设有九卿。《续汉书》将太常、光禄勋、卫尉、太仆、廷尉、大鸿胪、宗正、大司农、少府定为九卿。明朝则列十八卿:以六部尚书、都察院都御史、大理寺卿、通政司使为九卿;以太常寺卿、太仆寺卿、光禄寺卿、詹事、翰林学士、鸿胪寺卿、国子监祭酒、苑马寺卿、尚宝司卿为小九卿。

从1510年正月至1512年十二月,短短两年,王阳明从县令升为主事,从主事升员外郎,从员外郎升郎中,再到少卿,官阶从七品、六品到从五品、正五品、正四品,都是屁股没坐热,甚至是在赴任途中就直接又获升官,这是怎么回事?走了大运啦?遇到伯乐啦?

[①] 李根:《明朝出了个王阳明》,国际文化出版公司2016年版,第107页。

王阳明能不断得到提升，主要是杨一清的鼎力提携。那杨一清为什么会提拔王阳明呢？

有一个重要原因，这一时期黄绾成了王阳明的密友，黄绾等人在杨一清那里大力引荐了王阳明。

黄绾出身书香门第，后凭借祖荫当上了后军都督府都事。那么，什么是后军呢？明朝初期的军事机构设置依次是：五军（中军、左军、右军、前军、后军）都督府（中央）、都指挥使司（省级）、卫（府级）、千户所（州）、百户所（县）。

其武官的配置是：都督府设左、右都督（均为正一品，但左都督的权力大于右都督）、都督同知（从一品）、都督佥事（正二品）；都指挥使司长官是都指挥使（正二品）、都指挥同知（从二品）、都指挥佥事（正三品），长官之中有一人统司事的称掌印，分管事务的称佥书；卫的长官是指挥使（正三品）、指挥同知（从三品）、指挥佥事（正四品）、千户（正五品）、百户（正六品）。

相比之下，明朝初期武官的品级要高于和他们共事的文官（明朝中、后期则是重文抑武，文官地位高于武官）：兵部尚书正二品（兵部拥有调兵权而无统兵权，五军都督府拥有统兵权而无调兵权，相互节制，均听命于皇帝）；省布政使从二品，按察使正三品；知府正四品；知州从五品；知县正七品。

明朝都司卫所制度，每都指挥使司（都司）设若干卫；每卫5600人，下设5个千户所；每千户所1120人，下设10个百户所；每百户所112人，下设2总旗；每总旗50人，下设5小旗，每小旗10人。

在军职中，都指挥使司还设有：经历（正六品）、都事（正七品）、断事（正六品）、副断事（正七品）、司狱（从九品）。卫还设有：镇抚（从五品）、经历（从七品）、知事（正八品）、吏目（从九品）。千户所还设有：副千户（从五品）、镇抚（从六品）。百户所还设有：试百户（从六品）、总旗（正七品）、小旗（从七品）。经历、都事是负责文书的官员，镇抚（无狱事管军）、断事、司狱则是负责刑狱的官员。

黄绾的官职显要，人脉广泛且深厚，很有能量。正是他和湛若水一道说服了杨一清。杨一清跟王阳明的父亲王华关系很好。而且，王阳明坐诏狱时，杨一清也被刘瑾打入诏狱之中，两人是有着同样经历的狱友。何况杨一清在西北工作多年，管理马政成效显著，这是他的政绩之一。所以，他调任吏部尚书后，对全国马政官员的任用颇有话语权，更何况南京太仆寺少卿本就一闲职。因此，一经黄绾提及，杨一清顿时有了印象，并有了实际行动，先是把王阳明从南京刑部四川司改派到北京吏部，后又任命他为南京太仆寺少卿。

三、王阳明的南下和南都讲学

1. 南下船中与徐爱论《大学》

1512年（正德七年），41岁的王阳明要去滁州担任南京太仆寺少卿，结束两年的北京生涯。在去滁州赴任前，王阳明想回余姚老家看看。刚好，徐爱由直隶祁州府知州调任南京工部员外郎。于是，两人十二月出发，同船南下前往浙江。一个来月的水路行程中，他们在船上围绕《大学》宗旨展开深入探讨，徐爱问，王阳明答；王阳明论，徐爱记。此次讨论开始明确批判朱熹的观点。徐爱对王阳明不但敬重有加、情谊深厚，而且在对阳明心学的领悟、理解、解读和传播方面，发挥了极其重要的作用。徐爱听了王阳明对《大学》宗旨的阐述后，跃然而起，欣然赞同，称："始信先生之学为孔门嫡传，舍是皆傍蹊小径、断港绝河矣！"[1] 这次论学，无论对于中国心学发展史，还是对于徐爱和王阳明而言，都具有十分重要的意义。

王阳明对徐爱也极为赏识，感情深厚。1516年（正德十一年），徐爱回家乡省亲，不幸染上痢疾，于1518年5月17日在家乡病逝，年仅32岁。当时，王阳明正在江西赣州前线，军务繁忙，战事吃紧，家人未能及时将消息告知他。一年后，王阳明得知噩耗，失声痛哭，"哽咽而不能食者两日"[2]，哽咽了两天两夜，不吃一点东西，夫人诸氏及学生都劝他。王阳明强打起精神，写了一篇《祭徐曰仁

---

[1] 王阳明：《传习录上》，《王阳明全集》卷一，第10页。
[2] 王阳明：《祭徐曰仁文》，《王阳明全集》卷二十五，第788—789页。

文》,文中提道:"吾有无穷之志"①,只怕自己活不长,本想把事业托付给徐爱,谁知他竟先自己而去。王阳明仰天大哭:"天而丧予也,则丧予矣,而又丧吾曰仁何哉?"②天啊,你要丧我就丧我吧,干吗要丧我的徐爱呢?这是一种撕心裂肺的痛哭。

六年后,王阳明从江西回到故乡,专程去徐爱墓前祭奠,写了一篇《又祭徐曰仁文》,深情问道:"良知之说兮闻不闻?"③闻者无不怆然唏嘘。黄宗羲说:"曰仁(指徐爱)之亡,文成(指王阳明)有丧子之恸。"王阳明直到晚年仍时常念及徐爱,只要与门人探讨学问至精微处,他就会提及:"此意与曰仁身中及之。"每当讲学碰到"酬答之间,机缘未契"的疑难问题,王阳明就会叹曰:"安得起曰仁于泉下而闻斯言乎?"甚至还会时不时"率诸弟子至其墓所,酹酒而告之"。可见其对徐爱之器重。

徐爱死之前,做了一件很有意义的事。徐爱把这次两人在南下船上的问答讲学记录加以整理,又收录了其他有关书信,汇集成一本书,曰《传习录》。为何取名《传习录》呢?"传习"一词出自《论语》的"吾日三省吾身:为人谋而不忠乎?与朋友交而不信乎?传不习乎?"强调生命修养功夫在不断地自我省察,以及在与师友传授讲习中切磋琢磨。此书后经王阳明本人审阅,于1518年(正德十三年)由弟子薛侃在赣州刊印发行,成为王阳明最早的专著和代表著作,是研究阳明心学的主要文献依据。

徐爱记录的这部分内容主要是王阳明对《大学》的讲解。王阳明选用的《大学》版本是汉郑玄整理的(徐爱说是"旧本",王阳明说是"古本")。若将《大学问》视作阳明心学入门书,那么《传习录》便可看作是《大学问》的课外辅导书。

与朱熹等人相比,王阳明一生的著述并不多,尤其在注疏领域,只有《五经臆说》《大学古本傍释》《朱子晚年定论》等寥寥几种。王阳明的著述大体可分为学术、政论和兵学三类。学术类主要有《传习录》《大学问》等;政论类主要有《奏疏》七卷《公移》三卷及《三征公移逸稿》等;兵学类主要有《兵志》《阳明兵略》

---

① 王阳明:《祭徐曰仁文》,《王阳明全集》卷二十五,第788—789页。
②③ 王阳明:《又祭徐曰仁文》,《王阳明全集》卷二十五,第790页。

《武经七书评》等。后人将其著作汇编为《王文成公全书》。

1518年（正德十三年），学生薛侃将徐爱所录的残稿，与陆澄及自己新记录的部分合在一起，仍以《传习录》为名，在江西赣县出版。

《传习录·中卷》收录的是王阳明论学的书信，皆出自王阳明亲笔，属于他晚年的著述。1524年（嘉靖三年），学生南大吉在浙江余姚刊印了这部分内容。

《传习录·下卷》是在1529年王阳明去世后，学生钱德洪向王阳明的弟子广泛收集先生的语录，将陈九川等人所录的《遗言录》加以删削，再与他自己和王畿所录一同编成《传习续录》，在安徽宁国出版。虽这部分内容未经王阳明本人审阅，却较具体地阐释了他晚年的思想。

如此一来，《传习录》涵盖了王阳明与弟子、朋友论学和书信往来的语录，从《初刻传习录》（即现今的《传习录·上卷》），到最终形成目前所见的《传习录·下卷》定本，前后历时55年。

1556年（嘉靖三十五年），钱德洪又将黄直所录部分编入《传习续录》，并在湖北蕲州出版。

1572年（隆庆六年），时任巡按御史的谢廷杰在浙江出版《王阳明全集》，其中以薛侃所编《传习录》为上卷，以钱德洪增删南大吉所编书信部分的8篇为中卷，以《传习续录》为下卷，同时附录王阳明所编的《朱子晚年定论》，便成为《王阳明全集》中的《传习录》。

现在的《传习录》的版本有：上海商务印书馆曾影印隆庆六年的《王阳明全集》，作为《四部丛刊》本；日本东京昭和五十年，松云书院曾印1897年佐藤一斋的《传习录栏外书》；上海商务印书馆1927年出版了叶绍钧的校注本。

薛侃刻的《传习录》的核心观点是："《大学》工夫即是明明德，明明德只是个诚意，诚意的工夫只是格物致知……诚意之极便是至善。"这一观点针对的是朱熹"新本"《大学》先格物后诚意的缺陷，在王阳明看来，圣人的古本原定的次序就是诚意在格物前，无须增添一"敬"字，以诚意为起点，便是返本复原了。诚意的本质就是为善去恶。在王阳明看来，若以格物为先，人们就容易追逐外物，步入支离之境，生有涯而知无涯，心劳力拙，越努力离大道越远。王阳明以诚意为起点，当然并非反对一般意义上的格物，只是给格物指明一个明确的为善去恶的方向。

王阳明的《传习录》具有语录体和书信体的亲切、警策、精辟，问答中显机锋，或随顺接引，或因病立方，或取《大学》格局，注入心学的义理。《传习录》全面记录了王阳明的言论，阐述了其心学思想，也体现了他独特的授课风格，及其生动活泼、善于用譬、常带机锋的语言艺术，是研究王阳明思想及心学发展的重要文献。

1513年（正德八年）二月，王阳明回到家乡余姚。自从正德二年初在杭州和弟弟们分别后，王阳明已有六年没有回故乡了。这一次，他在余姚一直逗留至十月。不禁让人疑惑，明朝的纪律竟松懈到如此地步，一个四品大官不去上班，在家里一待就是八个月。

其间，王阳明与徐爱等学生游四明山，探访祖居，在陈溪（今绍兴市上虞区），宁波余姚、海曙、奉化，赏景游学半个多月。

2. 赴任于滁州、南京

十月二十二日，王阳明到达滁州就任。滁州距离南京100多里，此地山清水秀。北宋的欧阳修在这里任太守，玩得不亦乐乎。一篇《醉翁亭记》让滁州名扬天下，开篇"环滁皆山也"一句，气势不凡。王阳明也是如此，滁州"地僻官闲"，于是"从游之众自滁始"，他在滁州将新老学生大量聚集起来，"日与门人遨游琅琊、瀼泉间"；月夜之时，他与学生牵臂上山，环龙潭而坐，据《年谱一》记载，已达数百人，长夜欢歌，"诸生随地请正，踊跃歌舞"[①]。他自己也写下《滁州诗》36首。

王阳明的前任是文森（1462—1525），文森是文徵明的叔叔。后来，王阳明巡抚南赣，前任也是文森。王阳明到任后，文森还在滁州住了一段时间，正德九年正月初三、初五，王阳明和文森以及蔡宗兖、朱节等20多个在滁州的学生一

---

① 钱德洪：《年谱一》，载《王阳明全集》卷三十三，第1013页。

同游龙潭、琅琊山等地，刻石记游。[1]

王阳明在滁州的讲学，跟他在龙场、贵阳、京城等地的讲学都不相同了，他的讲课既不照本宣科，也不是像朱熹那样注解经书，更不是为了应对科举考试，他是以"乐"为本，相与论学，寓学于游，"点化同志，多得之登游山水间也"[2]，当地的琅琊山、龙潭等名胜都是他们游学的必去之地。王阳明在滁州、南京一带的讲学活动，对南中王门学派的形成和发展起到了极大的推动作用。

王阳明看重静坐。"吾昔居滁时，见诸生多务知解，口耳异同，无益于得，姑教之静坐。一时窥见光景，颇收近效。久之，渐有喜静厌动，流入枯槁之病，或务为玄解妙觉，动人听闻。故迩来只说致良知。良知明白，随你去静处体悟也好，随你去事上磨炼也好，良知本体原是无动无静的，此便是学问头脑。我这个话头，自滁州到今，亦较过几番，只是致良知三字无病。医经折肱，方能察人病理。"[3]

王阳明发现来学习心学的不少人心浮气躁、急功近利，便让他们静坐，以此来去掉私欲杂念，不为荣辱所动，让心保持澄净的状态。可他又担心弟子们把静坐当成目的，流入枯禅，所以提倡在事上磨炼。王阳明所说的静、寂、定，都不是纯粹的静止，王阳明反复说："人须在事上磨炼做功夫乃有益。若只好静，遇事便乱，终无长进。"[4] 无论是动还是静，都是磨炼自己、追寻本心的过程。有一次，顾东桥写信给王阳明说："夫清心寡欲，作圣之功毕矣。"认为成为圣人的要领全在于做到清心寡欲。王阳明回信说："欲寡则心自清"，私心贪欲少了，心自然会清静。但是，"清心非舍弃人事而独居求静之谓也"[5]，做到清心，绝对不是在那里独居静坐，而是要在人事上磨炼、实践。

湖南辰州的刘易仲跟随王阳明来到滁州，有一天问："道可言乎？"王阳明

---

[1] 李庆：《王阳明传——十五、十六世纪中国政治史、思想史的聚集点》，上海古籍出版社2021年版，第284页。

[2] 钱德洪：《年谱一》，载《王阳明全集》卷三十三，第1013页。

[3] 王阳明：《传习录下》，《王阳明全集》卷三，第92页。

[4] 王阳明：《传习录下》，《王阳明全集》卷三，第81页。

[5] 王阳明：《传习录上》，《王阳明全集》卷二，第57页。

说:"哑子吃苦瓜,与你说不得。尔要知我苦,还须你自吃。"强调个人的自身实践与体会。刘易仲省然有悟。① 王阳明还送了他一首诗,其中有一句"至道不外得,一悟失群暗",道就在自己心中,这就是自己的良知,一旦致良知,就得道了,内心就光明,就没有阴暗了。

王阳明在滁州待了六个月,1514年(正德九年)四月,升任南京鸿胪寺卿,官阶正四品。有人会问,王阳明此前担任的南京太仆寺少卿,虽是副职,也是正四品,现在升任南京鸿胪寺卿,变成正职了,怎么还是正四品呢?没错。在明朝,太仆寺是掌管牧马政令的中央机构,隶属于兵部,主要负责马政,包括马匹的繁殖、牧养、训练等诸多事务,对于国家的军事、交通等方面有着重要的作用。所以,南京太仆寺卿是从三品,而少卿是正四品。而鸿胪寺卿只是在朝会之时当司仪,外宾来时搞搞接待,主持各种典礼,主要是皇室成员的婚丧嫁娶的外围礼节。北京的鸿胪寺还有些事干,但南京的这个官职是虚职闲职,其正卿也是正四品。正是由于职责和权力不同,南京鸿胪寺卿与南京太仆寺少卿品级相同。不过,在王阳明看来,不一样。太仆寺少卿,毕竟是副职,还远在滁州;而南京鸿胪寺正卿是正职,位列九卿之一,且在南京市内办公。所以,王阳明很高兴,只用四天就走马上任了②,五月到南京。他在南京鸿胪寺卿这个职位上,干了近两年半的时间③。

南京鸿胪寺卿本就是一闲职,王阳明天天无事可干。他说自己的生活状态是:"竹里藤床识懒人,脱巾山麓任吾真。""扫石焚香任意眠,醒来时有客谈玄。"④ 无事可干,王阳明就继续讲学,规模又有发展⑤,《年谱一》记录有徐爱、黄宗明、薛侃、马明衡、陆澄、季本、许相卿、王激、诸偁、林达、张寰、唐愈贤、饶文璧、刘观时、

---

① 王阳明:《别易仲》,《滁州诗三十六首》,《王阳明全集》卷二十,第605页。
② 周月亮:《王阳明传》,长江文艺出版社2016年版,第175页。
③ 据王阳明的《给由疏》(见《王阳明全集》卷九,第251页),到正德十一年九月十四日。
④ 王阳明:《山中懒睡四首》,《南都诗四十七首》,《王阳明全集》卷二十,第612页。
⑤ 张祥浩:《王守仁评传》,南京大学出版社1997年版,第28页。

郑骝、周积、郭庆、栾惠、刘晓、何鳌、陈杰、杨枏、白说、彭一之、朱篪、萧惠、梁穀等27人同聚师门，日夕请教，无有懈怠。①

王阳明的讲学内容"以教人存天理去人欲为本"②，原因在于，"今见学者渐有流入空虚"，"故南畿论学，只教学者'存天理，去人欲'为省察克治实功。"③陆澄接到家信，说他儿子病危，王阳明说："此时正宜用功。若此时放过，平时讲学何用？人正要在此等时刻磨炼。"有个学生眼病，忧心如焚，王阳明说："尔乃贵目贱心。"④

3.《朱子晚年定论》

1514年（正德九年），在南京，王阳明还做了一件重要的学术工作，即把朱熹强调涵养的书信编成一册，名为《朱子晚年定论》⑤。这在后来引发了巨大的争论。

当时，朱熹门徒遍布天下，朱熹理学势力强大，已占统治地位，反对阳明心学的人多如牛毛。王阳明追求圣人之道，就不能避开朱熹。但公开批评朱熹很容易激起朱子后学的反感，也会在自己的弟子中助长批评朱学的风气，从而挑起学派之间的争端。于是正德九年在南京时，王阳明改变做法，编辑《朱子晚年定论》，想和朱熹攀上关系，以此来证明自己的学说是从朱熹那里转手来的，调和阳明心学与朱子思想的矛盾，尽量减少王学传播中的阻力。正德十三年，《朱子晚年定论》与古本《大学》《传习录》在赣州一起刻印。

《朱子晚年定论》收集了朱子与友人论学的34封书信，并编为一辑。王阳明认为这些书信集中体现了朱熹晚年学术思想的最终定论，而此前朱熹的论述，皆是中年未定之论，不足为据。王阳明在《朱子晚年定论序》中阐述了三点：其一，

---

① 参见张祥浩：《王守仁评传》，南京大学出版社1997年版，第27页；焦堃：《阳明心学与明代内阁政治》，中华书局2012年版，第71页。

② 张祥浩：《王守仁评传》，南京大学出版社1997年版，第27页。

③ 钱德洪：《年谱一》，载《王阳明全集》卷三十三，第1014页。

④ 王阳明：《传习录上》，《王阳明全集》卷一，第32页。

⑤ 张祥浩：《王守仁评传》，南京大学出版社1997年版，第28页。

自己从生活实践中体悟出来的心学理论无可置疑，它与朱学的矛盾只是与朱熹中年未定之说的矛盾；其二，朱熹晚年的这些定论表明他大悟并悔悟中年之说的错误，只是没来得及修正；其三，世儒只据守朱熹的中年之论，而未闻其晚年定论，所以扰乱了正学。

王阳明编辑《朱子晚年定论》，既旨在传播心学，又试图借助朱熹本人的文章平息朱门后学的批评之声。正德十四年，即刊刻《朱子晚年定论》的一年后，他在致弟子邹守益的信中坦言，自己在南京"偶因饶舌，遂致多口，攻之者环四面"，反对者很多，便"取朱子晚年悔悟之说，集为定论，聊借以解纷耳"，他编纂《朱子晚年定论》是想以此化解纠纷。王阳明对以晚年朱熹反对中年朱熹的方法颇为自得，声称"无意中得此一助"[①]，但这一举动却一直饱受诟病：

一、这些书信是否确为朱熹晚年所作？（朱熹活了71岁，张祥浩考证指出，这些书信多写于朱熹39岁、40岁、41岁等，并非晚年。）它能表明朱熹晚年思想真的与中年不同吗？[②]

1520年（正德十五年）六月，王阳明前往赣州时，途经泰和，当时少宰罗钦顺赋闲在家，致信问学，向他指出《朱子晚年定论》中考据失实，其中不乏朱熹中年之作。王阳明对此予以承认，回复道："某为《朱子晚年定论》，盖亦不得已而然。中间年岁早晚，诚有所未考，虽不必尽出于晚年，固多出于晚年矣。"[③]

朱熹一生至少跟430人有过书信往来，现存1600余封。王阳明仅从中选取34封进行摘录，有的信件只摘取几行。这34封信中，可以确定为早年写的5封，晚年的10封，疑似晚年的8封，不确定的11封。仅凭5封早年书信，便足以推翻"晚年定论"之说，更何况如果仅凭10封信中的几句话就认定为"晚年定论"，那可以编出许多"朱子晚年定论"。[④]

[①] 王阳明：《与安之》，《王阳明全集》卷四，第148页。
[②] 张祥浩：《王阳明评传》，南京大学出版社1997年版，第433页。
[③] 王阳明：《答罗整庵少宰书》，《王阳明全集》卷二，第68页。
[④] 周月亮：《王阳明传》，长江文艺出版社2016年版，第200页。

二、朱熹在晚年是否真的与中年截然不同？是否真的悔悟了中年之非？周月亮指出：朱熹绝未"大悟旧说之非"，更无"痛悔极艾，只以为自诳人之罪不可胜赎"。[1]

其实，王阳明的《朱子晚年定论》存在断章取义。朱熹一生说了那么多的话，写了那么多的书。王阳明找出朱熹万把字带有自我批评、悔其少作的话，当作了朱熹向心学"投降"的忏悔录。

当然，王阳明此举也有不得已的苦衷。他十分清楚，并不存在所谓的"朱熹晚年定论"，这完全是他根据自身需要而断章取义构建出来的。事实上，他这么做，对他的个人声誉和学术地位都造成巨大负面影响。刘宗周曾对王阳明编撰《朱子晚年定论》提出批评，而桂萼上疏"罢封爵、禁伪学"时，也将王阳明编纂《朱子晚年定论》列为重要罪状之一。明清之际，批判王学的一个焦点也是这部《朱子晚年定论》。[2]

这一次，王阳明在南京任职共计29个月零12天，约合两年半。

---

[1] 周月亮:《王阳明传》,长江文艺出版社2016年版,第199页。
[2] 周月亮:《王阳明传》,长江文艺出版社2016年版,第200页。

第6讲
南赣剿"匪":"破山中贼易,破心中贼难"

一、南赣的民乱形势与南赣巡抚的由来

正当王阳明在南京讲学著书忙得不亦乐乎之时,发生了两件事:一是朝廷大臣、大学士杨一清受排挤退休,退休的大学士李东阳去世。二是南赣"匪"情日趋严重了。

1. 南赣地理及流民涌入

这里要说明的是,"赣南"和"南赣"是相关而又不同的两个概念:"赣南"是指江西南部的区域,与福建、广东、湖南三省接壤;"南赣"则是指江西、福建、广东、湖南四省交界的这片区域。

南赣地处四省交界,万山峻岭,林木茂盛,山高溪险,"汉唐以前,率以荒服视之"。方圆千里,地形复杂,瘴气毒雾遍地,直到明初,"地旷人稀","地大山深,疆域绣错",尚未开发。

明代首辅、江西泰和人杨士奇(1365—1444)曾在赣州石城做过训导,他形容"赣为郡,居右江上流,所治十邑皆僻远,民少而散处山溪间,或数十里不见民居。里胥持公牒征召,或行数日不达其舍,而岩壑深邃,瘴烟毒雾,不习而冒之,辄病而死者常什七八。江水险急,滩石如虎牙森立。……是以会府优视之,于赋

役百需,常半减他郡"①。当时的赣南,瘴气毒雾遍地,人口稀少,数十里不见民居。其实,整个南赣地区也是这种情况。

明代中期以后,自然灾害频繁,农民赋税日趋加重,大批农民离乡背井,沦为流民。明初,人民的流动和迁徙是受限制的,如正统二年就规定"(流民)若团住山林湖泺,或投托官豪势要之家藏躲,抗拒官司,不服招抚者,正犯处死,户下编发边卫充军,里老窝家,知而不举,及占吝不发者,罪同"②。但明中期以后,官府的限制被冲破。成化年间,流民便开始陆续进入南赣地区。

到英宗正统年间,流民成为全国性的现象,而赣南地旷人稀,荒地较多,政教统治相对薄弱,便成为流民的流入地,也成为大盗巨寇、亡命之徒逃匿之所。

成化年间,外来的流民陆续进入南赣地区,却拿不到好田好地,只得住进山区开垦荒地,种植水稻、花生、甘蔗等作物,他们"往往相聚为盗贼","昼则下山耕种,夜则各遁山寨为贼"③。到了正德年间,流民为盗已相当普遍,这片地区已成为官府管控不住的"贼区"。

赣南的大户也招揽流民为佃户,不过这些流民的到来却"往往相聚为盗贼",转化为地方强盗。"南、赣诸府多盗,率强宗家仆"④,"强宗家仆"就是外来的流民。而"访得南、赣等府地方大户并各屯旗军,多有招集处处人民佃田耕种,往往相聚为盗,劫掠民财。……(流民)不计于版籍,身不役为差徭,出入自由,习成野性。往往强劲,多是此徒"⑤。

值得一说的是,这种亦民亦"匪"、民盗不分的情况比较普遍。当时盗贼并非都是流民,也混杂着不少当地的里甲编户和明代以前就居住于此的"畲""瑶"等土著。到了正德年间,这里已成了官府难以控制的"贼区",里甲编户民众逃散,

---

① 杨士奇:《送萧御史还江西序》,《东里文集》,中华书局1998年版。
② 怀效锋、王旭译注:《大明律》,中华书局2024年版。
③ 《宋史·陈鞾传》,中华书局1977年版。
④ 见《明史·卷一百八十三·列传第七十一》,中华书局1974年版。
⑤ 《明实录·明英宗实录》,中华书局2016年版。

赋税锐减，治安恶劣，官府疲于对付各种各样的流民武装，明朝廷在南赣的统治相当不稳，社会秩序受到严重的冲击。

2. 南赣巡抚的设立

当然，朝廷是有办法的。这就是设立南赣巡抚。

赣州自216年（东汉建安二十一年）开始设县，属九江郡。元代时，赣州辖10县，分别为赣县、于都、信丰、宁都、安远、上犹、龙南、石城、南康、大庾。1365年（至正二十五年），改南安路为南安府，府治设于大庾，领大庾、南康、上犹三县。

明初，今赣州地面上有赣州府、南安府两个府，行政上属江西布政使司管辖。

为了应对闽赣湘粤四省交界地区的流民盗贼活动，特别是各省盗贼"以相援"的情况，1494年（弘治七年），朝廷始设都察院南赣巡抚。最初，该巡抚辖南、赣、建、汀、惠、潮、雄、郴七府一州，统辖以上四省的边界地区，专门负责和处理赣闽粤湘交界处社会秩序混乱以及流民动乱等问题。1495年（弘治八年）开府赣州，增辖韶州府。1529年（嘉靖八年）增辖吉安府、抚州府。1517年（正德十二年）七月，朝廷加授王阳明提督军务。从此，巡抚南、赣、汀、漳等处地方提督军务之制一直延续至1665年（清康熙四年）撤销，先后存在了170多年。南赣巡抚是正式设置的准省级官职。南赣巡抚衙门设在赣州。需注意的是，这个"南赣"，可不是"赣南"，"南赣巡抚衙门"也不是"赣南巡抚衙门"。它管辖的不只是赣州府，而是江西、广东、福建、湖广（湖南与湖北）四省交界的多个州府。南赣巡抚的辖区时有变动，最盛时包括江西布政使司辖下的赣州府、南安府2府，两广巡抚属下的韶州府、潮州府、南雄府3府和惠州之平远、程乡2县，福建布政使司辖下的汀州府、漳州府2府，湖广布政司辖下的郴州1府。南赣巡抚号称八府一州，涉及4省、5道、69县、25卫所。赣州、南安2府隶属南赣巡抚，历朝历代则一直未变。

南赣巡抚，作为这一地区的最高地方长官，其职权和职责与一般的巡抚有所不同：它不预民事，是提督军务，是军事活动的指挥者，最重要的任务是通过军事手段征讨南赣地区的地方盗贼，专门处理闽粤湘赣四省交界处的社会治安与流民动乱问题，控制基层流动人口，消除地方社会为盗之风，维持地方的统治秩序。既然要剿"匪"防盗，就不可避免地会介入地方政务，所以，历任巡抚对辖区内武职三品、文职五品以下官员有处置权。

南赣巡抚全称"巡抚南赣汀韶等处地方提督军务"，该衙门隶属于都察院系统，历任巡抚都兼有都察院都御史、副都御史或佥都御史的头衔。明代的都察院是前代的御史台发展而来的，南赣巡抚驻地赣州旧称虔州，因此，南赣巡抚衙门又称"虔台"。

南赣巡抚这170多年的历史，对研究四省交界区域的历史，具有重要意义。

3. 南赣的"匪"情为什么这么重？

如何对付地方流民"匪"患，成了明代赣南官府必须面对的问题。

南赣包括赣州、南安等八府，行政上分属赣闽粤湘四省布政使司。但盗贼在四省边界地带流窜，一处被打，逃往他地；一方挨打，他方相援，"贼众而势散，恃山溪之险以为固"，"贼猾而势聚，结党与之助以相援"①。地方官员东征西讨，疲于奔命，头都搞大了，甚至动用广西狼兵，仍不得胜利。

一是吏治腐败激化了社会矛盾和民族矛盾。

二是赣南的兵马调遣制度不力。王阳明曾描述当时的情况是："非调土军，即倩狼达，往返之际，辄已经年；靡费所须，动逾数万；逮至集兵举事，即已魍魉潜形，曾无可剿之贼；稍俟班师旋旅，则又鼠狐聚党，复皆不轨之群。"②调动四省大军，兵马聚集，往返费时又费钱，大军好不容易聚集、赶到时，暴动的山民早已望风而逃，无处可寻，兵马疲惫，粮饷不足，找不到对手，最后只得无功而返。可大军一走，暴动的山民又重新集结，啸聚山林。群盗因此肆无忌惮，百姓觉得官军根本靠不住，便竞相从"匪"。

---

① 王阳明：《浰头捷音疏》，《王阳明全集》卷十一，第303页。
② 王阳明：《选拣民兵》，《王阳明全集》卷十六，第447页。

三是平乱后的处理措施不妥。官府每年都会派兵剿"匪",可"匪"却把官兵的动向了解得一清二楚,官来则散,官走则聚。

这也透露出一个信息:早在1497年,南赣地区已经土匪猖獗。江西的南安和赣州,与湖南的郴州桂阳、广东的浰头,地界相连。长期以来,土匪山贼多流动于四省边界地带,过府掠县,滋扰州县,活动猖獗,致使民不聊生。他们相互勾结,互相支援,东追则西蹿,南捕则北窜,与官府捉迷藏,官府征讨很不方便,即便动用广西狼兵,也难以取胜。于是,各地官员往往把土匪赶出自己的地界就了事。官府久剿不灭,久而久之,土匪不断坐大。即使成立南赣以来,南赣巡抚也非常难当,费力不讨好。

"成化六年擢江西副使,进广东按察使。以右佥都御史巡抚江西。"[①]1511年(正德六年),朝廷派周南到广东,后又专门派陈金率大军围剿,同时招抚,但效果不佳。于是,朝廷派俞谏代替陈金,同时在1515年(正德十年)任命文森为都察院右佥都御史,巡抚南、赣、汀、彰等地。此时南赣局势大乱,盗贼攻城略地,气焰嚣张,吓得文森干脆称病,一年多不去上任。1516年,文森向朝廷递交了一封辞职信,称土匪凭借险峻茂密的深山老林,和官军打游击,搞得他焦头烂额,以死谢罪的心都有了。他每天都焚香祷告,希望上天降下神人把这群土匪一网打尽。文森叹息道,这样的神人何时来啊。

4. 王阳明出任南赣巡抚

1516年(正德十一年)八月十九日,由兵部尚书王琼举荐,王阳明由南京鸿胪寺卿(正四品)升任左佥都御史(正四品),南赣巡抚,虽然品级仍是正四品,但这已是地方封疆大吏之职。九月十四日,王阳明接到吏部咨文。文森依旧任右佥都御史。文森长王阳明10岁,于正德十二年二月二十二日奏准致仕,嘉靖四年卒于家中,享年64岁。

[①] 见《明史·卷一百八十三·列传第七十一》,中华书局1974年版。

王阳明起初并不想接这个官。他递交《辞新任乞以旧职致仕疏》[1]，以身体多病、怕不能胜任为由请求以原来职务退休。十月二十四日，皇帝下旨，催促他上任，并一改巡抚一般不问军政之惯例，"一应地方贼情、军马、钱粮事宜，小则径自区画，大则奏请定夺"[2]。十一月四日，因前巡抚文森"托疾避难"，皇帝再次下旨，催促其上任，兵部也跟着下令："王守仁着上紧去，不许辞避迟误。"语气颇重，于是，王阳明不敢怠慢，人未动身，就开始批复公文。十一月二十五日，批复《漳南道教练民兵呈》[3]；二十六日，批复《漳南道进剿呈》[4]。

十二月初二，正德皇帝的圣旨又来了："王守仁不准休致，南、赣地方见今多事，着上紧前去，用心巡抚。"[5]

形势如此紧迫，朝廷如此严令，王阳明于第二天，即十二月初三就启程上路了，随行的还有他的妻子诸氏、刚过继两年的10岁继子王正宪，以及进士出身的弟子、门人薛侃（1486—1546，字尚谦）等。

正月初三，王阳明到达南昌，得到当地官员递交的南赣地区地理和"匪"情资料。此后，他就一路分析材料，研究"匪"情，制订方案。正月初十到达庐陵，十六日到达赣州，开府办公，正式就任南赣巡抚一职。从此，46岁的王阳明就这样开始了他一代儒生的戎马生涯。南赣成为王阳明的立功地，也是其心学的实践地。

王阳明担任的左佥都御史只是一个虚衔，他并不是中央政府的官员，他的实职是巡抚南赣。

一开始，"巡抚"并不是实官，只是一个临时性的差使。1380年，朱元璋废除了以丞相为首的最高行政机构中书省，还废除了最高军事机构大都督府的大都督（把大都督府分为五个都督府）和最高监察机构御史台的御史大夫。自此，他

---

[1] 王阳明：《辞新任乞以旧职致仕疏》，《王阳明全集》卷九，第249页。
[2][5] 王阳明：《谢恩疏》，《王阳明全集》卷九，第250页。
[3] 见《王阳明全集》卷三十，第887页。
[4] 见《王阳明全集》卷三十，第888页。

把中央的行政、军事和监督权全抓到手里，可如果地方的行政、军事、监察长官都直接向皇帝报告，这只能把他累得吐血。所以，他派出自己的代理人去"巡抚"地方，以协调地方的行政、军事和监察事务。

明帝国乃至中国历史上第一个担当巡抚一职的是朱元璋的太子朱标，他曾奉命"巡抚"西北（陕西、甘肃）。1421年，明朝第三任皇帝朱棣又派出多名中央六部和都察院的高官"巡抚"各地。由于"巡抚"的区域并不总是与省级行政区的边界一致，所以他们是"巡抚"而不是"省抚"，"巡抚"完毕则回京交差；有时，"巡抚"也会留驻各地，担任协调人的角色。

王阳明"巡抚南赣"的全称是：巡抚南（江西南安）、赣（江西赣州）、汀（福建汀州府）、漳（福建漳州）等地，后又"提督军务"。由此可见，"巡抚"是动词不是名词。如果巡抚之地主要面临军事问题，那在"巡抚"后还会加上一个"提督军务"。

从1510年（正德五年）担任庐陵知县到1517年（正德十二年），短短7年时间，王阳明从没有品级的龙场驿丞一路升到三品大员，这在官场上堪称奇迹。这是朝中有人在刻意提拔他。

举荐王阳明的王琼（1459—1532），太原人，1484年（成化二十年）的进士。王琼为官数十年，主要做了三件事：一是主持治理漕河；二是加强西北边防；三是举荐了王阳明，为平定南赣"匪"情，以及平定朱宸濠叛乱，进行了富有远见的人事布局。后世将他与于谦、张居正并称为"明代三重臣"。

王琼最初担任工部主事，后升为郎中。外调治理漕河三年，于1495年（弘治八年）编著《漕河图志》八卷。接任者查考，毫厘不差，由此王琼以勤勉、干练而出名。不久改任户部郎中，又转任河南右布政使，1513年（正德八年）升为户部尚书。

王琼有三种天赋：一是有计算之才，善于查对，非常熟悉户部钱财收支、亏盈情况以及国家的财政计算。边境将领来请拨发粮草，他屈指一算，就能知道某仓库、某草场有多少粮草，各郡每年运送多少，边防士卒每年秋收粮草多少。众人十分惊讶。二是识人。他一生中最自豪的事就是"识"了王阳明。1515年（正德十年），王琼接替陆完任兵部尚书。次年八月，他就向皇帝朱厚照举荐王阳明巡抚南赣，官员大哗，说王阳明只会写几句诗，或像木头一样坐枯禅，他去遍地悍匪的南赣，不是去送死吗？王琼反驳说：王阳明主张在心上用功，存天理，去人欲，锻造强大的内心。一个内心强大的人肯定是能做成事的。他的确没有带兵经验，但巡抚南赣的人有几个带过兵打过仗？三是能在形势朦胧不明时就预测到事情的发展趋势。当时，明武宗远游边塞，常年不回，京郊的盗贼悄然兴起。王琼超前谋划，调度妥当，保证了皇帝和京城的安全。王琼举荐王阳明更体现了他防范宁王朱宸濠的预判能力。后来朱宸濠叛乱，以及王阳明的迅速平叛，都让世人佩服王琼有先见之明，在人事布局上下的这一着先手棋。

王琼对王阳明的了解，可能源自1515年两人的正式见面。王阳明以南京鸿胪寺卿的身份回北京述职，给王琼留下了深刻印象：老成持重、自制、气定神闲和言谈举止中不易察觉的威严。王琼对阳明心学兴趣并不大，却大为惊叹王阳明的"不动心"，断定此人必是大用之材。

王琼虽有才能，后来评价却不高。原因一是他常出入于"豹房"，热心结交权贵，恭敬地侍奉钱宁、江彬等人。正是借助了江彬等人的力量，他给皇上提出的建议、请求，才都能得到批准，他的才干也因此获得施展的机会。二是人际关系不行。王琼嫉妒彭泽平定流贼，名望超过了自己，就勾结钱宁，用重罪中伤彭泽；又把云南巡抚范镛、甘肃巡抚李昆、副使陈九畴诬陷下狱。一时间朝廷内外官员都害怕王琼。三是与杨廷和关系不和。在武宗时期，王琼所行赏罚大多能绕过内阁，直接得到武宗的批复诏书，杨廷和无能为力。后来，在武宗去世至嘉靖皇帝即位这段时期，杨廷和的地位和权力上升，他对王琼就严厉打压。两人很僵的关系，在一定程度上反映了阁权和部权之间的矛盾与争斗。

但好运总有到头的时候，明世宗继位后，言官不停地揭发王琼，他被关进监狱。王琼竭力攻击杨廷和，世宗更认为他不正直，就交给大臣们议论，结果以触犯结交皇上左右侍卫的律令应判处死刑，改为充军庄浪。王琼上诉自己年老，因而被改为充军绥德。

二、王阳明南赣剿"匪"记

王阳明到任南赣之时,面对的土匪、山贼主要有 5 股力量:福建漳州府南大帽山有詹师富、温火烧;谢志山、蓝天凤占据南安的横水、左溪、桶冈、上堡,连大庾的陈曰能都听其号令;池仲容占据广东的浰头;湖广郴州的桂东、桂阳、宜章一带有龚福全;广东韶州府的乐昌有高仲仁(高快马)。其中,詹师富、谢志山、池仲容三股势力最大。池仲容最难对付,他曾捉了河源主簿,绑了龙南县令,杀信丰千户。

这种情况下,王阳明来了,而且来得还很快。当年王阳明去龙场,磨磨蹭蹭,用了一年零三个月。这一次军情紧急,且官升高位,负有重任,王阳明行动迅速。他一改前任的做法,招抚并用,先易后难,分三步将南赣民"匪"各个击破。

1. 一打汀漳,平息福建漳南的詹师富、温火烧

王阳明一到任,就着手平定福建汀漳的詹师富,他兵分四路,发动攻击。当时,已在此地围剿"盗贼"的官军主要有福建漳南道的胡琏、江西岭北道的杨璋、广东岭东道的顾应祥。

1517 年(正德十二年)正月十八,福建按察司兵备佥事胡琏率 5000 名官军进入漳州城,当晚,向詹师富发动攻击。同日,王阳明进入漳州城。

胡琏(1469—1543),南直隶淮安府沭阳县人,是明代军事家、政治家、抗葡英雄。他于 1495 年举人,1505 年进士,曾任南京刑部右侍郎,后调任闽广二省兵备道。当时,葡萄牙人侵扰东南沿海岛屿,仗其火器先进,无恶不作。胡琏率精锐之师出击,屡次获胜,缴获颇丰。胡琏把缴获的西洋火器称为"佛郎机",并命明朝神机营进行改进和仿制,后命名为"神机炮",胡琏堪称我国学习和改进西方坚船利炮的先驱人物。他因平入侵者有功,升按察司布政司,晋为中丞副都御史巡抚浙江、福建沿海;后又因平定朱宸濠之乱有功,调任刑部左侍郎。1537 年(嘉靖十六年),68 岁的胡琏再次被任户

部右侍郎，兼都察院佥都御史，总督云贵二省粮饷，征讨安南（今越南）。胡琏告老还乡后，潜心研究经史，教授生徒，邹守益、程文德均在其指点下而成名。

胡琏一门三进士（他自己、长子、次子之子）、两举人（次子、长子之子）。次子胡效忠之子胡应嘉，1556年的进士，授江西宜春县知县。胡琏是明代文学家、《西游记》作者吴承恩的舅舅。胡琏儿媳妇牛夫人即吴承恩的小姨子70岁寿辰时，吴承恩写了一篇《寿胡母牛老夫人七帙障词》，盛赞胡琏一门是"长淮名门第一"："长淮南北，试问取，谁是名家居一？我舅津翁，人都道，当代檐廊柱石。"

正月二十四，广东按察司分巡岭东道兵备佥事顾应祥（1483—1565）率官兵分三路清剿温火烧，攻破古村等地。顾应祥是江苏人，1505年（弘治十八年）进士，1508年（正德三年）任饶州（今江西鄱阳）推官。当时，饶州府乐平县农民暴动，把县令抓了，众官束手无策。顾应祥带着一个老卒，骑匹羸马，直接进入义军营垒，陈明利害。经他这么一说，县令获释，事态得以平息，他也因此升任锦衣卫经历，后任广东按察佥事兼巡岭东道。此时碰上王阳明出征南赣，顾应祥又立战功，擒获农民军首领雷振、温火烧等。1519年（正德十四年）升江西副使、分巡南昌道。1527年（嘉靖六年），迁山东布政使，不久任都察院右副都御史（即王阳明在南赣平了詹师富后获得的职位）、巡抚云南。后升为南京兵部右侍郎，还未到任，改调南京刑部尚书，居官两年后，离职回乡。1565年病故，终年83岁。

顾应祥早年在北京就与王阳明相识。后来著有阐明阳明思想的《传习录疑》《致良知说》《惜阴录》。他还精通九章勾股之学，著有《测圆海镜分类释术》10卷。在云南任职期间，还著有少数民族史传《南诏事略》。

江西方面，杨璋率部也在上犹、南康一带展开行动。

这样一来，形成了福建、广东两省夹攻态势。詹师富逃到象湖山（今永定市湖山乡）据险坚守，战事一度陷入胶着。

二月十九日，王阳明亲自领兵赶到福建长汀、上杭，靠前督战，途中作《丁丑二月征漳寇进兵长汀道中有感》，说带兵打仗不是自己所长，可必胜的信念却让他领兵奔赴战场（"将略平生非所长，也提戎马入汀漳"①）。他立志要像诸葛亮一样鞠躬尽瘁，像赵充国一样建立旷世奇功。字里行间满是止兵息戈、救济苍生的仁政爱民之情。

三月三日，到了长汀、上杭后，王阳明决定以退为进，将部队撤回休整，并对外宣称秋后再来决战。谁知，十多天后的三月十九日，王阳明派精兵1500人、重兵4200人，兵分三路，"衔枚直趋"，突袭象湖山。官军一路斩关夺隘，其余两路前后夹击。詹师富先惊后骂：这个王阳明太不讲信义了，说好了秋后决战，怎么十天刚过就发动攻击？！他一边骂，一边仓促应战。山贼虽然凌堑绝谷，跳跃如飞，骁勇强悍，拼死抵抗，但最终还是失败了。三月二十一日，福建的詹师富和广东的温火烧相继被俘；次日，残余势力被彻底剿平。取得东征汀漳的胜利，王阳明仅用了三个月。

四月初，王阳明班师，从前线回到上杭。当时上杭大旱，王阳明就吃斋念佛求雨，第二天，上杭居然大雨。一个月后，在回赣州的路上，王阳明又在瑞金、会昌求雨，撰写《祭净众寺和尚文》《悯雨辞》。果然，三日不到，王阳明走到雩都（今于都）时，听说瑞金、会昌天降大雨，大喜，写下《昭告会昌显灵赖公辞》，感叹"赖神可谓灵矣"。老百姓则认为王阳明可谓神矣，说他的军队和求来的雨都是及时雨，把他求雨的地方叫"时雨堂"。王阳明也很高兴，他经于都、瑞金、长汀去漳州时，军情紧急，行程匆匆，没有停留，如今回来时，汀漳盗寇已平，又祈雨成功。王阳明兴奋之余，作《时雨堂记》，又作《喜雨》三首，"即看一雨洗兵戈，便觉光风转石萝"②；写下《平漳寇自上杭班师过雩都》，说："积雨雩都道，山途喜乍晴。"

王阳明此行还特意来到于都县城旁罗田岩的濂溪书院讲学。罗田岩，又名"善

---

① 王阳明：《赣州诗三十六首》，《王阳明全集》卷二十，第619页。
② 王阳明：《时雨堂记》，见《王阳明全集》卷二十三，第744—745页；《喜雨》，见《王阳明全集》卷二十，第602页。

山"。南北朝永定、天嘉年间（560—565）"有僧庐其上"。1063年（宋嘉祐八年），虔州（今赣州）通判周敦颐邀余杭钱建侯、沈希颜知县同游罗田岩，在崖壁上题七绝《游罗田岩》诗，"闻有山岩即去寻，亦跻云外入松阴。虽然未是洞中客，且异人间名利心"，开创罗田岩摩崖石刻之始。崖壁上现仍存有宋代岳飞、文天祥，元代王懋德，明代王阳明、罗洪先、何春，清代八大山人（朱耷）等人题刻。

王阳明在罗田岩写下《游罗田岩怀濂溪先生遗咏》，说"洞前唯有元公草，袭我遗香满袖归"；并赋《观善岩小序》，刻在罗田岩的石壁上，曰："善，吾性也，曰'观善'，取《传》所谓'相观而善'者也。""岩"，在赣州话里有两层意思：一是岩石的"岩"，一块大石头。二是岩石突起而成的低而矮的山峰、山冈或山岭。赣州就有"通天岩""马祖岩""汉仙岩""玉石岩"。这里的"罗田岩""观善岩"的"岩"也是此义。

就在王阳明征剿福建、广东的詹师富、温火烧之时，其他几股土匪势力趁机打劫骚扰：

元月中旬，高仲仁的马兵分两路攻下了乐昌县城，洗劫了大富谭明浩；接着，又攻打乳源县城，攻城不下，就四处打劫，以此拖住征剿詹师富的官军。龚福全在桂阳、桂东、兴宁打劫，谢志山则在江西的南康、上犹、大庾各地劫打大户，把官军搞得手忙脚乱。

三月十一日，官军正在漳南浴血奋战时，广东俐头的池仲安、池仲升率众600余人围攻江西信丰县城，王阳明派官兵800人去征剿，大败池仲安、池仲升。一时间，池仲容又骚扰江西的龙南。

江西的谢志山在南康、上犹、大庾一带反复洗劫，气焰十分嚣张。

这时，大庾发生民乱，农民武装4月攻破大余下南等寨；7月25日、8月5日，两次围攻南安城，均未成功。

王阳明面对的形势依旧不容乐观。

2. 二平南安，剿灭横水、左溪的谢志山和桶冈蓝天凤

汀漳胜利后，王阳明丝毫没有松懈，立即着手整编军伍，实行兵符节制，提升战斗力。与此同时，朝廷采纳了两广总督陈金和湖广巡抚秦金的建议，下令王阳明七月以三省夹攻的方式清剿南赣山贼。王阳明上奏反驳，认为时间太过仓促，准备不及，而且调集十多万军队和数万百姓输送粮草，如此兴师动众，会重蹈覆辙。他主张各个击破，这样既可以节省军费，也可让百姓免于征调之苦。而且，三省各自为政，各地军事行动不协调，而战场形势瞬息万变，因此他要求朝廷赋予他提督军务之权，即军队指挥权，以便能够统一指挥调度。

七月初，王阳明再次上疏，称原定七月的三省夹攻，因天气酷热，军饷粮草又无着落，请求推迟到秋后进行。在等待朝廷命令的同时，王阳明对三省夹攻做出了具体部署。他认为：清剿龚福全必须从湖南桂东、桂阳发起进攻，清剿高仲仁必须从广东乐昌出兵，清剿谢志山则必须从上犹、南康、大庾同时进军。清剿池仲容必须从广东龙川、江西的龙南进兵。而广湖两省的土狼精干，山贼素来害怕，一旦开打，几处山贼势必逃奔到江西来，所以，必须先剿南安之贼，再剿广湖之贼。

九月十一日，朝廷命令正式下达，三省夹攻方略不变，具体时间由王阳明与各总督、巡抚会商后确定；同时，升任王阳明为右副都御史（正三品），再增授其提督南、赣、汀、漳等处军务之权，负责具体指挥三省夹攻官兵，文职五品以下、武职三品以下官员可以先斩后奏，并赐予王阳明"王命旗牌"，得便宜行事。"王命旗牌"是由皇帝亲自颁发给地方官员的一种调兵信物，共有四面小旗和四面令牌，由专门的"旗牌官"看管。有了这八面旗牌，王阳明调动四省官兵更容易，且有权约束官兵了。此时的王阳明是"军马钱粮，便宜行事，八面旗牌，三品地位"，既有行政权，又有军事权。

于是，王阳明开始实施自己的战略部署：先征讨横水、桶冈的谢志山，再剿灭龚福全，接着灭高仲仁，最后平池仲容。

王阳明担心谢志山在受到夹击时会得到其他山贼的增援，于是下令：湖广官兵示必攻之势，牵制龚福全，逼他日夜防守。收买高仲仁的手下，去分化瓦解高

仲仁阵营，让他自顾不暇。派出生员黄表等带着王阳明的《告谕浰头巢贼》①去招安池仲容。兵法之妙，妙乎一心。王阳明的用兵之道，就是用心之道。王阳明非常理解土匪们那种"想做个好人"的心情，他的这封劝降书从攻心开始，言辞恳切，将心比心，试图唤起众匪的"良知"，瓦解土匪负隅顽抗的斗志，引导他们的向善之念。王阳明说："平心而论，若骂你们是强盗，你们必怫然而怒，这说明你们也以此为耻；若有人抢劫你们的妻女财物，你们也必怀恨切骨，宁死必报。既然如此，为什么你们要这样对待别人呢？""我无故杀一只鸡犬尚且不忍，而人命关天，我若轻易杀人，必有报应，殃及子孙，我何苦一定要这样呢？我每当为你们想到这些，整夜都无法入睡，就是想为你们寻一条生路。"王阳明说："你们这样辛苦为贼，所得也不多，何不把这做贼的勤苦精力用来耕农、经商，从而致富，安享逸乐呢？""你们好自思量，若能听我的话，改行从善，我便视你们为良民，抚之如赤子，也不追究既往之罪行。"王阳明正是以发自肺腑的动人之语，情真意切地打动人心。正像他在论"改过"时说过的一样："*一旦脱然洗涤旧染，虽昔为盗寇，今日不害为君子矣。*"②王阳明最后说道："呜呼！我言已无不尽，心已无不尽，如果你们还是不听，那就是你们辜负了我，而非我对不起你们，我兴兵可以无憾矣！你们好自为之吧。"

池仲容看了王阳明的招降书说："我等为贼已经不是一年，官府来招安也不是一次，这份《告谕》何足为凭？先看其他人接受招安后无事，再降不晚。"

王阳明心想：池仲容如果听招固然好，不听也可稳住他们。王阳明转身去攻打桶冈之"匪"了。

当时，南赣7股土匪势力约2万人，其中池仲容部有3000—4000人。谢志山部有5000—6000人，蓝天凤部有2000—3000人，蓝、谢两部约共8000人，占据84个山寨。官军打这个，土匪就逃往另一个。官军从未打进桶冈，一点办法也没有。但王阳明有，且频频出招。

---

① 王阳明：《告谕浰头巢贼》，《王阳明全集》卷十六，第475页。
② 王阳明：《教条示龙场诸生》，《王阳明全集》卷二十六，第805页。

第一招，推行十家牌法：每十家连在一起，每天由一家去查岗，少了一个家人不行，多了一个生人也不行。如有差错，十家连坐。

第二招，实行各个击破。因为土匪只守自己的山头，从来不互相支援。王阳明就用拔钉子的办法，一个一个地拔。

第三招，软硬兼施。桶冈难打，就招安。有三分之一的土匪，包括匪首叶芳都被招安了。

至于对左溪、横水、桶冈该如何用兵？这三地地处南安府的南康、大庾与上犹三县之间，西接湖广，南临广东南雄府，形势险峻，贼势颇为强盛。湖广巡抚都御史陈金建议先三省夹攻桶冈，后征讨横水、左溪。王阳明没有采纳此建议，而是采纳赣州知府邢珣的建议，拟定了先攻横水，次打左溪，再打桶冈的作战方案。[①]

邢珣（1462—1532），当涂湖阳人。1493年（弘治六年）进士，1506年后任南京户部郎中、南京刑部郎中、南京工部郎中，后到赣州任职。邢珣有勇有谋，王阳明率军攻横水时，邢珣献"扼咽掏腹"战术，并亲率士兵冒雨攻贼要害点，贼兵四散溃逃，头领被杀。后来，王阳明在吉安举兵，准备顺江而下平朱宸濠之乱，邢珣听从召唤，迅速赶到吉安与王阳明会师。邢珣献策：朱宸濠倾巢东下，宜快速进兵，先占据南昌，断其后路，朱必返兵，乘此南北会攻，陷贼于困境而全歼之。王阳明用其策，大败叛军，生擒朱宸濠。邢珣任江西右参政，1522年（嘉靖元年）升任江西布政司左布政使，成为一省行政长官。

经过半年休整，王阳明调集11路人马，每路约千人，对横水、左溪、桶冈集中用兵。十月七日上午，王阳明与门生讲完课后，率军从赣州出发，前往南康。初九到达南康。十一日，在距十八面巢30里的长龙扎下营寨。十月十一日，王阳明发起三省夹攻，进攻却有先后。湖广战场迟一个月打响，征剿高仲仁再晚一月进行，平定池仲容则定在来年的一二月。这样，依次逐步推进，可保进攻不断，

[①] 张祥浩：《王守仁评传》，南京大学出版社1997年版，第32页。

粮饷可省。

十二日一早，王阳明的11路大军在方圆1000多平方公里的区域内集中攻打横水和桶冈。2路断后，9路进攻。自己亲率中路军由南康进入长龙，破横水；其他10路大军各约1200人，分头夹击。具体部署是：第二路军由汀州府知府唐澍率领，自南安百步桥、浮石、合江等处推进，驻兵聂都，袭上关、破下关后，分左、中、右三路进攻左溪，三路会师后，直攻横水；第三路军由南安府知府季敩率领，自南安石人背破安义后，分四路分别进攻崇义的西峰、铅厂、稳下、左溪；第五路军由赣州守备指挥使郏文率领，从南安入石坑，沿荡坪岭等地，会师左溪，攻横水。

当时，朝廷决定十一月初一与湖广官兵夹击，如果提前行动，山贼势必往湖广方向溃逃，难以全歼。而王阳明这样安排，自有道理：横水、左溪、桶冈的山贼，恃山溪以为固，却人多而势散。王阳明根据这一点，集中优势兵力，像拔钉子一样，将谢志山、蓝天凤的山寨一个一个拔除。这样56个山贼匪巢都——被拔掉，无一漏网。

战斗开始，王阳明一天之内就攻破横水，打掉横水的谢志山。土匪逃到十八面，王阳明乘胜追至十八面。同时，他派人带着招降信，进入桶冈招降蓝天凤。三名信使于十月二十八日夜晚悬壁进入桶冈，去劝说谢志山、蓝天凤谈判。蓝天凤收到招降信后，于十一月初一，率部下来到锁匙龙接受招安。却不料，十月三十日，王阳明留下三路官兵镇守新平伏之地，其余八路由邢珣、张戬、伍文定、唐淳分别率领，连夜冒着大雨赶到各自的集结地，并趁蓝天凤防备松懈，于初一大早，各路官兵冒雨发起了总攻。蓝天凤一看中计，马上组织隔水据险抵抗，双方激战。十一月初二，官兵与山贼在十八面展开最后决战。到了初三，山贼彻底失败，蓝天凤携妻女在草寇垄投崖而死。

王阳明命令反复搜山清剿。至十三日，桶冈各处的20多个匪寨均被攻破。第二天大雾加大雨，王阳明下令休兵至十六日，再开始搜山，二十二日擒获谢志山。至二十七日，横水、左溪的山贼全部肃清。

两个月里，共计破山寨80余处，擒斩包括谢志山、蓝天凤等"大贼"首级

86颗,"从贼"首级3168颗,俘虏山贼家属2336人,夺回被虏男女83人[①]。

事后,王阳明在桶冈(今思顺乡桶冈村)勒石纪功,留存至今的有《纪功岩》题刻、《平茶寮碑》和《平畲诗》一首。碑文曰:

> 正德丁丑,瑶寇大起,江、广、湖、郴之家骚然,且三四年矣。于是三省奉命会征。乃十月辛亥,予督江西之兵自南康入。甲寅,破横水、左溪诸巢,贼败奔;庚申,复连战,奔桶冈。十一月癸酉,攻桶冈,大战西山界。甲戌,又战,贼大溃。丁亥,尽殱之。凡破巢八十有四,擒斩三千余,俘三千六百有奇。释其胁从千有余众,归流亡,使复业。度地居民,凿山开道,以夷险阻。辛丑,师旋。於乎!兵惟凶器,不得已而后用。刻茶寮之石,匪以美成,重举事也。提督军务都御史王某书。[②]

碑文中称:"刻茶寮之石,匪以美成。"王阳明认为:以兵平乱乃不得已而为之,不值得显耀。他特意点明"释其胁从千有余众",这种仁政措施与怀柔手段是阳明心学理念在政治上的表现。

在《王阳明全集》中,《平茶寮碑》的全文就收录如上。

但实地看刻碑,就会发现在上述文字的后面,王阳明还详细地罗列了有功人员名单:"纪功御史屠侨,监军副使杨璋,参议黄宏,领兵都指挥许清,守备郏文,知府邢珣、伍文定、季斆、唐淳,知县王天与、张戬。随征指挥明德、冯翔、冯廷瑞、袁昶、余恩、姚玺,同知朱宪,推官徐文英、危寿,知县黄文鹭,县丞舒富、林高睿、陈伟、郭璘、林节、孟俊、斯泰、尹麟等,及照磨汪德进,经历周埕,典史梁仪、张淳并听迁等官雷济、肖庚、郭诩、饶宝等,共百有余名。"值得注意的是,王阳明

[①] 王阳明:《横水桶冈捷音疏》,《王阳明全集》卷十,第294页。
[②] 王阳明:《平茶寮碑》,《王阳明全集》卷二十五,第782页。

在刻碑时，唯独未列镇守太监之名。此举既表明了他的政治立场，也为日后埋下了隐患。

《平茶寮碑》主碑文东侧上部，还刻有《平畲诗》一首："处处山田尽入畲，可怜黎庶半无家。兴师正为民瘼甚，陟险宁辞鸟道斜！胜世真如瓴水建，先声不碍岭云遮。穷巢容有遭驱胁，尚恐兵锋或滥加。"①

从书法角度而言，《平茶寮碑》碑文潇洒俊逸，堪称王阳明行书的代表作。

王阳明留兵二千屯茶寮、横水后，于十二月初九班师。

3. 三定粤北，扫平浰头的池仲容

南安平定后，王阳明随即谋划扫除长期盘踞在粤北三浰等地、最强悍猖獗的池仲容。他"先抚后剿"，分化打击，各个击破。

十二月二十三日，三浰贼首池仲容下山，进入赣州城向王阳明投诚。王阳明看穿了他们多次玩弄的这种假归顺的把戏，设法麻痹和稳住池仲容，并于 1518 年（正德十三年）正月初二，捕杀池仲容于赣州文庙。王阳明此举颇受后人非议。

随后，王阳明发出命令，命龙川、龙南、信丰三县、共分九路官兵，于初七同时进攻三浰，自己率军从龙南直取下浰。由于池仲容被擒，三浰贼寇群龙无首，陷于混乱。经过十多天的激战，三浰的各个据点基本被荡平。残余的 800 多人退到九连山，继续抵抗。王阳明追至九连山清剿，直至三月三日，战事基本结束。

就这样，从 1516 年（正德十一年）正月入赣，至第二年三月平定大帽、浰头匪患，王阳明仅用一年零二个月，就彻底平定了南赣地区长达数十年的盗匪之乱，安定了百姓民生，稳定了社会秩序，功劳甚大。《明史》说："守仁所将皆文吏及偏裨小校，平数十年巨寇，远近惊为神。"

三月初八，王阳明从三浰班师回赣州。凯旋途中，经过龙南玉石岩。这座玉石岩实际上是一座小山，山中有个喀斯特地貌的天然岩洞，广数十丈。王阳明在

---

① 作者注：《王阳明全集》卷二十收录了《桶冈和邢太守韵二首》（见第 621 页），其第一首与刻在《平茶寮碑》的这首相同。

此憩息，镌《平浰头碑》①于岩上，该碑文准确、翔实地记载了王阳明率军在正德十三年正月初七至三月初八这两个月内，在江西龙南与广东和平、连平等地剿"匪"的完整过程。碑文曰：

> 四省之寇，惟浰尤黠，拟官僭号，潜图孔亟。正德丁丑冬，畲、瑶既殄，益机险阱毒，以虞王师。我乃休士归农。戊寅正月癸卯，计擒其魁，遂进兵击其懈。丁未，破三浰，乘胜归北。大小三十余战，灭巢三十有八，俘斩三千余。三月丁未，回军。壶浆迎道，耕夫遍野，父老咸欢。农器不陈，于今五年。复我常业，还我室庐，伊谁之力？赫赫皇威，匪威曷凭？爰伐山石，用纪厥成。提督军务都御史王某书。

现在，岩洞里刻有王阳明的《题龙南玉石岩》诗五首，王阳明"用韵书此"的意旨是轻武功而重内治，去尘寰而归旧隐。在《王阳明全集》中，这五首诗分属三题，第一首的题目是《回军九连山道中短述》，第二、三、四首的题目是《回军龙南，小憩玉石岩，双洞绝奇，徘徊不忍去，因寓以阳明别洞之号，兼留此作三首》，第五首是《再至阳明别洞和邢太守韵二首》中的首篇。②可见这五首诗并不是写于同一时间和同一地点，而王阳明把它们刻在一块石壁上，因为它们有相同或相近的主题。比如，第一首《回军九连山道中短述》：

> 百里妖氛一战清，万峰雷雨洗回兵。
>
> 未能干羽苗顽格，深愧壶浆父老迎。
>
> 莫倚谋攻为上策，还须内治是先声。
>
> 功微不愿封侯赏，但乞蠲输绝横征。

其中"干羽"是指乐舞时用的"干盾"和"羽翳"，古代舞者所执的舞具。文舞执羽，武舞执干，指文德教化。王阳明虽然荡平了山贼，他却认为自己"未能干羽"，即未能教化好民众，未能用和平的方法来靖安地方，所以"深愧壶浆父老迎"。现在，仗是打赢了，但他不愿封侯，只希望免除百姓的税赋，去掉横征暴敛。他的观点是要以"内治"为先，而非把"谋攻为上策"。

---

① 王阳明：《平浰头碑》，《王阳明全集》卷二十五，第782页。

② 见王阳明：《赣州诗三十六首》，《王阳明全集》卷二十，第623—624页。

儒家"仁政德治"的政治理念，也是王阳明的心学观点。面对社会矛盾、官场腐败、横征暴敛，百姓贫困贫苦，官民矛盾激化，民变之乱此起彼伏，王阳明不赞同一味用武力镇压杀戮来解决这些问题。他曾对学生钱德洪说："某自征赣以来，朝廷使我日以杀人为事，心岂割忍，但事势至此。譬之既病之人，且须治其外邪，方可扶回元气，病后施药，犹胜立视其死故耳。可惜平生精神，俱用此等没紧要事上去了。"[1] 他认为：朝廷要修"王化"和"德政"，让百姓安定、富庶，自然就不会去做盗贼。

王阳明用诗歌的形式，告诫端坐高堂的朝廷重臣，不要把镇压和杀戮作为治国安民的"上策"，而要多和民众加强交流沟通，体恤民情，杜绝横征暴敛，及时化解官民矛盾，这才是"先声"，亦即最好的方法。

在巡抚南赣的任上，王阳明曾为龙南小武当山圣庙题写了一副楹联："武力不如法力，力修力行力作善；当仁何必让仁，仁心仁德仁为宗。"他直接指出"武力不如法力"。面对民众对抗官府，不能简单地用武力，而要用"法"和"仁"去教化，让民众知书达理，奉公守法，这也是儒家"仁政德治"思想的体现。但这种社会矛盾、政治矛盾、阶级矛盾的解决，也不是王阳明的"内治"办法所能解决的，它不是一个内心反思、扫荡心中恶念的问题。

平定南赣的民乱之后，王阳明疏乞致仕，不允。

六月，王阳明升都察院右副都御史（正三品），荫子锦衣卫，世袭百户。他辞免，十二月下旨不允。但赏赐真正落到他儿子正宪头上，则在几年以后了。

三、南赣剿"匪"的方法：王阳明的智慧与担当

作为南赣巡抚，王阳明只管军务，不管政务。但权力很大，当然，他的本领也很大。王阳明平定南赣民乱的办法繁多，动作频频：

---

[1] 钱德洪：《征宸濠反间遗事》，载《王阳明全集》卷三十九，第1220页。

1. 遣散狼兵，练习民兵，组织地方武装

当时，官府是用湖南和广西的狼兵和土兵来对付南赣地区的民众。

明代的全国武装力量由两个系统组成。一个是文官系统的兵部，主管军队的管理与调度，包括征调、人员编制、装备管理、后勤供应、情报收集、关禁驿站及国防参谋等，下设武选司、职方司、车架司、武库司及会文馆等。另一个是武官系统的都督府。明朝开国初期，全国的武装力量归中央的大都督府统辖。朱元璋忌讳这个机构权力过大，就将其一分为五，改为互不统属的中、左、右、前、后五个都督府。都督为军队系统的最高长官，级别一般为正一品，待遇优厚，立了战功还能封爵，文官基本上没有封爵的机会。都督只有带兵出征打仗的资格，军队的征调、训练、后勤等都归兵部管理。在政治权力序列中，地位远不如只有正二品的兵部尚书。[①] 五军都督府下辖17个都指挥使司、3个行都指挥司、1个都指挥使留守司。每个都下辖数量不等的卫、所。卫指挥使的职权相当现代的旅长。

全国的卫所军队分四个层级：

第一个层级是京军。永乐年间，京军的数量多达72个卫，其中野战军为60个卫，皇帝的侍卫亲军12个卫。"土木之变"后，京军野战部队受到重创，几乎全军覆灭，自此一蹶不振。

第二个层级是镇守北疆九个防区（镇）的国防军，叫"边军"。"土木之变"之后，边军迅速崛起。到正德年间，边军已成为朝廷的主力劲旅。

第三个层级为内地卫军。卫所士卒出于军户，军户世袭，不能改籍。军户从军的壮丁，称为正军；其余子弟为余丁，也就是预备役。

第四个层级为羁縻区的卫所军，这一般设置在民族地区，指挥使是部落首领，兵卒是当地土著。朝廷对这类卫所的控制相对比较松散。永乐之后，朝廷边军衰落，

[①] 鲁东观察使：《1514：发现大明》，北京时代华文书局2016年版，第42页。

它们大多开始自行其是。

在这四个层级之外，还有一些不属军籍的地方民兵部队。正德年间，广西的狼兵和湖广的苗兵最为著名，他们出身壮、瑶、苗土司，骁勇善战，但纪律松弛，军纪败坏，号令不动，祸害民众。刘六、刘七的叛军甚至对老百姓说："我们这些盗匪来，对你们的搜刮不过像梳子；假如那些土司兵（狼兵、苗兵）来，那就是篦子了。"①

王阳明就把这些土军狼兵遣送回去了，还跟土匪讲：我们不打了，我把正规军都撤掉了。然后自己组织团练，即地方部队。要求各地方从原有兵马中挑选精壮士兵进行强化训练，用于地方保护。

王阳明把部队编为伍、队、哨、营、阵等层次，改造部队建制，明确各级权力和责任：二十五人为伍，伍有小甲；二伍为队，队有总甲；四队为哨，二哨为营；三营为阵，二阵为军，军有副将。副将以下，层层管制。严格制定了伍符、队符、哨符、营符，记录各位士兵的姓名，名册由统领者保管一份，王阳明军部保管一份。这就长期掌握了军队情况，方便了部队的调遣。王阳明少年时修习的兵法都派上了用场。

编伍完毕之后，发放兵符。每伍给一牌，上面写着本伍二十五人的姓名，使之联络习熟，谓之伍符。每队置两牌，编文字号，一副总甲，一留王阳明的部，叫队符。相递有哨符、营符。凡有先去，发符征调，比号而行，以防奸弊。平时训练、战时进退都集体行动，有效地改变了将不知兵、兵不知将、一盘散沙的疲软局面。②

2. 整顿纪律，建立赏罚

南赣剿"匪"第一仗攻打詹师富，虽取得胜利，积累了经验，但也发现了问题。这支部队纪律松弛，机动性差。于是王阳明上书皇帝，要求赐他旗牌，明确让

---

① 鲁东观察使：《1514：发现大明》，北京时代华文书局2016年版，第60页。
② 周建华：《王阳明在江西》，江西高校出版社2017年版，第189页。

他提督军务，便宜行事，即可以根据实际情况自行调兵和赏罚。同时，王阳明颁布《征剿横水桶冈分委统哨牌》，立下军令十九条，重申并严加约束官兵、民兵的纪律。所有将官都可不经过朝廷批准，先由王阳明临时任命。这样，王阳明就在全军树立了权威。军中实行层层管理，下级对上级负责，上级可以直接处罚下级，改制之后，部队形成了严格有效的指挥系统，作战时能达到如臂使指的效果。[1]

王阳明一直在要求行使赏罚的权力，"赏不逾时，罚不后事"。他说，南赣之所以山匪猖獗，步兵剿"匪"，不过遥为声势，等着匪散自解，而终不去决一死战，原因就在于没有赏罚。官府之用兵，不过文移调遣，以免坐视之罚；应名追捕，聊为招抚之媒。南安、赣州之兵本有数千，却是不见敌就跑、不等打就败，因为打得再好，也没有奖赏；跑得再快，也不会诛戮。所以，王阳明要求给他提督军务的全权，再给他旗牌，给他直接赏罚下属的权力。

3. 行十家牌法，切断百姓与山贼、民与"匪"的联系

对于当时南赣地区形势不稳的状况，存在多种称呼。王阳明就用过"贼""暴民""匪民""土匪""盗"等词，后世多用"匪""剿匪"，也用过"民乱""农民起义"等表述。

这里要辨析一下"民"与"盗""贼""匪"的联系与区别。这四个词在性质、程度及情感色彩上明显不同，但当时也确有民和盗不分的情况。当时南赣的盗贼并不都是流民，也混杂了不少当地的里甲编户和明代以前就居住于此的"畲""瑶"等土著。王阳明上任后对此有过描述："夫平良有冤苦无伸，而盗贼乃无求不遂；为民者困征输之剧，而为盗者获犒赏之勤；则亦何苦而不彼从乎？是故近贼者为之战守，远贼者为之乡导；处城郭者为之交援，在官府者为之间谍；其始出于避祸，其卒也从而利之。"[2]

---

[1] 周建华：《王阳明在江西》，江西高校出版社2017年版，第93页。
[2] 王阳明：《申明赏罚以励人心疏》，《王阳明全集》卷九，第259页。

值得斟酌的是：王阳明在南赣是剿"匪"，还是镇压农民起义？当然，蓝天凤等人的作乱恐怕难以称之为农民起义，他们既没有政治纲领，现实行动上又没有推翻封建政权的政治目标，但他们大多为被逼为"匪"的农民。所以，有人缓和一下，把王阳明剿"匪"说成是"戡乱""平乱"。

针对这种"民匪不分，民匪相通"的情况，王阳明建立了一种户籍登记与查验制度。1517年（正德十二年）正月下旬，他一到赣州，就以南赣巡抚衙门的名义颁布了《十家牌法告谕各府父老子弟》[①]。《明通鉴》也记载："是月，王阳明行抵赣州，开府郡中，选民兵，行十家牌法，其法仿保甲行之"。这是仿效前朝保甲法将地方社会组织起来的一种制度：以十家为一牌，共设一块木牌，上面写明本甲各户的基本情况。十家轮流负责，每天酉时当值户主拿着这块木牌到各家核对查验各家人员，如遇生疏之人、形迹可疑之事，即刻报官；如有隐瞒，十家同罪。王阳明施行的十家牌法，其基本内容是要求官府严格掌握人民的户籍情况，包括人口的流动、职业、田产等。王阳明在推行十家牌法的同时，又推出《申谕十家牌法增立保长》[②]，即"保长法"，各村推举出一位德行服众的保长，遇有盗贼，统率全甲围捕。保长法与十家牌法紧密相连，形成系统的"保甲法"。王阳明的乡治措施有效地防止了民众窝藏和隐匿盗贼，防止了盗贼与民众的互通，在制度上健全了官府的基层组织，巩固了明朝统治，对此后数百年中国社会的基层构造也产生了重大影响。

4. 疏通盐法，筹措军饷

有人说，朝廷派王阳明去南赣剿"匪"，却不给钱，不给炮，只给一把"冲锋号"。现在各部书都讲到王阳明南赣剿"匪"遣散了狼兵土兵,这遣散费哪儿来的？他组织了一支农民军，这粮草军饷又是谁出的？总之，王阳明的军事行动的开销是哪里来的钱？

[①] 王阳明:《别录八》,《王阳明全集》卷十六, 第449—450页。
[②] 王阳明:《别录九》,《王阳明全集》卷十七, 第516页。

王阳明是一个学者，但不是书呆子。他是思想家，还是一个实践者，是一个有智慧、善操作、能把事情做成的人。既然朝廷不给钱，他就自己想办法。

1517年（正德十二年）六月十五日，王阳明上《疏通盐法疏》[①]；九月二十五日，再上《议南赣商税疏》[②]；1518年（正德十三年）十月二十二日，又上《再请疏通盐法疏》[③]。

王阳明是在发展经济、革新制度上想办法，他主张"商贾疏通"，改变过去禁商禁贩的措施；同时，制定税法，设立征税机构，进行查问掣验，"照例抽税"。

这与他筹措军费有什么关系呢？这个办法有三个作用：

一是把原来行销潮州的粤盐的范围（只在南安、赣州两府），扩大到吉州（今吉安）、临江（今樟树）、袁州（今宜春），即把江西这三地由吃淮盐改为吃广盐。过去吉、临、袁三府一向禁销广盐而输入淮盐，可这三地"溪流湍悍，滩石峻险。淮盐逆水而上，动经旬月之久；广盐顺流而下，不过信宿之程。故民苦淮盐之难而惟以广盐为便"[④]。

二是广盐不但比淮盐便宜，更主要是从广东过来，赣州能收到税。"故广盐行则商税集，而用资于军饷，赋省于贫民"，所以，应当允许销售广盐，"臣窃以为宜开复广盐，著为定例；籍其税课，以预备军饷不时之急"[⑤]。盐法改革后，官府可以收取盐税，商人也"心悦诚服，并无税重之辞"。于是，达到了"盐税事情，商贾疏通，军饷有赖，一举两得"[⑥]。商人在南、赣两府卖盐按原来的税率十抽一交税，在新增的三府卖盐则按十抽二交税。江西扩大了吃广盐的地区，增加的税收不上缴。在平定民乱之前，这些盐税全部留作军费使用。

三是能防止偷税漏税。因为章江和贡江在八境台交汇，就把南安府的折梅亭

[①] 王阳明：《别录一》，《王阳明全集》卷九，第270—273页。
[②] 王阳明：《别录二》，《王阳明全集》卷十，第283—284页。
[③] 王阳明：《再请疏通盐法疏》，《王阳明全集》卷十一，第325—328页。
[④] [清]汪森：《粤西丛载》，广西人民出版社1990年版。
[⑤] 王阳明：《再请疏通盐法疏》，《王阳明全集》卷十一，第327页。
[⑥] 王阳明：《疏通盐法疏》，《王阳明全集》卷九，第272页。

税关撤销，归并到赣州八境台下的龟角尾税关，统一纳税。这样做，既减少了办事机构，便利客商，又杜绝了逃税的可能。

朝廷接到王阳明的奏折，左右为难，反反复复地议了好几次，很是无奈。这王阳明也太刁了。给吧，似乎丢了权力，上了王阳明的套；不给吧，则平定不了民乱，民乱平不了，盐税还是会丢失。最终，大局为主，政权要紧，只得同意。结果，南赣地区"不加赋而财足"，王阳明获得了稳定的经济来源和军费支持。

5. 政权建设

王阳明十分重视政权建设。每剿灭一处土匪，他就奏请在土匪滋生处建立县级政权或巡检司，他在南赣地区一共建立了三个县[①]：平和（福建）、崇义（江西）、和平（广东）三县。

平定福建漳南詹师富之乱后，析南靖、漳浦两县之地新设平和县，取"寇平民和"之意，属漳州府，治所河斗大洋陂（今属九峰镇）。

在剿灭横水、左溪、桶岗等地的盗贼后，1518年（正德十三年）五月初一，王阳明上《添设和平县治疏》，即割南康、上犹、大庾三县之地建立了崇义县。县治设横水，并以崇义里的里名为县名，隶属南安府。

1517年（正德十二年）闰十二月，他报请朝廷，调整巡检司（类似今天管理治安的派出所）的设置，取消原先地处偏僻的巡检司，迁上犹过埠巡检司于茶寮隘上堡，并增设长龙、铅厂两巡检司。这就控制了崇义县城通往南康、桂阳、大庾的交通要道。至此，赣南的行政建制基本稳定。这三个新的巡检司，历经500年，成了今天的崇义县上堡乡、铅厂镇和长龙镇。

1517年（正德十二年），王阳明剿灭谢志山时，曾在赣州至南安的途中，驻兵小溪驿。这里的弓箭手非常有名，王阳明就在此选了民兵。过了两年，平乱已毕，但乡民怕王阳明撤走后，又遭匪盗袭扰，就向王阳明请求筹款建城，以防寇乱。

[①] 后来，王阳明在广西也建立了一个县，叫"隆安县"。

此城建成后，名"峰山城"（今名"新城"），位于出大余县城东北33公里，处于大余、信丰、南康三县交界，又临章江水运航道，地理位置十分重要，是大余县最大的圩镇。后来，王阳明出征广西时，又经过峰山城，写有一诗[①]：

> 犹记当年筑此城，广瑶湖寇正纵横。
> 人今乐业皆安堵，我亦经过一驻兵。
> 香火沿门惭老稚，壶浆远道及从行。
> 峰山挈手疲劳甚，且放归农莫送迎。

王阳明回忆了当年筑城的情况，如今老百姓安居乐业；老百姓对他的到来，箪食壶浆相迎；想当初峰山抗敌，劳民费财，所以好言相劝大家勤于农耕，不要劳神费力迎来送往了。

四、南赣社会治理的心学思想与举措

1. 鼓励生产，发展经济

江西崇义县上堡梯田，规模与品位仅次于广西龙胜梯田、云南元阳梯田，名列全国第三。1.2万多亩梯田散落在全乡12个村高高低低的山岭上。那多达数百级的梯田，层层叠叠，涌向天际，令人叹为观止。

上堡原系谢志山盘踞的地方，1518年（正德十三年），王阳明剿灭谢志山后，客家人迁到这里，因地势高低不平，老百姓就依山就势，砍山为田，建成梯田，春种秋收，安居乐业，这里有了生机。

王阳明不但赞赏与鼓励乡民在这里垦殖生产，还在《立崇义县治疏》中记载了上堡梯田。这是关于上堡梯田最早的文献记载。王阳明在其中介绍了从广东返迁此地的客家先民胼手胝足开垦梯田的业绩。由于山高坡陡，客家先民依狭窄的山势开垦小田，甚至在沟边坎下石隙之中，奋力开凿，寸土块石变成田地，

[①] 王阳明：《过新溪驿》，《王阳明全集》卷二十，第658页。

长出粮食。这一块块、一排排、一垄垄梯田从山脚开到山顶,犹如横在天地间的一部厚重史诗,写满了一代代客家人的智慧和汗水,成为客家农耕文明的一道奇观。

明代徐光启的《农政全书》也提及上堡梯田。这里森林覆盖率高达85%以上,泉流充足,故山顶上的梯田,灌溉也不成问题。上堡所产稻谷,米质晶莹柔软。客家先民开垦出种植水稻、维持生存的土地,创造出一篇人与自然和谐共处的杰作。

王阳明还有诗赞上堡梯田:

> 天壤一山遥,人田一水间。
> 知行合而一,吾心当安然。

2. 以身作则,管住官吏

王阳明为政清廉,首先践行了"欲正人,先正己",并率身垂范。他一再告诫部下:"各该官吏俱要守法奉公,长廉远耻","果有忠勇清勤绩行显著者,旌劝自有常典,当职不敢蔽贤;其或奸贪畏缩志行卑污者,黜罚亦有明条,当职亦不敢同恶。"[①]字字句句,真如警策一般。

自古以来,官衙的高脚牌上写的都是显示官威的"肃静"与"回避",王阳明却改成了"求通民情,愿闻己过"。事实证明,王阳明的官声政绩,经得起百姓的民心之秤,也经得起历史的功过之评。

3.《南赣乡约》

王阳明的地方治理还极为重视教化。在南赣地区全面实行了保甲制、光荣榜和黑名单。最值得一提的是1518年"十月,举乡约",即《南赣乡约》[②]。

《南赣乡约》要求乡民参与结社,彼此约束。《南赣乡约》以"约"为单位,

[①] 王阳明:《巡抚南赣钦奉敕谕通行各属》,《王阳明全集》卷十六,第447页。
[②] 见《王阳明全集》卷十七,第507—511页。

设约长、约副、约正、约史、知约和约赞等职务,以定期(每月望日)聚会、管理地方事务为主要形式,择定寺观为固定会所。同约聚会是通过一系列礼制程序彰善纠过,培养仁厚之俗,兼及调解经济和民事纠纷,严防暗通"贼人"。劝诫无效后,要呈报官府究治。

一、乡的领导人(约长、约正)必须对辖区里的人负责,要主动去了解人们的困难,必须出面解决任何人的疑难,如有人作奸犯科,乡领导就有连带责任。

二、乡的领导人要协助官府完成纳粮任务,劝顽民改过自新、恪守本分,劝诫大家维护地方安定。乡领导如有无法解决的问题,必须第一时间报告官府。

三、乡的领导人有责任保护其管辖的人民。如果有官吏、士兵等来勒索骚扰,乡领导必须报告官府,追究官吏和士兵的责任。

四、乡的领导人有责任和义务处理管辖区事宜。要劝令大户、客商依常例放债收息,贫难不能偿还的宜以宽舍,不得趁火打劫,逼人为盗。亲族乡邻若有纷争、斗殴等不平之事,当向乡领导上诉,不得妄为。男女成年宜及时婚嫁,如有没备好聘礼或嫁妆而推迟婚期,要请示乡领导,乡领导要出面劝他们随时婚嫁。为父母办丧事,根据家庭经济条件,只要心诚尽孝就好。否则,乡领导有权把他的名字写进纠恶簿上的"不孝"栏。

《南赣乡约》具有相当浓厚的教化色彩,这是它与十家牌法的简约实用所不同的地方,其目的既在除奸,又在于教化,以激发乡民的道德意识,使得长幼有序,善恶得所。它既靠人们的自觉,也依靠相互的约束,还靠一套庄严的仪式,使道德风教在一种和谐的环境下进行。王阳明相信"人之善恶,由于一念之间"[①],所以要修身自省,互相监督和劝勉,消除内心恶念。可见,《南赣乡约》很有点由政府督促的乡村自治的味道。

阳明心学就是让人用心的学问。"天下无难事,只怕有心人",任何一件事,只要你用心,就像王阳明所说,道理就在你心中,你用了这个"心",就得了这个理,

---

[①] 王阳明:《南赣乡约》,《王阳明全集》卷十七,第508页。

也就必成这个事。

4. 王阳明的南赣讲学和心学传播

王阳明在赣南推行教化的另一措施是立社学以训蒙童，修书院以带动赣南文化的发展。王阳明立社学、修书院的目的就是要以其作为教化百姓的手段，匡正风俗。征讨三浰结束后，王阳明即立社学。王阳明认为教化未明，则民风不善。"今幸盗贼稍平，民困渐息，一应移风易俗之事，虽未能尽举，姑且就其浅近易行者开道训诲。""即行告谕，发南、赣所属各县父老子弟，互相戒勉，兴立社学，延师教子，歌诗习礼。"①

王阳明兴修书院，开设讲坛，宣扬心学。他以南赣巡抚的身份在赣州城新建义泉、蒙正、富安、镇宁、龙池等五所具有社学性质的书院，以教民化俗为主。王阳明还在1518年（正德十三年）九月，重修了自宋代就有的濂溪书院，他亲自讲课，一时间四方学者云集赣州。《年谱一》记载，王阳明在这一时期招收了薛侃、欧阳德、梁焯、何廷仁、黄弘纲、薛俊、杨骥、郭治、周仲、周冲、周魁、郭持平、刘道、袁梦麟、王舜鹏、王学益、余光、黄槐密、黄鋆、吴伦、陈稷刘、鲁扶蔽、吴鹤、薛桥、薛宗铨、欧阳昱等26名弟子，"讲聚不散"，"至是回军休士，始得专意于朋友，日与发明《大学》本旨，指示入道之方。"②

1518年七月，他把在南京编辑的《古本大学》和《朱子晚年定论》在赣州刻印，刊印后派人送庐山白鹿洞书院。八月，门人薛侃将徐爱编的《传习录》付印。

陆王心学的两位代表人物都重视儒家经典，但陆九渊重视《孟子》，而王阳明首重《大学》，次重《论语》。起初，王阳明只是在讲学中、书信中按自己的思想来解释，现在，他也要运用教材的力量来普及自己的思想，在更大的范围内春

---

① 见钱德洪：《年谱一》，载《王阳明全集》卷三十三，第1027页，又见王阳明：《仰南安赣州印行告谕牌》，《王阳明全集》卷十六，第480页。
② 钱德洪：《年谱一》，载《王阳明全集》卷三十三，第1029页。又参见焦堃：《阳明心学与明代内阁政治》，中华书局2012年版，第74—76页。

风化雨了。

王阳明对这1000来字的《大学古本序》修改了5遍,说:"大学之要,诚意而已。"而朱熹的新本则把《大学》弄成了以"格物"为主题,所以是支离。但也不能单讲诚意而不格物,那是蹈虚,不追求极致本体之知,那就是误妄。王阳明说:"故欲正其心在诚意。工夫到诚意,始有著落处。"①正心是"诚意""工夫"所达到境界。那么,如何"诚意"呢?王阳明认为需要"致知"(不久明确提出"致良知"),而致知的功夫就落在"格物"上。这个正心、诚意、致知、格物,就是本来的"大学之道"。②

王阳明的这些举措极大地影响了赣南文化的发展。以前人们常说赣之地负险蔽奸,赣之人为盗好讼,"民气近悍尚斗","山峻水駛,民质刚劲,人多好胜"。③后来赣州由昔日的盗区转变为文明衣冠之邦,风俗之质朴,民情之刚直,文风之昌盛,反甲于他郡。这些变化显然跟王阳明在赣南立社学、修书院并宣扬学术活动的影响是分不开的。

甚至语言也受到王阳明的影响。赣州城周围都是客家话,唯独赣州城讲的是西南官话。其成因,学术界讨论过并有不同的看法。"王阳明推广说"是赣州民间流传最广的一种说法。说王阳明在赣州期间经常讲学,赣州人就学了他的话。此说受到不少质疑:王阳明任南赣巡抚4年多,其中兼任江西巡抚在南昌两年多,他一个人在这么短的时间里影响一个城市的语言,有点难;何况王阳明说的是浙江余姚话,不是西南官话。另一种说法似乎更有道理。宋明时期外来驻军,比如明代驻扎在赣州的狼兵,主要来自说西南官话的广西、贵州,他们世代为兵,并与当地女子通婚成家生子。这些聚集的狼兵群体及其家属对西南官话在赣州城的流行起了很大作用。但是,王阳明对西南官话在赣州城的流行,可能起到了推动和辅助作用,尽管不是决定性因素。

---

① 王阳明:《传习录下》,《王阳明全集》卷三,第105页。
② 周月亮:《王阳明传》,长江文艺出版社2016年版,第199页。
③ [明]王士性:《广志绎》,收入《元明史料笔记丛刊》,中华书局1997年版。

第7讲
江西平叛：政治考验事上磨，知行合一致良知

一、朱宸濠造反，为什么大家不吭声？

1. 第一代宁王朱权怎么封到了南昌？

朱元璋称帝后不久，为了把君权和军权牢牢抓在手中，采取了两项措施。

第一项措施：洪武十三年，朱元璋废除丞相，撤销中书省，在省一级，不再设统掌全省军政民财大权的长官，而是在民政方面设布政使，军事方面设都指挥使，监察方面设提刑按察使，布、都、按三者分司设立，互不统辖，各自向朝廷负责。地方分权，朝廷集权，朝中诸司分权，皇帝高度集权。①

第二项措施是分封藩王：朱元璋共有26个儿子，除长子被封为太子，另有2个早夭外，他把23个儿子和1个侄孙分封到各地，目的是"镇固边防，翼卫王室"。在分封藩王的同时，又针对设藩可能带来的潜在危险，规定"分封而不锡土，列爵而不临民，食禄而不治事"②。藩王王府卫队，人数不能超过1.5万。这样，藩王在封地有统兵之权，却没有治民之责，没有自己的土地，不能直接管理百姓，不理地方政事。藩王不能和所在地的军政官员有来往，只能管理自己的王府。

---

① 参见许怀林：《江西史稿》，江西高校出版社1993年版，第463页。
② 《诸王传赞》，《明史》卷一百二十，中华书局1974年版。

这种制度是一种历史性的倒退。我国自公元前221年后，就废除封建制，实行郡县制。可1500多年后，朱元璋又来了一个封藩制，也就是封建制的变种。按照明代的封藩制，皇子被封为亲王，岁禄万石，王府置官属，办理各种事务。这些藩王地位尊贵，特权众多，冠冕服饰，车旗邸第，仅次于皇帝。在亲王面前，"公侯大臣伏而拜谒，无敢钧礼"①。当地驻军调动，还须有亲王令旨。藩王实际上是皇帝监控地方军政的代表人物，而每一个王国则成了一个军事中心。久而久之，藩王势力日益膨胀。

在朱元璋晚年，元朝残余在北方持续攻击帝国边防。朱元璋就允许边疆的藩王把卫队增加到5万人左右。这样，王府卫队就成了骁勇善战的野战兵团，封到边疆的藩王也就成为野战部队的司令。

当时的诸多藩王中，以燕王朱棣和宁王朱权势力最强。"太子诸子，燕王善战，宁献王善谋。"②朱棣是朱元璋的第4子，1370年被封到燕（今北京）为王，藩王以封地名为称号，叫燕王。1380年，20岁的朱棣就藩北京。

1391年（洪武二十四年），朱权13岁就被封为宁王，两年后到北方边境的军事重镇大宁就藩。大宁就是今内蒙古的宁城，地处长城喜峰口外，在明朝是边关重镇，也是蒙军主力最活跃的地区。所以朱权的责任很重，压力很大。在和蒙古人无数次交手中，朱权的势力野蛮生长。到朱元璋去世时，朱权"带甲八万，革车六千，所属朵颜三卫骑兵皆骁勇善战"③，是一位统帅铁骑边关军的野战军司令，位高权重，威风八面，是明朝非常有实力的边塞王。

1398年，朱元璋驾崩。因太子朱标早逝，皇太孙朱允炆继了位，即建文帝。建文帝一上台，就对他的一大堆皇叔们采取一系列削藩措施，削了周王、代王、湘王的藩王爵位，同时又在北平周围与城内部署，还以加强边防为名，把燕王朱棣的护卫队调到塞外去戍守，准备消除燕王的势力。本来，朱允炆作为朱元璋的

---

① 《诸王传》一，《明史》卷一百一十六，中华书局1974年版。
② 《明通鉴》，岳麓书社2009年版。
③ 《宁王朱权传》，《明史》卷一百一十七，中华书局1974年版。

孙子继位，身为朱元璋儿子的朱棣就不服气，现在，还要削藩削到自己头上，于是，1399年（建文元年），坐镇北平的燕王朱棣起兵反抗，随后挥师南下，和侄子争夺皇位，史称"靖难之役"。

当时朱棣只有3万人，很难和朝廷的百万大军对抗，就想拉拢朱权。朱权也反感建文帝削藩，但从没想过要和皇帝武力对抗。他心想：你们一个在南京，一个在北平，我朱权在大宁，你们俩争，不关我什么事。

但是，朱权握有重兵，建文帝和燕王朱棣双方都提防朱权，又都想争取朱权。所以，朱权"躺着也要中枪"。

这一边，建文帝朱允炆害怕朱权投向朱棣，就召朱权至京师南京来。朱权抗命不至，对南京朝廷持观望态度，于是，被诏削了三护卫。

那一边，燕王朱棣也想得到朱权骑兵的助力，许诺"事成，当中分天下"[1]。他同时暗中交结朱权下属的朵颜三卫首领及大宁驻军，还率兵来到大宁，说是要和兄弟聊聊。朱权一时糊涂，竟准许他进城见面。见面还不算，好吃好喝后，还情深谊长、画蛇添足地送他出城。结果，就在出城的时候，朱棣出伏兵挟持朱权及其一家，带回北平，同时收纳大宁诸军及朵颜三卫骑兵为己所用，实力大增。

朱棣抢到皇位登基，成为永乐皇帝后，自然不会履行和朱权平分天下的诺言，又因为朱权势力最大、对自己威胁也最大，就在1403年（永乐元年）把宁王朱权改封至南昌。

朱权改封至南昌后，政治上受到压抑，行动上受到监视。时运不济时，人喝凉水也塞牙。不久，朱权又莫名其妙地被人告"巫蛊诽谤事"[2]，于是朱棣派人秘密调查，结果查无实据（"密探无验"），总算没有受处分。虽然此事作罢，朱权喘过一口气来，心里却遭受巨创，深感恐惧，顿时心灰意冷，从此远离政治，闭门韬晦，钻研戏曲音韵，鼓琴著书，借以自娱，结果在道教、音乐、戏曲理论、剧作等方面很有研究，甚至还写了一部《茶谱》，对中国茶文化颇有贡献。他制作的中和琴，是历史记载的旷世宝琴，为明代四王琴之首。

---

[1][2]《宁王朱权传》，《明史》卷一百一十七，中华书局1974年版。

后来，第一代宁王朱权死在南昌，葬在西山。朱权墓位于南昌市新建区石埠镇璜源村缑岭，是江西省已发现的规模最大的明代墓葬。该墓全用青砖砌成，全长 31.7 米，最宽处 21.45 米，高 4.5 米。开棺时，朱权尸体腐而未溃，墓中出土白瓷盖罐、木牌匾、铜质暖锅、锡制鎏金明器等随葬器物。墓前原有牌坊及南极长生宫等建筑，还存华表两座。

宁王家族的墓葬大多分布在南昌西山一带。陆续被发掘清理的有宁献王朱权墓、宁靖王朱奠培吴妃墓、宁康王朱觐钧及其元妃徐氏和次妃冯氏墓、朱权孙乐安王朱奠垒夫妇合葬墓、朱权玄孙朱宸涪夫妇合葬墓等。

宁王府原在南昌章江门内、子固路北面，就在今江西省话剧团一带，该府是朱权改封到南昌后，由原先布政司衙门改建而成的。清代改建为藩司衙门，民国以后及解放初期曾作为南昌市政府驻地，现已不存。现在南昌城内，与宁王有关的建筑仅存南湖水观音亭公园中的杏花楼。据说这是目前南昌城里唯一一栋超过 500 年的老房子，正德年间曾为宁王朱宸濠之妻娄妃的住处，是省级文物保护单位。

这一白墙黛瓦的民居建筑，占地 3000 平方米，主楼为砖木结构，人字顶，以风火墙相隔的两层楼房，主楼上挂着"杏花楼"牌匾，一楼立着 10 余根朱红色的杉木古柱。花梁朱柱，挑檐翘角，镂窗花墙，尽显南昌风格。正德年间，宁王朱宸濠在此为其爱妃娄氏修建了梳妆台。娄妃为上饶人，王阳明老师娄谅之孙女，博学多艺，善诗文，工书法，是明朝有名的女诗人。现在，杏花楼前面还立有两块高大的石碑，分别写有"屏""翰"两个大字，字体隽永，笔力遒劲，据说是娄妃用头发为笔书写而成的。这两块石碑原来立在宁王府，后移置于此。现在是当年宁王府仅存的文化遗存。

2. 第四代宁王朱宸濠怎样搞叛乱？

宁王朱权生了 5 个儿子，都在江西繁衍。按明代宗法制度，长子继承宁王位，其余庶子封为郡王。朱权的长子朱磐烒早逝，由朱磐烒的嫡长子朱奠培继承宁王位，是为第二代宁王，朱权的其他庶子分别被封为临川王、宜春王、新昌王、信丰王。朱磐烒还有 4 个庶子，分别被封为瑞昌王、乐安王、石城王、弋阳王。第二代宁王朱奠培的嫡长子朱觐钧为第三代宁王,朱奠培有2个庶子,封为钟陵王、建安王。第四代宁王就是朱宸濠。朱宸濠是第三代宁王朱觐钧的庶长子,初封上高王,因第三代宁王朱觐钧嫡子朱宸浍早夭无嗣,按"兄终弟及"原则,在1499年(弘治十二年)袭封宁王。

第一代宁王朱权被发配到南昌之后,心灰意懒,没有了想法。下两代宁王也都规规矩矩,缄口不语、不问政事,也没有想法。但是,朱权的玄孙、第四代宁王朱宸濠却有想法。

想法决定做法,于是,朱宸濠就有了做法。

朱宸濠的做法,多种多样,没有底线。

一是送礼行贿。正德九年正月,朱宸濠向武宗朱厚照进献数百盏穷极奇巧的宫灯,并派人入宫将灯悬挂起来,结果引起火灾,将乾清宫烧成一片灰烬。

二是恢复宁王的卫队。朱棣怕别人学自己"靖难役",就取消了所有藩王的卫队。但朱宸濠为了组建一支私人武装,挥金如土,贿赂京官,"辇白金巨万,遍赂朝贵"。1507年(正德二年)夏,刘瑾恢复了他的卫队。刘瑾倒台后,朱宸濠的卫队被取消。朱宸濠不甘心,又往兵部尚书陆完①、太监钱宁、伶人臧贤等处送钱。1514年(正德九年)六月,宁王卫队再次恢复,他还得到管辖当地监军和守卫部队军官的权力印信②,为他反叛朝廷打下坚实基础。

刘瑾倒台后,朝堂势力格局发生显著变化。杨廷和在内阁中继续留任,清除刘瑾有功的杨一清得到重用,同时,原来在东宫任教的费宏入阁办事。另外,镇压中原地区刘六、刘七民乱有功的边军将领被调到北京,其中有江彬、许泰等,

---

① 陆完(1458—1526),字全卿,号水林,今江苏苏州人。1487年(成化二十三年)进士,授监察御史。正德初年出任江西按察使,因此与朱宸濠相识。1508年(正德三年)擢右金都御史,巡抚宣府,次年改南京右金都御史,提督江防,召为左金都御史。1510年(正德五年)升兵部右侍郎,后兼右金都御史,镇压刘六、刘七农民起义,迁右都御史,仍督军务。1512年(正德七年)迁左都御史,1513年(正德八年)擢兵部尚书,提督团营,加太子太保。1515年(正德十年)闰四月改吏部尚书。1520年(正德十五年)十一月初三日,以交通宁王执至通州下狱,正德十六年谪福建靖海卫。1526年(嘉靖五年)卒。
② 周建华:《王阳明在江西》,江西高校出版社2017年版,第228页。

还有平定河北等地民乱有功的陆完也被调任兵部尚书。

内廷则主要有三股政治势力把持：最大的一股在司礼监，以掌印太监张永为首；① 一股在豹房，钱宁在豹房势力庞大，且直接掌控着锦衣卫；一股在东厂与御马监，张永掌控御马监。

江彬，北直隶宣府（今河北宣化）人，初为蔚州卫指挥佥事，倔强勇悍。后来通过钱宁引荐，受到朱厚照的召见并留在身边，与朱厚照同起卧，后来成为朱厚照义子，赐姓朱，封为宣府、大同、辽边、延绥四镇的统帅。②

三是私通土匪。朱宸濠十分清楚，要想造反，仅凭王府卫队是不够的。他就招聘了一些人，江西大盗杨清、鄱阳湖上的匪首杨子乔、凌十一、吴十二、闵二十四等人。一看这些以数字为名的人，就知道是一些上不了台面的无业游民、亡命之徒、社会闲杂人员、江湖大盗。

四是到处招揽亲信。朱宸濠挥金如土，胁迫了不少江西地方官员加入自己的阵营，连附近卫所的指挥官葛江也成了他的党羽。到起兵前，其部众已达6万人。他还打造了大小各类战船数百艘，甚至通过不明渠道获得了刚传入东南亚地区的西洋弗朗机式火炮。

五是自命不凡。朱宸濠看似城府不深，想事不过脑子，实则心机叵测，且野心勃勃，胆大包天，一心觊觎皇位，妄图篡位。在南昌王府中，他自称"国主"，将自己的命令称作"圣旨"，把王府护卫改称为"侍卫"；还以钱财开路，招募前朝二品大员李士实、举人刘养正。

李士实，南昌人，资历颇深。他是1466年（成化二年）的进士，多早呀，那时王阳明还没出世呢。他在官场沉浮多年，1500年（弘治十三年），29岁的王阳明任刑部云南司主事时，李士实就已官至都察院右副都御史，巡抚云南后又升刑部右侍郎，在刑部中的官阶比王阳明高，而王阳明直到巡抚南、赣、汀、漳等地时才当到都察院右副都御史这个职务。李士实还是诗文名人，相传王阳明有

---

① 鲁东观察使：《1514：发现大明》，北京时代华文书局2016年版，第182页。
② 李根：《明朝出了个王阳明》，国际文化出版公司2016年版，第177页。

一次从马上摔下来,写了《坠马行》,并邀请李士实一同唱和。李士实工诗善画,懂点风水学,从政多年,深谙权术,非常自负。他自比姜子牙、诸葛亮,虽已退休在家,但不甘寂寞,和朱宸濠又是亲家,于是,就接受朱宸濠的聘请,聘任"国师"兼丞相,成为宁王谋反的核心谋士。

刘养正,江西安福人,举人出身,读书知兵,颇有凌云之志。少年时人称神童,考进士时不尽如人意,一气之下就不再参加科考了。他成天穿着隐士服装,装神弄鬼的,吹嘘自己是诸葛亮再世,能掐会算,运筹帷幄。刘养正名气搞得很大,三司抚按以见到他为荣,朱宸濠听闻后,就用重金把他聘来做谋士。

李士实、刘养正这两人志大才疏,好侃,会说,能忽悠。对着朱宸濠,要么讲宋太祖"陈桥兵变"之事,要么讲"东南有天子气"的那套鬼话。西汉刘邦当皇帝后,把自己的兄弟子侄封王,镇守各地,侄子刘濞被封到东南为吴王。有一次,刘邦拍着刘濞的后背说:观天象者说东南有天子气,五十年后会造反,说的不会是你吧?刘濞当时吓得浑身发抖。后来不到五十年,大臣晁错建议削藩,汉景帝采纳。刘濞就联合其他几家诸侯造反,自称"东帝",史称"吴楚七国之乱"。不到三个月,七国之乱被扫平。后来魏晋南北朝的宋、齐、梁、陈四朝的皇帝在夺取皇位之前,也都极力散布"东南有天子气"的传言。到了明代,朱元璋考虑在哪里建都。有谋士说:"东南有天子气。"朱元璋一听,好,京城就建在南京吧。可不过两代,他的儿子朱棣就从北边一路杀到南京,把建文皇帝赶下台,自己当上皇帝,还把都城迁到北京。看来这个传言并不灵。但那两个谋士看穿了朱宸濠的篡位心思,还是捡起这个老掉了牙的传言。朱宸濠一听,还煞有介事地说:真的吗?东南,那南昌不就在东南吗?朱宸濠十分高兴,他的命运原来是上天注定的呀。那就干吧。

朱宸濠还在叛乱的前五年,即1514年,把唐伯虎请来南昌。唐伯虎一来到南昌,发现了真相,吓坏了,就装疯卖傻,酒后裸奔,设计骗过朱宸濠,逃出南昌,一路狂奔跑到庐山,还画了一幅《匡庐图》。该图为全景山水,表现的是庐山观音桥一带的景观,画面峰岩嵯峨,古木惨淡,瀑泉湍泻,画风清刚俊逸,而意境却萧索苍冷,隐现了唐伯虎当时的压抑情绪。唐伯虎从庐山下来,再乘船顺着长江,直接回家去了。王阳明就是在唐伯虎逃离江西的后两年,来江西平匪的。

六是迫害异己。1513年(正德八年)九月,朱宸濠宴请巡视江西的右佥都御史王哲,"哲自濠所宴饮归,以病暴归,时以为濠毒之云"①。1515年(正德十年)的一天,朱宸濠把江西都指挥使戴宣当场活活打死,又驱逐江西布政使郑岳和御史范辂,幽禁南昌知府郑巘、宋以方等。江西按察司副使胡世宁觉得太不像话了,就上疏弹劾朱宸濠。但朱宸濠在朝中有钱宁等人帮衬,不但没事,反给胡世宁安上一个"离间皇亲"的罪名。朱宸濠先是"奏世宁离间,列其罪,遍赂权幸,必欲杀世宁",未得逞;又"指世宁为妖言"②,命锦衣卫将其逮捕入狱,严刑拷打。

1517年(正德十二年)五月初,宁王府的典仪阎顺、内官陈宣、刘良等赴京揭发朱宸濠的不法行为:宁王府的典宝正涂钦与退休都御史李士实、都指挥葛江等,图谋不轨。请朝廷派员调查。被朱宸濠重金买通的钱宁、臧贤等人知道后,大惊失色,决定平息此事,将这三人逮捕,投入锦衣卫大牢。没过多久,朱宸濠呈上奏章,指控这三人逃跑。钱宁便将这三人狠打五十大板,发往南京孝陵卫种菜。这还没完,朱宸濠怀疑阎顺是受承奉周仪的指使,就把周仪及其家属60多人全部杀害,清洗王府,秘密处死典掌查武数百人。

江西官员纷纷弹劾宁王,吏部尚书陆完却将参劾朱宸濠的奏折全部扣下。朱宸濠在地方的淫威,致使"官其地者惴惴,以得去为幸"③。

3. 朱宸濠造反,大家的态度怎么样?

说到这里,有一个问题,朱宸濠筹划谋反篡位近十年,时间这么长,动静这么大,动作这么猛,竟然屡获成功。难道朝廷里的其他大小官员就没有察觉吗?朝廷就没动作吗?

恰恰相反,大家都意识到了朱宸濠要反,可谁都不说,就像没看见一样。甚

---

①[清]潘柽章:《国史考异》,《故宫珍本丛刊》第40册,海南出版社2000年版。
②《胡世宁传》,《明史》卷一百九十九,中华书局1974年版。
③《孙燧传》,《明史》卷二百八十九,中华书局1974年版。

至后来朱宸濠真的造反了，大家还都在观望。这是什么原因？

难道都是因为收了宁王的钱吗？这是第一个原因。许多人都得了朱宸濠的钱。但也不仅是爱钱，只是宁王送的，不好不接，不敢不接。

第二个原因，京师的某些权贵、江西的某些官员，以及王府的大部分属吏，尽管贪财，可更加怕死。他们之所以会成为朱宸濠的同盟、帮凶、内应，是认为朱宸濠有可能成功。一是朱厚照贪玩，举止乖张，不可捉摸；二是这位皇帝一直未能生育，继承人成了难题。后来，朱厚照死后，果然出现了继承人的问题，只好在宗室里选中嘉靖。所以，当时大家认为，宁王尽管与现在的皇室关系较远，但毕竟也是宗室，宁王的儿子被选为皇太子，也不是不可能。所以，在复杂局面、现实利益下，大家都选择把嘴闭上，袖手旁观。

当然也有与朱宸濠做斗争的人。最著名的有四人，即胡世宁发其奸，孙燧、许逵死其难，王阳明平其乱。

胡世宁（1469—1530），字永清，浙江仁和（今杭州）人。1493年（弘治六年）进士。1512年（正德七年），44岁的胡世宁擢升江西按察副使，迁江西兵备，他上疏揭发宁王谋反的迹象，要朝廷早做防备。朱宸濠得知，大怒，买通朝中的右都御史李士实、左都御史石玠二人上疏诬陷胡世宁，朱宸濠也奏胡世宁离间皇亲，妖言诽谤。皇帝即命令锦衣卫捉拿胡世宁到京。在这之前，胡世宁已升为福建按察使，正在从江西去福建上任的途中，顺便去杭州省亲。朱宸濠就诬胡世宁畏罪潜逃，令其党羽、浙江巡按潘鹏把胡世宁逮往江西，还派出几百名军士到杭州协助抓人。胡世宁在狱中受尽折磨，仍三次上书，揭发朱宸濠。朱宸濠非常惊慌，重金贿赂相关官员，要把胡世宁拟成死罪，幸亏有谏臣程启充仗义执言，胡世宁才免于一死，被发配到辽东。

孙燧（1460—1519），历任刑部主事、郎中。1515年（正德十年）十月，王阳明还在南京鸿胪寺卿任上，时任河南布政使的孙燧接到一纸命令，升任都察院右副都御史、江西巡抚。孙燧头都大了。当时的江西堪称"凶险之地"，连续两任巡抚都在任上蹊跷离世，接任的两位巡抚还没干到一年，就自动请辞，宁可不做官，也要离开江西。孙燧知道此去八成是有去无回，但他秉持"明知山有虎，偏向虎山行"的决心。他先把妻子、孩子送回浙江老家后，自己一人带着两个书童前往江西上任。那架势，还真有些悲壮。

孙燧于1516年二月抵南昌开府后，受到朱宸濠的热烈欢迎，但孙燧怀有戒心，采取了积极的防范措施。他以防盗为名，加固了南昌周围的城池，在进贤、南康（南康府治星子，即今庐山市）等地修建起新城，在九江要害之地增设重兵。此外，他还奏请朝廷设通判驻守弋阳，兼职督管附近五县兵马，以巩固防御。为防止宁王打劫兵器库，孙燧又以防贼为名，将兵器辎重转移到其他地方。而且，到1519年春，他已向朝廷上报了7份宁王企图谋反的报告。

朱宸濠一看无法拉拢孙燧，火冒三丈：怎么了，我堂堂一个王爷，给你好意，是看得起你，你还给脸不赏脸了。于是就派人监视孙燧，还送枣、梨、姜、芥四样礼物，孙燧一看，这是要我"早离疆界"呀，心里明白，却笑而不答，照收不误。朱宸濠一看，咦，软硬不吃呀。

就这样，孙燧在险恶的环境中坚持斗争了四年。后来，王阳明前往南赣剿"匪"，路过南昌时与孙燧见了一面。孙燧大王阳明12岁，也是余姚人，两人早就相识。两人都是巡抚，一个是江西巡抚，一个是南赣巡抚，战友相见，无话不说。孙燧谈及朱宸濠要叛乱的种种迹象，以及自己向朝廷连上七道报告宁王行径的情况。王阳明听后，心中对江西的形势有了进一步的认识。

后来在南赣平乱时，王阳明发现一些流寇、残匪甚至土匪头子都逃向了宁王处。他意识到，江西的政局中，匪患只是表面现象，更深刻的危局就是宁王之患。

朱宸濠想到了要收买王阳明，曾派李士实和刘养正去见王阳明，二人先是猛夸了一番王阳明，然后称赞他的讲学，说宁王朱宸濠想拜王阳明为师。王阳明笑着反问两人，宁王怎么可能丢掉爵位，来做他的学生？两人见此计不成，又出一计：邀请王阳明去宁王府讲学。王阳明不好拒绝，朱宸濠毕竟是宁王呀。于是，王阳明只得用不能擅离职守为借口搪塞，改派弟子冀元亨去，兼作打探。

之后，山东按察佥事许逵被调到江西担任按察副使。许逵在山东平叛有大功，以精明和知兵而著称，在这个节骨眼上，让他来江西，显然大有用意。

许逵一到江西，就着手依法惩处宁王的党羽爪牙。他对孙燧分析说，宁王敢为非作歹，主要是有权贵们的支持。权贵们之所以对他支持，主要是接受了宁王的厚礼，而宁王送礼的钱财主要出自盗贼的"奉献"。只要能彻底歼灭盗贼，截断宁王行贿的财路，宁王的党羽势力才会孤立。

这四个人，成了宁王朱宸濠最大的噩梦。

自从阎顺赴京告状后，朱宸濠就十分不安，加快了行动。钱宁也知道自己蹚了浑水，极想脱身，却没有良策，只得一条道走到黑。他筹划让朱宸濠的长子到太庙进香，营造其可能入继皇太子的假象；又设法说动朱厚照，用异色龙笺加金赐答，要知道，异色龙笺一般在确定代理国政者时才会使用。钱宁还将自家珍藏的玉带、彩帛拿出来，让宁王府的人带回，诈称皇上所赐。

外界搞不清状况，认为朱宸濠的儿子真有可能成为皇太子，对朱宸濠更加恐惧。[1]

朱宸濠也稍稍心安，觉得或许通过正常的途径也可以上位，就按捺住急躁的情绪，将举旗反叛一事暂且搁置。

本来，朱宸濠计划在中秋节，即朝廷乡试、秋试时发动兵变的，但这时发生了一件事。南昌有个退休的御史熊兰，本想像江西大部分官员一样去巴结朱宸濠，没想到朱宸濠根本看不上他。熊兰讨了个没趣，就开始报复。他和南昌籍的给事中熊浃（1478—1554）写了一份揭发宁王的奏章，交给好友御史萧淮。萧淮将这道奏折直接呈给内阁首辅杨廷和，并表示如果压着不报，将来万一出了事，杨廷和摆脱不了责任。这样，杨廷和就不敢不奏了。

杨廷和堪称神童，12岁中举人，19岁中进士，先后追随成化、弘治两位皇帝，还给太子时的朱厚照讲过学，到正德年间已是三朝元老了，且是朱厚照最亲近的侍臣。朱厚照赶走谢迁、刘健等老臣后，在正德二年把杨廷和提拔进内阁，到正德七年又让他担任了内阁首辅。[2]

这时，被宁王朱宸濠买通的钱宁和边将江彬矛盾很大，成了死对头，双方都在寻找机会干掉对方。江彬看到钱宁一直在朱厚照那里说朱宸濠的好话，就伙同另两个太监张忠、许泰给钱宁上眼药。江彬、张忠故意问皇上，是否知道钱宁、

---

[1] 鲁东观察使：《1514：发现大明》，北京时代华文书局2016年版，第229页。
[2] 许葆云：《心圣王阳明》，国际文化出版公司2015年版，第155页。

臧贤盛赞宁王的原因。

这个问话怪怪的,朱厚照心想,称赞文武百官,是为了推荐任用,称赞藩王有什么用呢?

正在朱厚照心生疑虑之际,杨廷和把萧淮的折子递来了。

没多久,皇上发下诏书,下令将宁王府驻京人员全部驱逐回江西,一个不留;并准备革去宁王的护卫,打消他的非分之想。

五月二十四日颁下诏书,派太监赖义陪同驸马都尉崔元前往江西诫谕宁王,也就是到江西去看看宁王到底在做什么,顺便把其卫队给撤销了。若这次再取消,便是第三次了。

钱宁见事态严重,为开脱自保,就向皇上报告并逮捕了宁王党羽卢孔章,并诿过于臧贤,然后把这两人弄死。[①]但宁王的侦卒林华从京师逃了出来,跑回南昌,向朱宸濠报告臧贤出事了,并说自己离京时,听说赖义来南昌是要擒拿宁王的。

朱厚照派出驸马崔元,本只是革去卫队,试探一下朱宸濠的反应。明朝有个不成文的规定,驸马到亲王那里去,就代表朝廷要对这个亲王下重手了。所以朱宸濠一听北京官员来南昌是要抓他,立刻深信且惊恐,就沉不住气了,也没法沉住气。这一天是六月十三,是朱宸濠40岁生日。恐惧与惊慌之下,朱宸濠急忙找来李士实、刘养正密谋。他原定八月十五起兵,当下索性决定提前起事。第二天,六月十四,朱宸濠借回请贺寿官员之际,悍然宣布起兵,并胁迫前来赴宴的官员参与叛乱。朱宸濠宣称:"太后有密旨,令我起兵监国,汝保驾否?"

江西巡抚孙燧、江西按察司副使许逵当即揭露朱宸濠这是谋反,骂不绝口,被朱宸濠拖至惠民门外杀害。是年孙燧60岁,许逵36岁。此外,御史王金,主事马思聪、金山,参议黄弘、许效廉,布政使胡廉,参政陈杲、刘棐,佥事赖凤,指挥许金、白昂等官员,因拒绝朱宸濠的胁迫而被执下狱。就连皇帝钦派的驸马崔元、太监赖义也被软禁控制。黄弘被执后,愤而以手梏猛撞石柱,自戕颈项,当晚去世。马思聪坚决不屈,绝食六日而死。由于史料匮乏,黄弘、马思聪被害

[①] 鲁东观察使:《1514:发现大明》,北京时代华文书局2016年版,第241页。

时年龄不详。

宁王朱宸濠密谋了十年，终于在南昌起兵谋反，这是明王室内部争夺皇位的斗争。

朱宸濠封李士实、刘养正为左、右丞相，王纶为兵部尚书，其他贼头各有不等的封号，革除正德年号，召集兵马，号称十万，发檄各地。接着，朱宸濠抢占了巡抚衙门，接管了南昌城。他还四处夺船招兵，数日之间，南昌附近几个城池被攻陷，守城官员一哄而散。南康（辖今江西庐山、永修、都昌等市县地，及共青城的一部分，治所在星子即今庐山市）、九江诸郡也被攻破。一时人心惶惶，远近震动。

宁王造反的消息很快传到朝廷，朝廷为之震动。那些得过宁王好处的官员个个心惊胆战，生怕自己被牵连进去，惶惶不安。只有兵部尚书王琼一人沉稳如磐石。他一夜之间，连续下发草疏十三道，并向正德皇帝请旨下诏，削除宁王属籍。做完这些之后，王琼镇定地笑着对身边的官员们说，不用担心，他当年起用王阳明去巡抚南赣，同时也是为了应对今天之变。用不了多久，这场叛乱就会被平定的。

二、王阳明怎样43天就平了叛？

1. 吉安起兵：王阳明是何时成的"圣"？

悟道之后，王阳明是否就成了圣人？

没有。

那他是什么时候成"圣"的呢？

1519年（正德十四年）六月初五，王阳明接到朝廷命令：福州三卫所军人出现哗变，要他赶紧前去查处。

明初，福州城设置了左卫、右卫、中卫三个指挥所，下设千户所，千户所下设百户所，主要职责是防海备倭。这三卫所既是明朝中央政府设在福州地区的军事管理机构，又是管理权（人口、土地、司法）相对独立的行政管理单位。它下辖于福建都司，治所在福州城，是相对独立于福建布政司、福州府的军政组织。卫所的官兵来自全国各地，散居在福州城和附近府州县境内。

福州三卫所军人多次作乱。1518年（正德十三年）五月，福州府三卫所军士蔡贵、叶元保等以索饷作乱,城内人心惶惶。退休在家的原都御史林廷玉、副使高文达出面抚谕乱军,乱乃定。八月,又乱,大搜城内金银,藏于开元寺,兵备副使李志刚出兵平定之。1562年(嘉靖四十一年)三月、1566年(嘉靖四十五年)六月,福州三卫军人又两次作乱,这是后话。

王阳明虽然于六月初五就接到命令,却是在六月初九才从赣州启程。

王阳明前往福州处置兵变,走的是哪条路线呢?

他顺赣江而下,经吉安、樟树,六月十五王阳明的船已到南昌府的丰城县,得知朱宸濠在六月十四叛乱。此时,离南昌城只有百里的水路,顺流而下,瞬间则到。

这里有个问题:从赣州去福州,可以走赣州到瑞金、长汀、福州,但为什么王阳明没有急如星火地奔瑞金过福建,那样走才近呀,而是绕道顺赣江而下,往南昌方向而来?有人说,他是想先到南昌,然后转到信江去广信。也有人说,他想回家奔丧。

王阳明为什么走赣江这条线,来到丰城呢?

他是本来就要准备进南昌城的吗?

他去福州,为什么要绕道来到南昌呢?

正因为他这一绕道,就让他全赶上了。

宁王朱宸濠原定八月十五起兵谋反。但在六月十三他的生日这天,朝廷派来宣布革去宁王府护卫的官员到达南昌,而朱宸濠做贼心虚,认为他们是来抓他,就决定在第二天——六月十四——借回请南昌官员的时机,提前起事。

而王阳明来南昌,原本是要参加六月十三朱宸濠的生日宴会。这样才解释得通。可为什么又没有赶上朱宸濠的生日宴会呢?有先生认为是"他行至吉安时,突然想起忘带巡抚官印,便派军官返回赣州取印,因此迟缓了几天"[1]。此话不知据何所出。王阳明心思缜密,外出执行军事行动而忘带官印,实在是难以想象。

真正的原因更可能是王阳明得到了朱宸濠的生日请柬,他必须参加;但他已知朱宸濠的不端行为,又不想和不能参加。于是,王阳明就想到了一个办法,前往南昌,但拖至六月十三以后才到,就说是要来南昌祝寿,却因故未能参加朱宸

---

[1] 周建华:《王阳明在江西》,江西高校出版社2017年版,第232页。

濠的生日宴会。

王阳明此行带没带军队？据现存史料，王阳明到达南昌府丰城黄土垴时，听到朱宸濠反叛的消息，当即掉转船头。显然，他没有带军队。也不可能带军队，因为南赣剿"匪"已获全胜，剿"匪"的官兵已回驻兵营，令旗亦已悉数上交，王阳明手上是没有军队的。

为什么王阳明能平乱呢？有以下几个原因：

一是准确的判断力。正德十四年六月十五，王阳明到达丰城，得知昨日宁王朱宸濠在南昌起兵，当即判断："这是谋反！"这里我们不仅佩服王阳明的眼界和判断力，更佩服其立场之坚定、胆略之超群。在这之前和之后，许多官员听闻朱宸濠起兵的消息，有的装聋作哑，有的蹑手蹑脚，绝大多数都在袖手旁观，都在静观其变——万一朱宸濠赢了呢？但王阳明没有这么多的利害盘算，他凭良知行事：他得知朱宸濠反叛，不假思索就冲了上去，不为提拔，不为名声，不顾性命，只听从良知，敢于担当向前冲，忍辱负重致良知。王阳明不仅立即做出准确的判断，并随即以高度的政治自觉、极大的政治勇气投身平叛。

他立马掉转船头，就往回走了。

怎么往回走？溯赣江而上，前往吉安起义兵。但是，哪里是说走就能走的？船体过大，赣江逆流而上，据说是费了不少时辰，船才行了二十来里。王阳明心里焦急，就带着龙光、雷济两名随员，微服转乘小船，而将自己的衣冠和随员萧禹等人留在大船上。

临行前，还上演了一幕夫妻诀别戏。

王阳明正要离开大船时，看见夫人诸氏和幼子正宪，心中不忍，迟疑不决。诸氏决然说："大人快走！不要因为我们母子而误了大事。请放心，如果落入贼人之手，我会自处。"王阳明这才登上小船。偏偏天公不作美，南风吹个不停，这样逆流又顶风，朱宸濠的追兵又将至，王阳明就在黄土垴的赣江之滨，焚香对天祝祷。至于灵不灵，不知道，据说是风向竟真的转变，王阳明顺道逃脱，现在王阳明祈风台尚存。

王阳明的第一站，是临江府，在临江府没待多久，便"急趋吉安"。这是要躲得远一点儿吗？不是。他是要在吉安召集队伍，组织调派各府、县乡兵义勇，平息叛乱。

二是高度的自觉性。王阳明一面向朝廷报告，一面调兵遣将。在朝廷没有发出征讨命令的情况下，王阳明就主动出击，以迅雷不及掩耳之势，向朱宸濠发起了进攻。这是一种自觉与自省。三是不动如山的定力、运筹帷幄的谋略、出神入化的战法和以少胜多的奇迹。

六月十八，王阳明一到吉安城，就与吉安知府伍文定见面。伍文定（1470—1530），荆州松滋人。他与王阳明同为1499年（弘治十二年）的进士。他臂力过人，擅长骑马、射箭，议论事情慷慨激昂，精明勤快，很会断案。做常州推官时，魏国公与百姓争地，伍文定判百姓赢。宦官刘瑾收了徐国公的重礼后，就抓了巡抚以下14人。彼时，伍文定已升为成都府同知，也被抓进诏狱，罢官为民。刘瑾败亡后，伍文定才重新被起用，到嘉兴做官。江西姚源的盗贼王浩八等流窜到浙江开化抢劫，伍文定平寇有功，调河南升任知府，又擒获大盗张勇、李文简等。因为才干突出，能干大事，被调往吉安。其间，曾助南赣巡抚王阳明平定桶冈、横水。朱宸濠叛乱后，吉安的百姓、士绅纷纷逃跑，伍文定斩了一个逃兵，众人才安定下来。

此时，伍文定一见王阳明，问道："大人知道宁王叛乱了吗？"

王阳明答道："我就是来平乱的。"大家顿时笃定踏实，有了主心骨。

伍文定转过身来，悄声问王阳明的随从："大人这次带来了多少人马？"

"一个也没有。"

只见王阳明镇定自若，"与伍文定征调兵食，治器械舟楫，传檄暴宸濠罪，俾守令各率吏士勤王"[1]。

四是置个人生死，及至家庭、家族一切都不顾的无私无畏精神。王阳明在吉安刚刚拼凑起一支民兵乡勇，就要顺赣江而下，向南昌发起冲锋。这在一般人看来，是很莽撞的：一是万一搞错了呢？二是就算打对了，你没有得到圣旨就组建军队，还假传兵部的命令，这都是要杀头，甚至株连九族的大罪呀！所以当时全国的官

---

[1] 见《明史·卷一百九十五·列传第八十三》，中华书局1974年版。

员都不动,都在观望、等待。

此时,弟子邹守益就在王阳明身边,他说:老师,是不是等等看?一是万一搞错了呢?您看这么多官员都跟从朱宸濠,为什么?就是指望朱宸濠成功后,给自己留条后路呀。我们是不是要再考虑一下? ("彼从濠,望封拜,可以寻常计乎?")二是现在宁王起兵的消息已经四处传开,可周边的湖广、粤、浙和南京的官员都若无其事地充耳不闻,犹豫等待和观望。他们这是两头下注呀。您呢,朱宸濠成功了,您要被朱宸濠杀头;朱宸濠不成功,您也是大祸临头呀,您未得圣旨就组建军队,还假传兵部的命令,就采取行动,这都是要杀头,甚至株连九族的大罪呀。再说朱宸濠如果派人把您的老父亲抓起来,那怎么办呢? ("若遣逮老父奈何?")

听完,王阳明默然良久,开口道:"此义无所逃于天地之间。使天下尽从宁王,我一人决亦如此做,人人有个良知,岂无一人相应而起者?若夫成败利钝,非所计也。"如此重要关头,如此道义责任,跑到天边也逃避不了,必须把它担当起来。哪怕天下人都跟随宁王造反,我王阳明一个人也要往前冲。

掷地有声,振聋发聩。

邹守益听后:"惕然,一时胸中利害如洗。"[1]

王阳明的另一大弟子王畿听后,感觉"至情溢发,大义激昂"。他唰唰地写下一篇长文,其中道:"世人利害,不过一家得丧尔已;毁誉,不过一身荣辱尔已。今之利害毁誉两端,乃是灭三族,助逆谋反,系天下安危。"一般人讲的利害毁誉,不过是一家之得失,一人之荣辱而已,而王阳明面临的利害毁誉,则是关系到三族存灭、天下安危。所谓格物致知,"譬之真金之遇烈焰,愈锻炼,愈发光辉,此处致得,方是真知;此处格得,方是真物;非见解意识所能及也"[2]。

听后,感觉王阳明就此成圣。

---

[1] 钱德洪:《年谱二》,载《王阳明全集》卷三十四,第1036页。
[2] 王畿:《读先师再报海日翁吉安起兵书序》,载《王阳明全集》卷四十一,第1326—1327页。原载《龙溪王先生全集》卷十三。

2. 把朱宸濠拖在南昌城，又拖回南昌城

王阳明的平叛之功，不仅在于以少胜多，表现了极高的智谋和卓越的军事才能，也不仅在于其间展现的自信与定力，更在于挺身而出，勇于担当，为巩固明王朝立了一件奇功。

那么，王阳明的平乱，采取了什么措施呢？

王阳明在吉安城，和伍文定、邢珣、徐琏、戴德孺等人召开了紧急军事会议。

首先分析了宁王下一步会采取什么样的军事行动：上策，率兵直接攻向京城，国家社稷将岌岌可危，最不好对付；中策，出鄱阳湖，顺长江而下，直接攻下南京，这勉强还能应付；下策，据守南昌城不出来，如果宁王这样做，那他就死定了。

要怎样才能让宁王乖乖地待在南昌呢？王阳明有的是办法。

第一招就是造假。王阳明伪造了许多兵部的公文，比如"于是故为两广机密大牌，备兵部咨及都御史颜咨云：'率领狼达官兵四十八万江西公干。'"又比如：调集江西、浙江、湖南、福建、两广，包括南直隶（今江苏和安徽）的兵马共二十四万，让他们到江西集结。公文还声称，要在六月二十合围南昌城，二十一拂晓发动总攻。但在另外的公文中，王阳明回复，不要急躁，攻城是下策，那会有重大伤亡，要等朱宸濠出城后，再打歼灭战。

然后，王阳明把这些公文全发出去了。这些公文既互相矛盾，又似乎真实可靠。

不久，宁王控制的各府县出现了许多神秘人物，他们四处张贴告示，散布信息：许泰、郤永率边防军队4万，从陆路赶来；刘晖、桂勇率京边官军4万，水陆并进地赶来；南赣王阳明、湖广秦金、两广杨旦也带着部队，共计16万人马，从各地方向着南昌进发。朝廷严令沿路各司接应这几支大军提供各种物资，不得怠慢，否则军法处置。

宁王的探子很快就获取了这些信息。

可这都是一些假信息。上面的人员确实存在，将领的姓名也确实无误，但这些人还在原驻地，并没有离开。军队数量的差距就更大了，王阳明最多掌控着8万杂牌队伍。

当然，这还没完，王阳明还有更厉害的杀招——反间。有一天，宁王的部下抓到了几个混进南昌城的可疑分子，在他们身上搜出了写给宁王两大谋士李士实和刘养正的密信。信上说：朝廷非常满意两位先生弃暗投明的卧底工作。现在，两位要尽快说服宁王离开老巢，顺流东下，早点儿攻取南京城，那样朝廷大军才可以顺利开展下一步行动。

地方官员对王阳明这些神神道道、弄虚作假的做法很不以为然，既不实事求是，又不是君子作风，更关键的是，他们问王阳明："这有用吗？"

"先不说有用没用，"王阳明反问，"你们就说朱宸濠会不会起疑吧？"

官员齐声答道："那肯定疑。"

王阳明笑了："他一疑，事就成了。"

果然，朱宸濠面对这些假消息和反间计，将信将疑。正在此时，李士实和刘养正过来"帮忙"了，他俩一起面见宁王，异口同声：赶快行动，攻取南京城。

信了，完全信了。宁王狐疑地看着两个狗头军师，毅然决然地决定：留在南昌，什么地方也不去。

就这样，王阳明用计将朱宸濠拖到六月三十还没出南昌城。在这半个月的宝贵时间内，王阳明完成了各项筹备工作，集结到了8万人，江西省内的战场形势彻底改变了。

六月十九和六月二十一，王阳明连续两次上书给朱厚照[1]，报告宁王谋反一事，同时汇报了自己平乱的办法。

宁王左等右等，迟迟不见朝廷的各路大军到来。他终于开窍，自己被王阳明忽悠了一把，他再也不能等待了。

七月初一，朱宸濠起兵造反后的第16天，下令鄱阳湖水寇凌十一率1万人出九江、南康向安庆进发。第二天（有的史料说是七月初三），在留下1万人驻守南昌城后，朱宸濠亲率5万兵马（号称10万人），出南昌，过鄱阳湖，下南康，占九江，一路势如破竹，直达安庆。可是，他在安庆城遇到了顽强抵抗，迟迟不能攻下。

---

[1] 王阳明：《飞报宁王谋反疏》《再报谋反疏》，《王阳明全集》卷十二，第331—333页。

也就是在七月初一这天，王阳明上报宁王谋反的奏章送到了京城。①

王阳明等待的机会来了。他早就预料到，宁王发觉上当受骗后，必然会调动大军，出江西攻南京。王阳明再次召开军事会议，提出了自己的见解：宁王倾巢而出，南昌城必然空虚。我军养精蓄锐多时，斗志正旺，可以一鼓作气拿下南昌城。宁王听到南昌被夺，必然会回兵救援南昌。我们就在他的归途上伏击，宁王必没有好下场。

七月十五，王阳明会列郡官兵于临江镇。这天朱宸濠到达安庆，开始攻城。

七月十八，王阳明率军到达丰城，商议下一步行动方案。有人主张赶往安庆解围，王阳明则认为不能长途奔袭安庆，而应强攻南昌。这样，朱宸濠看到老巢被端，必然军心动摇。

七月十九，王阳明到达南昌县市汊，召开誓师大会。王阳明战前动员："一鼓而附城，再鼓而登，三鼓而不克诛伍，四鼓而不克斩将。"②

七月二十，王阳明大军集结在南昌城下，编了十二哨人马，分别攻打南昌城的七个城门：吉安府知府伍文定、泰和县知县李楫攻广润门；赣州府知府邢珣、吉安府推官王玮攻顺化门；袁州府知府徐琏攻惠民门；临江府知府戴德孺攻永和门；瑞州府通判胡尧元、童琦，攻章江门；新淦县知县李美，吉安府通判谈储，抚州通判邹琥、知县傅南乔攻德胜门；赣州卫都指挥余恩、宁都知县王天与、万安县知县王冕攻进贤门。③

王阳明下达总攻令，将士们个个血脉偾张，争先恐后，冲锋在前。但英雄反无用武之地，第一波进攻，城里的守卫部队就闻风倒戈；更有甚者，有些城门连关都没关上。王阳明就这样大摇大摆地进入了宁王苦心经营多年的南昌城。

宁王的家眷在宁王府内焚火自尽，大火殃及周边居民。王阳明下令救火。

进城之后，王阳明做了不少安抚工作，南昌城逐渐稳定下来。王阳明静候宁王的到来。

---

① 许葆云：《心圣王阳明》，国际文化出版公司2015年版，第201页。
② 王阳明：《江西捷音疏》，《王阳明全集》卷十二，第37页。
③ 王阳明：《牌行各哨统宾官进攻屯守》，《王阳明全集》卷十七，第490—491页。

仗打到了这份上，宁王最好是放弃安庆，直接攻占南京。他的两位首席谋士也是这样提议的。可宁王没有这个眼力，七月二十一，他下令从安庆撤围，直奔南昌，回师救援。

3.决战鄱阳湖，活捉朱宸濠

鄱阳湖，和大明王朝真有血肉联系。1363年（元至正二十三年），朱元璋与陈友谅在鄱阳湖决一死战，激战36天，大获全胜。156年后的1519年，王阳明和朱宸濠又在鄱阳湖决战。

七月二十三，宁王叛军与王阳明大军交战于樵舍。樵舍地处南昌市北部的赣江下游两岸，是水陆交通要冲。宁王前锋部队大败。

七月二十四，双方在黄家渡再战，宁王叛军再次大败，被追十余里，一路败退至八字垴。

经此两战，宁王的先锋部队所剩无几，士兵遭受重创。面对屡屡失败，宁王拿出所有家底，封赏三军。同时，下令放弃九江、南康两地，其守军向主力部队靠拢，将所有军队调集起来，与王阳明决战。在金钱的刺激下，七月二十五，宁王的部队发起冲击。

王阳明的部队损伤不少，阵脚顿时不稳。关键时刻，吉安知府伍文定挺身而出，战火烧着了他的胡须，仍坚守不退，还斩了几个逃跑的官兵，使队伍稳定下来。所以，朱宸濠之乱被平定后，伍文定因战功卓著，被提为江西按察使。这时张忠、许泰到南昌，王阳明却押着朱宸濠去浙江了。张忠、许泰既失望，又恼恨，就把伍文定绑了。伍文定大骂不休，张忠等人更为恼火，就把伍文定揿倒在地。不久，世宗即位。伍文定升任广东右布政使，尚未赴任，上书检举张忠等人的罪行，请求清理冤案，释放遭张忠、许泰陷害的无罪者，以及宁王家族中没有参加反叛的人员，并把没收朱宸濠的资产发还给江西作为建设费用。世宗一并采纳了他的建议。

激战之中，朱宸濠的指挥大舰被王阳明的炮火击中，宁王的军队失去指挥，大乱溃败，退至黄石矶。

宁王问："这是哪里？"

当地人答道:"黄石矶。"因是当地土话,朱宸濠听成了"王失机",心慌不已,再退守到最终的归宿地——樵舍。

在这个终点站,宁王做了一件把自己终结的事——用铁索把所有的战船连接成一个船阵。《三国演义》赤壁之战火烧铁锁船的虚构一幕又在现实中出现了。当年,朱元璋大战陈友谅也是用火攻,历史总是惊人地相似。

七月二十六,王阳明发动火攻,烈焰冲天,火光映红湖面,宛如赤壁之战再现。这场决战的总攻没有任何悬念,无数条载满干柴外加烈火的小船,驶向宁王的连锁船。这时又突如其来地刮起了风,火借风势,风助火威,熊熊烈火扑向宁王的舰船。

宁王还在召开早朝会议,面对突如其来的大火,目瞪口呆,不知所措,眼睁睁地看着火势蔓延,将自己的一字长蛇船阵烧成灰烬。

宁王的后宫妃子纷纷跳河自尽。宁王的倒霉劲还没完,他的旗舰又搁浅了,无奈之下,只得换乘小船逃走。可慌乱之中,行动迟缓,没逃出多远,就被活捉。

七月二十七,活捉朱宸濠,攻击朱宸濠余部,打扫战场。

七月二十八,平叛战争结束。

此时距朱宸濠六月十四起兵不过 43 天,距朱宸濠七月初二出南昌不过 25 天,距王阳明七月二十一攻克南昌城不过 6 天。

朱宸濠的叛乱及其被平定,是明代中期统治阶级内部最大的一次权力角逐,给江西社会带来了极大的混乱。

今南昌滕王阁里的王阳明鄱阳湖擒宁王图

三、最凶险的政治危机：立下不世之功，为何反而受审查？

王阳明仅用43天时间，就平定叛乱。这么大的功劳，可他没得到朝廷的嘉奖，反而招来奸臣的嫉妒、猜忌和陷害，连武宗朱厚照也怀疑他参与了宁王的叛乱，对他进行审查。这是王阳明一生遇到的最复杂、最凶险的政治风险，是王阳明生命中的又一个困境，却直接促使其提出"致良知"之说，从而促进了阳明心学的理论成熟和体系完善。

1. 献俘问题

平叛战争结束，王阳明带着被俘的朱宸濠，回到了南昌。

从这时开始，王阳明遭遇了他一生中最为凶险的政治风浪。

这第一险关就是汇报的问题。

从王阳明得知宁王反叛以来，他向朝廷四次上疏：六月十九《飞报宁王谋反疏》，六月二十一《再报谋反疏》《乞便道省葬疏》，七月初五《奏闻宸濠伪造檄榜疏》《留用官员疏》，七月三十《江西捷音疏》《擒获宸濠捷音疏》《奏闻益王助军饷疏》《旱灾疏》[1]。这四次上疏的九份报告，什么都汇报了，既详细汇报了解决宁王谋反的经过，也讲了自己所采取的举措；既讲了捕获的人员，也讲了主要立功人员，甚至提及了江西的另一封王益王的捐助，还谈了救灾的民生工作。但这些报告，朱厚照和他身边的人都不满意，因为没有提到他们的功劳。

平定朱宸濠叛乱，本就跟朱厚照和他身边的人没有关系。七月二十七，王阳明正在鄱阳湖打扫战场时，朱厚照在干什么呢？他在下旨："镇国公朱寿宜加太师。"群臣不解，朱厚照再来一旨："威武大将军太师镇国公朱寿，今往两畿、山东祀神祈福。"[2]

八月上旬，朱厚照才下令兵部开会，商议"征剿宸濠方略"。八月二十二，

---

[1] 见《王阳明全集》卷十二，第331—345页。
[2] 许葆云：《心圣王阳明》，国际文化出版公司2015年版，第201页。

朱厚照率领京军出北京城。过了两天,大军刚开进涿州城,收到了王阳明七月三十从江西发出的《擒获宸濠捷音疏》,宁王之乱平定了。① 但朱厚照要抢这个功,他仍然坚持南下,经卢沟桥、清州、保定进入山东,过济宁抵达扬州,然后到南京,最后到达江西。

八月十六,朱厚照发来旨意要王阳明兼任江西巡抚,并说"朕当亲率六师,奉天征讨"②。面对这个极其荒诞的命令,王阳明一个劲地想阻拦。十多万大军蝗虫般过境地来南昌,一路闹腾,劳民伤财。进入南昌后,吃喝拉撒等各种开销,必使民不聊生。刚经历战争的南昌再经不起折腾了。且王阳明的祖母岑氏上月去世,为了平乱,他连祖母最后一面也没见上,现在还要等朱厚照大驾,不能去奔丧。王阳明第二天就上疏劝阻。他说:朱宸濠早就图谋不轨,"阴谋久蓄于中","招纳叛亡","广致奸细","发谋之始,逆料大驾必将亲征,先于沿途伏有奸党,期为博浪、荆轲之谋"。虽然叛乱已平,"诚恐旧所潜布之徒,尚有存者,乘隙窃发,或致意外之虞,臣死且有遗憾"。但这种劝说与朱厚照的想法背道而驰,无法阻止他南下。

第二道险关就是献俘问题,即如何对待被俘的朱宸濠,怎么把他交出去?交给谁?在哪里交?

八月十七,王阳明上了一道奏疏《请止亲征疏》,说了四点:一是已俘获宁王,叛军已灭,从贼已扫,没仗可打了;二是平叛的部队都回各驻防地了,您来慰问部队也没必要了;三是地方刚安定下来,您来安抚百姓也没必要了;四是自己将"于九月十一日亲自量带官军,将宸濠并逆贼情重人犯督解赴阙外",因为"平贼献俘,固国家之常典,亦臣子之职分"③,所以,您来接受俘虏也没必要了。

九月初,王阳明接到朱厚照的旨意:不准来京献俘,只能就地关押。待他率军来昌,再把朱宸濠在鄱阳湖中放出,让他表演式地再擒拿一次,然后昭告天下,

---

① 许葆云:《心圣王阳明》,国际文化出版公司2015年版,第203页。
② 王阳明:《请止亲征疏》,《王阳明全集》卷十二,第345页。
③ 王阳明:《请止亲征疏》,《王阳明全集》卷十二,第346页。

是他这个皇帝亲自出征，抓了这个反贼，平定了这次叛乱。

就在这时，王阳明接到好友乔宇传来的消息：张永一行已经到了杭州。

王阳明决定赶快行动，当务之急是把朱宸濠这个烫手山芋交给张永。张永早年与王阳明的父亲王华相熟，后因扳倒刘瑾有功而深受朱厚照信任，在王阳明的提拔上出过力。在当时，能够和朱厚照说得上话，同时又了解自己、愿意为自己说话的人，只有张永了。于是，"九月十一日，先生献俘发南昌"[①]。王阳明押着宁王朱宸濠，出南昌往杭州而去。

这时，张忠、许泰率兵到达南昌，得知王阳明已把朱宸濠押往杭州，十分恼火，认为不拿到朱宸濠，平定宸濠之乱的功劳就不能算到朱厚照的账上，于是立即差人在九月二十五赶到广信（今上饶），来取朱宸濠。王阳明不给，费宏来劝。王阳明还是没答应，并于九月二十六连夜通过江西，赶到草萍驿站。

草萍驿位于与江西交界的浙江常山，明清时期在浙西设草萍巡检司，并设草萍驿站。宋代的曾几、赵鼎，元代的卢琦，明代的刘基（即刘伯温）、孙承恩、方豪、张弼、陆深、郑学醇、庞嵩、饶与龄、童轩、潘希曾、孙燧、郑茂等历史文化名人都在这里留下了诗文。明代的刘基有《晚至草萍驿》诗："落日照阡陌，粳稻生清香。好风自西来，吹我征衣裳。但惜景物佳，不觉道路长。函禽韵蒙茸，马足响康庄。驿吏迎我前，拜晚进酒浆。要我入山馆，左右华镫光。解鞍待升月，星月树苍苍。"可见，草萍驿不仅是重要的交通节点，还因其地理位置险要，成为军事要塞。

在草萍驿，王阳明写下《书草萍驿二首》诗并题注："九月献俘北上，驻草萍，时已暮。忽传王师已及徐淮，遂乘夜速发。次壁间韵纪之二首。"他说"一战功成未足奇，亲征消息尚堪危"，自己平定宁王叛乱没啥了不起，听到皇上要来南昌倒很着急，因为"边烽西北方传警，民力东南已尽疲"。他为什么要这样着急地赶往杭州呢？"小臣何尔驱驰急？欲请回銮罢六师。"当然，他也"自嗟力尽

[①] 钱德洪：《年谱二》，载《王阳明全集》卷三十四，第1041页。

螳螂臂,此日回天在庙堂"①。可见王阳明的愤懑、焦虑、无奈和惆怅。

十月初,王阳明押解朱宸濠到达杭州。十月初九,王阳明在钱塘江边上把朱宸濠移交给张永,由张永把朱宸濠交给朱厚照,然后自己住进了杭州净慈寺。

话说朱厚照的大军在九月初进入山东境内,到达京杭大运河边上的繁华都市临清。这时,朝野都知道宁王之乱已经平定,劝朱厚照返回京城的奏疏雪片般飞来,但朱厚照继续前行。本来在朱厚照的行程安排上没有临清这一站,但江彬听说王阳明要北上献俘,便临时建议朱厚照从临清上岸。在临清停留了二十多天,然后顺运河而下,十一月初六,进入徐州;十一月十五,到达淮安清江浦,住在太监张阳的私宅里。十二月初一,到达扬州府。十二月二十六,到达南京。朱厚照的"南巡"之旅至此结束,没再往南行进。

而此时,张永也押解朱宸濠从杭州来到南京,交给朱厚照。朱厚照命令将俘虏放出囚车,然后他一声令下,顿时杀声四起,毫无悬念地抓住了朱宸濠。朱厚照又一声令下,朱宸濠被重新塞入囚车,然后一行人浩浩荡荡地返回南京。

此时,张永长篇大论地说了一通,概括起来:王阳明是位好人。

江彬反驳:"王阳明本就与朱宸濠有勾结,最后才反戈一击的。"

朱厚照问:"何以见得?"

张忠进言:"王阳明到了杭州,却不来南京见皇上,说明心中有鬼。不如下旨让他来南京见驾,谅他不敢来。"

朱厚照一听,觉得这样蛮好玩的,就下诏要王阳明来见驾。

王阳明接到诏书后,立即动身。十一月上旬,快到南京时,却被江彬的人截住,不让进谒朱厚照。

王阳明住在镇江金山寺,一看这种情况,心中十分郁闷,写下《泊金山寺二首》。正德十一年,杨一清辞去了吏部尚书一职,住在镇江待隐园。杨一清是曾经提拔王阳明的人,所以,王阳明特意去拜访他。他们谈了什么,没有明确记载,但从王阳明的《杨邃庵待隐园次韵五首》可得到一些消息。王阳明虽然表白自己"平

---

① 王阳明:《江西诗一百二十首》,《王阳明全集》卷二十,第626页。

难心仍在,扶颠力未衰",却也感叹"冰霜缘径滑,云石向人危","江湖兵甲满,吟罢有余思","语及艰难际,停杯泪欲倾"。①但他还是从杨一清那里得到了指点:"一身良得计,四海未忘情。"

与此同时,张永听说王阳明被挡在镇江,就向朱厚照说:"王阳明一召就来,没想到中途被拦。国家不能这样对待忠臣。"

朱厚照说:"看来王阳明确实是个忠臣呀,那就让他回江西吧。"

于是,王阳明十一月由镇江经湖口返回南昌。途经彭泽时,他登上小孤山,在石壁上题诗:"奇观江海讵为险?世情平地犹多艰。"②感叹江海的自然奇观远算不上险峻,世上之事平地起风雷,才是艰险。随后,王阳明从长江进入鄱阳湖,途经湖口时登上石钟山,留下诗作:"我来扣石钟,洞野钧天深。荷蒉山前过,讥予尚有心。"③他叩问石钟,感慨洞野钧天的深邃难测,又借荷蒉者过山前典故自比,隐晦传达出自己虽遭人误解,却仍坚守本心,为国为民的热忱未减。

2. 应对张忠、许泰之流

十一月中旬,王阳明回到南昌,这时,张忠、许泰、江彬等人奉旨领军万余人,已经到达南昌来讨伐"宸濠余党"。他们开销巨大,军纪败坏,百姓苦不堪言,弄得江西一片乱象,"公私骚然",鸡犬不宁。

王阳明一边救灾安民,一边抚军,还要应付张忠、许泰等人。

张忠、许泰等人在闹腾什么呢?

他们多方牵连,百般罗织,就是要扳倒王阳明。

一是抓人。他们把伍文定这个王阳明平叛时最得力的助手绑了,同时还抓捕审问伍文定、龙光等王阳明的亲信,要他们交代罪行,特别是王阳明的罪行。结

---

① 王阳明:《杨邃庵待隐园次韵五首》,《王阳明全集》卷二十,第629—630页。
② 王阳明:《登小孤书壁》,《王阳明全集》卷二十,第630页。
③ 作者注:王阳明的这首《献俘南都回还登石钟山次深字韵》未收入《王阳明全集》,而见于束景南、查明昊辑编《王阳明全集补编》,上海古籍出版社2016年版,第67页。

果一无所获。接着在百姓中调查，最后审讯朱宸濠的余党，想从他们的嘴里找到扳倒王阳明的证据。可不管怎么问，南昌的百姓一提到王阳明都说好，就连朱宸濠的同党也无一人诬告王阳明。

二是翻箱倒柜找罪证。谁的罪证？朱宸濠这些年给京官送礼行贿的罪证。张忠、许泰这样做有两个目的：一是看看自己在京城里的政敌中哪些人得过朱宸濠的好处，好趁机扳倒他；二是这些年自己也得过宁王的好处，好趁机销毁证据。结果什么也没找到。张忠、许泰来找王阳明索要，王阳明声称都烧了。他说攻破南昌城后，军士报告在宁王府查获宁王贿赂大小官员的各类证据，包括大批朝廷重臣与宁王的往来信件和单据，请示如何处理。他便下令全部烧毁了。对于这种说法，张忠、许泰非常忌惮，万一王阳明没烧呢？自己的把柄不就捏在王阳明的手中了？但他们除了恼火，一点办法也没有。

三是找钱财。一是在王府里找，二是在南昌城里刮。结果什么也没找到。那些钱财到哪里去了呢？

四是刁难找碴儿。江彬处处以"上差"自居，就想给王阳明一个下马威，让王阳明下不来台。初次见面，江彬故意把王阳明的座位设在角落里，把主帅的位置留给自己。谁知王阳明进入大帐后，完全无视江彬让座的手势，径直坐到主帅的位置上，江彬等一班人只好落座客位。主次一分，将士们就明白了。明代冯梦龙的《智囊》对此评论说："公非争一坐也，恐一受节制，则事机皆将听彼而不可为矣。"

虽未查出证据，但张忠、许泰等人从南昌回到南京，仍在朱厚照面前诬陷王阳明与宁王有勾结。

主要问题是：

一是说王阳明"始与宁府交通，后知事不可成，因人之力，从而剪之，以成厥功"。宁王曾私书"王守仁亦好"，证人是湖口一知县，说李士实和刘养正曾问王阳明："世上难道就没有商汤和周武王那样的人才吗？"意思是要有像商汤、周武王那样的人，来个内部革命。王阳明说："商汤和周武王也要有伊尹和姜子牙那样的人来辅佐呀。"这两人说："有了商汤和周武王，还怕没有伊尹和姜子牙吗？"

王阳明说:"即便有了伊尹和姜子牙,还要有伯夷和叔齐那样的忠臣来保卫国家。"有人说,王阳明这是在表示他就是辅佐宁王的人。其实,王阳明这是在推托。只要宁王一日没反,就一日不能动他,还要对他恭敬。王阳明也确实一直在与宁王周旋,其言语即使有迎合的成分,也不足为奇。

二是说王阳明的平叛本不是他的初心,他原本是去祝贺宁王生日的,后来起兵平叛是受到伍文定的激将。再说,王阳明的功劳并没有那么大,捉拿宁王、平定叛乱,只需要一个知县就可做到。

三是说王阳明派冀元亨去宁王府,其实是暗通款曲,脚踏两只船。冀元亨,湖南常德人。正德五年,王阳明从贵州去庐陵赴任,途中在常德潮音阁讲学。冀元亨在场听讲,成其入室弟子。正德十一年,冀元亨乡试中举,第二年赴京闱未取,从此一直跟随王阳明,先是为阳明家的塾师,后被王阳明派往宁王处,想通过讲学对其劝谕。劝谕无效后,冀元亨将宁王所赠礼物全部归还,然后离开。

朱宸濠事败后,张忠、许泰等想在朱宸濠这里找到王阳明与其私通的证据,可朱宸濠始终否认。在逼问之下,朱宸濠最终提道:"独尝派遣冀元亨论学。"张忠、许泰等如获至宝,立即捉拿了冀元亨。冀元亨在狱中受尽严刑拷打,却始终坦然自若,未有所移,真正做到以生命做学问。他对人有若春风,天天在牢里讲学,坐大狱成了开学堂,狱友都被感动得掉泪("*善待诸囚若兄弟,囚皆感泣*")。人们问他夫人李氏、你丈夫的学问,究竟是什么学问?她说:"*吾夫之学不出闺门衽席间。*"[①] 即心学的学问,就体现在一些日常生活小事中,诸如女人闺房、家长里短的家务事。闻者皆惊愕不已。

王阳明在冀元亨被抓之时,或许出于谨慎,没有为冀元亨申辩,怕"反致激成其罪",一直隐忍到正德十五年八月,才公开《咨六部伸理冀元亨》。他在各部的学生也起而附议,为冀元亨鸣冤,但无济于事。直到明武宗去世,新皇帝明世宗登基,言臣均称其冤,冀元亨才出狱,但由于受刑过重,出狱后五天就病逝了。因此,王阳明对冀元亨始终抱有愧疚。《明史·王守仁传》只附了冀

---

① 钱德洪:《年谱二》,载《王阳明全集》卷三十四,第1048页。

元亨这一个学生,既因为其他成了气候的学生都有传,又因为冀元亨这位学生最能体现阳明精神。

四是说王阳明攻破南昌后,杀戮、抢劫过重,特别是"宁府财富山积,兵入其宫,悉取以归"。宁王和王阳明都招抚过峒酋叶芳。因为叶芳手下有一万多能征善战的惯匪,王阳明成功招抚了叶芳。鄱阳湖会战时,叶芳的人马冲乱了宁王的阵脚,于战胜宁王有功。王阳明要保奏叶芳做官,叶芳表示自己就是一个土人,不想做官,只要金帛,王阳明就把宁王府的财宝分了不少给叶芳。

五是说鄱阳湖一战,除了擒获朱宸濠,还活捉了李士实、刘养正。但没过几天,这两个关键人物都在关押中死去。有人就认为这是王阳明杀人灭口,以掩饰他和宁王的关系。

直到十二月二十二冬至,张忠、许泰什么目的也没有达到,只好罢兵班师。张忠、许泰等人本就是带着有罪推定的思路来的,靠着罗织、捏造、找碴儿、猜忌的手段诬陷王阳明,这些言辞虽然荒谬,却"谗口嗷嗷",弹劾之声竟达三年之久。

3. 处理了民生与经济问题

平定叛乱之后,王阳明在民生上面临两件难事:一是水灾,二是户部催征钱粮。这两件事说到底都是老百姓生活艰难,难以维系生计。

平叛当年的三月到七月,江西全省大旱,基本上颗粒无收。七月三十,平叛战争一结束,王阳明就上了《旱灾疏》,请求免除江西正德十四年的税粮。朱宸濠起兵时,为了收买人心,许诺免除一年税粮。王阳明集兵时为鼓舞士气,也宣布免除一年税粮。现在,这需要取信于民。

面对王阳明的《旱灾疏》,朝廷的答复:一是在八月十六发来旨意,要王阳明"提督军务原任,兼巡抚江西地方"[①],显然是要王阳明来收拾战后和灾后的这些烂摊子;二是江西不但须照往年惯例上交40万石粮食,还要追征正德十四年以前拖欠的赋税。去年各府县已缴上来停在河岸的税粮被叛军抢掠了,这些也要

---

① 见王阳明:《请止亲征疏》,《王阳明全集》卷十二,第345页。

补交。有位给事中上奏帮江西说话后，朝廷同意暂停追征正德十四年以前的赋税，但正德十四年的仍要追征。

1520年（正德十五年）三月二十五，王阳明上报了一份很长的奏疏，详细描述了江西十三个府所属各县的旱灾情况，去年从三月到七月，都没有下雨，导致"禾苗未及发生，尽行枯死，夏税秋粮，无从办纳，人民愁叹，将及流离"①。王阳明提到，战争的创伤尚未愈合，而"京边官军前后数万，沓至并临，填城塞郭"，需索无度，百般诛求。民仓和官库已经空虚，老百姓卖妻鬻子、骨髓都被榨干了；穷人流离失所、饿殍遍地；身强力壮者逃窜山林，群聚为盗；有些家产和不愿做匪盗的守在家中，却被官府百般催征、拷打。各郡县官吏都调往省城与官军驻地听候差役，不再办理民事。总之，"上下汹汹，如驾漏船于风涛颠沛之中"。

王阳明请求朝廷免除去年和今年的税粮，并赈济受灾最重的南昌、九江和南康三府。他的奏疏最后强调，全省税粮不过40万石，如果连这40万石也舍不得豁免，将来匪乱四起，那即便拿出几百万石也无济于事。

祸不单行，江西连续两年遭遇重灾。1519年是旱灾，1520年则转为水灾。1520年的水灾尤为严重，从春天到夏天，全省持续多雨，除了南安、饶州和袁州三府，其他十个府都遭受了几十年不遇的水灾，大水一个月未退。受灾地区禾苗淹死，房倒屋塌，城市街道都可以行船。

正德十五年五月十五，王阳明连上《计处地方疏》《水灾自劾疏》两份奏疏②。他在《计处地方疏》中开头就说："财者民之心也，财散则民聚；民者邦之本也，本固则邦宁。"结尾又引用《书》和《易》中的语句来说明"守邦在众"和"聚人曰财"的道理。

王阳明报告自己会同江西监察御史唐龙，把原来宁王强占的民间土地、山塘、房屋等归还给原主，其余的按实价变卖，所得银两入官。他还发布了《议处官吏

---

① 王阳明：《乞宽免税粮急救民困以弭灾变疏》，《王阳明全集》卷十三，第361—363页。
② 王阳明：《计处地方疏》《水灾自劾疏》，见《王阳明全集》卷十三，第363—366页。

廪俸》①，要求调查从二品官到九品官，以及没品没级的杂职吏胥的收入情况，以便进行补贴。

为减轻百姓负担，王阳明下令查清朱宸濠及同党的财产。这些财产主要集中在南昌和新建两县。按照规定，这两个县应向淮安京库缴纳11.9万石税粮，还需向江西鄱阳淮王府、南城益王府缴纳共4002石禄米。然而，这两县因受战乱和兵灾影响最严重，已无力承担这些赋税，故王阳明提出"节奏宽免，未奉停征"，可以变卖朱宸濠及其同党的财产，所得收入用于抵缴税粮，若有结余，则用作衙门公费开支。

在《水灾自劾疏》中，王阳明说自己有了四项罪状：第一，自己的辖境毗邻朱宸濠谋反地区，却没能提前察觉，导致皇帝亲征；第二，自己怕担责任，没能竭尽全力地劝谏皇帝；第三，工作上因循守旧，对上逢迎附和，对下强征索取，招致民怨；第四，上不能有益于国家，下不能解救民困。他请求最好处死自己，最轻也要罢免自己。奏疏中的一个重要部分，就是提醒皇帝要做自我反省。王阳明指出，江西地区本已十分穷困，战乱、兵祸、旱灾、水灾接踵而至。过去尚能指望外援，现在湖广和湖南连年打仗，福建和浙江旱灾严重，南直隶地区供应亲征大军的物资也日益匮乏，淮安、徐州以北，山东、河南千里饥馑。王阳明无奈地写道："悠悠苍天，谁任其咎！"苍天啊，这罪责究竟该由谁来承担？

王阳明一边求援，一边自救。他发布了《赈恤水灾牌》②，鉴于受灾范围广，如果先统计受灾情况再赈济，会耽误时间，于是他安排官员用船装粮，直接开到水灾地区，发现一家贫户就救济一家。九月初四，他呈上《开豁军前用过钱粮疏》；十二月初十，又呈上《征收秋粮稽迟待罪疏》。由于朝廷没有豁免税粮，他只得继续催征。在《批南昌府追征钱粮呈》中，他提出了一些解决方案，或先征新粮，将旧粮减半征收，或让农户量力而行，分期缴纳。

巡按江西的监察御史唐龙，以及其他御史、给事中也为江西申请豁免税粮说

---

① 王阳明：《议处官吏廪俸》，《王阳明全集》卷十七，第513页。
② 王阳明：《别录九》，《王阳明全集》卷十七，第522页。

话,但朱厚照始终不表态。他和张忠、江彬、许泰、刘晖、魏彬(司礼监太监等人)都想为自己记上平叛的军功。朱厚照以钦差总督军务威武大将军的军令,命令王阳明重新上奏捷报。就这样僵持了一年,最后王阳明只得屈服。正德十五年七月十七日,王阳明"遵奉大将军钧帖",在赣州修改了去年写的《擒获宸濠捷音疏》的有关内容,撰写了《重上江西捷音疏》[①]。他首先写明是在"钦差总督军务威武大将军总兵官后军都督府太师镇国公"的指挥下,才擒获了朱宸濠,功劳归于威武大将军朱寿,即正德皇帝朱厚照;然后将张忠、江彬、许泰、张永等人列入有功人员名单,还把首辅杨廷和与兵部尚书王琼并列。最后才讲述自己是怎么破敌擒王的。朱厚照这才满意,批准通过了这份《重上江西捷音疏》。八月,朱厚照下旨同意免除江西一省的赋税,让王阳明卖掉宁王名下的田产铺面等不动产,用以折抵江西省的税款。[②]

王阳明以苍生计,以极大的勇气、智慧,更凭着自己的良知,迎难而上,化解了交回宁藩、送回官兵、救灾济民等一个又一个政治危机。

四、王阳明的庐山人生第四问:"眼前谁是补天手?"

在交出朱宸濠这个烫手山芋,并送走张忠、许泰、江彬等人后,王阳明一直希望面见朱厚照,为自己剖白。然而,一是张忠、许泰一伙的阻挠,二是朱厚照本人的疑心,使他始终未能见到朱厚照。这令王阳明的心情可不好受。他在悼念孙燧、许逵的诗中写道:"天翻地覆片时间,取义成仁死不难……忠心贯日三台见,心血凝冰六月寒……"

王阳明自言,在应付宦官刁难时全靠良知指引。此时,他的心路历程与心声吐露集中反映在他的三次庐山之行中。

[①] 王阳明:《别录五》,《王阳明全集》卷十三,第367页。
[②] 许葆云:《心圣王阳明》,国际文化出版公司2015年版,第250页。

1.1520年（正德十五年）一至二月，第一次到庐山

1520年一开年的天气就不好。正月初一雾、初二雨、初三风。这几天，王阳明每天都写了一首诗，感叹"一雾二雨三日风"，感叹"元日昏昏雾塞空，出门咫尺误西东。人多失足投坑堑，我亦停车泣路穷"。昏昏的雾霾，让人不辨东西；一路的坑堑，让人不断失足，在这种处境下，王阳明感到"小臣谩有澄清志，安得扶摇万里风！"[①]

就在"正月初一，使至"，王阳明接到十二月底下达的圣旨，命他和使臣一起把参与朱宸濠叛乱的其他案犯解押到南京。于是，王阳明赶紧动身，前往南京献俘。他也想借此机会面圣，当面澄清一下。

王阳明走的是南昌—鄱阳湖—长江—南京这条路。去年十一月，他也是通过这条路从南京经鄱阳湖回南昌。这次，王阳明过当涂，正月初八到达芜湖，结果又被江彬、张忠挡住了半个多月，不得进。于是，他遁入九华山，找了一间草庵，天天专心静坐。

正月二十三日，朱厚照派锦衣卫前来侦伺，见王阳明"每日宴坐草庵中"，"无反状"，这才放心。于是，下令王阳明"仍回江西"，继续担任江西巡抚。如今，九华山有一"宴坐岩"，其前方就是"锦衣石"。

王阳明最终未能见到朱厚照，再加上江西还有一大堆事务（军队的后勤、灾后的民生、社会的稳定等）等待处理，他只得奉旨返回江西。《年谱二》记载："正月，赴召次芜湖。寻得旨，返江西。"他心中十分郁闷。一月底，途经铜陵时，得知此地有一艘铁船，便前去观看，并写下"由来风波平地恶""世路难行每如此"的感叹，"我欲乘之访蓬岛"，但心有不甘，更要"独立斜阳首重搔"[②]。

王阳明从长江经湖口进入鄱阳湖。从湖口到鄱阳湖老爷庙水域的那段60千米水道上，有一座高近百米的小岛。此岛在六朝时期被称为独石，孤零零地立在水中，又比长江里的小孤山大，故名大孤山；又因其形如鞋，也叫鞋山。鞋山三

[①] 王阳明：《元日雾》，《王阳明全集》卷二十，第632页。
[②] 王阳明：《舟过铜陵野云县东小山有铁船因往观之果见其仿佛因题石上》，《王阳明全集》卷二十，第633页。

面绝壁，屹立中流，周长500米，仅西北角有一石穴，可泊舟船。山上原建有天后宫、梳妆台等建筑，但现已毁。登山远眺，白帆片片，无限蓝天，景色如诗如画。北魏郦道元在《水经注》中记载，大禹治水至此，刻石纪功。也有人认为，刻石的是秦始皇。

鄱阳湖里的鞋山（大孤山）

王阳明在这里由秦始皇鞋山刻石联想到："曾驾双虬渡海东，青鞋失脚堕天风。"秦始皇漂洋过海寻求长生不老之药，结果途经此地掉下一只鞋子，化成鞋山。"经过已是千年后，踪迹依然一梦中"，秦始皇已归入历史长河，此处踪迹只是一梦。"屈子漫劳伤世隘，杨朱空自泣途穷。正须坐我匡庐顶，濯足寒涛步晓空。"①他感叹屈原的"漫劳伤世隘"和杨朱的"空自泣途穷"，如今自己要端坐高处，清除世尘，保持高洁。

去年，宁王朱宸濠举兵东进经过鞋山时，也写下一诗："风紧踢开湖口浪，月明踏破水中天。"这句诗竟一语成谶，后来，王阳明平定宁王之乱，一举荡平九江府（辖德化、德安、瑞昌、湖口、彭泽五县）、南康府（辖今庐山、永修、都昌等市县地、共青城的一部分）的叛军残部，正应了"踏破水中天"。这次王阳明行船在鄱阳湖上，写下了《鄱阳战捷》②——

> 甲马秋惊鼓角风，旌旗晓拂阵云红。
>
> 勤王敢在汾淮后，恋阙真随江汉东。
>
> 群丑漫劳同吠犬，九重端合是飞龙。
>
> 涓埃未遂酬沧海，病懒先须伴赤松。

诗中除了回忆自己的战功和忠心，贬斥"群丑漫劳同吠犬"，同时也流露出

---

① 王阳明：《过鞋山戏题》，《王阳明全集》卷二十，第629页。
② 王阳明：《江西诗一百二十首》，《王阳明全集》卷二十，第626页。

些许心灰意懒的牢骚之意。

王阳明从南康府星子县上岸，来到了秀峰。

秀峰并非单一的山峰，而是"千峰竞秀"的地貌。秀峰寺遗址后有鹤鸣峰，西有龟背峰，西南有寨云峰、黄岩石；西北有双剑峰、犀牛峰，双剑峰西南又有香炉峰、姐妹峰，还有最为险峻的文殊峰。此外，还有"马尾水"和"黄岩瀑布"。每当雨季，瀑布奔腾而下，水汽蒸腾，峰上紫烟缭绕。李白写下的"飞流直下三千尺，疑是银河落九天"，就是指黄岩瀑布。

庐山秀峰

王阳明于正月二十九抵达星子，三十日一大早便来到秀峰。"清晨入谷到斜曛"，他在此从早至晚地待了一天。他去了哪些地方呢？"遍历青霞蹑紫云。阊阖远从双剑辟，银河真自九天分"[1]，这又是"青霞"，又是"紫云"的，似乎已归隐寻仙，又感叹"阊阖""银河"的高远。看似写景，实则感叹他想见皇帝而不得。王阳明说：今天我赶到这里不是闲得无事，想昨日我平叛勤王也是忙得要命，我真想辞官来这个地方归隐。

南唐中主李璟尚未登基时，曾游览秀峰的鹤鸣峰，因慕其风景优美、山林幽静，便出万金买下，并筑台读书。李璟继位九年后，下诏在原读书台旧址上建寺，并认为此地是开国的祥兆，将寺名定为开先寺。因此，这座开先寺从955年前后算起，至今已有1000多年的历史。

庐山秀峰寺遗址

---

[1] 王阳明:《游庐山开先寺》,《王阳明全集》卷二十,第645页。

第7讲　江西平叛：政治考验事上磨，知行合一致良知

距王阳明到访的那年，也有560多年了。

王阳明看了开先寺（今秀峰寺）后，登上秀峰李璟读书台。如今，李璟读书台旧址仍在，虽然台已废，但紫石雕花石栏犹存，这个已有千年历史的南唐物件，是现庐山年代最早的不可移动文物。台旁原有六丈古松，远望如华盖覆罩于台，1938年被侵华日军砍去。王阳明在读书台这里刻下一块数丈见方的《纪功碑》，这是他来庐山的目的。

庐山王阳明《纪功碑》

现在，在这里留有三处石刻，均为全国重点文物保护单位：右边是明代徐岱的诗，中间是宋代黄庭坚书写的《七佛偈》，左边就是王阳明的《纪功碑》。王阳明的《纪功碑》，长242厘米，宽234厘米，碑文共136个字，记载了王阳明率江西兵马平息宁王朱宸濠叛乱，并生擒宁王之事。全文如下：

正德己卯六月乙亥（十三日，公历7月9日），宁藩宸濠以南昌叛，称兵向阙。破南康、九江，攻安庆，远近震动。七月辛亥（二十日，公历8月14日），臣守仁以列郡之兵，复南昌。宸濠还救，大战鄱阳湖。丁巳（二十六日，公历8月20日），宸濠擒，余党悉定。当是时，天子闻变赫怒，亲统六师临讨，遂俘宸濠以归。于赫皇威，神武不杀。如霆之震，靡击而折。神器有归，孰敢窥窃。天鉴于宸濠，式昭皇灵，嘉靖我邦国。

王阳明《纪功碑》全文

正德庚辰正月晦，提督军

务都御史王守仁书。从征官属列于左方。明日游白鹿洞，徘徊久之，多所题识。

王阳明说：六月十三，宁藩朱宸濠（这里不说"宁王"，只称"宁藩"）在南昌发动叛乱，"称兵向阙"，目标直指皇宫。叛军攻破了南康（今庐山市）、九江，又攻打安庆城。七月二十，王阳明率领吉安、抚州、樟树等列郡的地方部队，收复了南昌。朱宸濠回援，双方在鄱阳湖展开大战，结果朱宸濠在二十六日被俘，余党也被全部消灭。"当是时"，皇帝才得到消息，大怒，亲率六师来讨伐，"遂俘宸濠以归"。

看到这里，人们会问："亲统六师临讨"的主语显然是正德皇帝朱厚照，但"遂俘宸濠以归"的主语呢？朱宸濠究竟是谁抓到的呢？王阳明的这种叙述有些蹊跷，文中前后矛盾。王阳明正是通过这种叙述，话里有话地表达了自己想说而又难言的复杂心情。王阳明接着说道："神器有归。"这个皇权，谁还敢再窥视？王阳明在称颂了朱天子的"皇威神武"。巧合的是，碑文中提到"嘉靖我邦国"。要知道，那个时候还是武宗皇帝朱厚照在位，王阳明却用了"嘉靖"两字，这是预示后来嘉靖皇帝的年号吗？这似乎不太可能。

王阳明在《纪功碑》末尾注明："正德庚辰正月晦,提督军务都御史王守仁书"，署自己的职务为"提督军务都御史"，因此其他石刻上有"御史阳明""王都"的字样。时间是"正德十五年正月三十"，说明此日他在庐山。史载：正月"三十日,至南康,游庐山,过开先寺,摩崖题诗于庐山读书台"。《年谱二》说："以晦日重过开先寺，留石刻读书台后。"

《纪功碑》末尾曰："从征官属列于左方。"今左方已无余地，那些官属的姓名已不可考。翁方纲《岚漪小草·读书台诗》中有"姓名傥镌此,磨泐奚尔堪"的句子，推测可能是徐岱镌碑时将其磨去。[1]

全文气韵贯通，气势宏伟，激扬飞越，洋洋洒洒，字大如掌，骨挺神峻，字体庄重遒劲，雄健苍劲，纵横跌宕，既有楷书的庄重，又有行书的洒脱，入石三分，既体现了他心中的闷气愤懑，又代表了王阳明书法的极高水准。清初诗人王

---

[1] 吴宗慈：《庐山志》下册，江西人民出版社1996年版，第548页。

渔洋观赏王阳明诗碑后,激动不已,赞道:"文成摩崖碑,其字大如斗。万古一浯溪,光芒同不朽。"他将《纪功碑》比作颜真卿的杰作《浯溪碑》,认为两者同样万古不朽。后人评述:"此山此刻同不朽,风雷呵护森光芒。"

总之,王阳明的《纪功碑》历经五百年,依然清晰、醒目。读罢这篇百余字的碑文,以及上述两首诗,我们可以看到被掩盖的历史真相。

王阳明在秀峰刻下《纪功碑》后,又去了哪里呢?王阳明的《纪功碑》和钱德洪《年谱二》都记载:"明日游白鹿洞,徘徊久之,多所题识。"然而,从《王阳明全集》或其他文献中,并没有发现一首(篇)关于这次游白鹿洞书院的诗文与碑刻。

钱德洪记载:"二月,如九江……是月出观兵九江,因游东林、天池、讲经台诸处。是月,还南昌。"① 因为"是月出观兵九江",中间有几天间隔,因此王阳明在庐山多停留了几日,"因游东林、天池、讲经台诸处",随后前往九江阅兵,最后"还南昌"。

王阳明先是前往东晋高僧慧远的讲经台,写下《远公讲经台》一诗:"远公说法有高台,一朵青莲云外开。台上久无狮子吼,野狐时复听经来。"他感叹"久无狮子吼",以至于吾道已失,野狐禅盛行。

接着,他前往太平宫(也称九天使者庙)。唐代,崇道之风盛行于朝野。唐太祖李渊、唐太宗李世民都自命为太上老君的后裔。《述异记》记载,唐开元十九年的一晚,唐玄宗梦见一个神仙,朱衣金冠,乘舆天降,自称为九天使者,受玉帝旨意巡视人间,要在庐山西北麓建馆修炼,五百年后将造福天下生民。唐玄宗醒后,命画家吴道子据他梦中所见,绘制一幅九天使者像,并命江州太守独孤正前往庐山择地兴建九天使者庙。庙建成后,唐玄宗赐额敕画,亲赐发光的异石置于宫中的宝石池,又诏令天下学士撰写庙碑文,高道设斋建醮,把这座道观提升到与五岳真君庙并列的地位。太平宫从唐至宋几经扩建,"靡费不可胜纪",

---

① 钱德洪:《年谱二》,载《王阳明全集》卷三十四,第1043页。

江西白鹿洞书院（图片取自《江西画报》）

被誉为道教"咏真第八洞天"，道士云集。据陆游所记，庙中钟鼓二楼高十余丈，每楼耗资超过三万钱，累砖而成，栏棚翚飞，工艺精良，岿然对峙，气势雄伟，令人叹为观止。后来，太平宫屡遭破坏，殿堂楼阁、碑碣书画几乎全部毁坏，仅璇玑玉衡残存。

在太平宫，王阳明写下一诗："白云休道本无心，随我迢迢度远岑。拦路野风吹暂断，又穿深树候前林。"[①] 不要说白云是"无心"的，它随我一路而来。有时它似乎被前面路上的野风割断吹散，转过一个弯，它却在前面树木的深处等候我。

登上庐山，王阳明又游览了庐山大天池旁那座朱元璋赐名的护国寺。因寺前有天池，又称天池寺。此池有一神奇之处：池中之水，大旱不竭，且水泛气泡之时，则山起层云。这种神异现象是因为水中含有气体。天晴时，气压较高，气体溶于水中，不会冒泡。一旦气压降低，天阴将雨时，水中无法容过多的气体，气体就会形成气泡，冒出水面。王阳明在《夜宿天池月下闻雷次早知山下大雨三首》中描写了这种景象："天池之水近无主，木魅山妖竞偷取；公然又盗山头云，去向人间作风雨。"朱元璋把庐山封为庐岳，在庐山建了庐岳祠，宣布庐山为皇家所有。然而，王阳明感叹"天池之水近无主"，这大好风光属于谁呢？那些作弄庐山风雨的，竟是"木魅山妖"，它们并不听从皇家的旨令。王阳明借天池翻云作雨的自然现象，含沙射影地骂了一通陷害他的权贵集团。他曾向皇帝奏疏：觊觎皇权的，

[①] 王阳明：《太平宫白云》，《王阳明全集》卷二十，第634页。

不仅有在野的宁王,还有在朝的奸谀之臣。这种深层的忧虑,就隐含在他的诗句中。

当晚,王阳明宿于天池寺。寺旁大天池的西面有文殊台。宋、元时期,这里曾有文殊亭,供奉文殊菩萨的金像。明代时,文殊亭改建为文殊台,成为庙式建筑。王阳明登上文殊台,看到一个奇异现象:黑沉沉的山谷间突然涌出荧荧火光,闪烁离合,或在远山,或在近岭,高者天半,低者掠地,势如群星撒落,灿若天灯高悬,颜色或青或白,变幻不定,这便是自古闻名的"天池佛灯",传说是文殊菩萨化身现光。王阳明惊异之余,说:"老夫高卧文殊台,拄杖夜撞青天开;撒落星辰满平野,山僧尽道佛灯来。"①佛家认为佛光是菩萨头上放射出来的光芒。实际上,"佛光"是一种特殊的物理现象:云雾天时,强烈的阳光照射在云雾表面后形成的一种衍射现象,也叫日晕。"佛光"的出现要有阳光、地形和云海等多种自然因素的结合,因此极为罕见。

次日,王阳明沿天池寺东南行,见大天池东南面有一处面朝铁船峰的断崖,此崖横空出世,拔地千尺,下临绝壑,曾有男女跳下殉情,故称舍身崖。正德年间,任给事中、后长期任白鹿洞洞主的刘世扬不喜欢这个名字,给它取名"龙首崖",形容此崖如苍龙昂首,横空出世。

龙首崖危石绝壁,千百年来,无人敢走近石崖观景。史载王阳明竟躬身徐步直至崖端,俯视绝涧。明嘉靖年间,浔阳郡太守桑乔在《庐山纪事》中描述道:"出虚空中数丈,下瞰绝壑。观者凛凛不自持,独阳明公常至其末,无所畏焉。"《太平清话》载:"阳明先生游匡庐天池山之龙首岩。岩插出山外,下临无底,人无到者。公乃局身徐步,若龙蜿蜒竦立岩前,瞻顾而叹曰'奇绝'。人服其胆。"

当晚,王阳明借宿于天池寺,写《夜宿天池月下闻雷次早知山下大雨》三首,其一:"昨夜月明峰顶宿,隐隐雷声在山麓;晓来却问山下人,风雨三更卷茆屋。"其二:"野人权作青山主,风景朝昏颇裁取;岩傍日脚半溪云,山下声声一村雨。"再咏庐山气象奇景,却透出王阳明当下的某种情绪。他眼中的"野人""权作青

---

① ② 王阳明:《文殊台夜观佛灯》,《王阳明全集》卷二十,第639页。

山主",他们"风景朝昏颇裁取"。

从庐山下来,王阳明来到了东林寺。东林寺是庐山最负盛名的寺院之一,由慧远于384年(东晋大元九年)创建,是佛教净土宗的发源地。在东林寺,王阳明在寺壁上题诗两首。为什么这两首诗不是写在上山前呢?尽管王阳明上山前也可能到过东林寺,但诗中的"峰顶高僧有兰若""月明窒底忽惊雷,夜半天风吹屋瓦"等句,都是回忆山上的事情,因此可以确定这两首诗写于下山之后。王阳明说他和慧远、陶渊明一样,"同是乾坤避人者",但也坦言"我亦爱山仍恋官",展现了他的坦诚实在。

从东林寺出来后,王阳明前往九江阅兵。有人猜测,王阳明在芜湖时察觉到朱厚照身边有危险,因此在九江阅兵,以警告南京的某些有非分之想的人。其实,这是想多了,王阳明不可能也不敢有这种举动。

在九江,王阳明写下了《书九江行台壁》:"九华真实是奇观,更是庐山亦耐看。幽胜未穷三日兴,风尘已觉再来难。眼余五老晴光碧,衣染天池积翠寒。却怪寺僧能好事,直来城市索诗刊。""五老"指庐山的五老峰,"天池"指庐山大天池。从"眼余五老""衣染天池",以及寺僧追到九江城来索诗的情况来看,王阳明此次是先游览了讲经台、太平宫、天池、东林寺,然后才到九江的。

在游览庐山后,王阳明还写了一首《望庐山》:"尽说庐山若个奇,当时图画亦堪疑。九江风浪非前日,五老烟云岂定期?眼惯不妨层壁险,足胼须著短筇随。香炉瀑布微如线,欲决天河泻上池。"从诗中的"五老""香炉瀑布"来看,王阳明是在游览了庐山之后写的此诗。更重要的是,他对形势的展望似乎积极了一些。

2.1520年(正德十五年)三月,第二次到庐山

王阳明刚从南京回来,三月,他又第二次押解参与朱宸濠叛乱的案犯去了一趟南京,还再次游览了齐山和九华山。有人可能会问,钱德洪的《阳明先生年谱》里并没有这个记录。然而,我们可以通过王阳明的诗作来证明。

王阳明的《春日游齐山寺用杜牧之韵二首》的齐山寄隐岩石刻落款为"正德庚辰清明日阳明山人王守仁献俘自南都还登此,时参政徐琏、(池州)知府何绍

正同行，主事林豫周、评事孙甫适至，因共题名，陶埜刻"。"正德庚辰清明日"就是1520年农历三月初三，说明这一天王阳明在安徽池州的齐山。

齐山、九华山都位于安徽池州。九华山名气很大，不必多说，齐山也十分有名。齐山位于安徽省池州市南郊。关于"齐山"之名的由来，有一种说法是齐山有十余座小山峦，其高几乎相等，十分整齐，故而得名。另一种说法是唐贞观年间，齐映任池州刺史时惠政于池州，且常游这座无名小山，后人以其姓命山名。

齐山虽山势不高，却是一座名山。这里有众多摩崖石刻：唐会昌初年，池州刺史李方元开启了齐山摩崖石刻的先河。从唐至民国，齐山风景区保留了200多处石刻，现存60多处，主要分布于寄隐岩、小九华、苍玉峡、华盖洞、左史洞和阳春岭等地。特别是齐山寄隐岩的摩崖石刻最为丰富，这里有宋代包拯任池州知州时题刻的巨大的"齐山"二字，宽112厘米，高178厘米，沉稳刚健，笔力遒劲。齐山还有翠微亭，相传是唐代杜牧因仰慕李白，喜爱其所作的"摇笔望白云，开帘当翠微"之句，在此建造翠微亭以纪念李白。宋代岳飞曾在此留下一首千古绝唱《池州翠微亭》。此后，历朝名士慕名而来，朱熹、陆游等都在此山留下了诗作和题记。

王阳明为什么要去齐山呢？从他在齐山写的《春日游齐山寺用杜牧之韵二首》[1]中可以找到一些线索。他在诗的题目中注明了是"用杜牧之韵"，用的是杜牧哪首诗的韵呢？唐武宗会昌年间，杜牧任池州刺史时，写下了《九日齐山登高》："江涵秋影雁初飞，与客携壶上翠微。尘世难逢开口笑，菊花须插满头归。但将酩酊酬佳节，不用登临恨落晖。古往今来只如此，牛山何必独沾衣。"[2]

这两人描写的景色和风格虽然有所不同，但面对的人生境遇、所展现的心态与心境却有诸多相似之处。

杜牧身处晚唐，社会动荡，政治腐败，个人仕途也不得志。重阳节与友人登齐山时，触景生情，既有"菊花须插满头归""但将酩酊酬佳节"这般想在重

---

[1] 王阳明：《外集二》，《王阳明全集》卷二十，第642页。
[2] 杜牧：《九月齐山登高》，《全唐诗》卷五百二十六，中华书局1999年版。

阳佳节抛开烦恼、享受当下的豁达，又有"尘世难逢开口笑""不用登临恨落晖"这种面对尘世艰难、时光易逝、人生无常的感慨。

王阳明写《春日游齐山寺用杜牧之韵二首》时，心情同样复杂，既有对时光流逝的感慨、对自身境遇的无奈，也有对自然的向往和对尘世的超脱。诗中"即看花发又花飞"，眼前花开花落，时光在不经意间流逝，王阳明感慨时光匆匆、人生短暂，蕴含着对生命有限的惋惜与无奈。"空向花前叹式微"，借用《诗经》中的"式微"，感叹人生艰难、世道衰微，表达了对自己半生奔波、仕途坎坷的无奈。"自笑半生行脚过，何人未老乞身归？"王阳明不禁反思，何时才能在未老之时辞官归隐，体现出对自身人生道路的思考，对官场生活的些许厌倦。"江头鼓角翻春浪，云外旌旗闪落晖"，江上鼓角声伴着春浪翻涌，云外旌旗在落日余晖中闪烁，这一景象暗示着当时社会局势的动荡不安和王阳明所处政治环境的复杂严峻，表达了他的忧虑和无奈。"羡杀山中麋鹿伴，千金难买芰荷衣"，山中与麋鹿为伴的自在生活令他羡慕，纵有千金也难以买到这般闲适，王阳明渴望摆脱尘世的羁绊，回归自然。

王阳明在第二首诗中写道："倦鸟投枝已乱飞，林间暝色渐霏微。"他以倦鸟归巢自比，暗示自己历经世事的疲惫，渴望找到心灵的归宿。"春山日暮成孤坐，游子天涯正忆归"，春山日暮，独自静坐，心中涌起游子在天涯思乡忆归之情。"古洞湿云含宿雨，碧溪明月弄清辉"，"古洞""湿云""碧溪""明月"等意象，一派清幽、宁静，王阳明沉浸在这种自然之美中，获得了心灵的慰藉。"桃花不管人间事，只笑山人未拂衣"，桃花自顾自地开放，全然不理会人间的纷纷扰扰，仿佛在嘲笑王诗人还没有下定决心归隐山林。通过诗句，王阳明表达了自己对超脱尘世、归隐山林生活的向往，也流露出对自己未能及时放下世俗事务的自嘲。

基于两人相似的人生境遇和心境，王阳明和杜牧的诗作在用韵、词句、诗风和意境方面都有诸多相通之处。在用韵上，王阳明明确标明了"用杜牧之韵"，通过这种方式传递出内心的情感与思考。在词句运用上，尽管两人选取的意象不同，但都善于运用简洁而富有表现力的语言，精准地描绘出眼前的景象。杜牧的《九日齐山登高》主要用了"菊花""落晖""雁"等九月九日重阳节的意象，而王阳明的《春日游齐山寺用杜牧之韵二首》则以"春山""桃花"等春日的意象为主。

两人的诗风都爽利豪宕，巧妙地融入了各自的情感。杜牧开篇一句"江涵秋影雁初飞，与客携壶上翠微"，就描绘出一幅开阔的秋景图，气势不凡。结尾"古往今来只如此，牛山何必独沾衣"，又在豪放的笔触下，蕴含着一丝凄恻之感，旷达之中透露出人生的悲哀。杜牧以"江涵秋影雁初飞"勾勒出秋景的开阔，王阳明则用"江头鼓角翻春浪"展现出社会的动荡，都是通过精练的词句营造出独特的画面感。

在诗风方面，王阳明的诗更为闲适超脱，但两者都在诗中蕴含着对人生的深沉思考。在豪放或超脱的笔触下隐藏着对命运的无奈与感慨。在意境营造上，杜牧借助"落晖""菊花"等意象营造出一种苍凉而旷达的意境；王阳明则用"湿云""碧溪"等意象构建出清幽、宁静的意境。两者虽风格各异，但都旨在通过意境的渲染，传达出自己在复杂人生境遇中的心境与感悟，引发读者对人生的共鸣与思考。

三月初三，王阳明在齐山。接着，三月初八，王阳明上了九华山，遇到了周经和尚，并在东崖禅寺的崖壁上刻下《赠周经和尚偈》。如今寺已毁，但刻石犹存："不向少林面壁，却来九华看山。锡杖打翻龙虎，只履踏破巉岩。这个泼皮和尚，如何形容在世间？呵呵，会得时，与你一棒；会不得，且放在那黑漆筒里偷闲。正德庚辰三月八日，阳明山人王守仁书。"①从落款可以看出，1520年三月初八这天，王阳明在九华山。

王阳明在《重游化城寺二首》中写道："莫谓中丞②喜忘世，前途风浪苦难行。"他在《劝酒》中写道："平生忠赤有天知，便欲欺人肯自欺？""人人有个圆圈在"。王阳明的圆圈就是他的初心。"初心终不负灵均"，他要学习屈原，"残雪依依恋旧枝"。③

在回途中，王阳明再次来到庐山，游览了开先寺、东林寺、天池寺、太平宫等地，

---

①周月亮：《王阳明传》，长江文艺出版社2016年版，第223页。
②中丞是对都察院都御史的古称。
③王阳明：《外集二》，《王阳明全集》卷二十，第640页。

所到之处无不赋诗撰文，以记其行，排解愁怀，留下了许多山水诗篇。

上山时，写下《游庐山开先寺》。

> 僻性寻常惯受猜，看山又是百忙来。
> 北风留客非无意，南寺逢僧即未回。
> 白日高峰开雨雪，青天飞瀑泻云雷。
> 缘溪踏得支茆地，修竹长松覆石台。

王阳明探访了东林寺，并题诗两首，其一为《又次邵二泉[①]韵》：

> 昨游开先殊草草，今日东林游始好。
> 手持苍竹拨层云，直上青天招五老。
> 万壑笙竽松籁哀，千峰掩映芙蓉开。
> 坐俯西岩窥落日，风吹孤月江东来。
> 莫向人间空白首，富贵何如一杯酒！
> 种莲栽菊两荒凉，慧远陶潜骨同朽。
> 乘风我欲还金庭，三洲弱水连沙汀。
> 他年海上望庐顶，烟际浮萍一点青。

王阳明的原诗题于江西庐山东林寺寺壁，清康熙年间被摹刻成诗碑，现嵌于东林寺念佛堂的北壁，碑高丈余，是庐山现存的珍贵石碑之一。此碑有落款："游东林，次邵二泉韵。正德庚辰三月廿三日，阳（此处漏一'明'字）山人识"，

[①] 邵二泉，即邵宝(1460—1527)，字国贤，无锡人，1484年(成化二十年)进士，弘治十三年十月，被外派到江西任提学副使。邵宝在江西任职较长，修白鹿书院学舍以处学者，作《谕来学文》，谓学者立心之始，几莫先于义利，辨莫先于义利。欲学者暂辍进取，以待学成然后出仕。又教诸生习士相见礼，以专志古人之学。再至洞，俯仰五老之胜，作独对亭，自为记。(吴宗慈：《庐山志》上册，江西人民出版社2020年版，第611页)宁王宸濠索诗文，峻却之。后宸濠败，有司校勘，独独没有邵宝与朱宸濠有过交往的痕迹。邵宝官至南京礼部尚书，学者称其为二泉先生，有《容青堂集》传世。邵宝与王阳明早就相识，且有诗文来往。这次王阳明所和的邵二泉《寄题东林寺壁》诗(邵二泉：《容春堂集》，上海古籍出版社1991年版)是："雁门僧避胡尘来，匡庐山中寻讲台。谁云净土在西竺，此池自有莲花开。莲花开时千万朵，江南君臣不疑我。渊明故是避世人，菊花醉插头上巿。攒眉掉臂谢公去，一杯浊酒堪全真。当年意在谁独识，虎溪笑处泉流石。至今古塔依西林，月落江云树千尺。"

表明1520年（正德十五年）三月二十三，王阳明还在庐山。

在诗中，他发出"种莲栽菊两荒凉，慧远陶潜骨同朽"的慨叹，认为"富贵何如一杯酒"，奉劝世人"莫向人间空白首"，只有进入醉乡，才能忘记自己的忧愁。两次前往南京，都没见上皇帝一面，其消极遁世之情溢于诗行。

这年三月，王阳明又去了一次大天池，三月二十四在天池寺留下石刻。这一次，王阳明还到了秀峰的青玉峡龙潭，留有题刻。

下山后，王阳明再次来到秀峰的开先寺。他徜徉在林中，沉吟于水畔，联想到自己宦海浮沉的坎坷人生，感慨之余，写下《重游开先寺戏题壁》。

> 中丞不解了公事，到处看山复寻寺。
> 尚为妻孥守俸钱，到今未得休官去。
> 三月开先两度来，寺僧倦客门未开。
> 山灵似嫌俗士驾，溪风拦路吹人回。
> 君不见富贵中人如中酒，折腰解酲须五斗。
> 未妨适意山水间，浮名于我迹何有！

王阳明以自嘲的口吻，诉说自己的矛盾心境。一方面，他渴望"了公事，到处看山复寻寺"，追求"未妨适意山水间，浮名于我迹何有"；另一方面，又感叹要为妻儿赚点俸禄，自己仍是一个"须五斗"米的"俗士"，表达了不得已的无奈。诗中"三月开先两度来"的"两度"，指的是正月晦日和三月二十二两次，因此在三个月内他来了两次。

最后，王阳明从星子上船，回南昌的途中，来到星子城南外二里湖中的落星墩。这座小岛海拔21.8米，纵横周回一百余步，总面积不过1800平方米，状如星斗，故称落星石，俗称"落星墩"。它是鄱阳湖的地标。

相传，此石是天上坠落的一颗星星，触地后化为一座小岛。北魏郦道元在《水经注》中记载："落星石，周回百余步，高五丈，上生竹木。传曰有星坠此因以名焉。"星子县也因此而得名。南唐诗人释齐已《落星寺》："此星何事下穿苍，独为僧居化渺茫。"宋人蒋之奇有"今日湖中石，当年天上星"的诗句。实际上，落星石并非陨石，而是由6500万年前中生代白垩纪的紫红色砂岩、砾岩构成。

庐山鄱阳湖里的落星墩

唐末乾宁年间（894—898），敕封落星寺于石上，南吴大和三年（931年）被封为"宝石山"，万历年间改称"德星山"。历代视其为一郡的印星，府学、县学奉为文星。

北宋王安石有《落星寺在南康军江中》："崒云台殿起崔嵬，万里长江一酒杯。坐见山川吞日月，杳无车马送尘埃。"他将落星墩比作"万里长江一酒杯"，把"落星石"当作酒杯，把江湖之水视为琼浆玉液，把落星寺描绘成"坐见山川吞日月"，何等豪迈。黄庭坚有《题落星寺四首》，极写鄱阳湖风情。

1178年，朱熹在南康军任上，写下了《落星寺》一诗，并将落星墩视为休憩会友的场所。当年，陆九渊来到白鹿洞书院讲学，朱熹邀请他泛舟鄱阳湖，围绕落星墩游览。朱熹感慨道："自有宇宙以来，已有此溪山，还有此佳客否？"其眼界之广、胸襟之宽、口气之大，让人联想到曹操与刘备煮酒论英雄的情景。

朱熹到过的地方，王阳明自然也不会错过。他登上落星墩，游览落星寺，放声高歌：

> 女娲炼石补天漏，璇玑昼夜无停走。
> 自从堕却玉衡星，至今七政迷前后。
> 浑仪昼夜徒揣摩，敬授人时亦何有？
> 玉衡堕却此湖中，眼前谁是补天手！[①]

璇玑玉衡是什么？从汉代起，就有"星象说"和"仪器说"两种观点。

"璇玑玉衡"一词，出自《尚书·舜典》"在璇玑玉衡，以齐七政"。司马迁认为璇玑玉衡就是北斗七星，《史记·天官书》中："北斗七星，所谓'璇玑玉衡，以齐七政'。"而伏胜的《尚书大传》中："璇者，还也。玑者，几也，微也。其变

[①] 王阳明：《游落星寺》，《王阳明全集》卷二十，第644页。

几微而所动者大,谓之璇玑。是故璇、玑谓之北极。"

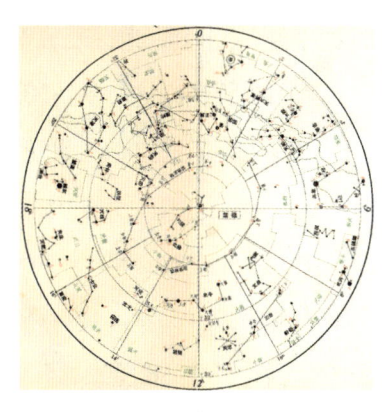

《春秋运斗枢》进一步把北斗七星的名称与璇玑玉衡联系起来:北斗七星,第一天枢,第二璇,第三玑,第四权,第五玉衡,第六开阳,第七摇光。一至四为魁,五至七为杓(柄),合为斗。居阴布阳,故称北斗。《晋书·天文志》则说:"魁四星为璇玑,杓三星为玉衡。"与司马迁的主张略有不同。

星象图

"七政",一般指"日、月、金、木、水、火、土",而《尚书大传》则认为"七政者,谓春、秋、冬、夏、天文、地理、人道"。所以,《尚书》中"在璇玑玉衡,以齐七政",意思是舜通过观测北斗星的运行来排列七件政事。

除了认为是指北斗七星,还有一说认为璇玑玉衡是古代测量天体的仪器。

西汉孔安国说,璇玑玉衡为"正天之器,可运转"①,肯定璇玑玉衡为仪器。东汉郑玄说:"运动为玑,持正为衡,以玉为之,视其行度。"②这也是指仪器。还有人认为璇玑玉衡就是浑仪,东汉马融说:"上天之体不可得知,测天之事见于经者,惟玑衡一事。玑衡者,即今之浑仪也。"③三国时王蕃说:"浑仪羲和氏旧器,历代相传谓之玑

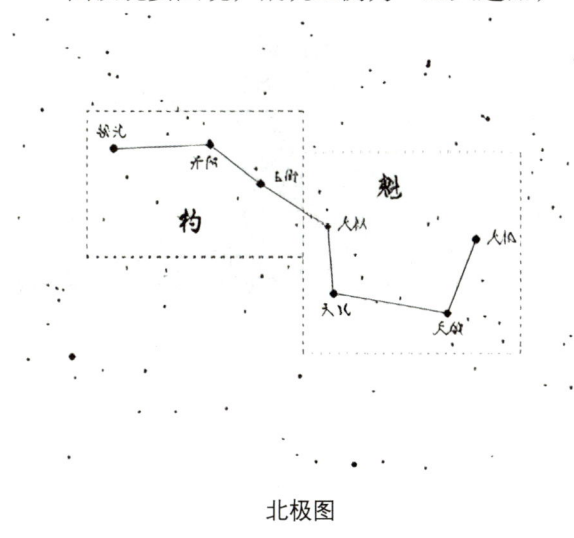

北极图

---

① 孔安国:《尚书传》,见阮元校刻《十三经注疏》,中华书局1980年版。
② 《隋书·天文志上》点校本,中华书局1973年版。
③ [唐]孔颖达:《尚书正义》,国家图书馆出版社2017年版。

衡。"而北宋苏颂认为，璇玑玉衡是浑仪中的四游仪①。

王阳明所说的这尊铁铸璇玑玉衡，现在只剩下其底盘在庐山博物馆。

据传，庐山的这个璇玑玉衡是庐山太平宫遗物，是古代道士观测星宿、测定时间的仪器。该"璇玑玉衡"高105厘米，最大直径84厘米，由生铁铸造而成。原本由三部分组成，上部为一大圆盘，刻有二十八星宿和北斗七星，中部为铁棱角，下部为基座，呈钟状。现存残件实物由生铁铸造，纵88厘米，横88厘米，座底径56厘米，通高56厘米，重约2000千克。残件由上下两截组成：上截推之可转，下截形如倒覆之甑，中铁广厚经尺。上下四旁，俱有图翅，长半尺许，周围拱之。其中向下一翅，与下覆甑柄凿相含，如石磨中轴眼，推之圆转如轮。

1990年底，在河南安阳市召开的周易与现代科学技术研讨会上，张巨湘展示了他绘制的《庐山璇玑玉衡》原图。复原后的璇玑玉衡共分三层，比现残存实物多了一层。上层是天盘，标有北斗七星、二十八宿；中层为起枢纽轴承作用的铁棱角；下层由底座固定，底座上标出后天八卦十二时表、五行方位，起地盘作用。张巨湘认为，庐山太平宫的璇玑玉衡是我国古代天文学的精华，对中国古代天文学和科技史的研究均有很高的价值，也说明了中国古代道教对古天文学研究的杰出贡献。

庐山璇玑玉衡的底盘

王阳明说："尧命羲、和，'钦若昊天，历象日月星辰'，其重在于'敬授人时'也。舜'在璇玑玉衡'，其重在于'以齐七政'也。是皆汲汲然以仁民之心，而行其养民之政，治历明时之本，固在于此也。"② 尧命令羲氏、和氏遵循天意，观

---

① 《新仪象法要译注》，原作者苏颂，译注者陆敬严、钱学英，上海古籍出版社2007年版。
② 王阳明：《答顾东桥书》，《王阳明全集》卷二，第46页。

测推算日月星辰的运行情况，重点在于恭敬地授予百姓农时。舜观测北斗七星的运行，其重点在于安排好七件政事。这些都是用仁爱百姓的心来施行养民的政策。制订历法、明晓时令的根本就在这里。羲氏、和氏在历法和数学方面的学问，皋陶和契未必能比得上，大禹和后稷也未必有；说：《孟子》中"尧、舜之知而不遍物"，即使尧、舜的知识也不能通晓万物。可是至今，遵循羲、和二人的方法再进行世世代代的修正积累，即使一知半解稍有智慧的人或观星术浅陋的人，也能正确地推算历法、占卜天象。难道后世稍一知半解、稍有智慧的人，反而比大禹、后稷、唐尧、虞舜更贤明能干吗？

王阳明解释了儒家关于天道和自然的知识与思想，《尚书》讲：尧"命羲、和：钦若昊天，历象日月星辰"；舜"璇玑玉衡，以齐七政"。王阳明认同这些古代天文学知识与思想，同时从道德上强调，更为根本的在于"敬授人时"，在于"仁民之心"。

王阳明看出"至今七政迷前后"，追问"眼前谁是补天手"，这是王阳明的惊天一问。他平定宁王叛乱，补了大明王朝的天，他提出心学，是想补中国文化的天。他对中国的国民之性有深刻的评判，认为："*功利之毒沦浃于人之心髓而习以成性也几千年矣。*"[①] 他希望通过道德教化来重新构建国民之心，也就是用心学来正君心，正天下之心。

现在庐山博物馆的这个璇玑玉衡残件的基座下部铸有"岁次癸未七月囗日匠人张文进"款，即这个璇玑玉衡是1523年（嘉靖二年）由匠人张文进铸造的。但王阳明是1520年来的庐山，王阳明在《游落星寺》中说的璇玑玉衡并不是现在庐山博物馆保留的这个。怎么解释这个情况呢？估计王阳明在落星寺见到一个璇玑玉衡，且当时已坏，这才有了他的那些诗句。而王阳明是当时江西省最大的官，且刚平定宁王之乱，威信很高，所以他一走，当地官员见到他这样评说璇玑玉衡，就重新铸造了一个，并把它放置在太平宫了。这就解释了为什么这个璇玑玉衡在

[①] 王阳明：《游落星寺》，《王阳明全集》卷二，第49页。

太平宫，铸款的时间却晚于王阳明来庐山的时间。

3.1521年（正德十六年）五月，第三次到庐山

五月，吴嘉聪来南昌担任知府，想修《南昌府志》，请王阳明担任主编。此时，王阳明的首批弟子之一蔡宗兖（字希渊）刚到白鹿洞书院任洞主（不辱使命，在白鹿洞书院安心任教两年，而后任职于南京国子监，后又去了四川任督学之职[1]）。于是，王阳明令弟子"江西四谏"（夏良胜、舒芬、万潮、陈九川）和邹守益火速赶往白鹿洞书院，举行聚讲。

五月，王阳明亲自到白鹿洞书院，集门人聚讲。聚讲，讲什么？王阳明说："**我来尔为主，乾坤亦邮传。**"[2]

王阳明坐在贯道溪畔，溪水没有干涸过，白鹿洞书院没有消失过，但老师也好，学生也好，思想也好，道也好，天地犹如驿站。这次，白鹿洞书院的传道、授业、解惑之责，传到了王阳明手里。从此，王门弟子出入白鹿洞书院，这座昔日的理学圣地俨然成为心学的大本营。

综上，王阳明在1520年至1521年期间一共去过三次庐山，在这三次庐山之行中共写了18首诗、1篇文、7块摩崖碑刻。另外，他在1518年还从赣州给白鹿洞书院送来《大学古本》《大学古本序》《中庸古本》《修道说》四篇文章，做成碑刻，至今还立在白鹿洞书院先贤书院的碑廊里。

从王阳明的庐山行迹，可以看出王阳明在发生重大事情时，敢于担当，挺身而出，为国

庐山白鹿洞书院独坐亭

---

[1] 吴国富：《庐山与明代思潮》，江西人民出版社2014年版，第194页。
[2] 王阳明：《白鹿洞独对亭》，《王阳明全集》卷二十，第636页。

为民。事情之后，即使受到天大冤屈，仍然忠贞不改，良知不灭。其身上具备的这些中华民族、中国官员、中国文人的可贵精神，在现代也仍然是极为宝贵的，有着重要价值。

王阳明从庐山回到南昌后，于六月前往赣州。在赣州，因天气炎热，邹守益、陈九川劝王阳明到通天岩避暑讲学。通天岩位于赣州城区西北，典型的丹霞地貌，岩深谷邃、丹崖绝壁，因"石峰环列如屏，巅有一窍通天"而得名。这里在唐代被开凿为石窟寺，是我国地理位置最南、规模最大的江南石窟寺。历代名人学者纷纷慕名来此，吟诗作赋，题刻岩壁。八月，王阳明与邹守益、陈九川、夏良胜、舒芬等弟子来到通天岩，为弟子们讲授"万事万物之理不外乎吾心""心明就是天理"，后人把他的讲学之处称为观心岩。如今，通天岩主要由观心岩、忘归岩、龙虎岩、通天岩、翠微岩五个岩洞组成。

那天，王阳明兴致极高，讲学之后，一气呵成地写了四首诗，其中一首写道：

青山随地佳，岂必故园好？但得此身闲，尘寰亦蓬岛。

西林日初暮，明月来何早！醉卧石床凉，洞云秋未扫。①

注云："正德庚辰八月八日，访邹、陈诸子于玉岩题壁。阳明山人王守仁书。""正德"是明武宗的年号，"庚辰"为1520年（正德十五年）。此诗强调心神空静，进入良知境界。只要此心闲适，即使身处尘世，也能如同置身蓬莱仙岛。一个"闲"字，诠释了理学的"静"，心神宁静。这既反映了王阳明平叛后渡过难关的闲适心情，更彰显出提出致良知学说后的自得心境。

王阳明在赣州待了四个月，于九月回到南昌。

也就是在这一年（1520年），王阳明在赣州期间，即闰八月十二，朱厚照带着他的十几万大军和宁王从南京启程回京。从1519年（正德十四年）八月离开北京，十二月二十六到达南京后，他在南京一共滞留了240多天。至此，"宸濠之乱"事件总算落下帷幕。

朱厚照临走前，又去南京临江浦钓鱼，结果掉到水里。九月二十四到山东临

---

① 王阳明：《通天岩》，《王阳明全集》卷二十，第621页。

清，十月初六过天津，二十六日病倒在通州。十二月在通州将朱宸濠赐死，焚其尸，挫骨扬灰，以此为自己驱邪避秽。同时除去宁王藩号，燕王、宁王兄弟的百年恩怨，至此画上一个句号。十二月初十，回到北京城，算来离开北京城已有一年半。回京后，清除了勾结宁王的钱宁、陆完等。过了两个多月，1521 年（正德十六年）三月十四，明武宗朱厚照在豹房去世，年仅 31 岁。

朱厚照去世后二十天，即 1521 年（正德十六年）四月，王琼由兵部尚书改任吏部尚书。这一人事变动反映出王琼在朝廷中的地位受到杨廷和、江彬等人的排挤。由于王琼与王阳明关系密切，这种排挤也间接影响了朝廷对王阳明的看法。

1521 年五月，原先在押的钱宁被处死，大学士梁储退休。六月，大宦官张永、谷大用等被罢免。与此同时，杨廷和、张永及掌管司礼监的魏彬联手除掉了江彬。从江彬家中抄出黄金 70 柜、白银 2200 柜，其他珍宝不计其数。江彬于同年六月被凌迟处死，其五个已成年的儿子也被处决，幼子江然及妻女被发配到功臣家为奴。江彬的余党也被一网打尽。后来，张忠、许泰因其他原因免于死罪，被发配充军。

第8讲
嘉靖皇帝为何看不上王阳明？

一、嘉靖皇帝上台后，为何还一直不用王阳明？

1. 三任首辅和王阳明

王阳明在越闲居6年多，始终没有得到使用。为什么？原因很多，首先是朝中大臣的反对，尤其是内阁成员的反对，首辅们的反对更是关键。

王阳明居越六年中这六年间的，内阁首辅分别是：杨廷和1517年（正德十二年）十一月复职，1524年（嘉靖三年）二月致仕；蒋冕1524年（嘉靖三年）二月上任，五月致仕；毛纪1524年（嘉靖三年）五月上任，七月致仕；费宏1524（嘉靖三年）七月上任，五月降职；杨一清1526年（嘉靖五年）五月上任，七月降职；费宏1526年（嘉靖五年）七月上任，1527年二月致仕；杨一清1527年（嘉靖六年）二月再次上任，1529年（嘉靖八年）九月致仕。

可以看出，这段时间担任首辅的有5人，其中蒋冕、毛纪任期很短，主要是杨廷和、费宏、杨一清这三人，而这三位首辅都不同意起用王阳明。首先是首辅大学士杨廷和对王阳明的压制。

1521年四月二十二，朱厚熜进京。六月登基即位，年仅14岁。次年改元为嘉靖。这时的王阳明正在江西巡抚和南赣巡抚任上，他一是忙着四五月份的春耕，二是忙着五月在庐山和弟子们会讲，一直在宣传他刚提出的"致良知"说。

新皇帝朱厚熜对王阳明开始是当众表扬:"这样的人才为什么得不到重用?"六月十六,他下了一道圣旨,宣江西巡抚兼南赣巡抚王阳明进京,欲委以重任:"尔昔能剿平乱贼,安静地方,朝廷新政之初,特兹召用。敕至,尔可驰驿来京,毋或稽迟。"①

王阳明接旨后,立即交卸江西公务,六月二十从南昌启程,奔京城而来。谁知刚到杭州,又接到圣旨,皇帝取消了命他驰进京城的旨意。原来是阁臣杨廷和、费宏等人指使言官上书说了一大通理由,如国丧期间不宜行宴赏,新政时期国事太忙,等等,总之,阻止他来京。所以,杨廷和借口"国哀未毕,不宜举宴行赏"②,王阳明只得"中道止之",未能到京接受皇帝的召见。

杨廷和为什么反对王阳明进京面见新皇帝呢?因为杨廷和跟王琼关系不好。这要从选谁继位朱厚照这事说起。当时王琼已从兵部尚书改任吏部尚书,他主张选江西的益王朱厚烨,认为朱厚烨23岁;朱厚熜13岁,年岁尚幼,未谙世事。对此,杨廷和只是冷冷地说了一句:益王可是在江西呀,江西刚发生朱宸濠之乱,你又在江西推荐继承者,这是什么意思?王琼一听,顿时哑然无声。

但是,杨廷和认为王阳明受到王琼的重用,是王琼的人,而王阳明又把平定宁王之乱的功劳全归于兵部,丝毫不提内阁。所以,杨廷和对王阳明心生嫌隙和忌惮,且"大臣忌之者众","亦多忌其功",都不愿王阳明来京为官。而在杨廷和主持的"考课大典"中,跟随王阳明平叛的同事均被以各种理由黜革或降职。因此,王阳明"*痛心刻骨,日夜冤愤不能自已*"③,连上几疏,希望"*辞封爵普恩赏以彰国典*";为争取舆论支持,王阳明还写了揭帖,遍递六部和都察院,为他冤死的弟子冀元亨申冤辩理,为遭受冤屈的同事洗清冤屈,他甚至非常"不明智"地替已经削职为民、发配甘肃的罪臣王琼据理力争。他这么做,深深地得罪了以杨廷和为首的当道之人,使他在新朝依然摆脱不了"言不信"

---

① 钱德洪:《年谱二》,载《王阳明全集》卷三十三,第1052页。
② 见《明史·卷一百九十五·列传第八十三》,中华书局1974年版。
③ 王阳明:《咨六部伸理冀元亨》,《王阳明全集》卷十七,第514页。

的困境。

王阳明被挡住不能见皇帝,有些泄气,"行年忽五十,顿觉毛发改",流露出因生命消逝而生的孤寂,但十分淡定,"世故渐改涉,遇坎稍无馁","童心独犹在"。"信步行来皆坦道","丈夫落落掀天地,岂顾束缚如穷囚!"①

王阳明的祖母岑氏长期卧病在床,身体每况愈下。父亲王华年迈多病,早已告老还乡。妻子诸氏多病,虽与王阳明一辈子没有生育,却一直在家抚养养子,侍奉公婆。此时,王阳明十分想念家乡,对仕途心生倦意,于是"上疏恳乞便道归省",请求朝廷准许他回乡探亲。八月,朝廷批准,同时将他升为南京兵部尚书(正二品),参赞机务。但王阳明没有去南京就任,而是在九月回到了家乡。一到家,便感慨道:"归去休来归去休""却笑当年识未真"②既流露出对过往经历的反思,又欣然于归乡之乐。

十月二日,嘉靖皇帝加封王阳明光禄大夫(从一品)、柱国(从一品)、爵"新建伯"③,赐建"新建伯府第"于绍兴,岁支禄米1000石,王家三代并妻室一体追封,给予诰券,子孙世世承袭。明朝规定:平过大反叛的才能封伯,特别卓著的封侯。④ 王阳明这可谓是大荣耀。

余姚王阳明故居前的王阳明塑像与"新建伯"牌坊

圣旨送到家的这一天,正好是父亲王华的生日。王华说:"盛者衰之始,福者祸之基,虽以为幸,复以为惧也。"⑤

1522年(嘉靖元年)二月十二日,父亲王华去世,享年77岁。于是,王阳

---

① 王阳明:《归怀》,载《啾啾吟》,《江西诗一百二十首》,载《王阳明全集》卷二十,第648页。
② 王阳明:《居越诗三十四首·归兴二首》,《王阳明全集》卷二十,第648页。
③ 王阳明擒宁王之地在江西新建,故以"新建"封伯爵。
④⑤ 钱德洪:《年谱二》,载《王阳明全集》卷三十四,第1054页。

明在家守孝,丁忧期三年,成了一位闲人,在家讲学。"百战归来白发新,青山从此作闲人"[1]是他当时的超然心态;"铿然舍瑟春风里,点也虽狂得我情"[2]是他的恬淡胸怀。对于朝廷事务,王阳明采取置身事外的态度。

正是因为这种态度,朝廷对他的态度也就不咋的了。他虽然没有被追究"擅离职役"的责任,但他新建伯的铁券和禄米,朝廷也就不给他了,"不予铁券,岁禄亦不给",伯爵成了个空号。

不但杨廷和对王阳明不看好,费宏对王阳明的态度也是比较冷淡。1524年(嘉靖三年)二月,杨廷和因大礼议之争而退休,接任首辅的蒋冕干了三个月,毛纪干了两个月,先后退休。费宏、杨一清交替接任首辅。但是,他俩对王阳明的态度仍然是:"不用。"

费宏(1468—1535),字子充,号健斋,又号鹅湖,晚年自号湖东野老,江西铅山人,13岁中信州府童子试"文元",16岁中江西乡试"解元",20岁中殿试"状元",即所谓"连中三元",是明代最年轻的"状元"。费宏的政治立场坚定,人品学识都为人称道。因为他也是江西人,对江西宁王的所作所为有更深入的了解,故很早就对朱宸濠叛乱持有警惕,并未受其诱惑。

一是拒绝贿赂。当初,宁王朱宸濠觊觎皇位之时,通过幸臣钱宁向费宏馈赠彩币和珍玩。费宏拒绝接受,钱宁羞恼,心生怨恨。

二是当众揭穿其阴谋。朱宸濠叛乱计划的重要步骤是恢复王府护卫。兵部尚书陆完与朱宸濠关系密切,卖力地为之设法。而费宏首先察觉朱宸濠的谋逆之心,坚决反对恢复其护卫。当时,朱宸濠用车辇运珠宝金银到京城,藏在武宗宠信的优人臧贤家中,然后行贿诸权要。消息传出后,只有费宏在内阁揭露"宸濠以金宝巨万打点护卫,苟听其所为,吾江西无噍类矣"。陆完就与钱宁等密谋,乘当年三月廷试进士,内阁及部院大臣都在东阁读卷时,由陆完向皇帝递上朱宸濠的"乞复疏",得到批准。费宏不依不饶,公开质问:"是谁收了这

---

[1] 王阳明:《归兴二首》,《居越诗三十四首》,《王阳明全集》卷二十,第648页。
[2] 王阳明:《月夜二首》,《居越诗三十四首》,《王阳明全集》卷二十,第650页。

些王的贿赂而允许恢复护卫?"朱宸濠、钱宁、陆完之流十分狼狈,因此怨恨费宏。于是,钱宁多方收集费宏的黑材料,但最终只抓住御史余珊曾弹劾费寀留用翰林不当的问题做文章。费宏被责成说明原委。结果,费宏、费寀兄弟被迫辞官。

五月十七日,费宏与弟弟费寀、费完回江西铅山。钱宁派人骑马暗中尾随,在山东临清戴家湾夜半纵火焚烧费宏船只,费氏兄弟逃回到铅山,闭门谢客。朱宸濠见加害未遂,又想以自己夫人娄妃与费寀夫人本是姐妹为由头,要求继续与费宏通好,但被费宏谢绝。

1515年(正德十年),费氏族人费三六与当地奸人李镇等为争祭肉而打官司。朱宸濠暗令老吏毛让唆使李镇诬告费宏。阴谋受挫后,又鼓动李镇聚众围攻费氏,"劫掠远近,众至三千人"。正月,费宏避其锋芒移入县城。三月八日,群凶进城劫狱,致使费宏一从兄遇害,一从弟被扣。费氏族人东西逃散,内眷避难上了葛仙山,费宏、费寀避入府城。六月十四日,费宏母亲余太夫人坟墓竟被掘开,剖椁破棺,遗骨四弃。七月二十三日,又挖了合葬祖坟一座,用火入内焚烧棺椁,遗骸尽为灰烬。费氏兄弟号天叩地,抚胸痛哭。这才快马送信进京,朝廷即令江西巡抚孙燧派兵前往剿灭。

四年后,1519年(正德十四年)六月十四日,朱宸濠在南昌起兵叛乱。六月十七日,消息传到铅山,费宏与费寀、费完兄弟当即联络府、县官员,谋起义兵。此时,王阳明发来征兵的信件,广信府知府周朝佐、铅山县县令杜民表随即率兵前往,费宏为之出谋划策,鼓舞士气。六月二十二日,费宏致信广信府其他官员,"勉以忠义,使之遍达郡中诸公",并要求秘密组织兵力,准备参战。六月二十六日,费宏写信给进贤刘源清,要他与余干的马公认真筹划,抓住战机直捣叛军城下,与之决战,而不要坐等"王师"到达;同时,还由费寀致书王阳明,参与谋划平叛方略,建议"先定洪州以覆其巢穴,扼上游以遏其归路,守要害以虑其穷奔"。七月初三,费宏致信钦差,强调军情紧急,不可惑于浮言而延误平叛大计。七月十九日,费宏与王阳明书信往来,分析事态发展,勉励参战官兵,指出"宜亟奖忠义，以为诸郡之劝"[1]。此外，他还写信提醒弋阳县令杨云凤，玉山的贼寇中潜藏有叛逆骨干和内线，"若捕之不获，深为可虑"。这一个多月，费宏忙着运筹帷幄，为平定叛乱竭尽全力。

有人说王阳明在平定宸濠之乱后曾建议朝廷给费宏记头功，费宏也称赞王阳明的军功。也有人说王阳明在向朝廷报功时，只字未提费宏，令后者耿耿于怀。现查《王阳明全集》中《飞报宁王谋反疏》《再报谋反疏》《奏闻宸濠伪造檄榜疏》《江西捷音疏》《擒获宸濠捷音疏》《重上江西捷音疏》等写给朝廷的报告中，确实没有看到王阳明提及费宏的名字，当然也没有看到王阳明提及王琼等朝廷里其他官员的名字。王阳明只是详细列举了他在平乱时那些有功部下的名字，甚至连江西南城益王捐献了一千两银子，也专门写了《奏闻益王助军饷疏》报告朝廷，就是没有看到他列举其他人的名字。

朱厚熜登基十来天后，体念费宏"累效忠谋，遭谗去位"，遂重新起用费宏、费寀。费宏八月入朝，被加封为柱国、少保，第二次入阁。更因其平濠有功，额外施恩，赐予一品诰命，还补颁了毁于七年前归途舟中之三代诰轴。费宏是朱厚熜的文学老师，经常给朱厚熜润色诗词，深得信任。

但费宏任首辅时却反对重用王阳明，其原因一是他反对王阳明的心学，二是认为王阳明跟王琼关系很深。

最后，看看杨一清和王阳明的关系。当杨一清接替费宏当上首辅的时候，人们会想这一下王阳明会得到重用了吧。本来杨一清就与王家通好，王阳明父亲王华的墓志铭就是杨一清写的。而且，王阳明和杨一清都受到刘瑾的迫害，他俩就是在诏狱里初次相识的。王阳明的第二次京官生涯中，正是在杨一清的帮助下，才得以留在北京，而没有去南京做闲官。但是，嘉靖初年的大礼议之争，杨一清为赞礼派所攻，难以安位。而王阳明的众多弟子是赞礼派新贵（如席书、方献夫、黄绾等），因此，杨一清自然要压制王阳明。另外，杨一清也不赞同甚至讨厌王

---

[1]《费宏传》，《明史》卷一百九十三，中华书局2000年版。

阳明的心学思想。

几任首辅对王阳明的阻挠,并不仅仅是这几个人对王阳明其人其思想的不认同,而且是在深层次上反映了明朝中晚期的一个政治问题,即在朝廷里内阁和六部之间的矛盾,也就是以庶吉士、翰林院出身的内阁成员为代表的精英士大夫与中下层士大夫之间的矛盾。焦堃先生在《阳明心学与明代内阁政治》一书中,对此有精湛而深入的探讨。

明朝的朝廷,有两对矛盾:一是皇权与阁权的矛盾,明武宗与刘健、李东阳、谢迁的矛盾。二是内阁与部权之间的矛盾。比如杨廷和一直打压王阳明,一个重要原因就是因为王阳明和王琼关系很好,而王琼曾经担任户部、兵部、吏部三部的尚书,在政治上坚决以部权为重,反对阁权垄断。所以,杨廷和在巩固自己精英士大夫的政治利益时,就必须打击王琼这种部权代表者,进而排斥王阳明。

王阳明并非庶吉士、翰林院出身,虽然当过朝官,但都是一些小官和南京官员,他大部分时间是担任地方官员,一辈子都没有进入内阁。他招收的门人弟子也大多是中下层士人,多半是生员、举人和不是庶吉士的进士。所以,就其政治理念和立场而言,王阳明及其弟子坚定地反内阁集权、主张分掌职事,六卿分职,或者说六部各司其职、共同主政。这在大礼议之争中表现得尤为明显。这样一来,王阳明在政治上一直受到杨廷和等首辅和其他内阁大臣的压制和打击,就是不奇怪的事了。

2. 大礼议之争

当然,王阳明一直得不到重用,前三任首辅固然是重要原因,但根本原因还是嘉靖皇帝。为什么嘉靖皇帝不喜欢王阳明呢?他不是刚上台时还准备重用王阳明吗?这跟王阳明在大礼议之争中的表现有关。

所谓大礼议之争,要从朱厚熜被选当皇帝说起。

朱厚照死后,选谁做皇帝?首辅杨廷和没少动脑筋。因为武宗朱厚照没有儿子,唯一的弟弟朱厚炜又早夭,这就只能在朱厚照的堂兄弟中选。朱厚照父亲明孝宗的两个兄长都早逝无子嗣。四弟兴献王朱祐杬已死,却有两个儿子,长子朱厚熙已死，次子朱厚熜还在。"父死子继，兄终弟及"，朱厚熜符合皇位继承的"皇明祖训"。于是，1521年四月二十二，兴献王世子朱厚熜接到一纸诏书，让他进京接皇帝位。

兴献王的封地在今湖北省钟祥市，朱厚熜的父母皆葬于钟祥明显陵，一陵双冢，因其独特的皇家格局和重要的文化标志而入选世界文化遗产。朱厚熜11岁时，父亲兴献王就去世了，他开始继承王位，顶门立户处理内部政事。他少年老成，从小就受到良好的礼仪训练和各方面的知识培养。

当然，杨廷和推举朱厚熜当皇帝也有自己的小算盘：朱厚熜年纪小，好控制。朱厚照的母亲皇太后张氏也同意。不过，她开了一个条件：朱厚熜加继嗣，也就是过继给自己做儿子。张氏为什么要提这个要求呢？因为这样她的皇太后身份就不会动了。

这种安排，张太后很满意，杨廷和也高兴，大臣们也同意，他们认为朱厚熜也会很满意。小小年纪，只是认个妈，姓不用改（都姓朱），辈分也不动（都是厚字辈），就能做皇帝，这种好事谁不要？当时的首辅杨廷和也认为自己选择朱厚熜继承皇位，是朱厚熜的大恩人，还是群臣之首；朱厚熜一个毛孩子，在没成年之前，不过就是一个牌位而已，肯定会听命于自己。

谁知道，14岁的朱厚熜却有个性，根本不能被内阁驾驭。他心里想的，就是绝不能当被霍光废掉的海昏侯，绝不能被那些大臣拿住。

这样，朱厚熜还没有登基，就势单力孤地跟首辅闹起来了。于是，大礼议之争爆发。

一个月后，朱厚熜从兴献王的封地来到北京郊外。杨廷和指示以迎接皇太子的仪式迎接朱厚熜进城，这是告诉他：你来京城是过继给明武宗的父亲明孝宗当儿子，你应以皇子的身份继皇帝位，既然你是皇子，就只能从东华门进城。

朱厚熜当时就火了。他传话给杨廷和：我不是来做太子的，而是来继承帝位的，我是皇帝，我要从大明门进北京城。

有人会说，只要当皇帝，什么身份很重要吗？但要知道，他们双方争的不仅是礼仪问题，更重要的是争夺话语权，是以后谁说了算的问题，这背后是权力之间的较量。

杨廷和说:"那不成呀,你还没登基呀。"

朱厚熜往车上一躺,说:"那行,那我就打道回府吧。"他心里有底:我是唯一的继承人。我若不继位,你们怎么办?

这一下,大臣们都没了主意,显然他们没想到这个14岁的少年会这样。怎么办?去请示张太后,其实他们请示的这个动作,就意味着他们已经输了。张太后也非常清楚,如果这个兴献王转身而去,所有人都将沦为笑柄,大明王朝也会尊严扫地,没有办法,只能妥协。最终,朱厚熜大模大样地从大明门来到皇宫,继位当了皇帝。

这场皇帝和大臣之间的较量到此为止了吗?没有。这只是第一回合,好戏刚开始。

朱厚熜登基后要去皇庙,那如何祭祀自己的亲生父亲呢?于是,朱厚熜继位后的第五天,就命令礼部拿出适合于他父母的大礼和称号的意见。他的意见是自己做了皇帝,那他自己的亲生父母当然是太上皇和皇太后,所以要尊自己的父亲兴献王为皇考。

但是,宰辅杨廷和、礼部尚书毛澄与众朝臣认为,朱厚熜是接堂兄朱厚照的皇位,所以,就应该称朱厚照父亲孝宗皇帝为皇考,而称自己去世的父亲兴献王为皇伯。

杨廷和说:这不但是朱熹的理论,也是以前的惯例。北宋第五任帝赵曙(宋英宗)的前任是赵祯(宋仁宗)。赵祯一生无子,就把兄弟的儿子赵曙认作义子。赵祯死后,赵曙继位。他就是称亲生父母为伯父,称赵祯为亲爹,因为赵曙是从赵祯那里继承的皇位,而不是从亲爹那里。

朱厚熜说:"我和赵曙不一样,赵祯活着时,赵曙就被过继给赵祯,称赵祯为父,还当过太子。我从未被过继给朱祐樘,也从未被立为太子。"

杨廷和授意礼部尚书毛澄上了一道奏折,把朝臣们的意见重复了一遍:您应该奉朱厚照的爸爸孝宗皇帝为你爸爸(皇考),称呼您的亲爸为皇伯(皇叔考),称呼您的亲妈为皇叔母。

朱厚熜大为光火：我不叫自己的爸爸为爸爸，而要叫别人的爸爸为爸爸，这是什么道理？不行。

杨廷和说了一个字：行。

其他大臣也说：行。

就这样，朱厚熜就和以杨廷和为首的文臣吵起来了。这一吵，就是3年。

嘉靖皇帝一心想要争夺话语权，心中盘算：只要生父追封为皇帝，我的皇位便可直接追溯至我的亲爷爷明宪宗一脉，如此，我便彻底摆脱了从堂兄手中继位的身份，我的皇权也不再受制于你们这些大臣。

所有大臣又激烈反对，尤其是礼部尚书毛澄联名60多位官员明确地告诉嘉靖皇帝："为人后者为之子，自天子至庶人，一也"①，你必须管你爹叫皇叔，谁敢提出不同意见，应该直接杀掉。可以说是杀气腾腾了。

1521年（正德十六年）四月二十七日，明世宗朱厚熜下诏，令廷臣议其生父兴献王朱祐杬主祀及封号，大礼之议自此始。刚登基的15岁的皇帝在呼唤、在等待有人站出来为自己讲话。

这时，新科进士张璁上疏，批驳"为人后者为之子"的说法，指出如果兴献王健在并即位的话，难道兴献王也要做孝宗的儿子吗？张璁提出一个"继统不继嗣"的建议，即朱厚熜继承的大统，是来自祖父明宪宗的太祖之统，而且"要迎养圣母来京，称皇叔母的话，就要讲君臣之义了，难道圣母要做皇帝的臣子？且长子不得为人后！"嘉靖皇帝一听这话，大喜过望，说："此论出，我父子获全矣。"②

大臣们却认为张璁的议论是奸邪之论，纷纷上疏要求惩办张璁及其同党桂萼。但明世宗好不容易找到支持他的人，不但不惩办，不久后还命张璁、桂萼两人进京与京城的大臣们来议礼。这样，朝臣分成以张璁为首的和以杨廷和为首的两派力量。

不多久，嘉靖皇帝向群臣说：我亲生父亲已去世，但生母还在。我很想念她，

---

① 《毛澄传》，《明史》卷一百九十，中华书局2000年版。
② [清]李有棠：《明史纪事本末·大礼议》，中华书局2015年版。

要把她接进皇宫。大家一听：可以呀，这是孝呀。但嘉靖皇帝又来了一句："我要以太后的礼仪把我母亲迎进皇宫当中。"大臣们愣住了：明孝宗正儿八经的遗孀张太后现在还住在皇宫呢。所以坚决反对。嘉靖皇帝早就知道他们会来这一招，就跟大臣们讲：我特别想念我的母亲。如果她不能以太后的礼仪进京，那我也不当这个皇帝了，我回家到母亲面前尽孝。

大臣们傻眼了：他先说要尽孝，这属于政治正确，不能挡呀；再说，他如果又提出退位，那怎么办？当年他没进皇宫时，他们尚且不能让他回去，现在他已经是皇帝了，怎么能退位呢？大臣和太后被一步步逼到了死角，只能同意。这一步成功以后，嘉靖皇帝在朝廷的威望，包括对权力的把握就越来越强大了。

嘉靖皇帝的母亲成为皇太后，他父亲自然就要成为太上皇。经过双方两年多的博弈后，嘉靖皇帝再次正式提出，要追封自己的生父为皇考，当然，这次提议跟之前还是有些区别：他在父亲的皇帝位前加了四个字"本生皇考"，这就意味着他还有另外一个"继承皇考"，就相当于很含蓄地承认他也算是明孝宗这支的皇帝，两边都有兼顾。这跟他刚继位时绝不妥协的态度还有一定的变化，也说明他的执政手腕越来越成熟了。要知道，当时他还只是一个16岁的少年。

杨廷和提出辞职。这个动作，很可能是杨廷和在以退为进，我回家你敢批吗？没想到，嘉靖皇帝大笔一挥：同意，赶紧走吧。

这一下，杨廷和怎么办呢？1524年（嘉靖三年）七月，杨廷和的儿子杨慎领着200多名大臣齐聚在左顺门外跪倒一片，坚决要求皇帝收回成命。一时之间，哭声、叫声，喧闹一片。此时，嘉靖皇帝正在附近文华殿斋戒，闻讯后立即派太监传令群臣散去。然而，群臣以没得到皇帝亲笔诏令为由，拒绝离开。嘉靖皇帝勃然大怒，直接命令锦衣卫逮捕了翰林学士丰熙等8人，投入诏狱。杨慎等人见状，便在宫门外撼门大哭，一时"声震阙庭"。皇帝怒不可遏，一下子抓了五品以下官员134人，四品以上官员86人待罪。五天后，被捕的官员受到处罚，四品以上的官员夺俸，五品以下的官员则受杖刑，其中十余人被打死，8人被发配充军。杨慎就被贬至云南。也正因为如此，他才写出了"青山依旧在，几度夕阳红"这样的千古名句。这次事件史称"大礼议事件"或"左顺门血案"，是嘉靖时期政治斗争的重要转折点。

最后嘉靖皇帝朱厚熜终于追尊兴献王为本生皇考恭穆献皇帝。经过这场惨烈的斗争，17岁的嘉靖皇帝已不再是当初那个少年，他已经成为一个大权在握、能指点江山、把握乾坤的成年人了。

3. 嘉靖皇帝不满意大礼议之争中王阳明的表现

这场争论中，嘉靖皇帝借事树威，也借事用人，确立了自己的皇权。支持皇帝的一方纷纷升官，其中有王阳明的朋友和弟子席书、黄绾、方献夫、霍韬等人。另外，张璁、桂萼不是王阳明的弟子，甚至激烈反对阳明心学，后来都入阁，并分别任过内阁首辅。

而王阳明在这场持续三年之久的大礼议之争中，一直没有公开支持嘉靖皇帝，态度超然，只是在家乡讲学。这就是朱厚熜刚登基时还想重用王阳明，后来却一直没有动作，并越来越讨厌王阳明的根本原因。

那么，王阳明的态度是什么呢？

1524年（嘉靖三年），朝廷为大礼议争得沸沸扬扬，不可开交。王阳明是礼学大家，却对兴献王是否该尊为皇考一事态度超然，不置一词。北京的学生霍韬、席书、黄宗贤、黄宗明等人或来信或派人来问，"有人以大礼见问者"，王阳明一概不答。王阳明并不是不关心"大礼议"之争，也不是没有自己的观点。1527年（嘉靖六年），他在回复霍韬"往岁曾辱《大礼议》见示"的信中，对霍韬、席书等在"大礼议"中的主张，表示了"心善其说""意以所论良是"的明确态度，还说"后来赖诸公明目张胆，已申其义"，对大礼议的结局表示满意，并解释了自己在大礼议中的行为："其后议论既兴，身居有言不信之地，不敢公言于朝。然士大夫之问及者，亦时时为之辨析。"①

在大礼议事件中，支持朱厚熜的人是少数派，朱厚熜急需支持。而朱厚熜这

---

① 王阳明：《与霍兀崖宫端》，《王阳明全集》卷二十一，第688页。

时就是以大礼议中的态度划线，凡赞礼派就重用，反对者必驱逐。当时，王阳明的好友或门人中有不少人赞礼派，也有不少人是反对者，如嘉靖三年左顺门哭谏事件中受杖刑的邹守益、王思、王时柯等。王阳明的影响力举足轻重，如果他递上去一封支持的奏疏，立马能得到赏识。但是，在长达几年的时间里，王阳明一言不发，一直没有公开表态，因为他认可朱厚熜的观点。王阳明以为天理当出于人情，人伦之礼、人心之情都是同一的，朱厚熜当尊自己的亲生父亲为皇考。而称亲生父亲为皇叔考，是违背孝道的。

但是，王阳明为什么始终一言不发呢？其实他的不说，就是说。何况他还是通过一些渠道传递出了自己的信息。1524年（嘉靖三年）秋，大礼议吵得正激烈时，王阳明写了《碧霞池夜坐》，载《夜坐》，载《秋声》三首诗，三首诗都在末联点题表达了王阳明的态度。"无端礼乐纷纷议，谁与青天扫宿尘？"[①]他反对这种旷日持久的争论。他说这种"礼乐"的"纷纷议"，是"无端"的，没有名堂，没有意义的，满朝文武都为这样没有名堂的"礼乐"之事议了三年，真正的国家大事怎么办？"却怜扰扰周公梦，未及惺惺陋巷贫"[②]，你们穷折腾的这种做法，即使把周公从地下叫醒，也不能解救天下的贫苦人。所以，王阳明在大礼议之争中就一直缄口不言。"徒使清风传律吕，人间瓦缶正雷鸣"，孟子云"民为贵，社稷次之，君为轻"，几千年的清风一直在传递这洪大黄钟的"律吕"之音，但这一切都是"徒使"，现在"人间"正在为皇帝的父母起什么称号这样庸俗低劣的"瓦缶"之音而像雷一样轰鸣。清代袁枚《随园诗话》卷七中说："有声无韵，是瓦缶也。"

这样一来，嘉靖皇帝以为王阳明是个反对者，从此心怀芥蒂。他本就以此划线，既然王阳明你在这个问题不公开站在皇帝一边，那我嘉靖皇帝就认定你王阳明不是自己的人啦。所以，1524年，大礼议尘埃落定后，御史王木就向皇帝举荐王阳明和杨一清。1525年（嘉靖四年），王阳明三年服满，按例应起复为官，当时朝中也经常有人举荐王阳明进入内阁，或任西北三边总制（三个军事重镇的联合总

[①] 王阳明：《居越诗三十四首·碧霞池夜坐》，《王阳明全集》卷二十，第649页。
[②] 王阳明：《居越诗三十四首·夜坐》，《王阳明全集》卷二十，第650页。

司令），甚至建议直接召王阳明入阁辅政，可嘉靖皇帝均置之不理。二月，礼部尚书席书力荐杨一清和王阳明入阁，而且，席书的话说得很重，现在朝廷的大臣都是一些中等人才，无足以计大事。他见识过的上等人才只有杨一清和王阳明："生在我前者有一人，曰杨一清；生在我后有一人，曰王阳明。我只敬佩这二人，所以应该让他们来中央政府担当重任。"尽管他的话说得很动人，但不果。[1] 四个月后，席书再上书推荐二人。这一次朱厚熜给了答复：杨一清可来，王阳明稍等。[2]

而且嘉靖皇帝高度认同朱熹理学，他自己就写了《敬一箴》，说朱熹理学是"帝王传心之要法，致治之要道"；而把阳明心学看成异端邪说，不适合做统治思想。

再加上当朝官僚嫉贤妒能，比如后来当政的张璁、桂萼等人就不喜欢王阳明：你平江西匪乱，平宁王叛乱，还会谈心学，学生弟子满天下，这么大的本事，如果进了朝廷，还有我们什么事？

久而久之，嘉靖皇帝对王阳明就有了很深的成见，王阳明在正德末年遭受的"通濠""党逆"以及冒犯军功、纵兵杀掠、私藏府库金银等指责，也一直未得到洗白。王阳明这段时间说过一段话："权竖如许势焰疑谤，祸在目前，吾亦帖然处之。此何足忧？吾已解兵谢事乞去，只与朋友讲学论道，教童生习礼歌诗，乌足为疑！纵有祸患，亦畏避不得。雷要打，便随他打来，何故忧惧？吾所以不轻动，亦有深虑焉尔！"[3]

余姚"中天阁"

但是，王阳明根本不以当官为念，他每月朔望之日在余姚龙泉寺的中天阁聚会生徒，传授"致良知"之说。

1526年（嘉靖五年）54岁时，王阳明生了一个儿子，更是让他欣喜异常。

---

[1] 席书死后，王阳明亲自为他写祭文，以"平生知己"相称许。
[2] 度阴山：《知行合一王阳明》，北京联合出版公司2014年版，第197页。
[3] 钱德洪：《刻文录序说》，载《王阳明全集》卷四十一，第1309页。

他说"吾心自有光明月"①,"人人自有定盘针"②,他准备就这样在家乡一直生活下去。

二、出征广西

1. 王阳明奉命征广西

正当王阳明讲学讲得起劲的时候,两广的思恩州、田州两地的两名少数民族首领卢苏、王受起兵造反。两广总督姚镆束手无策。朝廷万般无奈,于1527年(嘉靖六年)五月,命王阳明以原官兼任左都御史(正二品)(人称"王都堂")、总督两广及江西湖广四省军务,前往广西征讨思恩、田州之乱。

接到朝廷命令后,王阳明并不愿前往广西。早在1496年五月,户部郎中李邦辅出任柳州知府,25岁的王阳明作序相送说:"柳州去京师七千余里,在五岭之南。岭南之州,大抵多卑湿瘴疠,其风土杂夷从,自昔与中原不类。"③

当时,王阳明肺病已久,早在南赣剿"匪"时,他就向朝廷报告:"臣病月深日亟,百疗周效,潮热咳嗽,疮痏痛肿,手足麻痹,已成废人。"④这次,嘉靖六年六月他又向朝廷报告:"臣病患久积,潮热痰嗽,日甚月深,每一发咳,必至顿绝,久始渐苏。"⑤这样的身体担当不起出征广西的重任。但朝廷不听,督促他早点动身。严令之下,王阳明只得在生命即将走到尽头时,仍然执行朝廷的命令,扶病出征广西。

1527年九月初八,王阳明离开绍兴。行前一日,钱德洪、王畿夜侍于天泉桥,嘱二子遵依四句宗旨:"无善无恶是心之体,有善有恶是意之动,知善知恶是良知,

---

① 王阳明:《居越诗三十四首·中秋》,《王阳明全集》卷二十,第655页。
② 王阳明:《居越诗三十四首·咏良知四首示诸生》,《王阳明全集》卷二十,第653页。
③ 王阳明:《送李柳州序》,《王阳明全集》卷二十九,第868页。
④ 王阳明:《乞休致疏》,《王阳明全集》卷十一,第298页。
⑤ 王阳明:《辞免重任乞恩养病疏》,《王阳明全集》卷十四,第390页。

为善去恶是格物。以此自修，直跻圣位；以此接人，更无差失。"[1] 这四句话是王阳明心学思想的精髓，也是对儒家思想的创新与发展，史称"四句教"。"无善无恶是心之体"，心的本体如同明镜，是超越善恶、纯净无染的；"有善有恶是意之动"，当心体与外物接触，就容易起念，而意念的动念是善恶的根源，人的欲望、执着和分心会导致善恶的显现，一旦"意之动"，就有善恶了；"知善知恶是良知"，良知是内心的觉悟，是每个人内心固有的道德判断力，能清晰地感知善与恶；"为善去恶是格物"，格物就是通过行善、去恶来修正完善自己，格物是致良知的具体实践，是将内心的道德觉悟转化为外在的行为。

"四句教"是王阳明对心、意、良知和格物的深刻理解，他把内在的良知和实践的功夫统一起来，强调修行的关键在于内在的觉悟和日常的实践。这种思想不仅具有哲学深度，也具有很强的实践意义。

王阳明告诫弟子，"四句教"直指人心，抓住了修行的核心，所以，它既是自我修行的指南，也是教导他人的根本方法。"四句教"如果用于自我修养，就能达到圣人的境界（"直跻圣位"），如果用来教导他人（"以此接人"），就不会出现偏差（"更无差失"）。

九月二十五，他到达常山县，弃舟登岸，进入江西。作诗一首，诗中有言："千圣皆过影，良知乃吾师。"[2] 历史上的圣贤虽伟大，值得敬仰，但其言行与教诲如同过影，是外在而暂时的，只有内心的良知才是人生真正的指引。真正的智慧无需借助外在的经典来证明自己，而要以"良知"统摄一切。这种表达凝练而深邃，既是他心学思想的诗化表达，也是其精神境界的生动写照。此时的王阳明坚定自信，平静从容，思想圆融，已臻化境。

十月中旬，王阳明在南昌府的南浦码头上岸。"南浦"就是唐代王勃《滕王阁序》里"画栋朝飞南浦云，珠帘暮卷西山雨"中所描绘的"南浦"，也是"洪都八景"之一。

---

[1] 钱德洪：《年谱三》，载《王阳明全集》卷三十五，第1075页。
[2] 王阳明：《长生》，《王阳明全集》卷二十，第657页。

南昌全城空巷，百姓纷纷涌上街头欢迎王阳明，以至道路阻塞。南昌百姓头顶香炉、抬着轿子，以"顶香林立""抬举"入城的隆重仪式来迎接他。所谓"抬举"，即用两竿毛竹架起一把座椅，将王阳明扶上这把"座椅轿"，几人抬起轿子却不上肩，只是平托着前行。走十几步后，立刻有人接过"座椅轿"，转身传递给下一组人。就这样，一个传一个，你一程我一站，几千人双手轮番接力，将坐在"座椅轿"子里的王阳明从人群头顶上一路"抬举"进了都司衙门（明代地方军事领导机构）。

接着，南昌军民排着队前来拜见王阳明，东门入，西门出，很多人出去后又排队进来，从上午一直到下午。

第二天，王阳明拜了孔庙，在孔庙的明伦堂讲《大学》。那一天，里三层外三层的都是人，堂内挤满了人，还有很多人挤不进去。那时没有麦克风，王阳明只会慢条斯理地在书院讲课，不会声嘶力竭地在广场演说，所以，外面的人什么也听不见。但没关系，他们看到王阳明就亲切，就高兴。王阳明和南昌人有感情呀。

有个叫唐尧臣的书生，以前不信阳明心学，自从前一天出迎王阳明时才开始心动，说："三代后安得有此气象耶！"他借给王阳明献茶之机，挤进明伦堂听讲，从此迷上阳明之学，并拜王阳明为师。1557年（嘉靖三十六年），他在杭州天真书院重刻了《王阳明先生文录》和《传习录》。[1]

南昌人的感情与热情也感染了王阳明。他讲完课，回到馆驿，写下一首《南浦道中》：

> 南浦重来梦里行，当年锋镝尚心惊。
> 旌旗不动山河影，鼓角犹传草木声。
> 已喜闾阎多复业，独怜饥馑未宽征。
> 迂疏何有甘棠惠，惭愧香灯父老迎！

---

[1] 许葆云：《心圣王阳明》，国际文化出版公司2015年版，第328页。

重回故地，就像做梦一般。回想当年战争，不由心潮起伏。现在，河山中虽然没有了旌旗飘扬，风吹草动的声音却让人仿佛听到了战鼓号角声，很高兴当地的百姓恢复了日常生活，却担心他们会遇到饥馑和繁重的赋税。遥想周公之所以受到百姓的拥戴，连他办公处的棠梨树都得到百姓的保护，是因为他履行了善政。我没有做什么事，却享受这样的待遇，那么多百姓焚香迎接，实不敢当。

接着，王阳明溯赣江而上，到了吉安。这是他第一次担任地方官的地方，也是他平定宁王叛乱时调兵遣将的起兵之地。王阳明被迎到螺川驿，开始讲课。诸生彭簪、王钊、刘阳、欧阳瑜等300多人站着听讲。因为人多，怕后面的人听不清，王阳明就站着讲，他讲致良知的简易功夫，说：尧舜是生知安行的圣人，还兢兢业业，用勤勉的功夫。我们也有困勉的资质，却悠悠荡荡，坐享生知安行的成功，岂不误己误人？他强调："良知之妙，真是'周流六虚，变通不居'。若假以文过饰非，危害大矣。"[①]临别还谆谆告诫：道德修养"功夫只是简易真切，愈真切，愈简易；愈简易，愈真切。"[②]

王阳明到赣州，从赣州西津门大码头上岸，在赣州待了两天。他在濂溪书院见了一批弟子，讲了一番良知的要旨，又上船向南安而去。在南安他停留了两天，便启程前往广东，再转广西。

十一月十八日，王阳明抵达广东肇庆，他写信给钱德洪和王畿，要他们做好并经常报告阳明书院的教习工作。他十一月二十日到达广西梧州，开府办公。七月接到出征广西的圣旨，九月初八起程，大概1600公里，王阳明走了两个多月。梧州，始建于汉代的苍梧王城，有两千多年历史，是连接珠三角与北部湾的主要通道城市，是广西的东大门，也是明朝的西南屏障，多民族杂居。1470年（成化六年），明宪宗在梧州立两广总督府，这是中国历史上的第一个总督府。

[①] 王阳明：《传习录拾遗》，《王阳明全集》卷三十二，第973页。
[②] 王阳明：《寄安福诸同志》，《王阳明全集》卷六，第305页。

2.思、田之乱的历史背景[1]

所谓"思、田",是指思恩州和田州,就是如今的百色、田阳、田东等地方。思恩州位于广西的西北,田州位于广西的西部,中间隔着一条红水河。这两州的地理位置对大明朝来说非常重要,它是大明朝与安南国的最后一道屏障,但这样一个重要的地方,如今却惨不忍睹。

思恩州、田州两个州的知府都是当地的土司,且都姓岑,岑氏一直是思恩州和田州两州的大族。

思恩州的"思恩",是"受其恩,永思之"之义。最初是唐代设置的羁縻思恩州,归邕州都督府管辖。宋仍为思恩州,隶邕州迁隆镇。元属田州路。明初,属田州府。

到了明代,1369年(洪武二年),元代的田州路改为田州府,岑伯彦任知府。而思恩州在1405年(永乐三年)改隶云南的广西府管辖。到正统年间(1436—1449),思恩州逐步脱离田州府,先是在1440年(正统五年)改为思恩府,不久,寻升为军民府。也就是说,思恩州行政级别高了一级,管辖区域大幅扩大。因为这里出了一个牛人——岑瑛。[2] 岑瑛(1398—1478),思恩州人。1420年(永乐十八年),岑瑛接任其兄岑瑞,成为思恩州知州。此时的思恩州只是思州府下面的一个小州。

岑瑛善于治兵,上任后帮助明政府清除各处不稳定、有叛乱意图的地方势力,屡立军功而得明朝的赠地升官。

洪熙至宣德年间,武缘县白山700户和上林县渌溪峒800户划拨给岑瑛管辖。思恩州的辖地不断扩大。同时,岑瑛善于治理地方,声望卓著,到了1438年(正统三年),被任命为田州府知府兼思恩州知州。但不知何故,原任田州府知府岑绍却没被调离或免职。这样形成了两人一职、共管一府的局面,难免出事。于是

---

[1] 此节内容参见杨东标:《王阳明传》,作家出版社2014年版,第270—272页;网文《你知道云南的广西府,云南的南宁县吗?》,http://www.360doc.com/content/20/0520/13/65220105_913471364.shtml。

[2] 参阅《大清一统志》卷一百一十一;网文《广西历史:清代广西十一府之四,思恩府行政区划范围,思恩府故事》,https://baijiahao.baidu.com/s?id=1687921738790369158&wfr=spider&for=pc。

在第二年，1439年（正统四年）十月，思恩州从田州府独立出来，升格为府，岑瑛任知府。这样就平衡了两系岑氏。

思恩升府后，宜山县的八仙诸峒、大安定、小安定又陆续划归思恩府，区域就更大了，成为横跨左、右两江的一个大镇。同时，这里是少、边地区，岑瑛集政治、经济、军事、司法各权于一身。于是，申请改思恩府为军民府，并在正统五年获得批准。1441年（正统六年）十一月，又升为军民府，岑瑛为知府。按明代的区域行政建制，一般的府偏重民政，属民府，像当时的桂林府、柳州府、浔州府等；而军民府又比民府高半级。于是，思恩军民府就成为明朝广西唯一的军民府，而岑瑛是深受皇帝信任的土官，带兵协助明朝政府消灭了各种反对势力，自己也青云直上。他几十年间步步高升，从1420年的五品知州，最后成为正二品的都指挥使，地方兵政、民政大权都在手，是一方封疆大吏了，时人称为"土臣之英杰者"。

广西乔利思恩府城城墙遗址

在岑瑛主管思恩府的过程中，人变了，区域变了，其行政中心跟着也变了。最初岑瑛接任思恩知州时，州治在唐代设的寨城山（今平果市旧城镇）[①]，府治偏僻、狭窄、交通不便。岑瑛发迹后，于1442年（正统七年）将思恩府署从寨城山搬到乔利堡（马山县乔利乡）。其城址南为石山所隔，西有小河向东细流，东西两侧为开阔地带，北为土坡环绕，城墙沿土坡北面砌起，高约4米，宽约2米，均为方料石砌成，城内宽广，现城址范围约为67000平方米。从正统七年到嘉靖七年，思恩府在乔利建署长达86年。

明代时期，土官叫土司，其管治的少数民族地区一般叫土府、土州、土县，

[①] 而明代的广西田州治所在今田阳区，地处右江河谷中部，县城距南宁市200多公里，距百色市38公里。

这个"土"不仅有"本地"之义，还有思想不开化、不知道读书之义。汉文化在这些地方的普及度不高，所以土州、土府、土县一般没有儒学，更谈不上参加科举这种事。但岑瑛不同，他在扩大自己地盘的同时，也关心人才培养。他向朝廷申请办学，并获得批准。这就成为广西土官办学之始，也是广西西部地区儒学之始。效果也很好，几年不到，这里就出了思恩府办学以来的第一位举人，也是广西西部少数民族区域在古代科举制度中的第一位举人。

1478年（成化十四年），年近八十的岑瑛去世，思恩府稳定发展的局面也就随之结束了。《明外史·土司传》载，其子岑燧刚袭位，思恩府周边就发生了重大变化，最后也带动了思恩府的历史发展走向。成化十六年，田州府内部生乱，知府岑溥逃到思恩府，思恩府的岑燧出兵平叛，得到朝廷的嘉奖。可就在这一年，岑燧故去了，其子岑浚继位。

话说两头，田州自岑伯彦之后，官位世袭了三代，传岑溥。岑溥有岑猇、岑猛两个儿子。长子岑猇觉得父亲偏爱弟弟岑猛，为了得到官位，竟把父亲杀了。岑溥的手下黄骥和李蛮又把岑猇杀了。不久，两人又发生内讧，黄骥带着年仅4岁的岑猛去了南宁，李蛮占据田州。

此时，田州府因乱而弱，思恩府的岑浚因田州府乱事件受益，渐渐坐大，成为区域最大势力。南宁的督府眼看田州土司这样内斗，搞得鸡犬不宁，就派思恩府的知府岑浚护送岑猛回田州，却遭到李蛮的拒绝。与此同时，黄骥的野心也在膨胀，就与岑浚密谋，把岑猛软禁，然后试图攻打田州。朝廷闻知，自然不能容忍。1482年（成化十八年），两广总督潘蕃领湖广、两广十万八千余官军、土兵平叛，收拾了岑浚。岑猛得以获释，但岑浚、黄骥的野心并没有收敛。

1502年（弘治十五年），岑浚攻占思城、果化、上林、武缘，最后攻下田州府，杀了李蛮，岑猛在混乱中逃走。1505年，广西总兵毛锐率兵进剿，追杀岑浚于寨城山。

1506年（正德元年），思恩府、田州府的岑氏土官世袭被一并取消，这两地实行"改土归流"，即取消知府由岑氏土官世袭制，改为由外地选任知府的流官制。

于是，一场旷日持久的土司内讧，演变成朝廷"改土归流"和当地大族之间的矛盾。

岑浚的堂弟岑猛逃亡之后，曾一度被朝廷安排到福建平海卫任职千户，这引来他的不满。他的父亲岑溥是知府，这不是降级了吗？虽然后来他升为田州府的指挥同知，但并不是知府。他一是不满被安排的级别，二是不满取消了岑家的世袭制，三是不满田州被思恩州兼管。于是，1523年（嘉靖二年），岑猛自认为羽翼丰满了，就率兵攻打泗城，史称"岑猛之乱"。其实，岑猛并不想造反，只是保住世袭制，要回自己的名分。1526年（嘉靖五年）四月，提督都御史、广西巡抚姚镆调集四省兵马，以叛乱之罪，出兵征讨。岑猛逃到他岳父那里，他岳父因其女早就失爱于岑猛，就趁此机会毒死了他。岑猛手下更是大乱。

姚镆想乘胜推进"改土为流"，当地土司一个也不能为官，于是矛盾进一步激发。不久，田州土司头目卢苏和思恩府的土司头目王受以恢复两地的土司管理为旗号，诈言岑猛未死，兴兵暴乱。卢苏赶跑田州知府王熊兆，占据府城；王受率众攻占思恩城，活捉知府吴期英。都御史提督两广军务兼巡抚姚镆调集周边各州土兵和两广官兵"进剿"，但无济于事。一时朝野震动。

面对如此大麻烦，朝廷再次想起了王阳明，好像他天生就是为了解决大明朝那些麻烦而生的。于是，1527年（嘉靖六年）五月，一道旨意，朝廷起用王阳明总督军务，两广巡抚。民乱才得以平定。

平定民乱后，为了加强朝廷统治，避免区域事端再发，嘉靖初(1522—1566)，王阳明决定削减地方势力，把这些地方实行拆分、分割。

嘉靖七年，田州府降为州，思恩府就分为九个巡检司管辖，设一县，即上林县；九巡检司为白山、兴隆、定罗、旧城、下旺、那马、都阳、古零、安定。按王阳明安排，设巡检司的过程中把地方势力与官府势力安排成犬牙之势，相互制约。到1579年（万历七年），时任督抚吴文华为了管治九个巡检司，奏请割南宁府之武缘县属思恩，于是，就形成了思恩府二县九巡检的范围。

同时，王阳明平定思恩民乱后，认为乔利偏僻，交通不便，且空气"暗瘴"，1528年（嘉靖七年）七月，思恩府的治所又迁到武缘县止戈之荒田驿（今武鸣区府城镇）。①

到清康熙三年，田州区域划入思恩府。雍正十二年，把当时已升为直隶州的宾州划归思恩府，思恩府达到历史上的最大区域：三县一州一土州一土县九土司。即三县，武缘、迁江、上林；一州，宾州；一土州，田州；一土县，上林；九土司，白山、兴隆、定罗、旧城、下旺、那马、都阳、古零、安定。

在清中后期，思恩府区域又重新调整，原来田州一带的区域重新分置出去，成了后来的百色厅；那马土司到同治年时改成那马厅，白山土司被整合撤并。到光绪末年，思恩府变成三县一州一厅七土司了。最后到1912年，开始"废府置县"，"撤府留县"，思恩府也就没有了，变为思恩县。②

3. 王阳明平定思、田，攻占八寨、断藤峡

王阳明在动身前和赴任途中，就一直在分析广西动乱的形势和原因，不断形成自己平乱的对策与计划。正像他动身前在《辞免重任乞恩养病疏》的奏疏中分析的那样，广西兵乱，乃因土司内部的仇杀，比起贼寇之攻郡劫县、荼毒百姓还不太一样，如果方法对头，处理得当，还是可能成功的。于是，1527年（嘉靖六年）的十二月初一，王阳明到达梧州后上疏③朝廷，提出了自己的基本思路：在平息事件上，"宜抚不宜剿"，改征讨为招抚；在事后治理上，土流并用。

王阳明强调了三点：第一，思田之乱的罪魁祸首是岑猛等人，"夫所可愤者，

---

①《大清一统志》云：思恩府"土田广衍，山溪环错，控临诸夷，为西土之外险。……今治（武缘县止戈之荒田驿）四野平旷，轩豁秀丽，后山起伏蜿蜒，敷为平原，两水绕山合流，而入巨浸。江水既通，商贾辐辏，益比于内地矣"。

② 据网文《广西历史：清代广西十一府之四，思恩府行政区划范围，思恩府故事》(https://baijiahao.baidu.com/s?id=1687921738790369158&wfr=spider&for=pc)，广西有两个以"思恩"为名的地方，都始自唐代，共存了千年。一个偏南，唐时为州，明清为府，如今已消失于史。即本书讲的"思恩"。另一个偏北，唐时为县，1951年8月思恩、宜北两县合并为环江县，思恩成为镇级地方名称，至此，思恩县之名沿用1313年。作为地名，"思恩"现在是广西环江毛南族自治县的六镇六乡之一，叫思恩镇，是环江县的城关镇。

③ 王阳明：《赴任谢恩遂陈肤见疏》，《王阳明全集》卷十四，第391—395页。

不过岑猛父子及其党恶数人而已，其下万余之众，固皆无罪之人也"。第二，卢苏、王受"所遗二酋，原非有名恶目，自可宽宥者也"，不如赦免其罪，"开其自新之路"。第三，设置流官是"有虚名而反受实祸"，不如暂时保留土官，并得其出粮、借其兵力而使其成为中土屏障。这些土司多次参与攻打土匪，事后却没有得到相应的嘉奖，心中愤懑，而地方官府还反过来百般索贿。在此情况下，他们才选择造反。

这道奏疏到第二年三月才送到嘉靖皇帝手中。嘉靖皇帝认为，王阳明的这些建议没有和广西镇守太监、巡按御史商议，"恐非定论"，应从详计议。但是，嘉靖皇帝的这一批复还没有送到王阳明这里。

1528年（嘉靖七年）正月，王阳明进驻南宁，就下令遣散当初姚镆调来防守的数万官兵，只留下数千"湖兵"（湖广永顺、保靖宣慰司调来的兵），屯驻南宁、宾州，"解甲休养，待间而发"。其实，王阳明遣散官兵也是不得已的措施。这些官兵，部分是从广东招募的乡兵，战斗力弱，糜费军饷；更多的是广西土司的土兵，战斗力虽强，但纪律涣散，且多与思、田两府的叛军沾亲带故，打起仗来很难说是敌是友，王阳明就顺势把他们遣散。

王阳明同时派人去劝卢苏、王受投降。卢、王二人早就听说王阳明在南赣平定"匪"乱、擒拿宁王的事情了。王阳明用兵如神、连战连胜的名气，早把他们吓坏了，但他们又见王阳明不设防的姿态，没有剿杀之意，就主动请降。王阳明应允。

1528年（嘉靖七年）正月二十六，卢苏、王受率7.1万余众到南宁城下，分屯四营。第二天卢苏和王受自绑其身于王阳明军门之前，乞求免死。王阳明义正词严地历数他们的罪状，随即下令将卢王二人象征性地各杖责一百，然后亲自为他们解开绳索，到城下四营抚慰众人。该走的程序全走了，最后王阳明说："你们回去过太平日子吧。"卢苏、王受及其手下跪倒在地，发誓决不再反。就这样，闹了两年的思田民乱被王阳明不费一枪一弹、只用一个多月就兵不血刃地平定了。湛若水评价王阳明平息思田之乱时，赞扬道："人知杀伐之为功，而不知神武不杀者，功之上也，仁义两全之道也。……抚而不戮，夷情晏然。武文兼资，仁义并行，神武不杀,是称天兵。"①

1528年(嘉靖七年)二月十三日,王阳明又送出第二份奏书《奏报田州思恩平复疏》②,宣布思、田平定了。从王阳明到达梧州后上报第一份作战方案的奏折到现在第二份报捷的奏折,前后不到七十天,王阳明只用了两个多月的时间就将两年都未能解决的民乱予以平定。

广西平果市《平田州、思恩纪功石刻》

思、田之乱平定之后,王阳明乘船经过平果县(今广西平果市)马头峡时,两岸峭壁临江,南岸峭壁之中开有一洞,"可容数百人入游,兰香袭衣",于是泊舟洞前,振衣而上,在洞壁上挥毫题写"阳明洞天"四个大字,勒石铭记。并命人在洞口上方的峭壁处刻下一块长约4米、高约3米的《平思田纪功碑》,碑文写道:嘉靖年间,思恩和田州的民众相互煽动,同四个省的朝廷军队对抗,"汹汹连年"。当时皇帝忧悯,

广西平果市《平思田纪功碑》

就命新建伯王守仁前去处理,并要求用仁德安抚百姓,"勿以兵虐",不能武力镇压。这样,"信义大宣,诸夷感慕"。十天之内,就有7.1万人"自缚来归",结果全被释放回去务农,两省也安定下来。从前征战有苗,打了70多天;如今不到一个月,蛮夷全部臣服,化干戈为玉帛,其速度简直超过了邮传。现"爰勒山石",辟出

---

① 湛若水:《阳明先生墓志铭》,载《王阳明全集》卷三十八,第1152—1153页。
② 王阳明:《奏报田州思恩平复疏》,《王阳明全集》卷十四,第396—404页。

这块山石，刻上碑文，"昭此赫赫"，告诫思田民众"毋忘帝德"。①

这块阳明洞摩崖石刻坐南向北，背靠观音山，面朝右江河。1986年，"阳明洞天"被平果列为县级文物保护单位。2005年建设金鸡滩水利枢纽工程，阳明洞已被淹没，洞口上方的摩崖石刻尚存。

为了长治久安，王阳明向朝廷建议：把田州划开，别立一州。以岑猛次子岑邦相为吏目，等有功后再提为知州。在旧田州置19个土巡检司，思恩为9个土巡检司，卢苏世袭田州砦马土巡检司，王受世袭思恩白山土巡检司，都归流官知府管辖。就是说，"土流并治"，在同一个地区，流官和土官同时存在，同时进行统治。

朝廷同意对岑邦、卢苏等人的安排，别的都迟迟不批复，目的就是让他在此顶住，总督军务，巡抚地方。

广西各地父老看到王阳明迅速平定了思恩、田州叛乱，于是成群结队前来告状②，请求他解决断藤峡和八寨的问题。

本来，皇帝并没有旨意，王阳明可以不予理睬，他已经完成皇帝下达的任务。但是，百姓的呼声让他动心，"心亦不忍不为一除剪"，且他还头顶"两广巡抚"的帽子，保境平安，本就是职责所在，且皇帝先前下的圣旨里也说了："但遇贼寇生发，即便相机，可抚则抚，可捕则捕。"皇帝已经授权，可以便宜行事。综上考虑，王阳明决定出兵断藤峡和八寨。

断藤峡原名为大藤峡，地处广西武宣县至桂平市的黔江下游，是广西境内最大最长的峡谷，其入峡口在武宣县三里镇勒马村境内，左边是大瑶山脉的大藤山，右边是莲花山脉的勒马山，两山对峙，状如天门。传说有大藤如斗，横跨江面，昼沉夜浮，供人攀附渡江，因而称"大藤峡"。这里是瑶民为主的聚居区，明代不断发生民乱。瑶民乱军倚仗大藤峡的奇险长期控制黔江航道，打击地方官绅，抢劫过往商船。其与"八寨"（即忻城、上林、迁江三县交界地区的思吉、周安、

---

① 王阳明原文见《田州立碑》，载《王阳明全集》卷二十五，第782页。
② 《列传第二百五十·广西土司》："两江父老遮道言峡贼阳害状。"《明史》卷三百十七，中华书局2000年版。

剥丁、古卯、罗墨、古钵、古蓬、都者等八个寨堡）的乱军互相呼应。

大藤峡地区的民乱以正统至成化年间的蓝受式、侯大苟领导的瑶、壮民乱规模最大，势力一度扩展到广东等省。1465年（成化元年），右佥都御史韩雍、都督同知赵辅等率军16万人前往镇压，乱民7300人被杀，侯大苟被俘遇害。韩雍命人砍断大藤，改大藤峡为"断藤峡"，并在其地置武靖州以加强控制。次年，侯大苟余部侯郑昂和胡公返再次起事，坚持到成化八年。韩雍长期封锁、围困断藤峡，禁止瑶民出入峡口，也不准船只通过峡江。

明正德年间，断藤峡地区民乱再起。1508年（正德三年），左都御史陈金率军征讨断藤峡，他采取与韩雍截然相反的策略，与闹事的民众几经商讨，订立"约法三章"。条约生效后，官府和商贩的船只向当地瑶民按约缴纳食盐、瓦器等生活日用品，便可通行断藤峡。从此，断藤峡船只往来恢复正常，出现了多年未有的繁忙景象。1517年（正德十二年），陈金认为自己的措施成效显著，便请求皇帝朱厚照赐名"永通峡"，朱厚照欣然同意。陈金命手下张佑在两岸峭壁刻上"敕赐永通峡"五个大字以昭其功。

嘉靖年间，官方失约，过往船只不再向瑶民缴纳食盐等物资，以胡缘二、黄公豹为首的民众被迫再次起事，切断峡江航道。

1528年（嘉靖七年）王阳明指挥的断藤峡和八寨战役是一场精心策划的剿"匪"行动，整个过程可分为三个阶段。

第一阶段：秘密集结（三月下旬至四月初）

三月二十一日，王阳明在南宁解散思田土兵（卢苏、王受部），表面示弱，实则密令其"归途剿匪"，"阳散之而阴令其至断藤峡俟期"（《捷音疏》）。这一策略成功麻痹了敌人，使其放松戒备。

四月初二，王阳明见时机成熟，下令思、田降兵各三千，加上回程的湖广兵四千，共约万人（《稔恶瑶贼疏》明确记载），秘密抵达浔州府桂平县龙江口（《稔恶瑶贼疏》："四月初二日兵至浔州。"），潜伏待命。

第二阶段：突袭断藤峡（四月初至四月十五日）

四月初三夜，王阳明兵分四路对断藤峡发起突然进攻：右军自武靖攻紫荆、姜坑（北线）；左军从牛渚湾攻木巢、石门（南线）；奇兵夜渡横石江袭古陶、罗渌（东线）；伏兵截击溃逃瑶兵（《稔恶瑶贼疏》载详细部署）。

四月初五至初十，连破油榨、石壁、大坑等百余寨，焚毁巢穴（《稔恶瑶贼疏》："旬日之间，破巢百馀。"）。初十，断藤峡主寨被攻破。四月十二日，攻克断藤峡核心据点石门天险，"各兵缘木升崖，蚁附而上"（《捷音疏》）。十四日，断藤峡周边大小山寨相继被攻破。

四月十五日，卢苏等部进抵八寨前沿（今广西忻城、上林一带），形成合围，准备打响下一阶段进攻八寨的战斗。同日，王阳明上《征剿稔恶瑶贼疏》，奏报断藤峡已平，并呈攻打八寨的作战计划。

第三阶段：转战八寨（四月十六日至六月底）

四月十六日黎明，官军主力分三路向八寨进发：东路由卢苏率领思田兵，自宾州方向推进；西路由湖广兵自武靖方向包抄；中路由官军主力直插八寨腹地。四月十七日至十九日，官军相继攻破铜鼓、周安等八寨外围据点。二十日，王阳明命各部休整，并侦察八寨核心区域地形。

四月二十三日，卢苏部思田兵与湖广兵协同作战，夜间偷袭八寨石门天险（非断藤峡之石门），将士仰攻而上（《捷音疏》："攀援绝壁。"），一路掩杀。激战至次日黎明，成功夺取这一战略要地。

五月初十，攻破八寨核心要塞都者峒，"贼始溃散"（《捷音疏》）。五月十四日至六月初，官军展开清剿行动，连破古蓬、周安、古卯等寨。《明史·王守仁传》："八寨尽平。"

六月中旬，八寨战役基本结束。最后，四路兵马合击残敌，在横水江（今广西红水河）会师。至六月底，历时一个多月，八寨之敌彻底荡平。

战后，王阳明作《破断藤峡》《平八寨》二诗，并上《捷音疏》详细汇报战况，另呈《处置八寨断藤峡以图永安疏》，提出一系列善后建议和长治久安之策。

此役与思田之乱的和平解决形成鲜明对比：前者不动刀兵、剿抚并用，以和平的手段和谐解决；后者却以"声东击西"的战略部署和"出其不意"的战术运用，雷霆出击，铁腕血刃而果断平定。这正是王阳明知行合一、良知致用的体现。

今来宾市是其人生最后一战的决胜之地，八寨与大藤峡之战，充分展现了王阳明卓越的军事指挥才能，是王阳明人生最后的巅峰之作，成为明代军事史上的经典战例。

大学士霍韬和黄绾都上疏，为王阳明列功。霍韬在给朝廷的表奏中称赞王阳明的成功有"八善"：一是没特别调遣兵将。"乘湖兵归路之便，则兵不调而自集。"二是得到卢苏、王受的效命之助。"因田州思恩効命之助，则劳而不怨。"三是做到了惩除积恶。"机出意外，贼不及遁，所诛者真积年渠恶，非往年滥杀报功者比。"四是不需调运粮草，"因归师讨逆贼，无粮运之费。"五是不征兵、不募马、不扰民。"不役民兵，不募民马，一举成功，民不知扰。"六是剿抚处理适当。"平八寨，平断藤峡，则极恶者先诛；其细小巢穴，可渐施德政，使去贼从良；得抚剿之宜。"七是为两广的长治久安打下良好基础。"今八寨平定，则诸贼可以渐次抚剿。两广良民可渐安生业，纾圣明南顾之忧。"八是徙建城邑、设立寨堡之功。"今守仁既平其巢穴，即徙建城邑，以镇定之，则恶贼失险，后日固不能为变，逋贼来归，不日且化为良民矣。"[①]

但是，广西征战，并没有得到朝廷的好评。而桂萼则好大喜功，要求王阳明先杀镇瑶族，再攻打交趾。王阳明对此不屑一顾，他在给方献夫的信中说："欲杀数千无罪之人，以求成一将之功，仁者之所不忍也。"[②] 本来，桂萼还希望王阳明打下思恩之后，能进一步攻取安南，以博不世之功。因王阳明不肯听从他的旨意，桂萼等人就抓住平八寨没有朝廷授命这一点，说王阳明进剿八寨是擅自行动，越权行事，上本参王阳明"征抚交失，赏格不行"。"议者乃言守仁受命征思、田，不受命征八寨"[③]。面对这些不实之词，嘉靖皇帝也只是淡淡地说了一句：知道了。嘉靖皇帝只是令王阳明兼任巡抚，并不打算重用他。而且，当看到两广报捷后，嘉靖皇帝却在给杨一清的手诏里提及当年江西功绩，说王阳明素来喜欢夸诈，并由此论及他的人品，又由人品说到他的学问，几乎是全面的否定性评价。甚至在

[①] 霍韬：《地方疏》，载《王阳明全集》卷三十九，第1213页。
[②] 王阳明：《答方叔贤》二，《王阳明全集》卷二十一，第684页。
[③] 张廷玉：《明史王守仁传》，载《王阳明全集》卷四十，第1276页。

接到王阳明病故的讣告后，嘉靖皇帝竟下令"廷议"王阳明，名为功罪一起议，实际上是议罪。可见，嘉靖皇帝对声名日著的王阳明完全没有好感。

三、圣人王阳明之死："此心光明，亦复何言？"

1. 死前举动

广西平叛结束后，王阳明病情愈重，咳痢之疾（肺痨），腹泻，足疮日益加剧，体力不支。本来，他就是带病出征，王阳明考虑到身体情况，还特意带了一名医生。不料行至半路，这位医生竟水土不服而病倒，中途辞归。自此，王阳明不敢轻易用药，致使全身肿痛，昼夜咳嗽不止，整个脸都变了形，腿上的创伤溃烂了，一天比一天严重，加上厌食，每天仅强吞几口稀粥，稍多即吐。繁重的军备、政事以及气候的炎热更加重了病情。

1528年（嘉靖七年）十月初十，王阳明上《乞恩暂容回籍就医养病疏》，请求还乡养病（乞骸骨），辞职退养。可是，这份奏章如泥牛入海，杳无音信。王阳明等不到准假，倒是等来了皇帝的嘉奖，肯定了他短时间罢兵安民的战绩，赏赐银五十两。王阳明心力交瘁，从病床上爬起来，连夜写了谢恩疏，八百里加急送出。然后，在万般无奈的纠结中，王阳明终于决定离职北上，他带着几个随从由南宁启程，顺漓江东下，日夜兼程，踏上了回家的路。

2. 踏上归程

王阳明沿着邕江顺流而下，行船到横州（今广西横县）乌蛮滩，听到船夫指着前方说"这就是伏波庙前滩也"，猛然想起自己15岁时随父亲游居庸关，有天晚上就梦见自己拜谒伏波将军马援庙，还写了一首诗："卷甲归来马伏波，早年兵法鬓毛皤。云埋铜柱雷轰折，六字题文尚不磨。"[①] 现在听船夫这么一说，赶忙叫船靠岸

[①] 王阳明：《梦中绝句》，《王阳明全集》卷二十，第658页；又见钱德洪：《年谱一》，载《王阳明全集》卷三十三，第1001页；又见黄绾：《阳明先生行状》，载《王阳明全集》卷三十八，第1180页。

拜谒伏波庙，面前情景一如当年梦中所见。王阳明诵读起当年的梦中诗，感叹道："四十年前梦里诗，此行天定岂人为！""尚喜远人知向望，却惭无术救疮痍。"[①]

伏波庙位于广西横县云表镇站圩东南3公里的郁江乌蛮滩北岸，始建于170年（东汉建宁三年），是为纪念东汉伏波将军马援南征交趾、平定叛乱、稳定疆界、在乌蛮滩疏通航道而建的。2013年被列为全国重点文物保护单位。伏波庙背后沿江而卧的绿色山峰叫大王山，也叫乌蛮山；前面是西南有名的十里险滩——乌蛮滩。

广西横县伏波庙

之后，王阳明又绕道到广州增城，谒祠奉祀先祖庙，访好友湛若水的故居。

1528年（嘉靖七年）十一月，王阳明从广州出发，乘船渡过北江，经过韶州府在南雄府下船，于二十五日乘轿越过梅岭。王阳明的学生王大用，时任广东布政使，一路相陪，到大庾梅岭才分手。

南安知府何宗伊早早地带领府、县的全体官员到驿使门外欢迎，又在南安府衙后花园的牡丹亭摆下宴席款待。何宗伊颂扬王阳明："自大人于正德十二年亲统大军，剿灭畲民十余年的叛乱以来，南安府一府四县（大庾、南康、上犹、崇义）连年丰衣足食，商贸繁荣，学风淳厚，这与前十年相比有天壤之别。大人，您功德无量啊。"众官员也极力颂扬，频频敬酒，王阳明满心高兴，开怀畅饮。

宴罢，王阳明不顾旅途劳顿，拖着病体，在道源书院向热情的弟子和各界人士讲授心学。清代人游绍安的《重修道源书院记》云："夫濂洛薪传自宋，阳明先生以三百年后名儒，上接瓣香。其临卒于南安舟次也，犹津

[①] 王阳明：《谒伏波庙》，《王阳明全集》卷二十，第658页。

津讲学不置。"①

《南安府志》②记载：王阳明在去世前一天的上午参访了丫山的灵岩古寺。他的船停在章江边上的青龙铺，青龙铺旁有个青龙镇，青龙镇里有个驿站。山区的冬天，路上行人稀少，萧瑟苍凉，王阳明是朝廷命官，青龙驿派出轿马，把他抬到灵岩寺。

灵岩寺是千年名刹，"江西有数，赣南为甚"③，始建于南唐，一直香火鼎盛。古往今来，许多名士高流如张九龄、周敦颐、苏东坡、张九成等都来过此地。

王阳明来到灵岩寺山门。此门为砖石结构牌坊，双顶三门，坊门匾额上书："灵岩古刹"，两侧楹联：灵山曾寄游踪，爱竹院僧闲，松龛佛静；岩穴从多胜境，看双峰云锁，一水烟横。走过狮子桥、放生池和舍利塔，来到灵岩寺。寺前有石狮一对，寺门楣上匾额题有："灵岩古寺"，两边有楹联：灵感三千界，岩藏五百僧。

王阳明进得寺来，见一禅门紧闭，甚为奇怪，探问僧徒。得知数日之前，寺中有位高僧坐化。这位高僧入寂前，命僧徒将他的禅门关锁起来，告诫他们不得打开，还说了句"姑俟我至"，众僧不知这是何意。王阳明听后，微微一笑，说："固候我也。"遂命僧徒打开禅门，走进去一看，室内案上有本书，拂去灰尘，掀开书页，内有一偈：

五十七年王阳明，

启吾钥，拂吾尘。

若问前身事，开门人是闭门人。

王阳明轻念数遍，细细体味后，离寺回船。一路上，一言不发。这一夜，病情加重。

3. 此心光明阳明死

《年谱》记载了王阳明临终的场景，许多书也都描写了"阳明之死"，让人看了有点喉咙发紧，心里颤动。

十一月廿八日晚，王阳明的船泊在章江青龙铺。天气渐冷，雪花飘舞。王阳

---

① [清]游绍安：《重修道源书院记》，载《涵有堂诗文集》，齐鲁书社1997年版。
②③《南安府志》，载《中国地方志集成·江西府县志辑(第84—85册)》，江苏古籍出版社1996年版。

明睁开眼睛问道:"这是何地?"

侍者曰:"青龙铺。"

他让人帮自己更换衣冠,倚靠着一个侍从坐正,就那样静静地坐了一夜。

次日凌晨,他让人把门人周积(时任南安七品推官)叫进来。周积急忙走进船舱,只见王阳明已然倒了下去。许久,才睁开眼睛,看向周积,平静地说道:"吾去矣。"

周积一听,顿时泣下,问:"先生可有什么话语交代?"

先生微微一笑,说:"此心光明,亦复何言?"

片刻之后,也就是1528年十一月二十九日,即公历1529年1月9日8时许,王阳明于江西南安府大庾县(今大余)青龙铺码头的一条船上溘然长逝。享年57岁。

王阳明强调心学是做人之学,阳明心学就是以做人、做圣人这样纯洁而自觉的理想追求屹立于世间。阳明心学认为:人不能为物欲所遮蔽,不应该向下沉沦,而要向上向善。而人格道德的上升通道在于致良知,它能彰显人心、人性本来的光辉,这种光辉不仅能照亮我们自身,还能照亮他人。

弥留之际,王阳明用一句"此心光明,亦复何言",为他的壮阔人生做了总结,也为他的阳明心学点明要义。他的成圣,并不是成为高人一等的超人,而是要做到正大光明,阳明心学是一种光明之学。

阳明之死,死得那么庄严,那么有尊严,震撼人心。我想:"此心光明,亦复何言?"这句话一直而且将会永远在历史的长空中回响。

四、王阳明身后的诽议与尊崇

1. 王阳明归葬

嘉靖八年正月,丧发南昌。正月初三,到信州(今上饶)。二月四日到绍兴越城。每天门人来吊者百余人。十一月,王阳明葬于越城城外三十里的山阴兰亭之洪溪(今兰溪),门人会葬者千余人。

1751年(清乾隆十六年),乾隆南巡,御书"名世真才",并存放在绍兴府城光相桥东、下大路上的阳明祠。1773 年（清乾隆三十八年），乾隆御笔"名世真才"从阳明祠额变为阳明墓碑石。

2. 生前遭反对，死后被夺爵

王阳明的思想在其生前就遭到许多人的反对，朝中大臣如杨廷和、杨一清、费宏、乔宇等视其为怪物，王阳明的同僚、下属也公然跟他对着干，驻南昌的提学副使邵锐、巡按御史唐龙，就明确阻止当地士人就学于王门。① 王阳明上《辞封爵普恩赏以彰国典疏》②，辞让新建伯爵位，未被批准。后来，王阳明再次上疏请求辞退封爵时，巡按江西监察御史程启宪与户科给事毛玉，按宰辅杨廷和的授意，上疏弹劾王阳明。当时王阳明的高徒陆澄（原静）任刑部主事，提笔写下《辨忠谗以定国是疏》，愤慨地说："今建不世之功，而遭不明之谤，天理人心安在哉！""天理人心安在哉"这句话在文中出现了四次，可见陆澄多么激愤。王阳明听说此事后，写信给陆澄③，首先感谢他的辩护，然后写道，应该以谦虚为宗旨，自我反省，警戒卖弄辩解之词。

王阳明因病离开广西之任，明世宗大怒，下令由阁臣桂萼主持廷议，予以处分。廷议的结果是王阳明有四条罪状：一、对思恩州和田州的处

绍兴王阳明之墓

龙场王阳明纪念馆里的王阳明雕像

---

① 周月亮：《王阳明传》，长江文艺出版社 2016 年版，第 254 页。
② 王阳明：《别录五》，《王阳明全集》卷十三，第 383 页。
③ 王阳明：《与陆原静》二，《王阳明全集》卷五，第 159 页。

理没得到应有的结果。二、自作主张去八寨和断藤峡平叛，不受朝廷指挥。三、未经朝廷允许，擅自离开两广巡抚岗位。四、自创心学，不把朱熹放在眼里。门下弟子众多，又成帮派之势，定是图谋不轨。特别是"守仁事不师古，言不称师，欲立异以为高，则非朱熹格物致知之论，知众论之不予，则为朱熹晚年定论之书，号召门徒，互相唱和，才美者乐其任意，庸鄙者借其虚声，传习转化，悖谬弥甚。但讨捕鲎贼、擒获叛藩，功有足录，宜免追，夺伯爵，以彰大信，禁邪说以正人心"①。于是，嘉靖皇帝下诏停止王阳明爵位世袭，不封谥号，并把心学定为伪学，禁止传播。

同时，支持阳明之学的声音也一直未断。1531年（嘉靖十年），礼部尚书方献夫与40多名官员一起，公然讲授阳明心学，这是对皇帝的第一次挑战。1534年（嘉靖十三年），邹守益和欧阳德以国子监的身份讲授阳明心学。1548年（嘉靖二十七年），大学士徐阶在灵济宫与上千名学子公然讨论心学。

3. 王阳明的褒贬变化

1566年，嘉靖皇帝的儿子隆庆皇帝即位，1567年（隆庆元年），王阳明再传弟子徐阶任首辅、御史耿定向等人请以王阳明从祀孔庙。没有成功，只是为王阳明争回了在嘉靖时被剥夺的封爵。这一年，明穆宗诏赠"新建侯"，谥"文成"，颁铁券，券文曰："两肩正气，一代伟人，具拨乱反正之才，展救世安民之略，功高不赏，朕甚悯焉！因念勋贤，重申盟誓。"

1573年，明神宗万历皇帝朱翊钧即位后，都御史徐栻、给事中赵参鲁等人上疏建议王阳明应从祀孔庙，但仍遭到众多反对。南京福建道御史石槚上疏说："王守仁谓之才智之士则可，谓之道德之儒则未也。"石槚不承认王学的创造性，认为"致良知非守仁独得之蕴，乃先圣先贤之余论，守仁不过诡异其说，玄远其辞，以惑人耳"，并指责"朱子注疏经书、衍明圣道，守仁辄妄加诋辱，实名教罪人"。当时主议此事的礼部尚书陆树声也阻止王阳明从祀。此时张居正当国，他不喜讲

---

① 《王守仁传》，列传第八十三，《明史》卷一百九十五，中华书局2000年版。

学,尤为憎恨王学流裔,甚至命令捕杀王学门人何心隐。张居正强调士人当以宋儒传注为宗,行文以典实纯正为尚,反对"剽窃异端邪说炫奇立异者",评大夫讲学且形成宗派,禁止"别创书院,群聚徒党及招他方游食无行之徒,空谭废业"。由于张居正裁抑王学及传播王学的讲学者,"言路逢其意,攻守仁者继起",万历初年王阳明从祀之事遂告中辍。

朱翊钧亲政后,逐渐认识到王阳明之学乃是从另一角度来维护封建的纲常名教的。1584年(万历十二年)十一月,御史詹事讲上言称颂王阳明,认为王学"与宋诸大儒之论同归一致"[①],他称颂薛瑄、王阳明、陈献章三人为肩挑儒家道统的优秀人物,都应该从祀孔庙。

朱翊钧将詹事讲的奏疏发下部议。但部议的复奏仍然只主张以笃守程朱之学的胡居仁从祀。朱翊钧想以典礼敷饰新的政治局面,不肯就此而止。此时,压制讲学的张居正已死,刚被追究,为王学鸣不平者比比皆是。在詹事讲上疏之后,南京给事中钟宇淳、给事中叶遵等亦上疏力主王阳明从祀。朱翊钧乃令廷议从祀之疏。廷议中,许多重要官员都赞成王阳明从祀。国子监祭酒张位等人认为王阳明、陈献章、胡居仁三人并当从祀。礼部尚书沈鲤阻止王阳明从祀。

朱翊钧亲自出面调和程朱之学与王学,承认王学亦能羽翼圣道,等于承认王学是挽救朱明王朝的新药方,说:"王守仁学术原与朱熹互相发明,何尝因此废彼。"[②]有了这个引导性的指示,在张居正殁后的内阁首辅申时行上疏力主王阳明"诚宜从祀",申时行的论证有力,先排除了王阳明是伪学、霸术;再说宋儒主敬主仁也都是立门户,王阳明的致知出于《大学》,良知出于《孟子》,不能单责备王阳明立门户;第三,阳明心学不是禅,禅外伦理、遗世务,而就王阳明的气节、文章、功业,无论从哪一点讲,都不能把王阳明说成禅;第四,怕崇王则废朱的观点不对。朱熹当年不因陆九渊而废,今天会因王阳明而废吗?最后,他讲了崇王阳明的必要性:"大抵近世儒臣,褒衣博带以为容,而究其日用,往往病于拘曲而无所建树;

---

①②《明神宗实录》,载《明实录(附校勘记)》,上海书店出版社1984年版。

博览洽闻以为学,而究其实得,往往狃于见闻而无所体验。习俗之沉痼,久矣。"[1]让王阳明入祀孔庙,可让世人明白儒学之有用、之有得,至少可显示大明王朝文运之昌盛。

朱翊钧批准了申时行的奏疏,下诏王阳明从祀孔庙。阳明之学自正德初年创立以来,经过王阳明及其门人 80 年的传播和努力,终于获得朝廷认可。

---

[1] [明]申时行:《赐闲堂集》,古吴轩出版社、苏州大学出版社2024年版。

第9讲
王阳明心学的思想体系

关于怎么概括王阳明心学的思想体系，当时就有不同的观点。黄绾认为王阳明心学有三个要点：一是亲民，二是知行合一，三是致良知。黄宗羲则认为王阳明心学的大旨不出心即理、知行合一、致良知。刘宗周认为王阳明教人虽累千百言，而最吃紧处在去人欲、存天理、知行合一、致良知。而本书的观点如下：

一、"做人成圣"是阳明心学的目标指向

1. "人"在阳明心学中的中心地位

心学的起源，可追溯至2500多年前的先秦典籍《尚书·大禹谟》，其中"人心惟危，道心惟微，惟精惟一，允执厥中"之语，宛如一颗思想的种子，悄然播下。

300多年后，孟子阐述道："尽其心者，知其性也。知其性，则知天矣。存其心，养其性，所以事天也。殀寿不贰，修身以俟之，所以立命也。"[①] 孟子在此提出了尽心、知性、知天、存心、养性、事天、修身、立命等八个重要概念。孟子主张，尽心则可知性、知天，存心、养性则可事天，无论寿命长短，皆不应三心二意，只需修养自身，等待天命，此乃安身立命之道。

在孟子的思想体系中，心、性、天、命四者不仅彼此相通，且异名同指。就

---

① 《孟子·尽心篇上》，杨伯峻译注：《孟子译注》，中华书局2019年版。

人类自身而言，谓之心，即道心也；就生命本质而言，谓之性，即本性也；就宇宙范畴而言，谓之天，即道体也；就运行变化而言，谓之命，即道体之流行，谓之天命。孟子构建的这一概念体系，体现出他对人心、人性、天命等哲学命题的深入思考与独特见解，为后世心学的发展埋下了思想伏笔。

荀子虽反对孟子的性善说，主张性恶说，但在心的问题上却与孟子有所契合。荀子提出："人何以知道？曰：心。心何以知？曰：虚一而静。"[①]这一观点同样聚焦心在认知中的关键作用，与孟子对心的重视形成呼应，从另一角度展现出先秦诸子对心之功能与意义的多元探讨，共同为后世心学的发展提供了思想资源。而在《庄子·齐物论》中，亦有"随其成心而师之，谁独且无师乎？"以及"至人之用心若镜，不将不逆，应而不藏"等论述，从道家视角阐释了心的状态与运用。这些论述进一步丰富了先秦时期关于心的哲学思考。

后来，北宋周敦颐、程颢等人继承并发展了先秦思想，正式开启了心学的端绪。自此，心学思想逐步发展演进，在历史长河中绵延传承。

北宋理学提出心、性、命、道、理等概念，至于它们的关系，程颐说："理也、性也、命也，三者未尝有异。"又说："在天为命，在义为理，在人为性，主于身为心，其实一也。"[②]朱熹在《孟子集注》里引用了程颐的上述说法，还引用了张载的说法："心也，性也，天也，一理也。自理而言谓之天，自禀受而言谓之性，自存诸人而言谓之心。""由太虚，有天之名；由气化，有道之名；合虚与气，有性之名；合性与知觉，有心之名。"[③]用"道""理"来统摄"性""命"。朱熹还在按语中说："尽心知性而知天，所以造其理也。存心养性以事天，所以履其事也。"

南宋陆九渊启其门径，强调"人""心"，创立心学，与朱熹理学分庭抗礼。心学成为儒学的一个学派。到了明朝，王阳明集其大成，并第一次提出"心学"概念。王阳明说："经，常道也。其在于天谓之命，其赋于人谓之性，其主于身谓之心。

---

①《荀子·解蔽》，方勇译注，中华书局2015年版。
②《河南程氏遗书》卷十九，《二程集》，中华书局2004版。
③朱熹：《孟子集注》，中华书局1983年版。

心也，性也，命也，一也。"① 王阳明把"道"贯通"心""性""命"，认为这三者是"一也"。

1521年（正德十六年）七月，王阳明为重刻的《陆九渊集》作序，说："圣人之学，心学也。"点明心学就是"人"学，而且是"圣人之学""成圣之学"，心学就是关于一个人要成为圣人和怎样成为圣人的学说。王阳明接着说："尧、舜、禹之相授受曰：'人心惟危，道心惟微，惟精惟一，允执厥中。'此心学之源也。中也者，道心之谓也；道心精一之谓仁，所谓中也。孔孟之学，惟务求仁，盖精一之传也。"② 以"惟务求仁"四个字对儒家"人心惟危，道心惟微，惟精惟一，允执厥中"这"十六字真言"做了精练而准确的总结。王阳明在给他儿子的信中说得更加直截了当："仁，人心也；良知之诚爱恻怛处，便是仁，无诚爱恻怛之心，亦无良知可致矣。"③ 阳明心学的核心理念"良知"就是儒家的"仁"。

至此，心学始有清晰而独立的学术脉络。

北宋张载说"为天地立心，为生民立命"，那么，什么是天地之心呢？人！王阳明说："人者，天地万物之心也；心者，天地万物之主也。"④ "人者，天地之心也。"⑤ 其实，"性""命""心"与"天""道""理"都是"一也"，都是统一于"人"。中国儒学，无论是讲"性""命""心"，还是讲"天""道""理"，其实都是在讲"人"。尽心则可以知性，知性则可以知天。存心养性就是事天，孔子说："不怨天，不尤人，下学而上达。知我者其天乎？"⑥ 这实际就是讲人怎么通过"下学"而"上达"。下学是尽心的过程。学而时习，坚持不懈，就可以尽心。尽心就能知性，天命之谓性，而知性即知天，知天即知天命，上达天道。我若知天，天当知我。《大学》的"明明德""止于至善"，宋儒的"存天理"和王阳明的"致良知"，都是尽心。中国

---

① 王阳明：《稽山书院尊经阁记》，《王阳明全集》卷七，第214页。
② 王阳明：《象山文集序》，《王阳明全集》卷七，第206页。
③ 王阳明：《寄正宪男手墨二卷》，《王阳明全集》卷二十六，第818页。
④ 王阳明：《答季明德》，《王阳明全集》卷六，第181页。
⑤ 王阳明：《亲民堂记》，《王阳明全集》卷七，第212页。
⑥ 《论语·宪问》，张海婴注，中华书局2006年版。

儒家对仁政的强调，对王道的追求，都是尽心的方式、方法、功夫和表现。博学、审问、慎思、明辨、笃行，格致诚正、修齐治平，归根结底，无非修身，无非尽心，都是做人的功夫。

关于人，古今中外，人类进步思想的关键都不在于升官，不在于长寿，不在于发财，而在于做人。英国文化十分注重人，英国的教育主要培养绅士。gentleman 由 gentle 和 man 构成，gentle 是温和的、文雅的，那么，绅士则是优雅的人、有身份的人、有风度的人、有派头的人。

但是，中国文化对人的关注，不在于外表是不是文雅、有没有派头，而更强调对人的道德判断、道德要求与道德实践，看这个人是不是好人，是不是正人，是不是圣人，是不是贤人。哪怕是引车卖浆、樵夫渔民，也可能是圣人。

中国文化的基本问题就是"人"，而不是物，中国文化实际上是"人学"。这实际上就是中华文化的基本点、关键点。儒学、佛学、道教、心学，就讨论两句话：做人要做一个什么样的人？怎样才做这样的人？

做人做一个什么样的人？围绕这一问题的思考是中国文化里最重要、最优秀的东西，也是儒学、心学最重要的东西。孔子讲做君子、不做小人；孟子讲"大人"；陆王心学的开山祖陆九渊也讲做人，做一个顶天立地的人。他认为人生天地间，与天地并为三极。"上是天，下是地，人居其间。须是做得人，方不枉。""天地人之才等耳，人岂可轻？人字又岂可轻？""宇宙之间如此其广，吾立身于其中，须是大做一个人。""我这里纵不识一个字，亦须还我堂堂地做个人。"

1181年（宋淳熙八年），就是鹅湖之会后的六年，朱熹知南康军。重修了白鹿洞书院后，他请陆九渊来讲了一课。这就是著名的白鹿洞之会。陆九渊在白鹿洞书院讲了什么呢？

义利之辩。

什么意思呢？义利之辩是中国文化最重要、最根本的东西，出自《论语》的"君子喻于义，小人喻于利"。义利之辩就是君子和小人之辨。陆九渊讲的就是什么是君子，什么是小人；怎样才能做君子，不做小人。实际上讲的还是围绕做人要做一个什么样的人，怎么才能做这样的人。最后，陆九渊让在座诸位"切己观省"

以"辨志"。

陆九渊的这堂课讲得好，听者感动于心，竟至泪下。

陆九渊讲课后，朱熹走上台，说：刚才陆先生的这堂课很重要，很深刻，"切中学者隐微深固之疾"，切中了时下的要害。我们在座各位"当共守勿忘"，大家都来做君子，做圣人，做正人，不要做小人。

朱熹还请陆九渊将讲稿写成《白鹿洞书堂讲义》，亲自题跋，将此讲义刻于石碑之上，作为学子必读之物。今天刻有那篇完整的《白鹿洞书堂讲义》的石碑还立于白鹿洞书院内的北碑廊。这块碑是一份非常重要的历史文献。

"人"在阳明心学中更是居于中心位置。阳明心学的主要关注点不在外在的事事物物，也不在于人的成就大小，因而它不是人生的成功之学；不是人生进阶的行动指南，因而它不是人生的励志读物；不是人的智谋技巧的锦囊汇总，因而它不是人生的智慧宝典。阳明心学始终关注人和人心本身，关注人的道德修养，关注怎样去私、修心，怎样明明德，致良知，成圣人。《王阳明全集》里反复出现"**圣人之心**""**圣人之德**""**圣人之志**"这些概念，王阳明把他传播的"学"称为"**圣人之学**"，把他传承的"道"称为"**圣人之道**"。可见"人""圣人"在阳明心学的中心地位。

2. "人人皆可成圣"的成圣观

汉代董仲舒把人分成三个等级："圣人之性"是天才，"中民之性"尚可以教育，"斗筲之性"则只是为水米而奔忙的糊涂虫。宋代程朱理学家把人性分为"天命之性"和"气质之性"，不同的人有不同的气质，普通人的人性不是自足的，而是有天生缺陷的。

朱熹认为：圣人是道德崇高、知识渊博这两个方面的完人。因此，要想成为圣人，就要有道德境界，还要具备自然、历史、政治、制度、典章、名物等方方面面的广博知识，所以，格物致知，居敬穷理，才是成圣的唯一路径。

王阳明认为朱熹的这个圣人标准不对：一、它在圣人与普通人之间划出一道鸿沟，等于宣布只有学者才有资格成圣。二、会误导人们以为圣人是无所不知、无所不能的，但即便是学者也不可能格尽天下之物。标准这么严，门槛这么高，那就不会有圣人了。就像汉代董仲舒所说：夏、商、西周"三代以下无圣人"，连孔子、孟子、老子等人也统统不够格。三、把知识作为成圣的重要条件，就会助长"从册子上钻研，名物上考索，形迹上比拟"的学风，忽略道德修养。

王阳明认为只要心存良知，一念向善，虽凡夫俗子，皆可为圣贤。他谪居龙场时，成天和那些不懂汉语，更不知尧舜为何人的夷人相处，不禁自问：这些人有没有成圣的资格和可能呢？《孟子》提出"人人皆可为尧舜"，《荀子》也认为有化凡入圣的可能性。但理是无法穷尽的，如果必先求明理、穷理，才能修德成圣，那么，能成圣的人就一定是少数人，"人人皆可成圣"即成废话。

这一切都引发了王阳明对"什么是圣人"的思考。他认为圣人不是指"生而有知"的超人，"圣人亦是'学知'，众人亦是'生知'"。圣人和凡人一样，并没有全知全能的天赋，也是学而知之的。孔子入太庙，也得向人询问大礼的细节，圣人也是通过学习才了解道理的，同样，"这良知人人皆有"，凡人也天生就具备理解道理的能力。圣人和凡人的区别在于，"圣人只是保全，无些障蔽"，凡人"只是障蔽多"。[①] 圣人也不是没有过失，只是有了过失而能改、勤求去私而已。总之，凡人与尧舜、与圣人的距离并不远。

《传习录》记载了王阳明与王艮（1483—1541）、董沄（1457—1533，号萝石）两个学生的对话，既体现了儒家自孔子以来因材施教、有的放矢的教育传统，也从多角度反映了王阳明的人人皆可成圣的观点。

王阳明多次说这一观点。王艮不信，他认为圣人是遥不可及的。有一天，王艮在南昌城里转了一圈归来，王阳明问他："你都见到了什么？"（"游何见？"）

王艮怪模怪样地说："我看到满街都是圣人。"这是在讥讽王阳明，意思是：那满大街都是一些凡夫俗子，他们怎么可能是圣人呢？

王阳明早听出了王艮的话外之音，就借力打力："你看满街都是圣人，满街的

[①] 王阳明：《传习录下》，《王阳明全集》卷三，第83页。

人倒看你也是圣人。"

王艮尴尬地嘿嘿一笑:"都是圣人。"

王阳明点头说:"对!人人都是圣人,谁也不比谁差。"

董沄也出游回来,同样兴奋地对王阳明说:"今天大白天看见一件不寻常的事。"王阳明问:"什么不寻常?"董沄答:"满大街的人都是圣人。"王阳明则说:"此亦常事耳。何足为异?"是呀,人人皆是圣人,这没什么好奇怪的,平常事罢了。①

董沄与王艮不同,王艮棱角锐利,有反抗甚至挑衅的意味,董沄迷迷糊糊地似有所悟,却把见到满街圣人当作一件稀奇的事,两人都没理解王阳明人皆可成圣的思想,所以王阳明对他俩问的相同问题给了不同的回答,都是反着他们的话教导他们。在王阳明看来,满大街都是圣人不是什么怪事,因为每个人都有一颗善良的本心,都有成为圣人的潜质,这与孟子"性善论"的思想一脉相承。

王阳明认为,圣人不圣人,不在于人的等级高低和知识量的多少,而在于自己的道德追求。钱德洪说:"如今要分辨一个人的人品高下,最为容易。"王阳明问:"何以见得?"钱德洪回答:"先生您就如泰山在眼前,如果有人不知敬仰,那就是有眼无珠之人。"王阳明说:"泰山没有平地广阔,既处平地,又何须仰观泰山呢?"王阳明用泰山与平地的关系,点明圣人并非高高在上,受人膜拜的对象,而是与凡人无异。王阳明以此一言,便一语切中长期以来人们向外追求,喜好高妙的弊病。弟子们听王阳明这么一说,心头都为之一震("在座者莫不悚惧"②)。

王阳明说:"圣人气象自是圣人的,我从何处识认?若不就自己良知上真切体认,如以无星之称而权轻重,未开之镜而照妍媸,真所谓以小人之腹而度君子之心矣。圣人气象何由认得?自己良知原与圣人一般,若体认得自己良知明白,即圣人气象不在圣人而在我矣。"③所以,他要求门人不要装模作样,端着圣人的样子。

天气炎热,王汝中、黄省曾等弟子听王阳明讲课。王阳明一边扇着扇子,一

---

①② 王阳明:《传习录下》,《王阳明全集》卷三,第102页。

③ 王阳明:《答周道通书》,《王阳明全集》卷二,第51页。

边嘱咐学生们也用扇子。省曾同学站起来恭敬地说道:"不敢。"他认为圣人应该是正襟危坐的。王阳明说道:"圣人之学,不是这等捆缚苦楚的,不是妆(装)做道学的模样。"①王阳明认为圣人气象在内而不在外。

1526年,钱德洪与黄正之、张叔谦、王汝中参加科举会试归来,向王阳明描绘在归途中讲学的情形,说听众有的信,有的不信,还有不少人中途退场。王阳明说:"你们讲学时,摆出一副圣人的样子,听众一看圣人来了,都害怕得走了。这样讲怎么行得通?要先把自己的姿态放低为愚夫愚妇,才能给别人讲学。"("你们拿一个圣人去与人讲学,人见圣人来,都怕走了,如何讲得行!须做得个愚夫愚妇,方可与人讲学。"②)

王阳明认为,每个人都要坚定成圣的自信。他有《咏良知四首示诸生》③,说:"个个人心有仲尼,自将闻见苦遮迷。""人人自有定盘针,万化根源总在心。却笑从前颠倒见,枝枝叶叶外头寻。""无声无臭独知时,此是乾坤万有基。抛却自家无尽藏,沿门持钵效贫儿。"每个人都有善心,都有良知,本自具足,不假外求。良知是无声无臭而慧心独知的,故成圣之要在于向内用心致良知,不能抛却自家良知这一无尽的宝藏,却手持一个钵子到外头去沿门寻找。他鼓励人们针对自己的情况,在真实切己处唤醒自己良知的自觉,在"致良知"的修养中树立成圣的自信。

在江西赣州,王阳明对陈九川、于中、邹守益等弟子讲课:"人人心中都有个圣人,人人皆可以为圣人。只是自己不信,又不肯努力,就埋没了这位圣人。"("人胸中各有个圣人,只自信不及,都自埋倒了。")

弟子们听在耳里,心中半信半疑,就只在嘴里胡乱应付:"哦,是。"("弟子们唯唯。")

于是,王阳明指着于中,说:"你胸中就有一个圣人。"

---

① 王阳明:《传习录下》,《王阳明全集》卷三,第91页。
② 王阳明:《传习录下》,《王阳明全集》卷三,第102页。
③ 王阳明:《外集二》,《王阳明全集》卷二十,第652页。

于中吓了一跳,"谁?我?"他连忙站了起来,躬身说道:"不敢,不敢。"

王阳明叫他坐下,笑着说:"这个圣人是你自己就有的,干吗要推?"

于中说:"不敢。"

王阳明说:"人人胸中都有这圣人,怎么你就说不敢呢?天下什么事都可谦虚,唯有这事谦虚不得。"

于中尴尬地一笑:"既然这样,那在下只有笑纳了。"①

一个人是不是圣人,不在于他的外表、举止或"气象"。王阳明一会儿说人人皆能成圣,一会儿又说有圣人、愚人之分,这怎么解释呢?

1525年(嘉靖四年),王阳明给学生魏师孟写扇面,语重心长地说:人皆有良知,"心之良知是谓圣。圣人之学,惟是致此良知而已。自然而致之者,圣人也;勉然而致之者,贤人也;自蔽自昧而不肯致之者,愚不肖者也。愚不肖者,虽其蔽昧之极,良知又未尝不存也。苟能致之,即与圣人无异矣"②。王阳明的话有三层含义:一、心中的良知就是圣,圣人、愚人都同样具备良知,故人人皆可为圣人。二、"圣人""贤人""愚不肖者"的不同,体现在"致良知"上的不同。三、如果能致良知,人人都可为尧舜。

王阳明认为,自己的良知说发现了圣人的真正不凡之处。"良知良能,愚夫愚妇与圣人同。"③圣人与普通人同心同性,他们的区别,不在于圣人有"良知",普通人没有;而在于圣人完全地"得到"了自己的良知,而普通人甚至坏人的本心、良知被私欲、习性遮蔽了,一旦除去这些遮蔽,重现良知,那就是圣人了。圣人和凡人只有一步之遥,就看能否"致"自己内心的良知。若能"致良知",则一字不识的愚夫愚妇,也同样做得圣人。所以,王阳明"人人皆可成圣"的观点,就向所有人敞开了成圣的大门。

---

① 王阳明:《传习录下》,《王阳明全集》卷三,第81页。
② 王阳明:《书魏师孟卷》,《王阳明全集》卷八,第236页。
③ 王阳明:《答顾东桥书》,《王阳明全集》卷二,第43页。

3. 圣人与凡人有什么不同？

既然人人都是圣人，人人皆可成圣，那么，成了圣的人和没成圣的人有什么区别呢？即圣人与凡人有什么不同呢？或者问：一个凡人怎么才可以成为圣人呢？

其实，"人人皆可成圣"是程颐、朱熹等理学家公认的，只不过各派认为成圣的途径有所不同。

朱熹修订《礼记》中的《大学》古本时，用力极深，临终的前一天还在修改[①]，他既根据程颐的修订本调整古本的文本顺序，校正了错简的地方；又以程颐对"格物"的理解为基础，补写了《格物致知传》，说："所谓致知在格物者，言欲致吾之知，在即物而穷其理也。盖人心之灵莫不有知，而天下之物莫不有理，惟于理有未穷，故其知有不尽也。是以《大学》始教，必使学者即凡天下之物，莫不因其已知之理而益穷之，以求致乎其极。至于用力之久，而一旦豁然贯通焉，则众物之表里精粗无不到，而吾心之全体大用无不明矣。此谓物格，此谓知之至也。"[②] 与程颐一样，朱熹也把"格"解释为"至"：一是"即物"，二是"穷理"，三是"至极"。[③]朱熹认为，述"穷理"之意，以"人心之灵,莫不有知"为其起点，以"天下之物,莫不有理"为对象。穷理之极，"用力之久"，就会"一旦豁然贯通"。

而陆九渊与王阳明则认为成圣之要，就在人心，而且，人心也不是纯净之体，必须常"修"。人要悟道，要成圣，必须从"心"开始，不任其放纵，四处去穷万理。要通过心上炼、事上炼，逐渐立心立诚，完成自己的人格。

魏良贵（字师孟）的几个哥哥都拜王阳明为师，可魏良贵不认可"人人皆可成圣"的观点。1525年，他请教王阳明：您说人人都可以成为尧舜那样的人，尧舜是如此伟大，凡夫俗子怎么可能成为这样的圣人呢？

王阳明认为成圣的"圣"就是心中的良知。"**圣人之学，惟是致此良知而已。**"只要你不断地致良知，那就是圣人。自然而然致良知的，是圣人；勉强自己而致良知的，是贤人；良知被遮蔽了又不肯去致良知的，那就是愚人。虽然愚人的良

[①][③] 杨立华：《中国哲学十五讲》，北京大学出版社2019年版，第268页。
[②] 朱熹：《四书章句集注》，上海古籍出版社2006年版，第6—7页。

知被遮蔽了，但他的良知还在。如果能去致良知，那和圣贤就没有区别。因为每个人的良知是一样的，只要肯"致"，那就人人皆可以成圣。①

王阳明借用佛教的"镜喻"，说："若常人之心，如斑垢驳杂之镜，须痛加刮磨一番，尽去其驳蚀，然后纤尘即见，才拂便去，亦自不消费力。到此已是识得仁体矣。"②

1512年，黄绾辞别京城，归隐天台山，王阳明写《别黄宗贤归天台序》③说：心像水，有了污染就流浊；心像镜，蒙了尘埃就不明了。"其心本无昧也"，一旦有了私欲这个"蔽"，有习染这个"害"，心放逐于外，追名逐利，人的良知就会被遮蔽。所以，"君子之学以明其心"，就是为了要去蔽，王阳明的致良知的实践核心就是，平时因为事务纷杂，结果找不到自己。这时要通过学习，"识破缠蔽"，除去遮蔽，收心守志，把自己的本心打捞回来，让人心重新"敞开""豁然"，从而进入澄明之境。

蔡宗兖（字希渊）和老师王阳明之间曾经有过一次关于圣人等级问题的对话。

蔡希渊问："孟子把孔子、伯夷、伊尹都称为圣人，但伯夷、伊尹的才力都低于孔子，怎么可以同孔子一样被称为圣人呢？"蔡希渊提出了一个"圣人是不是也有等级？"的尖锐问题。

王阳明回答说：圣人所以为圣，只是因为心中没有夹杂任何私欲。纯金之所以为纯金，只是因其成色足而没有铜铅等杂质。"人到纯乎天理方是圣，金到足色方是精。"然而，就像纯金有轻重分量之别，但金子的足色是相同的，故都称为纯金。圣人之才力也有大小的不同。就好比尧、舜是万镒之金，文王、孔子是九千镒之金，禹、汤、武王有七八千镒，伯夷、伊尹有四五千镒，他们的才力虽然不同，至善的良知却是相同的，所以都是圣人。

说到这里，王阳明话锋一转，讲到一般人成圣的问题。他说：因此，即使是

---

① 王阳明：《书魏师孟卷》，《王阳明全集》卷八，第236页。
② 王阳明：《答黄宗贤应原忠》，《王阳明全集》卷四，第126页。
③ 王阳明：《别黄宗贤归天台序》，《王阳明全集》卷七，第197页。

平常之人，只要肯下功夫学，使自己的心地纯洁起来，就同样可以成为圣人。好像是一两之金和万镒之金，虽然轻重分量相差很远，但就成色而言，则是一样的。所以孟子说"人皆可以为尧舜"，正是这个道理。

当时，王阳明的高足兼妹夫徐爱在旁边说道："先生这个比喻，足以破除俗儒们支离破碎的观点给人造成的迷惑，对年轻的学者大有裨益。"①

4. 王阳明的成圣观，具有什么意义？

王阳明的人人皆可成圣的思想，是一种平民哲学。他从根本上相信平民百姓同样具有良知，因此有成圣的可能。这样，他就把平民百姓和圣人摆到同等地位，把成圣的权利与可能还给了平民百姓，成圣不再是贵族精英的特殊权利。这是一次重大革新。

以前的思想家往往把人分成不同等级，孔子就把人分为"生而知之"和"学而知之""唯上知与下愚不移"，上等智慧的人和下等愚蠢的人是不可改变的。王阳明解释说：不是不能移，而是不肯移。当然，王阳明并没有否定等级论，他只是说人人皆可成圣人，不是说人人现成就是圣人，而是说你只要在实践中苦炼，致良知，就可以成圣。

孔子之前，士是指官员；孔子之后，士扩大为读书人或知识分子。《论语》中曾子说"士不可以不弘毅，任重而道远"，意思是："弘毅"是天下读书人的责任。但在王阳明这里："吾心之良知，即所谓'天理'也。"（陆澄）曰：'何者为天理？'（王阳明）曰：'去得人欲，便识天理。'"从此，"弘毅"就不再仅仅是读过书的知识分子的事了，而是所有的有志之士的责任了，哪怕他目不识丁，哪怕他根本不是官，他也可以担当起这个责任。②这就把儒家的道德责任的主体范围扩大了。王阳明经常使用"愚夫愚妇"这四个字，他说："与愚夫愚妇同的，是谓同德。与愚夫愚

---

① 王阳明：《传习录上》，《王阳明全集》卷一，第24—25页。
② 周志文：《阳明学十讲》，中华书局2022年版，第119页。

妇异的，是谓异端。"① 后来顾炎武说"天下兴亡，匹夫有责"，就是说所有人都要担负起天下兴亡的责任。其实，这种巨大的观念转变，从王阳明这里，就已经开始了。

王阳明在解读《中庸》里"惟天下至圣，为能聪明睿知"这句话时，说："旧看何等玄妙，今看来原是人人自有的。耳原是聪，目原是明，心思原是睿知。圣人只是一能之尔。能处正是良知，众人不能，只是个不致知，何等明白简易！"② 以前读《中庸》这句话，只觉得圣人高远玄妙。现在看来，原来这聪明睿智是人人都有的。你看，耳原本就聪，目原本就明，心思原本就睿知。这"聪明睿知"是人人都有的呀，圣人只是多了一个"能"罢了。"能"处就是良知，众人不"能"，只是因为不去致良知。所以，圣人与凡人的区别就在于"致"良知。这是多么明白简易的事呀。我们要告诉读者的是：中国的圣人是一个什么样的人——人人皆圣人，哪怕是一个普通的人，那也是可以成为圣人的。

圣人也可能有过失，会犯错，只不过他们勤于反省，不断去私而已。"故不贵于无过，而贵于能改过。"③ "本心之明，皎如白日，无有有过而不自知者，但患不能改耳。一念改过，当时即得本心。人孰无过？改之为贵。"④ 王阳明对薛侃说："悔悟是去病之药。然以改之为贵。若留滞于中，则又因药发病。"⑤ 在王阳明看来，人不应使任何意念情绪留滞于心，留滞就是有累，就无法保持自由活泼的心境。他对黄直也说："文字思索亦无害。但作了常记在怀，则为文所累，心中有一物矣，此则未可也。"⑥

经王阳明点化，王艮的学业有了很大进步，创立了传承阳明心学的泰州学派。泰州学派的主旨和王艮思想的闪光点就是"百姓日用是道"。古代儒家虽然提出

---

① 王阳明：《传习录下》，《王阳明全集》卷三，第93页。
② 王阳明：《传习录下》，《王阳明全集》卷三，第96页。
③ 王阳明：《教条示龙场诸生》，《王阳明全集》卷二十六，第805页。
④ 王阳明：《寄诸弟》，《王阳明全集》卷四，第147页。
⑤ 王阳明：《传习录上》，《王阳明全集》卷一，第27页。
⑥ 王阳明：《传习录下》，《王阳明全集》卷三，第86页。

过"百姓日用"一词，如《易·系辞》："一阴一阳之谓道……仁者见之谓之仁，智者见之谓之智，百姓日用而不知，故君子之道鲜矣。"就是说：道，只有君子、圣人甚至神，才可以认识、掌握、运用，而百姓大众是不知"道"、不知"用"的。当时的主流社会也把圣人看得高不可攀。而王艮却认为"百姓日用即道"，"愚夫愚妇"都"能知能行"。他把"百姓"和"圣人"放在等同的地位，"满街都是圣人"，"人人君子"，"尧舜与途人一，圣人与凡人一"，"圣人不曾高，众人不曾低"，"庶人非下，侯王非高"，凡人低也低不到哪里去，圣人高也高不到哪里去。还将儒学理论简易化、平民化，认为"圣人经世只是家常事"，"愚夫愚妇，与知能行便是道"。他还说："百姓日用条理处，即是圣人之条理处。""圣人之道，无异于百姓日用，凡有异者，皆谓之异端。"这样，"百姓日用"就成了检验是道还是异端的标准。总之，王艮的这些思想蕴含着对道德、人格的重新理解，也蕴含着对特权人格的否弃和对民众人格诉求的尊重，具有鲜明的人民性和进步性。

王艮不信"生而知之"，强调后天学习的重要性。这是他自学成才的切身体会。他不是经院出身，一生著述甚少，着重口传心授，使愚夫愚妇明白易懂，这成了泰州学派的特色之一。王艮的弟子至五传共有487人，虽然有不少著名学者，却多半是农夫、盐丁、樵夫、陶匠等平民百姓。有个故事能说明王艮的这一学术风格。有个平民叫朱逸，天天靠打柴卖钱换些麦米为生。有一天经过王艮家门前，他吟道："离山十里，薪在家里；离山一里，薪在山里。"王艮听后，对弟子们说："你们都听听，百姓的话很有道理。道就怕人不去求，求则得之；不求，就算近在咫尺，也非自己所有。"朱逸贴着墙根听到了王艮的讲话，觉得有道理。于是，凡去山上打柴，都会到王艮门前偷听讲课，饿了就吃随身带的干粮，然后去打柴；累了，就坐在柴上休息，仰天浩歌。这事渐渐传开了，有个有钱的本家，拿出数十金给他，说："你劳作这么辛苦，却这么喜好听王先生讲学。把这些钱拿去打点生计，既可免辛苦，也可安心听讲了。"朱逸拿钱在手，想了一想，忽然大哭说："您老这不是爱我，这是要断送我的一生啊。我天天眼里都是钱，心里想弄钱的念头就会奔腾不息了。"这个例子，展现了王艮讲学贴近平民的一面。

二、"心即理"是阳明心学的哲学基础

1. 什么"心"？什么是"理"？什么是"心即理"？

中国哲学对"心"早有论述。"心"，除指人身的主要器官外，也泛指人的"知觉心"，而儒家讲的心主要指分辨是非的能力，即《孟子》所说的"人之所不学而能……所不虑而知者……"，即"道德心"。

王阳明心学的"心"，同样不是专指生物学上的心脏。"所谓汝心，亦不专是那一团血肉。"[①] 如果心专指那团血肉，那么有个人死去了，那团血肉仍在，却不能视、听、言、动了。"心"是那能使你视、听、言、动的"性"，有了这个"性"，才有了这"性"的生生不息之理，也就是仁。王阳明说，凡有血气者莫不有良知。倒过来，凡没良心、无良知者皆无血气了。

王阳明的"心"是指道德之心。他认为，心是众善之源，也是知觉与道德之根，就是说，心可以治不善，具有使人成圣的能力。王阳明将心比作太阳、月亮，日光、月光受遮时就会变暗，同样，人心受私心所障也会失亮。"日之体本无不明也，故谓之大明。有时而不明者，入于地则不明矣。心之德本无不明也，故谓之明德。有时而不明者，蔽于私也。去其私，无不明矣。"[②] 所以要"发明本心"，即《大学》的"明明德"。

如果把"理"理解为万事万物对于人的"意义"，那么这个意义是人自身赋予的，"心即理"是对的；如果把"理"定位于支配自然和社会发展的客观规律或原则，那么这个"理"就不可能在人的"心"中，而只能是事物本身的理在人心中的反映。

王阳明的"心"即本心、天心、道心，即良知；"理"即吾心应事接物之理，为天理、道理。"心即理"是指心离不开理，理融合于心，心理合一，不可分离。"心即理"就是说，宇宙万事万物的本原就是做人的道德准则和事物的内在规律。王阳明的意思是：心在我们体内，遇到事时，我们的心动了，它就成了理。如果

[①] 王阳明：《传习录上》，《王阳明全集》卷一，第32页。
[②] 王阳明：《五经臆说十三条》，《王阳明全集》卷三十六，第809页。

有一颗忠诚君主的心，就必然产生如何忠诚君主的道理。这道理无须去外面寻求，它就是吾心。[1]

有学生问："程颐先生说'在物为理'。先生您如何谓心即理？"

王阳明回答："在物为理，在字上当添一心字，此心在物则为理。如此心在事父则为孝，在事君则为忠之类。"[2] 徐爱有所怀疑，他根据朱熹的观点，认为"先生讲只求于本心便可达到至善境界，恐怕天下事理还是不能穷尽。"

王阳明认为"至善"与心之"本体"是一致的，于是回答："心即理也，天下哪有心外之事、心外之理？"

徐爱说："对长辈孝顺，对朋友讲信义，对百姓仁慈，不都是心外之理吗？"

王阳明说："这都是存在于心中的天理，用在老人身上便是孝，用在朋友和百姓身上便是仁。"

徐爱听后点头，表示很有道理。

2."心即理"由陆九渊提出，却由王阳明发扬

王阳明"心即理"的命题并不是他的独创，而是他对儒家学说的继承创新。其来源之一是先秦孟子的"性善论"。孟子说："人性之善也，犹水之就下也。人无有不善，水无有不下。""人之可使为不善，其性亦犹是也。"[3] 王阳明承接了"性善论"，所以亦有"性无不善，故知无不良"[4] 等理论。来源之二是唐代大照和尚李慧光的"心是道，心是理，则是心外无理，理外无心"说。来源之三是北宋程颢的"心是理，理是心"。来源之四是南宋陆九渊的"人皆有是心，心皆具是理，心即理也"，"宇宙便是吾心，吾心便是宇宙"等理论。

"心即理"由陆九渊首先提出，陆九渊的"心"（又称"本心"）是指人的主

---

[1] 度阴山：《知行合一王阳明3：王阳明家训》，江苏凤凰文艺出版社2016年版，第163页。
[2] 王阳明：《传习录下》，《王阳明全集》卷三，第106页。
[3] 《孟子·告子章句上》，杨伯峻译注：《孟子译注》，中华书局2019年版。
[4] 王阳明：《传习录上》，《王阳明全集》卷二，第55页。

观意识和认识能力，是指人的道德意识、道德观念。陆九渊的"理"不是指客观世界的规律，而只是道德的原则，陆九渊说："见孺子将入井而有怵惕恻隐之心者，此理也。"[①] "心即理"中的"理"指超乎自然和社会之上，而又为自然和社会必须遵循的抽象原则；陆九渊认为，充塞宇宙的"理"不寓于外物，而在人的心中，"人皆有是心，心皆具是理，心即理也"[②]，何必外求？明"本心"则明"天理"。"万物森然于方寸之间，满心而发，充塞宇宙，无非此理。"[③] 宇宙间万事万物之"理"，和人心之"理"是完全相同的。故王阳明强调"心外无物"："心一而已，以其全体恻怛而言谓之仁，以其得宜而言谓之义，以其条理而言谓之理；不可外心以求仁，不可外心以求义，独可外心以求理乎？外心以求理，此知行之所以二也；求理于吾心，此圣门知行合一之教。"[④] 王阳明连讲"不可外心"，就是要强调"心即理"——理就在你心中，应该向内求。每个人生活的世界具有什么意义，是由你的内心所创造、所赋予的。

王阳明完善了陆九渊提出的"心即理"，他认为："理"原本就在我们心中，是"良知"，"良知"是内在于我们自己的心理，是天性使然，不学而能得。"心"即"良知"，只要我们事事遵从"良知"的指示行动，就能步入圣境。也就是说，我们内心本有的"良知"就是我们要找的"理"。所以，不必也不应向"心"外求"理"，只要在心上下功夫，排除私欲（王阳明称之为"私意"）的干扰，把内心的"良知"推广到所有事情上即可。王阳明认为，做人治学的过程就是一点点地去私意的过程，做到处理任何事情都不带一点私意，纯粹按照良知的指示做，这就是圣贤的境界。成圣成贤的潜能和动力都在于生命之中。因此，人格完善和自我实现便是与生俱来的责任。

所以，这一命题虽然没有否认"心"外还有"理"，也没有直接肯定"心"

---

① 陆九渊：《与曾宅之》，《陆九渊集》卷一，中华书局2020年版，第5页。
② 陆九渊：《与李宰书》，《陆九渊集》卷十一，中华书局2020年版，第170页。
③ 陆九渊：《语录上》，《陆九渊集》卷三十四，中华书局2020年版，第488页。
④ 王阳明：《答顾东桥书》，《王阳明全集》卷二，第37页。

就是世界的本原，但它认为人心之理就是宇宙之理最完满的表现，是物我统一，吾心便是宇宙，宇宙便是吾心。它以主观的思维代替对客观规律的认识，把主观（吾心）和客观（宇宙）的辩证关系，歪曲为完全同一的关系，"天覆地载，春生夏长，秋敛冬肃，俱此理"，抹杀了它们之间的根本差别，最后用主观（心）吞并了客观（理）。这是典型的主观唯心主义的观点，颠倒了客观与主观的关系。这种主观唯心主义的认识论，无限夸大了人的道德意识和道德观念，否定了客观世界和客观规律的独立存在。

不过，陆九渊从"心即理"说出发，认为格物的下手处在体认本心。在主观唯心主义方面，陆九渊的"心即理"还不够彻底，还有把"心"与"理"并列的倾向和把"心"客观化的痕迹。王阳明并不满意陆九渊的解释，说："象山学问思辨，致知格物之语，未免沿袭之累。"[①] 王阳明说："经，常道也。其在于天谓之命，其赋于人谓之性，其主于身谓之心。心也，性也，命也，一也。"[②] 天道、人性和人心，是一个东西在不同方面的体现，本来就是一回事，是统一的。

王阳明发展了陆九渊"心即理"的命题，主张"吾心之良知，即所谓天理也"，认为求"理"不在于"格物"，而在于"致知"，即"致吾心良知之天理于事事物物，则事事物物皆得其理矣"[③]。

那这个同一的、根本性的东西是什么？王阳明说是"良知良能"。王阳明把"心"夸大为万物本源。胤昶《阳明心学的精髓》一文指出：陆王心学是一种新儒家学说，同程朱理学分营对垒。什么是宇宙万物的本原？程朱理学认为是抽象的"理"（儒家的伦理道德准则），故主张"格物穷理"；陆王心学认为是主观的"心"（人的意志和道德观念），故主张"发明本心""致良知"。王阳明吸收和改造孟子"尽心"和陆九渊"心即理"的思想学说，注重内心即人的主观能动性，从而达到理学发展的高峰。

---

① 胡泉：《王阳明先生书疏证序》，《王阳明全集》卷四十一，第1345页。
② 王阳明：《稽山书院尊经阁记》，《王阳明全集》卷七，第214页。
③ 王阳明：《答顾东桥书》，《王阳明全集》卷二，第39页。

在南下论学中，王阳明对徐爱说："以事言谓之史，以道言谓之经。事即道，道即事。《春秋》亦经，《五经》亦史。"① 记事是为了弘道，道不是抽象的存在，而是存在于事情中。王阳明的理事不二，五经皆为史论，史书即明道。

3."心即理"是阳明心学的"立言宗旨"

"心即理"是阳明心学的逻辑起点和哲学基础。王阳明把"心即理"作为自己思想学说的立言宗旨，否定了朱熹分"心"与"理"为二的理论；以"求理于吾心"②作为"致知"途径，否定了朱熹"以吾心而求理于事事物物之中"的观点；又以"心之本体"说扩充了"心"的内涵，发展了陆九渊的"本心"说。这样，便形成更为彻底的主观唯心主义哲学思想。

王阳明认定：吾心便是天理，便是世界的本体，它既是万物产生的根源，又是事物变化的归宿。因此，天地诸事万物，纲常伦理、言谈举止、成败荣辱等，无一不是根于吾心而森然毕具。所以，他反复强调："心外无物，心外无事，心外无理，心外无义，心外无善。"③"夫万事万物之理不外于吾心。"④"诸君要实见此道，须从自己心上体认，不假外求始得。"⑤

在"心"与"理"的关系问题上，程朱理学和陆王心学有很大分歧。程颐认为"须是遍求"事物，方可"达理"⑥；朱熹继承程颐学说，提出了"即物穷理"的主张。

王阳明"心即理"之说，充分肯定了认识主体的能动作用，相信自我的道德力量和自我成圣的潜在能力，反对迷信外在权威，反对用现成规范和书本教条来禁锢人的身心，主张依靠自我的"心之本体"（良知）来主宰和支配一切行为，在道德实践中努力实现人生的自我价值。

---

① 王阳明：《传习录上》，《王阳明全集》卷一，第9页。
② 王阳明：《答顾东桥书》，《王阳明全集》卷二，第37页。
③ 王阳明：《与王纯甫》二，《王阳明全集》卷四，第134页。
④ 王阳明：《答顾东桥书》，《王阳明全集》卷二，第40页。
⑤ 王阳明：《传习录上》，《王阳明全集》卷一，第19页。
⑥ 《河南程氏遗书》卷十九，《二程集》，中华书局2004版。

但王阳明的"心即理"说,把主观意识和客观存在等同起来,天下"无心外之理,无心外之物"[①],否定有独立于心而存在的物质世界,片面夸大了人类认识的能动作用,以至于用主观精神吞并了客观存在。

4. "心即理"是阳明心学对程朱理学的哲学反应

"心即理",是王阳明在南下舟中与徐爱论学时谈及的。

"理",是宋朝哲学的重点所在,程颐与朱熹都以"理"代表人性与物性的内在结构之所以然,"理"也是他们思想体系的最高范畴。

朱熹的"居敬穷理""格物致知"的哲学基础就是"性即理",他的"穷理"是针对"性"而说的。朱熹认为"性即理"。桌子自有桌子的"理",人们按照桌子的"理",可以造出各种各样的桌子。这些外观不同的桌子之所以是桌子,而不是别的器物,是因为它们有共同的特性,遵循共同的桌子之"理"。这桌子之"理",也可称为"桌子之性""桌子之道",这就是"性即理"。这样说来,桌子有桌子的"理",椅子有椅子的"理",那宇宙有没有一个至高无上、可以概括万事万物的"理"呢?朱熹认为有,那就是"太极"。太极是宇宙间的总原理。那些具体的事物既体现着这一总原理,又有自己的特性。我们研究身边的一件件具体事物,归纳出其特性,具体的事物研究得多了,就能总结出万事万物所遵循的总原理,也就是"太极"。研究具体事物,朱熹称之为"格物"(格,朱熹解作"研究",与王阳明不同),明白了某事物的具体原理("性""道"),以至于万事万物的总原理,朱熹就叫作"致知"。在朱熹看来,这些"知"("性""道")是抽象的、永恒的,是外在于人的意识的,是外在于"我"的普遍道德规范,所以人格基础并不是根植于内心的,是被教导成要当圣贤,也只是被动服从于既定的人生观、价值观。做人,就要通过"格物"把这些"知"研究出来,作为我们行动的指南。

有人问:"朱熹先生说,'人要学的东西,不过是心和理罢了。'这话说得怎

---

① 王阳明:《传习录上》,《王阳明全集》卷一,第5页。

样?"("晦庵先生曰,'人之所以学者,心与理而已'。此语如何?")

王阳明批评道:"心就是性,性就是天理。如果在'心'与'理'之间放一个'与'字,就把心和理分作两件事了。这一点是为学之人要善加观察体会的。"("心即性,性即理。下一'与'字,恐未免为二。此在学者善观之。")[①] 王阳明特别强调说:"诸君要识得我立言宗旨。我如今说个心即理是如何,只为世人分心与理为二,故便有许多病痛。""要使知心理是一个,便来心上做工夫,不去袭义于外,便是王道之真。此我立言宗旨。"[②]

理的"外求"与"内求",代表两种修养法。程朱较重理知性,与科学性的"外求",所以被称为"道问学"。陆九渊与王阳明较偏于意志性、道德性、直觉性与内省,所以被称为"尊德性"。王阳明在龙场悟得"求理于事物者误也",因为"理"就在心内,不须外求。王阳明在龙场,留下四项教条:立志、勤学、改过与责善,都是"尊德性"的意思。

朱熹以人性(与物性)为静,穷理含有"观物"之义,即以"动"的心,观"静"的物理,包括经书的蕴意,与人性的原善在内。而陆九渊重视自发自决的"心","存心"即发挥心的"主宰力",充实心中的天理,避免私欲的骚动,也就是发展精神上的自由。朱熹70年的人生中,除短期任地方官之外,在朝只有40天,其余时间只请得祠禄,收入虽少,却能著述与讲学。陆九渊一生,官位虽低,却比朱熹忙碌。至于王阳明,一生以心应物、应事以独善其身。

王阳明反对程颐、朱熹通过"格"外在的事事物物去追求"至理"("致知"),而提倡修炼自己的内心,达到致良知的目的。

王阳明的"心即理"的学说,既是解释人人皆可成圣的出发点,又是他的实践与修养法的基础。

[①] 王阳明:《传习录上》,《王阳明全集》卷一,第13页。
[②] 王阳明:《传习录下》,《王阳明全集》卷三,第106页。

5."心即理"与南山看花

"心即理"的"理",是"物理"的"理",是事理的"理"。那么,怎么得到这个"理"呢?

朱熹认为要格物致知。格一物,得一个知;格另一物,再得一个知。这样继续下去,就得到天下的物理、事理了。朱熹——大儒、理学的集大成者。他说的话有很多人赞同和信奉,但也有不赞成的,比如陆九渊,江西金溪人,也是一位大儒。两人巅峰对决,针尖对麦芒,在江西铅山的鹅湖书院唇枪舌剑地辩论了一场。

后来,到了明朝,王阳明也不赞成朱熹的观点。

王阳明说:理怎么会在事物里面呢?"心即理",事物之理就在人的心里呀,在于人对事物的接触、对事情的践行,得到这个理,取决于心正,取决于知行合一。从这个意义讲,"心外无理""心外无物""心外无事",我还要加上一句,"心外无美"。

有人会说,王阳明这是唯心主义呀。人们对王阳明的"心外无理""心外无物"说法一直迷惑不解,不禁发问:事物的存在还要不要依赖于客观呀?

有一次,王阳明带着弟子们出游。弟子不解,便指着山上的花儿向老师讨教:"老师,您经常说,心外无理,心外无物。您看这花儿在大山里面自开自落,这与我的心有何关系呢?我们的心能控制它吗?难道我们的心让它开,它才开;我们的心让它落,它才落吗?"

王阳明回答:"你没来看此花之前,此花和你的心同归于寂;你看见此花之时,此花的颜色就一时明白起来。由此便知,此花不在你的心外。"("你未看此花时,此花与汝心同归于寂;你来看此花时,则此花颜色一时明白起来,便知此花不在你的心外。"[①])

有人会说,这话很像西方哲学家贝克莱说的"存在就是被感知"。看到花时,花被感觉到了,花就存在;花没被看见时,没被感觉,就不存在。这多么荒谬、多么反动呀,这就是主观唯心主义呀。其实,贝克莱此话是认识论问题,而王阳

[①] 王阳明:《传习录下》,《王阳明全集》卷三,第94页。

明讲的是价值论问题,是讲事物的意义问题,"心"乃是生发意义的源泉。学生说的是一种物理存在,是认识论;王阳明说的是一种价值存在,是价值论。

王阳明要说明的是心、物的感应问题,从友人提的问题来看,重心并不在探讨心外有物还是无物,而是物与心有何关联。花在深山自开自落,是独立于人的意识之外的存在物,当然不以人的心为转移。这是不争的事实。王阳明并没有否定这一点,他也说过:"意未有悬空的,必着事物,故欲诚意则随意所在某事而格之。"① 他的回答是紧扣心、物关系展开的。为什么"你未看此花时,此花与汝心同归于寂"呢?因为心、物不相接时,心是心,物是物,心不知物,物亦不应心,心物阻隔,体用分裂,心虽在而无其用,物虽存而不复其体。也就是说,当花"寂寞开无主"、没被人看见的时候,人与花没发生关系时,它是"寂"的,花对人不存在,人对花也不存在。而一旦被人看到,此花的形态、颜色甚至味道就会"一时明白起来"。为什么"你来看此花时,则此花颜色一时明白起来"呢?因为心、物相接,心感物而体发于用,物应心而用复其体,物得心之用而有其价值意义。这是从正面论述心是物的本体。② 因为人与花有了沟通,建立了情感联系,那么,花对人"在"了,人对花也"在"了,这意义是由"心"来发生、来明白的,是心赋予了花存在的意义。这种意义的发生不是反映论、认识论,而是意义的生成论、实践论。心与物形成了双向互动的结构,自在之物成为审美对象,物(世界)向我(心)敞开,意义向人生成,也就是说,意义不能根据意见预定,只能依据人的活动,特别是道德实践活动生成。③ 王阳明说过:"夫物理不外于吾心,外吾心而求物理,无物理矣;遗物理而求吾心,吾心又何物邪?"④

贝克莱的"存在就是被感知"是由感觉或心派生万物的,而王阳明的"物不在心外""心为物的本体",显然不是说由心派生出万物,贝克莱只需有心就行,

---

① 王阳明:《传习录下》,《王阳明全集》卷三,第80页。
② 张祥浩:《王阳明评传》,南京大学出版社1997年版,第418页。
③ 周月亮:《王阳明传》,长江文艺出版社2016年版,第84页。
④ 王阳明:《答顾东桥书》,《王阳明全集》卷二,第37页。

而王阳明则需心、物两者。总之,王阳明的"心外无物",讲的不是认识论,而是价值论,是认为心为体而物为用。离体无用,故离开心就无事物;离用亦无体,故离事物亦无心。这是王阳明心本体论在心、物关系问题上的具体贯彻。①

王阳明是说:人的眼要去赏花,花也要有人的眼来欣赏。不是没有花,关键是有没有赏花的人。世界上不是没有美,而是有没有发现美的眼睛,最关键的就是人对美的发掘过程,在于人之心对理、对物、对事、对美的认识、体验与践行,这是王阳明阐释"心外无理、心外无物、心外无事"最精彩的篇章。

是呀,主观与客观事物没有相遇之前,人与花两不相涉。花是没有意义的。只有花和人一打照面,花的美丽才能顿时明白起来,人的心也顿时鲜活起来,世界、事物、事情的意义也顿时呈现出来。所以,意义是主观与客观相结合的产物,没有客观的存在,当然无所谓美,没有主观的进入,也同样无所谓美。

王阳明说"心外无理",乍一听,怎么心以外就没有理呢?但仔细一想,还真不是能说一句"荒谬"就了事的。举例来说,在一个没有人的原始森林里,一棵大树倒下,还会不会发出声音?我们会不假思索地说"会呀",但仔细一想:不对呀。什么是声音?就是物体的振动、空气的传播和耳膜的接收这三者的结合。如果没有了人,就少了耳膜接收这一环,那么哪里有声音呢?

再比如,欣赏一幅画花的美术作品,花的美丽,是它们自身就有的呢,还是我们人的主观想象呢?美这个东西,还真不能简单用唯物、唯心来一说了之。或者说,王阳明的学生本来就问得不对,本来就不是一个主观和客观的问题,而是人和事的问题,是知和行的问题,是人对客观事物的实践过程、创作过程,对客观事物赋予意义的过程。

正像王阳明所说,如果没有人去审美(欣赏、拍摄、绘画等),尽管花还是开在那里,可它们却无所谓美不美,人也没有美的体验,没有意义、感悟,于是人与花"同归于寂"。世界的美丽、事物的意义是对人而言的,只有在人的审美

---

① 张祥浩:《王阳明评传》,南京大学出版社1997年版,第420页。

活动中，主观之"行"与客观之"在"一打照面，花之绽放，才会顿时灵动，顿时美丽，顿时"明白"起来。

王阳明的"一时明白"，乃是花的美丽、花的意义、花的情趣在人的眼里，在人的审美过程、实践过程中明白起来。王阳明的"心外无理""心外无物""心外之事"，也就是"心外无美"。

佛家也讲"心外无事"。但王阳明说，这些和尚不负责任，只会逃避，佛家的心外无物是消极的，佛教徒都设想将自己锻造成一个心如死灰、形如槁木的活死人。

记得大学时期学哲学时，我就主观与客观的关系问题有过一段感想：宇宙无边无际，无始无终，但究竟哪里是边界，哪里是尽头呢？这可能是思维吧。思维能到达的地方，才是世界的边际。思维能跑多远，世界就有多大。也就是说，世界大不过思维，思维之外无世界。

如果从唯心、唯物的分类来看，那王阳明当然是唯心主义者。我们研究阳明心学，不要简单而匆忙地贴上一个主观唯心主义标签就完事。阳明心学的哲学基础是唯心的，这是毫无疑问的。但王阳明、朱熹、陆九渊讨论的主要是人的问题，是人的道德实践、行为的问题，是一个人怎样才能内圣外王，成为一个圣人、贤人或君子，而不是讨论认识论的问题，不是讨论客观与主观哪个是第一性的问题。其实，世界的意义、事物的美丽，要以物质的存在为前提，比如这次上山，花没开放，就无所谓美，要有这个物质前提。但是，如果没有人的欣赏，花独自在那里自开自落，与在那里没开没落，是一样的。不是说事物和世界不存在，而是说事物和世界的存在没有意义，也就没有美丽这一概念了。

6. "如何除去你心中的杂草？"

有一天，王阳明和弟子们除草。弟子薛侃累得大汗淋漓，说："为什么天地之间，善难培养，恶难铲除呢？"厉害吧，从杂草难除、劳动辛苦上升到哲学思考。

王阳明道："你没培养善，也就没有铲除恶了。"（"未培未去耳。"）

薛侃不解，心想：我劳累了这么大半天，又是除草，又是浇花，怎么能说没有培养善，没有铲除恶呢？

王阳明看出了薛侃的疑惑，说："你呀，只是从躯壳上看善恶，错误就在所难免。"

薛侃如坠云雾，更不知老师的话是什么意思了。

王阳明解释说："你想赏花，就认为花是善的，草是恶的。如果你要搞个草坪，那又认为草是善的了。这种善恶都是由你心中的想法产生的。"（"天地生意，花草一般，何曾有善恶之分？子欲观花，则以花为善，以草为恶。如欲用草时，复以草为善矣。此等善恶，皆由汝心好恶所生。"）

薛侃吃惊地问："这样一来，不就无善无恶了吗？"

王阳明说道："天下任何事物本来就没有善恶，善恶全是人强加的。"心要观花，花便是善，心要用草，草便是善。善恶不在于物，而在于心。天理就在我心，善恶也全在于心，我心即是天理，"圣人之道，吾性自足"。

王阳明与弟子的这一问答，有点像禅宗公案里的问答：

问答一：

高僧问："你觉得是一粒金子好，还是一堆烂泥好呢？"

求道者答："当然是金子啊！"

高僧笑曰："那么假如你是一颗种子呢？"

问答二：

"黄金是善还是恶？"

一般人都会说："黄金是好东西，当然是善的。"

"黄金在你手上，肯定是善的，可如果它在你的胃里呢？"

问答三：

"粪便是善的还是恶的？"

所有人都会十拿九稳地回答："肯定是恶的。"

高僧笑了："粪便可以让庄稼生长，在老农心中，它是善的。"

因此，在王阳明看来，天下的万事万物本来就没有善恶之分，只是人把自己的想法加在上面而已。这个世界上并没有绝对的好与坏、善与恶。适合你的，就是最好、最善的。无善无恶就是本心最自然的状态，它是心的本体。由于心即理，心外无事、心外无物，心的本体无善无恶，所以天地万物也无善无恶。天地万物无善无恶，我们对待天地万物的态度也应该无善无恶。这就是王阳明的世界观。

正因为王阳明的回答有点儿像禅宗公案，所以引起薛侃的第二轮发问："佛教也说无善无恶呀，这和您的观点有什么不同呢？"（"佛氏亦无善无恶，何以异？"）

王阳明答："佛氏着在无善无恶上，便一切都不管，不可以治天下。"

薛侃曰："草既非恶，即草不宜去矣。"

王阳明说："如此却是佛、老意见。草若有碍，何妨汝去？"你这就是佛教、道教的观点。草在它是恶的时候，就可以除掉它嘛。"草有妨碍，理亦宜去，去之而已。偶未即去，亦不累心。若着了一分意思，即心体便有贻累，便有许多动气处。"

薛侃问："这样说来，善恶全不在物？"

王阳明答："只在汝心。循理便是善，动气便是恶。"①

王阳明用这种寓理于事的方式方法来和学生对话，要比讲解经文的方式活泼生动得多。

这段对话的最关键处，在于最后一句，所谓的善与恶，不在物，而在心，在于人的念头是否正确。

这样，王阳明的心学让中国哲学、中国理学、中国儒学有了一个重大转变，更加突出了实践主体在实践过程中的地位和作用，更加强调了道德实践的主体性。

三、"知行合一"是阳明心学的实践环节

1. 知和行是一件事，还是两件事？

"知行合一"是王阳明首倡，是他龙场悟道后的思想创新，是阳明心学的核心与精髓，是其理论体系的主体结构。王阳明自始至终以此作为"立言宗旨"。

---

① 王阳明：《传习录上》，《王阳明全集》卷一，第25—26页。

从古至今,知与行就是基本命题。比如,《左传·昭公十年》的"非知之实难,将在行之",道家的"不行而知",程朱理学的"知先行后",再到王阳明的"知行合一","知"和"行"在中国哲学史上一直是一对重要的组合。

"知"是指道德方面的知识,也就是人生智慧,而"行"指的是如何循知行事,所以,"知"是指"知"道德、"知"人生,"行"是指道德行为本身。在王阳明看来,知、行这个基本命题的关键在于知与行就是一件事。如果是两件事,就会产生另外两个问题:是行先后知,还是知先行后?是行易知难,还是知易行难?

自龙场悟道后,王阳明就一直讲知行合一,到他与徐爱对话时,已经5年了。徐爱记录的这段对话是王阳明文献中第一次正面论述知行合一的长谈。

一开始,徐爱不明白,问:古人为什么要把知行分开说呢?这恐怕是要人明白,一方面去做知的功夫,另一方面做行的功夫,这样,人学习、实践时有个区分吧?("古人分知行为二,恐是要人用工有分晓否?")

王阳明批驳道:这种理解反倒背离了古人的本意。"古人立言所以分知行为二者",是因为世间有两种人:一种人是"懵懵然任意去做,全不解思惟省察",懵懵懂懂、随心所欲地去做,完全不加思考和反省考察,这叫作盲目行动、胡乱作为("冥行妄作")。因此一定要先讲"知",这样才能让他们"行"得正确。还有一种人是"茫茫然悬空思索,全不肯着实躬行",迷迷糊糊、悬空思考,完全不愿去切实亲身实践,这就叫作主观猜测、捕风捉影("揣摩影响")。因此要先讲"行",这样才能让他们"知"得真切。这都是古人为补偏救弊而不得已的说法("此是古人不得已之教")。如果能明白这一点,那只要一句话就足够了。现在的人都将知与行分作两件事,认为一定要先知了才能去行,那将是终身不行,也就终身不知。王阳明强调说:"此不是小病痛,其来已非一日矣。"[①] 所以,他才对症下药地提出"知行合一"。他说,我现在讲"知行合一",就是为了让学者自己去探求知行的本体,避免知、行相互割裂的弊病。"某今说知行合一,使学者自求本体,

---

① 王阳明:《传习录上》,《王阳明全集》卷一,第4页。

庶无支离决裂之病。"①

徐爱问:"世人多知道应该尽孝悌之德,可并不是人人都能做到孝悌,由此可见,知和行分明是两件事。"徐爱很厉害,他抓住了孝这个实际问题,提出哲学思考。

王阳明回答:"知而不行,只是未知。"天下就没有知而不行的事,知而不行,就是不知。"又如知痛,必已自痛了方知痛;知寒,必已自寒了;知饥,必已自饥了。知和行如何分得开?"②真知即为能去行动,不行动就不足以称"知"。从知道到做到,还不算彻底的知行合一,知与行是一个功夫,二者要整合贯通,"只说一个知,已自有行在;只说一个行,亦自有知在。"③知就是行,行就是知。知必须行,行才能知。"知之真切笃实处,即是行;行之明觉精察处,即是知。"④知而不去做或做不到,那不是真知,真正的知就是做到。因此,知、行其实是一件事。

《大学》中的"如好好色,如恶恶臭"说明了什么是真正的知与行。见到美色属于知,喜欢美色属于行。其实,只要一见到美色就已喜欢上了,而不是看到美色后再起个念头去喜欢;闻到恶臭属于知,讨厌恶臭属于行,只要一闻到那恶臭就讨厌了,并不是闻到恶臭之后再起个念头去讨厌。一个人鼻塞,没闻到恶臭物,就不会讨厌("行"),因为他不曾"知"。同样,我们称颂某人知道孝敬父母、友爱兄弟,必定是这个人已有孝敬父母、友爱兄弟的行为了。这就是知与行的本来面貌。

"知是行的主意,行是知的功夫;知是行之始,行是知之成。""知是行之主意",是引发行动的开端,只有当"我"有了这样一种主观意识,才可能去行,所以"知是行之始"。没有这一"主意","行"就不会落实;"知"既是"行的主意",也是"行"所实现的意识结果;"行是知的功夫",真正获得"知"要通过"行"这一功夫来实现。"行"是"主意"的贯彻,是"知"的落实,是真知的获得过程,所以"行是知之成"。"行"既是"知的功夫",也是"知"所展开的实践维度。通过"行"而实现"知",通过"知"而实现"行",知行一致。

---

① 钱德洪:《年谱一》,载《王阳明全集》卷三十三,第1008页。
②③④ 王阳明:《传习录上》,《王阳明全集》卷一,第37页。

"知者行之始，行者知之成：圣学只一个功夫，知行不可分作两事。"① 如果真正明白了知行是合一的，那么，只要说一个"知"，就已有"行"在其中了；只说一个"行"，也已自有"知"在里面了。王阳明认为：知、行是两个字说一个功夫，"知之真切笃实处，即是行；行之明觉精察处，即是知：知行工夫本不可离"②。知行不能分家，只知道，不行动，等于还是不知道。去做到才是知行一体，就可以致良知了。实践精神才是阳明心学的精髓。

王阳明就这样论述了"知行合一"，探讨"知""行"的同一性，认为"知行并进"，"知""行"互相联系，互相依存。他自信这种"知行合一"论，既可纠正程、朱"知先行后"之偏，又可补救世人"知而不行"之弊。"心虽主乎一身，而实管乎天下之理，理虽散在万事，而实不外乎一人之心。""外心以求理，此知行之所以二也。求理于吾心，此圣门知行合一之教……"③ 王阳明认为"知、行"与"心、理"关系紧密相连，朱熹学说之失就在于分"心"与"理"为二，因而导致分"知"和"行"为二。王阳明批判朱熹说："近世格物致知之说，只一知字尚未有下落，若致字工夫，全不曾道著矣。此知行之所以二也。"④ 因为"近世"只是"知"（哪怕是"良知"），却根本不提"致"的工夫，所以，"知"与"行"就脱节成二了。他一反朱熹"外心以求理"之说，主张"求理于吾心"，大力倡导知行合一。

2. 知行合一的要害在于反对两面人

王阳明为什么主张知行合一？

首先，他是想匡正社会的不良风气。1526年（嘉靖五年），他在《书林司训卷》中揭露了当时社会的道德危机。孔孟之学讲的是明德亲民之实，而士大夫却巧文饰诈，博词饰非。他们相规以伪，相轧以诈，嘴上言义，心里欲利，口上说公，心里想私。当这种情况成为普遍的社会风气时，社会的道德危机就到来了。而这

---

① 王阳明：《传习录上》，《王阳明全集》卷一，第12页。
②③ 王阳明：《答顾东桥书》，《王阳明全集》卷二，第37页。
④ 王阳明：《与陆原静》二，《王阳明全集》卷五，第161页。

种道德危机的要害就是"知""行"脱节。王阳明说:"'知行合一'之说,专为近世学者分知行为两事,必欲先用知之功而后行,遂致终身不行,故不得已而为此补偏救弊之言。"①王阳明所处的明朝中期,统治阶级就面临这种言行不一、知行脱节的道德危机。②

王阳明强调说:我提出的"知行合一",不是凭空杜撰的,知与行的本来面貌就是如此;也不是无的放矢,而是对症下药的。③因为时下之弊就在大家都说些无用的话,只做嘴上的功夫,说归说,做归做。有鉴于此,王阳明就特别强调实践,反对口是心非的恶习。

其次,王阳明的"知行合一"是对朱熹"知先行后"观点的批判。如果"先知"而"后行",终究会导致"终身不行,也遂终身不知"的弊病。王阳明认为既然"知"了这个道理,就要去实践这个道理。真正的知行合一在于:知和行是同时发生的。

为什么会有说归说、做归做呢?王阳明一语道破:那就是私心私欲隔断了知与行的关系。"今人学问,只因知行分作两件,故有一念发动,虽是不善,然却未曾行,便不去禁止。"④王阳明认为,如果把"知""行"分成两件事,不仅会让人见贤而不思齐,还会让人有过而不悔改,危害极大。

知行合一强调把知落实到行上,这是针对整个官学体系以及绝大部分读书人的现行做法和学风士气,即借圣学来谋取高官厚禄。王阳明认为,功利世风之所以能相沿成习,就在于国家取士与士人读书应试之科场理学,"将知行截然分作两件事",满街头顶圣贤帽子的衣冠禽兽,假言假事。所以,要破除言行二元的支离之学,需要落实在行动上,更要融化在血液中。道德不是虚假的框架,而是

---

① 王阳明:《与道通书》四,《王阳明全集》卷三十二,第990页。
② 张祥浩:《王阳明评传》,南京大学出版社1997年版,第310页。
③ 王阳明:《传习录上》,《王阳明全集》卷一,第4页。
④ 王阳明:《传习录下》,《王阳明全集》卷三,第84—85页。

清澈的洞见。王阳明倡导知行合一，主要是要人们力行而不要空言[①]，切忌实德未成而先行标榜，要务求"实德"，刊落声华，在切己处着实用力。

最后，知行合一是对去私向善的落实。《传习录下》载王阳明答弟子知行合一之问："此须识我立言宗旨……我今说个'知行合一'，正要人晓得一念发动处，便即是行了。发动处有不善，就将这不善的念克倒了。须要彻根彻底，不使那一念不善潜伏在胸中。此是我立言宗旨。"[②]王阳明认为，如果知行合一，人们就会时刻警惕自己心中那些不善之念，在不善之念萌发时，就坚决把它们除去，"破除心中贼"，就是破心中的贪念、邪恶、嫉妒等，格除各种浮思闲虑，让心从逐物放逸的失控状态，回归到不偏不倚的中和境界，以保持此心的纯正无邪。

3. 知行合一的关键是强调实践精神：功夫与主意

王阳明强调，真实的知识必须通过实践来表达与体现；凡不能通过实践来还原其真实性、有效性的，就不是真知。所以他说："真知即所以为行，不行不足谓之知。"[③]如果只是自称"知"，而不去"行"，那就不是真正的"知"。

王阳明说：知而不行等于不知。比如，你知道抽烟有害健康，但你能做到戒烟吗？如果戒不了烟，那么知道抽烟不好有什么实际意义呢？所以，知道却做不到，等于不知道。在现实生活中，很多道理人们都明白，却没几个人能做到。做到需要功夫，需要超越自己欲望的意志力。王阳明的知是指人们的良知，是每个人内心与生俱来的道德感和判断力；行就是实践。知、行是一个功夫的两面，知中有行，行中有知，二者不能分离，也没有先后。人既强调道德的自觉性，在内在精神上下功夫；也要重视道德的实践性，在复杂的外部世界中接受磨炼，通过实践、认识，再实践、再认识，在改造客观世界中改造主观世界，不断提高自身修养的境界和水平。

[①] 张祥浩：《王阳明评传》，南京大学出版社1997年版，第311页。
[②] 王阳明：《传习录下》，《王阳明全集》卷三，第84—85页。
[③] 王阳明：《答顾东桥书》，《王阳明全集》卷二，第37页。

王阳明讲的知、行是同一个功夫，知即是行，行即是知。圣人是"做"成的，不是"想"成的。只有通过"知行合一"的实践活动，人人才有可能成为圣人。

在没有明确点出"致良知"之前，王阳明经常相对于"工夫"而言"主意"或"头脑"，"主意""头脑"贯穿为学工夫之始终，与"良知"同义。如："为学须得个头脑，工夫方有着落。纵未能无间，如舟之有舵，一提便醒。不然，虽从事于学，只做个义袭而取，只是行不著，习不察，非大本达道也。"①

"'惟一'是'惟精'主意，'惟精'是'惟一'功夫，非'惟精'之外复有'惟一'也。"王阳明还因为"精字从米"，就顺手以米譬喻，说："要得此米纯然洁白，便是'惟一'意；然非加舂簸筛拣'惟精'之功，则不能纯然洁白也。舂簸筛拣是'惟精'之功，然亦不过要此米到纯然洁白而已。"最后得出结论："博学、审问、慎思、明辨、笃行者，皆所以为'惟精'而求'惟一'也。"这些准则其实都是一回事，"无二说也"。②

王阳明的"工夫"与"主意"是并提对举的。"工夫"指静坐的功夫、省察的功夫、修养的功夫，"主意"是诚意、良知，王阳明强调下功夫，不能讲顿悟。何为"工夫"？就是：说到做到，知道做到，理解到做到。王阳明把知和行看作是一回事，不是纯知识，而是知行合一。不像有些人，知道和做到相差十万八千里。

王阳明从小就立志做圣人，立定志向之后，他没有停留在口头或书本上，而是一直在行动的路上，虽屡试屡败，却一直不停地尝试。只有行动、实践，才是真正的学习，才能发现问题，才能不断前进。

王阳明谈功夫，要在"事上磨"，而主于"诚意"，诚意之极，即"知行合一"。"致良知"即是"诚意"也。要成就心学工夫，"事上磨"是主要，根本则在"诚意"。

所以，阳明心学有两大关键词——心能诚意，事上磨炼。修心、做事两不误，这就是王阳明心学的精髓所在。

诚意，就是正念。一个念头出来，良知自然知道好坏，好的就保留，坏的就去掉，

---

① 王阳明：《传习录上》，《王阳明全集》卷一，第26页。
② 王阳明：《传习录上》，《王阳明全集》卷一，第12页。

这就是诚意。王阳明说:"惟天下之至诚,然后能立天下之'大本'。"① 诚实地践行这个正念头,就能立天下之大本。

王阳明曾说,功夫的困难之处,全在格物致知,格物致知是诚意的事情。意诚之后,心也自然正了,身也自然修了。所以,做事情、与人交往,最重要的就是诚意。这样就能做到喜怒哀乐未发,或者喜怒哀乐发出来却符合礼仪,这就是"中和"。"知得过不及处,就是中和。"②

陆澄问王阳明:"清静时,便觉得心境泰然,但一遇事便感觉不一样了,怎么办呢?"

王阳明说:"这是因为只知道静坐,而不去做克除私心杂念的功夫。所以,碰到事情,心便会倾倒。"

有学生问:"我只是于事上不能了。"

王阳明说:"以不了了之。"

学生一时难解,又没想好,不敢再问。王阳明接着说:"所谓了事,也有不同。有了家事者,有了身事者,有了心事者。你今天所说的了事,是以前程事为念,虽说是为了身上事,其实存有居产业的想法,这是想了家事。至于了心事者,这就真的难了。若知了心事,则身事、家事一齐都了。若只在家事、身事上着脚,世事怎么有了的时候呢?"

后来,王阳明又提出"知行合一","知而不能行,只是不知"。最终又提出了"致良知",一个有良知的人,肯定是个能做事的人。

如果心为物役,整天追逐外在的物质利益,不断追求更强、更快、更多,那无论是贫是富,都会活得很累,如同与自己的影子赛跑,永无止境。只有身心中和、内心强大,才能知止得定,因定得静,静而生慧,得以致远。

4. 王阳明的"知行合一"和现在的"理论联系实际"是一回事吗?

不是。人们很容易把"知行合一"理解为"理论联系实际",这实际上是一

---

① 王阳明:《传习录上》,《王阳明全集》卷一,第21页。
② 王阳明:《传习录下》,《王阳明全集》卷三,第100页。

种误解。在"理论和实践相结合"的命题中,理论是理论,实践是实践,这两者要紧密结合。

王阳明的知行合一,知就是行,行就是知;知必须行,行了才能知。王阳明强调的是知行合一,比如孝,光懂得了许多关于孝的知识与道理,那就是孝吗?不是,还必须有孝敬父母的行动。只是明白了道理不行,更要"行",要把孝的知识与孝的行动合而为一。

但这两者有一定的相通之处,要想知道梨子的滋味,就去分析糖分多少、水分多少、氨基酸多少,分析完了,你就得到关于"梨子滋味"的"知"吗?没有。你要想得到"梨子滋味"的"知",这是化学课、食品课。还不如吃一口,这样马上就知道这不是苹果,不是香蕉,是梨子。所以,在王阳明的"知行合一"里,"知"和"行"本来就是一回事,不是两回事。吃梨子的这个"行"就是"知",知就要行,行就是知,知行合一。所以读书求知也好,立志发愿也罢,都要落到实践上。这是王阳明的知行合一。

以往,知与行分开,"知道"但"做不到","力"不从"心"。王阳明说:"当我们已经分辨清楚,思考缜密,问得详细,已经学会了时,还要持续不断地用功,这就叫笃行。"("辨既明矣,思既慎矣,问既审矣,学既能矣,又从而不息其功焉,斯之谓笃行。"[1])

笃行是践行、躬行、力行,这是儒家的一贯思想。孔子大力倡导慎言躬行,荀子倡导学至于行而止。程朱虽然主张知先行后,但二程又认为"学者可畏,莫如闻斯行之"[2]。朱熹则指出:知先行后,只是就知行的次序言,而"论轻重,当以力行为重"[3]。所以,从孔子到朱熹都是力行的,王阳明的知行合一,与他们完全一样,只不过在王阳明看来,只要认为知、行为二,那么即使强调力行,也总

---

[1] 王阳明:《答顾东桥书》,《王阳明全集》卷二,第40页。
[2]《河南程氏遗书》卷十九,《二程集·粹言》,中华书局2004版。
[3] [宋]黎靖德编,王星贤点校:《朱子语类》卷九,《学三·论知行》,中华书局1986年版。

归会为"终身不行"留下由头。①

王阳明说:"器道不可离,二之即非性"②,道器不离也好,道术一体也好,思辨起来并不难,难的是身体力行、知行合一,任何纸上谈兵都无济于事。须得把心力炼成本能,才能随机应变又无往而不合大道。③

王阳明明确提出:"致良知便是'必有事'的工夫。"④"若离了事物为学,却是著空。"⑤王阳明说:这样在格物上用功,是有根本的学问,那种向外寻理的儒学让人到事事物物上去寻讨,是无根本的学问,终久要憔悴。

知行合一的关键是强调实践精神:先行动起来。想,都是问题;做,才有答案。王阳明说:学习、询问、思考、分辨,这四者都是为了学习某一件事,而要掌握这件事,光学不做是不行的。("夫学问思辨行皆所以为学,未有学而不行者也。"⑥)绝大多数人失败,就是因为学而不行,说而不做,或迟迟不做。知识是在实践中才被"知"道、获得的;问题是在行动中才被"问"出来的。只有先去做,然后才能发现问题所在,才能真正解决问题。

毛主席讲:"读书是学习,使用也是学习,而且是更重要的学习。"⑦在中国文化里,"学"和"习"是连在一起说的,但不是一回事。《论语》开篇第一句话就是"学而时习之,不亦说乎",学了还要经常去习,这也是很快乐的事情。可见"学"和"习"是两回事。学主要是求知,"习"的繁体字是"習",上面是个"羽",表示小鸟的翅膀;下面的"白"是篆体"自"的省略写法,象形,指小鸟的鼻子。"習"就是指小鸟在不停地飞。而它学习飞翔时,不能自如驾驭,鼻子在呼呼地换气。因此,"习"的原意是小鸟练飞翔,引申开去,习就是练,故曰练习,就是知识的运

---

① 张祥浩:《王阳明评传》,南京大学出版社1997年版,第312页。
② 王阳明:《八咏·其五》,《王阳明全集》卷十九,第570页。
③ 周月亮:《王阳明传》,长江文艺出版社2016年版,第65页。
④ 王阳明:《传习录下》,《王阳明全集》卷三,第108页。
⑤ 王阳明:《传习录下》,《王阳明全集》卷三,第83页。
⑥ 王阳明:《答顾东桥书》,《王阳明全集》卷二,第40页。
⑦ 毛泽东:《中国革命战争的战略问题》,《毛泽东选集》第一卷,人民出版社1991年版,第181页。

用。做人的道理是一样的。怎么做一个好学生、好党员、好干部？这是一个"学"和"习"的问题。要不断地学，"学"到知识，懂得道理，还要不断地"习"，要去实践、去锻炼，心上炼，事上炼，知识上要弄通，行动上更要做到，才能成为一个好人、正人、圣人。

但是，王阳明的知行合一论是建立在唯心主义的理论基础上的，它抹杀了二者之间的差异性，将"知"和"行"的统一性歪曲成绝对的同一，把主观见之于客观的"行"等同于纯粹主观先验的"知"，从而否定了"行"的客观性及其在认识过程中的决定作用。

在中国思想史上，王阳明首先提出"知行合一"，体现了本体论和认识论的统一，也体现了主体精神与事功精神的统一，具有近代启蒙哲学的因素。

四、"亲民"是阳明心学在执政实践上的运用

1.《大学》在阳明心学中的地位

《大学》《中庸》都是《礼记》中的单篇文章。南宋淳熙年间，朱熹把《大学》《中庸》从《礼记》中抽出来，与《论语》《孟子》合编为"四书"，并加以注释，称为《四书章句集注》（也叫《四书集注》），从此"四书"之名遂定。明朝初年，官方又将"四书"与《诗经》《尚书》《礼记》《周易》《春秋》并称为"四书五经"，成为儒家传道授业的经典著作和基本教材，并作为开科取士的考试大纲和出题范围，是天下士子的必读书。

《大学》设定的学生首先是国君，其次是士子，最后是所有人。它是教导这三种人成为君子的教材，也是教士人"学为君师"的教材。后代儒者将《大学》的要义总结为"三纲领"（明明德、亲民、止于至善）和"八条目"（格物、致知、诚意、正心、修身、齐家、治国、平天下）。

朱熹说："《大学》者，大人之学也。"[①]《大学》的这个"大"，有两种解释：

[①] 朱熹：《大学章句集注》，《四书章句集注》，上海古籍出版社2006年版。

一是"大"为动词或形容词动词化，就是使"人"成"大"的学说或学问，即成圣之学；二是形容词，"大人"就是"大的人"，即获得治理国家能力和光明品德的人，换句话说，大人者，即有能力、有品德的官员也。

程颐认为《大学》是言简意赅的"初学入德之门"①，是一部做人从政的入门之书。而且，它指示了人生方向；明确了修学次第，把教学修养方法一体化，读此书"可见古人为学之次第"。也就是说，读《大学》的功效主要有两个：一是获取从政做官、治理国家的学识和本领；二是修炼自己的品德，走好人生之路。大学之道是培养大人的学说，是君主、君子做官执政要遵奉的伦理学，也是士子百姓学习成为大人、君子的人生哲学。

同样，王阳明初见入门弟子，必讲《大学》《中庸》首章。"必借《学》《庸》首章以指示圣学之全功，使知从入之路。"②王阳明为接引学人，也把《大学》《中庸》作为第一入门教材。为便于教学，他刊行《大学》《中庸》古本，以示入道之方。王阳明在赣州还写下了《大学问》，专门阐明《大学》精神及其与心学的关系。"大学问"的意思不是"大的学问"，而是"对《大学》的提问"，是从心学的角度重新解释了儒家经典《大学》。《大学问》是王阳明的纲领性哲学著作，被其弟子视为圣人之学的入门教科书，只有读透这一课，才算迈进了阳明心学的殿堂。

2. 王阳明的"亲民"和朱熹的"新民"

《传习录》开篇就记录了徐爱和王阳明的一段对话，徐爱问：《大学》里"在亲民"，朱熹解释为"新民"，先生您认为应当依据旧本作"亲民"。您有什么根据呢？

"亲""新"之辩是王阳明与朱熹在思想理论上的一个重要区别。《大学》首章便出现："大学之道，在明明德，在亲民，在止于至善。"朱熹将"在亲民"训为"在新民"，着重于教化民众。王阳明的亲民思想，是针对程颐和朱熹将古本《大学》"在亲民"训为"在新民"而发的。王阳明则主张恢复古本《大学》的"在亲民"，

---

① 《河南程氏遗书》，《二程集》卷一，中华书局2004版。
② 王阳明：《大学问》，《王阳明全集》卷二十六，第798页。

强调以民生为重，与民同好恶。王阳明《亲民堂记》："政在亲民。……故明明德必在于亲民，而亲民乃所以明其明德也。"①

朱熹和王阳明都认为《大学》的宗旨是领悟正大光明的德行。但对其方法，朱熹认为是弃旧图新，将《大学》归纳为修己而后安百姓；王阳明则认为是亲近百姓，将《大学》归纳为修己和安民并行不悖，执政者只要让百姓安居乐业，自然会得到拥戴。

朱熹将"在亲民"改为"在新民"，"在新民"是说大学之道的目的是让人成为全新的人。梁启超取这个意思而自号"中国之新民""新民子"，创办《新民丛报》，旨在用"大学之道在新民"来政治启蒙："苟有新民，何患无新制度，无新政府、新国家？"他直接影响了胡适策动的新文化运动，胡适认为新民之根在文化。

王阳明则反对朱熹的这一改动，主张恢复古本《大学》的"在亲民"，即恢复古本《大学》原旨。这是二人理论的一个重要区别。那么，朱熹的"新民"和王阳明的"亲民"，究竟有什么区别呢？

王阳明认为，"亲民"侧重仁政，"新民"侧重教化。如果按照朱熹的改动为"新民"，那就是"使民根本转变一新"的意思，而这个意思与后面的"治国平天下"衔接不上（"皆于'新'字无发明"）。王阳明认为"亲民"领起了后面治国平天下、安百姓的文脉，因为"亲民"就是对民亲，对民施仁政，"'亲民'犹孟子'亲亲仁民'之谓"，还发挥说"亲之即仁之也"，这样得出孔子以仁为本的根本精神。

王阳明这样解释孔子的"修己以安百姓"："'修己'便是'明明德'，'安百姓'便是'亲民'。说'亲民'便是兼教养意，说'新民'便觉偏了。"②"亲民"之仁政自然含有教养民众的意思，而"新民"不能得出仁政教化的全意。所以，《大学》之道在亲民；说"新民"，"便觉偏了"。

其实，"亲"是从诚意来讲，"新"是从格物来讲。如果从"在亲民"的角度

---

① 王阳明：《亲民堂记》，《王阳明全集》卷七，第211页。
② 王阳明：《传习录上》，《王阳明全集》卷一，第2页。

读,自然首重诚意,就能从"根"上修了;如果是"在新民",则整天格物逐物,走上追求新知识的路,便容易踏入道德不修、心体破碎的歧途。[①]

王阳明在《大学问》里探讨了这一问题[②]。弟子问:任何事物都有本末主次,"*先儒以明德为本,新民为末*","明德"和"新民"是内心修养和外部用功的相互对应的两个部分。任何事情有始有终,"*先儒以知止为始,能得为终,一事而首尾相因也*",把知道止于至善作为开始,把行为达到至善作为终点,这也是一件事情的首尾相顾、因果相承。"*如子之说,以新民为亲民,则本末之说亦有所未然欤?*"把"新民"解释为"亲民",是否跟儒家本末终始的说法不一致呢?

王阳明回答:事情有始有终的说法,大致上是这样的。"*即以新民为亲民,而曰明德为本,亲民为末,其说亦未为不可。*"但不应当将本末分成两个事物。树的根干称为本,树的枝梢称为末,它们是一个整体,因此才被称为本与末。"*新民之意,既与亲民不同,则明德之功,自与新民为二。*"如果明白"明明德"是为了"亲其民",而"亲民"才能"明其德",那么,明德和亲民怎么能分为两件事呢("*明德亲民焉可析而为两乎*")?理学家得出这样的说法,是因为不明白明德与亲民本是一件事。

3. 王阳明亲民思想的三个要点

阳明心学有丰富的亲民思想。"大学之道,在明明德,在亲民,在止于至善"一语,是古本《大学》之首句。

陆九渊:"古者十五而入大学。'大学之道,在明明德,在亲民,在止于至善',此言大学指归。欲明明德于天下是入大学标的。格物致知,是下手处。《中庸》言博学、审问、慎思、明辨,是格物之方。读书亲师友是学,思则在自己。问与辨,皆须即人。"[③]

[①] 周月亮:《王阳明传》,长江文艺出版社2016年版,第303页。
[②] 王阳明:《大学问》,《王阳明全集》卷三十六,第801页。
[③] 陆九渊:《语录上》,《陆九渊集》卷三十四,中华书局2020年版,第411页。

南下船上，王阳明和徐爱首先就《大学》首句是"在亲民"还是"在新民"展开了问答；而后徐爱编辑、王阳明审阅的《传习录》则把这段回答置于篇首，《传习录》首章即"亲新之辨"。可见王阳明所论"亲民"思想之重要。

王阳明的亲民思想，除了在《传习录》开篇阐述外，在《传习录》和其他文章里也多有论述。他倡导为政之道的核心在于"明明德、亲民、止于至善"，其根本精神就是秉持为政以德，推行德治，他还论证了"亲民"与为政、为学的关系及其与良知的关系。[①] 王阳明说："'君子贤其贤而亲其亲，小人乐其乐而利其利'；'如保赤子'；'民之所好好之，民之所恶恶之，此之谓民之父母'之类，皆是'亲'字意。'亲民'犹孟子'亲亲仁民'之谓，亲之即仁之也。……又如孔子言'修己以安百姓'，'修己'便是'明明德'，'安百姓'便是'亲民'。"[②] 王阳明的"亲民"思想有三层意思：

一是安百姓，涵盖爱民保民富民。他认为"亲民"的核心道德乃是"仁"。《大学》的"君子贤其贤而亲其亲""如保赤子"，是说执政者应当贤人民之所贤，亲人民之所亲，应像父母爱护婴儿那样爱护人民，保障百姓的生活安稳、富足。

二是顺民心，"民之所好好之，民之所恶恶之，此之谓民之父母"。强调"为政者"必须以民之好恶为好恶，以顺应民心为依归，这才能称得上"民之父母"。

三是明明德，王阳明引用孔子"修己以安百姓"的话，并解释"'修己'便是'明明德'，'安百姓'便是'亲民'"，为政者要以德修身，提高自身的道德修养与文明素质，以身作则，做人民的表率，充分发挥身教的重要作用。

总之，通过提高自身修养以彰显高尚品德，维持社会稳定和谐，实现百姓安居乐业、生活富足，这是孔子的"仁政"理念，也是王阳明的"亲民"思想。

4. 亲民学说在执政上的运用

湖南辰州府判官赵仲立向王阳明问政。王阳明说："郡县之职，以亲民也。亲

[①] 吴光：《王阳明的亲民思想及其当代意义》，载《光明日报》2014年7月24日。
[②] 王阳明：《传习录上》，《王阳明全集》卷一，第2页。

民之学不明，而天下无善治矣。"

赵仲立问："敢问亲民。"

王阳明曰："明其明德以亲民也。"

赵仲立问："敢问明明德。"

王阳明曰："亲民以明其明德也。"

赵仲立问："明德亲民一乎？君子之言治也，如斯而已乎？"

王阳明曰："……亲民以明其明德也，故能以天下为一身。夫以天下为一身也，则八荒四表，皆吾支体，而况一郡之治，心腹之间乎？"[1]

南大吉任绍兴知府时，专门向王阳明请教如何执政。

王阳明说："政在亲民。"

问："那怎么亲民呢？"（"亲民何以乎？"）

答："在明明德。"

问："那又怎么明明德呢？"（"明明德何以乎？"）

答："在亲民。"

问："难道明德和亲民是一回事吗？"（"明德、亲民，一乎？"）

答："是一回事。"（"一也。"）

南大吉听后，豁然开朗，就把自己的府署办公之堂命名为"亲民堂"，说："吾以亲民为职者也，吾务亲吾之民以求明吾之明德也夫！"王阳明十分赞赏他有如此感悟，于是写下《亲民堂记》[2]，以记其人其事，并阐发自己的亲民思想。

王阳明"明德亲民"、重视民生的"亲民"思想，充分体现了儒家的人文精神，不仅具有历史的价值，而且在当代仍有重要的启示意义。领导干部应修身立德，真正做到爱民、保民、富民、安民。

---

[1] 王阳明：《书赵孟立卷》，《王阳明全集》卷二十八，第845页。
[2] 王阳明：《亲民堂记》，《王阳明全集》卷七，第211—212页。

五、"致良知"是阳明心学的核心本质

1. 什么是"良知"？

阳明心学的"良知"就是"心"，是"人皆有之"的"本心"、良心，是心之本体，人人具有，个个自足，与生俱来。王阳明认定"良知"是人天生就有的"辨别是非之心"，是人自然拥有的道德意识和是非标准，是人们在履行对他人和社会的义务的过程中的道德责任感和自我评价能力。是人心中的是非感、好恶感。"良知只是个是非之心，是非只是个好恶，只好恶就尽了是非，只是非就尽了万事万变。"[1] 明白了好恶就穷尽了是非，穷尽了是非就穷尽了万物的变化，具有知善去恶的能力，人们凭借它能辨明是非善恶。"良知"不是一个玄妙的概念，它是好恶等价值原则在情感上的体现，也是"天地万物一体之仁"的起点。

"良知"二字出自《孟子·尽心上》："人之所不学而能者，其良能也；所不虑而知者，其良知也。"王阳明认同孟子的良知观点，说："良知者，孟子所谓'是非之心，人皆有之'者也。是非之心，不待虑而知，不待学而能，是故谓之良知。"[2]

王阳明认为人人都有良心、良知，甚至盗贼匪徒也有良知，都有一种向善、向上的良心。王阳明在庐陵任县令时，部下抓到一个盗贼，对其晓之以理，动之以情，威逼利诱，甚至施之以刑，各种手段都上了，盗贼始终冥顽不灵，就是不招。

王阳明听后，说："那行，我来亲自审问他。"

这个盗贼一副死猪不怕开水烫的架势，说："别废话了，要杀要剐随便吧！"

王阳明把手一摆，说："今天就不审了，我给你讲讲良知吧。"

盗贼一听，眼睛都直了，说："什么？良知？大哥，我是贼啊！我有良知吗？你说，我的良知在哪里？"

王阳明淡然一笑，说："这样吧，天气太热，你先把衣服脱了，我们随便聊聊。"

"脱就脱！"盗贼边说边把外衣脱了。

---

[1] 王阳明：《传习录下》，《王阳明全集》卷三，第97页。
[2] 王阳明：《大学问》，《王阳明全集》卷二十六，第802页。

王阳明说:"天气实在太热了,不如把内衣也脱了吧!"

盗贼嘴巴一撇,说:"光着膀子不是常事吗,有什么大不了的?"

王阳明又说:"索性把内裤也脱了,一丝不挂岂不更自在?"

盗贼这下犹豫了,连连摆手说:"这……这不太好吧,不方便。"

王阳明一声大喝:"这有什么不方便呀?你死都不怕,还在乎一条内裤吗?"接着又细声说道:"看来你还是有廉耻之心的,这就是你的良知呀!"

2. 良知的功用

王阳明十分推崇良知,他说:"良知是造化的精灵。这些精灵,生天生地,成鬼成帝,皆从此出……"①他认为只要有了良知,内心就会强大,"譬之操舟得舵,平澜浅濑,无不如意",只要有良知这个人生之舵,即使遇到再大的"颠风逆浪",都能从容应对,"可免没溺之患矣"②。

王阳明认为:各色人等每天上演的损人利己、伪善阴险的事情用江河做墨也写不完,从最宽厚的角度说这是知行不一、言行不一,要害在于良知之学不明。

王阳明认为,一个人、一个集团、一个王朝不讲良知,就会肆意妄为。人人讲良知,才会天下太平。良知是公义的应该,是道法自然的自然,这个"应该"和"自然"就是天理的基本意思。

王阳明还借朱熹的"存天理,灭人欲",直接提出"良知是天理之昭明灵觉处,故良知即是天理"③,以此来强化"良知"的概念,提升"良知"的地位。王阳明提出良知就是人心中的"天植灵根","人孰无根?良知即是天植灵根,自生生不息"④,又把良知称为"主人翁"⑤,认为良知是主宰,是至善。

---

① 王阳明:《传习录下》,《王阳明全集》卷三,第91—92页。
② 钱德洪:《年谱二》,载《王阳明全集》卷三十四,第1050页。
③ 王阳明:《答欧阳崇一》,《王阳明全集》卷二,第63页。
④ 王阳明:《传习录下》,《王阳明全集》卷三,第89页。
⑤ 王阳明:《传习录拾遗》,《王阳明全集》卷三十二,第961页。

弟子问:"既然如此,为什么做到'止于至善'那么重要呢?"

王阳明回答:所谓"至善",是"明德""亲民"的终极法则。一个人的"至善",就是明德的本体,也就是所谓的良知。[①] 止于至善,就是按良知的指引做事。人有良知,就能立刻肯定对的、否定错的。善念一生发,心就会立刻知道,这时就要扩充它;恶念一生发,心也会立刻知道,这时就要遏制它。"*善念发而知之,而充之,恶念发而知之,而遏之。*"然而,后人以为万事万物都有自己的理,从而总是向外界寻求,在万事万物中去寻求"至善"。这样一来,求取至善的方法就变得支离纷纭,判断是非的标准也就模糊不清了,以至于人们的私欲泛滥而公正的天理灭亡,由此,明德、亲民的学风变得混乱不堪。

如果知道"至善"、良知就在自己心中,而不用向外面去寻求,这样意志就有了确定的方向,就没有支离破碎、错杂纷纭的弊病了。心也就不会躁动不安,而会淡定安静、从容不迫、闲暇安适。假如对某事出现某种感受,产生某个念头,心中的良知自然会对这感受或念头进行判断:它是善的呢,还是不善的呢?良知的分辨就没有不精确的,良知的处事就没有不恰当的,依从良知就能得到至善。由此可知,良知不仅是美德,还能助你做成一切事。

浙江永康人周莹有志于圣学,不远千里地来滁州向王阳明求教,说自己的老师应良(字元忠,王阳明的弟子)只教自己学什么,而不教怎么学,所以他始终没有找到学习的方法。

王阳明说:"你已经知道学习的方法了,别再来问我。"

周莹不解。

王阳明问:"这次从永康来滁州,路远吗?"

周莹说:"千里之遥。先是坐船,然后走陆路。正逢六月天,太热了。仆人都累病了,还供了盘缠,才来到此地。"

王阳明说:"你这一趟,又远又累,可你不辞辛苦,是不是有人强迫你了?"

周莹说:"我来拜您为师,虽然劳苦、艰难,但我发自内心地快乐。怎么是别

[①] 王阳明:《亲民堂记》,《王阳明全集》卷七,第222页。

人强迫我呢？"

王阳明说："对呀！这就是我说你已得到了方法的原因。你有志于拜我为师，就不畏艰苦，舍舟从陆，捐仆贷粮，来到我这里；你有志于圣贤之学，有不至于圣贤者乎？还需要我教你方法吗？"

周莹大悟，跃然起拜曰："*兹乃命之方也已！*"[①]

南大吉（1487—1541），字元善，号瑞泉，陕西渭南人。他从小就立下远大志向，弱冠以古文辞章鸣于世。1510年（正德五年）中举，1511年（正德六年）进士及第，任户部主事、员外郎、郎中等，1523年（嘉靖二年）来到绍兴府任知府。

南大吉任绍兴知府时，正值王阳明返乡，在阳明书院讲学。作为学生，南大吉常去听讲，还为阳明心学的教育和传播做了几件大事，从而成为王阳明晚年最重要的学生之一。

一是续刻了《传习录》。

二是重修稽山书院，请王阳明来讲学。绍兴卧龙山为历代郡衙、府衙所在地，又称种山、府山。宋宝元二年至康定元年（1039—1040），范仲淹知越州，在山之西岗创建稽山书院，四方受业者甚众。1170年（宋乾道六年），朱熹提举浙东常平茶盐公事，也在这里讲过学。1524年（嘉靖三年），绍兴知府南大吉与山阴县令吴瀛为稽山书院增建明德堂、尊经阁，"拓书院而一新之"。试山阴、会稽、诸暨、上虞、余姚、萧山、嵊州、新昌等八邑诸生，选其优者升于书院，月给廪饩。请王阳明于此阐述"致良知"之学。王阳明于1524年在绍兴稽山书院尊经阁讲学时，专门写了一篇《尊经阁记》，阐述了儒家经典的作用和意义，号召大家尊崇六经。该文与《瘗旅文》《象祠记》一起，选录于《古文观止》。

三是南大吉在向王阳明请教学问之时，也经常请教政事。听了王阳明的教诲之后，他马上把自己的办公地点改叫亲民堂。王阳明为此写下《亲民堂记》，提出并阐述自己的亲民思想。

[①] 王阳明：《赠周莹归省序》，《王阳明全集》卷七，第198页。

王阳明表扬南大吉的《濬河记》

四是做了大量的民生工作。当时,绍兴运河淤塞壅窄,两岸民房乱建,侵占河道,致使航运不畅,甚至引发水灾。南大吉责令官员拆开两旁六尺的房子以加宽河道,修筑陂塘以防旱涝,首发相通200余里,保障了航运,又极大地改善了百姓的生产生活条件。为此,王阳明于1525年作《濬河记》①,记述了南大吉浚河治越的功绩。

五是和王阳明有过深入探讨,使王阳明的教学彰显出自己独特的教学风格。有一次,南大吉问:"我从政多年,有不少过失。先生您为何一句话都没说呢?"

王阳明反问道:"你有什么过错?"

南大吉一一道来。王阳明说:"我早就说过了。"("吾言之矣。")

南大吉问:"什么?"

王阳明说:"我如果没有说过,你何以知道呢?"

南大吉说:"良知。"

王阳明说:"良知不是我常说的吗?"

南大吉大笑,拜谢而去。

---

① 王阳明:《濬河记》,《王阳明全集》卷二十三,第746页。

几天后，南大吉又来忏悔，觉得自己的错误更多了，说："与其过后悔改，不如您帮我预言一下哪些过错不要去犯。"

王阳明说："别人说，不如你自己悔醒。"（"人言不如自悔之真。"）

过几天，南大吉又来忏悔，觉得自己的错误更多了，说："身体有过错还罢了，心有过错，那怎么办？"

王阳明说："以前你的心就像镜子没擦亮，藏了许多污垢。如今镜子已经明亮了，连一粒尘埃都难在上面落住脚了。这正是修行精进的好时机啊，大吉呀，多加努力啊！"（"昔镜未开，可得藏垢。今镜明矣，一尘之落，自难住脚，此正入圣之机也。勉之。"[①]）

所以，要凭良心办事，受良知指引，跟着自己的心走。

"致良知"学说是王阳明平朱宸濠叛乱后，在江西提出来的，那时他50岁左右。王阳明倡导"致良知"，自然是为了"为善去恶"、维护封建道德观。平乱之后，王阳明就很少提知行合一，而专揭致良知之教了，"吾平生讲学，只是'致良知'三字"[②]，因为在表达心学思想方面更深刻，也特别明白易懂。

"致良知"是王阳明哲学的核心、精髓，是王阳明心学体系中最核心、最成熟的概念和表达方式，也是他思想理论成熟的标志。如果说，阳明心学是中华优秀传统文化的精华，那么，"致良知"说则是精华中的精华，因此王阳明哲学也被称为良知之学。

王阳明的"致良知"说，是对"心即理"哲学的实践落实，是"知行合一"等心学理论思想内涵的进一步发展、丰富、完善，使"知行合一"成为人们在日常生活中由凡入圣的实践原理。

3.什么是"致良知"？

王阳明的致良知说对孟子的学说有所发展。孟子讲的大人之心、君子之心和

[①] 王阳明：《传习录拾遗》，《王阳明全集》卷三十二，第972页。
[②] 王阳明：《寄正宪男手墨二卷》，《王阳明全集》卷二十六，第818页。

"良知",主要是指先天固有而不经后天习得的善性,即天赋的道德意识,是一种近似本能的本性,是不学而知、不学而能的。它不必外求、不假外力,不依赖于教育和环境的培养,不用向人寻求或从书中获得的内在力量。

王阳明却把这个本能的先天的道德品质变成了一个需要经过后天事上磨、心上炼的道德实践才能达到的价值境界。王阳明说:"孟子云:'是非之心,知也。''是非之心,人皆有之。'即所谓良知也。孰无是良知乎?但不能致之耳。"[①]人的是非之心就是良知,人人皆有。哪个人会没有这种"良知"呢?说没有的只不过是不能"致"罢了。

为什么王阳明"良知"学说的关键在"致"呢?虽然,王阳明承认良知是"不虑而知,不学而能""人人皆有"的,但是,这个良知会被灰尘所蒙蔽,所以要发明本心致良知,发明本心就如同经常擦拭灰尘,让这颗被蒙蔽的本心重新显露,重放光明,而这个发明本心的过程就叫"致良知"。王阳明创造性地将"致"和"良知"这两个概念结合起来,他说:"天理即是良知,千思万虑,只是要致良知。"[②]

王阳明喜欢用镜比作心。有一次,陆澄问:"圣人应变不穷,莫亦是预先讲求否?"面对层出不穷的事物事件,圣人总有无穷的办法让自己应对自如。莫非他们是预先做好了准备?

王阳明回答:怎么准备得了这么多?如果以为圣人预先把什么都研究好了,那就严重背离了圣人之学。"圣人之心如明镜,只是一个明,则随感而应,无物不照。"心如明镜,物来则照,比如在刘瑾事件中,我未知戴铣之事的时候,戴铣的事不在我心中;我得知戴铣之事后,戴铣的事便在我心里了。所以,王阳明从不主张去自寻逆境,自找苦头,不是要刻意去弄明白外在的每件事物、每个事件,而是保持"心"这面镜子的明亮,这样当逆境来临、难题出现时,用心镜一照,自有办法。"只怕镜不明","学者却须先有个明的功夫。学者惟患此心之未能明,不患事变之不能尽"。

[①] 王阳明:《与陆原静》二,《王阳明全集》卷五,第161页。
[②] 王阳明:《传习录下》,《王阳明全集》卷三,第96页。

王阳明的第一门生徐爱从老师"格物"说的立场解释了王阳明的"明镜"论:"心犹镜也。圣人心如明镜,常人心如昏镜。近世格物之说,如以镜照物,照上用功,不知镜尚昏在,何能照?(王阳明)先生之格物,如磨镜而使之明。磨上用功,明了后亦未尝废照。"①也就是说,人人都有良知,都有本心,但就像镜子,此心此镜会被锈迹遮蔽,那镜子如何照得见物,本心良知如何指引得了人?而阳明心学则是要专门去磨"心"这面镜子,使之保持明亮。

1510年(正德五年)十一月,王阳明回到京城,黄绾和应原忠前来拜访,一起探讨学问。王阳明说:"圣学久不明,学者欲为圣人,必须廓清心体,使纤翳不留,真性始见,方有操持涵养之地。"②应原忠已是王阳明的入室弟子,为孝养双亲而辞职返乡,在山中苦读近十年后,重返官场,出任广东省右布政使。他对王阳明的教诲还不太理解,心存疑问。1511年(正德六年),王阳明针对他心中的疑惑,作《答黄宗贤应原忠》,详细阐述了"明镜"论:"圣人之心,纤翳自无所容,自不消磨刮。若常人之心,如斑垢驳杂之镜,须痛加刮磨一番,尽去其驳蚀,然后纤尘即见,才拂便去,亦自不消费力。到此已是识得仁体矣。"③

圣人之心,就像明镜,自然是连丝毫的瑕疵和杂念都不能容留;而常人之心,则是布满斑驳污垢且颜色杂乱的镜子,须痛加刮磨,这样,哪怕有一点丝灰尘落在上面都能马上察觉,只要轻轻一拂就能去掉,不要费太多力气。达到这种境界,就已经认识到仁的本体了。王阳明通过"明镜"比喻来勉励黄宗贤和应原忠要努力修心,去除私欲最终体认仁的本体。王阳明的"明镜论"说的就是"心"的修行,认为"心"和镜子一样,需要打磨,除去私欲,才能使镜子重新光明。

"良知"的关键在于"致"。"良知"必须"致","致"后才"良知"。阳明心

---

① 王阳明:《传习录上》,《王阳明全集》卷一,第18页。
② 王阳明:《传习录拾遗》,《王阳明全集》卷三十二,第970页。
③ 王阳明:《答黄宗贤应原忠》,《王阳明全集》卷四,第126页。

学的要旨是"知行合一"的"行","致良知"的"致"。"致"字出自《大学》的"格物致知"。王阳明的"知"并非知识的知,而是良知的知。心有良知,就会将善行付诸行动;如果丧失良知,就会作恶。而王阳明的"致"就是至,就是在事上磨炼。"致良知"是一个知行合一的实践过程,人们将良知扩充到事事物物,在实际行动中不断地去追求、去实现"良知","为善去恶","正其不正以归于正",实现心与理、知与行、道德修养与社会实践的融为一体,达到"人人皆可成圣"的理想。

4. 怎样"致良知"?

王阳明在《示诸生三首》中称"致良知"是成圣妙法,劝人从之。诗云:"但致良知成德业,谩从故纸费精神。"①——不要在故纸堆里浪费时光,只要致良知,就能成德业。"人人有路透长安。"②——人人都有成圣之路。"翻嫌易简却求难。"③——有些人抛弃易简之法不用,却去求繁难之法。"只从孝弟为尧舜,莫把辞章学柳韩。"④——只要致良知就能成为圣人,不用像韩愈、柳宗元那样去迷恋辞章。"不信自家原具足,请君随事反身观。"⑤——其实每个人都有良知。

那怎么"致良知"呢?"致良知"乃易简之道,需要依靠自己,一心向内,去除心中的私欲、贪念。这是"致良知"说的最精彩之处。

一是去除私欲、贪念。王阳明的学生周道通,江苏宜兴人,曾师从湛若水,做过知县。他给王阳明写信讨论事上炼,大致是说:"老师,您教导我们要事上磨炼。但怎样在事上炼呢?您说不要管每天有事无事,都只管'致良知'。先生,您讲的话我都懂,我也按照您的教导做了,但我这个知县工作纷繁复杂,这件事没处理完,那件事又来了。老百姓的事没解决,上级的事又来了。刚应付完上级,老百姓又不满了。真是应接不暇,让我身心疲惫。您还说,对每件事都要静坐反思,

---

①②③④⑤ 王阳明:《居越诗三十四首》,《王阳明全集》卷二十,第653页。

总结一下,才能升华。那一个人的精力哪里应付得过来呢?

王阳明说:这个容易呀。"事物之来,但尽吾心之良知以应之",不需要特别准备。"凡处得有善有未善,及有困顿失次之患者,皆是牵于毁誉得丧。"为什么你工作中总觉得疲于奔命,就是因为你的心"牵于毁誉得丧",不能致良知。"……恐正是牵于毁誉得丧,自贼其良知者也。"①

王阳明在一次讲学时说道:"对于刚开始学习修养功夫的人而言,务必彻底清除心中对声色货利的欲念,绝不能让这些私欲在心中存留堆积。唯有这样,当偶然遇到声色货利的诱惑时,才不会被其牵累,而是能够从容应对。实际上,良知的修炼正是要在应对声色货利的过程中下功夫。倘若能够达到良知的境界,使其毫无遮蔽,那么在与声色货利打交道时,一切行为皆会自然而然地合乎天理。"王阳明此番言论的核心观点在于,修心的关键在于反思并祛除心中对名利、美色、财富等物欲的执念,让内在的良知得以显现。一旦良知显现,人生就有了主宰,行为也会合乎天道。

这时,有人抖了一个机灵,自作聪明发问道:"我也想在静坐时将好名、好色、好财等欲念逐一搜寻出来,扫除廓净。可这样做会不会如同剜肉补疮,反而适得其反呢?"

面对这一问,王阳明险些栽了个跟头,此人的意思是,这好名、好色、好利之心是人的本能,如果连根拔除,那是否会引发更严重的问题?而王阳明却认为,这些私欲如同身上的毒疮,必须彻底清除。剜肉补疮,不是剜去健康的"肉",而是剜去有病的"疮"。

王阳明一脸严肃,正色道:"这是我医人的方子,真是去得人病根。即使本事再大的人,十几年后,依然用得上。你如不用,就收起来,不要败坏我的药方。"此话一出,吓得提问之人满脸羞愧,赶忙致歉。

过了片刻,王阳明语气缓和下来,说道:这般质疑想必不是你自己想出来的,

---

① 王阳明:《答周道通书》,《王阳明全集》卷二,第52页。

"必吾门稍知意思者为此说以误汝",一定是我门下那些略知皮毛的学生误导了你。王阳明这么一说,"在坐者皆悚然"[①]。

二是靠自己。有学生请教如何铲除私欲?王阳明说"我已曾一句道尽",就是说靠自己一心向内致良知呀。

这位学生说:"致良知一说,我已经闻教了,但还请老师讲明。"

王阳明说:"既然已经知道致良知,那还有什么可讲明的呢?良知本是明白,落实用功便是。"不肯用功,光在嘴上说,那只会越说越糊涂。

这位学生说:我就想求老师您讲明致良知之功。王阳明回答:良知要你自己求,我也没法子可说。"从前有位禅师,每当有人来请教佛法,他只把拂尘提起来。有一天,他的徒弟把拂尘藏了起来,看他如何说法。禅师因不能找到拂尘,只好空手做出提起拂尘的样子。我这个良知就是说法的拂尘。舍了这个,有何可提的?"

过了一会儿,又有一名弟子小心翼翼地问怎样去除私欲。

王阳明侧过头去左右找了找,问:"我的拂尘在哪儿呢?"

众人恍然大悟,都笑起来。("一时在坐者皆跃然。"[②])

"致良知"说到底还是一个实践的功夫,全靠自己努力。老师的讲解只是一个外在的"方子""拂尘",至于如何去除私欲,找到源自内心的道德感和判断力,那还要靠自己的"致"。"致良知"就是"格物致知",用良知去分清是非善恶,为人处世,那有什么难的呢?王阳明说:人人都明智,却很少人能做到。一件坏事到眼前,良知明明告知了不要去做,可无数的人还是会违背良知。"致良知"看似简易实则难的原因在于——说而不做,知行不一。[③]

三是致良知要在心上炼、事上炼。王阳明强调人虽然生而有良知,却不会自然而然地成为圣人,因为人的良知之心会受到私欲的遮蔽。人要成圣,就要去私欲,去遮蔽,就要致良知。而"致良知"不是清心寡欲、啥事不做地坐在那里苦思冥想,

---

①② 王阳明:《传习录下》,《王阳明全集》卷三,第95页。
① 度阴山:《知行合一王阳明》,北京联合出版公司2014年版,第178页。

等待顿悟，而是要"行"，要"致"，要"炼"，心上炼，事上炼。

只有这样，才能致良知，才能由一个凡人成为一个圣人。

什么是心上炼？就是改造主观世界，要时常反省自己，严以律己，严以修身，擦掉心上的灰尘，消除心中的杂念、私欲。内圣才能外王，内在是圣人，在外才能成就一番事业。

什么是事上炼？就是不能光想、光说，而要行动，要实践，改造客观世界。王阳明在江西经历的几个重大事件——担任庐陵县令、平复南赣盗乱和南昌平叛等，就是在事上炼。只有在事上磨炼，才能修炼出强大内心，具有强大的定力。"人须在事上磨，方能立得住，方能'静亦定，动亦定'。"① 这是王阳明特别打动人的一句话。

很多人都过不了事上磨这一关。很多事情想得很好，说起来也一套一套的，最后却啥结果也没有。问题就出在想了却不去做，说做又做不了，自己给自己打了个死结。入世做事才是人生最好的修行法门，要在纷繁复杂的生活中做好各种具体的事件，处理各种人情世故，从而锻造自己的心，耐住自己的性，把事情做好，而这正是对心性的最好磨砺。通过事上磨，心上觉，去除私欲，让内心清澈，亮如明镜，方能修得如如不动的强大内心，做到动静皆定、"不动心"，"泰山崩于前而色不变，麋鹿兴于左而目不瞬"，沉着冷静，处变不惊，遇事泰然，正确应对。

王阳明经常教导学生通过事上磨炼，使自己的学业精进，道德品质得以发展和完善。他曾告诫学生："吾与诸公讲致知格物，日日是此，讲一二十年俱是如此。诸君听吾言，实去用功，见吾讲一番，自觉长进一番。否则，只作一场话说，虽听之亦何用？"② 又说："致良知便是'必有事'的功夫。"③ 他主张即事即学，即政即学，身体力行，知行合一。

用阳明心学的话语体系讲，良知是本体论，致良知是功夫论。阳明心学的可

---

① 王阳明：《传习录上》，《王阳明全集》卷一，第11页。
② 王阳明：《传习录下》，《王阳明全集》卷三，第107页。
③ 王阳明：《传习录下》，《王阳明全集》卷三，第108页。

贵之处，是王阳明"致良知"的"致"，"知行合一"的"行"。王阳明更多的是强调在"致"中、从"行"中、于"格"中看你的心是不是"明"的，看你的知是不是"良"的。这就强调了后天的努力，强调了主观能动性，强调了事上磨、心上炼的道德实践的重要性。他实际上是把先天和后天、良知和实践结合在一起了。

六、"此心光明"是阳明心学的基本标识与精神气象

王阳明在弥留之际，留下"此心光明，亦复何言"的遗言，"此心光明"是王阳明一生的追求，是对其一生最准确的总结，一颗充盈而光明的心足以照亮来时的路。

"此心光明"，似乎只是王阳明死前的一句话而已。其实，"光明"这个词在《王阳明全集》中出现多次。王阳明特别喜欢皎月，常借月感怀，表达他的人生哲理，认为只要心中有主，自然外物难侵。王阳明在《送蔡希颜三首》中说："悟后《六经》无一字，静余孤月湛虚明。"[1] 良知由静极而生，是虚无一物的，良知是光明的，像中秋夜的月亮一样透照万物。这让人联想到唐代禅师寒山的诗："吾心似秋月，碧潭清皎洁。无物堪比伦，教我如何说。"

平叛之后，王阳明还在南昌过了个中秋节，写了一首《中秋》，他在诗中表白："吾心自有光明月，千古团圆永无缺。"此心光明了，世界便一同光明起来。他在《月夜二首》[2] 中写道：

> 万里中秋月正晴，四山云霭忽然生。
> 须臾浊雾随风散，依旧青天此月明。
> 肯信良知原不昧，从他外物岂能撄[3]。
> 老夫今夜狂歌发，化作钧天满太清。

---

[1] 王阳明：《滁州诗三十六首》，《王阳明全集》卷二十，第609页。
[2] 王阳明：《居越诗三十四首》，《王阳明全集》卷二十，第650页。
[3] 撄：yīng，扰乱。

他说的"光明月"实际上就是良知、良心,此心本身不是一团血肉,而是一个有良知的光明透亮体,它本身是光明的,但会受到私欲遮蔽。如有,就会遮蔽此心,此心就不光明了,那就要使之光明。发明本心就是使本心重新光明。王阳明坚信:遮蔽明月的浊雾一定会随风散去,良知的歌声会化作一股正气充满宇宙天地之间。

1527年(嘉靖六年),王阳明出征广西,十月初路过江西贵溪。徐樾①在信江岸边虔敬地等着王阳明,想得其指点。他说自己长期在白鹿洞书院练习打坐,确信自己在打坐中得到了阳明心学的真谛。王阳明让他举例说明,徐樾自信地举起例子来。他举一个,王阳明就否定一个。举了十几个,已无例可举,徐樾越来越不自信,相当沮丧。

王阳明指点他道:"你太执着于外物了。"

徐樾不理解。

王阳明指着船里的蜡烛光说:"这是光。"又指向窗外被烛光照耀的湖面说:"这也是光。"再指向目力所及处:"这还是光。"

徐樾先是茫然,接着很快就兴奋起来,说:"老师,我懂了。"

"记住:不要执着,光不仅在烛上。"王阳明说道。

良知就是人心的蜡烛,它点燃了就会散发出光,正像王阳明说:"**致吾心良知之天理于事事物物,则事事物物皆得其理矣。**"

徐樾高兴地拜谢而去。

蜡烛能发光,光却不只在蜡烛上,还可以在太阳、月亮、火把上,关键在于人的心中是不是有光。人心中的光,就是良知。就像蜡烛,不仅烛芯上有光,而且它照耀的地方都有光。一旦致了良知,光便无处不在,就像点亮了蜡烛,心中有光,世界就亮。如果一个人的心出了问题,昧了良心,心光暗淡,那他看到的世界也将全是黑暗。王阳明的遗言"此心光明",表达了他的光明磊落,坦坦荡荡,

---

① 徐樾,江西贵溪人。进士,先后任礼部侍郎、云南布政使。后三次在王阳明门下受业,成为泰州学派的早期弟子之一。

生当如此，死亦如此。

阳明心学是一种信仰的哲学，而信仰只有被实践才有意义。王阳明从小就立下成圣之志，后又提出"知行合一"，强调内圣外王，将心性之学转化为卓越的事功。可见要想改变命运，首先就要改变自己；而要改变自己，首先就要磨炼内心。

在王阳明的思想体系里，"此心光明"占据了十分重要的位置。拥有一颗光明之心，追求一个光明之志，成为一个光明之人，这是王阳明的人生和阳明心学的显著特征。心是身上的灯，此灯不灭，心就有光，心若光明，生活就亮堂，世界就光明；心若昏暗，世界就昏暗。人之幸福在于心之幸福，人生幸福与否，不是我们获得或失去了什么，而在于心态。我们所追求的幸福，在很大程度上以我们对外界的态度为转移。我们无法控制、改变自己的遭遇，却可以通过转变自己的心态达到改变生活的目的。

光明之心与阴暗之心总是成双成对的。人们在"致良知"以保持光明之心的过程中，总会面对自己的私欲、杂念等阴暗心理；在努力做一个光明之人时，也常常会碰到小人、坏人等内心阴暗的人物。比如现在有权之士、有钱之士、有识之士中就有许多两面人，世风日下的问题出在哪儿呢？就是某些人的心里不光明了，有了小九九，有了猫儿腻，可是在表面上依然拿冠冕堂皇的词句给自己"涂脂抹粉"。

有学生问："近来用功，亦颇觉妄念不生。但腔子里黑窣窣的，不知如何打得光明。"

王阳明回答："初下手用功，如何腔子里便得光明？譬如奔流浊水，才贮在缸里，初然虽定，也只是昏浊的。须俟澄定既久，自然渣滓尽去，复得清来。汝只要在良知上用功。良知存久，黑窣窣自能光明矣。今便要责效，却是助长，不成工夫。"[1]

"凡我有官皆要诚心实意，一洗从前靡文粉饰之弊，各竭为德为民之心，共图正大光明之治，通备行各该衙门查照施行。"[2] 王阳明就是要竭尽"为德为民之

---

[1] 王阳明：《传习录下》，《王阳明全集》卷三，第87页。
[2] 王阳明：《裁革文移》，《王阳明全集》卷一十八，第537页。

心","共图正大光明之治"。他是这样想的,也是这样做的。

"守仁每诵明公之所论奏,见其洞察之明,刚果之断,妙应无方之知,灿然剖析之有条,而正大光明之学,凛然理义之莫犯,未尝不拱手起诵,歆仰叹服。"①

王阳明的一生,所存此心,就是一颗光明之心、一颗良知之心。梁漱溟说:"人生意义在发挥他本有的伟大、本有的高明。可是这个伟大高明,是一个可能性,不是现成的高大,是让你往高大里去;不是已成的高大,而是能够高能够大……你看到你所应当做的你就去做,你将会继续扩充你的可能。"梁先生在这里把王阳明的"此心光明致良知"的学说做了极好的诠释与发挥。每个人的伟大与高明只是潜在的,并不是现成的伟大与高明,而是"能够高大"与"能够高明"。假如不努力,这种高明与伟大还是没有办法表现出来。正像王阳明所说,每个人心中都有良知,都有光明,但人要不断地去知行合一,去"致"良知,去擦拭内心让其大放光明,这样才能用自己的人生去表达自己的内心。王阳明就是用了自己的人生去表达了自己的心,用心路去演绎了自己的心学。

怎么对待自己的阴暗心理,怎么面对社会上的阴暗小人?王阳明的观点很有意思。那就是保持一颗平常心,而不是成败之心。面对阴暗,如果抱着成败之心,太在乎,太计较,刻意去斗争,去求胜,就会患得患失。王阳明把这种情况称之为"将迎"。"将迎"一词出自《庄子·知北游》,是送、迎之意,引申为抵拒、迎合。王阳明认为:去私、除欲、致良知,不是和私欲之间的一场战斗,对于各种诱惑、念头、情绪,都不必刻意去抗拒、迎合,也不是刻意地执着于此或克服,只要凭良心办事,按良知行动就可以了。

有学生问:"孔子所谓远虑,周公夜以继日,与将迎不同何如?"

王阳明说:"'远虑'不是茫茫荡荡去思虑,只是要存这天理。天理在人心……天理即是良知,千思万虑,只是要致良知。……若只着在事上茫茫荡荡去思教做'远

---

① 王阳明:《与王晋溪司马》,《王阳明全集》卷二十七,第831页。

虑'，便不免有毁誉、得丧、人欲掺入其中，就是'将迎'了。周公终夜以思，只是'戒慎不睹，恐惧不闻'的功夫；见得时，其气象与'将迎'自别。"[1]王阳明认为，孔子和周公这两位圣人都是深思熟虑的人。他们处理棘手的事情时，思虑的不是毁誉、得失、欲念，也不是具体事情的解决方案，而只是"致良知"的功夫。

人心中的良知和贪念、私欲的关系，就像光明和黑暗的关系一样，光明一旦出现，黑暗就自然消失，此时黑暗不是没有了，而是融进了光明之中。王阳明说："人若知这良知诀窍，随他多少邪思枉念，这里一觉，都自消融。真个是灵丹一粒，点铁成金。"[2]所以，不必刻意地寻找出心中有哪些贪念、私欲，然后努力把持着它们，克服住它们，消灭它们，不是这样的；而是要知行合一致良知，心上炼，事上炼，不断地擦亮自己的心镜，呈现出心中的良知，让良知发出光来。

古人说："千年暗室，一灯能明。"就是说，哪怕是一个房间黑暗了1000年，灯一亮，这黑暗的房间就一下子通明了，房间里的一切东西都能看得清清楚楚。人一旦觉悟了，一旦良心发现，本心发明，见到了我们的本心，人生的意义就会呈现。这便是一见永见、一见彻见。中国有点长明灯的习俗，其实，燃灯的真正意义在于，借着点灯的形式，让自己内在的愿望亮起来，让信仰之光、信念之光扫除我们生命的愚昧昏暗，用自己的光明温暖有缘的众生。所以，不要小看王阳明的"此心光明"，正是有了这种光明之心，王阳明即使在无边的黑暗中也不会彷徨和无助，才会从至暗深渊中，淬炼出闪耀的人格光芒，来唤醒人人自有的良知。

任何时候，哪怕处于腥风苦雨、黑暗如漆的环境中，我们都要做一个心有良知的人，做一个内心有光的人。

---

[1] 王阳明：《传习录下》，《王阳明全集》卷三，第96页。
[2] 王阳明：《传习录下》，《王阳明全集》卷三，第82页。

第10讲
王阳明的人格魅力与思想光辉

一、王阳明的思想锋芒

1. 朱熹理学的困境

理学之初，宋初三先生（胡瑗、孙复、石介）、北宋五子（周敦颐、邵雍、张载、程颢、程颐）等诸位大儒以先忧后乐的担当精神，开创了道学与政统合为一体的新局面，朝气蓬勃，元气淋漓。到了朱熹与陆九渊鹅湖之会时期，"外王"的风头已减，而"内圣"的劲头正健。理学追求天人合一的理想人格，强调锻炼扎实的修养功夫，在日常生活之中不断克除人欲、体察天理、变化气质，化血气为义理，理学似乎成为专讲自身道德修养的内圣之学。

明朝的科举考试以朱熹之学为标准来答题，结果，朱熹的那些至理名言都成了现成的词语，成了大话、套话、空话、现成话，成了人人都说却不做的说教了。明朝的官风、学风、社风充满躁动的戾气。明代的士大夫们大都是说和做两不相关，或干脆是只说不做，道貌岸然，假模假式，光在说上做文章，最终变成了说一套、做一套，说是这样说、做却那样做的两面人。

王阳明坚决反对这种科场理学、功名之心、官场腔调。他说："世之学者，章绘句琢以夸俗，诡心色取，相饰以伪，谓圣人之道劳苦无功，非复人之所可为，而徒取辩于言词之间。……而圣人之学遂废。"[1]

王阳明就批评过一个急于"立言"的学生:"此弊溺人,其来非一日矣。不求自信,而急于人知,正所谓'以其昏昏,使人昭昭'也。耻其名之无闻于世,而不知知道者视之,反自贻笑耳。"[2]

王阳明的知行合一强调把知识落实于行,它针对的是整个官学体系及绝大部分读书人的现行做法,挑战了通行的借圣学来谋取高官厚禄的学风士气。[3]王阳明把天理移入人心,把道德他律转变为道德自律,突出了人的主体精神。他认为:朱熹的理学心物二分、知行不一,已经僵化、八股化,看似周到,近乎圣学,实际是一种"支离",是注疏辞章之学,以"学"解"道",把只能内在体验意会的"道"变成了即使没有体会也能言之有理的"学",儒家已经退化成专供口说练嘴的现成道理。

王阳明认为科举制度把圣学变成了俗学,但如果想成为圣人,就不能以学解道,而必须"心"与"道"成为一体,找到这个魂,再抛弃口耳之学,坚持身心之学,这才有了"根本",才不会像八股儒生那样"无本而事于外"了。

在长期的思想探索和从政实践中,王阳明对朱熹学说提出了质疑与批评。1518年(正德十三年),王阳明平定三浰之后,于三月班师回到赣州,每天与门生讲课,"发明《大学》本旨"[4]。七月,他把曾经在南京编辑的《大学古本》和《朱子晚年定论》放在赣州刻印,并将刊印后的《大学古本》通过刻碑立石的方式送给了庐山白鹿洞书院。

在对《大学》的理解与解读上,王阳明的观点不但与宋代的朱熹有冲突,与同时代的不少学者也不同。王阳明与罗钦顺在南都时期就多次讨论过《大学》,意见不合。1520年(正德十五年)春,王阳明把其门人于正德十三年七月在赣州

---

[1] 王阳明:《别湛甘泉序》,《王阳明全集》卷七,第195页。
[2] 王阳明:《传习录拾遗》,《王阳明全集》卷三十二,第970页。
[3] 周月亮:《王阳明传》,长江文艺出版社2016年版,第106页。
[4] 张祥浩:《王守仁评传》,南京大学出版社1997年版,第33页。

刊刻的《大学古本》①和《朱子晚年定论》两本书赠送给了当时在江西家中的罗钦顺。六月，王阳明从南昌前往赣州，路经吉安府泰和县时，收到罗钦顺的来信②。作为朱子学者的罗钦顺，表示仍然不同意王阳明在《大学古本（傍释）》和《朱子晚年定论》中对朱熹"格物致知传"中"即物穷理"说的批判。

罗钦顺的来信触发了王阳明进一步阐发自己思想的意愿。王阳明就在船上写了《答罗整庵少宰书》③，文中一一批判了朱熹在《大学》"八条目"上的观点。《大学》说"致知在格物，物格而后知圣"，强调"格物"是身心修养的首要环节。王阳明对此做了改造，认定格物为"格其心之物也，格其意之物也，格其知之物也"，因而"致知"也就在于"格心"。④

王阳明心学思想的形成经历了一个与程朱理学深度对话的过程。他正是通过与朱熹《四书章句集注》等经典的交流交锋，以及与罗钦顺等程朱理学家的直接对话与论辩，不断提炼和总结其长期实践中的思想心得，最终逐步确立并揭示"致良知之教"。

王阳明对程朱理学的冲突与突破，是中国思想史上的一次重要转折。这一思想脉络经黄宗羲、王夫之等后世思想家的继承与发展，最终催生了晚清时期的民主思潮，并对近现代中国的思想启蒙产生深远影响。王阳明在理学体系内部发起的这场思想革新，不仅彰显了儒家传统自我更新的内在动力，更生动展现了中国文化那生生不息的创造性转化能力。然而，需要特别指出的是，王阳明提出的"知行合一"与"致良知"学说，虽然具有突破性意义，但没有也不可能跳出"理"的框架来独立建构一个全新的哲学体系。究其本质，这一思想创新仍属于儒学内部的一次改良与修正。

---

① 正德十六年，王阳明正式改定《大学古本序》（即《大学古本改序》）。
② 见罗钦顺：《困知记》附录《论学书信·与王阳明书〈庚辰夏〉》，中华书局1990年点校版。
③ 见王阳明：《传习录中》，《王阳明全集》卷二，第65—69页。此书成文于正德十五年六月二十日，王阳明手迹尚存世。
④ 王阳明：《答罗整庵少宰书》，《王阳明全集》卷二，第67页。

2. 王阳明与朱熹的不同

1509年，王阳明在龙场悟道后，席书就来请教：朱熹与陆九渊在思想上有什么异同？

王阳明没有正面回答朱陆异同，而是大讲"知"与"行"的关系，他说，如果"知"不能落实到"行"上，就会造成士林的表里不一，焦芳这样的奸狡小人能进内阁，就是由于知行之间的缝隙大得可以让坏人大行其道。只有坚持知行合一，把知落到行上，才能正风树德，刷新士林风气。

1511年正月，王阳明的弟子王舆庵和徐成之为朱熹理学和陆九渊心学的优劣发生了争论。王舆庵读陆九渊，读得津津有味，读朱熹，则味同嚼蜡。他就认为陆九渊心学是圣学，朱熹理学是偏门。徐成之则认为朱熹理学是圣学，陆九渊心学是禅，和儒学毫无关系。两人争论不休，徐成之写信给王阳明请求裁判。

王阳明高度评价了两人的学术热情，但指出两人对朱熹和陆九渊的思想都没有全面领会，各执一端，只是在"意必固我"地求胜，而不是在明理辨义，这样即使争出胜败也毫无意义。他说，弟子们不要为古人争长短了，现在"是朱非陆，天下论定久矣。久则难变也"①。徐成之即使不为朱熹伸张，朱熹也是对的；王舆庵就算为陆九渊辩出花来，陆九渊的学说也不能大行天下。这种争论是无聊的，应该赶快"养心息辩"。

王阳明在龙场之时就认为："朱陆异同，各有得失，无事辩诘，求之吾性自明也。"②朱熹和陆九渊之间的异同，没有必要辩难纠缠下去了，求之吾性就可以明了啦。

有一次，学生周道通来信："不要枉费心力为朱、陆争是非。只需依照王阳明先生'立志'二字点化人。如果这个人果能辨得此志来，就已大段明白了。""以前朱、陆两位先生之所以会遗留给后世众多议论的地方，是因为两位先生的工夫还不够纯熟，明显地带有感情用事成分。"

王阳明很赞赏周道通的话，说"此节议论得极是极是"，连说两个"极是"，

---

① 钱德洪：《年谱一》，载《王阳明全集》卷三十二，第1010页。
② 钱德洪：《年谱一》，载《王阳明全集》卷三十二，第1007页。

并说"愿道通遍以告于同志"。他要周道通转告大家什么呢？"各自且论自己是非，莫论朱、陆是非也。"[1]只要管好自己的对错，不要去讨论朱、陆的是非。王阳明接着说：诋毁他人的行为是肤浅的。如果自己不能身体力行，只是夸夸其谈，那就是虚度光阴、浪费时日，也是在糟蹋自己，性质就严重了。

阳明心学是从朱熹理学的思想牢笼里冲出来的，龙场悟道是对朱熹"格物致知"的拨乱反正。可以说，没有朱熹理学，就不可能有阳明心学。

徐成之来信请教朱熹与陆九渊的异同，王阳明答复道：一直以来，大家都将修养（尊德性）和学问（道问学）分割开来，其实二者是统一的。大家都说，陆九渊"专以尊德性为主"，侧重修养。其实，陆九渊并不是整天坐在那里胡思乱想，他也"教其徒读书穷理"。陆九渊当时就说过："既不知尊德性，焉有所谓道问学？"王阳明为陆九渊辩护说：陆九渊说的都是孔孟的话，并没有落入虚空，"唯独'易简觉悟'的说法让人生疑。"其实，"易简"之说出自儒家经典《易传·系辞传》。"觉悟"之说似乎和佛学有些相同，但佛学有些说法也和儒学相同，不必为儒、佛两者之间的异同而讳莫如深。因此，王舆庵肯定陆九渊，却没有肯定到位（"固犹尽其所以是也"）。

王阳明接着说：一般认为，朱熹"专以道问学为事"。其实朱熹也"尊德性"，重修养，他的"居敬穷理"就是以"尊德性"为前提的，"敬"是"尊德性"的功夫，"非存心无以致知"。只是他把时间都用到了学问上，天天搞注释训解，连韩愈的文章、《楚辞》《阴符经》《参同契》等也要去"注释考辨"，遂被人疑为"玩物"，而他讲修养的言论倒被人忽略了。实际上，朱熹是担忧后世学者肆意妄言，曲解经典本义，故而以严谨详细的阐释来主导相关学说。无奈世人往往顾此失彼，求之愈繁而失之愈远，还掉过头来说朱子"支离"。陆九渊、朱熹、王阳明都有相同的目的——成为圣人。只不过朱、陆二人在方法的选择上有所不同。而王阳明主张修养和学问、知和行本来就是一回事，不可分割。

---

[1] 王阳明：《传习录上》，《王阳明全集》卷二，第53页。

最后，王阳明说："朱、陆之别只是像子路、子贡一样同门殊科而已，不必分出个是一非一。我相当崇敬朱老夫子，但朱熹之学已大明于天下，普及于学童，其理学散发光辉几百年了，不必由我画蛇添足地来特别抬高。我唯一的遗憾就是陆九渊蒙不实之冤、被世人污为禅已有400年了，竟然没有一个人站出来为他主持公道。如果朱熹知道陆九渊的遭遇，也会在孔庙里黯然落泪，而不会安心接受供养的。"

王阳明说：朱熹集群儒各家之说，发明《六经》《论语》《孟子》的要旨于天下，开启后学，这是无可非议的。而陆九渊"辨义利之分，立大本，求放心"，为后学开启笃实之道，他的功劳怎能被肆意污蔑和诋毁呢（"其功亦宁可得而尽诬之"）？①

王阳明高度评价陆九渊，说："象山之学简易直截，孟子之后一人。""……其大本大原断非余子所及也"，赞扬陆九渊是"孟子之后一人"，强调陆九渊的思想绝非常人所能及。然而，尽管王阳明继承了陆九渊的思想精髓，却不满意陆九渊思想中残留的程朱思想的痕迹。他评价陆九渊的思辨、致知格物之说沿袭了程朱诸儒旧说，"亦未免沿袭之累"②，就如同金子尚未达到十足的成色，仍掺杂着杂质，存在遗憾之处。"致知格物，自来儒者皆相沿如此说，故象山亦遂相沿得来，不复致疑耳。然此毕竟亦是象山见得未精一处，不可掩也。"③王阳明认为陆九渊在"格物致知"上没有做到"精一"，这一不足不可掩饰。

总之，王阳明的上述言论，一直在调停朱、陆之辩，调和朱、陆之异。他采用的办法可归结为一个"通"字，就是探寻朱、陆二者之同，而不是举一废一。在王阳明看来，穷理是尽兴的功夫，道问学是尊德性的功夫，博文是约礼的功夫，这样，和而两美，同生共长。同时，王阳明说佛学、道学与儒学、圣学并无大异，于大道无大碍。不过，王阳明在论说过程中，其批判朱熹理论、维护陆九渊的思想倾向还是十分明显的。

论述朱、陆异同，是阳明心学史上相当重要的篇章，王阳明既为陆九渊辩污，

---

① 王阳明：《答徐成之》，《王阳明全集》卷二十一，第665—669页。
② 王阳明：《与席元山》，《王阳明全集》卷五，第154页。
③ 王阳明：《答友人问》，《王阳明全集》卷六，第177页。

也为自己的心学正名。表面上看，他在评判朱熹和陆九渊，实际上是在把自己的心学抬进显学的殿堂。虽然朱熹的"格物致知"和他的"格物致知"差别极大，王阳明却说，他和朱熹的观点是一致的；他编纂《朱子晚年定论》，就是试图证明朱熹晚年的思想才是朱熹真正的思想，而朱熹晚年的思想与他王阳明的心学是一致的。

其实，王阳明早年就公开批评朱熹学说。《传习录上》载王阳明与徐爱论学，斥朱熹说："朱子格物之训，未免牵合附会，非其本旨。"又说："朱子错训'格物'，只为倒看了此意，以'尽心知性'为'物格知至'，要初学便去做生知安行事，如何做得？"[①]

王阳明提出"知行合一"的思想，认为知的过程就是行的过程，知、行不能脱节，知、行是同一个过程，行的开始就是知。这与朱熹的观点恰恰相反。

王阳明提出了"致良知"说，认为良知是人人皆有且一直存在的，只不过会被蒙上灰尘。所以要"致良知"，而"致良知"的途径与方法，一是强调内省、反思，二是强调在事上磨炼，即在行动中学习。他认为一切学习都是在行动中进行的。

王阳明认为要追求内化于心、外化于行的"道"。"道之大端易于明白"，但后世学者却无视或不去遵循那容易理解的道，而把难以明白的理论奉为学问，"顾后之学者忽其易于明白者而弗由，而求其难于明白者以为学"。这就是"道在迩而求诸远，事在易而求诸难"[②]。同时，也认为不能把这个道当作只说不练的嘴上功夫——"吾讲致良知原自有味，却被诸君敷衍，今日讲良知，明日讲良知，就无味了，且起人厌。诸君今后务求体认，勿烦辞说"[③]。

陆王心学和程朱理学都讲要破心中之贼，那么两者的差别在哪里？程朱理学认为破心中之贼的前提是把天理说清楚，陆王心学认为是要唤醒我们心中已有的那个本心、良知。如果用人心之外的天理来破心中之贼，这仍然是对外部权威的服从，是僵死的教条。王阳明的"致良知"较之朱熹的"格物致知"更自然、更简易，

[①] 王阳明：《传习录上》，《王阳明全集》卷一，第5页。
[②] 王阳明：《答顾东桥书》，《王阳明全集》卷二，第43页。
[③] 束景南：《王阳明散佚语录辑补》，《王阳明佚文辑考编年》下，上海古籍出版社2015版，第1047页。

与注重文字表述与逻辑分析的方式相比较，阳明心学更倾向于通过体验和直觉洞见事事物物中的天理。

3. 王阳明与陆九渊

心学开始于周敦颐，光大于陆九渊，成就于王阳明。王阳明曾自诩他对陆九渊的客观态度："吾于象山之学有同者，非是苟同；其异者，自不掩其为异也。吾于晦庵之论有异者，非是求异；其同者，自不害其为同也。"①

50岁时，王阳明以江西最高行政官的权力，"牌行抚州府金溪县官吏，将陆氏嫡派子孙，仿各处圣贤子孙事例，免其差役；有俊秀子弟，具名提学道送学肄业"②。他深感陆九渊既未获配享孔庙的殊荣，其子孙亦未得到朝廷的褒奖恩泽，这境遇实在有失公允。

陆九渊创立了理学中的另一派心学，认为每个人都具有先天的、不虑而知、不学而能的良心、本心。本心既存在于人心，又充塞于宇宙。人的一切恶行都是因为"失其本心"，所以人的一切修养功夫都应该力求保持本心。

阳明心学继承了陆九渊的心学思想，认为人就是要关心天下事，要做天下的事。朱宸濠反叛时，王阳明只是南赣巡抚，皇帝的命令又没来，跟王阳明有什么关系呢？但王阳明就是冲上去了。王阳明还发展了陆九渊心学，提出了"心即理""知行合一""致良知"。

王阳明和陆九渊一样，都建立了与程朱理学对立的一套理论体系，他们的路数是一致的，陆王心学直指人心，都以"心即理"为哲学基础，都以"心"建立自己的本体论，故他们的思想学说皆为心学。王阳明的"致良知"说顺着陆九渊的说下来，对陆九渊心学有发展。目前我们看到的论述，更多的是谈陆九渊和王阳明的一致性，其实两人也有所不同，主要表现在理论的详略、完备程度及社会影响方面：

---

① 王阳明：《答友人问》，《王阳明全集》卷六，第176—177页。
② 钱德洪：《年谱二》，载《王阳明全集》卷三十四，第1051页。

一、在本体论上，王阳明与陆九渊都坚持心本体论，但二者对朱熹哲学的回应存在差异。朱熹认为理存在于万物之中，主张通过"格物穷理"，即对事物的研究来弄清理的本质。陆九渊虽未系统批判朱熹，但其"心即理"的观点暗含对朱熹"理在物中"的否定；王阳明则更为激进，他系统地改造和批判朱熹哲学，提出"心外无事，心外无物，心外无理，心外无义，心外无善"，彻底否定理存在于万物之中的观点。王阳明在理论建构上不谈性，只谈理，与朱熹兼谈理与性的体系形成鲜明对比，更强调知理存在于人的心中，凸显个人作为认知权威的地位。

二、在格物上，陆九渊强调以"明心"为主，提出"心即理""先立乎其大者"，并没有具体解释"格物"这个概念。而王阳明对此则有详细的解说，他把"物"解释为"事"，格物就变成了格事，进而提出了格心论，构建起更具思辨性和实践指导意义的理论体系。

三、在修养论上，陆九渊的心学有点儿"粗糙"。陆九渊在修养论提道："近有议吾者云：除了'先立乎其大者'一句，全无伎俩。吾闻之曰：'诚然'。"陆九渊虽然也讲"发明本心"，但更多是讲天生就有的本心，重点还是在"本心"。王阳明也讲"良知""本心"，但强调这个良知之本心会受到私欲的遮蔽，他在龙场悟道后提出了知行合一说，后来又在这一学说的基础上提出"致良知"的理论。所以，阳明心学比陆九渊的心学更系统化和完善化，更强调实践（事上炼），更多地讲"知行合一"的"行"，讲"致良知"的"致"，讲后天的不断努力。"良知"必须"致"，"致"后才"良知"，这是"致良知"说得最精彩之处。

陆、王两人的思想还有其他细微区别，如动与静、已发与未发等，但总的来说，他们的关系是顺承的。

二、王阳明的讲学讲习

1. 王阳明为什么那么好讲学？

明代施邦曜在《阳明先生集要》序言中说："德立而功与言一以贯之，此先生之独成其不朽哉!"[1] 王阳明一生,既治世理政,又提兵戡乱,文治武功,"内圣外王"。他既有敏锐的洞察力,又有超强的执行力,同时,他勤于学问,也好讲学,无论身处何地,都广收门徒,弘道授业。

孟子说"人之患在好为人师",此话放在王阳明身上尤为贴切。明代讲学之风盛行,王阳明与湛若水更是痴迷,终日讲学不辍。就是这个湛若水——本已被人批评为"多言之人"——却也反过来批评王阳明过于"好为人师",认为他的"病"就在于太过热衷于讲学。这一评价足见王阳明讲学之勤、诲人之切到了何种程度。这种近乎偏执的讲学热情,既彰显了王阳明传道授业的使命感,也折射出明代士人追求圣人之道的执着精神。

王阳明以弘扬"圣学"为己任,一生讲学不辍。他无论走到哪里,或公务繁忙,甚至军务倥偬,或闲职无事,或信件来往,或聚众授课,他总是在讲学,大力宣扬自己的思想学说。对王阳明而言,讲学虽不是他的公职,却是他的天职。

王阳明的讲学生涯始于1505年(弘治十八年),当时他34岁,在京师讲学,直到1529年(嘉靖八年)去世,贯穿了20多年。这段讲学历程既代表了他个人的成长轨迹,也反映了阳明心学的发展变化过程。

第一阶段:1505年在京师讲学。《年谱一》里记载,"门人始进"。但是查不出当年"始进"了哪个或哪些"门人"。据束景南先生《王阳明年谱长编》,徐爱此年入京并受学于王阳明,但正式成为王阳明学生是在1507年王阳明贬谪至龙场途经杭州时。此外,方献夫、穆孔晖、顾应祥都是这年考上进士,都在京城,也许与王阳明见过面,听过王阳明的课,但成为王阳明的学生却是以后的事。年谱的有关"记载乃是以迟为早、以后为前,颇具误导性"[2]。

第二阶段:1508年(正德三年)至1510年(正德五年)。这一时期王阳明在龙场龙冈书院、贵阳文明书院、湖南沅陵、常德潮音阁、江西庐陵白鹭洲书院和青原书院讲学。"阳明思想之传播渐广,应当始于其谪处贵州期间。"龙场悟道后,

---

[1]《阳明先生集要》,王晓昕整理,中华书局2008年版。
[2] 焦堃:《阳明心学与明代内阁政治》,中华书局2021年版,第38页。

王阳明在龙冈书院、贵阳文明书院教授学生。

第三阶段：1510年（正德五年）十一月离开江西至1516年（正德十一年）回江西任南赣巡抚。这六七年间，王阳明的职务不断变动，从七品升到正四品，但每个职位要么任职很短，要么就是闲职，因此，他把主要精力放在讲学上面。这是他一生中讲学较为集中的时间。1513年（正德八年）正月，王阳明与徐爱同船南下，一路谈论《大学》，并根据《大学》古本立诚意格物之教。1513年在绍兴和滁州讲学。这一时期，也是王阳明门人大进时期。

江西吉安青原山阳明书院
（图片取自《江西画报》）

第四阶段：1517年（正德十二年）正月至1521年（正德十六年）八月。1518年，王阳明在赣州讲学；1519年在赣州、南昌讲学；1520年在南昌、庐山与赣州讲学。在江西的这四年半时间，是他立功、立德最主要的时期，也是他立言（包括讲学）的重要时期。这段时间，他不仅实践了知行合一，更提出了"致良知"这一心学的核心思想。在江西时期，王阳明身边新进了大量弟子，随时聆听他的讲学。

第五阶段：1521年（正德十六年）八月至1527年（嘉靖六年）九月，"居越六年"。王阳明建奇伟之功反遭诽谤，于是返回浙江老家。居越的这六年，王阳明在绍兴稽山书院、余姚中天阁讲学。王阳明每月的初一、初八、十五、廿三亲自授课，当时许多读书人慕名而来，听课人数最多时达300多人，《年谱三》记载其"门人日进"[①]，最著名者有南大吉、钱德洪、王畿等。1524年（嘉靖三年），南大吉在绍兴修复稽山书院，从此，稽山书院成为王阳明讲学的大本营。他每天与门人讲授"致良知"之说。《年谱》至少录有16名学子的姓名：萧璆、杨汝荣、杨绍芳等来自湖广；杨仁鸣（杨鸾）、薛宗铠、黄梦星等来自广东；王艮、孟源、

---

①钱德洪：《年谱三》，载《王阳明全集》卷三十五，第1060页。

周冲等来自直隶；何秦（何廷仁）、黄弘纲、刘邦采、刘文敏、魏良政、魏良器、曾忭来自江西。[①] 这16人中，来自江西的有7名。当时绍兴城城外的"南镇、禹穴、阳明洞诸山，远近寺刹（如天妃庙、光相寺），徒足所到，无非同志游寓所在"，都住满了来求学的书生。经常是一间屋子合食共住者数十人。"夜无卧处，更相就席"，晚上人多得没地方睡，那就轮流休息。那些在王阳明身边侍候问学几年的人，王阳明都"不能遍记其姓名者"。来问学的学子们十分努力，"歌声彻昏旦"，夜读、吟咏之声从早到晚一直不停。"先生每临讲座，前后左右环坐而听者，常不下数百人，送往迎来，月无虚日。""诸生每听讲出门，未尝不跳跃称快。"王阳明和学生们也建立了深厚的感情，每当有学生来告别时，他都会感叹："君等离别，不出在天地间，苟同此志，吾亦可以忘形似矣！"[②]

广西南宁青山摩崖石刻——阳明先生过化之地

第六阶段：1527年（嘉靖六年）九月出征广西至逝世，王阳明在南昌、吉安

[①] 钱德洪：《年谱三》，载《王阳明全集》卷三十五，第1060页；又参见焦堃：《阳明心学与明代内阁政治》，中华书局2021年版，第77页。
[②] 王阳明：《传习录下》，《王阳明全集》卷三，第103—104页。

螺川、肇庆等地一路讲学不辍。即使在广西军务繁忙之际,也不忘讲学。1528年(嘉靖七年)六月,他在南宁创建敷文书院,聘其门人季本(1484—1563)"相应委心师资之任"①,自己也亲自主讲。"自此诸生得于观感兴起,砥砺切磋,修之于其家,而被于里巷,达于乡村,则边徼之地,自此遂化为邹鲁之乡,亦不难矣。"②

2. 王阳明讲学的特点

(1)王阳明以现任官员的身份在朝中和地方公然收徒、讲学、传道。理学家收徒讲学,在宋明时期十分普遍。比如南宋时期的朱熹、陆九渊,明朝的吴与弼、胡居仁、陈白沙,都曾广收门徒。然而,他们大多是平民身份,朱熹、陆九渊虽然做过官,但他们收徒讲学,主要是在他们没有官员身份的时候。而王阳明的收徒讲学,主要发生在他担任现职官员期间。其门人始进、门人大进、门人日进都是发生在他担任重要官员的时期。王阳明的现任官员身份对其招收门徒、扩大讲学影响起到了重要作用。

在明代,生员、举人与地方官员的交往是比较犯忌的。然而,王阳明身为高官,却以极大热情接受和指导这些学生。他的学生来自全国各地,尽管他是在传道,但这种做法在当时是会引发争议的。事实上,当时的江西巡按御史唐龙、提学邵锐就有"撤讲择交相劝"的抵触行为。③

王门弟子中,有些人一生不仕而专事讲学。如钱德洪"在野三十年,无日不讲学,江、浙、宣、歙、楚、广,名区奥地,皆有讲舍"④;王畿"林下四十余年,无日不讲学,自两都及吴、楚、闽、越、江、浙,皆有讲舍"⑤。王门弟子中也有位至高位而倡导讲学的,如徐阶在嘉靖、隆庆之际执政朝廷,他"素称姚江弟子,

---

① 王阳明:《牌行南宁府延师设教》,《王阳明全集》卷一十八,第535页。
② 王阳明:《牌行南宁府延师设教》,《王阳明全集》卷一十八,第538页。
③ 钱德洪:《年谱二》,载《王阳明全集》卷三十四,第1050页。
④⑤[明]黄宗羲:《明儒学案·浙中王门学案》,浙江古籍出版社2012年版。

极喜良知之学"[1]。他主持的灵济宫讲会规模最大,"一时附丽之者,竞依坛坫,旁畅其说","其流风所被,倾动朝野"[2]。这促使王学及其传播的书院获得了广泛而崇高的社会声誉。

（2）王阳明讲学传道,主要面向士人阶层。

王阳明不仅是哲学家、思想家、军事家,还是大教育家。他既为官,又讲学,随处开坛授徒,培养了大量学生。据估计,其嫡传弟子多达3000至5000人,遍及浙江、江苏、江西、安徽、湖南、湖北、贵州、福建、广东、广西、山东、陕西等地。阳明身后,德行沾溉后世,继者辈出,王门后学有八派之多,即浙中王门、江右王门、南中王门、楚中王门、北方王门、粤闽王门、泰州学派和黔中王门等流派,声势浩大,传承不断,风行于世,成为中晚明思想界的主导。《明史》曾以"门徒遍天下,流传逾百年"来评价和总结王阳明讲学的历史地位与影响。

王阳明主要担任地方官员,长期在北京以外的地方活动,在朝中做官时间很短,从未进入内阁,也从未担任阁员和阁员以上的官职。所以,他的收徒讲学活动大部分是在地方上进行的。焦堃先生曾详细分析了王阳明各个时期弟子的社会地位:王阳明的政治生涯早期,弟子数量极少,愿意入门者也多是同乡、姻亲及友人,阳明思想尚未在更广泛的人群产生影响。后来,王阳明主要在朝廷官员或官员的后备人员中招收门徒,聚徒讲学。只不过王阳明的门人弟子主要是士人中的中下层,即入门时的弟子中最多的是举人,其次是生员,甚至也有王艮这样的毫无功名的平民。而士人阶层中地位较高的现职官员、进士,特别是庶吉士、翰林院者只是少数,士人以下的平民也是极少数。焦堃先生等研究指出:王阳明在此之前,自身身份只是新入仕的低级官员,甚至是贬谪人员,故其弟子多半是生员或者身份更低。但第二次在京期间,特别是在滁州、南京时期,王阳明自身职务提升较快,故其弟子中开始出现大量举人,甚至小部分

---

[1] [明]黄宗羲:《明儒学案·浙中王门学案》,浙江古籍出版社2012年版。
[2]《顾宪成等传》,《明史》卷二三一,中华书局1974年版。

进士和官员。

王阳明在京期间在朝廷官员中的影响力有限,而在刚考上的进士和未能通过会试的士子中吸引力更大。与两次在京城时期的情况相比,王阳明在地方上的讲学显得成功得多。在贵州的龙场、贵阳,湖南的辰州、沅陵,江西的庐陵、赣南、南昌、庐山,浙江的绍兴与余姚老家,身边都聚集着数量众多的听众士子。

焦堃先生指出:"在当时的历史条件下,欲改良政治,非依靠士大夫不可;而中下层之士人虽然当下无法入仕从政,但其中必有未来能够立足于朝堂甚至进入政治中枢的人物。"①

(3)办学目的与讲学内容。王阳明讲学,虽然也有劝喻国君的成分,但主要是针对士大夫而立论、设教的。在王阳明看来,政治之好坏、天下之治乱,不仅取决于君主素质的高低,更取决于以士大夫为主体的官僚群体的整体道德水准。当时,不仅君主失德无道,士大夫阶层更是普遍地道德堕落。这种双重道德危机使王阳明痛心疾首,也成为其讲学的重要动因。因此,讲学于他而言,既是其心学思想的传播途径,更是一场挽救世道人心的努力。

王阳明在利用书院传播自己的思想时,并不反对门人弟子参加科举考试。钱德洪的父亲因担心其儿子跟随王阳明学习会影响举业,便向王阳明质询,王阳明专门说明自己的心学对举业"岂特无妨,乃大益耳"②,认为心学不但不会妨碍举业,还大有益处。

3. 王阳明讲学的基地、制度与讲会

中国的书院发展在明代达到了最具活力与扩张性的时期。明代的书院兴起始于王阳明和湛若水。王阳明授徒讲学的一个特点,就是以书院为其思想传播的有力工具。③

---

① 焦堃:《阳明心学与明代内阁政治》,中华书局2021年版,第5页。
② 王阳明:《传习录拾遗》,《王阳明全集》卷三十二,第973页。
③ 焦堃:《阳明心学与明代内阁政治》,中华书局2021年版,第82页。

在1499年（弘治十二年）中进士入仕之前，王阳明和书院似乎并无联系。但从正德年间，"始归于圣贤之学"的王阳明提出心学思想，并开始了长达20余年的讲学活动。书院成为其讲授和传播自己思想学说的主要基地。

儒学的命脉在书院，和南宋时期的朱熹、陆九渊一样，王阳明心学的传播也主要靠书院。他对书院的利用是十分自觉的。《王阳明全集》收有6篇专为书院而作的文章，包括《（徽州）紫阳书院集序》，1525年的《（杭州）万松书院记》《（绍兴）稽山书院尊经阁记》，1503年的《（杭州）平山书院记》，1513年的《（无锡）东林书院记》《（南宁）敷文书院记》。

首先，王阳明将书院定位于"匡翼夫学校之不逮"[①]，认为书院能够传承古圣贤的明伦之学，补救官学的流弊；书院可以与官学并行，共同承担着国家所赋予的讲学明伦的责任。

其次，王阳明把书院作为基地，借讲学批判程朱理学，宣讲和倡导自己的学说，迅速推广自己的思想理论，倾动朝野，取代程朱理学而风行数十年之久。

再次，王阳明建立了讲会制度。讲会是王阳明对书院的一大贡献。1525年（嘉靖四年）九月，王阳明回到老家余姚。第二天，钱德洪（1496—1574）率弟子门生74人在余姚中天阁迎请王阳明，请授良知之学。这一时期，王阳明还收了王畿做学生。王畿（1498—1583），号龙溪，很有名，他有个学生徐渭（徐文长）同样名震四方。徐文长后来到胡宗宪僚上做幕僚，发现了戚继光，也开启了绍兴师爷这一明清两朝的文化现象。

余姚中天阁里的王阳明《书中天阁勉诸生》

钱德洪和王畿两人都是王阳明的得意弟子，皆勤奋好学，学养深厚。他们曾同时赴试，但均在会试中弃考返越。两人都是王阳明的主要教学助手，有"王

[①] 王阳明:《万松书院记》,《王阳明全集》卷七,第213页。

学教授师"之称，即由他们为进入王门的初学者授课。王阳明出生地在余姚，移居地在绍兴。居越六年，住在绍兴，主要在稽山书院讲学，也时常前往余姚中天阁讲学。而钱德洪是余姚人，王畿则是绍兴人。王阳明出征广西和逝世后，钱德洪和王畿分别主持这两个书院，成为王阳明之后儒家心学的重要代表人物。

在余姚中天阁，王阳明亲自主持了王门最早的讲会，并建立了一套制度，每月初一、初八、十五、二十三为期，聚会讲论。为了使讲会走向正规化，避免因人之去留而聚散，他以书壁的形式对讲会的日期、原则和具体

余姚"阳明书院"

操作程序、方法等提出了要求。他还亲自拟定并书写了《中天阁勉诸生》这一学规，挂在中天阁的墙壁上，告诫学生坚持学习，月月讲，天天讲。后来，钱德洪、王畿等人主持讲会，坚持数十年不断，使余姚中天阁成为浙中王门重镇。

江西吉安、赣州、南昌均是王学重镇，其中吉安安福的阳明弟子甚众。1510年（正德五年），庐山县令王阳明在吉安青原山开坛讲学。1514年（正德九年），安福的刘晓前往南京拜师王阳明。1525年（嘉靖四年），一众安福人在族人刘晓的引领下，前往绍兴拜师王阳明。黄宗羲记载：刘邦采"与从兄文敏及弟侄九人谒守仁于里第，师事焉"[1]。当时，江右王门的这些安福学者"因念生也异方，不能时往受教，而在乡也，又势各有便，不能聚一"[2]。1526年（嘉靖五年），邹守益回到安福，和刘晓、刘邦采、刘文敏、刘肇衮、尹一仁等人，为避免离群索居、虚废光阴，创立了"惜阴会"，学习、研讨和传播阳明心学。后来，惜阴会由安福推广至全吉安府乃至江西各府，成为全国第一个也是最大的地方性讲会组织，在明代讲会史上具有举足轻重的地位。王阳明对此大加赞赏，曾两次指导和勉励惜阴会。1526年，王阳明作《惜阴说》，曰："同志之在安成者，间月为会五日，

---

[1] 黄宗羲：《江右王门学案三》，《明儒学案》卷十九，中华书局1985年版。
[2] 刘晓：《安福惜阴会志引》；又转载于李才栋：《江西古代书院研究》，江西教育出版社1993年版。

谓之'惜阴',其志笃矣。……知良知之运无一息之或停者,则知惜阴矣;知惜阴者,则知致其良知矣。"① 第二年,1527年,惜阴会发展迅速,参会人数达到数百。王阳明十分满意,不顾病咳,写信给安福惜阴会的王门学者,说:"诸友始为惜阴之会,当时惟恐只成虚语。迩来乃闻远近豪杰闻风而至者以百数,此可以见良知之同然,而斯道大明之几,于此亦可以卜之矣。喜慰可胜言耶!""在会诸同志,虽未及一一面见,固已神交于千里之外。"② 王阳明通过这两封信大力提倡讲会之风,肯定了惜阴会是传播和传承阳明心学的重要渠道,还把惜阴引向致良知,意在为惜阴会的发展把握方向。以后,笃志于致良知、传承阳明心学就成了惜阴会的学术宗旨。③

王阳明建书院、开讲会的社会活动以及他的思想学说,产生了冲决长久压抑的力量,造就了一场倾动朝野的思想解放运动。明中叶以来,由于科举与官学一体化,以程朱理学为代表的官方哲学,演变成科举仕途的敲门砖。王阳明从批判程朱理学入手,承担了重建理论、重振纲常、重塑人心的艰苦工作。

王阳明建书院、开讲会的社会活动,也推动了明代书院的迅猛发展。在随后的正德、嘉靖、隆庆、万历年间(1506—1620),王阳明、阳明弟子及其后学兴建、创建和复兴书院1108所,占全部明代已知建复年代书院总数的72.37%。总体分布上,书院由先进发达地区向边远落后地区推进。西南的云南、西北的甘肃、东北的辽东地区,都是第一次出现书院的记录,意义非比寻常。

王阳明逝世后,各地王门弟子以传播、弘扬师说为己任,或建书院,或立祠宇,或创精舍,或办讲舍,数不胜数。仅王阳明年谱所载书院就有近20所。讲会制度也在东南各地蔚然成风。

1533年(嘉靖十二年),邹守益、刘邦采等人联络吉安府各县的阳明学领袖人物,倡导各县阳明学讲会联合起来,组织全府性质的大型讲会,共同切磋交流

---

① 王阳明:《惜阴说》,《王阳明全集》卷七,第225—226页。
② 王阳明:《寄安福诸同志》,《王阳明全集》卷六,第188页。
③ 邓惠兰:《明代江右王门惜阴会研究》,《老区建设》2018年第2期。

致良知的方法和经验。同年七月,第一次全吉安府规模的阳明学讲会在青原山净居禅寺隆重举行。这次讲会的成功举办激励了本地阳明学者。

1536年(嘉靖十五年),邹守益、程文德等人创立复古书院,作为惜阴会在安福的总所。随后,同门刘文敏、刘子和、刘阳、刘晓等又先后创建连山、复真、复礼、前溪、识仁、道东、中道、中南八座书院,以及天香会馆、石屋山房、梅源书屋、近圣会馆等讲会,并在"惜阴会"的基础上扩为"四乡会"。他们还联合附近五个郡县的同志,在吉安青原山召开大会,"凡乡大夫在郡邑者皆与会焉"[①],把青原山拓展为惜阴会在吉安府的总所,时称"青原会"。邹守益决定此后每年的春秋两季各举行一次讲会,人称"青原山会讲"。嘉靖年间,江右王门四巨子——安福邹守益、吉水罗洪先、永丰聂豹、泰和欧阳德先后主盟青原。"于是四方同志之会,相继而起"[②],促成了天下王门弟子到此聚讲。安福复古书院和吉安青原山成为惜阴会兴盛时期的两大据点。"青原山讲会"除了吸引吉安府九县学者士绅外,还吸引了吉安府以外的江西学者甚至外省阳明学者的参与,促成了天下王门弟子到处聚讲,蔚然成风。浙中王门领袖王畿、钱德洪都曾率其门人参与青原山讲会,讲会规模达数百人甚至上千人。

正是遍布社会各阶层的王门弟子和再传弟子们的努力,将阳明心学和书院讲学推向了发展的高潮。

4. 王阳明讲学的点化效果

王阳明饱读诗书,知识渊博,他讲学鞭辟入里,单刀直入,凌厉无前。王阳明在与他人辩驳、回答学生提问和社会质疑时,从朱熹到陆九渊,再到周敦颐及程颢、程颐,上至孟子,乃至尧、舜、禹,几乎牵涉了所有儒学典籍,并旁及佛道,几乎涵盖了中国哲学和理学,最后断言圣人之学为心学。

然而,后世对阳明心学的研究多陷于朱陆异同、朱王之辩,除了他的弟子和

---

①② 黄宗羲:《江右王门学案三》,《明儒学案》卷十九,中华书局1985年版。

研究者之外，当时真正理解阳明心学的人很少，不理解的人很多。即便是弟子，也分歧不断。阳明心学研究越到后来越复杂，逐渐失去了阳明简易直截的本意。

一是"学以心为本"。王阳明的讲学最终都指向"本心良知"，其心学教育的实质可归纳为立志、勤学、责善、改过四个方面，重点是立志。他认为人无志不立，志向就像种子，决定人未来发展的方向。立志之后要勤学，学不勤则不笃。他要求学生"从吾游者，不以聪慧警捷为高，而以勤确谦抑为上"。如果说勤奋学如培根，那么改过、责善便如修枝剪叶。"改过"是警示自己改过，王阳明认为凡人"不贵于无过，而贵于能改过"。"责善"是规劝别人改过，王阳明指出："责善，朋友之道，然须忠告而善道之。"① 王阳明在绍兴时，曾给养子正宪写了一个扇面，希望他时时展扇反思。王阳明说："今人病痛，大段只是傲。千罪百恶，皆从傲上来。傲则自高自是，不肯屈下人。"那怎么去这个"病根"呢？改"傲"为"谦"，"常见自己不是，真能虚己受人"。② 王阳明这段话，说得很透彻，但由于是对养子所说，话又不能说得太重，这就是"责善"。

二是倡导"事上磨炼"，将讲学要点内化于心，践行于事，做到"知行合一"，养成良习。王阳明培养学生独立与自主的治学精神，提倡"学贵自得于心"，要独立思考。他说："夫君子之论学，要在得之于心。众皆以为是，苟求之心而未会焉，未敢以为是也；众皆以为非，苟求之心而有契焉，未敢以为非也。"③ 即使圣人的话，也不可轻信盲从。他说：如果不对的话，"虽其言之出于孔子，不敢以为是也"；如果正确的话，"虽其言之出于庸常，不敢以为非也"。④ 这种不以圣人或凡人来定其言语正确与否的态度，无疑是石破天惊的大胆观点。

阳明讲学提倡"切要"。他在龙冈书院订立的"教条"仅有立志、勤学、改过、责善四条。后来在赣州兴立社学时，也立有《教约》（或《学规》）五则，命令社

---

① 王阳明：《教条示龙场诸生》，《王阳明全集》卷二十六，第804页。
② 王阳明：《书正宪扇》，《王阳明全集》卷八，第235页。
③ 王阳明：《答徐成之》二，《王阳明全集》卷二十一，第667页。
④ 王阳明：《答罗整庵少宰书》，《王阳明全集》卷二，第66页。

学教师("教读")遵照实施。这些教条、教规都贯彻了删繁就简、崇尚简要的精神。

一是"游以学为要""教寓于游"。王阳明性喜自然，常带领学生畅游山水，通过亲近自然来开阔眼界，实现教学相长。这反映了他"知乐知学，非乐非学"的教学理念。他要求学生在游学中开显性情，保持清静、平和的心态，将致性、致静、致远的价值取向内化于心，将良知自觉外化于行。他还不忘"诗教"精神，通过诗歌唱和传递超凡志趣，抒发人生感悟，在山水中点化同志、解惑传道。

王阳明的基本教学理念是以活泼快乐为前提的乐学精神。他在指导学生时，注重因人、因地、因时制宜，选择不同形式，采取不同方法，因材施教，让学子在自然闲适的状态中问学受教，在心情愉悦的心境中自我感悟。

王阳明不仅以书院讲学教化诸生，还以"诗教""乐教"化导当地乡民。在龙场和贵阳，王阳明常常操着浙江乡音教民众歌诗唱曲。1535年，王阳明已去世六年，其私淑弟子、巡按贵州监察御史王杏巡视贵阳时，"闻里巷歌声，蔼蔼如越音"[1]，可见王阳明教化一方之影响深远。

王阳明口才出众，能一语中的，善用比喻，言辞曲折却透彻。他的语言通俗易懂，常以大白话、格言、语录的形式流传，朗朗上口，流传甚广。无论是"致良知"还是"知行合一"，都能唤起民族的集体记忆，拨动时代的脉搏，引发社会共鸣，触动人们内心深处的人生体验。

然而，王阳明虽多言，却反对浮言。他的朋友王尧卿当了三个月的谏官，便以病为由辞职回家。临行前，王阳明赠言时谈到时下风气是"言日茂而行日荒"[2]，即现在夸夸其谈日益盛行，而埋头实践却日渐稀少了。他说："我早就不想多说话了。多年来，人们以名为实。所谓务实者，只是服务名罢了。我讨厌多言。多言，必气浮外夸。"王阳明倡导"君子惟求其是而已"[3]的求是学风，并多有阐发。时至今日，"求是"已成为浙江大学校训的一部分。王阳明说："圣人教人，不是个

---

[1] 钱德洪：《年谱附录一》，载《王阳明全集》卷三十六，第1096页。
[2] 王阳明：《赠王尧卿序》，《王阳明全集》卷七，第193页。
[3] 王阳明：《寄闻人邦英邦正》二，《王阳明全集》卷四，第145页。

束缚他通做一般,只如狂者便从狂处成就他,狷者便从狷处成就他。人之才气如何同得?"① "人要随才成就,才是其所能为。如夔之乐,稷之种,是他资性合下便如此。成就之者,亦只是要他心体纯乎天理。其运用处,皆从天理上发来,然后谓之才。"②

王阳明讲学,具有因人而施、随机触发的神奇效果,这在他点化和培养王艮的过程中得到充分体现。

王艮,原名叫王银。这名字一听便显得俗气,开口便是"银",取这个名,一是想有钱,二是真有钱。而这两样,王银都占全了。他是泰州安丰场(今江苏东台安丰)人,世代为灶户(即盐户)。父亲是个"灶丁"(煮盐的苦力),靠煮盐为生。王银自幼家境贫困,7岁入乡塾读书,11岁时又家贫辍学("贫不能竟学"),19岁起随父兄贩盐。他善经营、懂管理、会理财,"措置得宜","自是家道日裕"③,25岁时成为海滨地区的富户。

王银的与众不同在于,他在赚钱之时和有钱之后,都不忘学习,始终将做有识之士置于做有钱之士之上。他随父经商到山东时,拜谒孔庙,深受启发,认为"夫子亦人也,我亦人也,圣人者可学而至也"。从此,他开始了十多年的自学苦读。王银的与众不同还在于,他勤奋而有才,既不耻下问,又"不泥传注",强调个人心得与实践。他读《论语》"颜渊问仁"一章时,恍然大悟:"这才是孔门作圣的功夫,不是让人随便念一遍就完事了的。"为什么这样说?因为颜渊问什么是仁,孔子答是"克己复礼"。既要"克",又要"复",哪一样不需要实打实地干一番?

于是,王银开始践行这一作圣功夫。为了"复礼",他制作了一身百冠服、一个手笏,笏上刻"非礼勿视,非礼勿听,非礼勿言,非礼勿动"四句话。他还在自己住的房子后盖了一间小屋子,每天戴着古帽,穿着古衣,捧着笏板,晨昏定省,毕恭毕敬,认真践行古礼。

---

① 王阳明:《传习录下》,《王阳明全集》卷三,第91页。
② 王阳明:《传习录上》,《王阳明全集》卷一,第19页。
③ 黄宗羲:《泰州学案序》,《明儒学案》卷三十二,中华书局1985年版。

就这么有模有样地实践了好几年。29岁时的某一天,王银做了一个梦,梦见天压在自己身上,万人奔逃,只有自己用身子把天托了起来。他站起来一看,发现日月星宿都不在原来的位置了,便一一把它们整理如故,于是原先鸟兽散的万人都欢舞拜谢。看看,人家做个梦都这么有气势。这个大梦让王银无比畅快,醒来时汗溢如雨,"顿觉心量洞明,天地万物一体"。从这以后,王银就觉得自己说话做事,都那么合圣合道了。

王银对此非常得意,便在座椅背上写了两句:"正德六年间,居仁三月半。"什么意思呢?孟子说:"仁,人之安宅也;义,人之正路也。"[1]这就是"居仁由义"的意思。王银认为自己学习圣人之道不过几年,现在已在"仁"的大房子里居住三个月半了。在这之后,王银的才气和名气在当地越来越大。

1520年(正德十五年),王银38岁时,去看望他的塾师黄文刚。黄老师是江西吉安人,而王阳明在吉安当过庐陵县令,刚在南昌平定宁王之乱。黄文刚对王银说:"你的高论和我们江西的巡抚王阳明大人说的很像啊。"王银一听,惊讶中带着不信,说:"是吗?虽然如此,王先生讲的是良知,我则说的是格物。如果我们讲的意思相同,那就是天降王先生与天下后世;如果不同,则是天降我给王先生了。"

王银勤奋求学的"心劲"上来了,当然,见识见识、比试比试的"狂劲"也上来了。他立即不远千里,乘船前往南昌,来到王阳明的官邸。王银并不是以求学的姿态去见王阳明,而是以宾礼求见的。啥叫宾礼?就是你得把我当客人来接待。

王银头戴上一顶纸糊的高帽,身穿拂地的长袍,腰系长长的飘带,手拿一块笏板,什么礼品或拜师的物品都没带,就写了一首诗作贽礼:"孤陋愚蒙住海滨,依书践履自家新。谁知日日加新力,不觉腔中浑是春。"附上一张"海滨生"的名片,要见王阳明。把门的一看,"海滨生",不认识,懒得搭理他。王银见状,就在大门口高声诵诗:"……归仁不惮三千里,立志惟希一等人。"立志成圣、做第

---

[1]《孟子·离娄上》,杨伯峻译注:《孟子译注》,中华书局2019年版。

一等人,是王阳明12岁的事迹,"归仁"则是儒学的思想核心。王银这是在自称:像我这样的人,跑了三千里来拜见您,也是立志成圣呀。

王阳明一听,请他进来。王银走进大门,来到一个亭子,见到王阳明,毫不客气,中道而上,径直找了一个显眼的座位坐了下来。

王阳明当时是都察院右副都御史,南赣巡抚兼江西巡抚,正三品大员,刚平了宁王朱宸濠的叛乱,声名显赫。看到王银这么大大咧咧,依然彬彬有礼,就有这么一段对话:

"你戴的这是啥帽子呀?"

"有虞氏的帽子。""有虞氏"即"虞舜",是中国古代三皇五帝之一舜帝。

"你穿的是什么衣裳呢?"

"老莱子的衣裳。"(老莱子为存疑人物,据说是春秋晚期思想家,或为老子的另一个名字)

"你这是学老莱子吗?"王阳明继续问。

"当然。"

"只是学老莱子的着装,还是学老莱子年纪七十了,还是为了讨父母欢心,假装跌倒掩面而哭作婴儿态呢?"王阳明的这三问,彻底剥去了王银所复的"礼"。

王银一听,觉得王阳明确实不简单。于是,他端正坐姿,起身离位,纳头便拜,说:"昨来时,梦拜先生于此亭。"此话虽有礼,是"拜"先生,可话语和神情却透着一股傲气:我在昨天就预知了会在"此亭"与你见面。

王阳明淡然回应:"真人无梦。"一招破功。立志成圣的人不是靠做梦,而是要在实处用功。

王银也确实不是简单人物,他反问道:"孔子何由梦见周公?"这一反问简洁有力,意在质疑:你说"真人无梦",那孔子这个真人为何会梦见周公,我看你如何回应。

王阳明答:"此是他真处。"王阳明这一短答,接话迅速,回答有力,意思是:孔子梦见周公,是因为他真正继承了周公的礼制,而非虚幻的梦境。言外之意,王银的那一套不过是脱离现实的虚幻。

王银的心猛然一动。于是,他与王阳明开始谈论学问。论毕,王银悟曰:"简易直截,我自叹不如。"纳头再拜。这一拜,是真拜。

王银回到驿馆,思索今日之事,又后悔起来:"唉,吾轻易矣。"第二天,他再去见王阳明,说自己后悔了。王阳明说:"善哉,子之不轻信从也。"两人又开始辩论,最后,王银大服,"吾人之学,饰情况节,矫诸外;先生之学,精深极微,得之心者也"。他再次下拜称弟子。从此,王银就待在南昌,王阳明回到浙江,他也一同前往。

在收了王银做学生后,王阳明有针对性地拨正王银的"狂",说:"这样吧,我为你改个名字吧。你原名'银'中的'金'过于张扬,不如改为带有静止之意的'艮'字。"《易经·艮卦》有云:"艮,止也。时止则止,时行则行,动静不失其时,其道光明。艮其止,止其所也。"艮,八卦之一,代表山,告诫他要像山那样沉稳厚重;又给他取字"汝止",号心斋,意在告诫他要收敛、静止,适可而止。从此,"王银"便改名为"王艮"。

王艮个性极强,拜王阳明为师前狂傲不羁,拜师后也"傲"气未改,"时时不满师说",与老师争论,坚持自己的观点,坚持独立思考,有疑即问、即辩,既"反复推难、曲尽端委",又不拘泥传注、因循师说。他创立了自己的"淮南格物说",认为"吾身是个矩,天下国家是个方","挈矩,则知方之不正,由矩之不正也"[1],由此得出结论:身为天下国家的根本,"格物"必先"正己","正人必先正己","本治而末治,正己而物正","正己"就是"正身"。正身应人人平等,包括统治阶级在内,概莫能外。王艮的这种尊重人、重视人的价值观,正是平民哲学、布衣学者的表现,与那些统治者只要平民百姓"正心",自己却可为所欲为的观点截然不同。

王艮尊敬老师,从学期间尊师好学,"侍(候)朝夕"[2];王阳明去世后,

---

[1][2] 黄宗羲:《泰州学案一》,《明儒学案》卷三十二,中华书局1985年版。

他还"迎丧桐庐,约同志经理其家","往会稽会葬"[②],并照料其后人。

王阳明后来说:"向者吾擒宸濠,一无所动,今却为斯人知[③]。"意思是:以前我抓住朱宸濠,都一无所动,现在却为收了王艮这个学生而激动。

三、王阳明的当官之道

1. 王阳明当官为什么总是请假和辞职?

如果说古代有人辞职,那么王阳明无疑是其中辞职次数最多的一位。以下是王阳明请过的病假及对应上疏篇名:

1502年(弘治十五年):王阳明时任刑部主事。这一年八月,他上《乞养病疏》,称自己从去年三月起染上了虚弱咳嗽之疾,虽有好转,却因奉命南行又复发,希望能回原籍就医调治。

1515年(正德十年)四月:王阳明升任南京鸿胪寺卿,正四品。

1516年(正德十一年)正月:王阳明上《自劾乞休疏》,称自己从中进士以来,受国家官位、俸禄十六年,其间多有荒废,自醒觉得自己本属被摈弃淘汰的官员,加之身体向来虚弱,近年来更是疾病缠身,既无才能胜任南京鸿胪寺卿这一职位,体力也难担荷工作,希望能罢官归乡。

1516年(正德十一年)八月:在南京鸿胪寺卿任上的王阳明上《乞养病疏》。称以前在龙场,虫毒瘴雾已侵肌入骨,现又不适应南京气候,病情加重。且自小由祖母养大,现在祖母已九十多岁,盼其早归,临终前能见上一面。他请求退休回家,但朝廷没有批准。

1516年(正德十一年)九月:王阳明被任命为南赣巡抚。十月,他上《辞新任乞以旧职致仕疏》,说自己"才本庸劣","兼以疾病多喘,气体羸弱",鸿胪寺卿这样的闲散职位尚且不能胜任,怎能担负南赣巡抚之重任?他请求以鸿胪寺卿旧职退休。然而,朝廷不仅批准,反而多次催促他上任。

1518年(正德十三年)三月:王阳明平定三浰、九连山民乱后,上《乞养病疏》,以身体原因请求致仕。疏中详述一年多来扶病从事军事行动的情况,以及潮热咳嗽、疮疽痈肿等严重病情，情真意切地表达了自己因病难以任职的无奈和对朝廷的忠诚。如"前后一岁有余，往来二三千里之内，上下溪涧，出入险阻，皆扶病从事"，让人能深刻感受到他的艰辛与疲惫。然而，朝廷仍未批准。

1518年（正德十三年）六月：王阳明升都察院右副都御史的基础上，获赐其子锦衣卫，世袭百户军职。随后，他上《辞免升荫乞以原职致仕疏》，请求辞免其子的锦衣卫世袭百户军职，并以都察院右副都御史的原职退休。朝廷未予批准。

1519年（正德十四年）正月：王阳明因祖母病重，上《乞便道省葬疏》，提出退休，未获批准。

1519年（正德十四年）八月：宁王朱宸濠被擒后，江西夏季洪涝，王阳明上《江西捷音疏》《奏闻宸濠伪造檄榜疏》等，在《自劾疏》中弹劾自己，将责任全揽于自身，并请求皇上另选贤能。

1521年（正德十六年）：明世宗即位。嘉靖皇帝本欲召见王阳明，待王阳明行至杭州，又取消召见。王阳明便以身体为由辞职回乡讲学，未获批准。同年六月，朝廷任他为南京兵部尚书。王阳明未赴任，因父亲年迈，上《乞归省疏》请求归乡。

1522年（嘉靖元年）正月：王阳明被封"新建伯"。他上《辞封爵疏》辞让新建伯爵位；同年七月，上《再辞封爵疏》，再次请辞封号。他在奏折中提到，平乱的成功得益于兵部尚书王琼的计谋和众多将士的奋战。此后，王阳明带职回乡讲学，但未完全断绝与朝廷的联系。

1527年（嘉靖六年）：广西民乱久久未平，万般无奈之中，朝廷起用王阳明，封其以原官兼任都察院左都御史，总督两广及江西、湖广军务，前往广西征讨思恩、田州少数民族之乱。王阳明于六月上《乞养病疏》《辞免重任乞恩养病疏》，称自己病患久积，潮热痰咳日甚月深，难以胜任军旅之事，请求朝廷允许他在乡间养病。但皇帝连下四道圣旨催其上任，王阳明只得启程前往广西。

1528年（嘉靖七年）七月：王阳明上《八寨断藤峡捷音疏》，在汇报战果的同时，请求去职回家乡养病。

1528年（嘉靖七年）十月：王阳明病情严重，上《乞恩暂容回籍就医养病疏》，向朝廷请求回老家养病。这是王阳明临终前的奏疏，充满了对生命的眷恋和对故乡的思念。最终，王阳明未等朝廷批复便启程返乡。

2. 王阳明对当官到底啥态度？

王阳明在军事上取得巨大成功，却毫无矜功自伐之态，功愈高而心愈卑。他的战伐诸诗，处处有意贬低自己的事功能力和意愿，一再说"将略平生非所长"[①]，"百战自知非旧学"[②]，"深惭经济学封侯，都付浮云自去留"[③]。在他看来，立功封侯不过是追逐虚名，经世济民的业绩也如浮云一般。这是在消减人们对功名事业的称羡热度。王阳明身在兵戈战马之间，心却神驰于结庐浮峰之期、垂竿鉴湖之日。王阳明的《赣州诗三十六首》蕴含多重声音：一种是提兵平寇的凯歌，一种是山田野老的农歌，一种是萝月松风的梦呓，还有点瑟童冠的吟哦。或者说呈现出多重世界，一是热血的戎马世界，一是平和的农耕世界，一是清凉的山林世界。前二者活现在眼前，让人气畅一时；后者则存在于梦想和怀念之中，洗尽繁华。如《回军上杭》中所写："南国已忻回甲马，东田初喜出农蓑。溪云晓度千峰雨，江涨新生两岸波。"时雨洗刷了兵戈上的血痕，商船载走了思民瘼、念疮痍的心灵包袱。《喜雨三首》其一云："即看一雨洗兵戈，便觉光风转石萝。顺水飞樯来买舶，绝江喧浪舞渔簑。"他在兵事的书写中不忘注入"仁"的元素，在戎马倥偬之际，也不忘寻觅山林野性。《闻曰仁买田霅上携同志待予归二首》其二云："月夜高林坐夜沉，此时何限故园心！山中古洞阴萝合，江上孤舟春水深。百战自知非旧学，三驱犹愧失前禽。归期久负云门伴，独向幽溪雪后寻。"对洞门烟月、雪后幽溪的描摹，对归农之兴、故园之心的吟咏，保全了他那高人雅士洒落无尘的审美形象。

[①] 王阳明：《丁丑二月征漳寇进兵长汀道中有感》，《赣州诗三十六首》，《王阳明全集》卷二十，第619页。
[②] 王阳明：《闻曰仁买田霅上携同志待予归二首》其二，《赣州诗三十六首》，《王阳明全集》卷二十，第620页。
[③] 王阳明：《怀归二首》其一，《赣州诗三十六首》，《王阳明全集》卷二十，第624页。

王阳明一生都在做官与弃官的抉择之间挣扎。为了对抗世人欲望之激扰不宁,他不厌其烦地表达隐逸山林的愿望和思想。《次魏五松荷亭晚兴》其一表明隐逸之志道:"入座松阴尽日清,当轩野鹤复时鸣。风光于我能留意,世味醺人未解醒。长拟心神窥物外,休将姓字重乡评。飞腾岂必皆伊吕,归去山田亦可耕。"在王阳明早年,栖隐是和儒家孝悌观念联系在一起的,而不是和慕道学仙相扭结的。如《赠黄太守澍》云:"惟营垂白念,旦夕怀归图。君行勉三事,吾计终五湖。"

王阳明即世间而超世间,常幻想不受限制的自由。但事实上他生活在尘世间,所以,他既表达了尘沙富贵、飞絮浮名的志节,也谈到了养家糊口的俗累、妻子儿女的牵绊。如《重游开先寺戏题壁》云:"尚为妻孥守俸钱,至今未得休官去。"《庐山东林寺次韵》云:"远公学佛却援儒,渊明嗜酒不入社。我亦爱山仍恋官,同是乾坤避人者。"他自比慧远和陶潜,精神相通。

王阳明曾多次以生动的比喻警示后人仕途的险恶:"仕途如烂泥坑,勿入其中,鲜易复出。吾人便是失脚样子,不可不鉴也。"[①]王阳明说:"人在仕途,如马行淖田中,纵复驰逸,足起足陷,其在驽下,坐见沦没耳。"[②]王阳明一再把仕途比作"烂泥坑""烂泥田",意在强调,人一旦陷入,即使再想奔跑,也是足起足陷,只会不断沉沦,难以自拔。

1517年,蔡宗充(希颜)、许相卿(台仲)、季本(明德)、薛侃(尚谦)、陆澄(原静)等人考上进士,即将踏上仕途。在这个时候,王阳明提出了忠告:"入仕之始,意况未免摇动。如絮在风中,若非黏泥贴网,恐自张主未得。不知诸友却如何?想平时工夫,亦须有得力处耳。野夫失脚落渡船,未知何时得到彼岸。"[③]刚进入仕途的时候,人的志向、爱好、情趣都难免会动摇,就像风中的飘絮,没有自己的主张。所以,要找到一个得力处来做寻道修心的工夫,不然就像从渡船

---

① 王阳明:《与黄宗贤》七,《王阳明全集》卷四,第132页。
② 王阳明:《与陆原静》,《王阳明全集》卷四,第143页。
③ 王阳明:《与希颜台仲明德尚谦原静》,《王阳明全集》卷四,第144页。

落水，不知什么时候能到得道的彼岸。

祁州傅生凤听了王阳明的讲学，立志要从事圣人之学，但苦于父母年迈，同父异母的弟弟又眼盲且智障，自己家境贫寒，于是就想通过科举求得一官半职的俸禄来养家。他焦急万分地日夜读书，结果病倒。他来信询问王阳明：家里贫穷到如此地步，我都不去谋个官职，这算是孝顺吗？（"家贫亲老，而不为禄仕，得为孝乎？"）

王阳明答："不算。但是你这样以身体为代价来求取功名，不但得不到功名，身体也没了，那你能算是尽孝了吗？"[①]

王阳明的小舅子诸用明一门心思积德行善，有才能，也有机会去做官，他却不去。有人问他："子独不乐仕乎？"你为什么就单单觉得做官不快乐吗？诸用明回答："为善最乐也。"[②] 王阳明也不是反对当官，但如果当官和为善成为两种选择时，王阳明就会说："君子乐得其道，小人乐得其欲。"[③]

3. 王阳明为什么还是要当官？

这样看来，王阳明似乎不太喜欢，也不太赞成当官走仕途。然而，事情并非如此。

1509年底，王阳明贬谪三年期满，要离开龙场前往江西庐陵任县令。龙场学生问王阳明老师为什么要离开这里出去当官？王阳明说："*君子之仕也以行道。不以道而仕者，窃也。今吾不得为行道矣。*"意思是，君子出仕为行道，不以道而仕者，是窃。我家有田产，没有必要为了疗病而当官。我来这里，是被遣送来的，不是来当官的。但我要是不当官，也不可能来到这里。所以，现在我算是'仕'，而不是'役'。（*吾之来也，谴也，非仕也。吾之谴也，乃仕也，非役也。*）役者以力，仕者以道，力可屈也，道不可屈也。吾万里而至，以承谴也，然犹有职守焉。现在，

[①] 王阳明：《与傅生凤》，《王阳明全集》卷八，第228页。
[②][③] 王阳明：《为善最乐文》，《王阳明全集》卷二十四，第763页。

我之所以想走,是因为"不得其职"。①

原来,王阳明是把仕途作为寻道、行道的途径,也是磨炼自己的修心石。从这一角度看,在官场上修心,比在山林里修心,功夫要难得多。他说:"人在仕途,比之退处山林时,其工夫之难十倍,非得良友时时警发砥砺,则其平日之所志向,鲜有不潜移默夺,弛然日就于颓靡者。"②尽管仕途风险大,当官诱惑多,权术很龌龊,但人间是道场,淤泥生莲花。仕途的艰难、世间的磨难,皆是砥砺。

欧阳德(1495—1554),字崇一,江西泰和人。嘉靖二年,他和同门弟子魏良政、黄直同科中进士,第一任官职是南直隶省六安州知州。欧阳德上任后忙了几个月,写信给王阳明汇报近况,他说:"刚上任,忙得一塌糊涂。等把工作忙出个头绪,我再开始与学生讲学。"欧阳德把学问和生活分开,他不知道儒家学问是生命学问,不知道一呼一吸间就有学问。

王阳明回信说:"我正是在政务繁忙中讲学,哪能召集学生后才讲学。"王阳明的意思是:政务与修心本身是统一的,当官就是在做生命学问,而且在政务繁忙的间隙就可讲学,随时随机指点身边人。

1526年(嘉靖五年),王阳明在绍兴回信给欧阳德,说得知欧阳德"近虽仕途纷扰中,而功力略无退转,甚难甚难!"③表扬欧阳德内省功夫做得真切,学问进步明显。

从此,欧阳德一生致力于圣人学问,把做学问和当官合二为一。他教过国子监生,教过翰林院庶吉士,当过会试主考官,官至礼部尚书兼翰林院学士。他一生服膺阳明"致良知"说,是江右阳明心学正传的主要代表人物,影响较大。

邦英、邦正是王阳明姑姑的两个儿子,经常向王阳明请教。1518年,王阳明在赣州,给这两兄弟回过两封信,阐述科举当官和圣贤之学并不矛盾的道理。他说:"家贫亲老,岂可不求禄仕?求禄仕而不工举业,却是不尽人事而徒责天命,

---

① 王阳明:《龙场生问答》,《王阳明全集》卷二十四,第752页。
② 王阳明:《与黄宗贤》,《王阳明全集》卷六,第185页。
③ 王阳明:《与欧阳崇》一,《王阳明全集》卷六,第182页。

无是理矣。但能立志坚定，随事尽道，不以得失动念，则虽勉习举业，亦自无妨圣贤之学。"意思是，在家贫亲老的情况下，去仕途挣份工资是可以的；如果想走仕途找工作，却不认真去准备科考，那就是不尽人事，天下哪有这个道理？只要志向坚定，不为得失而改变初心，那么，即使科举当官，也不妨碍圣贤之学。王阳明还引用古人的话："'仕非为贫也，而有时乎为贫'，古之人皆用之，吾何为独不然？然谓举业与圣人之学相戾者，非也。程子云：'心苟不忘，则虽应接俗事，莫非实学，无非道也。'而况于举业乎？谓举业与圣人之学不相度者，亦非也，程子云：'心苟忘之，则虽终身由之，只是俗事。'而况于举业乎？"① 王阳明在第二封信中又说：当官不是为了钱，但有的时候确实是因为贫穷才做官。不能说科举仕途与圣人之学是相互矛盾的。只要心中不忘圣人之学，哪怕天天在做当官的俗事，那也是在做经世致用、道德修心的学问。如果心中没有圣人之道，哪怕天天把道德修心挂在嘴上，那也是天天在做俗事。

"虽今之举业，必自此而精之，而谓不愧于敷奏明试；虽今之仕进，必由此而施之，而后无忝于行义达道。斯固国家建学之初意。"②

王阳明指出有两种当官的态度："古之仕者，将以行其道；今之仕者，将以利其身。将以行其道，故能不以险夷得丧动其心，而惟道之行否为休戚。利其身，故怀土偷安，见利而趋，见难而惧。"③ 古人当官是为了行道，所以能做到不因安危得失动其心；而今人当官是为了谋利，因此就会唯利是图，见难而惧。

"志于道德者，功名不足以累其心；志于功名者，富贵不足以累其心。"有志于道德修心的人，其心就不会被功名所拖累；有志于功名的人，其心就不会被富贵所拖累。古人云："仁人者，正其谊不谋其利，明其道不计其功。"但现在的人评价有无道德，是看官位大小来衡量；评价功名是大是小，是看钱多钱少。"但近世所谓道德，功名而已；所谓功名，富贵而已。""一有谋计之心，则虽正谊明道，

---

① 王阳明：《寄闻人邦英邦正》一、二，《王阳明全集》卷四，第144—145页。
② 王阳明：《万松书院记》，《王阳明全集》卷七，第214页。
③ 王阳明：《送黄敬夫先生佥宪广西序》，《王阳明全集》卷二十九，第862页。

亦功利耳。"[1] 一旦有了谋划算计之心,那虽然外表好像重义,内心也只是功利而已。

4. 王阳明的读书观:是科举当官?还是求道成圣?

王阳明并不反对读书,但他认为读书的目的不在科举,而是要明白做"人"、成圣的"道"和"理"。"万理由来吾具足,《六经》原只是阶梯"[2],阅读《六经》原本只是致良知的阶梯。他12岁就立下读书成圣、读书学道、读书穷理的志向。那么,什么是道?什么是理?在王阳明看来,心即道,心即理,心是良知,"夫心之本体,即天理也。天理之昭明灵觉,所谓良知也"[3];圣贤与常人的区别就在于圣贤悟到了良知并按良知行事。因此,读书学道,读书明理,就是通过读书感悟到自己的良知,"如诵诗、读书、弹琴、习射之类,皆所以调习此心,使之熟于道也"[4]。

当时,朱熹的《四书集注》成了科举考试的标准答案。王阳明认为科举真正的危害在于"夺志",即在于以他人的答案为自己的答案,人云亦云,没有了自己的主见,从而被剥夺了成圣的志向,泯灭了自己的那一点良知。

正是从读书是为了修心、得道、致良知这一思想,王阳明在读书的具体问题上,也有许多精辟的观点。《传习录》记载,一朋友问王阳明:"读书却记不住,怎么办?"

对于这样的问题,朱熹可能会说:"书不记,熟读可记;义不精,细思可精。唯有志不立,直是无着力处。"而王阳明提出:"只要理解就行了,为什么非要记住呢?只要晓得就行了。其实,要晓得已是落第二义了。读书,只是要让自己的心体光明,明白自己(只要明得自家本体)。"

在王阳明看来,经书只是求道的工具,得道后即可以放弃,就像"得鱼忘筌,醪成弃糟粕"。他批判俗儒之弊是"在筌上求鱼,认糟粕为醇醪",强调读书,不

---

[1] 王阳明:《与黄诚甫》,《王阳明全集》卷四,第139页。
[2] 王阳明:《林汝桓以二诗寄次韵为别》,《王阳明全集》卷二十,第650页。
[3] 钱德洪:《年谱三》,载《王阳明全集》卷三十五,第1061页。
[4] 王阳明:《传习录下》,《王阳明全集》卷三,第87页。

在于记住书上的词句，即便是晓得书中的那些道理，也是第二义的事，读书的目的只在于发明本心，明白自己。读书，就要触动内心，让我们"倡明良知"。

有人问：读书读不明白，该怎么办？

王阳明说，"此只是在文义上穿求，故不明。……须于心体上用功。"① 有一次，王阳明在和弟子于中、国裳等人一起吃饭，还拿饮食来比喻读书，说："凡饮食只是要养我身，食了要消化；若徒蓄积在肚里，便成痞了，如何长得肌肤？后世学者博闻多识，留滞胸中，皆伤食之病也。"② 有些人读很多书，却没有消化，这样书归书，没有化为生命的一部分。

陈九川问："先生所说的'只要在良知上着功夫'，这在心上能体验明白，只是解读不通书上的文句。"王阳明曰："只要解心。心明白，书自然融会。若心上不通，只要书上文义通，却自生意见。"③ 如果心上不通，只是强求弄通书中文句，就会自己编造出其他意思来。

有人问："读书是调摄此心所不可缺少的，但读书的时候，总会被科举的念头所牵涉，怎样才能避免这种情况呢？"

王阳明答道：只要良知真切，即使是参加科举，也不会为此心累。即便心受此牵累，也容易察觉，克除它便是。读书的时候，致良知，就知道死记硬背不对，欲求速效不对，夸耀争胜不对，把这些都一一克除。这样，读书就是每天和圣贤印对。不论怎样读书，都只是调摄此心而已，何累之有呢？

那人接着问："虽然听了您的指导，但我资质平庸，实在难免被科举牵累。我听说穷困和通达都是由天命安排，智慧的人恐怕不屑于科举；普通人被声名利禄牵绊，甘心为科举读书，只不过是自寻痛苦而已。我想要放弃科举，但又迫于父母的压力，不能放弃，我该怎么办呢？"

王阳明说："把读书受科举牵累的事情归咎于父母的人很多，其实只是无志。只要志向立定了，对良知来说，千事万为只是一件事。读书作文怎能牵累人？不

---

① 王阳明：《传习录上》，《王阳明全集》卷一，第13页。
②③ 王阳明：《传习录下》，《王阳明全集》卷三，第83页。

过是自己牵累于得失而已。"又感叹道:"因为不明良知之学,不知道科举这件事耽搁了多少英雄汉!"①

"得失"二字最是害心。有得失计较在,心便不再平和了,也不能专注于事了。累人的并不是读书,不是科举,而是自己的心对得失成败的担忧。如果志在致吾心之良知,就不会牵累于物,读书作文,安能累人?

四、王阳明的政治定力

王阳明初入仕途时,曾登九华山,遇蔡道士。道士断言他"非出家之人,因有官相"。后来,王阳明立功立德立言,道德文章,学问做到顶流;官也当得最好,不只是官职大小,而是政绩、官德等各个方面都是个"好官",像个官样。其实,王阳明不但有官相、官貌、官样,更重要的是他有官德,当然他还有当官的气质与气度,其突出之点就是——不动心。

1. 无欲则刚心不动:王阳明当官有定力

1516年农历十二月,王阳明赴南赣剿"匪"前,他的莫逆之友王思舆对王阳明的弟子季本说:"阳明此行,必立事功。"

季本好奇地问:"你怎么知道?"

这位道士感叹地答道:"触之不动。"②

这既准确地指出了王阳明的性格特点,也反映了王阳明心学的一个基本观点。

平定宁王叛乱后,钱德洪问王阳明:"老师您用兵如神,到底用的是什么兵法技巧?"(用兵有术否?)

王阳明轻轻一笑:"哪里有什么技巧?只是学问纯笃,养得此心不动。"还补充说道:"大家的智慧都差不多,胜负之决不是等到临阵打卦,而只在此心动与不

---

① 王阳明:《传习录下》,《王阳明全集》卷三,第88页。
② 钱德洪:《年谱一》,载《王阳明全集》卷三十三,第1015页。

动之间。"王阳明举例说自己和朱宸濠在鄱阳湖上对决大战，南风转急，他向一名手下发布火攻的命令，那人蒙在那里，没有反应。"三四申告，耳如弗闻。"这个人平时还小有名气，智术了得，但临事心慌意乱，忙失若此，平时的那些本事有什么用呢？（"智术将安所施？"）[1]

王阳明的军事思想可概括为："此心不动，随机而行。"遇到敌情，他的心是放空的，没有私欲，没有犹豫，不担心失败，也不求胜心切。所以，敌方有什么动向，形势有何变化，他可以瞬间觉察，随即做出决定，而这决定总是最好的决定。不为杂念所动，内心就强大，便能无往而不胜。"不动心"的境界让王阳明得以淡定自如、指挥若定地应付复杂的局面。

王阳明是什么性格？遇事不慌，胸有成竹，总有办法。从容、淡定。他自己讲"触之不动""此心不动"，力道很强，定力很足。不管遇到什么情况，他都早有办法，早有预料，早知如此，自有对策。

"不动心"在《王阳明全集》的三次对话中出现过。两次见于《传习录》，解释孟子和老子对"不动心"的区别，一次见于钱德洪《征宸濠反间遗事》，引用王阳明谈"不动心"的言论。由此可见，王阳明并未专门提到"不动心"的概念，而是对孟子思想的阐释与发展。

《孟子·公孙丑上》记载，学生公孙丑问孟子："老师做了齐国的卿相，可以施行学问了，您动心吗？"孟子说："否，我四十不动心。"公孙丑说："老师太厉害了。"孟子说："这不难，告子比我还先不动心。"孟子的意思是说：连告子不懂道的人，都早于我不动心，可见不动心不难。这就是著名的"不动心"之辩。

弟子薛侃（尚谦）专门请教过王阳明："孟子之'不动心'，与告子的'不动心'，有什么不同？"

王阳明说："告子是硬把捉着此心，要他不动；孟子却是集义到自然不动。"[2]告子的"不动心"，心是动的，把心强行控制、"把捉"了，因此不动；而孟子的"不

---

[1] 钱德洪：《征宸濠反间遗事》，载《王阳明全集》卷三十九，第1219页。
[2] 王阳明：《传习录上》，《王阳明全集》卷一，第22页。

动心"是排除私欲杂念、集义修身到一定境界,自然不动。告子的"不动心"显然不如孟子。面对纷乱复杂的局面,人们很容易被牵着鼻子走,以至于失去方向。只有集义于身,此心光明,才能内心坚定;此心不动,就有政治定力,不为外物所动,成为黑暗中的光亮,照亮自己和他人前进的路。

王阳明讲的"不动心"有几种情况:

一是"名利不动"。王阳明从不看重名利,说,人为了生存,是要有一些保障自己安全的东西的,如金钱、名利、地位。不过,这些身外之物要在"良知"的指导下去追求,如果因此失去本心与良知,就如同大坝豁开一道口子,容易酿成大患。

要真正做到内心强大,不动心,首先就要做到不起念,不起私念,不起邪念,不起歹念。龙场悟道后,王阳明变得沉着,"渊默",有了"吾性自足"、不动如山的镇物雅量,更重要的是他对朝廷有了"宾宾"自处的意识。他给自己的居室起名"宾阳堂",并在《宾阳堂记》中屡次提到"宾宾"。所谓"宾宾"是孟子呼吁士子要恪守"宾宾"之道,即甘心以客卿自居,只当天下的"宾",道相同则相与为谋,和则留,不和则去(辅佐唐太宗的魏徵当良臣不当忠臣,就是这个意思)。朱元璋憎恶孟子也包括这一条,就要士夫臣子像家奴一样依附主子。龚自珍专门写了一篇《宾宾》,将个中道理及意义说得相当明白。[①] 北宋末年爱国名将宗泽的诗句:"眼中形势胸中策,缓步徐行静不哗。"心中无私而脸上有威,胸中有数且从容面对,关键处便见出英雄本色。

二是"遇挫不动"。王阳明一生历经坎坷,遭廷杖、下诏狱、贬龙场,功高被忌、被诬谋反,受尽了命运的折磨,但面对挫折困境,始终积极乐观,不动心,不生气。王阳明说:"变化气质,居常无所见,惟当利害,经变故,遭屈辱,平时愤怒者到此能不愤怒,忧惶失措者到此能不忧惶失措,始是能有得力处,亦便是用力处。"[②] 真正的内心强大,内心平静,始终保持一颗临危不惧的心,不被外界的艰难险阻

[①] 周月亮:《王阳明传》,长江文艺出版社2016年版,第107页。
[②] 王阳明:《与王纯甫》一,《王阳明全集》卷四,第133页。

所影响。"泰山崩于前而色不变,麋鹿兴于左而目不瞬",不紧张,不急躁,保持理智。真正的内心强大必须在事上磨炼,才能站得住脚,才能静中能安定,动中也能安定。

甚至面临绝境,也此心不动。水到绝境成瀑布,人到绝境是转机。大雨过后,有两种人:一种是抬头看天,蓝天白云,雨后彩虹;一种是低头看地,淤泥积水,艰难绝望。王阳明与唐伯虎有得一比。唐伯虎生于1470年,王阳明生于1472年。唐伯虎是江苏苏州人,王阳明是浙江余姚人。唐伯虎死于1524年,54岁。5年后,王阳明死于1529年,57岁。唐伯虎16岁参加府试考中秀才第一名,轰动苏州城,29岁到南京参加乡试,再获第一名,成为"唐解元"。1499年,王阳明与唐伯虎两人一同参加京城会试。可这一年会试遭遇"泄题案",唐伯虎被判削去仕籍,还要发配到县衙做小吏。唐伯虎坚决不去,从此玩世不恭,放浪形骸,游戏人生,酗酒狎妓,自暴自弃,人生就此断崖式下坠,卖画为生,最后在穷困潦倒中离世。

王阳明考中二甲第七,但这是第三次会试,后来又从正六品的刑部主事降到从九品的驿丞。王阳明面对绝境,却义无反顾地到那个蛮荒之地就任驿丞,从此悟道。

唐伯虎有诗:"不炼金丹不坐禅,不为商贾不耕田。闲来写幅丹青卖,不使人间造孽钱。"也算是一种操守和坚守,但和王阳明在武夷山写的诗相比,两人的格局与境界,高下立判。王阳明的静,是无事能静思,遇事有静气,不随境转,不为气乱,不跟着别人的鼓点起舞。

三是"遭诽不动"。人在遭受巨大的人生波折、失败、困苦、屈辱的时候,精神和心理状态能够不为环境的变异或个人的得失所影响,这是一个意志是否坚强的考验。

在朱熹理学一统天下的时代,王阳明提出"知行合一"说,给当时的人们带来了巨大的冲击。人们不能理解其本意,惊讶者有之,非难和指责者层出不穷。王阳明在贬谪龙场的路上曾形容自己的处境:"**危栈断我前,猛虎尾我后,倒崖落**

我左,绝壑临我右。我足复荆榛,雨雪更纷骤……"①

擒濠之后,王阳明的盖世之功不但没得到肯定与奖励,反遭恶毒诋毁,在"暗结宸濠""目无君上""必反"等被罗织的六大罪名之下,王阳明处于"君疑"的处境,随时有杀身灭门之祸。这是封建时代士大夫遭遇到的最险恶的人生处境。

"外面是非毁誉,亦好资之以为警切砥砺之地,却不得以此稍动其心,便将流于心劳日拙而不自知矣。"②王阳明还说:"君子之学,务求在己而已。毁誉荣辱之来,非独不以动其心,且资之以为切磋砥砺之地。……若夫闻誉则喜,闻毁则戚,则将惶惶于外,惟日之不足矣,其何以为君子!往年驾在留都,左右交谮某于武庙。当时祸且不测,僚属咸危惧,谓君疑若此,宜图所以自解者。某曰:'君子不求天下之信己也,自信而已,吾方求以自信之不暇,而暇求人之信己乎?'"③

后来,到了1522年(嘉靖元年),朱厚照死了,嘉靖皇帝即位。王阳明这个平定藩王之乱的大功臣,仍然受到皇帝的猜忌、官员的攻击。就连当年进士考试由礼部负责出题,策问题中涉及心学,出题人希望考生指责王阳明。处境之艰难,王阳明自己也说:"举世困酣睡,而谁偶独醒?疾呼未能起,瞪目相怪惊。反谓醒者狂,群起环门争……"④

面对危如累卵的艰险处境,王阳明能处变不惊、历险而夷,关键在于他的成熟稳定。从王阳明自己"当厉害,经变故,遭屈辱"的经历中,我们可以真正了解他所遭遇的巨大人生困境和严峻的生存考验,从而认识到"良知"学说早已超出了纯粹的伦理范畴,而蕴含着生存意义上的非凡智慧与磅礴力量。

2. 面对非议与诽谤,王阳明如何应对?

王阳明的一生充满坎坷,对他的误解和非议,使他后半生都处于争议的旋涡

---

① 王阳明:《杂诗三首》其一,《王阳明全集》卷十九,第575页。
② 王阳明:《答刘内重》,《王阳明全集》卷五,第167页。
③ 王阳明:《答友人》,《王阳明全集》卷六,第175页。
④ 王阳明:《月夜二首》,《王阳明全集》卷二十,第646页。

之中。平定朱宸濠之乱后，对他的批评骤然升温，这些指责主要包括以下几点：1．"通濠"。王阳明生前始终未能洗脱这一指控，从"交通"到"党逆"，指责逐步加深。2．夸大军功。在江西时，有人指责王阳明冒认军功。多年后，他出征广西，迅速平定两广之乱。当捷报上京后，嘉靖皇帝还说王阳明为人素喜夸诈，在江西就"夸大军功"。3．纵军劫掠，屠戮无辜。4．私藏南昌府库财宝。

由于批评太多，尽管王阳明立下平乱大功，却未获升赏，仅由南赣巡抚兼任江西巡抚。一年多后，嘉靖皇帝即位，王阳明的功绩得到认可，被授予新建伯，但很多责难仍未澄清，与他一起平乱的同僚也多遭革黜。其中原因复杂，有当道之人的嫉妒，有奸佞小人的陷害，有人事关系的复杂，而王阳明自身的处世特点也是重要原因。

面对申诉无果，王阳明选择挂冠归越，开始了居越六年的讲学生涯。王阳明的讲学让他获得了极高的声誉，但也进一步加剧了对他的批评。嘉靖皇帝和众多大臣以程朱理学为正统，认为阳明心学是"误正学"的伪学。费宏、杨一清等人阻止王阳明入阁辅政，理由都是他"好古冠服、喜新学"。

1522年（嘉靖元年）十月，礼科给事中章侨上疏说："近有聪明才智足以号召天下者，倡异学之说，而士之好高骛名者，靡然宗之……乞行天下痛为禁革。"这里的"聪明才智足以号召天下者"即指王阳明，这是指斥王学为"异学"，要求"痛为禁革"声音的第一次出现。

嘉靖皇帝肯定了章侨的观点，批复说，"近年士习多诡异，文辞务艰险，所伤治化不浅"，并且要求："自今教人取士，一依程朱之言，不许妄为叛道不经之书，私自传统，以误正学。"章侨的劾疏和皇帝的批复都没点名，但众所周知，其所指就是王阳明及其心学。称阳明之学"叛道不经"，就是把王学定为"伪学"的先声。

那么，王阳明是如何应对这些诽谤的呢？

王阳明一生面对无数闲话与诽谤，他说：别人的闲话、诽谤、讥笑，不要放在心上，不要急着反击，急着辩解。不要生气，不要跟着别人的节拍跳舞，你一生气，别人以为踩住了你的痛脚，反而坐实别人的污蔑。要专心做自己的事情，只要踏踏实实做好了事，清者自清，说闲话的人自然就闭嘴了。王阳明曾有诗言志："智者不惑仁不忧，君胡戚戚眉双愁？信步行来皆坦道，凭天判下非人谋。"[1]人生在世，总有毁誉傍身，如果太在意别人的看法，那就寸步难行了。

有人问："《论语》中记载叔孙、武叔诽谤孔子，为什么圣人孔子也避免不了被人诽谤呢？"（"叔孙、武叔毁仲尼，大圣人如何犹不免于毁谤？"）

王阳明回答："毁谤自外来的，虽圣人如何免得？人只贵于自修，若自己实实落落是个圣贤，纵然人都毁他，也说他不着。却若浮云掩日，如何损得日的光明？"[2]

王阳明说："人若著实用功，随人毁谤，随人欺慢，处处得益，处处是进德之资。"[3]他是这样说的，也是这样做的。平定朱宸濠叛乱后，诽谤和议论越来越多，但王阳明并不在意，只是一心一意修自己的心，尽心尽力传承"致良知"。他认为"谦虚其心，宏大其量"，才是"大头脑处，自将卓尔有见"。[4]面对伤害与中伤，成熟的人会忍他、让他、容他、再看他。很多时候，诽谤与流言并不是我们自己能制止的，有人的地方就有流言。用坦然的心态来应对流言，以"不辩"的胸襟应对诽谤，人之谤我也，与其能辩，不如能容；人之侮我也，与其能防，不如能化。不急于澄清，不与他人针尖对麦芒，睚眦必报，浊者自浊、清者自清，谣言、诽谤最终会在事实面前不攻自破。

在1523年（嘉靖二年）的会试中，主考官以阳明心学为题，暗含"阴以辟先生"之意，说现在有人自创学问，非议程朱理学，实为大逆不道，并质问应如何看待这种学说。

王阳明的几名学生也参加了这次考试。徐珊看完考题，长叹一声："吾恶能昧吾知以幸时好耶？"（我怎能违背良知，去说老师的坏话以讨好世俗的喜好呢？）于是掷笔不答，毅然弃考而去。然而，另几名学生，如江西的欧阳德、王臣等，

---

[1] 王阳明：《啾啾吟》，《王阳明全集》卷二十，第648页。
[2] 王阳明：《传习录下》，《王阳明全集》卷三，第90页。
[3] 王阳明：《传习录下》，《王阳明全集》卷三，第88页。
[4] 王阳明：《答刘内重》，《王阳明全集》卷五，第167页。

在答卷时毫无忌讳，直接阐释老师阳明心学的意旨，并痛批出题人的观点。令人意外的是，他们都被录取了。

钱德洪也参加了这次会试，却不幸落榜，黯然而归。他向老师抱怨，"深恨时事之乖"。王阳明听罢，却喜形于色地说："**圣学从兹大明矣！**"钱德洪不解，问："时事如此糟糕，您怎么能看出圣学要发扬光大了呢？"（"时事如此，何见大明？"）王阳明解释道：我一直发愁如何将我的学说传播给天下读书人。如今，全国会试都拿我的心学为考题，如此一来，哪怕是穷乡深谷也会传遍我的学说呀。即便我的学说存在谬误，天下也必定会有人站出来寻求真正正确的学说。（"**吾学恶得遍语天下士？今会试录，虽穷乡深谷无不到矣。吾学既非，天下必有起而求真是者。**"[①]）此外，当圣旨做出王学"有误正学"的判断后，那些发挥心学意旨的考生仍能"漏网"考中，这说明朝廷禁令已然无法阻挡王阳明心学的广泛传播了。

面对说王学为"叛道不经"的指斥，一些在朝为官王阳明的学生欲上疏去辩论。王阳明制止说："**无辩止谤，尝闻昔人之教矣。**"[②]这"昔人之教"，想必也有他先父的教导。这种"不辩反而会止住诽谤"的认识，说明王阳明对谤议的态度，已发生了极大的转变。与辩相比，他更看重"**默而成之，不言而信**"。他不在乎把他指责为"伪学"，反而更看重学生能破冰登第，因为他们中榜后，答卷将收入《会试录》，成为天下士人的必读书，读者就会受到一番洗礼，这便是"默而成之"。

晚年的阳明对于诽谤，愈发向内修心：与众人辩，辩不胜辩，不如"反求诸己"，"动心忍性，砥砺切磋"，使学术愈为醇厚，最终达至"不言而信"的境界。

为什么王阳明心学受到"谤议"呢？1523年（嘉靖二年）的一天，王阳明与门人邹守益、薛侃、王艮、黄宗明、马明衡等一众弟子专门讨论到近日"谤议日炽"的问题。

学生问：为什么在平定朱宸濠后，老师您受到的谤议越来越多呢？

王阳明说："**诸君且言其故。**"请各位谈谈缘故。

[①]钱德洪：《年谱三》，载《王阳明全集》卷三十五，第1057页。
[②]王阳明：《与陆原静》二，《王阳明全集》卷五，第159页。

于是，弟子们纷纷讨论起原因来：

邹守益说是"忌妒谤"。先生又是南赣剿"匪"，又是平定叛乱，"暴得大功"，因此封爵，功德昭著。"先生势位隆盛"，众人"是以忌妒谤"，从其事功到其学术，百般诋毁。嘉靖皇帝即位后，王阳明一直赋闲，明摆着将他冷处理，说出来的理由，最多的就是"忌之者众"。

薛侃说是"学术谤"。"先生学日明"，褒陆九渊，贬朱熹，学说影响越来越大。程朱理学是正统的"正学"，阳明心学自然是"伪学"了，是以"学术谤"。

王艮说是"身谤"。天下来拜王阳明为师的人很多，"天下从游者众，良莠不齐"，先生又没甄别，一概接纳。许多人言行不佳，行事诡异，造成负面影响。学生里也有因王阳明没保举当官，就攻击王阳明的。至于朱熹的门徒更是会攻击王阳明的。是以身谤。

听了学生们的讨论，王阳明说道：你们说的这三种情况都有，但我觉得还有一点，你们没有谈到。

众人忙请教，王阳明缓缓说道：我以前还有一些乡愿气息，"在今只信良知真是真非处，更无掩藏回护，才做得狂者。即使天下人都说我行不掩言，吾亦只依良知行"。

众人一听，不懂，忙问：这乡愿和狂者有什么不同呀？

王阳明说：乡愿"以同流合污无忤于小人……其心已破坏矣，故不可与入尧、舜之道。狂者志存古人，一切纷嚣俗染，举不足以累其心"。[①]"乡愿"，同"乡原"，出自《论语·阳货》，是指没有是非观念，"其心已破坏矣"。"狂者"出自《论语·子路》，是指志向高远而行不掩言、富于进取、率性而动的人，"狂者的胸次"是儒家传统的现实人格理想。王阳明说他以前还有点媚时从俗的"乡愿"味道，现在他只依辨明是非的良知行事，养成了"狂者的胸次"。他相信自己的良知，良知告诉他自己的学说是真理，那就坚持，不必犹豫。正是有这种胸怀与自信，王阳

---

① 钱德洪：《年谱三》，载《王阳明全集》卷三十五，第1058页。

明才能坦然面对政治生涯中的跌宕起伏,才能无惧天下对他的毁誉诽谤。

王阳明广收门徒、讲学不已,可谓狂者,结果受谤于朝中权贵。胡世宁是宁王反叛的察觉者和抵制者,又和王阳明同为浙江人,他从关心王阳明的角度说"我就是觉得您讲学讲得太多了。"("某恨公多讲学耳。"①)但王阳明面对激烈攻击,态度果决:"我现在才得个狂者的胸次,即使天下之人都说我行不掩言,我也不在乎。"("我今才做得个狂者的胸次,使天下之人都说我行不揜言也罢。")②

王阳明去世后,"廷议"王阳明的功罪,未议其功,先论其罪。虽然那些"夸大军功"之事都毫无根据,却坐实阳明心学是"伪学"。廷议的结论是,王阳明"学术不端、聚众惑乱"。本来,王阳明的伯爵来自军功,按例应世袭。嘉靖皇帝却下诏,"停恤典,子不得嗣封"③,并颁布禁学之令,通过诏旨来禁止讲授、传播阳明心学。阳明之学被官方彻底否定,成为禁学。

王阳明的弟子欧阳德,江西泰和人,后官至礼部尚书,他问过王阳明一个非常现实的问题:有些人心凝定不下来,成天忙个不停,"有事固忙,无事亦忙",这是为什么呢?人生在世,事务繁杂,身体得不到休息,是一种忙;而心烦意乱,时刻充满各种杂念紊思,得不到片刻的宁静,也是一种忙。

王阳明说:这是人缺少主宰的缘故。"天地气机,原本就没有一息之停。"人生在世,就会处于不停的忙碌之中。这是正常的,但关键在于,再忙,也要有个主宰。人如果"有个主宰,故不先不后,不急不缓,虽千变万化,而主宰常定,若主宰定时,与天运一般不息,虽酬酢万变,常是从容自在"。外面的事物千姿百态,遇到事情千变万化,但心中的主宰却始终如一,寂然不动,方能做到不慌不乱,从容淡定,"人得此而生"。"若无主宰","便只是这气奔放,如何不忙?"④人们受各种欲望的影响和控制,容易失去本心,变得游移不定,终日戚戚,就会让膨胀的欲望左右

---

① 张廷玉:《明史王守仁传》,载《王阳明全集》卷四十,第1278页。
② 王阳明:《传习录下》,《王阳明全集》卷三,第102页。
③ 查继佐:《王守仁传》,《王阳明全集》卷四十,第1283页。
④ 王阳明:《传习录上》,《王阳明全集》卷一,第27页。

了自己，成为一个"逐物"之徒，想的是这些，做的是这些。得之，心为之兴奋；失之，魂为之沮丧，有了这样的心，自然就会有这样的行动，身体怎么会不忙呢？

所以，事乱，心不能乱；人忙，心不能忙。就像中国哲学里讲的"饥来吃饭，困来即眠"，就是不管遇到什么事，哪怕泰山崩于前；不管碰到什么利，哪怕黄金千万两，都不动心，不起念，该吃就吃，该睡就睡。许多人则是追名逐利，声色犬马，"百般需索"；有些人没什么私心贪欲，却把外面各种各样的东西都装进心里，或回忆，或筹划，或担忧，或焦虑，"千般计较"，这样久而久之，就会在即使没有私心贪欲、没有事情繁杂的时候，心也是乱的，就像王阳明所说"今人于吃饭时，虽无一事在前，其心常役役不宁，只缘此心忙惯了，所以收摄不住"[①]。

人生常有不如意的事，有困境，有挣扎，有痛苦，有迷茫。当世界暗下来时，纵然身边无人相伴相随，只要心里有光，也可以拥有温暖自己的力量，也能照亮自己前行的方向。

哪怕洪水滔天，我心安然，哪里都是桃花源；哪怕暗夜无边，我心光明，哪里都是水云间。只要心中有海，哪里都是广阔天地。

3.怎样才能此心不动？

有学生问：如何养得此心不动呢？答曰：让内心强大起来。

又问：那怎么让内心强大起来呢？王阳明说："关键是平时在良知上做功夫。"（"若人真肯在良知上用功，时时精明，不蔽于欲，自能临事不动。"）平时一点一滴地磨炼，克去私欲，遇到紧急情况，自然能够"不动心"。

打太极拳，有个口诀：不低头、不弯腰、不着急、不着慌。王阳明有圣人气度：无论在顺境还是逆境中，都能从容正常，宠辱不惊。提拔我，不欣喜若狂；侮辱我，泰山崩于前而不心惊。王阳明立下不世之功，没受奖励，不获提拔，反受污蔑。怎么办？很恼火，但绝不能一惊一乍、暴跳如雷。义理担当，触之不动，无论面

[①] 王阳明：《传习录下》，《王阳明全集》卷三，第100页。

对什么样的处境都不因得失而动心,"触之不动""不动心"也是王阳明自龙场悟道到南赣剿"匪"这段时间传播的主要心学思想。黄宗羲说阳明心学有三个阶段,"不动心"就是第一阶段。

他以此希望人人都拥有强大的内心,碰到任何事和物,都不会因之而动。

《传习录》中有一段问答:

陈九川问:"这几年因厌恶那种泛滥之学,常常想独自静坐,以求屏息思虑念头。但不仅不能达到目的,反而更觉得心神不宁,这是什么原因?"他问的是,怎么就做不到不动心呢?

王阳明回答:"人有念头,如何能打消它?只是要'正'。"

弟子问:"是否存在没有念头的时候?"

王阳明说:"根本没有这样的时候。"

弟子又问:"既然如此,那周敦颐先生为什么说'定之以中正仁义而主静'?为什么要说让心静下来,做到不动心呢?"

王阳明说:"静并不是不动,动也并非不静。周敦颐先生说的'定'也就是'静亦定,动亦静'中的'定'。无欲故静,没有了私心杂念,心就静,心就能定。"

陈九川又说:当我用功收敛身心时,如果眼前有声有色,就像平时的所见所闻("如常闻见"[①]),恐怕就不能专一,不能静心,不能不动心了。王阳明答道:收心用功的时候,听到、看见像平日所见所闻的东西,那是正常的呀。除非是槁木死灰、耳聋眼瞎之人,才会不听、不看呢。我要强调的是,即使听见、看见了,心不去跟随它就行了。("只是虽闻见而不流去,便是。"[②])同样的事情,有人心慌意乱,有人却泰然处之,就看有没有一颗不动的心。"只要心不去跟随它",不随别人的鼓点起舞,就是不动心。此心不动,不动如山,逢苦不戚,得乐不欣,不随境转,王阳明对待现实问题,对待突然的变化,对待不确定的世事,始终是冷静务实的,不动心,不烦恼,"心之本体,原自不动"。世间的事,纷至沓来,

---

[①][②] 王阳明:《传习录下》,《王阳明全集》卷三,第80页。

只有不动心，才能从容应对，才能少上当，少钻老鼠洞。

王畿曾指出："先师自谓'良知'二字自吾从万死一生中体悟出来，多少积累在，但恐学者见太容易，不肯实效其良知，反把黄金作顽铁用耳。先师在留都时，曾有人传谤书，见之不觉心动，移时始化，因谓终是名根消煞未尽。譬之浊水澄清，终有浊在。余尝请问平藩事，先师云，在当时只合如此作，觉来尚有微动于气所在，使今日处之更自不同。"①王畿明确指明良知说的生存意义，即良知作为不动于心、不动于气的本然状态的意义。王阳明正是在那样险恶的情境下，能以高度稳定、平静、沉着的态度泰然处之，处危不动、处急不惊、处变不乱，最终摆脱了危机，经受住了严峻的考验。只有从这里才能理解良知说从"百死千难""万死一生"中体悟得来的说法。在经历了江西之变以后，他终于确信，良知说不仅可以使人达到道德的至善，还能让人真正达到向往已久的"不动心"的境界。

王阳明在答黄绾论良知书中也说："彼此但见微有动气处，即须提起致良知话头，互相规切。凡人言语正到快意时，便截然能忍默得；意气正到发扬时，便翕然能收敛得；愤怒嗜欲正到腾沸时，便廓然能消化得：此非天下之大勇者不能也。然见得良知亲切时，其工夫又自不难。缘此数病，良知之所本无，只因良知昏昧蔽塞而后有。若良知一提醒时，即如白日一出，而魍魉自消矣。"②这也是说，致良知的一个重要意义就是能让人在"动气"时断然控制情绪，保持"平常心"，这种控制情绪以保障最佳心理素质与心理状态的能力，是通过致良知来获得的。

有人就"有所忿懥"发问。王阳明回答："忿懥几件，人心怎能无得？只是不可有耳！凡人忿懥著了一分意思，便怒得过当，非廓然大公之体了。故'有所忿懥'，便不得其正也。如今于凡忿懥等件，只是个物来顺应，不要著一分意思，便心体廓然大公，得其本体之正了。且如出外见人相斗，其不是的，我心亦怒。然虽怒，却此心廓然，不曾动些子气。如今怒人，亦得如此，方才是正。"③"忿懥"，

---

① [明]王畿：《龙溪先生全集》卷四《留都会纪》，国家图书馆出版社2014年影印版。
② 王阳明：《与黄宗贤》，《王阳明全集》卷六，第185页。
③ 王阳明：《传习录下》，《王阳明全集》卷三，第86页。

· 433 ·

形容人的情绪非常愤怒和不满。由此可见，王阳明说的不动心，并不是心如枯槁，百情不生，而是"物来顺应""不要著一分意思"。这种不动心的境界，即"无累""无滞"的精神境界。

第11讲
王阳明在江西的立功、立德和立言

一、王阳明在江西的历史行迹和文化遗产

1. 王阳明在江西立功、立德、立言的六个时间段

王阳明活了57岁,他一生来江西的次数多,在江西待的时间长,发生的历史事件最重大。他在江西境内任庐陵知县、南赣巡抚、江西巡抚,一生的立功、立德、立言,大多发生在江西。值得纪念的有6段:

第1段:1488—1489年,17—18岁。这期间的重要历史事件有:南昌迎亲、夜访老道、官府习字。而上饶"问学娄谅"是中国心学史上的重要事件。

第2段:1507年,36岁。这期间的重大历史事件是贬谪龙场的途中两次经过江西。春夏之交先到杭州,病倒,住进胜果寺。十二月,避入武夷山,经江西去南京见父亲,其路线是武夷山—信州—玉山—南京。在南京见了父亲后,再到杭州住进胜果寺,然后从杭州经江西的信江、袁河过萍乡去龙场。其路线是杭州—信江—赣江—袁河—贵阳。

第3段:1510年,39岁。三月到庐陵(今吉安)任知县,这是王阳明担任的首个地方官,也是他龙场悟道后对"知行合一"理论的第一次实践。他在庐陵知县任上,发布了16篇告示,做了不少好事实事:处理群众上访;处理税赋过重的问题;向上级反映要求免除"葛布捐";处理官差骚扰百姓的问题;治理瘟疫、

抗旱、防盗和防火；推行旌彰亭（光荣榜、红榜）和申明亭（批评栏、黑榜）的"两亭"制度。曾在白鹭洲书院和青原书院讲学。王阳明在庐陵待了七个月，当年十一月，离开江西，回京述职。

第 4 段：1516—1521 年，45—50 岁。先是在南赣巡抚的任上待了两年五个月；然后，在平定宁王叛乱之时和之后出任江西巡抚一职时，还顶着南赣巡抚这顶帽子，直到 49 岁那年的六月二十日奉旨启程离开江西，在江西待了四年零一个月。这期间的重要历史事件有：平息南赣民乱，刊印著作，平定宁王之叛，处置忠泰之变，在庐山抒怀、南昌和白鹿洞书院会讲、赣州通天岩讲学。王阳明建立了奇功伟业，更经历了百死千难，提出了"致良知"的思想学说。

第 5 段：1527 年，56 岁，王阳明抱病出征广西。他于九月九日从绍兴出发前往广西梧州，路经江西的广信（今上饶）、南昌、吉安、赣州、南安（今大余）。这期间的重要历史事件有：出征广西过江西时在贵溪点拨徐樾—南昌讲学—吉安讲学—赣州讲学。

第 6 段：1528 年，王阳明在广西剿抚并举，平定思恩、田州的民乱后，"十月乞骸骨"，向朝廷请假回家。久久没有得到答复，于是他一边候旨，一边向家乡走去。最后，王阳明进入江西境内，嘉靖七年十一月二十九日，即 1529 年 1 月 9 日，病逝于大庾县青龙铺老圩码头，享年 57 岁。

王阳明在弥留之际，用一句"此心光明，亦复何言"，为他的阳明心学点了要义，为他的壮阔人生做了总结。

王阳明生命和思想的最后光芒，就是在江西这片土地上绽放的。

江西人对王阳明的情感深厚，值得珍惜。王阳明是立功、立德、立言的真三不朽的英雄。他的主要业绩在江西取得，他在江西的南昌、赣州、吉安、上饶、庐山都有踪迹，他在江西这块土地上演绎了他的人生与学说，他理所当然地受到江西人的尊崇。江西人也把阳明先生、阳明心学融进了自己的历史，作为自己的骄傲与品牌。江西到处都有阳明路、阳明祠、阳明湖、阳明书院和阳明公园等。这是江西人的情义所系、人心所系。我们可以说："知行合一致良知，阳明'三立'在江西。"

2. 王阳明在江西的社会实践与历史文献

除了平乱与平叛之外，王阳明在江西有诸多贡献：

一是社会治理与基层管理。王阳明在庐陵、南赣、南昌担任地方主官时，实施了有效的行政管理。为消除乱源，王阳明在所辖各地实施十家牌法、保长法，将政府管理引入最基层。

1517年（正德十二年），王阳明平定民乱时，剿抚齐下，在横水提出"破山中贼易，破心中贼难"[①]，并以"崇尚礼义"之意奏请朝廷设立了崇义县，建学校讲学，宣扬其心学主张，强化封建伦理教育，开启县治教化，"变盗贼强梁之区为礼义冠裳之地"。这也是王阳明的惯常做法，他在南赣剿"匪"时，除崇义（江西），还新设平和（福建）、和平（广东）两县。后在广西再奏请设置隆安县。

正德十二年闰十二月，他又报请朝廷，迁上犹过埠巡检司于上堡，在崇义县治周边要道处增设长龙、铅厂两巡检司。

二是教化与过化。王阳明的社会实践和讲学传习之地遍及南昌、赣州、吉安、上饶、庐山白鹿洞等地，王阳明心学的思想学说主要在江西提出和践行。

1518年（正德十三年）十月，王阳明举乡约，颁行《南赣乡约》，建立民间自治组织，崇儒重礼，惩恶扬善。王阳明在平定民乱后认为："民虽格面，未知格心，乃举乡约告谕父老子弟，使相警戒。"[②] 王阳明特别在乡约中写进了重视民生、体恤民情、禁止大户与商人放高利贷等内容，体现了他的"亲民"理念。王阳明在龙南就三次发布《谕俗文四章》《谕龙南乡约一章》《告谕龙南一章》等教化民风的文告，一是提倡婚嫁从简，二是反对厚葬薄养，三是破除迷信，反对看病不看郎中看巫医、看神婆。他同时大力创办教育，在赣州城建立义尔书院、蒙正书院、富安书院、镇宁书院、龙池书院，复建濂溪书院，聚徒讲学论道。

现在，赣州人还说：赣州是"道学开宗之源，阳明过化之地"。"道学开宗之源"指的是宋代的周敦颐在赣州待了好多年，并在此地招收程颢、程颐，开辟了中国

[①] 王阳明：《与杨仕德薛尚谦》，《王阳明全集》卷四，第144页。
[②] 钱德洪：《年谱一》，载《王阳明全集》卷三十三，第1030页。

儒学宋明理学的新局面。"阳明过化之地"指的则是王阳明在这里走了一遍,讲学、立规矩、正民风,包括对赣州话的影响,就像春风化雨一样,把这片土地都化了。

三是在江西的文学作品和历史文献。《王阳明全集》中的许多文献就写于江西,拿诗来说,除了《江西诗一百二十首》《庐陵诗六首》《赣州诗三十六首》各篇,《赴谪诗五十五首》和《两广诗二十一首》中也有多首记写江西的诗作。这是王阳明诗歌创作中数量最多、内容最丰富的。

当年,王阳明在江西境内任庐陵知县、南赣巡抚、江西巡抚,立功、立德、立言,做了许多好事、实事,在江西的南昌、吉安、赣州、上饶、萍乡等地留下许多遗产。

江西是阳明心学的过化之地,阳明先生是江西永远的记忆。

3. 王阳明在江西遗存的13处31方碑刻

王阳明在江西的赣州通天岩、大余、崇义、于都、龙南、吉安、庐山都留有摩崖石刻或碑刻,共计13处31方。按时间排序,大致是:

第1处1方:1511年(正德六年),王阳明任庐陵知县时在青原山净居寺留下"曹溪宗派"的碑刻。

江西吉安青原山净居寺王阳明"曹溪宗派"碑刻

第2处1方:1517年(正德十二年)正月,王阳明平息福建漳南的詹师富,得胜返回途中,在赣州于都罗田岩留有题刻"观善岩",题刻末有小序:"善,吾性也。曰'观善',取传所谓相观而善者也。"落款"阳明山人王守仁"。

江西于都罗田岩王阳明"观善岩"

第3处8方：崇义的"纪功岩"。1517年（正德十二年）十月"三省会征"，用两个月平定横水、左溪、桶冈后，在桶冈（今崇义县思顺乡齐云村）勒石纪功。

这个"纪功岩"的"岩"不是一个山冈，而是一块单体竖立的天然巨石，高8.4米，宽约6米，侧面宽2米。此石实含8方石刻：

西侧有4方石刻：（1）岩石西侧上部刻有"纪功岩"三字，通高1.8米，宽0.8米，字径43厘米。（2）"纪功岩"的下部刻有落款"正德十二年十二月八日同刻石乾字营随征吏永丰李璟"。（3）主碑文《平茶寮碑》，通高3.81米，宽1.85米，共17行318字，楷体阴刻竖读。（4）碑右下方刻有"随征督工吏李璟"7个小字，通高1.8米，宽0.16米，字径7厘米。

东侧有4方石刻：（1）上部为王阳明草书的两首诗文，通高0.97米、宽0.94米，字径5—9厘米。中部为落款"古燕郏文"的两首诗文，通高0.6米，宽0.81米，字径5厘米。（2）下部两块石刻大部分文字已无法辨认，面积较大的一块通高1.55米，宽1.4米，字径4厘米，落款有"邢珣"等字样；面积较小的一块通高0.8米，宽0.84米，字径5厘米，落款有"舒富"等字样。

1987年12月，《平茶寮碑》纪功岩被列为省级文物保护单位。

第4处10方：1518年（正德十三年）三月中旬，王阳明平定以池仲容为首的"三浰"后回驻龙南，途经龙南城北4公里的玉石岩。

"玉石岩"不是一块岩石，而是一个占地面积2平方公里的山体。山上有一个喀斯特地貌的天然岩洞，叫"玉虚洞"。溶洞平面呈串葫芦形，高度有几十米，洞内面积有400多平方米。

王阳明来过这里两次，住了九个晚上①，赋诗讲学，大兴文墨，"悬壁勒'阳明小洞天'五字小篆书，又镌《平浰记》于上"②。

崇义纪功岩《平茶寮碑》

赣州龙南阳明小洞天

随行的赣州知府等文武官员也纷纷作诗共40首同镌于壁。现在，玉石岩玉虚洞留有石刻44方（宋代3方，明代24方，清2方，民国5方，年代不清10方），其中王阳明及其僚属诗文碑刻10方。③这在全国是绝无仅有的，在贵州修文的"玩易窝"和"阳明洞天"那两个洞，以及在绍兴的"阳明洞"里，都没有王阳明的碑刻。1959年，玉石岩公布为江西省第二批省级文物保护单位。

第5处3方：1518年（正德十三年），王阳明给庐山白鹿洞书院送来刻有《大学古本序》《大学古本》《中庸古本》《修道说》的碑刻。

---

① 李晓方教授认为王阳明分别于1518年(正德十三年)三月九日至三月十五日共6天和四月十九日至五月初一共11天，两次来到龙南。
② 清同治《赣州府志》，江西人民出版社2019年影印版。
③ 李晓方教授在"第三届阳明文化国际论坛暨第二十一届明史国际学术研讨会"的主题发言《龙南玉石岩王阳明及其僚属诗文碑刻的形成过程》中列举了这10方碑刻的目录：1.王阳明《平浰头碑》。2.王阳明诗5首。3.赣州知府邢珣"阳明小洞天"。4.赣州知府邢珣诗2首。5.江西按察司分巡岭北道兵备副使杨璋诗3首。6.赣州府通判文运诗6首。7.赣州府推官危寿诗6首。8.赣州卫指挥余恩诗6首。9.龙南主簿方侃诗6首。10.龙南教谕缪铭诗6首。

第11讲 王阳明在江西的立功、立德和立言

白鹿洞书院王阳明《大学古本序》《大学古本》

白鹿洞书院王阳明《中庸古本》

白鹿洞书院王阳明《修道说》

现在，白鹿洞书院"先贤书院"的东廊里还立着上述三通碑刻。

第6处1方：1519年（正德十四年）正月三十，王阳明在庐山秀峰有《平宸濠纪功碑》。

王阳明庐山秀峰读书台《平宸濠纪功碑》

• 441 •

王阳明庐山东林寺《次邵二泉韵》碑刻

第7处1方：三月二十三在东林寺有《次邵二泉韵》碑刻。

第8处1方：吴宗慈《庐山志·艺文志·金石目》录《天池寺题刻》："正德庚辰三月壬子……（都察院副都御）史阳明……登此同行佥（政）徐琏[①]，副使高雷金（令）……知府（陈霖）相从。"[②]

天池寺题刻

[①] 徐琏(1468—1544)，字宗献，朝邑(治今陕西大荔东)人。1499年(弘治十二年)进士。由户部郎中出为袁州知府。随从平定宸濠反，升江西右参政。1523年(嘉靖二年)考核官员，被弹劾为不称职者。以布政使致仕。

[②] 吴宗慈：《庐山志》下册，江西人民出版社1996年版，第568页。作者注：正德庚辰(正德十五年，即1520年)三月壬子，是三月二十四日，公历为4月11日。

第 9 处 1 方：王阳明于 1520 年（正德十五年）在青玉峡刻，纵 140 厘米，横 120 厘米。吴宗慈《庐山志·艺文志·金石目》著录《青玉峡龙潭题刻》"大明正德庚辰，阳明王守仁到，同行御史伍希儒、谢源，参政徐琏，知府陈霖"，共 29 字。

1520 年二月，王阳明在庐山青玉峡龙潭题刻

（作者注：青玉峡龙潭就在秀峰开先寺旁边。将此方石刻与大天池的那方石刻对照，就会发现随行人员大体一致，故虽然此方石刻没注明时间，却可判断，都是这次所刻。）

第 10 处 1 方：庐山照江崖诗刻《夜宿天池》。

第 11 处 1 方："赣卫指挥刘铠随王都老爹游。"明代摩崖石刻，刘铠[①]题，"王都"为"王都御史守仁"的职务简称。

王阳明庐山照江崖《夜宿天池》碑刻 　　碑刻上的文字是："赣卫指挥刘铠随王都老爹游"

---

① 刘铠，明代武官，1516年(正德十一年)任赣州卫镇抚(从五品)，升正千户(正五品)，曾在助王守仁平朱宸濠叛乱中立功。嘉靖年间升任赣州卫指挥同知。后来随王阳明出征广西田州。

第12处1方："庐山高。"高43厘米，宽227厘米，明代石刻，镌于九十九盘古道庐山高石华表上，行草阴刻。李拙翁《庐山小乘》载，上款"嘉靖丁亥（1527年）冬十月吉旦，户部主事寇天舆、九江兵备副使何棐同建立"，下款"阳明山人"。吴宗慈《庐山志》记"嘉靖丁亥冬十月吉旦，户部主事寇天舆同建、九江兵备副使何棐立"，下款"阳明山人书"。也就是说"庐山高"三字是王阳明书，刻在1527年（嘉靖六年）建立的石华表上。现有人说"庐山高"这三字是欧阳修所写，误。欧阳修写的是《庐山高歌》，在"庐山高"石华表侧，已佚。[①]

庐山高

王阳明《通天岩》诗刻

第13处1方：1520年（正德十五年），王阳明在赣州通天岩讲学处有题刻一方：《通天岩》诗。

这首刻在通天岩里"忘归岩"的诗，题刻高110厘米，宽145厘米，共8行，每行字数不等，行书。字径约为10厘米。虽经数百年风雨侵蚀，至今还清晰可见。

江西的这13处31块（通、方）王阳明的碑刻和与王阳明有关的碑刻，在全国都是算多的。

---

① 吴宗慈：《庐山志》下册，江西人民出版社1996年版，第565页。

4. 江西的阳明文化遗址和遗迹

江西的阳明文化遗址和遗迹有：

（1）王阳明问道娄谅的位于水南街的娄谅故居。

（2）王阳明在庐山的行迹与文化遗存。

（3）王阳明在吉安讲学的螺川驿，但驿站原址已无存。

（4）赣州市区通天岩是王阳明的讲学地。

（5）赣州老城的南赣府衙。南赣巡抚存在了190年，而王阳明担任南赣巡抚这个职务四年（其中有两年多兼江西巡抚），这是一段独特的历史。

（6）于都罗田岩。

（7）大余城里的南安府衙门，已经复建。

（8）大余峰山城。

（9）大余光明碑（落星亭）。章江边青龙铺是王阳明的逝世地。

大余峰山城

（10）龙南玉石岩"玉虚洞"，是1959年的第一批省级文物保护单位。

江西龙南玉石岩"玉虚洞"　　赣州龙南"太平桥"——全国重点文物保护单位

（11）龙南的太平桥。这是王阳明为纪念平定"三浰"而建的，一为庆功，二为祈祷平安，三为利民交通。后损毁，现桥于1796年（清嘉庆元年）重建。这座桥为砖石结构，桥体长34.43米，桥面宽4米，通高约15.2米，桥梁与房屋珠联璧合，造型优美。下层三墩两孔，上游中间桥墩凸出，形如船头，减弱了水流对桥墩的冲击。上层桥中央为客家府第式砖木结构四通廊层，两侧"五岳朝天"马头墙样式,开有廊拱,上层廊拱落于下层两桥拱顶之上,成"品"字形结构。2013年此桥被列为全国重点文物保护单位。

（12）500年前的水利工程"水陂",王阳明在龙南指导修建,它使2000多亩沙地变成良田。为纪念王阳明,也叫"都陂",旁边的村庄也叫"新都"。

（13）栗园围（王阳明八卦围）。龙南市现有376座围屋,占全赣州围屋的75%以上,号称"围屋之都"。全国重点文物保护单位关西围和县城旁边的栗园围都与王阳明有关。

赣州龙南"都陂"遗址（王建春摄）	位于龙南市高铁车站旁的栗园围

栗园围的建筑形态独特,它占地68亩,按八卦的布局建设而成,在东南西北四角建有四座围门,沿围墙开有数百个枪眼,建有12座炮楼。围屋内围中有围,有八八六十四条总长1500米的巷道,互相连通,有生门死门,扑朔迷离。更值得一提的是,栗园围是王阳明直接设计的。1518年,栗园围主人李清公随王阳明平三浰之乱,在龙南武当山布下八卦阵法中的八门金锁阵,大败三浰乱军,自己也受伤而回家养伤。平乱之后,王阳明率文武官员来看望李清公。李清公恐招三浰余党报复。王阳明便拨出银两,并亲自勾画图纸,让李清公按八卦图扩建围屋。栗园围是龙南现存围屋里历史最悠久、面积最大、结构最奇特、功能最齐全、文化底蕴丰厚的客家围屋之一。

（14）观德亭。当年王阳明来龙南县城的学宫,"见栋宇不支,咨嗟久之",说:"人们对学宫不虔诚,官府对教育不重视,怪不得你们这个地方的人会进山做贼。"于是,拿出部分缴获的钱财修复学宫,开办社学,加强教化。这是王阳明社会治理的一个实践。当年学宫里的"双龙柱"现在保存完好,这可是龙南县城里500年前的物件。

(15)崇义县现存王阳明遗址、遗迹、遗物,如:平茶寮碑摩崖石刻、王阳明建县古城墙、明桶冈匪首蓝天凤山寨遗址、左溪之战王阳明指挥所遗址、左溪烽火台遗址、王氏祠堂、八角井、明新建侯王文成公祠碑、重修王文成公祠碑等。

王阳明时期龙南学宫的"双龙柱"

保护好、利用好王阳明在江西的文化遗产,包括上述石刻碑刻和遗址遗迹,整理这一历史文化资源,挖掘历史文化内涵,有利于传承文化基因,留住历史记忆,是弘扬中华优秀传统文化,提升人民生活品质的一个举措,可诉说往事记忆,凸显历史底蕴,厚实文化韵味,使之成为江西人的文化地标、休闲场所、精神高地。

二、"阳明一生精神,俱在江右"

阳明心学作为一个历史上的学派,前后持续了200多年。在这个过程中,王阳明的弟子遍及天下。王阳明为余姚人,黄宗羲在《明儒学案》用"姚江"来命名阳明学派,认为阳明学派一出,"便人人有个作圣之路。故无姚江,则古来之学脉绝矣"。他按其籍贯把王阳明弟子分成地域性的七大王门:浙中(即浙东和浙西)王门、江右(今江西和皖南西部)王门、南中(即南直隶,今苏、皖、沪)王门、楚中(今两湖)王门、北方(今鲁、豫、陕、冀)王门、粤闽王门和泰州王门[1],并分卷予以专门介绍。

除了这个分类外,还有另外的提法。比如,贵州王阳明纪念馆就提出,1508

---

[1] 泰州王门是《明儒学案》中唯一以县级地名命名的学派,凸显了"泰州学派"在王门中的特殊性。

年（正德三年），"黔中王门"在贵州龙场诞生，到最后一个阳明心学派——"姚江书院"派邵廷采和江右学派李绂相继辞世，阳明后学历经240余年。

王阳明生前身后的追随者，江西人最多，以至于黄宗羲在《明儒学案》中说："姚江之学，惟江右为得其传……盖阳明一生精神，俱在江右。"江西的王门弟子众多，《明儒学案·江右王门学案》中记载的学者达30多人，而《阳明年谱》列出姓名的是26人。结合其他资料，江右王门至少有50多人，具体是：安福的邹守益、王进槐、刘元卿、邹善、邹德涵、邹德溥、邹德泳、刘文敏、刘邦采、刘阳、刘秉鉴、王钊、刘晓、王时槐、刘元卿，泰和的欧阳德、胡直，永丰的聂豹、何心隐、宋仪望，庐陵的陈嘉谟，吉水的罗洪先、邹元标、罗大纮，南昌的章潢，新建的魏良弼、魏良器、邓以赞，于都的黄弘纲、何廷仁、袁庆麟、何春、何迁、管登，南城的邓元锡，临川的陈九川、梁廉、周禄，进贤的舒芬、曾忭、王明槐、万廷言、曾于乾、胡尧时、胡舜举、郭子章等，都是其中的杰出者。此外，还有王栋、朱恕、王襞、李贽、焦竑、周汝登、贺麟。

《明儒学案》所传江右王门学派学者一览表

姓名、字号与生卒年	籍贯	科举功名	最高官职
邹守益（东廓，1492—1562）	安福	探花	南京国子监祭酒
邹善（颖泉，1521—1600）	安福	进士	太常寺卿
邹德涵（聚所，1538—1581）	安福	进士	刑部主事
邹德溥（四山，1549—1619）	安福	进士	太子洗马
邹德泳（泸水，1556—1633）	安福	进士	云南御史
欧阳德（南野，1496—1554）	泰和	进士	礼部尚书兼翰林院学士
聂豹（双江，1487—1563）	永丰	进士	兵部尚书、太子少傅
罗洪先（念庵，1504—1564）	吉水	状元	左春坊左赞善
刘文敏（两峰，1490—1572）	安福	处士	
刘邦采（狮泉，1492—1577）	安福	举人	嘉兴府同知
刘阳（三五，1496—1574）	安福	举人	福建道御史
刘秉监（印山，生卒年不详）	安福	进士	刑部主事

续表

姓名、字号与生卒年	籍贯	科举功名	最高官职
王钦（柳川，生卒年不详）	安福	诸生	
刘晓（梅源，生卒年不详）	安福	举人	知县
刘魁（晴川，约1489—1552）	泰和	举人	工部员外郎
黄弘纲（洛村，1492—1561）	于都	举人	刑部主事
何廷仁（善山，1483—1551）	于都	举人	南京刑部主事
陈九川（明水，1494—1562）	临川	进士	礼部郎中
魏良弼（水洲，1492—1575）	新建	进士	太常少卿
魏良政（师伊，生卒年不详）	新建	解元	
魏良器（药湖，生卒年不详）	新建	处士	
王时槐（塘南，1522—1605）	安福	进士	太常寺卿
邓以赞（定宇，1542—1599）	新建	进士	吏部侍郎
陈嘉谟（蒙山，1521—1603）	庐陵	进士	参政
刘元卿（泸潇，1544—1609）	安福	举人	礼部主事
万廷言（思默，1531—1610）	进贤	进士	提学金事
胡直（庐山，1517—1585）	泰和	进士	福建按察使
邹元标（南皋，1555—1624）	吉水	进士	刑部右侍郎
罗大纮（匡湖，生卒年不详）	吉水	进士	礼科给事中
宋仪望（望之，1514—1578）	永丰	进士	大理寺卿
邓元锡（潜谷，1529—1593）	南城	举人	翰林待诏
章潢（本清，1527—1608）	南昌	诸生	顺天儒学训导

现着重介绍几位最有影响的江右王门。

邹守益（1491—1562），字谦之，号东廓，江西安福人。邹氏家族在明代中期崛起，从弘治至万历100多年内四代，有邹守益之父、邹守益、邹守益第三子、邹守益三个孙子共6名进士，以及1名解元、5名举人、1名贡元，可谓人才辈出。[①]1508年（正德三年），17岁的邹守益中举。1510年（正德五年），王阳明为庐陵知县，邹守益第一次见到了王阳明。其弟子宋仪望《东廓邹先生行状》云："阳

[①] 洪跃平、徐继红：《心之旅——王阳明和他的弟子们》，江西高校出版社2019年版，第87页。

明王公移令庐陵，先生慕其名，见之极相称许。"①

1511年（正德六年）的春试，邹守益会试第一名（会元），殿试又高中第三名（探花），授翰林院编修，后官至南京国子祭酒。也正是这次会试，王阳明以吏部主事为同考官，从此，与邹守益有了师生之缘。

1519年（正德十四年），邹守益来到赣州南赣巡抚衙门，请王阳明为其父亲写墓志铭。那时邹守益信奉朱子理学，但见王阳明后两人交谈，论及格致之学。越说越带劲，一连谈了很多天，邹守益关于《中庸》和《大学》的多年疑惑都在交流中解决了，"王公乃尽语以致良知之说，反复辩论。先生（邹守益）幡然悟曰：'道在是矣。'遂执子弟礼"②。从此他正式成为王阳明的学生。

邹守益对"致良知"的理解，以一"敬"字为著。他说，良知本体是完整自足的，后世学者希望靠着读书求学来增加良知。结果读得越多，离良知就越远，因为路子就走错了。良知之所以不能显现，是因为被私欲蒙蔽。所以，人要寡欲，更要"敬"，有人时要"敬"，无人时更要"敬"。"敬"不是为了别的，为的是那种自我省察的功夫，那种警惕之心。"敬"得久了，念头才起时，审察功夫已到，私欲就自然不能蒙蔽良知了。

邹守益是王阳明过从最密的一个弟子，他不仅从学王阳明，且随王阳明平定朱宸濠叛乱，出谋划策，立下汗马功劳，王阳明对他另眼相看，书信来往和诗词唱酬都较多。

罗洪先（1504—1564），字达夫，号念庵。其父罗循，进士出身，曾任镇江、淮安知府、徐州兵备副使。1526年（嘉靖五年），罗洪先22岁，参加乡试中举人。1529年（嘉靖五年）会试后的廷试，被皇帝钦点状元，授官修撰。其岳父喜极，罗洪先却说："大丈夫志当高远，此等状元三年就有一人，有什么了不起？"他回到家乡侍奉父母，两年后才去京城赴任。不久父亲病故，三年后母亲逝世，他在家乡守孝六年后才回京城就职。

---

① 宋仪望：《华阳馆文集》，清道光二十二年永丰宋氏中和堂刻本。
② 黄宗羲：《江右王门学案一·文庄邹东廓先生守益》，《明儒学案》卷十六，中华书局1985年版。

罗洪先学问极大，上至天文、礼乐、军事，下到地理、算术、时政，无所不通，其主要成就在理学和地图学方面。他发现当时元代地图多疏密失准，受妻子绣花样的启发，精心绘制两卷《广舆图》。这是我国历史上最早的分省地图集，在我国乃至世界地图绘制史上都有很高的地位。

罗洪先是吉安府吉水县人，却长期生活在赣南，到过赣南的于都、瑞金、宁都、赣县、南康、大余等地方。15岁时，罗洪先读王阳明《传习录》，欲往受业，因父阻未能成行，但他一辈子宗王阳明致良知之学。他和聂豹一样，没有真正拜入王阳明门墙，而是转学多人。罗洪先虽为私淑，却深得阳明真传，自称王门后学。王门弟子也认他这个同门。

罗洪先的思想历经三变。罗洪先最早对"致良知"，也是跟已发派一样用力，此为第一变。不过他按"知善知恶是良知"的法子来修行，多年过后，收效甚微。他仔细思考，认为原因出在"知"上。因为"知"是要与外物交感的，而与外物交感，难免杂念丛生，善恶未辨。罗洪先就说，要想发明本体，必须断掉与外物的交感，回到心念未发之时，才能找到良知。于是他按照陈献章筑"春阳台"的法子，找了一个石洞，在里面闭关三年。他开始持"静"了。此为第二变。到了晚年，他的思想又是一变，他说自己"重于为我，疏于应物"[1]，这是不对的，其实这两者不可偏废。如果一味求寂，那还有谁来"以天下为己任"呢？他又提出了"寂感一体"的理论。已发未发，本为一体，"绝感之寂，寂非真寂矣"，"离寂之感，感非正感矣"，动和静，寂和感，为我和应物，于他都在"致良知"之中，成为一体。至此，他完成三变，倒是与"良知之前，更无未发，良知之后，更无已发"相合了。

罗洪先曾与黄弘纲、何廷仁等就良知学有过交流。1530年（嘉靖九年）与聂豹相识。1538年到宁都翠微山拜访聂豹，相谈五天，对聂豹因静入悟说深为赞同。罗洪先认为"良知本静"，主张通过寂静、去私欲才能真正达到良知。被后人认

---

[1] 罗洪先：《甲寅夏游记》，《念庵罗先生文集》，北京大学出版社2024年版。

为与聂豹同属归寂派。

欧阳德（1496—1554），字崇一，号南野，江西泰和马市镇蜀口人。蜀口被江西第一大河流赣江及其支流蜀水四面环绕，历史上出过21名进士，是庐陵八大文化古村之一。欧阳德13岁进县城官学读书，才名远扬。1516年，刚满20岁参加乡试中举。听说王阳明在赣州讲"心为主宰""知行合一""破心中贼"。这些思想前所未闻，与传统理学截然不同，欧阳德惊呼："此正学也。"立即赶往赣州拜王阳明为师。年最少，王阳明亲切地叫他"小秀才"，非常器重他，留他在身边，随时派遣。欧阳德欣然从命，虽劳不息。就这样，八年时间里，两次放弃会试机会。直到1523年（嘉靖二年），参加会试，策问中有诋毁王阳明的题目，欧阳德与魏良弼、黄以方在答卷中坦率地阐发阳明思想，结果进士及第，授六安州知州。他在六安建立了龙津书院，聚集生徒讲学。后历任北京刑部员外郎、翰林编修、南京国子监司业、南京尚宝司卿、太仆寺少卿、南京鸿胪寺卿、吏部左侍郎、礼部尚书兼学士。

当时心学被指斥为禅学，遭到封禁，欧阳德却大力宣讲阳明心学。欧阳德跟江右王门的其他弟子邹守益、聂豹、罗洪先等讲学论道，以讲解阳明心学为己任。欧阳德风度温和，学问讲求实际，不尚空谈。欧阳德与徐阶、聂豹、程文德都是饱学之士，居显要地位。他们集四方名士于灵济宫，共同讨论"良知"之学，聚会者有五千人。都城讲学以此为盛。

聂豹（1487—1563），江西永丰县人，字文蔚，号双江，晚年又号白水老农，东皋居士。1517年（正德十二年）进士，授华亭县令，升御史，历官苏州知府、平阳知府、陕西按察副使、福建道监察御史，后巡按福建，进兵部右侍郎，改左侍郎。1552年（嘉靖三十一年）任兵部尚书，后加太子太保，入豫章理学祠、吉安白鹭洲忠节祠和青原五贤之一。是中国著名廉吏、思想家、教育家、抗倭名臣，明代理学家、军事家。

聂豹在华亭，抚灾民，修水利。在平阳，毅然拿出军用粮食赈济灾民，并多次打退蒙古俺答军来犯，斩虏首千余级。主筑北京明城墙，首创养马承包责任制。江南倭寇猖獗时，同张经一道取得了"王江泾大捷"。聂豹一生清廉如水，刚正不阿，弹劾污吏几十人。落职后，为了生计，经常步行往返于吉安的青原山等书院教学。

聂豹本来并不是王门弟子，且一生只面见王阳明两次。1526年（嘉靖五年）巡按应天府时，特前往越拜见王阳明，同年夏天巡按福建时又渡钱塘江拜见王阳明。两人一见如故，聊至深夜，依依不舍，以后以书信来往。聂豹向王阳明请教良知之学，认同"知行合一""知行并进"说，认为既然知道这个道理，就要去实行这个道理。

王阳明死后四年，聂豹已是苏州知府，觉得自己的思想水平应归功于王学，就立了个王阳明神主牌位，北面叩拜，开始自称"门生"，还找了王门弟子钱德洪作证，刻书于石，就这样，他在王阳明死后成了王门弟子。不过，那时首辅夏言最讨厌心学，心学之禁也与夏言有关，聂豹为此事遭诬陷，还坐了一段时间的牢。聂豹一生任职松江、姑苏、八闽、三晋各地，门徒不少于千人，培育了徐阶等朝廷重臣。聂豹被认为是阳明心学的正统传人。

陈九川（1494—1562），字惟濬，号竹亭，临川（今江西抚州）人。1514年（正德九年）进士。从王阳明学，不久授太常博士。以谏武宗"南巡"，与赣籍官员修撰舒芬、考功员外郎夏良胜、礼部主事万潮等，连疏反对武宗南巡，触怒武宗，入狱，罚跪午门五昼夜，几死廷杖，削职为民。此四人被称为"江西四谏"。嘉靖时起为主客司郎中。陈九川核实贡献名物，节约贡使犒劳费数万。群小怀恨，假借番人之口，攻击其盗取贡玉，被下诏狱，贬戍镇海卫（在今福建漳州市龙海区），久之，遇赦放还。遇赦复官，后辞官归家。家中迭遭变故，父母兄弟俱亡，精神颓丧，先后移居临川明水山（今临川温泉乡境内）及县城（今抚州市）拟岘台等处，以读书、讲学自遣，易号"明水"，周游讲学名山。

陈九川是江右王门中"最着于师门者"[①]，他与邹守益、欧阳德、聂豹、魏良弼等人一起推动了江右王学的兴起。在赣州刊刻的《传习录》里，专有一章王阳明与陈九川的答问录，王阳明对他循循善诱，详细解释了"致良知"的深刻内涵。

---

① 王慎中：《明水文集·序》，《四库全书存目丛书》，齐鲁书社1997年版。

陈九川离开赣州时，写了一首告别诗给老师王阳明："良知何事系多闻，妙合当时已种根。好恶从之为圣学，将迎无处是乾元。"诗歌表达了他对阳明心学的理解。后来，他讲学一直以致良知为主，以格物为实下手处。

何廷仁（1483—1551），初名秦，字性之，号善山，江西于都人。明代理学家、教育家。《明史》把何廷仁、黄弘纲列在一块"合传"，并给予二人极高的评价。何廷仁、黄弘纲、何春（何廷仁的二兄）、管登、袁庆麟是于都"理学五子"。

何廷仁出身于仕宦之家，其长兄何泰于1507年（正德二年）中举，曾任福建武平知县，颇有政绩与廉名；二兄何春为1504年（弘治十七年）举人，曾任安徽霍山知县。他们对阳明心学都有研究。

王阳明巡抚南赣时，在赣州设座讲学，江西学子纷纷慕名来到赣州，投其门下。何廷仁在于都听到消息，于1517年（正德十二年）打点行装，自带干粮，与二兄何春、于都的管登、黄弘纲、袁庆麟一起来到赣州投师王阳明。

此时，何廷仁已是县学诸生，需全力准备参加乡试，但他放弃参加科考、求取功名的机会，毅然投师。此时，王阳明前往南安府桶冈剿灭谢志山、蓝天凤。何廷仁不肯在赣州坐等，就尾追至南康县境内，直入军营中拜见王阳明。王阳明为何廷仁的心切而感动，说："是可为不学以言，而学以躬也。"当即让他随营而行，悉心指导。何廷仁从此跟随王阳明，师事王阳明，形影不离。

直到1522年（嘉靖元年），王阳明回浙江守制，何廷仁才参加江西乡试中举。后进京会试，落第。1541年（嘉靖十九年），何廷仁任广东新会县知县。新会是陈献章的家乡。何廷仁年轻时就仰慕陈献章。他一到新会，当即打扫祠宇，以"芹藻"之属礼[①]，祭祀先师，即行入学礼，以后每日为诸生讲学于献章祠，慕名学子接踵而至。何廷仁在新会当政5年，不单靠法令治理，且实践王阳明"致良知"学说，"以德治之"，实施王阳明治理南赣的一系列措施，各乡都设社学，订训规，修忠祠，辟义冢，祭祀为国死难的县民，以教育和感化百姓，使"刁蛮之地"成为文明礼

---

① 源自《诗经》"思乐泮水，薄采其芹……思乐泮水，薄采其藻"。后以"芹藻"比喻贡士或有才学之士，亦以此作为学子对师尊的进见之礼。

义之乡。新会的百姓崇敬何廷仁，践行他倡导的文明礼义，以有教养为荣，以无教养之行为耻，说："我等生怕自己的行为不检点而无颜见何公。"

1546年（嘉靖二十五年），何廷仁以政绩最佳升南京工部主事，掌管工程、工匠、屯田、水利、交通等事务，分司仪真（今江苏仪征市）。后又调芜湖掌管专卖，使当地市价度量衡公平合理，市场稳定。他怀民以德，为民勤政，以"致良知"的理念治理地方。他离任后，南京、仪真、芜湖三地百姓皆树碑记载其德政，绘制他的生像，设祠以作纪念。

何廷仁任职期满，辞官回乡，在于都县城罗田岩"濂溪祠"[①]，"以讲学著说为乐"。王阳明的另外两个弟子黄弘纲、罗洪先，以及何春、张鳌等邑人也常来这里讲学。他们一块研讨理学，继承并弘扬王阳明的心学思想。

何廷仁论学，恪守王阳明心学说，深得王阳明真传，"善推演师说"，能准确理解和阐发阳明心学说的精髓，尤其对王阳明"良知"之说心领神会，作"知过即良知，改过即本体"等论说，当时产生很大的社会反响。何廷仁成了王阳明心学的薪传人和教育家。王阳明去世后，有人创为"高论"，以王阳明之学相标榜，何廷仁每听此说，都毫不含糊地与之争辩，声明"此非吾师之言也"。

明朝中晚期曾流传"江有何黄，浙有钱王"这句话，意指王阳明的"四大弟子"，即江西的何廷仁、黄弘纲与浙江的钱德洪、王畿。

黄弘纲（1492—1561），字正之，官至刑部主事。明代著名理学家，王阳明的"四大弟子"之一，于都县"理学五子"之一。黄弘纲从小壮志超群，既长，就乡塾，教以举业文字。但他认为举业文字是"雕虫小技"，曰"吾儒之学，须以圣贤为归耳"，主张读圣贤书。久之，认识到圣贤千言万语，其大要不外乎"主敬"二字，平常处世要谨言慎行，不做非礼之事。1516年（正德十一年），黄弘纲应乡试中举人。是年九月，王阳明巡抚南赣和福建的汀州、漳州等处。1517年，王阳明平定汀州、漳州等地后，回师赣州，在休整待战的间隙讲学，立即在南

[①] 为纪念宋代理学家周敦颐在于都的理学活动而立，1643年（崇祯十六年）改为濂溪书院。

赣产生强烈的反响。黄弘纲听说后，立即与管登、何廷仁以及何廷仁的哥哥何春、袁庆麟一起从家乡于都赶到赣州听讲，并正式拜王阳明为师。黄弘纲听讲三天后，就领悟了"心理合一"的道理，深受王阳明的赞赏。从此，他跟随王阳明，从其为学，学其为人。

1519年（正德十四年）六月，朱宸濠发动叛乱，王阳明仓促起兵平叛。黄弘纲在王阳明的左右，寸步不离，出谋划策，成为王阳明的得力助手。

1520年（正德十五年）闰八月八日，黄弘纲和王阳明的其他弟子刘寅、周仲、刘魁、王可旦、王学益、欧阳德、刘琼治、王一峰等来到赣州通天岩听王阳明讲学，并赋诗、题刻。

1529年1月9日（嘉靖七年十一月二十九日），王阳明在南安青龙铺逝世。黄弘纲闻讯，悲痛欲绝，立即从家乡于都赶到青龙铺，服丧如礼，并护送王阳明的灵柩回家乡安葬，并在绍兴守孝整整三年。

王阳明去世后，阳明心学被斥为"伪学"，下诏禁止，要革除王阳明封爵世禄。黄弘纲联络黄绾等王阳明其他门人，以身周旋，多方调护，使之幸免于难；并偕黄绾、钱德洪、王畿，为王阳明的儿子请命成婚。

黄弘纲还和何廷仁、薛侃、欧阳德、王畿、张元冲等门人"使各分年份地搜集成藁，总成于邹守益"，集成王阳明的年谱。

后来，黄弘纲弃官归里，在家乡于都县罗田岩专心讲解王阳明心学，传播王阳明的哲学理念。每年还到吉安青原书院与王阳明的另外几个弟子邹守益、聂豹、罗洪先等人，研究和讲解王阳明的理学。黄弘纲死后配享阳明祠。

黄弘纲论学，本自王阳明的"心外无物""心外无理"之说，强调的是"君子之学，以明其心"。他非常重视自我的修养与实践，为乡梓和其他地方培养了一批恪守节操的学子，而且使王阳明思想得以在赣南传播。《明史》称黄弘纲和何廷仁"廷守仁之门，从游者恒数百，浙东、江西尤众，善推演师说才称弘纲、廷仁及钱德洪、王畿"[①]。时人语"然守仁之学,传山阴、泰州者,流弊靡所底极（指

[①]《儒林二》,《明史》卷二百八十三列传第一百七十一,中华书局1974年版。

以王艮为代表的泰州学派及其传人颜钧、何心隐),唯江西多实践"。[1]其评价甚高。

何春,字元之,江西于都县人。何廷仁的二兄。1504年(弘治十七年)举人。王阳明在赣州讲学时,何春对其弟何廷仁说:"王阳明先生是孔、孟的嫡派,吾辈应当北面师事之。"于是,兄弟俩走入赣州拜王阳明为老师。从此,废寝忘食,苦心钻研,不久,就体会到王阳明心学的至要。有一次,何春问老师王阳明:"心有动静,道无间于动静。所以周子(周敦颐)说动而无静态,静而无动为物;谓动而无动,静而无静为神也。且夫不睹不闻静也,起念戒惧则不可谓之静。隐见微显动也,极深研几而心不放则不右谓之动。所以邵子(邵雍)说:'一支一静之间,天地人之至妙者与!'以此看来,人者天地之心,性情者天地之动静也。浑合无间,君子可以地而分用其功乎!分用其功,分用其心矣。天理间断人欲,错杂精一之学,恐不如此。"王阳明十分赞赏何春的这一番议论,高兴地说:"得之矣,得之矣!"并对弟子们说:"何元之的功夫,真所谓近理着已也。"

管登(1487—1548),字宏升,号义泉。1517年(正德十二年),管登与于都县的袁庆麟、何廷仁、黄弘纲、何春一起到赣州府拜王阳明为师。他是王阳明赣州府弟子中成绩最好的,也是正德至嘉靖年间于都县五大才子之一[2]。

管登幼年时端庄谨慎,言行如老成人。弱冠时即读《中庸》尊德性章,有所体会,并提见解:"人性本高明,一为物欲所汩,其卑暗也谁咎?"于是,以致学问为关键,认真探索,不知疲倦。

王阳明来赣州,在赣州开府讲学,管登听到这个消息后非常高兴,说:"昔伊洛渊源实肇此地,今日圣道绝续之关,其在斯乎!"于是同黄弘纲、何廷仁、何春一起,到赣州拜王阳明为师。王阳明见到管登,与他一番交谈后,就对他的其他弟子说:"宏升盛德君子也。"

王阳明与他谈论格物致知的精要,他恍然有悟,"如久歧迷途而始还故乡也"。从此以后,管登省察体验,终食不违。一段时间后,他深有体会地说:"人于此道,

---

[1]《儒林二》,《明史》卷二百八十三列传第一百七十一,中华书局1974年版。
[2] 见黄弘纲《重修罗田岩濂溪阁记》记载,《雩都县志》清康熙刻本。

如捕风捉影未尝真知实究，往往半上落下，若知之真，则行在其中矣。"王阳明称赞他说："宏升可谓信道极笃，入道极勇者也。"

管登于1522年（嘉靖元年）乡试中举，年方35岁，初授承事郎，任广东肇庆府通判（从六品）；1525年（嘉靖四年）调广州府任职六年；1531年（嘉靖十年）升任岳州府同知（正六品）；1539年（嘉靖十八年）升授奉议大夫（正五品），任漳南道。

管登是王阳明的理学传人之一，福建莆田郑纲评价说："管登为王阳明的高足，得师授，故其心精，为学专，故其政达，由公之政以观学，由学之用以观心可谓上不负君师，下不负学者也。"

三、"致良知"思想在江西的提出过程

"致良知"，作为一种思想学说的提出，是和"事"结合在一起的，特别是他在江西的南赣剿"匪"、南昌平叛、平叛后的缠斗等过程中，是在事上磨出来、在心上炼出来的。如果把这些历史事件和王阳明的理论表达联系起来考察，就可以看出"致良知"说的发展演变过程思想逻辑与历史逻辑的统一。

1. 王阳明在江西之前还没有提出"致良知"

王阳明自己说过："吾'良知'二字，自龙场以后，便已不出此意。只是点此二字不出。于学者言，费却多少辞说。"[①] 这段话有几层意思：一是以王阳明自己确立的标准，即何时何地提出"致良知"，关键看点没点出"良知"或"致良知"这几字。二是"自龙场以后"，王阳明在龙场还没有明确提出"良知"或"致良知"。三是在"自龙场以后"的讲学，也没有提出，"只是点此二字不出"。四是正因为"点此二字不出"，就是"费却多少辞说"，也难讲清楚。他先是说"心即理"，后又讲"诚

---

① 王阳明：《传习录拾遗》，《王阳明全集》卷三十二，第963页。又见钱德洪：《刻文录叙说》，载《王阳明全集》卷四十一，第1307页。

意",讲"克己省察""收放心",讲"知行合一"。大方向、基本路数是一致的[①],但都不如"致良知"这三个字简洁明了。

有人认为:"致良知"的最早提出,是1509年(正德四年),王阳明从贵阳往江西庐陵赴任途中在湖南辰州沅陵讲学时提出的。此说非也。因为现在没有看到这一个多月的讲学中提出了"良知"或"致良知"这几个字。

有人认为:"致良知"的最早提出,是王阳明在两京时期提出来的。黄绾《阳明先生行状》认为:"甲戌(正德九年),(王阳明)升南京鸿胪寺卿,始专以良知之旨训学者。"[②]但这也只是叙述,并没有证据证明这时已点出了"良知"或"致良知"这几个字。

束景南先生倒是拿出了证据,即王阳明在《与(周)道通书·四》中说的"所谓良知,即孟子所谓'是非之心,知也'。是非之心,人孰无有?但不能致此知耳。能致此知,即所谓充其是非之心,而知不可胜用矣"[③]。这里明确提出了"良知",且"致此知"显然就是致良知的意思。束景南先生将此书的时间排在王阳明离开庐陵至任吏部验封司主事之间,并认定:"阳明是书论及'良知'与'致良知',此为阳明生平首次论及'良知'。阳明之'良知'学盖可谓萌芽于此也。"[④]

2."致良知"说的最早提出是在江西平叛前后

王阳明就是在江西经历多种磨炼,特别是扫平宁王反叛的前后经历,有幸发现致良知的意思("今幸见出此意"),"致良知"这个"一语之下,洞见全体"。其他学者听到"致良知",就十分清楚,省去了许多口舌、弯道之功。("学者闻之,亦省却多少寻讨功夫。")阳明心学的"学问头脑,至此已是说得十分下落。"[⑤]

---

① 周月亮:《王阳明传》,长江文艺出版社2016年版,第232页。
② 黄绾:《阳明先生行状》,《王阳明全集》卷三十八,第1180页。
③ 王阳明:《与道通书》四,《王阳明全集》卷三十二,第990页。
④ 束景南:《王阳明年谱长编》二,上海古籍出版社2017年版,第583页。
⑤ 钱德洪:《刻文录叙说》,载《王阳明全集》卷四十一,第1307页。

1519年、1520年这两个时间点值得注意：

1519年这一年，发生了两件事。一是在四月份，即在平宁藩叛乱之前，王阳明在赣州与邹守益的谈话。

邹守益在读《大学》《中庸》时，产生了一个疑问："《大学》先格致，《中庸》首揭慎独，何也？""往吾疑程、朱补《大学》，先格物穷理，而《中庸》首慎独，两不相蒙。"①"今朱氏解格物与慎独异,何也？"②1519年，邹守益来到赣州向王阳明"求表父墓"时，就向王阳明请教这个问题："己卯，先生（指邹守益）年二十九，就质王公（指王阳明）于虔台"③。

王阳明一听大喜，"吾求友天下有年矣，未有是疑，何子之能疑也！"④邹守益的提问"顿时激发了阳明从'致知'的思路上向邹守益大阐'致良知'之说"⑤。束景南先生认为，王阳明与邹守益师徒的这次赣州讲论，让王阳明产生了良知之悟。但马上就爆发了宁王叛乱，所以王阳明并没有太多的时间去深入。聂豹更是把这次王邹师徒两人讲论"格物致知"称为"妙悟良知之秘"。

关于这段史实，束景南先生引用了诸多证据：聂豹、邹守益的孙子邹德涵、邹守益的学生耿定向及黄宗羲《明儒学案》等的记录。

要说明的是，《王阳明全集》并没有记录王阳明向邹守益说过这些话。这些话倒是出现在王阳明的《答顾东桥书》中："朱子所谓格物云者，是以吾心而求理于事事物物之中，……若鄙人所谓致知格物者，致吾心之良知于事事物物也。吾心之良知，即所谓天理也。致吾心之天理于事事物物，则事事物物皆得其理矣。故曰：'致吾心之良知者，致知也。事事物物皆得其理者，格物也'。"⑥这样一来，王阳明是不是在这次讲论中点出了"良知""致良知"这几字，就还要考证了。

---

①③黄宗羲：《江右王门学案一·文庄邹东廓先生守益》，《明儒学案》卷十六，中华书局1985年版。
②参见束景南：《王阳明年谱长编》三，上海古籍出版社2017年版，第1108页。
④转引自束景南：《王阳明年谱长编》三，上海古籍出版社2017年版，第1109页。
⑤束景南：《阳明大传》上卷，复旦大学出版社2020年版，第15页。
⑥王阳明：《答顾东桥书》，《王阳明全集》卷二，第39页；又见《年谱三》，载《王阳明全集》卷三十五，第1064页。

第 11 讲 王阳明在江西的立功、立德和立言

1519年发生的第二件事就是王阳明在南昌会见陈九川。在平定宁王叛乱的过程中，王阳明于这一年的七月二十日攻下南昌城。弟子们纷纷来到南昌。王阳明就"开讲于南昌"。这时,陈九川从京城来到南昌城见老师王阳明（"己卯归自京师,再见先生于洪都"）。王阳明还在打仗,忙得要命,只能抽出空隙和陈九川见面（"兵务倥偬,乘隙讲授"）。

王阳明与陈九川在1515年就认识了。（"正德乙亥,九川初见先生于龙江,先生与甘泉先生论格物之说。"①）所以,时隔四年,这次王阳明一见面就问陈九川："近年用功何如？"然后,两人就谈到"诚意"。

陈九川问："到'诚意'上再上去不得,如何以前又有格致功夫？"③

王阳明答：意没有悬空的,必须附着事物,所以,一个人要想诚意,就随着那意所依附的某事而格之,"故欲诚意则随意所在某事而格之,去其人欲而归于天理,则良知之在此事者无蔽而得致矣。此便是诚意的功夫"。陈九川乃释然,破数年之疑。④

这次讲论很重要,有几层意思：一是讲了要依事而格,而诚意。二是王阳明在这次谈话中明确提出了"良知"和"致"。虽然,王阳明的思路此时还在"格物致知",且这个"格物"跟朱熹的"格物"不一样,但他已在结合平定宁王叛乱这件事来说"致良知"了。他说的"去其人欲而归于天理,则良知之在此事者没有遮蔽而得致矣"的意思,就是现在我碰到了宁藩叛乱这件事,我就随着这件事来"格",以正确的心去做正确的事,把这件事做得正确,在做事的过程中把人欲去掉,良知就"致",就显现出来了。

因此,这是王阳明致良知的首次揭示的时间与地点。王阳明"致良知"之教,是在与陈九川、邹守益、杨仕鸣等弟子门人讲学论道以及与诸友及弟子通信的过程中提出、阐释、反复阐发的。"此心"最早是和谁谈的呢？和陈九川。1522年（嘉靖元年）,王阳明在给陆澄的信中回忆说："致知之说,向与惟浚（陈九川）及崇

---

① ③ 王阳明：《传习录下》,《王阳明全集》卷三,第79页。
④ 王阳明：《传习录下》,《王阳明全集》卷三,第80页。

一诸友极论于江西。"①

总之,正像束景南先生认为"正德十四年(1519年)是阳明'良知之悟'之年"。

1520年六月至闰八月,王阳明平乱之后来到赣州住了四个月。在这四个月中,王阳明在江西赣州通天岩等地讲学时大谈"致良知",有几条记录:

第一条记录:1520年(正德十五年),陈九川又到赣州再见王阳明("庚辰往虔州,再见先生"),问:"近来功夫虽若稍知头脑,然难寻个稳当快乐处。"

王阳明说:"你先去心上寻个天理,此正所谓理障。此间有个诀窍。"

陈九川说:"请问什么诀窍?"

王阳明说:"只是致知。"

陈九川问:"如何致呢?"

王阳明说:"尔那一点良知,是尔自家底准则。尔意念着处,他是便知是,非便知非,更瞒他一些不得。尔只不要欺他,实实落落依着他做去,善便存,恶便去。他这里何等稳当快乐。此便是格物的真诀,致知的实功。"②

第二条记录:秋八月,陈九川因病准备回临川老家养病("九川卧病虔州"和"虔州将归")。他向老师王阳明道别,并以"良知"为题赋诗一首:"良知何事系多闻,妙合当时已种根。好恶从之为圣学,将迎无处是乾元。"王阳明也赋诗《留陈惟濬》,并接着陈九川的话头说:"若未来讲此学。不知说'好恶从之'从个甚么?"王阳明说的"此学",显然就是"良知"之学。

第三条记录:陈九川在《寿大司成东廓邹公七十序》文中也有王阳明在赣州向邹守益、陈九川等"同志"传授"良知"之训的记载:"正德庚辰,余与东廓邹子再见阳明先生于虔,进授良知之训,遁居通天岩中,久之,咸若有得。"

第四条记录:1523年(嘉靖二年)王阳明在给薛侃的信中说:"但知得轻傲处,便是良知;致此良知,除却轻傲,便是格物。'致知'二字,是千古圣学之秘。

---

① 王阳明:《与陆原静》二,《王阳明全集》卷五,第161页。
② 王阳明:《传习录下》,《王阳明全集》卷三,第81页。

向在虔时终日论此，同志中尚多有未彻。……仕鸣过虔，常与细说。"①

陈来先生依据这条证据，赞同王阳明是这次在赣州首次揭示"致良知"。②陈来先生认为：阳明自述"向在虔时终日论此""仕鸣过虔，尝与细说"，但"根据阳明行踪看来，辛巳阳明在江西仅仅半年，又皆居南昌及赣北，未曾有居虔之迹。己卯擒濠之后，唯庚辰夏有三四月居虔"。由此看来，王阳明是1520年（正德十五年）在赣州期间与陈九川、欧阳德等弟子论学时提出来的"致良知"。"因而《年谱》谓致知说始揭于正德十六年辛巳，是不够准确的。"

陈来先生的这个观点当然有道理，但他没有提及，更没有反驳王阳明在这之前的平叛之时在南昌已与陈九川谈了这件事。

1524年，邹守益被贬谪到安徽广德任判官，他对王阳明自我反省，他的遭贬，"只缘轻傲二字"。王阳明鼓励说："知轻傲处，便是良知，致此良知，除却轻傲，便是格物。"③他把去年说给薛侃的话又对邹守益重说了一遍。

王阳明"致良知"说提出过程的第四个标志，是王阳明从赣州返回至次年六月，在南昌讲学。

1520年（正德十五年）九月，王阳明由赣州回到南昌，先是忙于"兴新府工役，檄各院道取濠废地逆产，改造贸易，以济饥代税"，等"境内稍苏"，又召集弟子门生讲论致良知之说了。

哪些人听他讲课呢？"是时，陈九川、夏良胜、万潮、欧阳德、魏良弼、李遂、舒芬及裘衍日侍讲席。"王阳明还写信召先前返回安福家中的邹守益前来南昌："自到省城（南昌），政务纷错，不复有相讲习如虔中（赣州）者。虽自己舵柄不敢放手，而滩流悍急，须仗有力如吾谦之（邹守益）者持篙而来，庶能相助更上一滩耳。"④

---

① 王阳明：《与薛尚谦》，《王阳明全集》卷五，第169页。
② 陈来：《有无之境王阳明哲学的精神》，北京大学出版社2013年第2版，第148—153页。
③ 钱德洪：《年谱三》，载《王阳明全集》卷三十五，第1059页。
④ 钱德洪：《年谱二》，载《王阳明全集》卷三十四，第1049页。

王阳明在讲授"致良知之教"时，江西巡按御史唐龙、督学佥事邵锐，皆守程朱旧学，质疑"良知"心学，唐龙还以撤讲择交相劝。王阳明答曰："吾真见得良知人人所同，特学者未得启悟，故甘随俗习非。今苟以是心至，吾又为一身疑谤，拒不与言，于心忍乎？"① 人们都选择畏避阳明心学，唯独王臣、魏良政、魏良器、钟文奎、吴子金等门生极力维护师说。

1521年（正德十六年）的一天，王阳明在南昌喟然发叹。

门人陈九川问："先生您叹什么气呀？"

王阳明说："此理简易明白若此，乃一经沉埋数百年。"③ 他是说宋儒的所谓穷理本来是极其简易的，可因为宋儒从知解求之，故头绪纷繁，越搞越复杂，苦于艰难。

王阳明听说前月十日皇帝朱厚照回宫了，始舒忧念。

王阳明乃在南昌致书邹守益说："近来信得'致良知'三字，真圣门正法眼藏。往年尚疑未尽，今自多事以来，只此良知无不具足。譬之操舟的舵，平澜浅濑，无不如意，虽遇颠风逆浪，舵柄在手，可免没溺之患矣。"④ 他说这些年来他就像在激流中逆水行舟，从没有放开"自己的舵柄"。这里的"舵柄"，就是"良知"。王阳明确信，只要有了它，不管遇到再强的风浪，人生的航船都不会被浪涛打翻。

从那以后，王阳明就只提致良知。同年九月，王阳明归余姚省祖墓，此间与宗族亲友宴游，随地指示良知。

1523年（嘉靖二年），王阳明在给薛侃的信中也说致良知"是孔门正法眼藏"⑤。

1525年（嘉靖四年），王阳明说："致良知之外无学矣。"⑥ 据说，有人问他："除良知之外，您还有什么可讲的呢？"王阳明回答说："是呀，除良知之外，还有

---

①③④ 钱德洪：《年谱二》，载《王阳明全集》卷三十四，第1050页。
⑤ 王阳明：《寄薛尚谦》，《王阳明全集》卷五，第169页。
⑥ 王阳明：《书魏师孟卷》，《王阳明全集》卷八，第236页。

什么可讲的呢？"①1527年（嘉靖六年），王阳明病中仍草书诸友及弟子："良知之外，更无知；致知之外，更无学。"②

总之，"致良知"思想是王阳明在江西平定朱宸濠叛乱后的1519至1520年这两年明确提出，并将其确立为心学宗旨的。

奇怪的是，钱德洪认为王阳明提出致良知的时间是1521年（正德十六年）。他在年谱中说：正德"十有六年辛巳，先生五十岁，在江西"。"是年先生始揭致良知之教。"③他还在《刻文录叙说》中说："'良知'之说发于正德辛巳年。"陈来先生、束景南先生均指出这一说法有误。

3."致良知"说的提出是百死千难、反复磨炼的过程和结果

"致良知"这一光辉思想，是王阳明以《大学》中的"格物致知"为逻辑生发点，长期质疑与批评程朱理学的思想成果，更是在平定"宸濠之乱"、应对"忠泰之变"等"百死千难"的政治考验中体悟出来的。

对于"良知"，王阳明看得十分重，声称他的"致良知"不是空穴来风，而是直接从孟子而来，尝言："我此良知二字，实千古圣圣相传一点滴骨血也。"④"某于'良知'之说，从百死千难中得来，非是容易见得到此。""某于此良知之说，从百死千难中得来……只恐学者得之容易，把作一种光景玩弄，不实落用功，负此知耳。"⑤后来，王门弟子罗洪先说："世间哪有现成的良知？良知非万死功夫，断不能生焉，不是现成可得。"陈九川曰："亦为宋儒从知解上入，认识神为性体，故闻见日益，障道日深耳。今先生拈出'良知'二字，此古今人人真面目，更复奚疑？"⑥

王阳明说："然。譬之人有冒别姓坟墓为祖墓者，何以为辨？只得开圹将子孙

---

① 王阳明：《寄邹谦之》三，《王阳明全集》卷六，第173页。
② 王阳明：《与马子莘》，《王阳明全集》卷六，第184页。
③④⑤ 钱德洪：《年谱二》，载《王阳明全集》卷三十四，第1050页。
⑥ 黄宗羲：《江右王门学案三·文庄罗念庵先生洪先》，《明儒学案》卷十八，中华书局1985年版。

滴血，真伪无可逃矣。"①《年谱二》同条又载："先生自南都以来，凡示学者，皆令存天理去人欲以为本"，"今经变后，始有良知之说"。②

怎么叫"百死千难"呢？

御史黎龙曰："平藩事，不难于成功，而难于倡义。"因为，朱宸濠叛乱时，"人怀观望"，大家都在观望，谁也不敢站出来，为什么？"后有事变，谁复肯任之者？"有什么事变？无非两种变化：一是朱宸濠造反成功，那平藩者必死无疑；二是朱宸濠造反失败，那也必死无疑，因为皇帝没有命令，你怎么就擅自组建部队，并开始军事行动呢？所以，第一个站出来抗击宁王造反，这是要有胆量、有担当、有难度的。但是钱德洪说："平藩事不难于倡义，而难于处忠、泰之变。"③为什么？平定叛乱，立下不世之功，怎么面对和处理忠、泰的漫天"诽议"，洗刷自己的不白之冤，这个难度就更大了。

王阳明虽很郁闷，却能在至暗时刻，点亮心学之灯。法国著名作家、思想家、1915年诺贝尔文学奖得主罗曼·罗兰（Romain Rolland，1866—1944）有一句名言："真正的英雄，是那些看清了生活的真相，却依然热爱生活的人。"④王阳明历经龙场悟道、宁藩叛乱、忠泰之变，真正了解当时社会的黑暗、风气的败坏，官场的龌龊，民生的艰难，但他正是洞察了这一切，才能揭示"致良知"之教，点亮"此心光明"之灯，所以，王阳明是真正的思想英雄。

钱德洪在年谱中还详细记录了王阳明自己述说的"致良知"的提出过程："自经宸濠、忠、泰之变，益信良知真足以忘患难，出生死，所谓考三王，建天地，质鬼神，俟后圣，无弗同者。"⑤王阳明正是在君臣胡作非为、倒行逆施的时代，"格物"以求"天理"，已根本行不通，同时在这种政治风浪、人生砥砺与生死考验中，逐渐提出"致良知"说。

---

①②钱德洪：《年谱二》，载《王阳明全集》卷三十四，第1050页。
③钱德洪：《年谱二》，载《王阳明全集》卷三十四，第1047页。
④罗曼·罗兰：《米开朗琪罗传》，傅雷译，生活·读书·新知三联书店1999年版。
⑤钱德洪：《年谱二》，载《王阳明全集》卷三十四，第1050页。

致良知的揭示，不是一个"灵光一现"的顿悟，不是某一次讲学，不是那只突然从石头里蹦出来的孙猴子，而是一个长期探索思索、反复酝酿、不断提出并完善的过程。如果把正德八年至正德十六年这八年连贯起来考察，可以看出，王阳明的"致良知"说本身经历了从"格物"—"致知"—"致良知"的一个演进过程。

以前，王阳明只是从《大学》的"格物"来谈"知"的，认为格物致知要"致"的"知"，不是书本知识的"知"，不是外部世界的"理"，而是心智的知、良知的知。这样，"良知"就脱口而出了。

后来在龙场，王阳明悟出"圣人之道，吾性自足，何心外求"，格物乃要"正心"。然后，再从格物正心达到诚意，达到良知，更然后，又提出了这个"致"字。

到平定叛乱的前后，王阳明对《大学》的"格物致知"的注意力，由"格物"挪到了"致知"，并把《大学》的"致知"说与《孟子》的"良知"说结合起来了，加以改造和发明，确立了以良知为本体，以致良知为工夫，提出了"致良知"，贯通了格物、致知与正心、诚意的工夫。[①] 当然，"致良知"不是把《大学》的"致"和《孟子》的"良知"两个文本里的词语简单拼合。"致"是使良知"明觉"和"发用流行"，"致良知"是把"良知"（封建伦理的升华和至善的道德）发扬光大，扩充、推及万事万物，从而将人们潜在的道德意识转化成现实的人生价值。这样，"致良知"的"致"就比"格物致知"的"致"，比龙场悟道"知行合一"的"行"，都前进了很多。它是一个很大的思想跃进。

如果把王阳明提出"致良知"说的过程和相关事件相联系，我们就不会去空谈"致良知"，"把作一种光景玩弄"，就不会光拨弄那几个概念名词，就名词谈名词，就概念说概念，故弄玄虚，产生诸多弊端；而会去联系王阳明"当时正在做的事情"，着眼于他对实际事情的理论思考，着眼于他对良知学说的实际运用。

王阳明大部分时间都是从事政务、军事和教学活动，所以，王阳明并不是整天坐在那里逻辑推演出一个哲学思想或体系来，也不是到处去空谈"致良知"，

---

① 束景南：《阳明大传》上卷，复旦大学出版社2020年版，第16页。

而是碰到学生提一个问,就作一个答;遇到一件事,就应对处理一件事,随机触发,物来镜照,事临议论。

王阳明的心学理论,包括"致良知"说,都不是坐在那里"心"想出来、"心"悟出来的,而是在与朱熹学说的论辩中,在与学生的问答交流中,特别是在遭逢宁藩之乱、对待不白之冤中提出来的。只有在"格"这些物、做这些事的过程中,才能"致"这个良知,同时,也才能提出"致良知"这样的学说。

因此,我们讨论王阳明是何时何地揭示"致良知"时,就要联系他那些年碰到了哪些事,他是以什么"心"来对待、处理这些事的,然后看他是如何提出"致良知"的。正像钱德洪在《刻文录叙说》提道:"**盖先生再罹宁藩之变,张、许之难,而学又一番证透。**"[①]

总之,王阳明从 37 岁龙场悟道到 50 岁始揭"致良知",其间经过十几年学术研究和事功磨炼。"致良知"是王阳明通过长期探索,经过高度抽象、概括、凝练而就的成熟表达,它标志着阳明心学的发展达到了顶峰。

---

①钱德洪:《刻文录叙说》,载《王阳明全集》卷四十一,第1307页。

第12讲
王阳明思想的历史影响和现实价值

一、阳明心学是明代社会的时代产物

1. 阳明心学是王阳明在那个时代提出的一份医国之策和治世良方

明代中期，国势由盛转衰，农民起义风起云涌，社会矛盾尖锐激化。但是，整个统治阶级放着严重的社会问题不去处理，尖锐的社会矛盾不去化解，而是为了自己的私利而争权夺利，钩心斗角，政治腐败，吏治昏暗，贪官污吏肆意横行。

一是皇帝流氓和皇权专制。明中期封建统治极度腐败，政治以流氓政治而著称，成为明朝政治上最大的问题。明朝的开国皇帝朱元璋本来就起脚于江湖，出身低微，为了加强和巩固皇权，他不择手段，采取了一系列铁腕措施：废除延续千年的宰相制度，分封宗室子弟为王，甚至编造君权神授的鬼话来确立其统治的合法性，等等。朱元璋说他为什么能当上皇帝呢？他说他在南昌碰到一个仙人叫周癫子，拦着他的马，说：看你的长相就会当皇帝。所以他朱元璋是天命在身。这个故事一听就荒诞不经，可他朱元璋一本正经写成文章，刻在一块很大的碑石上，又专门修了一条上庐山的路，在庐山仙人洞旁做了一个亭，把这块碑抬上庐山，立在亭子里，这个亭就叫"御碑亭"。这条上山的路叫"九十九道盘道"，道上有一门楼，上面是王阳明上庐山时写的"庐山高"。

后来，到了武宗正德皇帝朱厚照，他即位时才15岁，刘瑾把他教成了真正的流氓，他的流氓习性就体现在政风任性、权力游戏、朝廷江湖化。他的一系列任性胡搞，看似不可理喻，其实，就是他使用、显示、巩固皇权的一种手段。从朱厚照身上，人们看到皇权原来可以这么流氓，皇帝原来可以这么不是东西！[①]1514年，朱厚照24岁，任皇帝已经9个年头了。这年元宵，宁王朱宸濠进献了大量烟花宫灯。朱厚照在乾清宫中设灯市、放焰火。正月十六，烟花表演过了高潮，朱厚照玩累了，就回他的豹房过夜。走到半道，忽听有人惊叫失火了，回头看去，乾清宫方向火光冲天，他还向左右笑："真是一棚好大的烟火呀！"这场火把乾清宫烧成灰烬，后重建费了银100万两。正月十八是元宵节后上班的第一天，皇帝要上朝听政。这一天朱厚照下罪己诏，十天后正式颁行天下。这份罪己诏下到常州府无锡县时，因为路上耽搁了，有名囚犯没有赶上大赦，被砍了头。其家属给他做了一个泥脑袋，用黄袋子装着皇帝的罪己诏，挂在他胸前入葬，以告诉阴间管理者，他是枉死的冤鬼。"文革"初期，无锡修水利时，挖出了那个囚犯的棺木，并发现了那份罪己诏。冯其庸先生是无锡人，得到那份罪己诏，非常珍惜，将它献给故宫博物院，并著文记之。这份罪己诏便成了中国历史上保存下来的最早的罪己诏实物。[②]

再后来，嘉靖皇帝朱厚熜，为了一个亲生父母的称呼问题，一场大礼议之争，闹了6年，毫无意义的事，却是皇帝的皇权与杨廷和等精英士大夫集团的阁权之间的权力之争。

二是宦官祸政，这是明朝政治最抢眼的问题，几乎贯穿了明朝276年的历史。王阳明撞上的是刘瑾，刘瑾前面有王振、汪直，后面有魏忠贤。明朝那个朝廷就是一个江湖。明代的太监为何能如此嚣张，就在于皇帝巩固兵权而造成的明朝政治生态。自朱元璋开始，明朝的皇帝就有深深的不安全感，不仅防范普通百姓，还不信任整个士大夫官僚系统。朱元璋不仅杀了宰相胡惟庸，还干脆废了宰

[①] 周月亮：《王阳明：内圣外王的九九方略》，中华工商联合出版社2002年版，第89页。
[②] 鲁东观察使：《1514：发现大明》，北京时代华文书局2016年版，第65页。

相一职，将权力集中于他一人，活也就他一人干。但是，他的儿孙却只要皇帝的权，不愿干宰相的活，甚至连皇帝的活也懒得干。几任皇帝都长期不上班，不理政，不做事，就抓权，不与朝廷大臣见面，只与身边的宦官打交道。宦官集团在成化、弘治两朝得到长足的发展。庞大的宦官集团行政编制政治化，比个别宦官弄权更有实质性的危害，直到正德朝的刘瑾要制度化地使宦官的地位高于中央及各省的同级文官。这就慢慢形成文官治百姓、宦官治文官的政治局面，皇权专制、封建独裁越来越强化。

三是以内阁为代表的精英士大夫集团专权，打压六部和中小士人阶层。明代中期以来，内阁地位不断上升，权势扩张，把持朝政，打压六部。朝中权力不断向内阁大臣尤其是首辅集中，在此背景下，六部被内阁压制，内阁结党、弄权、腐化以及与其他部门官员之间的争斗问题应运而生，且愈演愈烈，终于引发晚明旷日持久的党争。

焦堃先生认为：明代政治架构下，士大夫的道德缺陷在实际政治机制中最突出的表现，便是内阁专权、集权。王阳明出征广西之前，在写给黄绾的信中说："东南小蠢，特疥癣之疾；群僚百司各怀谗嫉党比之心，此则腹心之祸，大为可忧者。"①他认为"东南"的广西民乱不过是"疥癣之疾"，容易解决；而朝中"群僚百司"的互相争斗，则是"腹心之祸，大为可忧"。焦堃重点讨论了王阳明及其弟子、后学在内阁问题上的态度立场，以及在实际政治中与内阁的种种牵扯、矛盾与争斗。

四是世风社风民风败坏。整个士人官员的思想僵化，物欲横流，人心趋利，缺少良知，官场怨气满腹，戾气沉重。王阳明批判道："士皆巧文博词以饰诈，相规以伪，相轧以利，外冠裳而内禽兽，而犹或自以为从事于圣贤之学。"②人生苟延残喘，成了蝇营狗苟之辈，像苍蝇一样乱七八糟地活，稀里糊涂地死。"今天

---

① 王阳明：《与黄宗贤》二，《王阳明全集》卷二十一，第685页。
② 王阳明：《书林司训卷》，《王阳明全集》卷八，第237页。

下波颓风靡,为日已久,何异于病革临绝之时,然而人是己见,莫肯向下求正。"[1]这严重威胁到封建政权的稳固,有力冲击了封建王朝的伦理纲常,大大加深了明代潜伏已久的社会危机。

王阳明在《答顾东桥书》中说:"盖至于今,功利之毒沦浃于人之心髓,而习以成性也几千年矣。相矜以知,相轧以势,相争以利,相高以技能,相取以声誉。其出而仕也,理钱谷者则欲兼夫兵刑,典礼乐者又欲与于铨轴,处郡县则思藩臬之高,居台谏则望宰执之要。"[2]王阳明分析了"理钱谷者""典礼乐者""处郡县者""居台谏者"等各种官员,认为当下已经入仕甚至尚未入仕的士大夫阶层都已"功利之毒沦浃于人之心髓"。

王阳明首先就指出,功利之毒害已深入人们的心髓,并经过几千年的积累而成为一种习性。这种流传已久和影响极深的功利之风有多种表现形式:

王阳明深刻地批判了当时社会的功利风气。他看到了社会各阶层,无论是普通民众之间,还是官场内部,都被功利思想所腐蚀。

一是"相矜以知,相轧以势",知识不是用于启发和帮助他人,而是作为一种自我炫耀的资本;权势也不是用于公正的治理,而是成为打压他人的工具。

二是"相争以利,相高以技能",人们为了利益而纷争不断,并以技能来相互攀比,抬高自己。这种对利益的疯狂追逐和对技能的片面重视,忽略了道德和人性的本真。

三是官场中各种功利心态:管钱粮的人还想兼管军事和刑罚之事,负责典礼和乐制的人又想参与人事选拔任用,在郡县任职的官员想着要晋升到藩司、臬司等高官之位,在台谏的官员则盼望着能进入宰执这样的核心权力层。这表明官场中的官员们不安于本职工作,一心只想着如何扩大自己的权力范围和提升官职地位。

王阳明的思想核心是"致良知",他在这里倡导了一种超越功利的价值观。

---

[1] 王阳明:《答储柴墟》二,《王阳明全集》卷二十一,第672页。
[2] 王阳明:《答顾东桥书》,《王阳明全集》卷二,第49页。

他希望人们能够回归到内心的良知，不要被外在的功名利禄所迷惑。他认为这种功利之风是违背人性本真和道德原则的，人们应该以道德修养和良知的觉醒为首要任务。王阳明的这段话对纠正学术和政治的不良风气都有着重要的警示意义，提醒人们要重视道德修养和正确的职责观念。

王阳明认为明朝政治糜烂的主因就在于"圣学"晦而不明，士人心术不正。万历年间，内阁首辅王锡爵曾对东林书院的创始人顾宪成抱怨说：当今最奇怪的地方在于，朝廷认为对的，外界一定认为不对；朝廷认为不对的，外界一定认为是对的。那个朝廷真是一塌糊涂。

2. 明朝那么黑暗的朝代，怎么就产生了这么光明的思想、伟大的人物？

明朝是个黑暗的朝代，月黑杀人夜，风高放火天，血雨腥风，荒唐、搞笑，甚至黑色幽默，时代是那么黑暗，官员是那么昏庸，思想是那么僵化，风气是那么混乱。朝野之间，放眼望去，黑夜漫无边际。

王阳明创立心学，盖因"今夫天下之不治，由于士风之衰薄；而士风之衰薄，由于学术之不明；学术之不明，由于无豪杰之士者为之倡焉耳"①。面对这样的现实，王阳明认为自己就是这样的"豪杰之士""医国之手"，他挺身而出，站出来，奋力撞钟，放声倡焉，"反手而治"，奇迹般地完成了立功、立德、立言，给黑暗如夜的人世带来如此光明的圣学、心学。王阳明一生坎坷，却始终怀着普济苍生、匡扶社稷的志向与担当。他痛感时弊，决心找到拯救时代和人心的良药。他上下求索，不懈追求，历经磨难，建立了不朽的功绩，立功、立德、立言，集事功、道德、思想于一身，展现了光明峻伟的人格与气节、坦荡磊落的胸怀。

明清之际的史学家、文学家，绍兴人张岱说："阳明先生创良知之说，为暗室一炬。"了解了明朝的时代特征和官场士风特点，又看到王阳明在那么黑暗的年

---

① 王阳明：《送别省吾林都宪序》，《王阳明全集》卷三十二，第730页。

代提出那么正气凛然、光明的思想，我们在感佩景仰的同时，不禁要问：在那么黑暗的年代，怎么就产生了王阳明这样伟大的人物，产生了这么光明的思想呢。

明代社会处于一个发生巨变的时代，正是对这种历史巨变的敏感和对社会问题的回应，才诞生了阳明心学，所以，要从王阳明对明代社会问题的回应来理解其思想的近代性格。

阳明心学的整体性指向，仍然是通过个人的道德修养来达到重建政治秩序的目的。他首先是对士大夫集团自身缺陷进行反思的。他的论述对象既是要正君主之心，更是正士人之心。他的弟子多半是中下层士人，而讲学主要是对这些士人所发。王阳明在因反对刘瑾而被贬龙场之后，少有机会，也确实没有在君权问题上发表言论，其主要关注对象是士大夫阶层。

王阳明在"百死千难"中，升华提炼出生命与人生的智慧，提出"立志成圣""知行合一""致良知"的理论，实现了中国儒者的生存价值。王阳明死前说"此心光明"，不但是对自己一生的总结，也是对其学说实质的点明。这个光明的学说，确实是长夜中的一盏灯，照亮了中国文化的历史之路，至今不灭，成了中华文化的精华、瑰宝，其影响超越了时代，跨越了国界，成为全人类的共同财富。

3. 阳明心学提出的社会理想

当时明代思想界要解决的问题是，如何与时俱进地确立中国的意识形态、主流价值？

中国的意识形态与主流价值一直是儒家思想，在古代是孔子儒学，在中古以后是朱熹儒学。但它们在明代都遇到了挑战。

明朝中晚期，中国社会步入近现代，遇到了来自外部的越来越严重的冲击。世界在不断变化，特别是近现代世界的形成，一个前所未有的西方文明出现在中国人的眼前，这给中国人带来了前所未有的挑战。中国社会自身也出现新变化。中国社会包括统治思想严重不适应时代的发展。晚明社会的变化和流动性，中国内部的社会动能得到极大的释放，社会的复杂性高度增长，社会人、财、物的高度流动带来了前所未有的思想问题。庶民社会的形成瓦解了旧的宗法社会秩序，挑战了原有的价值体系。佛道二教，特别是佛教，通过因果报应，成为制约私欲极度膨胀的有效力量。但佛教只能用一个惩罚性的来世来约束此世的人生，道教用此生升仙的允诺，都无法兑现。儒家学说也是力不从心，不要说孔子的思想有些招架不住、应付不过来，就是宋学也日渐僵化了。程朱理学的"天理"世界观面临深刻的挑战。在"义命"和"天理"合一的社会，有一个通过基层的社会秩序来牢笼个体生命并赋予其意义。而在庶民社会里，已有的社会与人心秩序逐渐崩坏，原有的社会秩序和价值秩序再无法安顿个体生命并赋予其意义，而被激发的个体欲望在这个复杂的世界里却没得到恰当的安排。"义仁"和"天命"之间的矛盾便再次凸显，"义命"对人的约束性越来越低，道德乐观主义也就越来越悲观。

就所谓近现代中国来看，它不是一个简单接受西方刺激、挑战的产物，而更主要是来自中国的中古。而阳明心学就是来自中国的中古，是中国近代哲学的发端，呼应着中国社会内部具有"近代性"的某种历史品格，因而是一种"近代性"的中国哲学。

因而，王阳明面对的重要问题是，在庶民社会中，利益追求、思想意识、价值取向更加多元，这种现代意义上的孤绝的个体能否再次编入既有的伦理秩序中去？而且，当原有规范的约束性越来越小的时候，如何找到道德的可能性条件，使得这种道德的实现不再出自外在秩序的要求，而是来自人们内心中某种更深刻的动力？

钱穆在论述王阳明心学时说过："若忘了他的实际生活，空来听他的说话，将永不会了解他说话的真义。"[①] 也就是说，要理解阳明心学，就必须先了解王阳明的人生，要从他的人生出发来理解阳明心学。阳明心学就是王阳明在经历了人生的种种挑战之后的思想结晶。他是从自己身上寻找、发现并确认了这种道德动力。在某种意义上，他是中晚明时代的一个"新人"，一个在庶民社会的文化氛围中

[①] 钱穆：《阳明学述要》，《钱穆先生全集》第13册，九州出版社2011年版。

出现的个体，而这样的个体最终成长为一位圣贤。阳明心学为我们展现了王阳明从儒学内在价值出发而创生的一种新的人格状态和生命境界；王阳明的人生与思想昭示了一条道路，在晚明这样的时代，个体如何在欲望的解放中重新落实伦理的价值，成长为一个"新人"。阳明心学是中国人自己的一次伟大努力，是中国人自己的启蒙运动。它的启蒙不是启各种科学之蒙，而是树立独立的人格。

"致良知"的提出，是中国文明的发展突破了某种历史和精神困局的结果，具有文明史的意义。王阳明晚年的《拔本塞源论》，在《礼运·大同篇》和朱熹《大学章句》序的基础上引申发挥，以"良知"为基础，更深刻，也更全面地表达了他的社会理想。他首先区别了"德"与"才"。"致良知"说是把德行看成是与人相伴相随的能力，这种能力是不分阶层、人人平等具有的。德行的平等，不是绝对的等同，而是个体彼此尊重意义上的"对等"，即使你的良知没有展现出来，我也相信你有良知。王阳明的简易之道就是致良知，一个人致良知就会成为一个真正的人，一个社会致良知就会成为三代盛世。如果"豪杰同志之士"一起努力，"共明良知之学于天下，使天下之人皆知自致其良知"[1]，那天下就大同了。所以，"良知之学"是敲打追名逐利士人集团的警钟，是改造麻木不仁的社会的药方。这是阳明心学打动人心、深入人心的地方，是引领中国社会发展的一个基本价值方向。德行得到尊重，个体才会得到真正的尊重，尊重德行的社会才是好社会，一个好社会应该是能激发人向上向善的，这是深入中国人心的社会理想。

在中国现代史和思想史的进程中，阳明心学中这一新的社会理想方案，不断地被以某种方式加以落实；只是已落实的，未必充分实现其全幅图景和精神内涵。阳明心学及其相对于程朱理学的创新性，对于理解近现代中国人的精神生活，是非常重要的。

---

[1] 王阳明：《答聂文蔚》，《王阳明全集》卷二，第71页。

二、阳明心学是中国思想史的发展成果

1. 阳明心学是对中国儒学的发展

中国历史深厚而久远,可分为上古、古代、中古、近代、现代、当代等阶段。明代是中古时代的结束,又是进入近代的开始。如果把阳明心学放入中国历史、中国思想史的进程去考察,我们可以说阳明心学既是中古这个旧时代的总结,同时又是近代这个新时代的先声。

儒家学说自孔孟之后,也是变化发展的。自汉以降,儒家思想一直被独尊为中国的正统价值观。上古(三代)讲天命,古代(孔孟时代)讲贤治,中古(朱熹时代)讲天理、三纲五常。孔孟之道、宋明理学、陆王心学的出现,其本质都是儒家内部的发展脉络与自我变革。

魏晋时期,先秦两汉的儒家礼教已不能维持下去了,中国文人难以从儒家学说那里获得信心和希望;而魏晋玄学、道家学说、佛学禅宗大行其道,求个人得自在、全身避利害,求洒脱的人生、自由的人格……,虽然这一切都很精彩,甚至是拯救中国文化生命的一次努力,却不足以奠定我们这个民族的精神基础,提供社会秩序的根据。

经过魏晋南北朝的民族大融合,唐时达到了前所未有的多元统一,又经过唐宋时代经济生产和社会生活的发展,人们的思想观念和文化样态也空前繁荣。这一阶段的儒家受佛、道两家的影响和冲击,以"孔孟之道"为核心的儒家理论体系,越来越像堰塞湖,缺乏活水源头,难以被天下人信服。

于是,从宋初三先生、北宋五子开始,到朱熹陆九渊,宋代涌现一批又一批大儒,他们理想远大,元气十足,以天下为己任,以接续道统为职责,提出了一整套的理论体系,推出了博大精深的宋明理学。宋儒开创的新儒学,在南宋成为朱陆两派。至南宋末年,程朱理学逐渐成为思想文化界的主流,程朱理学和陆王心学都是宋明理学,或者说新儒学。新儒学出现于宋代,就是因为中国人需要拯救自己衰落的文化生命。

到了明朝,通过八股取士和文化专制等措施,程朱理学进一步固定为官方正

统意识形态，服务于封建君主的专制统治。明代中后期，社会矛盾激化，江南出现资本主义萌芽，市民阶级壮大，带有平民主义色彩的个性解放思潮，开始猛烈冲击以程朱理学为代表的官方意识形态和纲常礼教观念。阳明心学就出现在这个时候。

王阳明的"致良知"说是对朱熹的反应、发展和拨正。朱熹主张人生修养的第一步是格物，"格物致知"的"知"，就是书本知识的"知"、外部世界的"知"。动物有动物的知，植物有植物的知，弄清楚这一事一物的知，就知了天下之理。格尽天下物，读遍天下书，先把天理弄明白，说清楚，然后，我们人心去服从它。陆九渊坚决反对这种观点，认为道问学不如尊德行。王阳明曾一度受朱熹思想的影响，但心没安顿好，问题没得到解决。在因刘瑾事件受到政治打击，直至龙场悟道才悟到"知"是心智的知、良知的知。"致知"的"致"不是朱熹解释的"得到""获得"，不是一个结果，而是一个过程；格物致知不是去格外部事物，不是在外部事物上悟出一个天理来，而是一个不断去掉私欲、锻炼良心的过程。格物乃是"校正事情"，格事格心，人生在世就是正确地做事。而"正事"的前提是正心，即校正自己的心，正确地做事，以正确的心去做事，才能把事做正确。在王阳明看来，人的成圣过程就在于致良知，"致"，是"事上磨、心上炼"的道德实践，即通过"致"，一方面实现"克私、去蔽"，"明善恶，辨是非，归本原"；另一方面，将良知"推广、扩充"，"致吾心良知之天理于事事物物，则事事物物皆得其理"。这种从根本上解决中国的问题，就是中国文化生命的拯救，需要一个原则，叫道德自觉的主体成立，叫卓然自立的人格。

王阳明抓住了心学最根本的东西，概括为三个字：致良知。王阳明说我们每个人本有良知，无论是贩夫走卒，还是引车卖浆者流，都要树立自己的独立人格，都要做自作主张的大英雄。在王阳明看来，良知不是头脑中先验的理性知识，而是生命本真状态的突然爆发，良知是自足、自主的，天理是外在，而良知是活的；三纲五常是死的，而知行合一是活的，因而阳明心学起到了解放思想的作用。

2. 阳明心学是宋明理学的发展与突破

阳明心学是明代儒学革新的产物，它突破了程朱理学的理论框架，以"心即理""知行合一""致良知"为基本范畴重建了心学思想体系，在本体论和方法论上改造和革新了宋明理学。阳明心学将孔孟程朱以来的儒家思想推到一个新的高峰。

中国传统文化是以伦理为本位的，人在社会中是从属的、被动的。朱熹理学更是强调向外追求天理，天理具有高于人的个体意识与道德践履的权威，它在明代已经日益僵化。

阳明心学打破了程朱理学高高在上的"天理权威"，突出了人在万物中的主体地位和人格挺立的价值，强调道德实践主体的主观能动性，强调发掘人的内在道德力量，重视个体的道德担当，重视每个个体的成圣可能性，强调个体的良知对于建设理想社会的重要意义，强调知行合一的功夫路径；认为人们应该本着人性的要求、凭着"吾心"中的"良知"去辨别是非，从自己的道德理性、道德意志和道德情感出发，做出符合自己心愿的行为，实现道德上的成就。这在客观上使人们从僵化的程朱理学中解脱出来。

"良知"不依赖上帝，不依赖天理，从人的自身去发现价值创造的根源。"良知"的发现，是以现代精神重建中国传统价值。它表达了一种社会理想。阳明心学实现了儒家传统的自我更新，是整个儒学思想的一个巨大变革和发展，在中国思想史上有着杰出的贡献，也是中华文明面向世界的新的自我创造。

3. 阳明心学是中国走向近代的思想反思与文化自救

从中国哲学、中国思想史、中国文化史上看，阳明心学是中国文化、中国政治遇到死结时的一种自救，是中国走向近代的一次思想上的检讨、哲学上的反思和文化上的准备。

程朱理学本是讲自身修养的内圣之学。可到了明朝，这种理学逐渐僵化，文人士大夫对待朱熹的态度也出了问题。"此亦述朱，彼亦述朱"，开口朱熹，闭口朱熹，朱熹之学时文化、学业化、八股化，朱熹的那些至理名言都成了现成的大话、套话、空话,成了人人都说、人人都不做的说教了。将只能内在地体验的"道",变成了即使没有实践体会,也能言之有理的"学"。朱学已是今日之"大患"。

在王阳明看来,宋代的朱熹对明朝人的上述问题负有责任。朱熹注疏辞章之学,以"学"解"道",看似周到,近乎圣学,实际是忘己逐物,造成知行二元的"支离","言益详,道益晦,析理益精,学益支离无本,而事于外者益繁以难"[1],"辨析愈多,而去道愈远矣"[2]。王阳明思想的根本出发点就是:抗拒口耳之学,坚持身心之学。王阳明不厌其烦、反反复复地申说良知,只想表达一个意思:想成为圣人,不能以学解道,而必须"心""道"成为一体,化口耳之学为身心之学,这才有了"根本"。即欲求本心,只在良知。只要立诚、格物、正心,知行合一,就能分清是非,就能成圣。

王阳明的心学在明代中后期曾风靡一时,一度几乎取代了程朱理学的地位,产生了广泛而深刻的影响。王阳明的心学是对朱熹思想的一个重大突破、转变与创新,对中国儒学也是一个重大发展。

三、"五百年来王阳明",阳明心学救了中国吗?

1. 为什么阳明思想穿越了时空五百年?

西部歌王王洛宾说要让他的歌曲传唱五百年,尽管他早已去世,但《在那遥远的地方》《达坂城的姑娘》等歌曲至今演唱。王阳明是中国历史罕见的大儒,是近世启蒙思想的先导,一直受到中国人民的极大崇敬和颂扬,他创立的心学成为中晚明思想界的主流,对后世影响巨大,并远播海内外。郦波先生写了一部《五百年来王阳明》。王阳明逝去近五百年,五百年来,王阳明及其心学作为中国思想文化版图上中国儒学的最后一个高峰的历史地位一直未变。阳明心学在中国思想史上的影响,是广泛而深远的。就时间而言,从明代中后期一直延续到近现

---

[1] 王阳明:《别湛甘泉序》,《王阳明全集》卷七,第194页
[2] 王阳明:《书汪进之卷》,《王阳明全集》卷二十八,第845页。

代;就学科而言,涉及政治、教育、学术、思想、文艺等领域;就地域而言,除了中国之外,还波及日本、朝鲜和东南亚诸国,21世纪以来,其影响又逐渐深入到美国和欧洲,王阳明著作的翻译本不断增多,其学说思想的研究日渐形成风气。据不完全统计,从明嘉靖年间至清代,全国各地建阳明书院75处、阳明祠420处,刊行阳明文集几十种。

进入近代以后,阳明心学逐渐成为仁人志士的思想武器,无论改良派还是革命派,都极力追捧阳明心学,这与阳明心学的主体性、行动力和怀疑变革精神等三大特质有关。王阳明的再传弟子周汝登曾说:"文成(指王阳明)倡道于晦翁(指朱熹)之后,有揭掀旋转之功。"[1] 黄宗羲则称阳明心学具有"掀翻天地"的作用。这种"揭掀旋转""掀翻天地"的说法,都旨在强调阳明心学在激烈变革时期是一种推动近代中国社会发展的变革力量和思想学说。

五百年来,王阳明始终是中国人的一盏不曾熄灭的"心灯"。现在,阳明心学的学术内涵、时代精神、精神价值还得到广泛的关注。阳明心学的影响力在某种意义上是超越时空的,一直在影响着中国人的生活。

为什么五百年来,如此多的人在如此长的时间里谈论王阳明及其心学,当然不是对哲学有着学术兴趣,也不是对往事有着历史癖好,他们是在谈论他们面临的现实问题。直面当下,市场经济、物质追求、利益诱惑,不少人的欲望日渐膨胀,竭尽全力攫取财富,却不清楚自己为何越来越迷惘纠结,越来越充满挫折与焦虑,没有安全感和存在感,更谈不上幸福感。

在阳明心学看来,最好的解救办法和救赎之道是把向外追逐的目光收回来,关注放逐已久的心灵,唤醒并听从自己内心的良知,依靠良知这种人人都有、不假外力的内在力量,建立道德主体性,这样,每个人就能以高度自信的姿态屹立于世间。

---

[1] 周汝登:《东越证学录》,浙江古籍出版社2015年版。

2. 阳明心学是当时的国家主流意识形态吗？

长期以来，中国儒学一直都是官学，儒家话语与大一统政权息息相关，儒学的生存发展是靠政权的维持与推动的。今文经、古文经、理学，都是不成则已，成则必得"国家级"的官学地位。孔孟之道是如此，程朱理学也是如此，阳明心学也是如此。

毫无疑问，阳明心学反映了其地主阶级立场，代表了那个社会统治阶级的利益，那么，阳明心学是不是当时统治阶级治国理政的主流意识形态、治国之策、理政工具呢？

王阳明十分清醒地看清与揭露社会风气的恶化、毒化。王阳明自己也以"医国手"自诩，自以为他的心学是救治此病的"良方"，收拾人心，正风树德。

在当时，阳明心学十分自觉地要求官员做一个好官（当然，什么是好官，王阳明有自己的标准），做一个有独立见解的官员，并从知行合一致良知，提出了一个从道德修养的角度来教育官吏的方法。但他没有从制度的角度探讨怎么管理好官员的问题，更是很少探讨怎样做个好皇帝，或皇帝应该做什么、怎么做。在这一点上，王阳明还不如陆九渊，陆九渊则有许多这方面的实践与言论。

阳明心学在明代中叶的出现，改变了程朱理学一统天下的局面，在民间流传甚广，却无法取得正统地位，不断遭到官方打压。嘉靖皇帝对阳明心学就一直持排斥和打压的态度。即便王阳明死后，嘉靖皇帝还说王阳明"放言恣肆，诋毁先儒，号召门徒，声附虚和，用诈任情，坏人心术。近年士子传习邪说，皆其倡导"。嘉靖皇帝的这番评价，说明统治阶级在很长时间内都没有把阳明心学当作自己统治的意识形态，而是视其为"异端""伪学"和歪理邪说。王阳明生前不受重用，死后不受待见，甚至受到禁锢查封。所以有人说，他的思想不是统治者的主流意识形态。但是，孔子、孟子、朱熹等大儒也是生不看好，死不待见，也是多少年后才成为统治阶级的思想呀。可见，传主生前受到的待遇，和传主的思想能否被统治阶级所使用，不是一回事。

直到王阳明死后半个世纪，在张居正死后，一些阳明弟子进入了权力中心。在他们的鼓噪下，1584年（万历十二年），万历皇帝将心学当成儒教理论发展创新，王阳明从祀孔庙，其政治地位才被真正确立；其思想学说才得到官方承认，被统治者部分接受，阳明心学这才火了起来。

但是，正统的儒家士大夫依然对阳明心学不以为然。尤其是王学末流以无善无恶为性，以不学不虑为学。到了晚明，阳明心学已成流弊，其后学末流"手搏龙蛇"，甚至以"就地打滚"的极端荒谬方式来展示所谓"良知"，沦为世人笑柄。为了矫正这些流弊，东林党人继承儒家正统学脉，反对王阳明的心学。东林党人顾宪成和高攀龙批判心学末流空疏浅薄，流于禅学，脱离当时社会，空谈成风。顾宪成写"风声雨声读书声声声入耳；家事国事天下事事事关心"，倡导接地气的实学，读书人不能与政治脱节。顾宪成创办东林，就是要打造出铁肩担道义的士大夫，其终极目标是改变拯救国家命运。早在万历年间，明代史学家王世贞就说："今天下之好守仁者，十之七八。"王夫之说王学浅薄，不屑一辩。顾炎武说明亡于王学空谈心性。

王阳明开出了怎样的药方呢？王阳明认为"善"是人的自然本质，人只要有一个向善的态度，只做诚意的功夫，就可以实现人性的复归，就是至善。这种简易直接又自然的道，既有用，又合道义，只要"明明德"，就自然无施不可了。因此，他针对心理不一、知行分裂的"世病之症结"，开出的药是"心即理""知行合一"和"致良知"。王阳明说："*夫世之学者，率多媢嫉险隘，不能去其有我之私，以共明天下之学，成天下之务，皆起于胜心客气之为患也。*"[①] "世之学者"主要指政府官员，他们都知道是非对错，但他们大多有一种"媢嫉险隘"的通病，即在险要关头、关键时刻、大是大非面前，都从"有我之私"来思考和处理事情，而不能"*明天下之学，成天下之务*"，倡明通行于天地人间的大道正理，在中央朝廷及各级地方官府做好有关国计民生的事务。这些官员只是怀着争强好胜之"胜心"去作"客气"。所谓"客气"是指讲场面话，言行不一，表里不一。

阳明心学渊源于孔孟之道，但有自己的创新。他重新阐释了古籍经典，并

---

① 王阳明：《程守夫墓碑》，《王阳明全集》卷二十五，第778页。

发现了新理。"心即理"是为"世病之症结"所发明,要求官员们在做事时,尤其在大是大非面前,心里觉得对的,就去做;心里觉得错的,就不去做。"知行合一"也是他为"补偏救弊"发明,"致良知"还是他发明的简易直截的"对病的药"。

阳明心学克服片面向外"驰求多端",对克服言行不一的"假道学",对克服逃避社会责任的"乡愿",具有"震霆启寐,烈耀破迷"(黄宗羲语)之作用。但是,阳明心学凡事强调个体意志的力量而忽视知识探索与建构,忽视礼法制度的建设,这都产生了许多流弊。

总体来说,阳明心学不是被统治阶级造反的哲学,但也没有被当时的统治者认同,不是那个社会的主流价值观。但是,阳明心学针砭时弊,它是针对社会风气的恶化、毒化,提出的救治世病方案,体现了中国儒学的根本宗旨和基本精神。它代表了当时士大夫阶层的利益诉求,仍然是统治阶级的统治思想,作为统治阶级的思想常说和意识形态,用于道德劝化,劝说大家要做一个好官,是统治阶级以德治国、官吏治理的治国方略。

3. 立足现实问题来深化王阳明研究

在当今社会,我们如何站在时代的发展高度,来解读王阳明,认识和看待王阳明的思想学说呢?

首先,什么是中华优秀传统文化的精华?中华优秀传统文化是中华民族的精神命脉,是中国当代文化的土壤与滋养,是中华民族立足于世界之林的软实力。为什么说王阳明思想是中华优秀传统文化的精华?因为王阳明是中华优秀传统文化集大成者,王阳明触及了中华优秀传统文化的核心问题、基本问题,王阳明心学是我们中华民族顶级的思想核心、最充沛的精气神、最强大的软实力。王阳明的心学思想在中国思想文化史上具有重要地位,是中华民族智慧的重要成果,是中华优秀传统文化在传承发展中获得的宝贵财富。

其次,王阳明心学为什么是当前我们增强文化自信、提振民族自信心的切入点之一呢?自信问题,可以是理想信仰信念,可民族自信似乎更多的是对西方讲的，那阳明心学的世界意义在哪儿？

阳明心学思想蕴藏着解决当代人类社会面临的诸多难题的重要启示，对中国乃至世界的发展有着深远的意义。一是人生之路，从"心"开始，中国人的生存之道：既活在此处，又活在他乡。阳明心学的以"致良知"为核心的道德人文主义，对救治当今的社会弊端是一剂对症良药。二是阳明心学是一种信仰的哲学，是一种智慧的理论，阳明心学折中朱陆，会通佛老，体现了一种和而不同、多元和谐的文化观，为全球化时代的多元文化交流、沟通提供了儒家式借鉴。三是信仰只有被实践时才有意义，理论只有在实践中才有力量。王阳明强调内圣外王，将身心之学转化为卓越的事功。阳明心学的"知行合一，力行实践"为我们表里如一、言行如一、踏实做人提供了哲学指导，对矫正知行脱节、言行不一的官场恶习提供了警示性启迪。

四、儒家的心学与共产党人的心学：阳明心学的当代价值

习近平总书记提出了共产党人的"心学"这一概念。2015年12月，他在全国党校工作会议上指出："党性教育是共产党人修身养性的必修课，也是共产党人的'心学'。"

1. 共产党人的"心学"也讲做人要做什么样的人

作为圣学、人学，阳明心学主要研究、反复强调做人的问题，知行合一致良知的问题。现在的阳明热，也反映了人心问题、世风的问题、官场的问题，即做人的问题。这不仅是王阳明当时的问题，也是当下的问题，是共产党人"心学"的问题，而且是中国文化的核心问题。

中国人常考虑三件事：如何做人？如何做事？如何做官？中国人讲究做事。事，不能做坏事，也不一定是做难事、做急事、做大事，而是要做好事，还强调，一个人做一点好事并不难，难的是一辈子做好事，不干坏事。中国人也讲究做官，不是骑高马、做大官，而是要做好官、清官，用现在的话来说是做一名好干部。

这是古代中国官场的正面价值观。

但中国人最讲究做人，做人是最基本、最要紧、最重大的问题。中国人的价值观是：堂堂正正做人，认认真真做事，清清白白做官。人有好多种，有文人、商人、军人和官人，中国人讲的不是从事什么职业的人，也不是做伟人、奇人，而是做好人，做正人，做贤人，做圣人。也就是说，不管你的职业是什么，不管你是文人、商人、军人还是官人，都要做一个人，做一个好人、圣人。内心的修为和道德的境界要好，外在职业或事业才能顺畅，"内圣外王"。

现在，革命文化、红色文化、当代文化的核心仍然是"人"。中国共产党人从毛泽东到习近平，也都关注人：做一个好战士、新人、好干部。《红灯记》有句唱词："听罢奶奶说红灯，言语不多道理深。为什么爹爹、表叔不怕担风险？为的是：救中国，救穷人，打败鬼子兵。我想到：——做事要做这样的事，做人要做这样的人。"

毛泽东还说："一个人能力有大小，但只要有这点精神，就是一个高尚的人，一个纯粹的人，一个有道德的人，一个脱离了低级趣味的人，一个有益于人民的人。"[①] 做到了这五种人，那就是圣人啦。有人讲，这怎么做到呢？哪个人没有私心呢？哪个人没点低级趣味？但毛泽东坚信每个人能做到。事实也如此，某个人在某件事上，没有私心，那么他在这件事上就是高尚的人、纯粹的人……就是圣人。1958年6月30日，《人民日报》发表了江西省余江县消灭血吸虫的消息，毛泽东读后非常高兴，写了两首诗，其中有一句："春风杨柳万千条，六亿神州尽舜尧。"那时中国有6亿人，他讲每个人都可以成为像舜和尧这样的圣人。

中国共产党人的"心学"，就是共产党的人学，把马克思主义党建理论与中华优秀传统文化结合起来，对于"做人要做一个什么样的人"，讲的就是怎样才能做一名合格的共产党员。对于"怎样才能做这样一个人"，即"怎样做一名共产党人"，提倡在改造客观世界的同时，改造主观世界。孔繁森、焦裕禄、

---

① 毛泽东：《纪念白求恩》，《毛泽东选集》第二卷，人民出版社1991年版。

黄继光、董存瑞等英雄模范人物，思想先进，心地干净，境界高尚，他们还不仅是王阳明讲的道德至善的境界，而是在党性修养、思想境界、道德水平、情怀胸怀和人格魅力等方面都达到完美的共产党人。

王阳明强调，每个人都应当有做圣贤的志向，具有圣贤的品格，这是健康人格、健康民族、健康社会的必要前提。所以，要立志，有担当、切合实际、道德实践、知行合一，在做事处下脚，在切己处着力。现在，这个社会出现了各种病状，人们不再相信圣人，也不愿去做圣人了。报纸和网络上竟然非常认真地公开讨论：老人倒在地上该不该扶？王阳明知道后，一定会大为惊讶：难道这是问题吗？这在现在却变成很现实的问题了。如果民众缺乏伦理精神，光有法治是没用的，因为仅有法治，而缺乏道德是不可能给一个民族树立起精神支点的。这个民族的伦理精神来自哪里？来自王阳明讲的良知。这就是阳明心学的当代意义所在。

王阳明的心学和共产党人的"心学"都关注人，都是人学。但是，王阳明的心学更注重个人的道德自我完善和实践；而共产党人的"心学"则要求个人的道德实践与社会实践相统一，要在改造客观世界中改造自己的主观世界，在推动社会进步中提升自己的思想境界。共产党人的"心学"，就把天理和人欲之间的关系转化为公与私、集体与个人、大我与小我的关系。这样一来，我们就看到中国当代文化是如何从优秀的传统文化中吸取滋养，而中国的传统文化又如何在当代文化中获得发展和创新，也就是创造性应用，创新性发展。

共产党人的"心学"，不是说自己要怎么样，或是说这个社会应该怎么样，人民大众应该怎么样；也不是说人民在道德修养上要成为圣人，而是说人民的物质生活要富庶，同时精神文明也要发达。

所以，同样是面对"做人要做一个什么样的人、怎样才能做这样的人"的问题，共产党人的"心学"不仅有道德上的要求，更有党性上的要求，不仅要坚守做人、做官、修身从政的道德底线，还要有远大理想与崇高品德的价值追求；不仅要做一个好人、好官，更要求做一名忠诚、干净、担当的好干部，一名为人民服务、为社会主义奉献、为共产主义献身的无产阶级战士。

人们通过精神世界的构建，通过道德良知的激活，做一个内心光明的人，从而使现代人的心灵从冷漠、功利和庸俗化中被唤醒，反抗当下社会的拜金主义、享乐主义、虚无主义、功利主义和利己主义，拯救当下的信仰危机、道德伦理危机。这是阳明心学具有的当代价值。

阳明心学具有深刻的哲学内涵、文化价值和现实意义，对我们现在做人做事有着重要和积极的借鉴意义，为共产党人的"心学"也提供了丰厚滋养。王阳明认为做人的关键是初心与志向。欲要成圣，先要有成圣之志气、之信心，方有成圣之行动、之结果。王阳明从小就立志成圣，并一生坚持和践行，一辈子都走在成圣的道路上。

立场就是立大志，立志要立天下志、起心要起报国心。因为这一点，各人理想境界、志向抱负就显出高低不同。中国文化历来有天下之志的优秀传统。陈涉少时与人佣耕，就有鸿鹄之志。中国人讲大其心，大其志，是把个人的理想、志向和民族的命运、国家的前途连在一起，把国家与民族的兴亡放在心上，扛在肩上。《大学》开宗明义的第一段话就是："大学之道，在明明德，在亲民，在止于至善。……古之欲明明德于天下者，先治其国。欲治其国者，先齐其家。欲齐其家者，先修其身。欲修其身者，先正其心。欲正其心者，先诚其意。欲诚其意者，先致其知。致知在格物。"中国人自古就有修齐治平的大志向，即修身、齐家、治国、平天下。这一传统融入了中华民族的血脉，不断被传承延续。北宋张载说："为天地立心，为生民立命，为往圣继绝学，为万世开太平。"南宋陆九渊说："宇宙便是吾心，吾心即是宇宙。"[①]"宇宙的事就是我分内的事，我分内的事就是宇宙的事。"

在共产党人的"心学"看来，要成为一个对人民、对祖国有用的人，成为人民的圣人，首先也是立志，立志于人民的利益和民族的未来；二是掌握宇宙之真理，把志向与真理结合起来；三是把个人的志向和祖国和民族的命运结合在一起，汇入历史发展的趋势之中。

中国共产党人讲的"立大志"，尽管吸纳了优秀传统文化的精神滋养，但还

[①] 陆九渊：《杂说》，《陆九渊集》卷二十二，中华书局2020年版，第313页。

不是古代文人讲的成贤成圣的个人道德修炼,与那种修身治国平天下也不完全一样,更不是个人拯救天下的英雄出世,而是个人志向与民族前途、祖国命运的结合。

立大志,不是要当大官、发大财、搞多大的学问。孙中山先生讲,要立志做大事,不要想到做大官。中华文化认为:人要站得住、走得远,就要放大自己的境界,做大自己的格局,首先就要立大志,立志又首先是处理好个人和国家的关系,把个人的进步跟人民的事业、民族的前途、国家的命运联系起来。两者的关系就是风筝和风的关系。如果没有国家命运的天风浩荡,哪有个人命运风筝的迎风飞扬、越飞越高?

2. 共产党人的"心学"也讲党性教育、理论武装与党性修养、实践锻炼

共产党人的"心学"是建立在党性基础之上的,党性是政党及其成员所具有的本质特性,是党的性质、宗旨、作风、纪律等要素在党员身上的综合反映及人格化。无产阶级政党及成员的党性包括理想信念的崇高性、政治立场的坚定性、宗旨意识的人民性、组织纪律的严明性、意志品质的顽强性等。党性有没有和强不强,是检验党员是否合格的根本标准。共产党员要达到党性要求的标准,就要一辈子接受党性教育,提高党性修养,坚持党性锻炼。共产党人继承和发扬了中华文化重视正心修身的优秀传统,又赋予其鲜明的党性内涵及特征。

共产党人的"心学"创造性建立了党性教育、党性修养、党性锻炼的理论。这是马克思主义基本原理与中国革命具体实践相结合的产物,也是马克思主义党建理论与中华优秀传统文化相融合的结晶,成为共产党人正心修身的必修课。这是成为一名好党员、好干部的两条基本途径:

第一是加强党性教育和理论武装。其目的就是在每一位党员身上深深植下坚强的党性,解决世界观、人生观、价值观这个"总开关"问题,从而坚定共产党人的理想、信仰、信念。党性教育的重要环节就是要加强理论学习和理论武装,要读书、读好书,读"圣贤书",这个"圣贤书"就是马列的书、毛泽东的书、邓小平的书、习近平的书,用科学理论武装自己的头脑,使理论学习、

党性教育、党性修养的成果转化为思想境界、道德水平，不断提高思想觉悟和理论水平，保持对理想和目标的清醒认知和执着追求，坚定共产党人的理想、信仰、信念。

中国共产党人的立志是和追求真理相结合的。理想信念不会自发产生。坚定的理想信念，必须建立在对真理的深刻理解上，建立在对历史规律的深刻把握之上。毛泽东认为，立志要和追求真理联系起来。离开真理来谈立志，只是对前人中有成就者的简单模仿。真正的立志，必须建立在追求真理、掌握规律的基础上。若"十年未得真理，即十年无志；终身未得，即终身无志"。因此，毛泽东的立志救国救民和读书掌握救国救民的真理，是紧密结合在一起的，而且都统一到为国家命运、民族前途、人民幸福的奋斗行动中去了。

现在，我们讲立志，首先要讲主义，讲信仰，讲理想，要坚持走中国特色社会主义道路。要确立志向，实现理想，就要学好中国特色社会主义理论。只有理论上的成熟，才有思想上的清醒；思想上的清醒，才有政治上的坚定；政治上的坚定，才有行动上的自觉和创新。

第二是加强党性锻炼和社会锻炼。共产党人的"心学"将阳明心学的修养内容从心性拓展到党性，把内省功夫演进为共产党人主观世界的改造，把"事上磨炼"发展为进行革命实践锻炼，并从心灵觉悟具体化为阶级觉悟，从较重个体的自省修炼拓宽为党内政治生活的党性锻炼。

党性锻炼和道德锻炼的相结合、不可分，是共产党人心学的特点。如果你是党员，不但要达到相当的道德境界，更要加强党性锻炼，牢记宗旨意识，以天下为己任，群众的事就是我的事。因为有党性锻炼的要求，党员干部在道德要求上就更加严格，党纪严于国法，先于国法。

党性锻炼、道德修养和理论学习的相结合、不可分，也是共产党人心学的特点。理论学习是道德修养和党性锻炼的基石，而党性锻炼、道德修养是理论学习的基本内容，不能互相替代也不能相互脱节。

共产党人的"心学"特别强调实践，在道德实践中完善自我。讲道德谁都会，但王阳明强调心上炼，事上炼，知行合一从心始，光明纯洁致良知，把道德追求变成道德实践，从而提升自我，完善自我，这是阳明人生的精彩和阳明心学的精髓。王阳明反对当时的不良学风，强调做人成圣，关键在于从心开始，从我做起，正心修德，修身践行，有了心意、心志之后，就要在行动和实践上下功夫，心意和功夫合一。王阳明提出三个"不能"：不能光有想法，没做法；不能只说不做，光说不练；不能言行不一，说的和做的不一样。

现在问题是有两面人，有的人书读了很多，理论上是一套一套的，做人是意外意外的，道德和党性的锻炼与修养都很差。这都是书归书，人归人，两不相涉。领导干部中出现这样那样的问题，很多都与知行分离有关，有的知而不行、学而不用，坐而论道，夸夸其谈；有的行而不知，不按规律办事，不按制度、规则行使权力，为所欲为，还有的言行不一、表里不一，说一套、做一套，当"两面派"、做"两面人"，等等。

初心和使命，是理论问题，更是实践问题。"一语不能践，万卷徒空虚。""不忘初心、牢记使命"，需要知行合一、表里如一、心口如一、言行如一、始终如一，要将其转化为坚强党性、过硬本领、务实作风、工作成效，在知行并进中不断锤炼与养成。

"知行合一"是王阳明提出并阐述的一种哲学思想与人生态度，体现了我国传统文化中为官做人、治国理政的价值理念。"知行合一"至今有着积极的现实意义，党员干部要有"为人民服务"的宗旨意识，不能把它挂在嘴边、写在纸上。道德修养和党性锻炼关键在"炼"，要不断锤炼自己的党性，在改造主观世界和改造客观世界中提升自己、检验自己，不断提升思想境界和道德水平。多做"事上磨炼"的功夫，注重解决实际问题。凡没有实践的，学就是假心学，人就是两面人。

怎么做一个好学生、好党员、好干部？这既是理论学习的问题，更是党性锻炼的问题。

要学习知识，懂得道理，但光懂得道理还不够，还要去实践、去锻炼，心上炼，事上炼，知识上要弄通，行动上更要做到，这样才能成为一个好人、正人、圣人。

正心修身要学以致用、以用促学，言行一致、行胜于言，在实践中检验、磨炼和提升自己的修养水平。既要在复杂、艰苦、困难的条件下砥砺心性，也要在顺利、成功、胜利的环境中稳住心神，经受住各种风险诱惑的考验，始终保持蓬勃朝气、昂扬锐气和浩然正气。更重要的是要去践行，最关键的是要台上台下、人前人后一个样，尤其是在无人监督的情况下，都不放纵、不越轨、不做任何见不得人的事，做一个堂堂正正、务实进取、俯仰无愧的人。

当然，王阳明的知行合一所强调的"行"，不是社会行动，更不是社会革命，目的也不在于改革社会，也不在于得出新知、修正旧知，而在于印证心中的"知"。而我们是要在改造客观世界的同时改造主观世界，为什么无产阶级革命是无产阶级完成自己历史使命的必由之路？在马克思看来，"革命之所以必需，不仅是因为没有任何其他的办法能够推翻统治阶级，而且还因为推翻统治阶级的那个阶级，只有在革命中才能抛掉自己身上的一切陈旧的肮脏东西，才能胜任重建社会的工作"[①]。

3. 共产党人的"心学"也讲担当和自信

王阳明是实践儒家义命观的模范。在中国文化里，"命"是指人不能左右的个人际遇。儒家与道家都承认有命，但一个出世，一个入世，道家知命、认命、安命，主张"知其不可奈何而安之若命"[②]，明哲自保，独善其身。儒家知命而显义，思索人生在世的生命安顿问题，处处强调人的责任和价值意义，义命分立，兼济天下。

孔子对命的观念态度不同于前人，他认为命是人无能为力、无可奈何的客观限制。这就把以往人们对"命"的定义从鬼神世界中解放出来，以前，人生在"命"的必然性体系下被决定着，没有自由可言；但在孔子这里，人尚有自觉的能力，人尚有判断事情"应当"或"不应当"做的能力，这就是"义"，是人的自由。《论语》说："见义不为，无勇也"，"君子喻于义，小人喻于利"。这里的"义"即是"正当"。"见利思义，见危授命"，"群居终日，言不及义；好行小慧，难矣哉"，这里的"义"就是"道理"。可见，"义"涉及的范畴是跟人

---

① 马克思：《德意志意识形态》，《马克思恩格斯文集》第1卷，人民出版社2009年版，第543页。
② 《庄子·人间世》，孙通海译注，中华书局2007年版。

的价值观念、自觉能力与自我安顿等问题有关的。

孔子承认有命,"死生有命,富贵在天"[①],"道之将行也与,命也。道之将废也与,命也。公伯寮其如命何!"[②] 孔子说君子要"畏天命",更要"知天命";说自己"五十而知天命",又说"不知命无以为君子",以为人力要受命的制约,道之行废自有命在,人是决定不了的。但是,孔子更强调义,义尽之后才能知命。强调人为的意义,主张人应当努力奋斗,他本人也是一生奔走不息,"知其不可为而为之"。命不可前知,必人事尽后,方知命为如何。在事之先,不屈服于命,努力去做;在事之后,失败了也无所后悔。

宋儒二程承认有命的存在,却主张人应当只讲义而无须言命,这一点与孔子、孟子有所不同。义为主,命是辅,合义便做,不合义便不做,不必言命。命是客观的限制,义是自觉的主宰,我们虽然"知命",却也要"尽义",这同时体现了孔子主张的价值取向。要了解客观的限制,但还是要尽自己最大的努力去尝试,不在乎结果,不在乎成败,不在乎得失。

王阳明的社会责任感特别强,担当精神特别足。他碰到邪恶势力,敢于抗争;看到不良风气,勇于揭露;遇到危机,挺身而出;在紧要关头,能舍身向前,勇于作为。无论是1506年对刘瑾乱政的反抗,还是1519年对朱宸濠叛乱的平定,或是他一生对学术权威与逐利学风的批判,都体现了"勇者无惧"的责任与担当。王阳明在发生重大事情之时,能挺身而出,为国为民,敢于担当。事情之后,受到天大冤屈,仍然忠贞不改,良知不灭。中华民族、中国官员、中国文人的这种可贵精神,在现代也仍然是极宝贵的,有着重要价值。

当然,王阳明毕竟是封建的官僚,他讲的"心""良知"主要是道德境界,他讲的"行""致"主要是个人修炼和实践,指的是个人的道德修炼和实践,不是个人的社会实践,更不是千万群众的社会实践。而共产党人的"心学",就是共产党人的"人学",讲的就是怎样才能做一名合格的共产党员。在强调个人实

---

① 《论语·颜渊篇》,张海婴注,中华书局2006年版。
② 《论语·宪问》,张海婴注,中华书局2006年版。

践的同时，更讲究社会实践、群众实践，讲究百万人、亿万人怎么实践。一个民族、一个国家怎么推进全社会的精神文明和社会风尚？作为一名领导干部，怎么在自己修心正身的基础上，领导好全社会的精神文明建设活动？

共产党人的"心学"也讲自信与淡定。阳明心学是一门要人自立自信、超越自我、完善人格、立志成圣的学问，王阳明对自己的目标与行为十分自信，阳明心学认为成圣的主体在自己，要成为一个自立自主自尊自信的道德主体，所以，内心十分强大，行为也就从容不迫。成圣的最根本途径是修心，阳明心学的"心"，就是"良知"，就是一个人的内心的是非感，是人们在履行对他人和社会的义务过程中的道德责任和自我评价的能力。"致良知"是阳明心学的核心命题，是做人的根本，是学问修养的灵魂。人应该不断地发明良知、实践良知，振奋人的精神生命。我们要相信自己，倾听内心，树立起强大的主体意识。只有拥有强大的内心，才能战胜一切困苦艰难，创造人生的奇迹。

现代社会中，许多人迷茫不快乐。原因是多方面的，但重要的一点是"心"、"良知之心"的丢失、缺失。王阳明说"*良知乃是天理之昭明灵觉处，故良知即是天理*"[①]。强调人人皆有良知，天理自在人心，不在人心之外。王阳明认为人生的成色比分量更重要。人，不管是身居高位，还是社会底层，无论是士林名流，还是贩夫走卒，斤两有不同，但生命本身的价值是相同的，都要做自作主张的大英雄。"*各人尽着自己力量精神，只在此心纯天理上用功……便能大以成大，小以成小，不假外慕，无不具足。*"[②]只要在自己的内在品质上下足功夫，就能提高自己生命的成色，提升生活的意义。阳明心学是自由活泼、积极主动的，极具能动性和创造性，这对于提振现代人的自信心极具启示力。

王阳明一生都在传播自己的心学思想，都在唤醒人们的良知并催促人们开始致良知的行动。他生命不息，撞钟不止，撞响了人们致良知的心灵之钟，他说：

起向高楼撞晓钟，尚多昏睡正懵懵。

---

① 王阳明：《答欧阳崇一》，《王阳明全集》卷二，第63页。
② 王阳明：《传习录上》，《王阳明全集》卷一，第28页。

纵令日暮醒犹得,不信人间耳尽聋。[1]

意思是说：现在世人众生沉睡懵懂,我撞响了心学的晓钟。我就这样一直敲下去,我就不信人间的耳朵全聋了。

要走向世界,要走向未来,就要回望历史,珍惜传统,找到自己的命与魂,留住自己的历史记忆,守住自己的精神家园,培植好自己的精神沃土,不断从优秀传统文化中汲取滋养,这样,才有走向世界、走向未来的底气、定力和自信。

现在,中国特色社会主义进入了新时代。面对中华民族伟大复兴战略全局和世界百年未有之大变局,我们要坚持马克思主义基本原理同中国具体实际相结合,同中华优秀传统文化相结合。对中华优秀传统文化,我们要在发展中继承,在继承中发展,深刻认识中华文化的独特性、优越性,深刻洞察中华文化的走向和趋势,深刻揭示中华文化的底蕴与博大,从而不忘本来,走向未来;不断增强民族自信,以四个自信凝聚起强大精神力量,从而在当今世界中站稳脚跟,保持定力,为实现中华民族伟大复兴而奋斗。

---

[1] 王阳明:《睡起偶成》,《江西诗一百二十首》,《王阳明全集》卷二十,第645页。

王阳明大事记

1472年（成化八年），1岁

　　九月三十日（公历10月31日）壬辰，王阳明出生于浙江余姚的一个官宦人家。

1479年（成化十五年），8岁

　　随任弟子师的父亲王华在海盐县资圣寺等地游历。

1482年（成化十八年），11岁

　　随祖父赴北京，在北京就读私塾。

1483年（成化十九年），12岁

　　京城第一问："何为人生第一等事？"立下成圣之志。

1484年（成化二十年），13岁

　　生母郑氏去世，王阳明守孝三年。

1485年（成化二十一年），14岁

　　开始学习骑射技术，并研读兵法。

1486年（成化二十二年），15岁

　　出游居庸关，考察边关形势。

1488-1489年（弘治元年—弘治二年），17岁—18岁

　　先回余姚，然后到南昌迎娶诸氏。其间，夜访铁柱万寿宫，衙门习字。返程

时在广信问道娄谅："圣人可学乎？"

1490年(弘治三年), 19岁

在余姚，陪父亲王华为祖父守孝。其间，接受父亲等人教导，读书准备科举。遵循娄谅"必学而成圣"的教诲。

1492年(弘治五年), 21岁

举浙江乡试。考中举人。

中举后，进入北京国子监读书（其间一度在南京国子监就读，也一度当过塾师）。

1493年(弘治六年), 22岁

第一次参加（进士）会试，落第。他心无挂碍，应李东阳之说，写《来科状元赋》。继续在北京国子监读书。

1496年(弘治九年), 25岁

第二次参加（进士）会试，再次落第，说："你们都以落第为耻，我以落第动心为耻。"

十月落榜后，南归，途经南都，前往朝天宫访尹真人，向其学道修仙。在余姚，结龙泉诗社，与诗友对弈联诗。后放弃辞章经典，跟随陈白沙的学生许璋学习兵法。转而求助佛、道二教。

1497年(弘治十年), 26岁

秋后，由余姚移家绍兴光相坊，遂自号"阳明子"。

1498年(弘治十一年), 27岁

寓京师，因北方异族屡犯边界，就苦学诸家兵法，学习骑马，根本不准备会试。

父亲王华兼东宫讲学。王阳明在北京，学朱熹书，又得疾，乃思养生。

1499年(弘治十二年), 28岁

年初，北上京师。

二月，第三次会试，殿试赐进士出身，二甲第七。

观政工部。

写《陈言边务疏》。

与明前七子唱和，获文学声誉。是所谓泛滥词章的时期。

1500年(弘治十三年)，29岁

转为实职，改任刑部云南清吏司主事，正六品。

1502年(弘治十五年)，31岁

春，在淮北公务结束后，上九华山，出入佛寺道观。留下记游诗赋26首。

从九华山回京，正赶上李梦阳、王廷相等人发起文学改良运动。他们极力邀请王阳明加入。可王阳明认为此举是用有限的精神做无益之事。要改造现实，只有从改造思想入手，所谓复古，不过是流于形式罢了。

八月，告病归绍兴。这是他一生中多次请病假而唯一被批准的一次。在会稽山的阳明洞筑室，专意修炼道术，静坐行导引术，据说能预知，后认为其"簸弄精神，非道"，不能成圣，摒去。

1503年(弘治十六年)，32岁

养生功和神仙术都没有治好他的病，就转到西湖养病，从其诗题上看，他去过本觉寺、圣水寺、曹林寺、觉苑寺、胜果寺、宝界寺，在虎跑寺喝醒一位坐关三年的和尚，让其回家。

1504年(弘治十七年)，33岁

回到京城刑部，继续担任主事。秋天，受巡按山东的监察御史陆偁之聘，主考山东省乡试。

九月改任兵部武选清吏司（兵部人事司）主事，正六品。

1505年(弘治十八年)，34岁

在京师。首倡身心之学，开门讲学。

与湛若水定交，二人共同倡导"圣学"，互为学术知己。

五月，36岁的皇帝朱祐樘驾崩。其长子朱厚照继位登基。

1506年(正德元年)，35岁

十月，户部尚书韩文与众大夫商议，李梦阳执笔，上书弹劾刘瑾。

十二月，南京户部给事中戴铣、十三道御史薄彦徽等21人要求武宗保留刘健、谢迁二人，反被刘瑾下狱廷杖，削职为民。戴铣、蒋钦、薄彦徽三人惨死。

王阳明上《乞宥言官去专权奸以彰圣德疏》，即被廷杖四十，上封事，下诏狱。后被贬龙场。

1507年(正德二年)，36岁

南下赴谪途中。春夏之交先至杭州，病倒，住胜果寺。十二月，下武夷山。从南京出来，又到杭州，还住胜果寺。收徐爱等三位弟子。

1508年(正德三年)，37岁

春，到达龙场。在贵州22个月，第三个年头，大悟"圣人之道，吾性自足"，史称"龙场悟道"。

冬尽春来之际，作《论元年春王正月》。作《士穷见节义论》以自明居夷处困之心迹。

1509年(正德四年)，38岁

八月，作《瘗旅文》。

席书请教朱熹与陆九渊的不同。受席书聘请，主讲贵阳文明书院，论"知行合一"说。

1510年(正德五年)，39岁

三月十八日到任庐陵知县。

十一月，离开庐陵，进京，住大兴隆寺。

十二月任南京刑部四川清吏司主事。

1511年(正德六年)，40岁

正月，改任吏部验封司清吏司主事，正六品。

二月，担任会试同考官；

十月，升为吏部文选清吏司员外郎，从五品。

1512年(正德七年)，41岁

三月，升为吏部考功清吏司郎中，正五品。

十二月，升南京太仆寺少卿，正四品。

其间，王舆庵和徐成之两个弟子为朱陆异同而争论。

作《别湛甘泉序》以送湛若水出使安南封国。

1513年(正德八年),42岁

正月,赴任便道归省,与徐爱一路谈论《大学》。

二月回越城。

十月由家乡至滁州,督马政。

在滁州督马政期间,常率弟子游琅琊山,以山水启发心性,史称"滁州讲学"。

1514年(正德九年),43岁

四月,升南京鸿胪寺卿,正四品。

五月,到南京,继续讲学。

1515年(正德十年),44岁

十一月初一,《朱子晚年定论》成,序定之。

1516年(正德十一年),45岁

九月,升都察院左佥都御史、巡抚南赣汀漳等处,正四品。

1517年(正德十二年),46岁

正月十八至三月二十一日,王阳明仅用三个月剿灭詹师富温火烧之乱。

九月,升任右副都御史(正三品),仍巡抚南赣汀漳等处,并提督军务。

十月十一日至十二月初九,平横水、桶冈等地。

在南赣推行"十家牌法",加强基层治理,为后世保甲制度雏形。

1518年(正德十三年),47岁

正月初七至三月初八,征三浰,平大帽、浰头。

六月,获"荫子世袭锦衣卫百户",官职仍为都察院右副都御史,正三品,巡抚南赣汀漳等处。

七月,古本《大学》和《朱子晚年定论》在赣州刻印。

九月,修濂溪书院,四方学者云集于此。

十月,举乡约。

十一月,再请疏通盐法。

1519年(正德十四年),48岁

六月十四日,宁王朱宸濠反。

六月十五日，王阳明到达丰城黄土脑，得知宁王已反。遂返舟吉安，起义兵。使用疑兵计将朱宸濠拖到六月三十仍未能出南昌城。

七月二十日，王阳明攻克南昌城。二十一日，朱宸濠闻讯后回师救援。

七月二十三日至七月二十六日，王阳明大战朱宸濠于鄱阳湖，宁王大败，被俘。

七月二十八日，平叛战争结束。

八月上旬，朱厚照才下令兵部商议"征剿宸濠方略"。

八月十六日，奉敕兼江西巡抚。

八月二十二日，朱厚照率领京军出北京城。过了两天，大军刚开进涿州城，王阳明从江西发来的报捷书到了，宁王之乱平定了。

九月初，王阳明在南昌接到威武大将军的命令，把宁王押在南昌，不得来京师献俘。

九月十一日，王阳明押着宁王出南昌往杭州而去。

十月初，王阳明押解朱宸濠到达杭州，移交给张永。然后住进杭州净慈寺。

十一月初六，朱厚照进入徐州，十五日到达淮安。几天后到达扬州。

十一月由镇江经湖口返回南昌。

十二月二十二日冬至，张忠、许泰罢兵班师，撤离南昌。

1520年（正德十五年），49岁

正月，王阳明接到圣旨，押送案犯到南京后，他想"面圣"，结果被阻挡在芜湖达半月之久。于是，遁入九华山、齐山。后受令返回江西，继续巡抚江西。

二月，在返回南昌的途中来到庐山，留下《纪功碑》和不少诗作。

三月，再次献俘赴南京。再次上九华山、齐山，归途中，又上庐山。问："眼前谁是补天手？"

五月，集门人于白鹿洞书院。

六月至闰八月，在赣州游历、讲学通天岩。有《通天岩》诗。

七月十七日，作《重上江西捷音疏》。

闰八月十二日，朱厚照带着他的十几万大军和宁王班师还朝。二十六日病倒在通州，下令杀了宁王，挫骨扬灰。十二月初十，回到京城。

九月，在南昌初识王艮。

1521年(正德十六年)，50岁

三月十四，朱厚照病死在豹房，年仅31岁。

四月二十二，兴王世子朱厚熜进京。六月登基即位，年仅14岁。次年改元嘉靖。

六月十六，嘉靖下了一道"特兹召用"的圣旨。随即取消该旨意，将他改升南京兵部尚书（正二品），参赞机务。王阳明并未赴任。

八月，上请求回乡省亲的奏折，获准回绍兴老家。十月，被封为"新建伯"。

1522年(嘉靖元年)，51岁

二月，父王华卒。王阳明丁忧三年。

有御史承首辅杨廷和意，倡议禁遏王学。

1524年(嘉靖三年)，53岁

在绍兴。四月，守孝期满。朝中屡有荐者。有人以大礼见问者，不答。

十月，门人南大吉续刻《传习录》。

1525年(嘉靖四年)，54岁

正月，夫人诸氏卒。

九月归余姚省祖茔，决定每月初一、十五在余姚龙泉寺的中天阁聚会生徒。

十月，在越城光相桥之东建立阳明书院。

是年作《亲民堂记》《稽山书院尊经阁记》《重修山阴县学记》《答顾东桥书》。王阳明在《答顾东桥书》中提出了"诚意是圣门教人用功第一义""心学与禅学有本质区别""知行合一并进""求理于吾心"等诸多重要观点，并批判当时的学风弊端。

1526年(嘉靖五年)，55岁

在绍兴。三月，答门人邹守益论礼书。

四月，答门人欧阳德书。

八月，答聂豹第一书。

十一月庚申，子正聪生。后七年黄绾为保护孤幼收为婿，改名正亿。

1527年(嘉靖六年)，56岁

五月，朝廷命王阳明以原官兼任都察院左都御史（正二品），总制两广及江西、湖广军务，前往广西征讨思恩、田州之乱。

出征广西前，在越城与弟子钱德洪、王畿论"四句教"。

九月初八离开绍兴。

十一月二十日，到达广西梧州。

十二月初一，上疏朝廷，改征讨为招抚。

1528年(嘉靖七年)，57岁

正月，进驻南宁。

二月中，费时1个多月，平定思田之乱。提出"改土归流"政策，推动边疆稳定。

七月，平定八寨、断藤峡之乱，历时1个月。

十月，病重，上疏请求还乡养病（乞骸骨）。没得到回复，就从南宁启程回乡。

十一月二十九日（1529年1月9日），病逝于归途南安府大庾县（今江西大余）青龙铺码头。

1529年(嘉靖八年)

正月，丧发南昌。

二月四日到越城。每天门人来吊者百余人。

十一月，门人会葬者千余人，葬王阳明于越城城外30里的洪溪。

1567年(隆庆元年)

五月，明穆宗诏赠王守仁"新建侯"，谥"文成"。

1584年(万历十二年)

十月，明神宗下诏将王阳明入祀孔庙东庑第58位，这反映了王阳明心学思想在明代中后期的广泛影响和官方认可。

参考文献

《王阳明全集》(上、中、下),上海古籍出版社2012年版。

《王阳明全集》(上、中、下、补编),简体版,上海古籍出版社2017年版。

李教主编:《陈献章集·王阳明集·王廷相集》,天津古籍出版社2016年版。

梁启超:《梁启超讲阳明心学》,许葆云评注,陕西人民出版社2014年版。

钱穆:《阳明学述要》,九州出版社2010年版。

陈来:《有无之境王阳明哲学的精神》,北京大学出版社2013年版。

杨立华:《中国哲学十五讲》,北京大学出版社2019年版。

[明]邹守益、[明]冯梦龙原著:《王阳明图传》,张昭炜编注,上海古籍出版社2021年版。

束景南:《王阳明佚文辑考编年》(增订版,上、下),上海古籍出版社2015年版。

束景南、查明昊:《王阳明全集补编》,上海古籍出版社2016年版。

束景南:《王阳明年谱长编》(1—4),上海古籍出版社2017年版。

束景南:《阳明大传》(上、中、下),复旦大学出版社2020年版。

杨国荣:《心学之思:王阳明哲学的阐释》,中国人民大学出版社2009年版。

[日]忽滑谷快天:《王阳明与禅学》,李庆保译,廖明飞审,时代文艺出版社2018年版。

[日]冈田武彦:《王阳明大传》(上、中、下),杨田译,钱明审校,重庆出版社2015年版。

[日]冈田武彦:《王阳明与明末儒学》,吴光、钱明、屠承先译,重庆出版社2016年版。

[日]高瀬武次郎:《王阳明详传——日本天皇老师眼中的中国圣人》,赵海涛、王玉华译,北京时代华文书局2013年版。

[瑞士]耿宁:《人生第一等事——王阳明及其后学论"致良知"》,上、下册,倪梁康译,商务印书馆2014年版。

张祥浩:《王守仁评传》,南京大学出版社1997年版。

杨帆:《王阳明传》,中国纺织出版社2015年版。

李庆:《王阳明传——十五、十六世纪中国政治史、思想史的聚焦点》,上海古籍出版社2021年版。

杨东标:《此心光明王阳明传》,作家出版社2014年版。

汪高鑫、李德锋:《此心光明——评说王阳明与〈传习录〉》,人民出版社2014年版。

唐越涛:《王阳明传》,台海出版社2021年版。

欧阳彦之:《王阳明向内心光明致敬》,台海出版社2016年版。

展龙:《元明之际士大夫政治生态研究》,人民出版社2013年版。

鲁东观察使:《1514:发现大明》,北京时代华文书局2016年版。

焦堃:《阳明心学与明代内阁政治》,中华书局2021年版。

秦家懿:《王阳明》,读书·生活·新知三联书店2011年版。

周月亮:《王阳明:内圣外王的九九方略》,中华工商联合出版社2002年版。

周月亮:《王阳明传》,长江文艺出版社2016年版。

熊逸:《王阳明一切心法》(上、下),北京联合出版公司2016年版。

周月亮:《王阳明心学》,北京联合出版公司2018年版。

蔡仁厚:《王阳明哲学》,浙江教育出版社2022年版。

程佳琳、范慧:《龙场之道——王阳明的智慧》,浙江古籍出版社2015年版。

姚江书院弟子编、谢建龙点校:《姚江书院志略》,宁波出版社2020年版。

李丕洋:《心学巨擘:王龙溪哲学思想研究》,中国社会科学出版社2016年版。

娄果主编:《阳明文化的当代价值》,人民出版社2019年版。

度阴山:《知行合一王阳明》,北京联合出版公司2014年版。

度阴山:《知行合一王阳明3——王阳明家训》,江苏凤凰文艺出版社2016年版。

郦波:《五百年来王阳明》,上海人民出版社2017年版。

许葆云:《王阳明三部曲》(龙场悟道、起兵破贼、我心光明),长篇历史小说,陕西人民出版社2013年版。

许葆云:《王阳明的六次突围》,广西师范大学出版社2014年10月版。

许葆云:《心圣王阳明》,国际文化出版公司2015年版。

周志文:《阳明学十讲》,中华书局2022年版。

方志远:《千古一人王阳明》,江西人民出版社2017年版。

方志远:《王阳明:心学的力量》,商务印书馆2019年版。

方志远、李伏明:《治事阳明——一生精神在江右》,江西教育出版社

2020 年版。

李伏明:《江右王门学派研究——以吉安地区为中心》,江西人民出版社 2017 年版。

李晓方:《王阳明龙南史料辑录》,中国书店 2021 年版。

徐影著、阳光明绘:《王阳明南赣平匪》,广东旅游出版社 2017 年版。

杨德俊:《王学之源》,贵州大学出版社 2016 年版。

杨德俊:《王阳明遗像图册》,贵州大学出版社 2016 年版。

杨德俊:《王阳明龙场遗墨》,贵州大学出版社 2016 年版。

肖公子:《王阳明和他的对手们》,天津人民出版社 2018 年版。

洪跃平、徐继红:《心之旅——王阳明和他的弟子们》,江西高校出版社 2019 年版。

周建华、徐影:《王阳明与崇义》,中共党史出版社 2009 年版。

周建华:《王阳明在江西》,江西高校出版社 2017 年版。

周建华、张贤忠:《阳明心韵》,江西人民出版社 2021 年版。

朱思维:《王阳明巡抚南赣和江西事辑》,江西人民出版社 2010 年版。

朱思维:《王阳明巡抚南赣:诗文墨迹题刻》,中国文史出版社 2016 年版。

龚文瑞:《王阳明在南赣》,江西人民出版社 2015 年版。

毛静:《寻找王阳明》,江西高校出版社 2019 年版。

熊诚:《一代宗师王阳明》,东方出版社 2021 年版。

董平:《传奇王阳明》,商务印书馆 2010 年版。

王觉仁:《神奇圣人王阳明 2》,湖南文艺出版社 2014 年版。

王觉仁:《王阳明心学》,民主与建设出版社 2015 年版。

清心:《王阳明的心学智慧》,中国纺织出版社 2015 年版。

· 507 ·

王国章:《王阳明为臣智慧》,哈尔滨出版社 2013 年版。

吕峥:《明朝一哥王阳明》,民主与建设出版社 2015 年版。

杨嵘:《跟王阳明学心学》,中国华侨出版社 2012 年版。

李根:《明朝出了个王阳明》,国际文化出版公司 2016 年版。

陈支平主编:《首届阳明文化国际论坛暨第 18 届明史国际学术研讨会论文集》,上、下册,江西高校出版社 2019 年版。

《第二届阳明文化国际论坛论文汇编》,2019 年 10 月,中国明史学会、中共赣州市委宣传部等编,印刷资料。

《第三届阳明文化国际论坛暨第 21 届明史国际学术研讨会论文汇编》,上、下册,2021 年 10 月,中国明史学会、中共赣州市委宣传部、赣州师范大学编,印刷资料。